일본유학, 동아시아유학의 관점에서 보다

일본사상총서 9

일본유학, 동아시아유학의 관점에서 보다

지은이 吳震
옮긴이 반창화 · 장윤수 · 고명문
펴낸이 오정혜
펴낸곳 예문서원

편집 유미희
인쇄 및 제책 주) 상지사 P&B

초판 1쇄 2022년 2월 10일

출판등록 1993년 1월 7일(제307-2010-51호)
주소 서울시 성북구 안암로 9길 13, 4층
전화 925-5913~4 | 팩스 929-2285
전자우편 yemoonsw@empas.com

ISBN 978-89-7646-468-2 93150
YEMOONSEOWON 13, Anam-ro 9-gil, Seongbuk-Gu, Seoul, KOREA 02857
Tel) 02-925-5913~4 | Fax) 02-929-2285

값 30,000원

일본사상총서 9

일본유학, 동아시아유학의 관점에서 보다

吳震 지음
반창화 · 장윤수 · 고명문 옮김

예문서원

서문 _진래

　중국학자들의 동아시아유학 연구는 유래가 깊은데, 1980년대 중반 이후부터 그 발전이 더욱 두드러졌다. 특히 80년대 중반부터 90년대 중반에 이르러 동아시아유학에서의 한국유학 연구가 중국에서 매우 빠르게 진전되었고, 높은 수준의 성과도 적지 않았다. 그 원인 중 하나는 80년대 이전에는 동양철학을 전공하는 연구자들만이 한국유학에 주목했던 것과는 달리, 80년대 이후에는 중국철학 연구에 종사하는 학자들이 한국유학 연구의 주역이 되었기 때문이다. 이를테면 장립문張立文 교수와 나는 1985년 상반기에 각각 『철학연구』와 『북경대학학보』에 한국유학에 관한 연구논문을 발표한 바 있다. 역시 1985년 가을, 중국 대륙의 중국 철학자 10여 명이 일본 쓰쿠바대학에서 열린 국제퇴계학회에 초청되었다. 1989년에는 북경에서 인민대학 중국철학연구실이 주축이 되어 국제퇴계학회를 개최하였는데, 그 이후 한국유학 연구에 참여하는 중국 철학자의 수가 갈수록 늘어났다. 새로운 세기에는 중국 청년 학생들이 한국에 유학하여 한국유학을 주제로 박사논문을 쓰고, 귀국 후에도 그 연구를 계속하여 한국유학 연구의 활력소가 되었다. 그리고 한국유학계와 중국학계의 교류 의지가 비교적 적극적이었던 것도 한국유학 연구가 중국에서 보다 빠르게 추진되었던 이유 중 하나이다. 그러나 한국유학 연구가 크게 발전되는 것에 비해 1980년대 이후 일본유학에 대한 중국의 연구는 많이 더딘 편이다. 그런 점에서 일본 도쿠가와시대의 유학 연구를 주제로 한 오진 교수의 '동아시아유학 연구'의 간행은 의미가 크다 하겠다.

　최근 40년 동안 중국의 송명 리학理學 연구와 한국 성리학 연구가 거족적인 발전을 이루어 일정한 의미에서 이미 세계의 선두에 섰다고 말할 수 있는 반면, 일본 근세 유학에 대한 중국학자들의 연구는 아직도 매우 미미한 실정이다. 교토대학 시마다 겐지(島田虔次) 선생의 명저인 『주자학과 양명학』의 중국어 번역본이 1986년에 출간됐을 때, 주희와 왕양명에 관한 간략한 논술보다도 그 속에 드러난 동아시아 주자학에 대한 비교론적 시각이 대단히 인상적이었다. 예를 들면, 이 책의 첫 장 첫머리에서 장재(張載)의 사구(四句), 즉 "천지를 위해서 뜻을 세우고, 백성을 위하여 도를 세우고, 옛 성인을 위하여 학문을 이어받고, 만세를 위하여 태평성세를 연다"(爲天地立心, 爲生民立命, 爲往聖繼絶學, 爲萬世開太平)는 구절을 언급하면서 "중국의 송학宋學(그 결정체가 바로 주자학)과 일본의 주자학과의 차이를 장재의 이러한 네 구절을 표준으로 한다면 어느 정도 더 잘 알 수 있지 않을까 싶다. 즉, 일본의 주자학에는 천지를 위해서, 인류를 위해서, 학문의 전통을 위해서, 또 만세萬世를 위해서라는 것과 같은 웅대한 규모의 정신이 매우 결여되어 있는 것처럼 여겨진다"고 말하였다. 그리고 이 책의 저자 후기에서는 "일본의 주자학은 명분, 특히 군신대의君臣大義를 중심으로 하는 것 같다. 하지만 중국의 주자학에서는 명분론이 독점할 정도로 큰 비중을 차지한다고는 도저히 상상할 수 없다"고 하였다. 종래 중국에서는, 중국과 일본의 주자학에 대한 이러한 비교 연구가 많이 부족하였다. 또한 시마다 선생은 저자 후기에서 "내 생각에는 기독교사가 대부분 범汎 유럽적인 시각에서 쓰인 것과 같이 유교사儒敎史, 주자학사朱子學史도 중국, 한국, 일본과 베트남(?)을 포괄하는 통사通史로 먼저 쓰여야 하지 않을까 생각한다. 한국의 주자학, 예를 들면 리발설理發說, 기발설氣發說 등이 주자학 교리 일반에 대해서 또한 특히 일본 주자학에 대해서 얼마나 큰 본질적인 공헌을 했는가 하는 사실을 아베 요시오(阿部吉雄) 박사의 『일본 주자학과 조선』(1965)이라는 책이 잘 보여 주고 있다. 이런 것을 있는 그대로 정당하게 포괄한 유교사와 주자학사가 현재의 당면한 과제라고 할 수 있다"고 하였다. 즉 동아시아의 주자학사 또는 동아시아의 유학사를 쓸 것을 제의하였다. 다시 말하자면 동아시아의 주자학은 단순히 중·한·일 3국의 주자학의 독자적인 발전에 그치는 것이 아니라 그 속에 상호 관통하는 측면도 있기 때문에, 동아시아의 주자학을 상호 연계되어 있고 발전하는 역사적인 전체로 볼 수도 있다는 것이다. 시마다 선생의 이러한 주장에 대해 나는 많은 관심을 가졌고 그 후에도 일본 주자학 연구를 눈여겨보아 왔다. 하지만 안타깝게도 나는 일본 주자학이나 유학에 대해서는 제대로 공력을 기울이지 못했다. 그렇기 때문에 일본유학에 관한 오진 교수의 저서를 만나게 되어 매우 기쁘게 생각한다. 요컨대, 일본 근세 유학에 대한 연구를 강화하는 것은 현재 중국이 동아시아유학 연구를 발전시키는 데 있어서 중대한 과제이다.

이 책은 세 가지 주요한 부분을 포함하고 있다. 첫째는 '동아시아' 논의에 관한 서술이다. '동아시아'와 '동아시아유학'이라는 개념의 역사적 흐름과 다양한 용례, 그리고 근세의 동아시아 담론에 내재된 복잡한 양상에 대해 총체적으로 논의한 이 책은 가장 새롭고 선구적인 발전 내용을 반영하여 이 분야의 연구에 관심을 갖는 학자들에게 큰 도움이 될 것이다. 둘째는 도쿠가와시대의 유학에 대한 연구인데, 그중 도쿠가와시대의 오규 소라이(荻生徂徠)와 이토 진사이(伊藤仁齋)에 대한 연구뿐만 아니라 이시다 바이간(石田梅岩)과 그의 강학운동에 대한 연구까지도 포함하고 있다. 이 연구는 학계의 기존의 연구 성과를 수렴할 뿐만 아니라, 아울러 중국학자의 비교적인 시각도 담고 있다. 그 중 근세 동아시아에서 전파된 중국 선서善書에 대한 연구는 중국 명·청 선서에 대한 저자의 깊은 연구를 토대로 하였기에 이 작업이 대단히 순조롭게 진행되었고, 중국 선서가 조선시대와 에도시대에 처한 서로 다른 운명에 대해서도 잘 분석했다. 셋째는 근대 이래의 '일본화日本化'와 '일본성日本性'에 대한 연구이다. '일본화'란 주로 '유학의 일본화'를 말하는데, 그중 언급된 '근대 일본의 도덕론' 등과 같은 내용은 중국 근대 이래의 도덕론 변화와 발전을 연구하는 데에 좋은 참고자료가 된다. '일본성'은 마루야마 마사오(丸山眞男)의 일본성에 대한 사고를 주로 다룬 것이다. 마루야마 마사오에 대해 중국학계는 일반적으로 일본 정치사상사에 대한 그의 전기 연구만 알고 있지, 일본문화에 대한 그의 후기 연구에 대해서는 잘 모르고 있다. 이 책은 이러한 문제들에 대해 깊이 있게 성찰하고 있다.

결론적으로 말하여, 이 책은 폭넓게 사료를 적용하고, 관련된 문제가 많고 깊이가 있으며, 문제의식이 뛰어나고 사고思考의 시대성이 풍부하다. 그러므로 현재 한문漢文 문화권에 있어서 동아시아유학 연구의 걸작이라 할 만하며, 독자들에게 적극 추천하는 바이다. 마지막으로, 이 책의 저자인 오진 교수가 오랫동안 송명유학 연구에 종사하였고 송명유학 연구 분야에서 높은 명망을 갖고 있음을 말해 두고자 한다. 이러한 점은 그가 동아시아 근세 유학 연구에 있어서 긍정적인 공헌을 할 수 있는 중요한 원인이기도 하다. 나는 이 책이 중국의 일본유학 연구에 적극적이고도 강력한 추진 역할을 할 것이라 믿어 의심치 않는다.

2017년 2월

진래陳來

지은이의 말

　최근 10년간의 국제 학계를 돌아보면, '동아시아유학'이 이미 새로운 연구 분야로 자리 잡았고 그 발전 추세도 대단히 반가운 수준에 이르렀다. 다만 이 분야에서 중국 대륙철학계의 성과가 대만학계가 이룬 성과에 비해 수준과 분량의 측면에서 크게 뒤쳐져 있다는 사실을 솔직히 인정해야 한다. 필자의 관찰에 따르면, 대륙학계에서 '동아시아유학'으로 명명된 전문 학술 저서는 지금까지 진래陳來 교수의 『동아시아유학구론』(東亞儒學九論, 2008)뿐인 듯하다. 물론 특정 문제를 두고 말한다면, 일본이나 한국 유학에 관한 전문적인 연구 성과(通史적인 것과 구체사례적인 것을 포함하여)가 이미 대량으로 생산되었고, 심지어 일부 통사적인 논저도 출간되었다. 여기서는 그 사례를 일일이 거론하지 않고 다만 이소평李甦平의 『한국유학사韓國儒學史』(2009)와 형여국邢麗菊의 『한국유학사상사韓國儒學思想史』(2015) 정도만 언급하고자 한다. 이러한 통사 연구의 저자들은 대부분 전문적인 학술 훈련을 받았다.

　현재 한국 및 일본의 학술계는 동아시아유학에 대한 전반적인 연구가 상당히 진척되어 있고 관련 성과도 많이 축적되었다. 그러나 한국에서 중국유학과 한국유학 두 영역 학자들 간의 교류, 일본에서 일본유학과 중국유학 두 영역 학자들 간의 소통은 거의 서로 이해하지 못하는 형편에 처해 있고, 전공과정 설치가 갈수록 세분화되는 현실에 구애되어 서로 간에 학문적 왕래를 소홀히 하고 있는 실정이다. 반면 중국 본토나 대만의 학술세미나에서는 서로 다른 영역의 학자들이 종종 한꺼번에 등장하여 의아심을 자아낼 정도이다. 연구 현황에 대해 말하자면, 한국의 상황에 대해서는 잘 알지 못하기 때문에 함부로 말하지 못하겠다. 그런데 일본의 경우는 근래에 들어 동아시아유학 연구에 박차를 가하고 있다. 일본학자들이 사료 문헌의 고증과 정리에 뛰어난 성과를 축적하였듯이, 그들의 동아시아유학 연구도 방법론이나 해석학 문제를 거론하기보다는 '작은 것으로써 큰 것을 살피는'(以小見大) 주제별 또는 사례적인 문제 연구를 대단히 중시하고 있다.

그동안 중국유학 연구에 종사하던 일본학자들 중 상당수가 이미 한국유학이나 일본유학으로 관심을 넓혀 가고 있는 움직임을 확인할 수 있다. 여기서 몇 가지 사례를 들면(번거로움을 피하기 위해 도서의 목록은 생략함), 미우라 구니오(三浦國雄) 교수의 한국유학 연구, 아즈마 주지(吾妻重二) 교수의 일본 및 한국의 예학 연구, 나카 스미오(中純夫) 교수의 조선 양명학 연구, 쓰치다 겐지로(土田健次郎) 교수의 일본 에도유학 연구, 요시다 고헤이(吉田公平) 교수의 중·일 양국의 심학 사상 연구, 고지마 쓰요시(小島毅) 교수의 근대 일본 양명학 연구 등등이다. 동아시아의 유학 연구를 선도한 사람은 선배학자인 고야스 노부쿠니(子安宣邦) 교수이다. 그의 『동아시아유학: 비판과 방법』(2003, 대만판)은 '동아시아유학'으로 명명된 일본학자의 첫 번째 전문 저서인데, '동아시아' 문제와 '동아시아유학' 문제에 대한 비판적 고찰이 대단히 날카롭고 독보적이라는 점에서 주목할 만하다.

대만학계가 동아시아유학 연구 분야의 개척을 최초로 시도했음은 의심할 바 없는 사실이다. 역사적 소급은 잠시 논하지 않고, 20세기 말에서 21세기 초에 이르는 시기에 대만대학은 '동아시아문명 연구센터'를 설립하고 그 뒤 '인문사회과학 고등연구원'으로 전환했다. 황준걸 교수의 학술적·전략적 안목 덕분에 대만학계에서 동아시아유학 연구의 일대 기풍을 열게 되었고, 10여 년간의 노력으로 동아시아유학 연구에 관한 전문적인 학술서적을 200권 이상 출간하였으며, 그 중에서 황준걸 교수 한 사람의 저서만도 30권(전문 저서와 편저 포함)에 육박할 정도이다. 이 연구 성과들은 양적이나 질적인 측면에서 전 세계적으로 보아 첫 손꼽히는 업적으로 평가받을 수 있다. 이들이 이룩한 성취는 동아시아유학 연구뿐만 아니라, 중국 전통문화를 더욱 발전시키는 측면에서도 긍정적인 학술적 의미를 지닌다.

필자는 뒤늦게 일본유학을 연구하게 되었는데, 연구 성과들은 대부분 회의에 참가하기 위해 만든 '회의주제에 맞춘 작품'이다. 필자는 지난 세기 80년대에 일본에 유학한 후 점차 일본유학에 관심을 갖기 시작했다. 그러나 장기간 중국철학, 특히 명대 양명학 연구에 몰두해 왔기 때문에 양명후학陽明後學의 시리즈 연구(내가 '3대 세력'이라고 칭한 양명학파 계열의 浙中, 江右, 泰州학파에 대한 연구 계획을 말함. 졸저, 『泰州학파 연구』(2009)의 '後記' 참조)가 끝날 때까지 일본유학에 대해 본격적으로 연구할 여력이 없었다. 일본유학 연구에 관한 나의 첫 논문은 사실 총론적 성격에 가까운데, 2003년 대만대학 황준걸 교수의 초청으로 '동아시아유학' 관련 국제학술회의에 참석하면서 급하게 써낸 것이다. 주제는 '16세기 중국유학 사상의 근대적 내포: 일본학자 시마다 겐지(島田虔次)와 미조구치 유조(溝口雄三)의 담론을 중심으로'이다. 그 후에도 일본유학에 대한 체계적인 연구에 몰두하지 못하고 간간이 동아시아유학에 관한 각종 학술회의에 응하기 위해 동아시아유학 문제와 일본유학에 관한 학술 논문을 몇 편 썼을 뿐이다. 솔직히 말하면 독자들이 읽게 되는 이 졸저가 바로 이런 회의 발표문을 모아 만든 것이다.

하지만 최근 10년 동안은 스스로 느낀 바가 있어서 동아시아유학이란 무엇 인가, 동아시아유학이 왜 필요한가, 동아시아유학이 어째서 가능한가 하는 등등의 문제를 생각하게 되었고, 이에 대한 나의 의견도 조금 제기하였다. 아울러 일본 에도(江戶)시대 유학의 주요 문제를 전문적인 테마로 하여 약간의 고찰도 해 보았기에 이 책에 수록된 십여 편의 학술적인 글을 완성할 수 있었다. 약간 변명하고 싶은 것은, 나의 연구가 체계적인 통사적 구성이 아니라 전문성을 띤 문제 고찰에 집중했는데, 이는 필자 개인의 고집스런 학문적 관점과 관련된 다. 즉 현재 학술계의 움직임을 보면 『중국철학사』와 같은 통사적인 거창한 전문 저서를 저술하는 작업은 비록 그 자체의 학술적 가치가 있다고 하더라도 그러한 가치는 대단히 제한적일 수밖에 없다. 나는 구세대들이 중국철학의 학과를 세우기 위해 통사적 연구를 할 수밖에 없었던 그러한 기초 위에 또다시 비슷한 통사적 성격의 저서 몇 부를 추가시킬 필요는 없다고 본다. 물론 동아시아유학 연구를 일관성 있게 전개한다고 해서 학문적 의미가 사라지는 것은 아니다. 오히려 중국 철학이나 유학의 차원에서 일본이나 한국의 유학사를 사고하고 체계를 세우는 것은 아직도 더 개발해고 꾸준히 노력해야 할 연구 분야이다. 다만 필자 개인적으로는 이러한 통사적인 거시적·서사적 연구가 성격에 맞지 않을 뿐더러 힘에도 부친다.

학술 연구의 자체 특성으로 말하면, 그 어떤 주제별 또는 사례적인 학술 연구를 막론하고 연구 대상에 대한 전체적인 조명이 부족하다면 연구 시야가 제한되어 연구 결과가 편파적일 수밖에 없다. 예를 들어 소라이학(徂徠學)에 대한 연구는 일본 에도(江戸)유학사상의 배경에서 전체적으로 조명해야 할 뿐만 아니라, 중국유학의 배경에서 다문화적인 고찰도 해야 한다. 왜냐하면 소라이학은 물론 일본유학을 재건한 특징이 있지만, 그 재건 과정에서 소라이학의 사상적 대화는 중국유학, 특히 공맹孔孟유학이나 주자학을 지향하고 있기 때문이다. 따라서 소라이학 연구에 있어서 우리는 가능한 중국유학의 시선으로부터 출발하여 소라이학이 구축한 일본화한 유학의 문제의식에 대해 비판적 성찰을 할 필요가 있다. 그리고 소라이학(에도유학도 포함)에 관한 문헌적인 비판 연구 또는 정리 연구는 가급적 일본학자들의 많은 연구 성과를 섭취하면 된다. 그들이 이미 쌓아올린 소라이학의 기초 연구를 놓고서 옥신각신할 필요가 없다. 이러한 연구 취향은 동아시아유학 연구의 장점이자 우세점이 될 수 있다. 즉 우리가 '타자'의 시각에서 출발하는 만큼 우리의 일본유학 연구가 일본학계에 뜻밖의 효과를 줄 수도 있다는 이야기이다. 일본학자들의 견지에서 볼 때, 우리의 일본 연구에 일부 지식적인 오류가 있을 수도 있겠지만 모든 비교 연구에는 다 이러저러한 비슷한 실수가 있을 수 있다. 우리가 이 연구를 깊이 있게 추진해야 하고, 학술 교류나 상호 학습을 통해 동아시아유학 연구의 생태를 더욱 개선할 수 있을 것이기 때문에, 세계화시대 이전의 '늙어서 죽도록 서로 오가지 않는'(老死不相往來) 그러한 옛날의 생태로 돌아갈 것까지는 없는 것이다.

필자의 초보적인 연구 경험에 비추어 볼 때 '동아시아' 문제는 대단히 까다로운 주제인데, 이 책의 제목에도 동아시아라는 말이 포함되어 있기 때문에 몇 마디 더 첨부할 필요를 느낀다. '동아시아'라는 용어는 물론 지리적 개념이고, 유럽인들이 서양과 차별화해서 쓰는 명칭인 'East Asia'의 번역어이다. 그러나 언젠가 동아시아라는 단어에 전쟁의 기억과 함께 20세기 초부터 의미상에서 약간의 미묘한 변화가 생겨나기 시작하여 그것이 단순히 지리적 개념이 아니라, 지정학적 함의를 갖게 되었다. 특히 제2차 세계대전 중에 일본제국주의가 '대동아大東亞 공영권共榮圈' 구축을 전쟁의 목적으로 떠벌린 결과 '동아시아'라는 단어에는 제국주의 색채와 정치적 의미가 짙게 결부되었다. 고야스 노부쿠니의 분석에 따르면, 이는 일제가 '동아시아'를 실체화하려고 한 정치적 획책이다. 이른바 실체화란 일제의 치하에서 이 지역의 서로 다른 문화가 '하나의 세계'로, 서로 다른 언어가 '일본어 세계'로, 서로 다른 종족이 '일본인'으로 동질화할 수 있다는 것이다. 이는 물론 제국주의자들의 식민주의적 망상이고, 그 멸망은 자명한 사실이다. 따라서 일본이 전쟁에서 패한 뒤 '동아東亞'라는 표현은 전쟁시대의 제국주의적 언어로 간주되어 사용이 금지되었고, 그 대신 일본어 '東アジア'(동아시아)가 등장하였다. 그 후, 일본 정부가 전쟁 책임 등의 문제에 대해 질질 끌면서 끝내 해결을 보지 못함에 따라 '동아東亞'라는 용어에 수반된 전쟁의 기억은 전쟁의 상처를 입은 동아시아 내부와 그 주변국 사람들의 마음으로부터 말끔히 지워지지 않았다.

　　반드시 말해 두어야 할 것은 필자가 사용하는 '동아시아'라는 용어는 순수한 지리적 개념에 속하는 것도 아니고, 정치학적 개념도 아니라, 동아시아를 하나의 '문화적인 동아시아'로 본다는 점이다. 다시 말하여 '문화적인 동아시아'라는 의미에서 동아시아에서 벌어지고 있는 문화 교류와 사상 전파 등의 현상을 직시할 필요가 있다는 것이다. 물론 동아시아를 연구 대상으로 삼기에 앞서서, 우리의 착안점은 동아시아 지역의 문화적 현상이라는 점을 분명히 해 둔다. 즉 근대 이후 동아시아에서 일어난 전쟁의 역사는 별도의 역사학이나 정치학의 연구 분야로서, 우리의 동아시아유학 연구와는 직접적인 연관이 없다는 점을 의식해야 한다. 그러므로 동아시아유학에 관한 학술적 연구는 실체화된 동아시아의 역사를 청산하는 것을 전제할 필요가 없다. 철저한 과거사 청산은 기본적으로 정부의 몫이고, 이것은 앞날을 기약해야 할 문제이다. 그렇지만 동아시아 3국의 학자들도 다 함께 그 역사를 반성할 필요는 있다. 어쨌든 20세기 전반의 이 불명예스러운 동아시아 역사가 정당한 학문적 연구를 전개하는 데에 있어서 무거운 짐이 되어서는 안 된다. 오히려 동아시아유학에 관한 학술 연구는 동아시아의 역사를 반성하고, 동아시아의 질서를 다시 세우는 데에 하나의 도움이 될 수도 있다.

유학은 역사적으로 동아시아의 질서를 형성하는 데에 있어서 중요한 고리역할을 하였다. 그렇지만 오늘날 글로벌시대에 있어서 유학이 여전히 전근대적인 동아시아 질서의 구조적 기능을 갖고 있는가에 대한 대답은 물론 부정적이다. 세계화가 전면적으로 발전함에 따라 지역문화는 점점 더 중시되고 있는 것이지, 세계화에 휩쓸려 가는 것은 아니다. 이는 세계화가 결코 서로 다른 지역문화의 동질화를 의미하지 않기 때문이다. 오히려 서로 다른 문화들이 서로를 존중하고 배우는 전제 하에서만 글로벌화가 건강하게 유지될 수 있다. 동아시아 전체의 정치·경제 질서를 중국의 전통 유학으로 재구축해야 한다는 생각을 할 수 없는 것도 바로 이러한 이유 때문이다. 그러나 유학은 일종의 문화 전통으로서 오늘날 세계에서 여전히 보편성을 띠고 있는 가치들이 내재되어 있다. 예를 들면 인애仁愛·정의正義·양지良知 등의 가치 관념과 1990년대 「세계윤리선언」에 채택된 '자신이 원하지 않는 것을 남에게 강요하지 말라'(己所不欲, 勿施於人)고 하는 도덕적 황금률은 여전히 긍정적인 사상적 자원이 될 수 있다. 그리고 어떻게 사람들이 서로 신뢰하는 협력 관계를 구축하고, 어떻게 인류가 함께 살아가는 세계를 구축할 수 있는가 하는 문제에 대해 상당한 시사점을 준다. 왜냐하면 문화 교류와 문명 대화가 가져다주는 상호 이해는 이미 21세기 인류가 직면한 인문세계 발전의 장래가 걸린 일이기 때문이다. 바로 이런 의미에서 동아시아유학 연구는 20세기의 폐쇄적인 연구 분위기를 변화시킬 수 있다. 그뿐만 아니라 더욱 중요한 것은 다른 지역에서의 유학 전통의 발전 역사를 겸허하게 공부함으로써 유학의 미래 발전에 도움이 되는 어떤 시사점을 얻을 수 있고, 또 유교 전통에 대한 창조적 전환을 통해 동아시아 유가의 핵심적인 가치 이념이 동아시아의 '공생共生'의 사회 질서를 구축하는 정신적 기반이 되게 할 수 있다는 사실이다.

끝으로, 바쁜 가운데 시간을 내어 서문을 써준 진래陳來 교수께 진심으로 감사를 드린다. 졸작에 대한 과분한 칭찬은 나를 부끄럽게 한다. 황준걸 교수님께도 진심으로 감사드린다. 오랫동안 그의 지속적인 관심과 지지가 없었더라면, 그가 몇 차례나 나를 대만대학의 동아시아유학의 학술회의에 초청하지 않았더라면, 아마도 나는 이 책 가운데 여러 편의 논문을 쓸 수 있는 동력을 얻지 못했을 것이다. 그런 의미에서 이 책은 대만의 동아시아유학 연구와 교류한 산물이라고 할 수 있다.

그 밖에도 감사를 드려야 할 사람들이 많다. 항주사범대학의 장천걸張天傑 부교수가 원고 전부를 훑어보고 적지 않은 수정 의견을 주었으며, 일부 학생들도 나를 도와 자료를 복사해 주었는데, 여기에서 그들의 이름을 일일이 열거할 수 없으나 감사의 마음은 크다. 그리고 글을 지은 시기가 다르기 때문에 본문 내용과 원문 인용에 있어서 중복되는 부분이 많다. 어느 정도 수정을 하기는 했지만 일일이 바로잡지 못했다. 이 점 독자 여러분들의 양해를 구하는 바이다.

2017년 4월 10일
복단대학에서 오진吳震

옮긴이의 말

　이 책의 원래 제목은『동아시아유학 문제의 새로운 탐색』(東亞儒學問題新探)인
데, 예문서원 편집진에서 책의 내용을 고려하여 '일본유학'을 포함한 새로운
제목을 제안하였다. 저자와 번역자들이 함께 의견을 모아 최종적으로『일본유
학, 동아시아유학의 관점에서 보다』를 제목으로 삼게 되었다.

　저자 오진吳震 교수는 교토대학 문학박사 출신으로서 복단대학 철학과 교수
로 재직하고 있다. 그는 오랜 기간 동안 송명 리학 연구에 종사했으며 특히
양명학을 전공하여 20여 권의 저서를 집필하였다. 현재 상해유학원 집행부원장,
중국철학사학회 부회장, 상해시 유학연구회 회장 등을 겸직하고 있다. 일본과
한국 철학 분야의 여러 학회의 임원으로 활동하면서 국내외 학계에 폭넓은
학문적 영향력을 행사하고 있다.

　이 책은 저자의 여러 저서 중에서도 동아시아유학의 존재근거를 묻는 중요
한 저작이다. 특히 일본유학을 사례로 동아시아유학은 '무엇 때문에 가능하고'
또한 '왜 필요한가' 하는 문제를 중심 의제로 하여 논의를 전개했다. 저자는
'동아시아유학' 연구는 '일국사一國史 연구라는 관점의 한계를 넘어서야 할 뿐만
아니라 서양의 관점으로써 중국을 해석하는 '이서석중以西釋中'이라는 연구의
경향도 뛰어넘어야 한다고 강조했다. 그리고 동아시아유학 연구에 있어서 '구체
적 보편성'이나 '다원적 일체론'의 관념을 제창해야 하고, 보편성이 특수적인
지역 문화에 뿌리내리고 다원화한 모습으로 드러나는 것이야말로 유학의 핵심
적인 가치라고 보았다. 그러면서 '동아시아' 개념을 실체화하여 유학의 보편성
으로써 각 지역 문화의 특수성을 망가뜨리는 것을 피해야 한다고 주장했다.

이 책은 또한 '동아시아'와 '동아시아유학'이라는 개념의 발생사와 변천 과정, 그리고 근래 동아시아 논술의 복잡한 일면에 대해서 포괄적이고 체계적으로 논의하고, 이 방면에서의 최신 이론 성과들을 반영하였다. 특히 도쿠가와유학 연구 방면에서 이루어진 학계의 연구 성과를 많이 수용하였고, 중국학자들의 비교방법론을 잘 적용하면서도 시사성이 큰 견해들을 제시하여 그동안 중국 내에서 취약했던 일본유학 연구에 적극적인 역할을 수행하였다.

동아시아 유교문화권은 주로 중국·한국·일본으로 이루어져 있는바, 유학의 전형적인 형태가 바로 삼국의 유가문화 시스템이다. 중국은 유교문화를 창출한 나라로서 유교문화의 범위가 매우 넓다. 한국과 일본은 유교문화의 수용국으로서 유교문화의 가치적 합리성과 도구적 합리성을 각각 크게 발휘함으로써 유교의 내재적인 텍스트 기능을 다양한 문화 주체에 의해 현실적으로 서로 다른 해석을 했다고 볼 수 있다. 그러므로 중·한·일 유학을 유기적으로 함께 연구하는 것이야말로 동아시아 유교문화의 과거와 현재의 모습뿐만 아니라 미래에 미치게 될 영향까지도 온전하게 해석할 수 있는 방법이라 생각되나, 이러한 총체적인 관점의 부족이 작금의 현실이다. 그런 면에서 볼 때에 이 책의 한국어 번역은 한국학계에 있어서 중국과 일본의 유교문화를 깊이 이해하고, '문화동아시아'의 특징을 제대로 이해하며, 동아시아유교의 다원화 형태를 파악하는 데에 중요한 역할을 할 수 있을 것이라 기대하는 바이다.

중국의 현대와 전통문화에 대한 해외 학자들의 이해를 증진하고, 중국과 외국 간의 학술교류와 대화를 추진하기 위해 설립된 '중화학술 외국어번역 프로젝트'(中華學術外譯項目)를 통해 이 책을 한국에 소개할 수 있게 되어 크나큰 영광으로 생각한다. 옮긴이에게 있어서 이 책은 2019년에 출간한 『중국문화정신 中國文化精神』에 이어 두 번째로 맡게 된 '중화학술 외국어번역 프로젝트'이다. 짐작하시다시피 이러한 번역 프로젝트를 수주하는 것이 쉬운 일은 아니다. 여기에는 많은 사람들의 노고가 깃들어 있다. 특히 이 자리를 빌려 한국 대구교육대학교 장윤수 교수님께 깊이 감사드린다. 다년간 우정을 쌓으면서 학술적으로 많은 도움을 받았다. 그리고 이 책의 판권을 소유하고 있는 북경대학출판사의 적극적인 주선과 한국 예문서원의 오정혜 사장님을 비롯한 편집부 선생님들의 노고가 많았다. 관계자 모든 분들께 진심으로 감사드리는 바이다.

2021년 10월
역자를 대표하여 반창화 쓰다

_차례

머리말을 대신하여: 동아시아유학 문제에 대한 약간의 사색

'동아東亞'란 용어는 1930년대의 이른바 '대동아大東亞 공영권共榮圈'이라는 아픈 전쟁의 기억을 수반하는 일본어 한자에서 유래된 말이다. 이제 '동아'는 단순한 지리적 개념이 아닌 문화적 개념으로 동아시아 각국의 학계가 주목하는 대상이 되고 있다. 최근 10여 년 동안 대만학계의 노력으로 '동아시아유학'은 이미 독립된 연구 영역을 구성하기에 충분하고, 이 연구 분야의 기존 성과와 향후 발전 등에 대해 종합하고 반성하는 단계에 이르렀다. 특히 동아시아유학이 '왜 가능하고' '어째서 필요한가'에 대한 반성이 중요하다. 바로 이러한 문제의식에서 대만대학 인문사회고등연구원이 2014년 7월에 주최한 '2014 동아시아유학 세미가'가 개최되었다. 필자는 이 기회에 동아시아유학 문제에 대한 최근 몇 년 동안의 나의 생각을 정리하여 발표하였다.

1. '동아시아'라는 용어의 유래

'동아시아'라는 단어는 원래 East Asia를 일본어로 옮긴 것인데, 이 말을 뜻하는 일본어 표기법은 '東亞'와 '東アジア'(Asia) 두 가지가 가능하다. 전자는 일본어 한자이고, 후자는 '가타카나'로 'Asia'를 음역한 것이다. 1930년대의 근대 일본에서 일본 한자로 쓴 '東亞'라는 용어에는 일본 제국주의의 이데올로기가 깊숙이 배어 있어, 흔히 '대동아 공영권'이라고 하는 전쟁의 기억을 수반하게 된다. 따라서 1945년 일본이 패전한 후 '東亞'라는 단어가 금기시되어 사회에서 사라지고 그 대신에 '東アジア'란 용어가 등장하였다. 비록 '東亞'라는 말은 거의

없어졌지만 '東アジア' 문제에 관한 콤플렉스는 일본학계에서 조금도 줄어들지 않았다.[1]

'동아시아'라는 단어의 어원학적 문제에 대해, 특히 일본 근대사에서 이 단어의 등장과 변화 등의 문제에 대하여 진위분陳瑋芬은 고야스 노부쿠니의 서술을 토대로 하여 분명하게 정리하였다. 이 용어는 『사원詞源』, 『사해詞海』 등과 같은 중국의 주요 사전에는 등재되어 있지 않다. 1920년대 일본에서 등장했는데 처음에는 '동아미술사東亞美術史', '동아불교사東亞佛敎史', '동아문명사東亞文明史'라는 학술적 전문 명사로 사용되었다. 또한 문화적 내포를 담은 지역적 개념을 가리키기도 했으며, 30년대 이후 점차 지정학적 개념으로 자리 잡으면서 '동아시아 공동체', '대동아 공영권'을 구축하는 일본제국의 이념으로 확장되었다고 한다.[2] 물론 1943년 11월 6일, 일본 군국주의 정부가 발표한 『대동아공동선언』(도쿄: 신기원사, 1944)은 '동아시아'라는 용어가 국가 이데올로기로 격상되었음을 의미할 뿐 아니라, 전쟁의 이념으로 승화되어 당시 일본이 일으킨 침략전쟁은 아시아 해방과 세계 평화를 위한 정의로운 전쟁이라고 공공연히 거짓 선전하기에 이르렀다. 따라서 '동아시아'라는 용어가 수반하는 전쟁의 기억은 매우 쓰라리다. 그러나 '동아시아'가 학문적인 용어로 처음 등장한 것은 1920년대의 일본에서가 아니라 반세기 이상을 더 거슬러 올라가야 한다.

'동아시아'에 관한 문제에 대하여, 고야스 노부쿠니는 2000년 11월 한국 성균관대학교가 주최한 '동아시아 국제 학술회의'에서 발표한 논문 「소화일본과 '동아시아'의 개념」(昭和日本と'東亞'の槪念)에서 이미 명확하게 논술하였다.[3] 귀

---

1) 일본어 '東アジア'를 키워드로 復旦大, 臺灣大, 京都大의 도서관 책 찾기 시스템에 입력하면 각각 564건, 5235건, 6759건이 검색된다.
2) 陳瑋芬, 『近代日本漢學的"關鍵字"硏究: 儒學及其相關槪念的嬗變』(臺北: 臺灣大學出版中心, 2005), 101~135쪽과 子安宣邦, 『"アジア"はどう語られてきたか: 近代日本のオリエンタリズム』("亞洲"是如何被論述的: 近代日本的東方主義, 東京: 藤原書店, 2004) 참조.
3) 이 논문은 『環』 5號(東京: 藤原書店, 2001.4)에 발표되었고, 후에 子安宣邦 본인의 글 『"アジア"はどう語られてきたか: 近代日本のオリエンタリズム』에도 수록되었다.

납적으로 말하자면, 고야스의 핵심적인 관점은 아래 두 가지로 요약된다. 첫째, 동아시아 개념의 출현은 중화문화 중심론에서 벗어나기 위한 것이다. 문명사 · 문화사로서의 '동아시아'는 "아시아를 이탈하려 열망했던 근대 일본 내부의 오리엔탈리즘의 주창자들이 만들어 낸 개념"이기 때문에 "이른바 '동아시아'는 중화주의 문명 중심의 일원론적 요소를 바꾸기 위해 발전한 문화적 지역 개념"이며, "이러한 새로운 문화적 지역 개념인 '동아시아'가 지역 내의 다원적 문화발전을 낳을 것으로 충분히 예상할 수 있다."[4] 이로부터 '동아시아'는 자명한 지역 개념이 아니라 지역적 문화 개념으로서 역사적 함의를 가지고 있음을 알 수 있다. 둘째, '동아시아'란 단어는 근대 일본의 '오리엔탈리즘'과 밀접한 관련이 있다. 오리엔탈리즘이란 사이드(E. W. Said, 1935~2003)가 제시한 비판적 개념으로, 서양의 학자들이 동양을 바라볼 때 흔히 자신의 문화를 보편적인 준칙으로 삼아 동양을 정체되고 낙후된 특수한 공간으로 여기면서, 동양은 서양의 보편주의의 원칙에 따라 침체와 낙후 상태에서 벗어나 서양의 보편적 세계에 융합되어야 한다고 주장한다.[5] 고야스는 근대 일본이 동아시아를 바라볼 때 이러한 '오리엔탈리즘'의 안목을 적용했다고 보았다.

문제는 전후戰後 일본이 '동아'를 '동아시아'로 바꾸어 쓴다고 하여 전쟁의 기억이 사라질 수 있는가 하는 것이다. 고야스는 "동아東亞는 죽고 동아시아가 태어났는가?"[6]라고 자문한 바 있다. 이에 대한 그의 대답은 물론 부정적이다. "문화 개념으로서의 동아시아가 가능한가?"에 대하여 고야스는 비록 기본적으로 공감을 표시했지만, 이 개념은 주로 중국문화 일원론에 대한 것임을 일깨워주었다. 그는 "문화 개념으로서의 '동아시아'는 중화주의 문명에 대한 일원론적 지향에서 상대적 형태로 재구성한 지역적 개념"이라고 지적했다. 이것은 문화 개념인 '동아시아'가 전전戰前의 지정학적 개념인 '동아시아'에 대한 일종의 반성

---

4) 子安宣邦, 『"亞洲"是如何被論述的』, 「昭和日本と‘東亞’の概念」, 187쪽.
5) Edward Said, 王宇根 옮김, 『東方學』(北京: 三聯書店, 1999) 참조.
6) 子安宣邦, 『"亞洲"是如何被論述的』, 「昭和日本と‘東亞’の概念」, 101쪽.

과 비판 위에서 형성된 것으로서, 중국을 기원으로 하는 문명이라는 광범위한 지역의 '공통적인' 지역 내부에 존재하는 다문화 형태를 의미한다. 그것도 문화적인 개념일 뿐만 아니라 일반적인 의미에서의 '광역적' 개념이기도 하다. 고야스는 이 개념의 '광역성廣域性'에 의해 국가 민족 중심주의가 상대화되기 때문에 문화로부터 경제·정치 등에 이르는 다양한 사회 영역을 아우를 수 있고, 공간적으로도 다양한 차원의 상호 교류가 포괄될 수 있다고 주장했다. 따라서 중요한 것은 '동아시아'는 국가 간 관계의 '실체화'가 아니라 생활자의 상호 교류를 가능케 하는 일종의 '관계역關係域'을 나타내는 문화적 지역 개념이라는 점이다. 즉 일종의 '방법의 개념'인 셈이다.[7] 이것이야말로 우리의 손으로 일본제국의 '동아東亞' 개념을 해체하고 새롭게 '동아시아'를 구축할 수 있는 길이라는 것이다. 고야스가 제시한 '동아시아'를 '방법'으로 하는 관점은 중화문명을 상대화한 문화 개념으로, 이 광범위한 지역에서의 문화적 다원성을 인정하는 개념임이 분명하다.

우리는 고야스의 상술한 견해에 대하여 기본적으로 수긍하지만, 두 가지는 지적해야겠다. 첫째, '동아'라는 용어의 등장은 19세기 말 중일전쟁의 배경과 그에 따른 '대大아시아주의' 사조와 밀접한 관련이 있다. 예를 들면, 좌익 사상가이자 중국 문제 전문가 및 아시아주의자인 오자키 호쓰미(尾崎秀實, 1901~1944)가 제2차 세계대전 중에 발표한 글에서 "지금의 상황에서 '신질서'를 실현하기 위한 수단으로서의 '동아시아 협동체'는 확실히 일본·지나支那사변(인용자의 설명: 1937년의 '7·7사변'을 말함)의 과정에서 잉태된 역사적 산물"이라고 지적했다.[8] 그렇

---

7) 위의 책, 103~104쪽 참조.
8) 尾崎秀實, 「東亞協同體の理念とその成立の客觀的基礎」, 『中央公論』 1939년 1월호에 게재되었고, 米谷匡史 編, 『尾崎秀實時評集: 日中戰爭期の東アジア』(東京: 平凡社, 2004, 東洋文庫本), 187쪽에도 수록되었다. 오자키의 생애를 적은 가자마 미치타로(風間道太郎)의 『尾崎秀實傳』(東京: 法政大學出版局, 1968年初版; 1976年補訂版)이 비교적 상세하고 확실하여 믿을 만하다. 이 傳記에 따르면, 대만에서 태어나고 중국의 민족주의 혁명을 동정해 온 아시아주의자 오자키 호쓰미의 '동아시아 공동체' 문제에 관한 구상은 그가 독자적으로 발전시킨 것으로서, 전쟁 시기에 제국주의의 이데올로기로 자리 잡았

기 때문에 1941년 12월, 일본 제국주의 정부가 영국과 미국에 선전포고를 할 무렵에 공식적으로 이 전쟁을 '대동아전쟁'이라고 명명하였다. 1931년 이래의 중국과의 계속된 전쟁 상태가 바로 영·미와의 결전의 진정한 원인이었기 때문이다.[9] 따라서 '동아東亞'라는 용어는 본래 단순한 학술사적 개념이거나 방법론적 개념이 아니라 정치적 함의가 짙은 개념이고, 복잡한 전쟁의 기억을 담고 있다는 점을 간과할 수 없다. 둘째, 전후 사학계의 동양 사학자인 니시지마 사다오(西嶋定生, 1919~1998)가 1970년대 '東아시아 세계'라는 저명한 관점을 제시[10] 했는데, 그는 8세기 이전의 중국·일본·조선의 문화사를 염두에 두고 동아시아 세계를 구성하는 네 가지 요소로 '한자·유교·율령·불교'를 들면서 이 네 가지 요소가 동아시아의 일체적一體的인 역사문화권을 구성하였다고 주장했다. 니시지마의 이러한 주장은 '일국사一國史' 일본론을 비판하고 싶었던 것이다. 즉, 일본의 역사는 중국 대륙과 아무런 관련이 없이 독자적으로 발전한 독특한 세계라는 편견을 비판했다. '東アジア 세계'를 통해 일국사를 비판한 니시지마의 일본 담론이 어떤 이론적 효과가 있는지는 다른 문제로서 논하지 않겠지만, '일본사 특수화'를 반대하는 그의 노력은 주목할 만하다.

요컨대, 문화사 개념인 '동아시아'는 문화의 다원화라는 사상적 입장 위에 세워진 반면, 지리적 개념인 '동아시아'는 '정치적 민감도'나 '시대적 민감도'가

던 '대동아 공영권' 등과 같은 형형색색의 '대아시아주의' 관념과는 다르다. 鶴見俊輔 (1922~2015), 邱振瑞 譯, 『戰爭時期日本精神史: 1931~1945』(東亞人文100叢書, 成都: 四川敎育出版社, 2013; 岩波書店, 1982年原版; 臺灣行人出版社, 2008年繁體字版), 55쪽 참조

9) 鶴見俊輔, 『戰爭時期日本精神史: 1931~1945』, 57쪽 참조. 戰後 일본은 미군의 주도로 '대동아전쟁'이라는 용어 사용을 금지하고 '태평양전쟁'이라는 단어로 바꿈으로써 중·일 간의 맥락을 벗어나 일·미 간의 전쟁으로 의미를 변화시켜 일본이 중국에 패한 '불명예스러운 사실'을 감추었다. 그래서 쓰루미는 '15년 전쟁'(그것도 '연속적인 전쟁')으로 그 용어를 대신할 것을 극력 주장했다.(위의 책, 57~58쪽 참조) 그것도 중국의 '8년 抗戰說'과는 다르다.

10) 西嶋定生, 「總說」, 『岩波書店講座 世界歷史 4: 古代 第4 東アジア世界の形成 1』(東京: 岩波書店, 1970). 후에 본인의 저서 『中國古代國家と東アジア世界』(東京: 東京大學出版會, 1983)에 수록됨.

결여되어 있다. 마찬가지로, 전쟁의 산물로만 바라본다면 문화역사적 시야가 결여될 수밖에 없다. 물론 원래의 의미에서 말하자면 '동아'는 지리학적 개념이 었는데, 일본 제국주의 시대에 점차 지정학적 개념(일명 '地緣政治學')으로 발전된 것은 부인할 수도 없고, 피할 수도 없는 일이다. 문제는 지금 우리가 과연 어떤 입장과 어떤 자세로 동아시아 문제를 바라볼 것인가 하는 것이다.

2. 근대 중국어 맥락에서의 '동아시아'

무술변법戊戌變法으로부터 신해혁명辛亥革命에 이르기까지의 10여 년 사이에 많은 중국 청년들이 일본으로 건너가 일본을 통하여 서학西學을 배우는 한편, 일본 근대사회에 대한 현지 관찰을 통해 중국이 관념상의 혁명이 결여되어 있기 때문에 낙후되었고 공격을 당한다고 생각했다. 그래서 일본어로 번역된 서학의 명사 개념을 빌려 각종 관념적 혁신을 추진하기 시작했는데, '동아시아' 라는 말이 중국에 전해진 것도 바로 그러한 예이다. 사실 『국수학보國粹學報』보다 1년 앞선 1904년에 발간된 『동방잡지東方雜誌』는 「새로 나온 동방잡지 요약 장정章 程」 제1조에 "국민을 계도하고, 동아시아와 연계함을 취지로 한다"(以啟導國民, 聯絡東亞爲宗旨)고 명백히 선언했는데, 여기에 나오는 '동아시아'라는 단어에 주목 해야 한다. 이 같은 취지의 발표에는 물론 러일전쟁의 발발과 국학운동이 일어난 두 가지 시대적 배경이 있다. 여기서 언급된 '동아시아'의 개념은 그 출처를 명확히 밝히지 않았지만, 일본에서 나온 것임은 분명하다. 특히 '동아시아 연계 설'은 19세기 말 일본에서 나타나고 한때 성행했던 '흥아론興亞論'과 '대아시아주 의' 사조와 관련된 것임을 유념해야 한다. 예컨대, 청일전쟁 바로 전해인 1893년, 다루이 도키치(樽井藤吉, 1850~1922)는 그의 「대동합방론大東合邦論」(조선과 合邦하고 중국과 合縱할 것을 주장함)이라는 글에서 '동아시아'라는 용어를 명확히 사용했는데, 당시 동아시아의 여러 나라들은 중국 춘추전국시대의 칠웅七雄처럼 '진秦나라'에 먹히지 않으려 했지만, 결국 진秦에 의해 통일될 수밖에 없었던 점을 지적했다.

즉 동아시아가 궁극적으로 '일체一體'가 되는 것은 역사의 필연적인 흐름이라는 것이다. 여기서 진나라는 구체적으로 어느 나라를 가리키는가? '약육강식弱肉强食', '적자생존適者生存'이라는 원칙 아래 당시 광포하게 내닫던 서구 제국주의 열강들이 진나라의 역할을 맡을 것이고, 신흥 후발주자인 일본제국(1890년에 선포한 「대일본제국헌법」을 상징으로 하는)이 동아시아 각국을 통합하는 유일한 세력이라는 것이다. 다루이 도키치는 메이지 초기의 자유 민권론자였지만, 규슈 후쿠오카의 우익 조직인 '현양사玄洋社'의 멤버이고,[11] 메이지 17년(1884) 상하이에 세운 '동양학관東洋學館'(창립자는 나카에 조민)의 발기인 중 한 사람이기도 하다. 이 학관의 사명使命은 동아시아 부흥을 위한 인재 육성에 있었으며, 주로 중국어에 능통한 인재 양성을 목표로 했다. 즉 이 학관은 '청나라의 정치·인정·풍습·언어에 정통함'(「東洋學館趣旨書」 참조)을 취지로 삼았는데, 비록 단명하여 이듬해 9월에 해체되었지만 일본 근대사상 최초로 해외에 설립한 언어학교이고, 1901년 상하이에 설립한 '동아동문서원東亞同文書院'의 전신前身이다.

이에 앞서, 일본 근대사에서 최초의 아시아주의 단체인 '흥아회興亞會'가 메이지 13년(1880) 3월에 도쿄에서 설립되었고, 그 조직 산하의 '흥아학교'가 같은 해 2월에 출범했다. 옛날 구마모토 번주藩主 호소가와 나리모리(細川齊護)의 여섯 째 아들인 나가오카 모리요시(長岡護美)가 회장으로 추대되었고, 회원에는 청나라와 조선인들이 포함되었다. 당시에 이는 명실상부한 국제 단체였고, 훗날 동양학관 관장이 된 스에히로 시게야스(末廣重恭)가 바로 흥아회의 핵심

---

11) '玄洋社'는 일본 최초의 우익 조직으로서 1881년 2월에 설립되었는데, 그 활동 과정은 상당히 복잡하다. 이것은 대아시아주의 운동의 주요한 추진자 역할을 하였으며, 또한 孫中山, 黃興 등과 같은 당시 중국 혁명당인들의 주요한 원조자이기도 하였다. 그 파생 우익 조직인 '黑龍會'(1901년 설립)가 간행한 『東亞先覺志士記傳』(3권, 총 2700여 쪽)은 19세기 말에서 20세기 초에 중국 대륙 등지에서 활약했던 이른바 '대륙의 浪人'들의 사적을 주로 소개했다. 堀幸雄, 熊達雲 譯, 高士華 校, 『戰前日本國家主義運動史』, 第1部 第2章 「頭山滿與玄洋社」·第3章 「內田良平的黑龍會」(北京: 社會科學文獻出版社, 2010, 中日歷史問題譯叢), 7~23·31쪽을 참조. 별도로 葦津珍彦, 『大アジア主義と頭山滿(增補版)』(東京: 日本敎文社, 1972) 참조.

멤버 중의 한 사람이다. 이 단체는 이듬해 메이지(明治) 천황의 하사금 1천 원을 받았으나 얼마 되지 않아 침체상태에 빠졌다. 메이지 15년 5월, 흥아학교가 문부성의 허가를 받지 못하여 문을 닫으면서 문부성 직할의 외국어학교에 병합되었고, '흥아회'라는 회명도 메이지 16년(1883) 1월에 '아세아협회'로 개칭되었다가,[12] 후일 고노에 아쓰마로(近衛篤麿, 1863~1904)가 1898년에 창립한 '동아동문회東亞同文會'와 합병했다.

이로부터 '흥아론'은 19세기 말의 근대 일본에서 이미 일종의 사조가 되었고, 특히 그 배경에서 동양학관이 성립되었음을 알 수 있다. 또 다른 사회 배경으로는, 메이지 15년(1882) 3월에 현양사와 기타 단체가 규슈개진당(九州改進黨)을 조직하여 '공의정당公議政堂'으로 발전시킬 목적으로 규슈 지역에서 민권파에 광범위하게 호소하였고, 각지에 잇달아 설립된 정사(政社)를 지부로 하여 전국적인 연합 협의체 정당을 설립하려 했다. 이 정당의 초기 활동 중 하나가 바로 동양학관 건립 계획이었다. 발족 초기에 발표한 『동양학관취지서』에 다음과 같은 글이 보인다.

> 동양의 정수精髓가 청나라의 머리 위에 살아 있으니, 우리 일본과의 관계를 말하자면 수레의 덧방나무와 바퀴처럼, 그리고 입술과 이빨처럼 서로 뗄 수 없는 밀접한 관계에 있다.[13]

여기서 이른바 '동양'이란 주로 청나라와 일본을 가리키고, 청나라와 일본은 수레의 덧방나무와 바퀴처럼, 그리고 입술과 이빨처럼 밀접한 관계라고 표현했

12) 19세기 말 '흥아회'와 '아시아협회' 그리고 아시아주의 등의 문제에 관하여 藤穀浩悅, 「戊戌變法と東亞会」, 『史峰』 제2호(1989.3); 狹間直樹, 「初期アジア主義についての史的考察」, 『東亞』 제410~416호(2001.8~2001.3); 桑兵, 「興亞會與戊戌庚子間的中日民間結盟」, 『近代史硏究』 2006年 第3期를 참조.

13) 佐佐博雄, 「淸法戰爭と上海東洋學館の設立」에서 인용함. 『國土館大學文學部人文學会紀要』 제12호(1980.1), 58쪽. 열람 사이트 kiss.kokushikan.ac.jp/pages/

으며, '동양의 쇠운衰運을 만회하는 것'이 곧 학관 건립의 취지라는 것이다.[14] 이렇게 하여 동양이라는 단어는 서양과 대립하는 개념으로서 대항적 담론의 의미를 띠게 되었는데, 그 속을 들여다보면 이른바 '동양'이란 뒤에 등장하는 '동아'에 해당한다.

요컨대, 일본에서 '동아'의 문제가 관심을 끌기 시작한 것은 19세기 80년대부터였고, '흥아회'의 출범을 상징으로 하여 '대아시아주의' 또는 '아시아주의'와 같은 사회적 사조가 형성되었다. '동아시아'라는 용어는 원래 서양에 대한 지리적 개념으로서, 뚜렷한 지정학적 특별 의미를 가지지 않았다. 그러다가 1930년대 이후 '대동아 공영권' 개념이 등장하면서 동아시아라는 용어가 질적으로 바뀌어, 단순한 지리적 개념이 아니라 주로 지정학적 개념으로서, 정치·군사·외교의 배타적 의미에다 제국주의의 이데올로기적 의미가 더해지게 되었던 것이다.

3. 최근 몇 년간의 '동아시아유학' 연구에 대한 간략한 회고

일본에서는 전쟁 이전과 이후의 학술 용어가 크게 달라졌다. 전쟁 후 '동아시아'라는 단어는 거의 사어死語가 되었다. 동아시아 문제에 대한 사람들의 사상적 비판과 반성은 턱없이 부족하나, 그런데도 최근 20년간 동아시아 문제에 대한 논의는 인문사회학계뿐 아니라 정치 분야에도 심대한 영향을 미쳐 '동아시아' 하면 민감해질 지경에까지 이르렀다. 일반적으로 일본학계에서는 유학 문제를 다룰 경우에 그것을 대상화하여 대단히 객관적인 자세를 취한다. 에도유학에 대해서는 태연하게 연구를 하지만, 근대의 일본유교에 대해서는 마치 헌신짝 버리듯이 무시하고, 유학의 현재적 문제 및 미래 발전에 대한 논의들은 학자들의 관심 밖에 있다. 마치 유학이 현실 사회에서 완전히 유령 같은 존재가 되어버린 것으로 비쳐진다.

---

14) '東洋學館'에 관한 이상의 담론은 위의 佐佐博雄 논문을 참조.

그렇다면 일본을 제외한 동아시아 각국에서 최근 몇 년간 유학의 연구 상황은 어떤 새로운 변화가 일어났는가? 나는 한국학계의 동아시아유학 관련 연구 상황은 잘 모르지만, 대만 지역의 유학 연구에 대해서는 항상 관심을 가져왔다. 1980년대 초, 유학 연구의 시야를 동아시아로 넓힌 일련의 대만학자들이 있었다. 하지만 왜 유학을 동아시아를 배경으로 사색해야 하는가에 대한 명확한 자각 의식이 부족했다. 이런 유학 연구의 대부분은 개인의 언어적인 우세나 학문적인 배경 또는 학자 개인이 한·일 양국의 역사문화 연구에 관심을 가졌기 때문에 생겨난 것이었으므로, 여전히 동아시아 각국 간의 단절 상태에 있었다. 80년대 말부터 90년대 초에 구미 학계로부터 영향 받은 '아시아 자본주의'라는 문제로 인해, 특히 일본과 대만 지역의 적지 않은 학자들이 아시아 경제가 어떻게 급성장할 수 있었는지를 사상과 문화의 차원에서 모색하기 시작했다.

　　그렇지만 실제로 동아시아 문제, 나아가서는 아시아 문제에 대한 관심은 근대 일본과 심지어는 근세일본(1603~1868) 이래로 줄곧 존재해 온 문화적인 콤플렉스이고 사상적인 고민이었다. 예컨대 작고한 교토대학 명예교수 시마다 겐지(島田虔次, 1917~2000)는 1960년대에 펴낸 명작 『주자학과 양명학』에서 동아시아유학사나 동아시아사상사를 어떻게 구성할 것인가에 대한 관심을 촉구했지만, 당시만 해도 호응하는 사람이 거의 없었다. 정치·경제 등의 분야에서 보면 일본은 그동안 동아시아 문제에 대한 관심을 포기한 적이 없었고, 한때는 '동아시아 공동체'를 어떻게 재건할 것인가에 대한 논의까지 있었다. 전쟁 문제에 대한 일본 정부 및 학계 일각의 심각한 반성이 결여되어 있었음에도 불구하고, 일부 호사가들은 동아시아 공동체 헌장을 작성하기도 했다. 이와는 사뭇 대조적으로, 동아시아유학 문제는 일본학계에서 전혀 관심을 받지 못했는데 이는 일본의 근대화 과정에서 유학이 불가피하게 '자살'(와타나베 히로시의 말)에 들어간 것과 얼마간 관련이 있는 듯하다. 전후 일본의 유학이 이 '자살'의 과정을 완수했는지의 여부에 대해 성급히 단언하는 것은 바람직하지 않지만, 최소한 유학이 '죽음'의 전통이나 '객관적'인 연구 대상으로만 간주되고 있다는 것은 현재 대다수 일본학자들의 일반적인 인식이다.

그러나 최근 10여 년간 대만에서 동아시아유학 연구의 붐이 일면서 대만대학 한 곳에서만도 동아시아유학 관련 논저가 백여 종이나 출판되었다는 점이 흥미롭다. 나는 '이 산 속에 있지 않기에' 강 건너 불구경하는 처지이지만, 대륙의 배경에서 개인적인 견해를 조금 피력할 수 있다. 나의 글을 읽어 보고 대만학계의 동아시아유학 연구를 의심하는 목소리가 중국 대륙에서 일어나고 있다고 보는 대만학자가 있는데, 이는 과대평가이다.[15] 나는 대륙학계, 특히 중국철학계의 일부 친구들의 동아시아유학에 대한 태도가 차라리 냉담하다고 생각하는데, 그 배후에는 유학의 정종正宗이 여전히 중화의 대지에 있다는 의식이 자리 잡고 있는 것 같다. 따라서 그들은 주변 지역의 문화전통(유학문화를 포함)에는 별로 신경을 쓰지 않는다. 아주 당연하게 중국 대륙의 유학이 유일하고, 유학 중심도 물론 대륙에 있을 뿐 그 어떤 변화도 있을 수 없기에 일본이나 한국의 이른바 유학은 중국유학의 지점支店이거나 지류支流로서 철학적으로 논의할 가치가 거의 없고, 문화 형태에서 보더라도 기껏해야 가장자리 역할을 할 뿐이라고 생각하는 것 같다.

최근 유학과 국학에 대한 연구가 전국적으로 활발해지면서 대륙학자들이 문화적 자신감에 대해 이야기하는 데 열을 올리고 있는데, 이는 앞서 나온 이른바 '중국모델론'과 다소 유사하다. 그러나 '동아시아유학'에 대해서 관심을 보이는 사람들이 그다지 많지 않다. 그 이유를 단언하기에는 아직 너무 이르거나 아니면 시간을 좀 더 두고 지켜보아야 하겠지만, 최근 100년간 중국·일본·한국 간의 지식 교류가 비대칭 관계가 된 것, 즉 중국은 자신의 이웃에 대해 아는

---

15) 졸문, 「試說東亞儒學何以必要」, 『臺灣東亞文明研究學刊』 第8卷 第1期(2011.6), 310~320쪽; 「'東亞儒學' 芻議: 普遍性與特殊性問題爲核心」, 『中國學術』 總第31輯(北京: 商務印書館, 2012), 354~405쪽 참조. 졸문에 대한 張崑將의 논평은 그의 글 「'順'逆''去'中心的互動模式: 以東亞儒學爲中心的思考」(臺灣大學 高等人文社會科學研究院에서 주최한 '東亞儒學研討會' 會議論文, 2014.7.10)를 참조.

것이 적고 그들은 중국에 대해 아는 것이 많은 불균형 관계를 이루고 있다는 사실과, 근대화는 곧 서구화(구미화)이고 동아시아문화는 중화문화의 화신化身에 지나지 않는다고 여기는 점만은 확실히 지적할 수 있다. 이 같은 고질적인 두 가지 시각에 대한 학계의 진지한 성찰이 아직도 부족하다. 대만학계에서 왜 동아시아유학 연구의 붐이 일어나게 되었는가? 1999년 민진당民進黨 집권 이후 떠들썩했던 '탈중국화' 전략과 관련이 있는 것은 않은지 냉정하게 따져보고 응해야 할 문제이지만, 솔직히 말하자면 이 문제는 이미 학술 분야를 벗어났기 때문에 그에 대한 그 어떤 판단도 모두 학술과 정치에 연루되기 마련이라는 점을 경계할 필요가 있다.

4. '무엇 때문에 가능한가'와 '왜 필요한가'에 대한 문제

동아시아유학이 무엇 때문에 가능하고 왜 필요한가에 대한 문제는 사실 서로 연관되어 있는 것으로 순차적인 관계를 논할 필요가 없지만, 굳이 구별하자면 '무엇 때문에 가능한가'는 학문적인 문제에, '왜 필요한가'는 현 사회의 현실적 문제에 초점을 맞춘 것이라 할 수 있다. 학문적인 문제는 사실 이 문제에 앞서 이미 예정되어 있는 것이 있다. 즉 동아시아유학은 역사적 사실로서 우리가 구조화하기 이전에 이미 존재했던 것인데, 오늘날 '무엇 때문에 가능한가'를 논하게 되는 것은 자각 의식이 부족하기 때문이다. 황준걸 교수는 경전 해석학적인 입장에서 이 영역에 접근하여 매우 큰 공헌을 하였는데, 이 사실은 모두가 다 아는 것이니 여기서 장황하게 말하지 않겠다. 황 교수는 연구 과정에서 중시하고 반성해야 할 방법론적 문제들을 많이 제시했다. 예를 들어 '중심 대 변방', '정통 대 이단'의 틀에 박힌 사고의 위험성에 유의하고, '다문화를 견지해야 한다'는 입장을 분명히 했고, '글로벌 대화'의 관점을 제시했는데 모두가 중요하고 유익한 견해이다.

2014년의 '동아시아유학 심포지엄'에서 황 교수는 동아시아유학이 '왜 필요한가'라는 문제에 초점을 맞추었는데, 나의 생각으로는 두 가지로 요약할 수 있다. 첫째, '일국사—國史' 연구의 시야는 21세기 세계화의 새로운 시대에 걸맞지 않기에 유학의 미래 발전을 위해서는 '일국사' 시야의 한계를 극복하고, 거시적인 시야로 유학과 동아시아 각 지역문화와의 상호 작용과 융합을 살펴볼 필요가 있다는 주장이다. 이는 매우 식견이 높은 견해로 나는 이 의견에 전적으로 찬성한다.16) 다만 이런 견해는 1970년대 니시지마 사다오(西嶋定生)의 동아시아 세계 재건을 위한 '일국사—國史' 타파의 역사학 이론과 어떻게 다른가를 고찰해볼 필요가 있다. 둘째, 황 교수는 동아시아유학의 필요성은 바로 서양의 관점으로써 중국을 해석하는 '이서석중以西釋中'의 연구 방법을 깨뜨리기 위한 것이라고 지적했다. 그는 동아시아에 입각하여 동아시아를 사고해야 한다고 주장하면서 이를 '동아시아문화 전통 재再방문' 또는 '동아시아문화의 주류인 유가의 핵심 가치 재再방문'이라고 했고, 유학이 '글로벌시대 신 인문정신의 중요한 기초'가 될 수 있도록 하는 것이 목표라고 했다. 우리는 이러한 주장의 미래적 의미를 의심할 필요가 없다. 다만 '이서석중'의 저주를 깨기 위한 방법론적 구성이 어떻게 이루어질지는 아직까지 숙제로 남아 있다.

여기에서 나는 여러분들의 비판과 시정을 위해 두 가지 생각을 제기하고자 한다.

첫째, '일국사' 타파의 주장은 사실 최근에 나온 것이 아니다. 그 근원을 거슬러 올라가면 일찍이 20세기 전반기에 교토학파 중의 철학파와 서양사학파의 일부 학자들이 독일 관념론 철학(특히 헤겔)과 랑케, 드로이젠 등을 비롯한 독일 사학파의 영향을 받아 이미 '세계사'란 개념을 들고 나와 '세계사적 철학'을 구성하려고 애쓰면서, 그러려면 우선 '일국사'의 한계를 극복해야 한다고 여겼다. 나는 일본사학사 및 서양사학사 연구에 대해서는 문외한이므로 여기에

---

16) 위에서 인용한 黃俊傑의 견해는 그의 글 「爲什麼講東亞儒學」(臺灣大學 高等人文社會科學研究院에서 주최한 2014.7.10. '東亞儒學研討會'의 會議論文)을 참조.

대해 자세하게 말할 수는 없지만, 내가 요즘 '근대近代 초극超克'이라는 문제를 생각하면서 접한 문헌들을 보면 이른바 '세계사'의 구축이란 헤겔 철학의 절대이성絶對理性과 마이네케(1862~1954)의 국가이성國家理性 등과 적어도 어느 정도 이론적 관련이 있음을 느꼈다. 그들은 어떤 민족 국가의 역사도 '이성理性'의 포위에서 자유로울 수 없으므로 역사는 이성의 자아전개의 역사이며, 궁극적으로도 반드시 '절대 이성'의 실현으로 회귀한다는 것은 세계사를 구성하는 관념적 근간이라는 기본적인 발상을 가지고 있다. 이는 분명 역사 목적론의 관념적 도식으로, 2차 대전 기간에 불명예스러운 역할을 했다는 점을 오늘 깊이 반성해 볼 필요가 있다. '일국사'를 타파하는 것은 민족국가의 역사를 '강제 철거'한다고 해서 되는 것이 아니라, 어떻게 자국의 전통문화를 새로운 모습으로 나타나게 할 것인가의 문제를 위한 '깨뜨리고 세우는'(有破有立) 과정이어야 한다고 나는 생각한다. 오늘날 지역적 지식이 어떻게 세계적 의미를 지니는가 하는 글로벌 이슈의 논의에서 보듯이, 거꾸로 먼저 세계화된 동질성의 추상적이고 보편적인 가치관을 바탕으로 지역적 지식을 통제하거나 심지어 없애 버릴 수는 없다. 동아시아유학 문제의 복잡성은 그것이 중국·일본·한국·베트남 등과 같은 지역에 관한 지식이면서도 동시에 중국·일본·한국·베트남 간의 매우 복잡한 역사문화의 상호 교섭과 같은 지역공동체에 관한 지식이라는 데에 있다. 동아시아유학의 대화가 이러한 지역적 지식의 재건을 통하여, 동아시아 국가들 간의 유기적인 상호 작용을 위하여 적극적인 사상적 자원을 제공할 수 있을지의 관건은 바로 우리 자신에게 달려 있다. 이러한 의미에서 동아시아유학 연구는 학술적 문제일 뿐만 아니라 실천적 문제이기도 하다.

　　둘째, 다원문화론多元文化論도 사실은 19세기의 유럽에서 나온 이론인데 지난 세기 80년대 말, 냉전의 종식과 세계화의 발전과 더불어 다원문화 관념이 또 한 번 전 세계에서 흥기하면서 세계화 이론의 중요한 이론적 기초가 되었다. 나는 진래陳來 교수가 2005년에 제시한 '다원적 보편성'(多元普遍性)이라는 개념에 전적으로 찬성한다. 최근에 나는 '구체적인 보편성'(具體普遍性)이라는 개념을 사용할 것을 제의했다. 사실 '다원多元'은 문화 개념에 속한다. 왜냐하면 문화이론은 그 어떤 '문화'이든 모두 다 민족적이고 역사적인 것이지, 민족사를 초월하는 문화적 형태가 존재하지는 않기 때문이다. '구체적'이라는 단어는 원래 '추상적'이라는 용어에 상대하여 말하는 철학적인 개념이다. 유가의 문헌에서 찾자면 『맹자』에 나오는 '구체이미具體而微'가 최초의 사례일 것이다. 이것은 공자의 제자인 안연 등이 "성인인 공자의 한 부분을 닮아 있다"(聖人之一體)[17]는 것을 칭송하면서 표현한 말이다. 보편적인 것은 절대적인 것이지 상대적인 것이 아니지만, 보편적인 존재는 동시에 '구체적'일 수 있는 것(具體而微의 의미처럼)이어서 역사문화에서 벗어난 추상적 관념이 아니라고 나는 생각한다. 중국철학의 전통에 비추어 보면, 이러한 구체적 보편성은 '리일분수理一分殊'와 '체용일원體用一源'의 사유 방식이 반영하듯이, 형이상形而上은 형이하形而下를 배격하지 않고, 형이하의 세계에서 자신을 드러냄과 아울러 이러한 과정에서 리理의 보편성은 제거되지 않고 다원화의 세계에서 끊임없이 생장하고 번성한다. 따라서 '리일분수理一分殊'를 다원일체론多元一體論이라고도 할 수 있는데, 이는 중국철학 전통의 중요한 지혜로서, 당연히 우리가 중시해야 할 것이며, 또한 앞으로 동아시아유학 문제를 사고하는 중요한 자원으로 삼을 수 있다.

구체적 보편성 또는 다원적 일체론의 관념에서만이 보편성이 구체적인 지역문화에서 반드시 다원화적인 양상으로 전개될 수 있다. 따라서 유학의 핵심적인 가치(仁學과 恕道와 같은 것)는 반드시 절대일원적絶對一元的인 배타성이 아닌 다원적인 양상으로 나타나게 된다. 왜냐하면 유학의 가치관이 일본이나 한국에 전파된 후에 일본문화나 한국문화의 고유한 전통을 완전히 대체한다고는 상상할 수 없기 때문이다. 사실은 이와 반대로, 유교사상이 역사적으로 일본이나 한국 문화에 수용될 수 있었던 것은 바로 유학 자체가 개방적인 시스템으로, 근대 이전의 서양 기독교 전통처럼 일신론一神論의 관념으로 다른

---

17) 『孟子』, 「公孫丑上」.

문화에 대한 통제성을 보여 주지 않았음을 말해 준다. 다른 한편, 구체적 보편성을 강조한다고 해서 '리일理一'의 보편성을 부인하는 것은 아니다. 오히려 '천하의 공공의 이치'라는 보편성을 인정하는 바탕 위에서야 비로소 각종 구체적인 지역적 지식을 하나의 전체적 의미로 구성할 수 있다. 예를 들어, 유가에서 말하는 인애仁愛의 정신은 바로 일종의 보편성 원리(이성적 차원으로 끌어올린 '사랑의 이치')이지만, 이러한 원리의 보급과 실시는 오히려 자기 마음으로 미루어 남을 헤아리는 '추은推恩'의 원칙(즉 恕道의 원리)에 근거하여 실행하고 확충해야지, 높이 앉아 내려다보면서 남에게 받아들이라고 강요해서는 안 된다. 아울러 사람마다 진정으로 '자기의 마음을 미루어 남을 헤아릴 수 있다'(推己及人)면, 먼저 자신의 수신 실천부터 해야 한다. 그러면 "내가 원하지 않는 바를 남에게 행하지 말라" (己所不欲, 勿施於人)고 하는 유가의 '서도恕道' 원리가 실현될 수 있다.

요컨대, 유가의 핵심가치는 바로 구체적 보편성이라는 관념 아래 스스로 개방성을 유지하도록 해야 하고, 다른 지역문화의 '타자'와 대화하여 소통하고, 교류하면서 배우고, 상호 이해를 증진시켜 문명 간의 '충돌'을 피하는 것에 있다. 한때는 추상적 보편성에 대한 관념이 싫어서 그것과 대항하는 '특수성' 관념이 제기되기도 했다. 예를 들면, 전쟁 기간에 나타난 일본특수론은 보편과 특수의 이원대립적二元對立的 논리구조가 형성되어, 일본의 특수성으로 서구의 보편성을 극복할 수 있다고까지 여길 정도였고, 더 나아가 일본의 특수성을 역설적으로 전환시켜서 동아시아 맹주의 화신이 될 수 있다는 보편성을 이끌어 냈다. 나는 이러한 이원적 대결 논리를 완전히 깨뜨리면서도 지역적 문화 가치를 무시하거나 말살하는 결과를 낳지 않고, 지역문화의 자주성을 해치지 않는 것이 바로 구체적인 보편성 관념이라고 생각한다.

5. 요약

끝으로 몇 가지를 보충 설명하면 다음과 같다.

첫째, 우리는 1980년대 홍콩과 대만의 신유학이 대륙학계에 큰 영향을 끼쳤음을 알고 있다. 21세기에 들어, 당대 중국학계가 해외 신유학에 대한 반성과 비판에 나섰는데, 이러한 반성과 비판은 유학의 전반적인 새로운 성장에 큰 힘이 될 것이다. 동일한 맥락에서 대만의 동아시아유학 연구 또한 자기반성의 새로운 시기를 맞고 있다.

둘째, 나는 동아시아유학 연구가 21세기 유학의 새로운 발전 요소로 작용하도록 할 이유가 있고, 그것을 자발적으로 현대 신유학 운동으로 간주하여 총괄해야 한다고 생각한다. 이 연구의 실천이 더 많은 현실적 의미를 발휘하도록 하기 위해서는 지역문화나 각종 정치적 이데올로기의 견제를 극복하고, 중화문화中華文化 지역 및 동아시아문화 교류를 활성화하기 위한 노력에서 적극적인 추진 역할을 수행해야 한다.

셋째, 동아시아유학 연구 과정에서 비판적인 시각이 특히 중요하다. 왜 중요한지는 철학사를 조금이라도 아는 사람이라면 대부분 이해하고 있기 때문에 장황하게 늘어놓을 필요는 없지만, 우리의 시대에도 여전히 계몽이 필요하고, 비판을 통해서만이 계몽될 수 있다는 점을 강조하고자 한다. 여기서 예를 하나 들어 간단하게 설명하는 것도 괜찮겠다. 5·4운동이 내건 '민주'와 '과학'은 모두가 다 익히 알고 있는 구호이지만 이 강령을 실현하기 위해서는 '평판評判하는 태도'가 전제되어야 한다고 호적胡適이 주장했는데, 이 주장은 중요하다. 이른바 '평판'이란 오늘날 말하는 '비판' 또는 '비평'이다. 그렇다면 왜 '비판적' 태도가 민주와 과학을 실현하는 전제인가? 칼 포퍼(1902~1994)가 제2차 세계대전이 끝난 해에 발표한 책 『열린사회와 그 적들』[18]은 우리가 이러한 점을 이해하는 데에 도움을 준다. 그는, '열린사회'는 집권주의의 '폐쇄된 사회'에 비해 좋은 사회라고 지적했다. 왜냐하면 이런 사회는 비판에 대해 전면 개방할 수 있어 사상과 제도를 포함한 '일존一尊'에 의해 결정되는 그 어떤 절대적인 권위도

---

18) 칼 포퍼(Karl Popper), 陸衡 等 譯, 『開放社會及其敵人』(北京: 中國社會科學出版社, 1999).

존재하지 않기 때문이다. 사회의 개방성을 보장하기 위해서 민주적인 관념을 필요로 하는데, 민주란 바로 비판적 태도와 개방의 원칙에 대한 존중, 즉 '타자'에 대한 존중을 의미한다.[19] 동아시아유학이 무엇 때문에 가능하고 왜 필요한가 라는 두 가지 질문에 대한 궁극적인 답은 어쩌면 '타자'에 대한 존중, 담론 패권에 대한 비판, 열린사회 구축에 대한 끊임없는 추구에 있을지도 모른다.

넷째, 열린사회는 사실 다원적인 사회이다. 물론 문화적 다원성을 강조하면 서도 문화의 동질감 문제에도 관심을 가져야 한다. 왜냐하면 보편적 원리의 '분수성分殊性' 또는 구체성이 '리일理一'의 보편적 원리를 배격하는 이유가 될 수 없는 것과도 같이, 문화의 다원화는 문화적 동질감을 배척하지 않기 때문이 다. 비록 구체적 보편성의 관념이 열린사회 건설의 중요한 조건이 되어야 할 것이지만.

다섯째, 오늘날의 문화 다원화 사회에서 전통과 현실 사이에 여전히 긴장 관계가 존재하고 있다. 그러나 "제도는 없어졌지만 전통은 그대로"라는 역설적 으로 보이는 이 말은 성립될 수 없는 것이 아니다. 다시 말하자면, 유학사상이 의지하던 제도적 설계(예를 들면 정치와 종교가 분리되지 않고, 관직과 학문이 하나로 되는 것)는 이미 더 이상 존재하지 않고, 오늘에 있어서 정교합일政敎合一의 제도를 재건할 수도 없지만, 유교문화에 깃든 정신적 전통과 핵심 가치는 여전히 모든 문화 주체들의 마음속에 남아 있을 뿐만 아니라, 사람마다의 행동 방식 나아가 생활양식이 되었다. 문제는 어떻게 '전통'으로 하여금 현대화의 격동을 거치고, 중서문화의 보편적 원리에 대한 창조적 전환을 통해 시대와 더불어 나아갈 수 있는 현실적 의미를 가지도록 하느냐 하는 것이다. 바로 이러한 현재의 사회적 배경이 우리에게 동아시아 지역의 유학사상사에 대해 역사학적으로 재구성하고 해석하는 작업이 필요한 이유가 된다. 중요한 것은 사상사는 역사적

---

19) 호적과 칼 포퍼의 관점은 余英時, 「余英時談治學經驗」, 『東方早報 · 上海書評』 2014.6.29
   호를 참조. 何俊 編, 『師英錄』(上海: 上海辭書出版社, 2014), 35~36쪽에서 인용.

사실을 재건하는 동시에 의미를 부여하는 작업이라는 점이다. 학문적으로 보면 역사학 구성이 제1, 의미 부여가 제2의 순서에 속하지만, 현실적으로는 제2 순서가 제1 순서보다 더 중요하다.

요컨대, 오늘날 글로벌시대에 유학의 미래상을 살펴볼 때, 문화적 다원론의 입장을 견지해야 할 뿐만 아니라, 구체적인 보편성도 확립해야 한다. 또한 이로써 '타자'를 존중하고 문명 간의 대화를 진행하는 토대를 마련하여 '문화적 자신감'을 확립할 수 있어야 한다. 왜냐하면 '자신감'은 결코 '타자'를 무시하는 야랑자대夜郎自大(역자 주: 좁은 식견에 제 잘났다고 뽐냄)를 의미하지 않기 때문이다.

제1부

동아시아유학 문제에 대한 성찰

제1장 동아시아유학에 대한 소견
─보편성과 특수성의 문제를 중심으로*

이끄는 글

    1980년대로부터 주로 미국을 발원發源으로 하는 '유교문화권'이라는 개념이 제기되면서 이것이 한때 학계를 휩쓸고 많은 학자들이 이를 거울로 삼게 되었는데, 아시아의 '네 마리 용'의 경제적 비약을 '유교'에서 그 뿌리를 캐고 답을 찾았다. 그런데 이 개념의 제시가 사람들이 동아시아 사회발전의 제도적 원인을 밝히는 데 있어서 성찰의 공간을 제시하기는 하였지만, 요즘에 이르러 이러한 '목적론적인' 접근 방법에 문제가 많다는 것을 의식하게 되었다. 왜냐하면 문제의 답안이 이미 문제의 설정에 포함되어 있어서 '동아시아'와 '유교'란 무엇인가가 결국 자명한 개념의 틀이 되었기 때문이다. 하지만 '유교'나 '동아시아 공영권共榮圈'과 같은 개념에 민감한 현대 일본의 지식인들은 '유교 문화권' 개념의 사용에 거부감을 갖고 있다. 지난 세기말 90년대로부터 '냉전' 구도의 붕괴와 세계화의 물결, 그리고 동아시아 경제의 재도약이 일어남에 따라, 특히 21세기에 들어선 이후 최근 10년간 한자漢字문화권 학계에서 '동아시아유학' 연구의 붐이 슬그머니 일어났다. 1990년대 말, 대만과 한국 학계로부터 비롯된 이 연구 열풍은 지금까지 꾸준히 이어져 중국 대륙학계에까지 파급되기 시작하였다. 연구 성과가 매우 풍부한 대만학계의 동향에 대해서는 뒤에서 자세히 검토할

---

* 2010년 6월 27일 國際中國哲學會(ISCP), 中國哲學史學會, 武漢大學國學院 등이 주최한 '최근 30년간 중국철학의 발전: 회고와 전망'이라는 주제의 국제학술세미나에서 이 글을 발표하였다.

것이지만, 대류의 중국철학사 학계에서 지금까지 볼 수 있는 동아시아유학에 관한 대표적 저서로는 장립문의 『화합과 동아시아 의식』[1]을 거론할 수 있다. 여기서 말하는 '동아시아 의식'은 주로 유학을 중심으로 하는 '문화 의식'을 가리킨다. 그런데 동아시아유학에 관한 전문 저술은 진래陳來의 『동아시아유학 구론』[2]뿐이다.[3] 일본의 아시아론은 유래가 깊은바 19세기 말부터 '지나학支那學', '동양학', '동아시아' 등에 관한 학술 연구 성과가 풍부하게 축적되어 있다. 그러나 동아시아유학에 관한 연구는 의외로 드물어 고야스 노부쿠니(子安宣邦)의 『동아시아유학: 비판과 방법』[4] 정도를 언급할 수 있는데, 이 책은 대만의 동아시아유학 연구와 상호 작용한 결과인 것이 분명하다.[5]

황준걸黃俊傑은 2005년에 편찬한 『동아시아유학 연구의 회고와 전망』[6]에서 동아시아유학 연구의 발전과 그 문제점에 대하여 총결總結하고 미래를 전망하였

---

1) 上海: 華東師範大學出版社, 2001.
2) 『東亞儒學九論』(北京: 三聯書店, 2008).
3) 이와는 별도로 劉宗賢·蔡德貴 編, 『當代東方儒學』(北京: 人民出版社, 2003)을 참조할 수 있다. 물론 동아시아유학 분야의 논문을 말하자면 그 수가 더 많아진다. 여기서 참고할 만한 자료 3편 정도만 예를 들면, 李甦平, 「東亞儒學與東亞意識」(『中國文化』, 1998年 春季號); 郭齊勇, 「東亞儒學核心價値觀及其現代意義」(『孔子硏究』, 2000年 第4期); 牟鐘鑒, 「東亞儒學的復興」(2002년 中國人民大學 孔子硏究院 창립축제 및 '孔子와 當代' 국제학술세미나에서의 발표문)이 있다. 그리고 위 주제와 관련한 편저를 한 가지 예로 들면, 王靑 主編, 『儒敎與東亞的近代』(保定: 河北大學出版社, 2007)가 있다.
4) 臺北: 喜馬拉雅硏究發展基金會, 2003.
5) 총 12장으로 구성된 『동아시아유학: 비판과 방법』 중에서 제3장을 제외한 나머지는 모두 고야스가 대만 학술회의에 참석해 발표한 것이다. 1997년에 저술한 한 편을 제외하고는 모두 2000년부터 2002년 사이의 작품들이다. 고야스 노부쿠니의 저술은 대단히 많다. 중국어로 번역된 전문 저서로는 『東亞論: 日本現代思想批判』(趙京華 編譯, 長春: 吉林人民出版社, 2004); 『國家與祭祀』(董炳月 譯, 北京: 三聯書店, 2007); 『福澤諭吉「文明論槪略」精讀』(陳瑋芬 譯, 北京: 淸華大學出版社, 2010)이 있다. 이들 논저에 관한 상세한 목차는 林封良과 林鬱曄가 정리하고 孫軍悅이 옮긴 「子安宣邦著作目錄」(『文化硏究』 第6期增刊號, 2008年 夏季號, 臺北: 遠流出版社, 2008), 221~229쪽을 참조할 수 있다. 『文化硏究』 第6期(增刊號)는 고야스 노부쿠니(子安宣邦)의 개인 앨범으로서, 고야스의 논문 6편과 이와 관련되는 주제의 논문 7편을 수록하였는데, 참고할 만하다. 이 자리를 빌려 귀한 간행물을 선물해 주신 臺灣 淸華大學 祝平次 교수께 감사드린다.
6) 臺北: 臺灣大學出版中心, 2005.

다. 그중에서 황준걸의 「동아시아 유가경전 해석 전통 연구의 현황 및 전망」[7]이란 글은 대만학계를 위주로 하면서도 대륙학계를 포함하고, 동아시아유학을 중심으로 하면서도 경전해석 등 여러 가지 문제를 다루었는데, 2005년까지 약 10년 가까이 진행된 동아시아 연구 분야의 성과를 자세히 검토했다. 황준걸은 여기에서 이 시기 동아시아유학 연구의 기본적인 특징이, 경전해석을 연구 방법으로 하고 다원적 개방을 협력 모델로 삼아 동아시아 지역 인문학계의 많은 학자들을 통합하여 공동으로 동아시아유학의 국제적인 연구를 추진함으로써 상당히 풍부한 연구 성과를 거둔 것이라고 주장하였다.

2009년 10월, 섭국량葉國良이 「일본 한학漢學 연구에 대한 '국립' 대만대학의 노력」[8]이라는 글에서 일본 한학을 연구한 대만대학의 유구한 역사를 회고하였다. 그리고 동시에 근래 대만대학에서 주관했던 "동아시아 근세 유학에서의 고전해석 전통 연구 계획"과 "인문사회 고등연구원의 동아시아 경전과 문화 연구 계획" 상황을 중점적으로 소개하면서 2000년부터 2009년 8월까지 출간된 '동아시아문명 연구총서' 92종 가운데 45종이 일본의 한학 연구와 관련된 것이라고 지적했다.[9] 저자가 여기에서 '유학'이 아니라 '한학'이라는 용어를 쓴 것은 한학이라는 개념에 비해 유학이라는 개념이 훨씬 범위가 좁고, 역사와 문학에 관한 많은 연구도 '유학'이라는 개념만으로 포괄할 수 없다는 점을 감안한 것으로 보인다.

본문은 위의 황준걸과 섭국량의 회고 성격의 글을 기초로 하였는데, 이것은 최근 10년간 동아시아유학 연구의 역사를 돌이켜 보면서 그 속에 존재한 문제점들을 구명하고, 유학과 동아시아 사이에 나타난 보편성과 특수성의 긴장 관계에

---

7) 黃俊傑, 『東亞儒學: 經典與詮釋的辯證』(臺北: 臺灣大學出版中心, 2008)에 수록.

8) 日本關西大學亞洲文化交流中心, 『アジア文化交流研究』第5號(大阪: 關西大學, 2010).

9) 위 총서는 지난 2008년 上海 華東師範大學出版社에 의해 대륙 簡體字板 31종을 간행한 것인데, 그중 동아시아유학(일본한학과 조선유학을 포함) 관련 전문 저서가 22종에 달한다. 그만큼 동아시아유학 연구는 향후 중국학계에 폭넓은 영향을 미칠 것으로 예상된다.

초점을 맞추는 동시에, 최근 동아시아 문제에 대한 일본학계의 견해에 대해 소감을 밝히려는 취지에서이다. '동아시아유학'이 무엇 때문에 가능하고 왜 필요한가에 대한 해답은 '동아시아유학' 연구의 심화에 따라 점차 분명해질 것이라 생각한다.

1. 문제의 유래: '동아시아유학'이란?

'동아시아유학' 개념의 함의와 관련하여 '황준걸'이 아래와 같이 명확하게 밝혔다.

> 이른바 '동아시아유학'이라는 연구 분야는 공간적 개념이자 시간적 개념이다. 공간개념으로서의 '동아시아유학'은 유학의 사상과 그 가치 이념이 동아시아 지역에서 발전되고 의미를 형성한 것을 가리킨다. 이런 차원에서의 '동아시아유학'은 '송명유학', '도쿠가와유학' 또는 '조선유학'의 범주보다 그 범위가 넓기 때문에 '동아시아적인' 차원에서 보는 유학의 문제는 중국, 일본 또는 한국이라는 단일 지역에서 보는 유학 내부의 문제와는 대단히 다르다. 시간개념으로서의 '동아시아유학'은 각각의 국가별 유학의 전통에서 벗어난 경직되고 변하지 않는 이데올로기가 아니라, 동아시아 각각의 국가별 유학자들의 사상적 상호작용 속에서 시기에 따라 변화되고 시대와 함께 발전한다. 따라서 '동아시아유학'은 그 자체가 다원적인 학문 분야로서, 여기에는 전근대적인 '일원론'의 전제된 설정이 없기 때문에 '중심 vs 변경'이나 '정통 vs 이단'의 문제가 존재하지 않는다.10)

이는 '동아시아유학' 개념에 대한 비교적 뚜렷하고 확실한 정의로서, 일부 학자들이 '동아시아유학' 개념에 대해 가지는 의구심에 대한 대답이기도 하다.

---

10) 黃俊傑, 『東亞儒學: 經典與詮釋的辯證』, 「自序」(臺北: 臺灣大學出版中心, 2008), 1~2쪽 참조.

(뒤에서 언급하는 고야스 노부쿠니의 '동아시아' 관련 담론을 참조) 이른바 공간적인 의미에서 말해 보면, 즉 '동아시아'를 하나의 지역적 개념으로 본다는 것으로, 동아시아유학은 '유학사상과 그 가치 이념'을 지역적 차원에서의 발전과 내포적 의미를 연구하는 것에 있다. 그런데 여기서 동아시아 지역의 다양한 국가와 그 문화 전통 속에 보편적인 유학적 가치 이념이 존재하는가가 문제로 제기된다. 다시 말해, 유학사상이 하나의 일원론적 사상체계로 동아시아의 지역 공간에 존재했는가 하는 문제이다. 이 질문에 대한 답변으로 황준걸은 또한 시간개념을 설정하였는데, 시간개념으로서의 '동아시아유학'이 마침내 이러한 '일원적' 가설假說을 깨뜨릴 수 있다고 보았던 것이다. 시간개념으로서의 동아시아유학이란 동아시아 지역에서의 유학의 역사적 발전성을 강조하기 위한 것이고, 중국유학이 동아시아 지역에서 전파되는 가운데 '현지화'의 과정이 있었음을 강조하는 것이다. 황준걸은 이 과정에서 동아시아유학이 '다원적인 학술 분야'로 드러났다고 보았다. 즉 중국유학이 조선, 일본 또는 베트남과 같은 기타 지역에서 발전되는 과정이 서로 다르므로, 유학이 동아시아에서 필연적으로 '일원론'으로 나타나는 것이 아니다. 따라서 중국과 조선 또는 일본 사이에는 '중심 대 변경'이나 '정통 대 이단'의 문제가 존재하지 않는다는 것이다.

그러나 유학사상에 보편적 가치 이념이 있다고 설정한다면, 다른 지역에서의 역사적 발전에서 드러나는 다양한 형태에도 불구하고 그로 인해 그러한 가치 이념이 사라질 수는 없다. 그렇다면 우리가 여전히 그 속에서 유학사상의 보편적 원리를 개괄해 낼 수 있을까? 다시 말하여 문화 행태 상 여러 가지 다른 모습을 보일 수 있지만, 궁극적 의미에서 유학의 가치가 시·공을 초월하는 보편성을 가지는 것일까? 이것은 동아시아유학 연구에 종사하는 사람들이 반드시 응해야 할 중요한 문제이다. 동아시아의 유학 연구가 문자 상으로 '중심 대 변경', '정통 대 이단'을 상정하지 않는 것만으로는 부족하다는 것이다. 왜냐하면 구체적인 연구 과정에서 유학적 가치의 보편성과 지역문화의 특수성이 어떻게 조화되는지에 대한 의문이 제기되기 때문이다.

황준걸도 분명 이 문제의 중요성을 의식하였기 때문에 별도로 하나의 연구 경로를 설정하여 "경전의 보편적 가치와 해석자가 처한 지역적 특성 사이의 긴장 관계"의 문제를 중시함과 동시에 "해석자의 정치적 정체성과 문화적 정체성 사이의 긴장 관계" 문제에도 유의할 것을 주장하였다.[11] 여기서 두 번째 문제는 잠시 제쳐 두고 첫 번째 문제를 살펴보면, 사실상 위에서 언급한 유학적 가치의 보편성과 동아시아 지역의 특수성을 어떻게 조화시키는가 하는 문제와 일치한다. 황준걸은 "전자(즉 첫 번째의 긴장 관계)는 '보편성'과 '특수성' 사이의 긴장성일 뿐만 아니라 또한 경전 해석자와 경전 사이의 상호 작용의 긴장 관계로 표현된다"고 지적하였다. 동아시아유학의 '보편성'에 관하여 황준걸은 "유가경전에서 전하는 것은 '진리는 어느 곳에서나 다 옳으며, 백세에 성인을 기다려도 의혹되지 않는다'(放諸四海而皆准, 百世以俟聖人而不惑)고 하는 시간과 공간을 초월한 영원한 가치 이념이다"라고 명확하게 단언하였다. 또한 그는 "'특수성'이란 역대 고전 해석자들이 시·공을 초월한 존재가 아니라 구체적이고 특수한 역사적 상황에 처하여 시간과 공간의 제약을 받는다는 의미이므로 경전에 대한 그들의 해석은 그들이 처한 시대의 '특수성'을 보여 주기 마련이다"[12]라고 하였다. 그러나 나는 '특수성'이란 단지 '경전 해석자'의 시·공간적 존재에 의해 규정되는 '특수성'만을 가리키는 것이 아니라, 구체적인 지역의 공간 및 시간적 차원에서 '보편성'이 어떻게 역사적으로 전개되는가 하는 것도 포함하고 있다고 본다. 다시 말하자면, 특수성은 고전 해석에서 나타나는 경전 해석자의 주관적 특수성을 가리키는 동시에 구체적 시·공간 영역에 존재하는 보편성의 객관적 특수성도 가리킨다. 보편성이 존재이자 '전개 과정'(展現)이기도 한 것처럼, 특수성도 마찬가지로 경전 해석자의 일종의 사상적 전개 과정일 뿐만 아니라 또한 역사적 존재이기도 해야 한다. 따라서 '보편성 vs 특수성'의 긴장성은

---

11) 黃俊傑, 『東亞儒學: 經典與詮釋的辯證』, 3쪽 참조.
12) 위의 책, 132~134쪽 참조.

서로 다른 문화 전통을 가진 '특수한' 각각의 동아시아 지역들이 과연 '보편적인' 동일한 유교적 가치 체계를 갖고 있느냐 하는 근본적인 문제에 직면하게 된다.

황준걸이 위의 글에서 직접 이 문제를 언급한 것은 아니지만, 의미의 맥락에서 동아시아유학은 보편적인 가치관을 가지고 있다는 그의 기본 관점을 쉽게 읽어 낼 수 있다. 그는 동아시아유학은 역사적으로 '(사상) 발전의 연속성'과 '사상 구조의 유사성'이라는 두 가지 특성을 드러냈다고 주장한다. 이른바 '연속성'과 '유사성'이란 가리키는 바가 다르다. 하나는 역사를, 다른 하나는 구조를 지향하는데, 그렇지만 그 실질을 따지면 동아시아유학은 역동적인 역사적 발전이나 정적인 사상적 구조를 막론하고 모두 동일한 측면을 나타낸다. 이런 관점을 일본유학사 영역에 적용해 보면, 일본유학의 사상 발전은 그 자체의 '연속적' 특징을 가진 측면이 있고, 또한 일본유학의 사상적 구조가 중국유학과의 '유사한' 특징을 가지고 있는 측면도 있다는 결론을 도출할 수 있다. 이러한 결론의 전제는, 조금도 의심할 바 없이, 중국유학이라는 추상적이고 보편적인 유학이 존재하고, 일본유학(여기에는 '조선유학'도 포함될 수 있다)의 사상적 발전 및 그 구조가 모두 중국유학의 영향에서 벗어날 수 없다는 것이다.

물론 '유학'이라고 하면 다양한 특수 형태의 일본 또는 조선의 '유학'이라 하더라도 필연적으로 원천적인 중국유학과의 가족적 유사성을 띠게 된다. 즉 중국유학이 역사적으로 일본이나 조선에 일정한 영향을 미쳤다는 사실을 우리는 부인할 수 없다. 그러나 아래의 분석에서 보게 되겠지만, 고대의 경우는 논외로 하고, 근세로부터 근대에 이르는 일본의 유학에 대해 말하자면 참으로 유교사상의 발전이 연속만 있었고 좌절은 없었다고 할 수 없으며, 일본유학의 사상적 구조가 중국의 유학과 완전히 유사하다고는 더욱 말할 수 없다. 그렇다고 하여 유학 고전의 인류 보편적 가치가 지역적 차이에 의해 근본적인 변화를 일으키고 이로 인해 일본 특색의 다른 형태의 유학적 가치를 발전시켰다는 관점을 받아들일 수는 없다. 다만 도쿠가와시기의 유학(조선유학에 대해서는 잠시 제쳐 두고)을 놓고 말하자면, 지금 일본학계에서는 도쿠가와유학이 이론 행태와 주요한 관심 면에서 중국유학과의 '일치'보다는 '차이'가 훨씬 더 크다고 보는 것이 일반적인 견해이다. 물론 이러한 관점은 많은 사실 판단 문제와 관련되기 때문에 구체적이고도 세심한 역사적 연구를 필요로 한다. 그런데 지금의 문제는 이른바 '동아시아유학'이란 과연 존재하는가, 아니면 중국유학, 일본유학 그리고 조선유학과 같은 지역 유학만 있을 뿐, '동아시아유학'과 같은 보편적 유학이란 근본적으로 존재할 수 없는 것인가 하는 점이다.

이 문제는 한동안 큰 화제를 모았던 '중국에 철학이 있는가' 하는 논의를 연상케 하는데, 본질적으로 말하면 '중국철학'의 명분을 분명히 하는 문제이다. 이러한 문제는 사실 지난 20세기 30년대 이래의 오래된 문제이다. 즉 이른바 '중국철학'은 '중국에서의 철학'을 가리키는가 아니면 '중국의 철학'을 가리키는가 하는 문제이다. 필자로서는 이 문제를 다시 논의하려는 것이 아니라, '중국철학'의 정명正名 문제와 마찬가지로 이른바 '동아시아유학'에도 어떻게 명분을 분명히 할 것인가 하는 문제가 존재한다는 것을 언급하려고 한다. 나는 '동아시아유학'이란 '동아시아에서의 유학'을 의미하고, 더 구체적으로는 중국유학이 역사적으로 동아시아 여러 지역의 문화 전통 속에 존재하였다고 표현할 수 있는 역사적인 개념이라 생각한다. 이 말의 의미는 두 가지로 해석해 볼 수 있다. 하나는, 만약 중국의 유학이 없었다면 일본이나 조선 등 동아시아의 지역에서 '유학'이 저절로 생겨날 수 없었을 것이다. 왜냐하면 유학은 수학, 물리학과 같은 일반적인 지식이 아니기에, '동아시아유학'은 동아시아 지역에서의 중국유학의 역사적 존재를 의미한다 하겠다. 다른 하나는, 유학이 중국을 떠나 동아시아의 기타 지역에 전파될 때, 이 지역들은 문화의 진공상태가 아니어서 당연히 자체의 문화 전통 위에서 유학을 받아들이고, 유학을 다시 '현지화'하는 과정을 거쳐, 중국유학과는 다른 형태의 유학을 형성하였다. 예를 들면 일본유학, 조선유학이 바로 그렇다. 요약하자면 '동아시아유학'은 역사적인 개념이고, 동아시아 지역에서의 유학사상사를 의미한다. 그것은 동아시아 지역 문화의 한 역사적 형태일 뿐만 아니라 또한 동아시아 지역 유학의 일종의 사상 형태이기도 하다. 그러나 동아시아유학이라는 개념은 결코 중국유학이 동아시아 지역의 여러 형태의 유학을 대체할 수 있다는 것을 의미하지 않는다.

하지만 '동아시아유학'이란 개념에 의문을 제기하는 학자도 있다. 예를 들어 대만학자 장콘장張崑將은 수년 동안 일본유학을 전공한 경험을 들어 '동아시아유학'(또는 '동아시아유교')이라는 개념을 신중히 사용할 것을 제의했다. 그는 '동아시아유학'을 논할 때 중화中華문화를 핵심 또는 전체로 여기고, 다른 동아시아 국가들의 유교 수용을 부분적인 수용(이것이 바로 '중심 대 변경'의 사유 방식이다)만으로 이해하는 것은 위험한데, 이는 일본 막부幕府 말기의 미토학(水戶學)·국학파國學派의 자국 중심의 문화주의 논술이 보여 주듯이 결과적으로 자기 우월의 심리를 구축할 뿐이라고 판단했다. 그러므로 그는 "'동아시아유학' 또는 '동아시아 사서학四書學'이란 용어의 문제점을 지적하여, 중국의 유교나 사서학을 문화의 핵심으로 삼아 '동아시아'라는 개념에 공동적 실체를 가진 문화적 소재를 보충하려 하지만, 이것은 허구적인 개념에 지나지 않으며 또한 이러한 사실이 존재할 수도 없다"고 주장하였다. 그는 심지어 일본이 중국유학을 수용한 구체적 상황을 놓고 말할 때에도 '동아시아 주자학'이나 '동아시아 리학理學' 따위의 개념을 사용할 수 없다고 보았다. 왜냐하면 이런 개념들이 '일본에 적용되지 않기' 때문이라고 단언했다.[13)

그러나 나의 견해로는 '동아시아 리학理學'은 그렇다 하더라도 '동아시아 주자학'이라는 용어는 일정한 유래가 있다. 주자학을 동아시아의 범주에 넣어 연구한 것은 아마도 2000년에 대만의 한학漢學연구센터를 비롯한 여러 학술기관이 주최한 '주자학 및 동아시아 문명 심포지엄'에서 비롯된 것으로 보인다. 회의가 결속된 후 양유빈楊儒賓의 책임 편집으로 『주자학의 전개: 동아시아편』을 펴냈는데, 편집장은 「이끄는 글」(導論)에서 "주자학은 '동아시아의 것'일 뿐만

---

13) 張崑將, 「安藤昌益的儒教批判及其對四書的評論」, 黃俊傑 編, 『東亞儒者的四書詮釋』(臺北: 臺灣大學出版中心, 2005), 210~211쪽 참조.

아니라 '세계의 것"'이라고 선언했다. 그러면서 "'동아시아의 주자학'이란 개념
은 애매하다. 왜냐하면 그것은 '주자학'을 기본으로 하는 취지가 존재하지 않을
수 없기 때문이다. 하지만 중심에 위치한 이런 텍스트는 끊임없이 재해석되고
더 깊이 체현되어야 한다. 그렇기 때문에 솔직히 말해서 '동아시아의 주자학'은
다원적 중심의 주자학임을 면치 못할 것이다"14)라고 하였다. 이른바 '다원
중심'이란 '중심'의 다원화를 가리킨다. 이로부터 '중심 대 차次－중심'이란 개념
을 도출할 수 있는데, 이것은 위에서 말한 '중앙 대 변경'의 설정과는 많이
다르다. '차－중심'이란 원래의 '중심'에 상대되는 개념으로서 '변경'을 대체할
수 있는 개념이다. 그러므로 해석학적 시각에서 보면 '중심 대 차－중심'이란
설정은 '정통 대 이단'의 관점이 지니는 문제점을 피할 수 있다.15) 또한 2006년
2월에는 대만대학에서 '동아시아 주자학의 같은 가락(同調)과 다른 취향(異趣)'이
라는 국제학술회의를 개최하였는데, 회의를 마친 후 황준걸黃俊傑과 임유걸林維傑
의 책임 편집으로 같은 이름의 논문집을 출간하였다. 황준걸은 책 「서문」에서
'동아시아 주자학'은 적극적으로 추진할 만한 연구 분야라고 강조했다.16) 이
책 가운데에 '주자학과 근대 일본의 형성'(陳瑋芬 옮김)이란 제목으로 고야스 노부
쿠니(子安宣邦)의 논문을 수록하였다. 그 글의 일본어 원문은 『대만의 동아시아
문명연구 학간(學刊)』 제3권 제1기(총 제5기, 2006년 6월)에 발표되었는데, 원래의 제목
은 '주자학과 근대 일본의 형성: 동아시아 주자학의 같은 가락과 다른 취향'이었
다. 고야스가 학회 이후에 회의 주제를 자신의 논문 부제로 사용했는지 아니면
다른 사정이 있었는지에 대해서는 필자가 고증할 수 없으나, 다만 고야스가
'동아시아 주자학'이라는 명칭에 동의한다는 점은 분명하게 알 수 있다. 그러나
고야스는 광의적인 의미에서는 '동아시아 주자학'이라는 표현을 수용할 수 있지

---

14) 『朱子學的開展: 東亞篇』(臺北: 漢學硏究中心, 2002), 4·7쪽 참조.

15) '중심 대 차－중심'(陳來의 용어)은 중심이 고정불변한 것이 아니라 특정한 역사적
조건에 따라 전이될 수 있다는 뜻이다. 예를 들어 16세기 이후에는 주자학의 중심이
朝鮮으로 전이하여 중국에 있지 않았을 수도 있다.

16) 『東亞朱子學的同調與異趣』(臺北: 臺灣大學出版中心, 2008), 1쪽.

만, 좁은 의미에서는 '동아시아 주자학'을 이해하면 '진위를 분별하는 이분법'에 빠지게 되기 때문에 이러한 연구는 "정확하지 못하고, 무의미하며 또한 해로운 연구"라고 주장하였다.[17] 이른바 '진위를 분별하는 이분법'이란 동아시아 지역의 주자학과 원래의 주자학 사이에 '진실과 허위'의 2층 구조가 존재함을 미리 설정하고 이를 반드시 분별해야 함을 전제로 하는 '방법'이다. '진실'과 '허위'의 2층 구조라는 것은 '동아시아 주자학'이라는 명분 아래 중국 주자학을 중심으로 하면 '진실'이 되고, 이를 기준으로 일본 주자학을 판정하면 일본 주자학은 상대적으로 '허위'가 될 수 있다는 고야스의 우려를 드러낸 이론이다. 고야스의 이런 생각의 출발점은 여전히 '중심 대 변경'이라는 사고의 틀에 대한 우려와 반발에 있다. 그럼에도 불구하고 2009년에 채진풍蔡振豐이 책임 주필을 맡은 위 책의 '속편'인 『동아시아 주자학의 해석과 발전』이 간행되었다.[18] '동아시아 주자학'이란 용어는 동아시아유학이라는 이름 아래 새로 만들어진 단어이지만, 이미 일정한 분위기를 조성하여 유행하고 있음을 알 수 있다.

물론 장곤장張崑將이 염려하는 이유도 분명하다. 그의 역사적 고찰에 따르면, 일본 에도시대에는 유학이 천하를 통일하지 못했고 일본인들에게는 그들 나름의 '학문적 스타일'이 있었다. 예를 들면 소라이학(徂徠學)이나 미토학(水戶學)에서 우리들은 "'동아시아 유교' 또는 '동아시아 사서학'이라는 개념적 사고에 대한 공통성을 찾아볼 수 없다. 그뿐만 아니라 국학파國學派, 신도神道학파 그리고 널리 퍼진 불교 학술 단체가 존재하였는데, 그들은 유교를 적대시하거나 잠재적인 위협으로 간주하였다." 따라서 장곤장은 '동아시아의 무엇 무엇'이라는 과제를 다룰 때 과대 망상주의를 경계해야 하고, "특수성으로부터 출발하여 다원적인 시각과 방법으로 보편성을 발전시켜야 할 것"이라고 주장했다.[19] 그의 이러한 제안과 우려들은 일리가 있고, 그의 일부 표현법 또한 많은 일본학자들이

---

17) 위의 책, 155쪽.
18) 『東亞朱子學的詮釋與發展』(臺北: 臺灣大學出版中心, 2009), 5쪽.
19) 張崑將, 「安藤昌益的儒教批判及其對四書的評論」, 黃俊傑 編, 『東亞儒者的四書詮釋』.

즐겨 사용하고 있다. 예를 들면 '특수', '다원', '중심주의에 대한 반대', '중화문화의 실체성에 대한 반대', 특히 '중심 대 변경', '전체 대 부분' 등의 문제 설정은 원래부터 중국 중심주의를 비판하는 말로 쓰였던 것이다.

일본의 '특수성'을 중시해야지 유학의 보편성으로 그 특수성을 제멋대로 통제해서는 안 된다는 장곤장의 제안은 일본 도쿠가와시대 유학사상의 발전상을 다시 살펴보는 데 확실히 도움이 된다. 실제로 근세일본의 사상사에 있어서 유학이나 非유학 등 각종 사상이 동시에 병존하였다. 예를 들어 도쿠가와 이에야스(德川家康)가 집권(1600)한 지 얼마 지나지 않아 도쿠가와시대로 접어든 17세기에 많은 다양한 사상 양식을 지닌 학자들이 나타났다. 즉 하야시 라잔(林羅山, 1583~1657)의 주자학, 나카에 도주(中江藤樹, 608~1648), 구마자와 반잔(熊澤蕃山, 1619~1691)의 양명학, 야마가 소코(山鹿素行, 1622~11685)의 병학兵學, 이토 진사이(伊藤仁齋, 1627~1705), 오규 소라이(荻生徂徠, 1666~1728)의 고학파古學派, 그리고 18세기에 들어서 미야케 세키안(三宅石庵, 1668~1730), 이노우에 긴가(井上金峨, 1732~1784)의 절충학파, 가모노 마부치(賀茂眞淵, 1679~1769), 모토오리 노리나가(本居宣長, 1720~1801)의 국학파 등이다. 그들 중 유가를 옹호하는 사람도 있고 비판하는 사람도 있다. 그들의 유학관儒學觀도 심하게 일치하지 않는 양상을 보임으로써 도쿠가와 시기 일본의 백가쟁명시대를 열었다.[20]

반드시 지적해야 할 것은 17세기의 중국유학, 특히 송명시대의 주자학과 양명학이 도쿠가와시기의 일본에 들어온 이후 천하독존의 지위를 차지하지 못하였고, 더욱이 국가 이데올로기의 지위에까지 올라가지 못했다는 사실이다. 왜냐하면 신앙 및 제사 등 국가체제 차원에서는 주로 신도神道와 불교가 주도적 위치를 차지했고, 또한 사회적으로는 중국이나 조선처럼 과거제도가 유학의 전파에 중요한 제도적 담보를 해 준 것도 아니어서, 유학은 무사계층이나 일반

---

20) 이상의 논의는 張崑將, 『日本德川時代古學派之王道政治論: 以伊藤仁齋·荻生徂徠爲中心』(臺北: 臺灣大學出版中心, 2004), 제1장 「서언」, 1~2쪽을 참조. 澤井啟一, 『'기호'로서의 유학』(東京: 光芒社, 2000), 125~126쪽을 함께 참조.

대중의 지식적 취미가 되었을 뿐이기 때문이다. 이는 당시의 일본 사회가 중앙집권체제가 아닌 '막번幕藩체제'에 속했던 것과 큰 관련이 있다. 필자는 근세일본의 사상 형태와 지식 활동이 단일한 것이 아님을 역사가 말해 주기에 이에 대해 충분한 관심을 가지고 유학으로써 근세일본의 유학사상사 전체를 포괄하지 말아야 한다고 보지만, 그렇다고 해서 근세일본에서의 유학사상의 존재사를 부정해서도 안 된다고 생각한다. 일본문화사에서의 유학의 존재와 그 영향 또한 모두가 인정하는 사실이다. 다만 '동문同文·동종同種'이란 환상을 가져서는 안 되고, '중화문화일원론'을 미리 설정하여 중국유학이 근세일본 사회와 일반인에 있어서 압도적인 영향력을 가지고 있었으리라 여겨서도 안 될 것이다.

또한 우리가 '동아시아 무엇 무엇'이라는 호칭으로 동아시아사상사를 요약할 때 '유교'와 '유학'이라는 두 개념의 구분에도 각별히 주의해야 한다. 일반적으로 일본학계에서 '유교'와 '유학'의 사용이 매우 임의적인데, 전자는 유가사상의 교화체제를 가리키고, 후자는 유가의 의리 형태를 가리키는바 양자의 함의에는 미세한 차이가 있다. 만약 '동아시아 유교'로 일본 근세사상사를 요약한다면 도쿠가와시기 일본에는 이미 중국유학의 교화체제가 있었다는 인상을 확실히 준다. 그러나 사실은 유교가 도쿠가와시기 일본에서 천하를 통일하지 못했을 뿐만 아니라, 유가사상을 핵심으로 사회 각 층에 분포된 교학教學 제도를 구축했다고는 더욱 말할 수 없다. 따라서 이런 의미에서 우리는 '유교'가 동아시아를 뒤덮는 통제적 개념이 되지 않도록 '동아시아 유교'라는 표현에 조심해야 할 것이다.[21] 그러나 도쿠가와 사상의 역사적 상황을 놓고 볼 때, 유학사상 예를

---

21) 일본학계에서도 흔히 '일본유교'라는 용어를 사용한다. 예를 들어 服部宇之吉(1867~1939)가 安井小太郎(1858~1936)의 『日本儒教史』(東京: 冨山房, 1939)에 서문을 쓰면서 "日本儒教史란 두 가지 의미를 지닌다. 하나는 일본유학으로서의 역사이고, 다른 하나는 일본유학의 역사를 형성함에 있어서 우리들의 고유한 皇道와 융합되어 혼연일체가 된 것이 바로 일본유교이다"(1쪽)라고 하였다. 여기서 말하는 '유교'는 일본 황도와 일체를 이룬 일본유학을 가리키기 때문에 중국유학과는 근본적인 차이가 있음을 알 수 있다. 요컨대 '일본유교'는 일본화한 유교를 가리키고, '동아시아 유교'라고 하면 동아시아화한 유교를 가리키는데 이러한 유교 용어는 강한 포괄성과 통제

들어 공맹지도孔孟之道가 도쿠가와시대 일본학자의 대다수에게 깊은 영향을 미쳤다는 점도 부인할 수 없는 역사적 사실이다. 따라서 이러한 의미에서 '동아시아유학'이란 표현으로써 당시의 중국과 일본 그리고 조선의 사상적 상황을 개괄한다고 해도 역사적 사실에 어긋나는 허구는 아니라고 본다. '동아시아유교'라는 개념에 '중심 대 변경', '전체 대 부분'의 사고 흔적과 대단히 강한 '중국 중심주의' 의식이 있는지의 여부는 동아시아유학 연구자들이 스스로 이 문제에 대해 분명한 인식을 가지고 있는가 하는 것에 달려 있다. 왜냐하면 '동아시아유학'이란 근세 동아시아의 사상적 상황을 포괄하기 위해 설정된 뒤 시대의 개념으로서 이미 후세 사람들의 판단과 입장이 불가피했기 때문이다. 사실 근세 동아시아유학사상사 자체가 필연적으로 '중국 중심주의'의 내포를 가지는 것은 아니며, 일본유학이나 조선유학에 대한 배격을 내포하고 있는 것도 아니다. 반면, 동아시아에서의 유학은 필연적으로 각 지역의 문화적 전통과 서로 융화되거나 배척하는 관계를 이루어 각자 독특한 '현지화' 유학, '유학의 현지화' 또는 '유학의 재지화在地化'라고도 할 수 있는 유학을 낳게 되었다. 근세일본의 경우가 바로 '유학의 일본화'이다.

황준걸黃俊傑과 장곤장張崑將이 '유학'이라는 키워드의 구명에 편중했던 데 반해 일본사상사 연구 전문가인 고야스 노부쿠니는 대만대학에서 주최한 각종 국제회의에 참여한 초기에 또 하나의 중요한 키워드인 '동아시아'에 대하여, 특히 '동아시아' 서술의 역사적 내포에 대해 각별히 주목할 것을 거듭 강조했다. 그는 문명사·문화사로서의 '동아시아'는 "아시아를 이탈하려 열망했던 근대 일본 내부의 오리엔탈리즘의 주창자들이 만들어 낸 개념이지만, 이는 중화주의 문명 중심의 일원론적 요소를 바꾸기 위해 발전한 문화적 지역 개념이라는 점에 주목해야 하고, 이러한 새로운 문화적 지역 개념인 '동아시아'가 지역 내의 다원적 문화 발전을 낳을 것으로 우리는 예상할 수 있다"라고 했다.[22]

성을 띤다.

이로부터 동아시아는 자명한 지역적 개념이 아니라 문화적 지역 개념으로서 역사적 내포를 가지고 있음을 알 수 있다. 그것의 역사는 근대 일본의 '오리엔탈리즘'과 밀접한 관련이 있다.[23] 고야스는 근대 일본이 동아시아를 바라볼 때 바로 이러한 '오리엔탈리즘적' 시선을 적용하였다고 보았다. 이는 '동아시아'를 반드시 근대 일본의 역사적 장면에 담아 의식해야 함을 일깨워 준다. 또한 이 개념은 이중으로, 즉 서양 보편주의로 중국문화의 일원주의의 논술을 배격하는 측면과 일본특수론의 입장에서 유럽의 이른바 보편적 가치에 맞서는 측면이 얽혀 있다.[24] 더욱 중요한 것은 1930년대에 이르러 일본제국이 형성되면서 '동아시아'라는 개념 뒤에 또한 '일본제국의 지정학적' 의미가 가정적으로 설정되었다는 점이다. 고야스 노부쿠니가 거듭 이 점을 강조하고[25] 있는 것은 그가 해소할 수 없는 우려를 갖고 있기 때문이다. 즉 그는 우리가 만약 일본제국에 의해 재편된 '동아시아'의 개념을 진지하게 검토하지 않으면, 언젠가는 '동아시아'가 또 "지난날 일본제국에 대한 환상의 재생"이 될지도 모른다고 걱정한 것이다.[26] 일본학자들이 토해 내는 이 무거운 소리에 귀를 기울일 필요성이 있다.

---

22) 子安宣邦, 『“アジア”はどう語られてきたか: 近代日本のオリエンタリズム』, 「東亞槪念と儒學」(東京: 藤原書店, 2004), 187쪽에 수록.

23) 이른바 '오리엔탈리즘'이란 서양학자들이 스스로를 보편적 기준으로 삼아 동양을 정체되고 낙후한 특수 공간으로 보면서 서양의 보편적 원칙에 따라 서양의 보편적 세계에 통합되어야 한다는 시각을 가리킨다. Edward W. Said, 王宇根 譯, 『東方學』(北京: 三聯書店, 1999). 사이드(Said)의 오리엔탈리즘의 비판적 이론을 동아시아 영역에 포함시켜 근대 일본과 중국을 고찰함에 있어서 石之瑜, 『日本近代性與中國: 在世界現身的主體策略』(臺北: 國立編譯館, 2008)을 참조할 수 있다.

24) 위의 『“アジア”はどう語られてきたか: 近代日本のオリエンタリズム』, 188쪽을 참조.

25) 고야스 노부쿠니가 2000년 11월에 성균관대가 주최한 '동아시아 국제학술세미나'에서 발표한 논문 「昭和日本と'東亞槪念」에서 이미 '동아시아'에 관한 문제를 명확히 천명하였다. 이 논문은 『環』 5號(東京: 藤原書店, 2001.4)에 발표되었고, 본인의 글 『“アジア”はどう語られてきたか: 近代日本のオリエンタリズム』에도 수록되었다.

26) 고야스 노부쿠니, 『“アジア”はどう語られてきたか: 近代日本のオリエンタリズム』, 189쪽 참조.

고야스 노부쿠니는 '동아시아' 담론에 대한 엄격한 비판 외에도 '실체의 동아시아'에서 '방법의 동아시아'에로의 전환을 적극 제안했다. 그는 동아시아 각지의 유학사 연구자들에 대해 말할 것 같으면, 유학사를 문화적 지역의 개념인 '동아시아'와 결합시킨다면 담론의 원점을 찾을 수 있다는 점을 인정했다. 그는 아울러 "중국에서 기원한 유학·유교 문화의 동아시아 각 지역에서의 다양한 전개"만을 서술한다면 "이는 1930~40년대 일본제국의 '동아시아' 문화사 논술과 다르지 않는바", 이를 피하기 위해서는 동아시아를 재구성할 때의 실체의 동아시아 개념을 '사상적 방법의 개념'으로 전환할 필요가 있다고 엄숙히 제안했다.27) 이른바 '방법으로서'라는 말은 현대 일본학자들이 매우 즐겨 쓰는 특수한 개념이다. 다케우치 요시미(竹內好)의 '방법으로서의 아시아'와 미조구치 유조(溝口雄三)의 '방법으로서의 중국'으로부터 고야스 노부쿠니(子安宣邦)의 '방법으로서의 에도(江戶)' 등에 이르기까지 '방법으로서'라는 말은 중국어의 표현 관습에 잘 맞지는 않지만, 그 취지는 '중국'이나 '유학'과 같은 연구 대상을 반드시 '타자화', '특수화' 해야 한다는 것에 지나지 않는다. 이에 근거하면 '방법으로서의 동아시아'는 곧 동아시아가 다원적인 문화 개념이고, 동아시아에서의 유학은 '타자'의 의미만 지닐 뿐 완전성과 동일성을 가진 실체는 아니라고 주장하는 것이다. 나는 '중화문화권'이나 '한자문화권' 등의 개념에 의해 만들어진 중화문화 일원론적 논점을 깨고, 기존의 동아시아 담론의 실천을 실체적 묘사에서 방법론 구축으로 바꾸며, 그러는 과정에서 반드시 대상으로서의 즉 '타자화 된' 중국 주체성을 철저히 부정해야 해석자의 주체성이 부각된다는 것이 이러한 관점의 본질이라고 본다.

고야스 노부쿠니는 1997년 대만 성공대학에서 열린 '대만의 유학儒學'이라는 학술회의(정식 명칭은 '대만 유학 연구 국제 학술심포지엄')가 바로 그 '방법으로서의 동아시아 담론'의 가장 좋은 사례라고 열정적으로 주장하였다.28) 그러나 그로부

---

27) 위의 책, 194~195쪽 참조.

터 몇 년이 흐른 뒤, 그는 기대함에서 실망함으로 바뀌었고, 대만대학이 주관하는 동아시아문화 연구 활동에서도 점차 모습을 감추었다.

2. 접전이 없는 논전: '동아시아'란?

지난 세기와 금세기가 교체되는 전후 몇 년간 고야스 노부쿠니는 대만학계의 귀한 손님이었고, 그의 저서인 『동아시아유학: 비판과 방법』의 대부분의 글이 2000년부터 2002년까지 대만 동아시아 학술회의에 참가하여 발표한 것이다. 그로부터 고야스 노부쿠니가 '동아시아유학'의 담론 실천에 적극적이었음을 알 수 있다. 그러던 그가 2005년 2월 22일에 대만대학의 동아시아문화 연구에 대한 불만을 서면으로 드러냈다.[29] 필자는 그 자세한 이유에 대해서는 알지 못하겠고, 함부로 추측하는 것도 좋지 않다고 본다. 고야스 노부쿠니와 대만학계의 사이에 동아시아유학 문제에 있어서 도대체 어떤 의견 충돌이 생겼을까? 이런 의견 차이는 또 어떤 가치 있는 문제들을 제시하는가 하는 것들이 우리들의 관심사이다. 아래에서는 먼저 '동아시아'라는 용어부터 말해 보자.

'동아시아'라는 단어가 원래 일본인들이 사용하던 용어인 것은 의심할 바 없다. 앞에서 언급했듯이 그중에는 제2차 세계대전 이래의 '전쟁 기억들'을 갖고 있어 오늘날 우리가 사용하고 있는 '동아시아'란 용어와 한데 섞어 논할 수 없다. 동아시아란 용어의 어원학 문제에 대하여, 특히 중국과 일본의 근대 역사에서 이 용어가 어떻게 등장하고 변화되었는가의 문제에 대해서는 진위분陳

---

28) 고야스 노부쿠니, 『"アジア"はどう語られてきたか』, 196쪽 참조.

29) 도쿠라 쓰네노부(戶倉恒信)에 따르면, 고야스 노부쿠니가 대만대학 동아시아 연구 계획에서의 '탈퇴 선언'을 편지에 담았다고 한다. 戶倉恒信, 「省思'東亞的近代'的必要性: 從子安宣邦的'來台'意義談起」, 『文化研究』 第6期 增刊, 2008年 夏季號(臺北: 遠流出版, 2008), 186쪽 참조. 그러나 사실상 고야스가 연구 계획의 구성원이 아니기에 '탈퇴'란 말이 성립하지 않으므로 도쿠라의 말에 과장된 부분이 없지 않다.

제1장 동아시아유학에 대한 소견 61

瑋芬의 논문「동양·동아·서양과 지나支那」30)에서 상세히 다루었다. 그는 고야스 노부쿠니의 서술에 토대하여31) 이 용어는 『사원詞源』, 『사해詞海』 등 중국의 주요 사서辭書에 등장하지 않고, 1920년대의 일본에서 등장했는데, 처음에는 학술적 전문 명사로 사용되었고 또한 문화적 내포를 담은 지역적 개념을 가리키기도 했다가 30년대 이후 점차 지정학적 개념으로 자리 잡으면서 '동아시아 공동체', '대동아 공영권'을 구축하는 일본제국의 이념으로 확장되었다고 주장했다.

'동아시아'에 관한 최초의 논의는 좌익의 사상가 오자키 호쓰미(尾崎秀實, 1901~1944)의 다음과 같은 언론이 대표성을 띤다.

> 지금의 상황에서, '새로운 질서'를 실현하기 위한 수단으로서의 '동아시아 협동체'
> 는 확실히 일본·지나支那사변(인용자의 설명, 1937년 '7·7사변')의 과정에서 잉태된
> 역사적 산물이다.32)

이른바 '새로운 질서'란 서구 제국주의가 주도하는 '세계 구질서'에 대비되는 용어이고, '동아시아 공동체' 개념이 전쟁 배경에서 나온 만큼 정치적 의도가 짙음을 알 수 있다. 그 후 생겨난 '대동아 공영권'에 이르기까지 이러한 정치적 의도는 '대동아'는 '일본 위주'이고, '지나(중국) 및 그 주변과 지나 정치문화권에 예속되었던 여러 나라와 민족'을 포함하며, '지나 정치문화권 외의 남쪽 여러

---

30) 陳瑋芬, 『近代日本漢學的"關鍵字"研究: 儒學及其相關槪念的嬗變』(臺北: 臺灣大學出版中心, 2005), 101~135쪽 참조.

31) 子安宣邦, 『"亞洲"是如何被論述的』(2004), 187~189쪽 참조.

32) 尾崎秀實, 「東亞協同體の理念とその成立の客觀的基礎」, 『中央公論』 1939年 1月號에 실림. 米谷匡史 編, 『尾崎秀實時評集: 日中戰爭期の東アジア』(東京: 平凡社, 2004, 東洋文庫本), 187쪽. 오자키 호쓰미(尾崎秀實)가 '동아시아 공동체'(일명 '동아시아 협동체') 이론 구축에 참여하게 된 과정에 대해서는 野村浩一 著, 張學鋒 譯, 『近代日本的中國認識: 走向亞洲的航跡』, 第2章「尾崎秀實與中國」(北京: 中央編譯出版社, 1998), 171~199쪽 참조. 좌익 사상가인 오자키가 추구하는 '동아시아의 새로운 질서 사회'는 '세계혁명의 일환'(위의 책, 196쪽)으로, 이는 일본제국의 동아시아 담론과는 다르다.

나라와 민족'도 포함되는 것으로 해석되었다.[33] '일본 위주'를 의미하는 이른바 '대동아 공영권'은 바로 일본이 당시 침략 전쟁을 감행하는 변명을 표현한 관념이다.

왜 반드시 '일본 위주'가 되어야 하는가? 이는 중국이 아닌 일본이 "삼천 년 동양문화의 정수를 구현하였고", 더 중요한 것은 근대에 이르러 일본만이 "서양 문화와 과학을 받아들이고 동·서양 문화를 융합시켜 동양의 주요 세력이 되었기에, 일본은 동양문화의 빈틈없는 융합을 위해 미리 준비하는 절대적인 자격을 가지고 있다"는 견해가 이미 당시 군주제 일본의 국가 이데올로기에 의해 형성되었기 때문이다.[34] 학자들의 이런 논의와 관점은 일본제국의 침략행위에 이데올로기적 수요를 만족시켰다는 것은 두말할 것도 없다. 바꾸어 말하면, 그들은 당시 전쟁의 합리성을 관념적으로 증명하려 했던 것이다. 1943년 일본제국이 국가 선언으로 발표한 『대동아공동선언』(도쿄: 新紀元社, 1944)은 '동아시아 공동체'가 이미 국가의 이데올로기로 상승되었음을 의미한다. 이 『선언』에서는 중국 및 남태평양에서 벌인 전쟁이 아시아를 영·미의 질곡으로부터 해방시키기 위한 정의로운 전쟁이자 '세계의 평화를 구축하기 위한' 전쟁이라고 공공연히 주장하였다.

그렇다면 1945년 이후 '동아시아'(東亞)라는 용어가 사회적으로 사라진 것은 이 단어의 역사적 함의와 문제 자체도 사라졌음을 의미하는 것일까? 그렇지 않음은 물론이고, '동아시아'에 담긴 전쟁의 기억은 결코 동아시아 여러 나라들에서 사라진 적이 없음은 더 말할 것도 없다. 20세기 초 일제의 침략 행위에 대한 사상적 비판이 현대 일본(1945년 이후)에서 끊임없이 진행되었다. 하지만 이런 비판의 목소리가 일부 학계 내부에만 국한되어 장기간에 걸쳐 일본 이외의 세계, 특히 침략 전쟁의 피해를 크게 받은 동아시아 지역에 적극적으로 전달되지

---

33) 矢野仁一, 『大東亞史の構想』(東京: 目黑書店, 1944). 위 陳瑋芬의 저술, 133쪽에서 재인용.
34) 平野義太郎, 『大アジア主義の歷史的基礎』(東京: 河出書房, 1945). 위 陳瑋芬의 논문, 131쪽에서 재인용.

못하였기에 중국·북한·한국 등지의 국민들에게 일본 정부가 여전히 그 침략 전쟁에 대한 깊은 반성이 없다는 인상을 주고 있다. 20세기 90년대 중반 이래 일본 국회의원 105명으로 구성된 '역사연구회'가 출범하였고, 1995년에 『대동아 전쟁의 총화』[35]가 간행되어 그 전쟁의 침략적 성격을 노골적으로 부인했는데, 그들의 목소리가 일본 국민의 목소리를 대변하고 있는지 의문이 든다. 더욱이 이목을 끄는 것은 이 책의 간행이 마침 전후 50주년을 맞는 해이고, 일본 정부가 그 전쟁의 침략성을 인정하고 아시아 피해국들에 사과한 '무라야마 담화'(村山談 話)를 발표한 것도 같은 해라는 점이다. 그 해, 우익 지식인들로 구성된 '자유주의 사관史觀 연구회'가 출범하여 역사 수정을 주창한 것 또한 상징적인 사건이다. 2년 뒤인 1997년, 같은 입장을 지닌 '새 역사교과서 편찬회'가 설립되어 지식층의 전쟁 비판과 반성을 모두 '자학사관自虐史觀'이라고 몰아붙였다. 이로부터 '동아 시아'는 역사적 문제일 뿐만 아니라, 지금도 여전히 민감한 현실 문제임을 알 수 있다. 물론 이러한 우익 사조를 호되게 비판하는 일본의 지식인들도 적지 않다.[36]

따라서 '동아東亞'를 '동아시아'로 바꾸는 것은 해결책이 아니라 오히려 문제 를 더욱 복잡하게 만든다. 그래서 고야스 노부쿠니(子安宣邦)는 "'동아東亞'는 죽고 '동아시아'가 태어났는가?'[37]라고 질문한 바 있다. 이에 대한 고야스의 대답은 부정적이다. 그는 제2차 세계대전 이후 오랜 기간 동안 '냉전 구도'가 이루어지면 서 아시아 문제에 대한 일본의 '국가적 판단'이 '정지 상태'에 머물고 있다고 지적했다. 즉 일본은 과거사 청산과 새로운 아시아 관계 구상에 대해 '국가적

---

35) 日本輾轉社, 1995 출판; 新華出版社, 1997 중국어 번역본 발행.
36) 小森陽一, 『天皇の玉音放送』(東京: 五月書房, 2003); 『天皇的玉音放送』(陳多友 譯, 中譯本, 北京: 生活·讀書·新知三聯書店, 2004). 高橋哲哉, 『靖國問題』(東京: 築摩書房, 2005); 『靖 國問題』(黃東蘭 譯, 孫江 校, 中譯本, 北京: 生活·讀書·新知三聯書店, 2007) 참조. 小島毅, 『靖國史觀: 幕末維新という深淵』(東京: 築摩書房, 2006). 高橋哲哉 著, 徐曼 譯, 『國家與犧 牲』(北京: 社會科學文獻出版社, 2008). 중국어 논저는 趙京華, 『日本後現代與知識左翼』(北 京: 生活·讀書·新知三聯書店, 2007) 참조.
37) 子安宣邦, 『"亞洲"是如何被論述的』, 「昭和日本と'東亞'の槪念」, 101쪽.

의미'에서 아시아 각국에 분명한 입장을 여태까지 밝히지 않고 있다는 것이다. 더욱 한심한 것은 80년대의 '냉전 구도'가 무너진 후에도 이러한 판단중지 상태가 계속되고 있다. 그러므로 제2차 세계대전 이전의 '동아' 개념의 '죽음'을 청산하지 않은 채 단지 '동아시아'를 재구성하려 꿈꾸는 것은 자신을 속이는 것이나 다름없다고 우려한다.

'문화적 개념으로서의 동아시아가 가능한가'에 대하여 고야스는 "이른바 문화적 개념이라는 '동아시아'는 중화주의의 문명 일원론적 지향성을 상대적 형태로 재구성하는 지역적 개념이다"라고 정의했다.[38] 이는 문화적 개념으로서의 '동아시아'가 전쟁 이전의 지정학적 개념인 '동아시아'에 대한 반성과 비판 위에서만이 형성될 수 있고, 중국을 기원으로 하는 문명이라는 광범위한 지역의 '공통적인' 지리 개념 내부에 존재하는 '다원적' 문화 형태를 의미한다는 것이다. 이것은 문화적 개념일 뿐만 아니라 더더욱 일반적 의미에서의 '광역적' 개념이라고 한다. 고야스는 이 개념의 '광역성'에 의해 자국 내 자민족 중심주의를 상대화할 수 있음으로써 문화로부터 경제에 이르기까지의 다양한 생활영역을 아우를 수 있고, 공간적으로도 다양한 차원의 상호 교류를 포함할 수 있어 동아시아는 국가 간 관계의 '실체화'가 아니라, 생활자의 상호 교류를 가능케 하는 일종의 '관계역關係域'을 나타내는 문화 지역적 개념, 즉 방법의 개념이라고 하였다.[39] 그리고 이렇게 하는 것이야말로 우리의 손으로 제국 일본의 '동아' 개념을 해체하고 새롭게 '동아시아' 개념을 구축할 수 있는 방법이라고 하였다. 요약하자면 고야스가 제시한 '동아시아'는 하나의 방법론적 개념으로 중화문명을 상대화한 문화적 개념이고, 이 광범위한 지역에서의 문화적 다원성을 인정하는 개념이다. 따라서 '방법으로서의 동아시아론' 또는 '문화 지역적 동아시아론'이라고 할 수 있다. 이로부터 1990년대에 등장한 '동아시아론'에 대해 그가 민감하

---

38) 위의 책, 103쪽.
39) 子安宣邦, 『"亞洲"是如何被論述的』, 「昭和日本と'東亞'の概念」, 103~104쪽.

게 반응하고 조심하는 이유도 이해할 수 있다. 그는 1930년대 제국 일본의 '동아시아론'을 완전히 청산하기 전에 섣불리 '동아시아 재구성'을 거론하는 것은 무책임하고 비판정신이 결여된 태도라고 보면서 우려를 드러냈다.

고야스의 이러한 우려는 일리가 있고, 역사학자로서 20세기 초의 '동아시아론'을 정리하여 그것이 탄생한 정치문화적 배경과 그 내적 의미 및 지향점을 명확히 할 필요가 있다. 그러나 21세기에 이르러 중국 및 대만 학자들이 '동아시아'를 다시 거론할 때는 지정학적 시선에서가 아니다. 그렇다고 하여 제국 일본의 '동아시아론'과 억지로 비교하려는 의도는 더더욱 없다. 솔직히 말해서 지금의 중국은 일본이 왜 '동아시아' 문제에 대한 '판단을 멈추고 있는가'에 대해 어느 정도 관심을 갖고 있고, 때로는 과격한 말도 한다. 그렇지만 역사의 사실과 현상인 근세 동아시아의 '유학' 문제에 대해 관심을 갖는 학자들은 소수일 뿐이고, 그들의 담론도 대부분 근세의 동아시아유학 문제에 그칠 뿐이지, 제국 일본의 '동아시아론'에 대해서는 그다지 관심을 갖지 않는 것이 학계의 실정이다. 이에 대해 고야스는 우려를 거듭 표명하면서, 학자들이 둔한 것이 아니라면 다른 마음을 품고 있다고 했는데, 사실 이러한 염려는 지나치다. 일제의 '동아시아론'에 대한 역사적 청산은 일본학자들이 자율적으로 노력해야 할 임무이고, 동아시아의 다른 나라 학자들에게 분명한 메시지를 전할 의무가 있기에 동아시아유학 연구에 종사하는 중국학자들의 학술적 취향과 혼동해서는 안 된다. 물론 일본학자들의 이런 시대적 위기 의식과 역사적 비판 의식을 중시해야 하고, '동아시아' 문제에 대한 그들의 비판적 조언도 숙고해야 한다.

그러나 고야스는 동아시아 문제에 대한 과거사 반성에 그치지 않고, 오늘날 동아시아유학 연구의 경향에 대해서도 각별히 주의를 기울여야 할 문제점들을 제기했다. 예를 들어, 고야스 노부쿠니는 오늘날 동아시아 담론이 중화문화 일원론을 부활시킬 수 있음을 대단히 경계하면서 예로부터 중화문명일원론을 중심으로 하는 동아시아론에는 '중심과 주변'이라는 기본적인 사유구조가 있어, 이로부터 정치적으로는 '주도와 복종'의 구조, 문화적으로는 '발원과 수용'의 구조가 형성되었는데, 이러한 사유 구조의 실질은 중국의 전통적인 '화이질서華夷秩序'의 구조로서 그 결론은 '중화제국을 중심으로 하는 문화일원론'으로 이어질 수밖에 없다고 지적했다.[40] 이러한 '문화일원론'에 대한 고야스의 비판은 아주 강했고, 황준걸의 관심도 충분히 끌었다.(뒤에서 자세하게 설명할 것임) 역사적으로 이러한 '일원화의 동아시아 세계'가 처음 등장한 것은 수·당의 중화제국을 상징으로 한다.[41] 수·당 중화제국의 '일원론'이 20세기 초에 이르러 이와 비슷한 또 다른 동아시아의 새로운 질서 건설을 슬로건으로 내건 일본 제국주의의 '일원론'으로 등장했다는 사실이 참으로 기묘한 느낌이 든다. 우리는 여기서 두 가지 일원론을 구분해 보자. 만약 전자가 중화문명을 중심으로 했다면, 후자는 과연 어떤 문화를 중심으로 한 것일까? 근대화(즉 유럽화)의 성공을 선언한 일본을 중심으로 한 것임에 두말할 필요도 없다. 이 두 가지의 일원론이 지니는 속뜻은 근본적으로 다르지만, 보편주의 '일원론'을 이념적 기초로 한 담론 방식은 놀랍게도 일치한다.

사실 '동아세계東亞世界'란 일본 사학자 니시지마 사다오(西嶋定生, 1919~1998)가 내놓은 유명한 견해[42]인데, 일본의 역사는 대륙과 아무 관련 없이 홀로 발전해 형성된 것이라는 '일국사' 일본론 편견을 비판하기 위한 견해이다. 이성시李成市가 제시했듯이 "니시지마의 동아세계론의 구상은 전전戰前 체제하에서의 독선적인 특수화 일본사를 극복하려는 것으로, 세계사의 맥락에서 일본사를 새롭게 이해하려는 일종의 시도 또는 이론이다."[43] 니시지마가 '동아세계'로써 '일국사'

---

40) 子安宣邦, 『東亞儒學: 判與方法』, 「序」, 6쪽 참조.

41) 2002년 6월 臺灣大學에서 주최한 '東亞文化圈的形成與發展' 국제학술세미나회의 '개요문'과 子安宣邦, 「東亞槪念與儒學」(趙京華 編譯, 『東亞論: 日本現代思想批判』, 長春: 吉林人民出版社, 2004), 91쪽 참조.

42) 西嶋定生, 「總說」, 『岩波書店講座 世界歷史 4: 古代 第4 東アジア世界の形成 1』(東京: 岩波書店, 1970). 후에 西嶋定生, 『中國古代國家と東アジア世界』(東京: 東京大學出版會, 1983)에 수록됨.

43) 西嶋定生 著, 李成市 編, 『古代東アジア世界と日本』, 「解說」(東京: 岩波書店, 2000, 岩波現代文庫), 269~270쪽 참조.

의 일본 담론을 비판함에 있어서 어떤 이론적 효력을 갖고 왔는지는 잠시 제쳐 두더라도, '일본사 특수화'를 반대하는 그의 노력은 학계의 대단한 관심을 불어 일으켰다. 흥미로운 것은, 동아세계의 4대 요소에 관한 그의 정의는 대만학자들의 호응을 받았는데, 고명사高明士는 4대 요소 외에 '과학 기술'을 추가해야 한다고 주장했다. 그는 니시지마의 "이 설은 대체로 받아들여질 수 있으나, 여전히 외연外延 전부를 포섭하지는 못하기 때문에 중국의 과학기술 요소가 이 지역에서 유통된 사실을 간과했다. 과학기술이란, 여기에서 특히 중국 관청에서 전수한 천문·역법·음양학·산학算學·의학 등을 가리킨다"[44)라고 지적했다.

그 뒤에 고명사高明士는 2002년 6월 대만대학 주최로 열린 '동아시아문화권의 형성과 발전' 국제 심포지엄의 취지 설명[45)에서 동아시아문화권의 5대 요소에 관한 견해를 밝혔는데, 뜻밖의 논란이 벌어졌다. 고야스 노부쿠니는 '5대 요소'에 대해 특별히 비판하지는 않았지만 회의 취지에 대해 상당한 불만을 표시하면서 이 회의의 취지 설명은 "전통적인 '중화제국'의 담론 재구성"[46)에 지나지 않는다고 주장했다. 동아시아 문제를 해석하는 고야스 자신의 입장이 있기는 하겠지만,

---

44) 高明士, 『當代東亞教育圈的形成: 東亞世界形成史的一側面』(臺北: '國立'編譯館中華叢書編審委員會, 1984), 15~54쪽. 또 高明士, 『天下秩序與文化圈的探索: 以東亞古代的政治與教育爲中心』下篇, 第一章「東亞文化圈的形成」(上海: 上海古籍出版社, 2008), 228쪽 참조. 이 책은 원래 臺北喜馬拉雅研究發展基金會에서 2003년에 출판하고, 원서명은 『東亞古代的政治與教育』이었는데, 2004년에 臺灣大學出版中心에서 다시 출판했다.

45) 회의 취지 설명에 관한 중국어판은 『東亞論: 日本現代思想批判』 上篇, 第6章「東亞概念與儒學」(長春: 吉林人民出版社, 2004), 89~92쪽 참조. 원문은 "동아시아문화권은 다섯 가지 요소인 한자·유교·율령·중국과학기술(특히 의학·산학·음양학·천문·역산 등)과 중국 불교가 망라된다. 동아시아문화권의 형성은 하루아침에 일어난 것이 아니라 여러 차례의 변화를 거쳤다. 7~8세기에 이르러서야 위의 한자 등 다섯 가지 공동 요소가 모두 등장했는데, 그것이 바로 隋·唐시기다. 그 이전은 동아시아문화의 준비라 할 수 있다. 중국문화의 이런 요소들이 속속 동아시아에 전해지면서 시간과 환경의 시련 끝에 한자 등 5대 특징을 갖춘 동아시아문화권이 형성되었다. 19세기 중엽 이래, 강대한 서양문화가 대거 동쪽으로 밀려들어와 동아시아문화권을 속속 해체시켰다"고 略說했다.

46) 子安宣邦, 『"亞洲"是如何被論述的』, 「東亞概念と儒學」, 176쪽 참조.

대만대학 동아시아회의에 대한 그의 이런 혹평은 냉정한 이해의 자세가 결여되어 있음을 보여 준다. 고야스의 회의 발표문의 '머리말' 부분이 이후 출간된 회의 논문집에 실리지 않은 것이 문제를 더욱 복잡하게 만들었다.[47] 회의 논문의 편집자가 고야스의 논문을 함부로 삭제할 만큼 담대할 수 없기 때문에 회의 논문을 제출할 때 원래 '머리말'이 없었다고 본다. 그 후 고야스가 후지와라 서점의 잡지 『環環』 vol.9(2002 여름호)에 글을 기고하면서 특별히 이 설명(머리말)을 덧붙였다고 보는 것이 합리적이라고 나는 생각한다.

하지만 대만대학에서 박사 학위를 전공하고 있는 일본 유학생 도쿠라 쓰네노부(戶倉恒信)가 고야스의 편을 드는 글을 지어 "이번 대만 회의의 연구 집단은 분명 '자기실체화'(自我實體化)의 입장을 표명했고" "마치 몇 년 이래 고야스가 제시한 '방법' 개념에 도전하기 위한 것 같으나, 그 이면의 이론적 근거가 상당히 취약하다"[48]라고 주장하고 나섰다. '도전'이라는 표현은 상당히 강한 화약 냄새를 풍긴다. 하지만 내가 회의 논문집을 초보적으로 읽은 데 의하면, 고야스의 '방법'(그의 '방법으로서의' 개념)에 '도전'하려는 대만학자의 의도는 전혀 보이지 않기에 '도전'이라는 표현은 너무 감정적으로 대응한 것이다. 그렇다면 이론적 근거가 박약하다는 것은 또 무슨 뜻일까? 글쓴이의 분석에 따르면, 그 중 하나는 회의 조직자들의 취지 설명은 '중국의 과학기술'이라는 요소를 니시지마 사다오(西嶋定生)의 '동아시아 세계론'(東亞世界論)에 뜬금없이 추가하여, '중국의 과학기술'은 '중국문화권'이 '창조'한 것이기에 '중국의 과학기술'은 '중국문화권'의 한 부분이라고 했다. 하지만 이런 논증 방식은 일종의 '순환론'으로, "효과적인

---

47) 高明士 主編, 『東亞文化圈的形成與發展: 儒家思想篇』(臺北: 臺灣大學歷史學, 2003). 그 후 臺灣大學出版中心에서 2004년에 再版. 子安宣邦, 陳瑋芬 等 譯, 『東亞儒學: 批判與方法』(臺北: 喜馬拉雅研究發展基金會, 2003)에도 수록됨. 필자는 臺灣大學歷史學, 2003年版을 사용했다. 하지만 위에서 인용한 도쿠라 쓰네노부의 논문은 '머리말' 부분의 상실을 회의 논문 편집자의 의도적인 '삭제'라고 날카롭게 지적했는데 이는 분명 사실과 어긋난다.
48) 戶倉恒信, 「省思'東亞的近代'的必要性: 從子安宣邦的'來台'意義談起」, 『文化研究』 第6期(增刊) 2008年 夏季號, 178쪽.

개념의 '정의'가 될 수 없다."[49] 이 비판은 보기에는 그럴듯하지만 실제로는 그렇지 않다고 말하지 않을 수 없다. 중국의 과학기술은 당연히 중국문화권의 일부분이고, 그 요소의 하나를 구성하는데, 어찌 중국 과학기술이 '중국문화권' 이 만들어 낸 것이라고 할 수 있겠는가? 여기서 도쿠라가 고야스를 변호하려고 대만대학의 동아시아연구를 비판하고 있는데, 그 담론에는 겉짐작만 요란하여 반박할 가치가 없지만 이미 공개적으로 발표된 이상 해명할 필요가 있다고 본다.[50]

중요한 것은 이 같은 고야스의 비판은 황준걸의 관심을 불러일으켰고, 그도 문제의 심각성을 깨달은 것이다. 그래서 「동아시아유학'이 왜 가능할까」라는 글을 짓게 되었는데, 도쿠라 쓰네노부의 견해에 따르면 황씨의 논증에는 여전히 빈틈이 있다. 그는 특히 동아시아유학이 그 형성 과정에서 '발전의 연속성'을 보여 주면서도 '구조의 완정성'을 보여 준다는 황씨의 주장을 비판하면서 "그렇다면 왜 글에서 '전쟁 이전의 일본'으로부터 지금까지의 '동아시아' 담론이 비판을 면할 수 있는 이유를 제시하지 못하는가? 이 모든 것은 다 그(인용자의 설명: 황준걸을 가리킴)가 독자들에게 '어떻게 가능한가' 하는 근거를 제시할 수 없기 때문이다"라고 했다.[51] 그 말의 의미는 곧 황씨가 동아시아유학

---

49) 위의 주와 같음, 180쪽.

50) 그러나 고야스 노부쿠니는 도쿠라 쓰네노부의 이 논문을 중요하게 여겼던 것 같다. 그는 8년 만인 2010년 3월 26일의 성공대학의 강연에서 도쿠라의 이 글은 그의 '동아시아' 논술을 위한 '중요한 보완이자 방증'이라고 했다. 子安宣邦, 「再論作爲方法的東亞」(미발표문), 주4) 참조. 그러나 나는 도쿠라의 이 논문은 고야스 노부쿠니와 황준걸을 사사건건 대립시키고 있다는 인상을 준다고 본다. 이런 방식도 사실과 어긋나는 것으로, 두 사람 사이에 의견 차이가 있지만, 총체적으로 보면, 오히려 유익한 상호 작용이다. 실제로 고야스는 황준걸의 동아시아 연구에 대해 긍정적이었고(子安宣邦, 『"亞洲"是如何被論述的』, 105쪽, 주9)·192~194쪽 등을 참조), 아래에서도 보겠지만 황준걸도 고야스의 연구에 대해 칭찬을 아끼지 않았다.

51) 위에서 인용한 戶倉恒信의 논문 184~185쪽을 참조. 황준걸은 훗날 이 글을 『東亞儒學: 經典與詮釋的辯證』에 수록하면서 '結構的整體性'이라는 말을 '사상 내면의 유사상'(39~40쪽)으로 수정했고, 또 '사상적 가족 유사상'(41~42쪽)이라고 했다. 이 같은 수정이 대단히 중요한데, 추측이 맞으면, 이는 황준걸이 고야스 노부쿠니의 비판

이 어떻게 가능한가를 논할 때, 반드시 '전전戰前 일본'의 동아시아론과 이러한 동아시아론에 대한 당대 일본의 역사적 비판에 대응할 필요가 있고, 이를 간과할 경우 동아시아유학이 어떻게 가능한가 라는 물음에 답할 수 없다는 것이다. 하지만 도쿠라 쓰네노부의 이 질문은 너무 억지스럽다. 나는 중국학자들이 동아시아유학 문제를 논의할 때, 일본의 동아시아론에 대한 비판이 동아시아유학이라는 문제 설정의 학문적 전제가 아니라고 생각한다.

물론, 황준걸은 그 연구진에게 동아시아유학 연구를 추진하는 데 관념적인 기초와 방법상의 진로를 제공하고자 했다. 하지만 그는 고야스 노부쿠니의 비판적인 동아시아 담론을 명확히 의식하고 있었다.

> 만약 '동아시아유학'을 자명한 개념으로 삼고서 이로부터 출발하여 동아시아유학사를 기술한다면, 조선·일본 등 주변 지역의 유학발전사는 유학의 핵심으로 회귀하는 성격을 지니게 된다. 이 같은 유학사 기술은 중심과 주변이라는 구조적 관계를 전제로 하고 있어, 정치적으로 그것은 지배(중심) - 복종(주변)의 구조이고, 문화적으로는 발원(중심) - 수용(주변)의 구조가 된다. 이 구조는 전통적으로 화이질서華夷秩序라고 불리며, 중화중심주의의 문화질서·국제질서이다. '동아시아유학'이 자명한 개념으로 인식될 때, 우리는 어쩔 수 없이 중심-주변의 문화 구조와 중화제국을 핵심으로 하는 문화일원론을 무조건 받아들여야만 한다.[52]

황준걸은 고야스의 위의 말을 인용하면서 이 견해는 '확실히 정곡을 찔렀다'고 칭찬했고, 중국의 유교 전통을 중심으로 하는 문화일원론은 "중화제국의 정치적 '화이질서'를 바탕으로 한 논술"이며, 이런 문화유아론文化唯我論은 취할 바가 못 된다고 했다.[53] 이어 황준걸은 이러한 문화일원론은 1911년 신해혁명이 성공하고, 만청滿淸제국이 붕괴되면서 역사 속으로 들어갔으며, 오늘날 21세기의

에 호응한 결과일 것이다.

52) 황준걸, 『東亞儒學: 經典與詮釋的辯證』, 42쪽에서 인용.

53) 위와 같음.

세계 정치와 문화는 '다원화 문화'와 '다원화 현대성'을 인정하는 위에서 전개되고 있다고 피력했다. 황준걸은 이를 바탕으로 하여 '동아시아유학' 개념에 대한 자신의 기본 견해를 밝혔다.

> 21세기의 대만에서 이른바 '동아시아유학'이란 표현법을 제기할 때 바로 문화다원성의 입장을 미리 설정해 놓은 것으로 유학 전통이 동아시아, 이를테면 중국·조선·일본·대만·베트남 등과 같은 지역에서 각자 다채로운 모습과 다양한 내용을 지니고 있지만 또한 다른 중에도 공통성이 있다는 것을 인정하는 논리이다. 동아시아 각지의 유학자들은 모두 공맹의 근본정신을 우러러 받들고, 『논어』와 『맹자』 등 원전에 감동되어 그들이 처한 시·공간적 상황의 수요에 따라 오래 묵은 책에서 새로운 해석을 이끌어 냄으로써 각지의 민족 특색을 살린 지역적 유학 전통을 세우기에 이르렀다. 간단히 말하면, '동아시아유학'의 특성은 '일원적인 요소가 다원적인 것에 있고'(寓一於多), 유학 전통의 큰 틀에서 동아시아문화의 다원성을 드러내는 데에 있다.[54]

이것은 곧 동아시아유학은 문화일원론이 아니라 문화적 다원성의 특성을 보인다는 주장이다.[55] 즉 동아시아유학은 다원성도 있고 동일성도 있다는 것이다. 이로써 황준걸은 고야스 노부쿠니의 질의에 교묘하게 대응했지만 다원론을 상대성 이론으로 환원한 것은 아니다. 사실 황씨의 관련 논술에는 '장력張力'이 가득 찼다. 그의 말대로 하면 "중국유학의 가치 이념과 동아시아의 지역적 특성 사이의 장력"이다.[56] 이는 동아시아문화의 보편성과 동아시아 각 지역문화의 특수성 사이의 장력이란 뜻인데, 이 점에 대해서는 앞으로 좀 더 자세히

---

54) 黃俊傑, 『東亞儒學: 經典與詮釋的辯證』, 42~43쪽.
55) '多 중의 一'이란 황준걸의 '동아시아' 연구의 중요한 입장인데 일본학자 山室信一에게도 이와 비슷한 '多而合一'설이 있다는 것이 흥미롭다. 吳志攀·李玉 主編, 包茂紅 副主編, 『東亞的價值』(北京: 北京大學出版社, 2010)에 수록된 그의 글 「多而合一'的秩序原理與亞洲價值論」을 참조.
56) 黃俊傑, 『東亞儒學: 經典與詮釋的辯證』, 49쪽.

설명할 것이다.

사실 '유학의 가치 이념'이라고 말하면 흔히 "유학의 가치란 무엇인가?", "만약 이러한 '유학적 가치'가 동아시아 역사에 존재했다면 보편성을 가졌을까?" 라고 하는 동아시아의 보편적 의미에 관한 문제에 직면하게 된다. 황씨의 표현은 비록 미묘하지만, 그 속내는 여전히 유학에 보편적인 가치 관념이 존재한다고 본 것이다. 위에서 인용한 소위 '구조의 완정성完整性'과 후에 수정한 '사상적 유사성'이란 표현은 모두 동아시아유학에는 반드시 보편적 가치가 있으며, 이는 경전 해석자의 입장에 따라 좌우되지 않는다는 황준걸의 기본 생각이 있었음을 나타낸다. 그러므로 그는 이 논문의 '나오는 말'에서 다음과 같이 명확히 지적했다.

> '동아시아유학'은 자신만의 독특한(sui generis) 풍격이 있고, 스스로 체계화된 학술 분야로 중국·일본·조선·대만·베트남 등지의 유학의 기계적인 조합이나 조립 이 아니고, 동아시아 각지 유학의 총합에 지나지 않는 것도 아니다. 오히려 반대로, 동아시아 각지의 유학자들이 공맹의 원전을 함께 낭독하고, 성인의 경지에 들어가 기를 갈망하는 모습은 그들이 이미 지역의 한계를 초월하여 일종의 '유학공동체' 를 형성하고, 공동체의 구성원들 모두가 유가의 가치 이념을 공유하게 된다.[57]

여기서 황씨는 중화문화권이나 중화공동체라는 표현을 사용하지 않고 바로 '유학공동체'라는 용어를 사용했다. 이 개념이 어떻게 성립되었는지에 대해서는 구체적으로 논증하지 않았고, 단지 이 공동체의 구성원 모두가 '유가의 가치 이념'을 공유하고 있다는 것을 밝혔다. 거꾸로 말하면, 유가의 가치 이념이 '유가공동체'의 본질적인 요소를 구성한다는 것이다. 그러나 내가 보기에 '유학 공동체'라는 개념 설정은 좀 경솔한 것 같다. 솔직히 말해, '유학공동체'란 문화의 다원론을 주장하면서 문화의 일원론에 반대하는 입장과의 충돌을 피하기 어렵

---

57) 黃俊傑, 『東亞儒學: 經典與詮釋的辯證』, 55~56쪽.

고, 더구나 '유학가치'가 동아시아 지역의 다문화 역사에서 어떻게 구현되었는지를 규명해야 하고, 그 속에 얽혀 있는 보편성과 특수성도 관련될 것이다. 어찌 보면 황준걸과 고야스 노부쿠니의 정면 대결은 이루어지지 않았지만, 고야스가 대만대학 동아시아 연구 계획에 대한 기대에서 경계로 나아가고 결국은 불만으로 이어진 것은 이미 돌이킬 수 없었던 것 같다. 그러나 제3자의 입장에서 보면, 고야스의 동아시아 비판을 결코 가볍게 볼 수는 없지만, 이러한 관점에서만 대만의 동아시아 연구를 해석하고 평가하는 것은 문제가 있다 하겠다.

수 년 뒤인 2008년 4월, 황준걸은 대만대학의 '지역사로서의 동아시아문화 교류사: 문제의식과 연구주제'[58]라는 제목의 공개 강연에서, 제2차 세계대전 중 일본학계에 나타난 '세계사의 사명'에 대한 문제를 언급하면서 "태평양전쟁은 '세계사의 사명'을 합리적인 기초로 삼았지만, 제2차 세계대전이 끝남에 따라 도리어 일본의 소위 '세계사의 사명'을 역사 속으로 들어가게 했다"라고 지적했다. 그러나 고야스 노부쿠니(子安宣邦)는 이 '세계사'의 문제는 아직 청산되지 않았다고 보았다.[59] 이 문제에 대한 인식의 차이도 고야스 노부쿠니가 대만대학 동아시아 연구에 깊은 불만을 불러온 요인 중 하나였던 것으로 보인다. 실제로 2008년과 특히 2010년에는 고야스 노부쿠니가 대만 학회에 여러 차례 참석했는데, 화제는 여전히 동아시아 문제를 중심으로 전개되었다.[60] 그중 '방법으로서의 동아시아'(2010년 3월 26일 성공대학)라는 연설에서 고야스 노부쿠니는 대만의 동아시아 연구에 수 년간 참여했던 과정을 회고하였다. 특히 2002년 6월에 열린 '동아시아문화권의 형성과 발전' 국제 심포지엄을 언급하며, 고명사

---

58) 『臺灣大學歷史學報』 43期(2009年 6月), 187~218쪽 참조.
59) 戶倉恒信의 논문, 191쪽 참조.
60) 2008년 4월, 子安宣邦은 臺灣 交通大學에서 「戰後日本論: 從沖繩來看」이란 강연을 했고, 같은 해 11월에는 臺灣 淸華大學에서 「近代日本與兩種倫理學」이란 강연을 했다. 2010년 3월에 子安宣邦는 臺灣의 交通大學, 淸華大學, 成功大學에서 각각 세 차례 보고를 했는데, 제목은 「現今, 詢問倫理的意涵」, 「倫理語彙的死亡與再生」, 「再論作爲方法的東亞」이다. 이상 연설문의 중국어 번역본을 臺灣 淸華大學의 祝平次 교수께서 선물로 주었다. 이에 삼가 사의를 표한다.

高明士가 주필한 '심포지엄의 발단과 배경'이라는 취지 설명을 읽고 난 후에 "그 심포지엄에 대해 가지는 태도가 기대에서 경계로 바뀌게 되었다"는 자신의 입장을 밝혔다. 왜일까? 고야스에 의하면 "이 글은 역사적 사실을 말하면서도 대단히 강한 정치적 함의를 지니고 있다. '동아시아'라는 개념은 지도상에 있는 지역적인 개념이 아니라 정치·지리적인 개념으로, 정치적 지배, 문화적 지배의 욕구와 공존하여 만들어진 개념이다." 따라서 고야스에게는 이번 회의가 '실체적인 중국문화권을 동아시아문화권으로 삼아 그 형성과 발전을 탐구할 목적으로 진행한 학술 세미나'의 성격을 띤 것으로 보였다. 고야스의 '방법으로서의 동아시아'의 입장에서는 이는 결코 받아들일 수 없는 것이다. 이른바 '정치·지리적 개념', '정치적 지배', '문화적 지배', '실체적'인 중국문화권의 개념은 고야스의 동아시아 담론에서 애써 무너뜨려야 할 대상이다. 물론 감정에 사로잡히지 않고 말하면, 이번 대만 회의의 조직자가 '동아시아'를 '지정학적' 범위에 포함시켜 정의定義할 생각이었는지, 실체적인 중국문화권을 동아시아문화권으로 확대해 '동아시아'를 실체화하려 꾀했는지를 묻는다면 반드시 그런 것은 아니라고 본다. 문제는 회의 조직자들이 '동아시아' 담론의 역사에 대해 예리한 비판의식이 부족하다는 점이다. 예를 들면, '동아시아'를 '매우 중성中性적인 언어'라고 생각하는 학자[61]가 있는데, 여기서 '중성적'이라는 말이 주목을 끈다. 즉 오늘날 대만에서 말하는 '동아시아'는 이미 '탈맥락화' 처리가 끝나 더 이상 지난 일본제국시기와 같은 동아시아를 '실체화'하는 의미가 없다는 것이다. 그래서 나는 1990년대 말 대만대학이 동아시아문화 연구 프로그램을 실시할 수 있었던 것은 '동아시아' 개념에 대한 대만 사회의 이러한 공감대가 바탕이 되었는지도 모른다고 생각한다.

　　그러나 무한武漢대학 세미나에서 진래陳來는 1990년대 대만 정계에 불어

---

61) 楊儒賓의 말, 「子安宣邦思想論壇·東亞世界與儒學」, 『文化研究』 제6회 2008年 夏季號, 93~94쪽 참조.

닥친 이른바 '탈중국화' 풍조 속에서 대만학자들이 의도적으로 중국 연구를 동아시아 연구로 전향한 것이 오늘날 대만이 동아시아유학 연구에 몰두하게 된 중요한 배경이라고 지적했다.[62] 당시 참석자 중 한 사람인 존 맥컴(John Makeham) 호주 국립대 교수가 회의 후 필자에게 전해준 논문에서도 동아시아 연구는 대만학계의 중국 전통문화 연구자들이 '탈중국화'라는 새로운 대세에 대비하기 위한 '책략' 중 하나라고 지적했다.[63] 솔직히 말해 나는 이런 외연적 배경에 대해 감히 경솔하게 단언할 수 없었는데, 2010년 9월 대만대학 재방문을 통해 대만학계의 많은 지식인 엘리트들이 동아시아 문제에 관심을 갖게 된 것은 결코 90년대 말이 아니었다는 사실을 알게 됐다. 그러나 대만학자들이 동아시아유학 연구를 추진함에 있어서 흔히 '동아시아 의식'과 '대만 의식'이 서로 교차되는 양상을 보이는 동시에 또한 '문화적 동질감'(즉 '문화 중국'에 대한 신분적 동질감)이란 문제가 존재한다는 점이 더욱 주목을 끈다. 다만 양안兩岸의 정치 현실에 대하여는 그들 대부분이 단순한 '정치적 공감대'를 거부하는 초연한 모습을 보여 주었다. '대만 의식'과 두 가지 '동질감'(認同) 사이의 장력張力 문제 등은 앞으로 좀 더 깊이 살펴볼 필요가 있고, 이러한 고찰은 오늘날 대만의 동아시아 연구의 사회문화적 배경을 이해하는 데에 도움이 될 것이며, 거꾸로 동아시아 문제에 대한 대륙학계의 학문적 입장 표명을 유도할 수도 있을 것이라고 생각한다.

---

62) 陳來의 말뜻은 2000년 이후 대만 당국이 추진한 '脫중국화'가 당시의 대만 사회 배경을 구성했다는 것일 뿐이지, 대만대학의 동아시아유학 연구가 '탈중국화' 정책에 맞추기 위한 것이 아니라는 것이다. 오늘날 대만의 동아시아유학 연구는 '脫중국화'와는 비교가 안 될 만큼 '다원중심론'에 따른 '탈중심화'의 학문적 입장을 갖고 있다. 이것은 반드시 명확하게 구분해야 하는 점이다.

63) John Makeham, 「東亞儒學與中華文化民族主義: 一種來自邊緣的觀點」, 復旦大學文史研究院 編, 『從周邊看中國』(北京: 中華書局, 2009), 122쪽.

3. 17세기 이후 동아시아문화 차이 거대론

위에서 볼 수 있듯이, '동아시아란 무엇인가' 하는 문제에 있어서, 고야스 노부쿠니는 이것은 단지 문화지역 개념일 뿐만 아니라, 특정한 역사적 내포를 담고 있는 개념이라고 보았다. 그래서 우리가 20세기 일제의 '동아東亞 담론'을 철저히 청산해야만 '동아시아'를 다시 마주할 수 있고, 더 중요한 것은 이러한 전철을 밟지 않기 위해서는 동아시아의 실체화와 일체화에 대한 환상을 철저히 버리고 동아시아를 '방법'으로 의식해야만 '동아시아'의 다원적 담론을 재구축할 수 있다고 주장한다. 따라서 그는 "동아시아는 다른 '동양' 등과 마찬가지로 역사적·정치적 개념일 뿐 단순한 지리적 개념이 아니다"고 거듭 밝혔다. 그는 심지어 "아시아 문제는 일본인들에게 있어서 20세기의 역사적 체험을 벗어나서는 설명할 수도 없고 말할 수도 없다고 생각한다"[64]라고 하였다. 이러한 '담론 불가'의 태도에 대해 정서적으로 공감하는 부분도 있고 또한 이해도 되지만, 이것도 이미 일종의 담론인 것은 마찬가지다. 다만 '포스트모더니즘'의 냄새가 물씬 풍기는 담론으로서, 그는 항상 '건설'보다는 '해체'에 역점을 두었다. 고야스 스스로도 이 점에 대해 명확히 인식하고 있었고, 동아시아를 어떻게 구성할 것인가에 대한 답을 제공하려 애썼다. 예를 들어 그는 2010년 3월 대만 성공대학에서 열린 회의에서 다음과 같이 말했다.

'동아시아' 개념의 실제화와 '동아시아 문명권'의 재구축을 반대한다고 해서 나에게 그것을 대신할 확실한 답이 있다는 것은 아니다. 나는 세계화의 진전과 20세기식 국가 개념의 동요 속에서 새로운 지역 개념이 필요하다는 것을 알고 있지만, 지금은 20세기의 광범위한 지역 개념을 단순 재생하는 것에 반대하여 다음과 같은 잠정 제안으로 답할 수밖에 없다. 나는 동아시아 개념을 실체화하지 말고 논술 관계의 틀로써 동아시아를 '방법'의 개념으로 삼을 것을 제안한다. 예를

---

64) 子安宣邦, 『"亞洲"是如何被論述的』, 「昭和日本と'東亞'の槪念」, 87~88쪽.

들어 '동아시아'라는 공통된 관계의 틀을 갖고서, 단일 국사國史나 제국적인 역사
기록을 상대화함으로써 새로운 아시아 역사 기록을 가능케 하는 방법론적 개념을
거론할 수 있다.…… 한마디로 말하면, '동아시아'를 관계의 틀로 이루어진 다층적
이고 다양한 교류 실천을 통해, 이 지역에 사는 모든 사람들이 진정으로 필요로
하는 그러한 동아시아가 생겨날 수 있기를 바라는 바이다.[65]

'동아시아'는 미래에 구축될 필요가 있다는 측면에서 고야스 노부쿠니의
태도는 대단히 명확하다. 다만 그는 하나의 실체적인 '동아시아'를 만드는 것에
대해서는 단호히 반대한다. 즉 '동아시아'를 본질적으로 동일시하는 견해에
반대하고, '동아시아'를 방법화하자고 주장한다. 요약하자면, 동아시아를 어떻
게 구축할 것인가에 대한 고야스의 대답은 동아시아를 '방법으로서의 동아시아'
로 보자는 것이다.

한편, 황준걸의 관심은 '동아시아' 문제 자체의 담론이 아니라 동아시아에
있어서의 유학, 또는 동아시아유학의 문제였는데, 문헌 비판의 방법과 경전
해석의 수단으로 동아시아 역사에서의 유학의 보편적 가치를 찾아냄으로써
동아시아유학사상사에 관한 담론을 재구성하고자 했다. 그는 동아시아문화의
다원성을 인정하는 한편, 다원多元 속에 하나(一)가 존재한다고 보았으며, 이
'하나'는 유학 가치의 보편 이념이라고 강조했다. 그는 다多와 하나(一)의 관계를

---

65) 子安宣邦, 「再論"作爲方法的東亞"」, 6쪽. 이 말은 2010년 3월, 고야스 노부쿠니가 대만
성공대학에서 한 연설에서 인용한 것이다. 그런데 고야스에 따르면 이 말은 원래
2002년 대만대학이 개최한 '동아시아문화권 형성 및 발전' 학술 세미나에 참석해
구두로 설명한 것으로, 이후 출간된 회의 논문집(高明士 主編, 『東亞文化圈的形成與發
展: 儒家思想篇』, 臺北: 臺灣大學歷史學系, 2003)에는 게재되지 않았다. 그 밖에 고야스
는 대만에서 인터뷰를 하면서 "지난날 나(고야스)에게는 항상 해체자라는 꼬리표가
따라다녔다. 구축은 하지 않고 책임도 없는 비판만 하는 사람으로 여겨졌다. 그러
나…… 나는 해체보다는 일련의 움직임을 만들어 보려고 애썼다. 그 중에서 중요한
것은 이미 죽은 개념(東亞)이 국가 개념과 합치되게 해서는 안 된다는 점이다"(劉紀
蕙, 「他者視點與方法: 子安宣邦敎授訪談」, 『文化硏究』 第6期[增刊] 2008年 夏季號, 臺北: 遠
流出版, 2008, 215쪽)라고 하였다. 이로부터 우리는 고야스가 단순히 해체만 하는 것
이 아니라 구성적인 목표도 가지고 있음을 알 수 있다.

'하나는 다多 가운데에 있다'로 표현하면서, 유학의 가치는 '유학공동체'가 공유하는 것이라고 보았다. 황준걸은 최근에 「지역사로서의 동아시아문화 교류사」라는 강연문에서 자신이 '결과'로서의 동아시아유학보다는 '과정'으로서의 동아시아유학에 무게를 두고 있다고 강조했다. 즉 역사적으로 존재한 동아시아유학보다는 현재로서 존재하고 있는 동아시아유학에 더 관심을 가져야 한다는 것이다. 아울러 그는 「'동아시아유학'이 어떻게 가능한가」라는 글의 논지, 즉 '중심 vs 변경'과 '정통 vs 이단'의 프레임을 설정하지 않는 입장을 고수했다. 그러나 그가 동아시아유학 연구의 목적이 무엇이며, 예상되는 결론은 무엇인가를 명시하지 않았기에 방관자들의 의구심이 커질 수밖에 없었고, 심지어 대만학계의 동아시아 논술은 중화제국을 재구축하려는 것이라는 걱정까지 듣게 되었다.

황준걸은 중화제국(1911), 일본제국(1945) 그리고 1990년대 '냉전'구도의 붕괴와 함께 "2000년대에 들어 중국의 부상은 동아시아의 정치·경제 질서를 재편하는 계기가 되었다"[66]고 과감하게 예측했는데, 이는 의심하고 걱정하는 사람들을 더욱 불안하게 만들었다. 가히 놀랄 만한 이야기다. 문제는 어떻게 재구성하고 누구에 의해 재구성될 것인가 하는 것이다. 두말할 것도 없이 문맥을 보면 재구성의 주체는 오직 21세기에 부상한 '중국'일 수밖에 없고, 재구성의 중요한 방법 중 하나가 '동아시아유학'의 재구성이고, 그 결과로 드러나는 것은 문화질서뿐만 아니라 정치·경제 질서이기도 하다. 이런 '동아시아'는 이미 일반적인 문화적 의미를 넘어 '정치지리학' 또는 '경제지리학'이라는 의미의 개념으로 바뀐다는 것을 세심한 독자들은 곧 알아차릴 것이다. 이 같은 개념은 일제가 표방한 '동아시아 공동체' 개념과 마찬가지로 '동아시아'가 패권주의 및 지리·정치적 질서의 상징이 되는 것을 피할 수 없다.[67] 그렇다면 과연 동아시아유학

---

66) 黃俊傑, 「作爲區域史的東亞文化交流史: 問題意識與硏究主題」, 『臺大歷史學報』 제43회(2009), 192쪽.

67) '지정학' 개념으로서의 이 '동아시아'는 줄곧 고야스 노부쿠니의 거센 비판의 대상이었다. 그에게 있어서 이 개념은 제국주의 일본의 '상징'이다. 子安宣邦, 『"亞洲"是如何被論述的』, 「昭和日本と'東亞'の槪念」, 83~108쪽 참조.

연구는 이러한 '지정학적' 동아시아 개념을 전제로 정치 · 경제 질서의 재편을 목표로 하고 있는 것일까? 동아시아유학에 관한 황준걸의 많은 논문을 읽어 보면 그가 그런 생각을 전혀 하지 않았다는 것을 나는 확정적으로 말할 수 있다. 세계화의 물결 속에서 동아시아 지역도 정치와 경제의 재편을 피할 수 없는 상황에서, 동아시아유학이 과연 어떤 사상적 자원을 갖고 있는지를 천명하자는 취지일 뿐이다. 그래서 그는 "동아시아유학은 모든 울타리를 무너뜨리고 '동아시아'를 온전체(整體)로 여기며, '동아시아'를 위해 존재한다. 그런 의미에서 '동아시아유학'은 21세기 세계화시대에 '문명 대화'를 할 수 있는 중요한 정신적 자산"[68]이라고 정중하게 선언했다. 하지만 그럼에도 불구하고 고야스 노부쿠니와 같은 당대 일본의 동아시아론자들이 '정치 · 경제 질서의 재편'이란 말을 보고, 여기서 말하는 '재편'이란 것이 결국 정치 · 경제상의 동아시아 패권을 도모하고 나아가 '중화문화일원론', 또는 '중국중심론'을 재구축하려는 것이 아닌가는 식의 연상을 하게 된다.

고야스 노부쿠니로 하여금 사태의 심각성을 느끼게 한 것은 여기에 그치지 않고 일본학자들까지 비슷한 목소리를 냈다는 점에 있다. 예를 들면, 일본 철학자 히로마쓰 와타루(廣松涉, 1933~1994)는 1994년 3월 16일에 『아사히신문』에 글을 발표했는데, 「역사의 주역이 되는 동북아: 일 · 중을 축으로 한 '동아시아' 신체제 구축」[69]이란 표제가 대단히 주목된다. 히로마쓰 와타루는 "사람들은 새로운 세계관과 새로운 가치관을 요구하고 있다. 이런 움직임은 구미歐美, 특히 유럽의 지식인들이 사전 준비를 했다. 그러나 그들은 유럽의 한계를 피할 수 없으므로 혼란은 한동안 계속될 것이다. 결국 새로운 세계관과 가치관은 아시아에서 생겨나 세계를 휩쓸게 될 것이다"라고 하면서 "일본의 철학자로서 이렇게 단언할 수 있다"[70]고 잘라 말했다. 고야스 노부쿠니는 이 글을 읽고

---

68) 黃俊傑, 『東亞儒學: 經典與詮釋的辯證』, 「東亞儒學"如何可能」, 56쪽.
69) 「東北アジアが歷史の主役に: 日中を軸に"東亞"の新體制を」, 후에 『廣松涉著作集』 第14卷 (東京: 岩波書店, 1997)에 수록됨.

놀란 심정을 감추지 못했다. 그가 이 글에 화가 난 이유는 두 가지인데, 하나는 '동아시아 신체제' 특히 그 중의 '동아시아'란 개념에 있고, 다른 하나는 구미 세계관의 붕괴로부터 동북아시아로 나아가는, 그것도 일·중을 축으로 하는 새로운 세계관과 새로운 가치관의 탄생이라는 주장에 있다. 첫 번째에 대한 고야스의 비판은 가혹할 정도였다. 그는 히로마쓰의 주장은 '40년대 일본제국의 세계사적 표상과 세계관의 표어'('東亞新秩序', '東亞共榮圈'을 가리킴)를 재연하고 있다고 비판했다. 그 비판의 어조는 고야스가 대만의 동아시아 회의에 대해 비판한 것과 비슷한 뉘앙스다. 두 번째 문제에 대해 고야스는 히로마쓰의 사고방식이 아직도 40년대 전쟁 당시의 이른바 '근대초극론近代超克論'[71]에 머물러 있다고 강하게 비판했다. 어쨌든 제기 방식은 다르지만, 정치와 경제의 질서 재편론이든 동아시아 신체제론이든 고야스 노부쿠니의 눈에 비친 영상은 거의 비슷하며, 모두 제국시대의 동아시아론이란 케케묵은 이야기를 다시 꺼내는 것과도 같다.

이로부터도 '동아시아유학'이 어떻게 가능하냐는 질문에 답하기란 쉽지 않음을 알 수 있다. 그것은 '동아시아'는 이미 단순한 학술적 개념이 아니라 '제국시대'의 기억까지 포괄할 정도로 광범위하고 복잡한 내용을 담고 있기 때문이다. 그러나 유학, 특히 동아시아의 유학을 말하자면 사정은 역시 그리 간단치 않다. 예를 들어 근세일본(1600~1868)의 유학사를 말할 때, 사람들은 흔히 '문화'를 거론하면서 일본문화와 중국문화가 다르기 때문에 일본유학과 중국유학이 서로 다른 것으로 동일시할 수 없다고 말한다. 예를 들면 갈조광葛兆

---

70) 子安宣邦, 『"亞洲"是如何被論述的』, 「何か問題なのか: 廣松涉 東亞新體制 發言をめぐって」, 112쪽에서 인용.

71) '근대 초극론'(近代の超克)은 제2차 세계대전 시기에 일본의 일부 지식인들이 벌인 강한 정치 이데올로기 색채를 띤 이른바 학술토론인데, 제2차 세계대전 이후 일본학계는 오랫동안 이 문제에 대해 깊은 연구를 해 왔다. 竹內好 著, 孫歌 編, 李冬木 等 譯, 『近代的超克』(北京: 三聯書店, 2005); 子安宣邦, 『近代の超克とは何か』(東京: 靑土社, 2008); 廣松涉, 『近代の超克論: 昭和思想史への一視角』(東京: 講談社, 1989, 學術文庫) 등을 참조. 중국어 담론은 孫歌, 『竹內好的悖論』(北京: 北京大學出版社, 2004)을 참조할 수 있다.

光은 일찍이 다음과 같이 지적했다.

> 그것(인용자의 설명: 근래의 '아시아론'이나 '동아시아론')은 공통성과 동일성을 가진 아시아
> 를 상상하면서 아시아와 동아시아의 내재적 차이를 간과한 것이다. 중국, 조선,
> 일본의 역사는 많이 다르다. 그들 간의 차이는 중국이나 영국, 중국이나 프랑스
> 간의 차이보다 더 클 수 있기에 중국과 일본의 차이가 꼭 작다고 할 수 없다.……
> 이른바 '동문동종同文同種'이란 매우 의심적은 것이다.72)

이 '차이론'을 우리는 일단 '17세기 이후 동아시아문화 차이 거대론'이라고
부르는데, 이는 아시아나 동아시아에 '공통성' 또는 '동일성'이 존재하지 않는다
는 것을 가리키기 위한 것이다. 물론 작자는 이에 대한 역사적 시간의 한정으로
17세기 중엽 이후, 특히 '근세 동아시아'를 일컫는데, 중국은 명나라가 망하고
청나라가 시작된 이후(1644)를 가리키고, 일본은 도쿠가와시기(1603)의 일본을
가리키며, 조선은 조선왕조 후기(17세기 이후)를 가리킨다. 물론 사실상, '근세近世'
는 사학적 개념으로 원래 중국의 10세기 이후를 지칭한다.

갈조광은 또 다음과 같이 말했다. "17세기 이후 300여 년 동안의 역사적인
변화로 인해 문화적으로 동아시아 3국은 사실상 각자 자기의 길을 걸어갔다.……
동아시아 3국의 관념 세계에서는, 17세기 이후 문화적인 '동아시아'는 아예
없고, 기껏해야 지리적인 '동아시아'에 지나지 않는다." "역사적으로 볼 때,
17세기 중엽 이후의 중국·조선·일본은 문화적으로 이미 서로를 인정하지
않았다.…… 지난날 동아시아에서의 이른바 중화문화에 대한 상상과 동질감은
한·당시대의 중화문화를 지칭하는 것에 불과했는데, 이러한 상상조차 17세기
이후로는 모두 사라졌다고 보아야 한다." 전체적으로 보면 갈조광의 시각은
대단히 날카롭다. 한·당의 중화문화는 잠시 제쳐 놓고, 17세기 중엽 이후의

---

72) 葛兆光, 「地雖近而心漸遠: 17世紀中葉以後的中國, 朝鮮和日本」, 『臺灣東亞文明研究學刊』
   第3卷 第1期(2006), 290쪽.

동아시아 3국은 이미 상당히 분화되어 동·서양의 격차만큼이나 그 차이가 심각해졌다는 것이 그의 기본 견해이다. 또한 그는 17세기 이후의 '동아시아문화'는 이미 해체되었고, 이른바 '동아시아'는 지리적인 개념일 뿐, '문화'의 의미를 갖고 있지 않기 때문에 '동아시아'를 하나의 '방법'으로 보는 관점도 동의하기 어렵다고 하였다. 기껏해야 '아시아의 시야'가 여전히 어느 정도 의미가 있다고 볼 수 있을 뿐인데, 그 '의미'도 상당히 제한적이라고 주장한다. 왜냐하면 동아시아는 기껏해야 중국을 연구하는 하나의 '배경'일 뿐이라는 것이다.[73] 나는 갈조광의 이런 입장에 대해 찬성한다. 왜냐하면 그것은 1980년대 이래 등장한 이른바 '유가자본주의' 논의에서 동아시아를 철판 같은 한 덩어리로 상상했던 총체성(完整性) 사고 모델을 반성할 수 있는 관점이기 때문이다.

사실, 이 '차이 거대론'은 동아시아 3국의 문화 '차이론', '비동일론非同一論'과 맥락을 같이한다. 겉보기에는 '차이 거대론'과 '비동일론'이 고야스 노부쿠니 등이 줄기차게 주장하는 아시아나 동아시아의 '비실체론非實體論'과 일치하지만, 최근 대만학계에 나타난 동아시아 연구 사조에 대해서도 경종을 울린 것이다. 그러나 갈조광은 중국을 방법으로 보는 것을 인정할 수 없으며, 중국의 역사를 떠나 중국학을 운운하는 것에는 더욱더 반대했다. 이 점에서 아시아를 하나의 '실체적인' 존재로 보는 것을 부정하는 갈조광의 생각은 고야스 노부쿠니 등과 미묘한 차이를 보인다. 이런 차이는 주로 다음과 같이 드러난다. 즉, 갈조광은 동아시아문화의 동일성에 대한 비판을 통해 17세기 중엽 이후 동아시아 3국의 문화적 심리 상태에 이미 거대한 변화가 있었음을 명확히 지적하고, 이 점을 충분히 인식해야 앞으로의 동아시아문화 공동체 문제에 보다 잘 대처할 수 있다고 주장했다. 왜냐하면 동아시아문화 공동체란 역사적 존재도, 현실적 존재도 아닌 미래에 구축해야 할 문제이기 때문이다. 그러나 고야스 노부쿠니는 아시아와 동아시아, 나아가 유교 등의 문제에 대한 역사적 비판과 해체를 통해

---

73) 위 간행물, 291~292쪽 참조.

동아시아문화 공동체의 구축 가능성을 철저히 부정했다. 그에 의하면, 중국은 '타자', 또는 빌려 쓸 수 있는 '방법'일 수밖에 없다. 따라서 동아시아 재건을 논하는 것보다는 동아시아 담론에 대한 비판이 지금까지 그가 수행한 주요 작업이었다고 할 수 있다.

17세기 중엽 이후 동아시아문화 '차이 거대론'에 따르면 18~19세기 이후 이런 상황은 점점 뚜렷해졌는데, 중국에 대한 일본의 소위 문화적인 동질감(認同)은 거의 상실된 상태에 이르렀다. 이 점에 대하여 해외의 중국사 학계에서 이미 적지 않은 관련된 연구를 했다. 예를 들면, 미국의 일본사 전문가인 마리우스 잰슨(Marius B. Jansen)74)은, 1876년에 중국주재 일본공사 모리 아리노리(森有禮, 1847~1889)와 이홍장李鴻章(1823~1901) 간의 대화가 세계정세에 대한 그들의 견해가 완전히 다른 점을 언급하며, 이는 일본이 중국과 이미 각각 제 갈 길을 가며 더 이상 중국을 경배의 대상으로 삼지 않았음을 충분히 보여 준다는 사실을 지적했다.75) 그러나 역사는 복잡하다. 특히 19세기의 근대 일본은 '탈아脫亞'냐, '흥아興亞'냐를 놓고 자주 우왕좌왕했다. 예로부터 일본은 메이지유신 이후 '아시아를 벗어나 유럽으로 들어가는'(脫亞入歐) 길을 걷기 시작했으며, 사회 전반은 이미 서구학 일변도의 현상을 보이고 있었다고 알려져 있는데, 일본 근대사의 대체적인 추세를 보면 이 말은 대체로 맞는 말이다.76) 하지만 실제에 있어서, 1870년대

---

74) 역자 주: 마리우스 잰슨(1922~2000)은 미국의 역사학자이자, 일본학자이다. 일본의 근대사와 현대사에 대한 여러 저작을 남겼고, 프린스턴대학교에서 재직하였다.

75) *China in the Tokugawa World*(Cambridge MA: Harvard University press, 1992), pp.116~119. 王晴佳, 「中國近代新史學的日本背景: 清末的史界革命與日本的文明史學」, 『臺大歷史學報』 第32期(2003), 200쪽에서 인용. 그 대화의 중국어 번역과 분석은 王曉秋, 『近代中國與日本: 互動與影響』(北京: 昆侖出版社, 2005), 88~91쪽을 참조할 수 있다.

76) 예를 들어, 메이지 초년인 1872년, 학교 교육제도의 첫 법령인 '學製'에 따라 막부 이래의 서당과 藩校가 폐지되면서 원래의 漢學과 유교가 제도적으로 교육재생산의 장을 잃어버리게 되었다. 1877년 도쿄대학에 설립된 法・理・文科 세 학과에서 1883년경까지 日本文學과 漢文學 학과를 제외하고는 거의 모든 학과가 영어로 수업하였으며, 여기에는 심지어 일본인 교사까지도 포함되었다.(黑住眞, 『近世日本社會と儒敎』, 東京; ぺりかん社, 2003, 177쪽 참조)

이후의 상당 기간 동안 일본학계에서 '유교'의 부활을 엿볼 수 있고, 중·일 양국에 '동문동종'이란 관념 상상에 사로잡힌 사람이 여전히 적지 않았다.

또 이를테면, 1879년 전후 중국은 제정 러시아의 남침에 어떻게 대응할 것인가 하는 문제에 직면했고, 일본은 오키나와 사건으로 촉발된 문제에 대해 어떻게 중국의 동의를 얻어낼 것인가를 고민했으며, 또한 중국의 속국인 조선이 독립해야 하느냐 말아야 하느냐 하는 것과 같은 복잡한 국제 문제에 직면했다. 같은 해 12월 메이지 정부의 지시로 천진天津 총영사였던 한학자 겸 외교가 다케조에 신이치로(竹添一郎, 1842~1917)가 이홍장李鴻章에게 일·중 양국은 "동종동문同種同文이고 대세 또한 순치唇齒의 관계에 놓여 있음으로, 마땅히 마음과 힘을 합쳐 외침을 막아야 한다"고 말했다. 여기서의 '동종동문同種同文'이란 표현은 외교적 수사修辭의 소지가 있기에 반드시 말하는 이의 진솔한 생각이라고 할 수는 없겠지만, 실제로 메이지 초기에는 '일청제휴론日淸提攜論'을 주장하는 관료들이 적지 않았다.77) 그리고 1880년 11월에는 이에 동조하는 메이지 관료와 학자들이 '흥아회興亞會'까지 조직하였는데, 당시 주일駐日 중국 외교가였던 하여장何如璋과 황준헌黃遵憲도 초청되었다. 이 모임의 취지는 일·청 연합, 아시아 결속, 서양과의 대결이었는데 그 근거는 '동아동문론東亞同文論'이었다. 그러나 이미 '흥아회'라는 모임의 구성원 배경과 사상 이념이 상당히 복잡하다는 지적이 있었듯이, 1884년 청淸·불佛전쟁 직후 이 학회의 목소리는 아시아 연대론에서 점차 청淸·한韓개조론, 나아가서는 일본맹주론으로까지 번져나갔다.78) 다시

77) 陶德民은 『明治の漢學者と中國: 安繹·天囚·湖南の外交論策』(大阪: 關西大學出版部, 2007)에서 19세기 말에서 20세기 초의 일본학계에 등장한 '日淸連衡論', '日淸同盟論', '支那保全論' 나아가 '滿洲經營論', '支那管理論'에 대해 멋진 분석을 하였는데 참고할 만하다.

78) 이상은 薄培林, 「晚淸中國官僚的中日韓聯合論」, 日本關西大學, 『アジア文化交流研究』 제5호(2010), 470쪽과 472쪽을 참조. 한편 楊天石에 의하면, 1880년 7월에 일본인 宮島誠一郎 씨가 駐日公使 何如璋과 朝鮮修信使 金宏集(역자 주: 金弘集의 初名) 등과 회담을 가진 자리에서 "이제부터 영원히 사이좋게 지내면서 3국의 이익을 도모하고" "3개의 대국이 연계하여 아시아를 부흥시키자"는 희망을 제기했다.(『黃遵憲與宮島誠一郎

10년이 지난 갑오전쟁 이후, 이른바 '동문동종同文同種'이고 '순치脣齒의 관계'이며 '형제의 나라'[79]라고 하는 환상은 철저히 깨지고 말았다.

　재미있는 것은 바로 1880년에 초대 주일공사 하여장何如璋(1838~1891)의 지시에 따라 황준헌黃遵憲(1848~1905)이 "중국과 가깝게 지내고(親中國), 일본과 관계를 체결하고(結日本), 미국과 연계하는(聯美國)" 외교정책을 조선 정부에 건의하는 내용을 담은 1만여 자의 「조선책략」[80]을 작성했다는 점이다. 황준헌은 이론적 지지를 확보하기 위해 중국-조선, 중국-일본의 관계를 문화적으로 소급하면서, 중국과 조선은 '문자 · 정치 · 교화가 같아 정겹고 화목할' 뿐만 아니라 지리적으로도 '서로 인접되어 있기' 때문에 두 나라의 운명은 '동고동락하는' '한 가정'이고, 일본과 조선도 마찬가지로 '땅과 땅이 맞닿고' '종류도 같다'고 하였다.[81] 여기서 황준헌은 중中 · 조朝 · 일日의 상호 관계를 '같은 문자'(文字同), '같은 정치와 교화'(政敎同), '같은 종류'(種類同)로 표현했는데, 이는 실제로는 '동문동종同文同種'으로 동아시아의 중 · 조 · 일 3국을 같은 문화권에 포함시킨 것이다. 그는 일본이 메이지 초기부터 소위 중화문화권에서 벗어나 '유럽에 진출'하려고 노력했음을 전혀 의식하지 못한 것 같고, 그의 의식 속에서 일본은 여전히 중화문화의 '속국'인 듯했다. 왜냐하면 '문자동文字同', '종류동種類同'이라는 이 '동同'은 바로 '중심-변방'의 틀 속에서 설정된 관계이고, 변방의 일본에서 '중앙'의 중국으로 '동화'되기 때문이다. 그러나 중국의 옛말에 "모두를 같게 만들어 버리면 지속되지 못하고 쇠퇴하게 된다"(同則不繼)고 했듯이 '같게만 되고 다름이 없으면' 그러한 '같음'은 사실 견고하지 못하다. 설사 일시적으로 존재하더라도 순식간에 파괴

　　　筆談遺稿』, 宮島吉亮家藏, 17쪽에서 인용) 19세기 말 이후의 아시아주의 담론은 王屏, 『近代日本的亞細亞主義』(北京: 商務印書館, 2004)를 참고할 수 있다.
79) '형제의 나라'(兄弟之國)란 黃遵憲이 「致王韜函」에서 한 말이다. 『黃遵憲全集』上卷(北京: 中華書局, 2005), 309쪽.
80) 『黃遵憲全集』上卷(北京: 中華書局, 2005).
81) 위의 薄培林의 논문 467쪽에서 인용. 黃準憲이 「朝鮮策略」의 집필 경위와 그 파장이 조선의 朝野에 크게 확산된 경위에 대해서는 위의 楊天石의 글 「黃準憲의 '조선책략' 및 그 파문」을 참고할 것.

될 수 있는데, 하물며 이 '중심-변방'의 정의定義도 시대에 따라 달라질 수 있음에랴. 특히 19세기 말 20세기 초의 갑오전쟁과 러일전쟁에 이르러, 이러한 중심관은 근본적인 변화를 가져왔고, 중국은 더 이상 스스로 이 '중심'에 있을 자격이 없게 되었고, 일본에 의해 완전히 대체되었다.[82] 사상사의 관점에서 보면 메이지 초기에서 20세기 중엽까지 "유교의 사상과 문화의 창조성은 결국 일본에서 사라졌다"고 할 수 있다.[83]

요컨대, '동아시아문화 차이 거대론'은 17세기 중엽 이후부터 메이지유신 직전까지 동아시아 3국(중국·일본·조선)의 문화적 심리가 점점 분리되면서 결국 각자의 길을 간 현상을 다룬 것이고, 이러한 '차이 거대론'의 심리는 중국보다는 주로 일본과 조선에서 생긴 것이다.(위에서 인용한 갈조광의 논문 참조) 조선은 논외로

---

82) 예를 들어, 일본 메이지 시기의 저명한 사학자인 重野安繹(1827~1910)가 岡本監輔 (1839~1904)가 편집 번역한『萬國史記』(1878)의 서문을 쓰면서 1849년에 일본에 전파되어 파문을 일으킨『海國圖志』의 저자 魏源이 중국을 천하의 중심으로 삼은 관념은 시대에 아주 뒤떨어진 것이라고 기탄없이 지적하면서(비록 그는 해양 방비를 중시한 魏源의 고심을 높게 평가했지만), 魏源이 "五州 여러 나라를 海國으로 여기고" 중국을 "中土로 자칭했는데, 이는 어리석은 우물 안의 개구리의 견해"라고 매우 날카롭게 비판했다.(王晴佳,「中國近代新史學的日本背景: 清末的史界革命與日本的文明史學」,『臺大歷史學報』第32期, 2003, 203~204쪽에서 인용) 그러나 갑오전쟁 직후인 1898년, 洋務派의 유명 인사인 張之洞(1837~1909)은 젊은이들이 일본으로 가서 현대과학기술을 배우도록 격려하기 위해 同種說을 강조했고, 혁명파인 章太炎도 이 용어를 써 가며 일본과 공동으로 아시아를 구축하기를 희망했다. Rebecca Karl, 高瑾 等 譯,『世界大舞臺: 十九, 二十世紀之中國的民族主義』(北京: 三聯書店, 2008), 218~219쪽 참조.

83) 黑住眞,『近世日本社会と儒教』(東京: ぺりかん社, 2003), 187쪽 참조. 그러나 同文同種이라는 관념적 상상은 20세기 이후에도 완전히 사라지지 않았을 뿐만 아니라, 이 개념은 자주 中·日 이원적 대립구조에서 아시아 질서 재건을 위해 활용되곤 했다. 예를 들어, 1901년 일본인이 상하이에 세운 '東亞同文書院'이 바로 그 전형적인 사례이다. 滬友會 編, 楊華 等 譯,『上海東亞同文書院大旅行記錄』(北京: 商務印書館, 2000); 薄井由,『東亞同文書院: 旅行研究』(上海: 上海書店出版社, 2001) 참조. 東亞同文書院의 전신은 1898년 도쿄에서 발족한 '東亞同文會'인데 회장인 고노에 아쓰마로(近衛篤麿, 1863~1904)는「同人種同盟」이란 글을 발표하여 "동아시아는 불가피하게 미래의 인종 경쟁의 무대가 될 것이다.…… 우리에게는 백인종과 황인종 간의 경쟁이 있기 마련인데, 이 경쟁에서 支那人(중국인)과 일본인은 백인들에게 동맹의 적으로 간주될 것이다"라고 했다.(『近衛篤麿日記』, 東京: 鹿島研究所出版會, 1968, 62~63쪽 참조)

하고 일본을 놓고 말하자면, 격차가 크다 함은 일본의 특수성을 부각시켜 중국 중심의 관념에서 탈피하기 위한 것이다. 사상사에서 보면 중국 중심론에서 벗어나려는 것은 곧 유학 가치의 보편성을 부인하려는 것인데, 이로부터 유학의 보편성과 일본특수론은 긴장 관계를 이루고 있음을 알 수 있다. 실제로, 근대 이후부터 현대까지 동아시아 문제에 대한 생각은 '보편-특수'라는 틀에 갇혀 있었고, 결국 '중화보편론'을 겨냥하여 일본의 '특수성'을 강조한 것이다.

4. 유학 일본화와 일본특수론

1945년 일본이 근대에서 현대로 들어선 후, 마루야마 마사오(丸山眞男, 1914~ 1996)의 일련의 일본사상 연구는 전후의 일본 지식계에 매우 심원한 영향을 끼쳤고, 일본사상사 학계에 하나의 연구 패러다임을 견고히 구축하였다. 그의 상징적 저서가 바로 유명한 『일본정치사상사연구』[84]이다. 그러나 근래 일본학 계에서는 마루야마의 사상사 연구에 대해 많은 비판과 반성을 제기했다. 예를 들어, 구로즈미 마코토(黑住眞)는 마루야마의 사상사관에 '근대주의적인 일본특 수론'이 깔려 있다고 하면서 "동양사상으로서의 주자학을 반동적이고 부정적인 것으로 보고 있는 반면, 그런 사상을 비판하고 극복하는 일본식 사상은 긍정적이 고 근대적인 것이라고 주장하는 마루야마의 인식틀은 분명히 탈아론脫亞論의

---

84) 『日本政治思想史研究』(東京: 東京大學出版會, 1952; 王中江 譯, 北京: 三聯書店, 2000). 이 책에 수록된 3편의 논문은 1940년부터 1944년 사이에 집필한 것이고, 1952년에 그것 을 모아 출판하였는데, 그 후 마루야마는 자기의 관점을 약간 수정했다. 『丸山眞男講 義錄』제7책(東京: 東京大學出版會, 1998)을 참조. 마루야마의 도쿠가와 유학 연구에 관한 비판과 반성은 子安宣邦의 「徂徠を語るとは何を語るのか」, 『思想』 제839호(1994); 黑住眞, 「日本思想とその研究: 中國認識をめぐって」, 東京大學, 『中國: 社會と文化』 제11 호(1996); 藍弘嶽, 「戰後日本學界德川儒學研究史論評: 以對丸山眞男『日本政治思想史研究』 的批判與修正爲中心」, 黃俊傑 編, 『東亞儒學研究的回顧與展望』(上海: 華東師範大學出版社, 2008), 151~185쪽을 참고할 수 있다.

근대주의적인 일본특수론의 국가주의 색채를 띠고 있다"[85]고 지적했다. 즉 '일본특수론'이 마루야마의 사상사관을 구성했다는 것이다.

마루야마의 사상사적 입장을 다소 수정한 비토 마사히데(尾藤正英)도 『일본 봉건사상사 연구: 막번幕藩 체제의 원리와 주자학의 사유』[86]라는 저서에서 '유학 일본화론'을 강조했다. 그는 도쿠가와시대의 야마자키 안사이(山崎闇齋)의 주자학을 예를 들면서 야마자키 주자학은 보편주의적 특징을 갖고 있지만, 따지자면 '일본화된 유교'로서 비록 표면상 중국유교와 유사하지만 이런 유사성은 중국 언어의 차용이고, 그 사상적 본질을 놓고 보면, '중국유교와 성격이 다른 도덕사상과 정치사상'이기 때문에 야마자키의 주자학은 본질적으로 '일본사상의 일종'[87]이라고 주장했다. 그러나 비토 씨는 당시 일본사상사 학계의 일본유학 특수론에 대하여 비판하기도 했다. 한편, 담론의 방식과 입장은 마루야마 및 비토와는 좀 다르지만, 미조구치는 일본사상사에 있어서 주자학(마루야마 의미에서의 주자학을 포함하여)은 뿌리를 내리지 못했기 때문에 이른바 주자학 해체 과정이 없고, '유교의 내부 발전'과 '유교사상 자체'의 분해 과정은 더욱 없다(이는 마루야마의 사상사관을 겨냥하여 한 말이다)고 하였다. 만약에 있다고 한다면 유교, 엄밀하게 말하면 중국유교와는 완전히 다른 요소를 내포하고, 자체 내에서 발전한 과정이 있었을 뿐이라고 명확히 지적했다.[88] 미조구치는 분명 마루야마의 문제의식을 출발점으로 하여 반성하고 비판한 것이다. 또한 그는 "중국에서 '주자학'이나 '양명학'으로 불린 것들이 그 어떤 형태로든 일본에 의해 수용되지 않았다"는 극단적인 주장으로 그의 기본 입장을 잘 보여 주었다.[89] 즉 중국의 주자학

---

85) 黑住眞, 『近世日本社会と儒教』, 「德川儒教と明治におけるその再編」(東京: ぺりかん社, 2003), 168쪽 참조.

86) 東京: 靑木書店, 1961.

87) 尾藤正英, 『日本文化と中國』(『中國文化叢書』第10冊), 「儒教」(東京: 大修館, 1974), 425쪽 참조.

88) 溝口雄三, 「反宋學の道」, 『實存主義』第54號(東京: 理想社, 1960.12), 22쪽 참조.

89) 溝口雄三, 「中國思想の受容について」, 『日本の美學』第9號(東京: ぺりかん社, 1984), 110쪽 참조.

또는 양명학은 중국의 것이고, 일본으로 전파된 후에는 일본의 주자학 또는 양명학밖에 없다는 것이다. 바꾸어 말하자면, 구체적인 일본이나 중국의 주자학, 양명학이 있을 뿐이며, 중국을 중심으로 하는 이른바 추상적인 주자학·양명학은 아예 존재하지 않는다는 것이다. 이로부터 추론한다면 중국사상과 일본사상은 본질적으로 완전히 다르다는 결론을 얻게 된다. 그런 의미에서 미조구치의 발상과 입장은 또한 마루야마의 사상사관과 비슷한 점도 있어 모두 '일본특수론'이나 '유학의 일본화'의 입장으로 귀결된다.[90] 본질적으로 말하자면, 미조구치 유조는 그 어떤 보편적인 유학적 가치가 존재한다는 것을 반대하는 입장이다.

여기서 반드시 지적해야 할 점은 일본의 특수론 또는 유학의 일본화 관점은 1960년대 이후 점차 도쿠가와유학 연구의 주류적 견해가 되었다는 것이다. 이에 대해서는 히라이시 나오아키(平石直昭)의 글「새로운 도쿠가와 사상사상思想史像의 가능성: 현대화와 일본화의 통일을 목표로」를 참조할 수 있다.[91] 이른바 일본유학 특수론이란 도쿠가와 유학사에서 일본 주자학과 중국 주자학 사이에 '엄청난 차이'가 존재한다는 것을 가리키는데, 이는 이질성이 양자의 동질성보다 훨씬 클 뿐만 아니라 근본적으로 둘 사이에 '동질성'이 존재하지 않음을 의미한다. 이질성이 존재하고 있기 때문에 '일본화'한 주자학이라 하지 않을 수 없다. 이러한 일본화 현상은 도쿠가와 사상사에서 보면 대략 소라이학(徂徠學)으로 거슬러 올라갈 수 있는데, 사실 이는 마루야마 이래 이미 명확히 제시된 사고의 맥락으로, 유학의 일본화는 소라이학으로부터 그 전형적인 형태를 찾을 수 있다고 여기는 것이다.

흥미로운 것은 마루야마의 도쿠가와 사상 연구와는 생각이 다르지만, 예를 들어 다하라 쓰구오(田原嗣郎)가 1960년에 발표한『도쿠가와 사상사 연구』는 마루

---

90) 高島元洋,『山崎闇齋: 日本朱子學と垂加神道』(東京: ぺりかん社, 1992), 16쪽 참조.
91)「新しい德川思想史像の可能性: '現代化'と'日本化'の統一をめざして」. 藍弘嶽,「戰後日本學界德川儒學硏究史論評: 以對丸山眞男『日本政治思想史硏究』的批判與修正爲中心」, 黃俊傑 編,『東亞儒學硏究的回顧與展望』(上海: 華東師範大學出版社, 2008)에서 인용.

야마의 모더니즘적 연구 입장을 비판하고 있다. 그렇지만 그는 유학의 일본화 문제에서는 더욱 급진적인 관점을 드러냈고, 심지어 소라이사상의 독자성을 일본 민족의 특수성으로 확대시켰다는 의혹까지 사게 됐다. 마찬가지로 마루야마의 연구에 불만을 내비친 또 다른 교토(京都)학파의 대표적 인물 중 한 사람인 요시카와 고지로(吉川幸次郎, 1904~1980)의 『소라이학안』(祖徠學案) 등과 같은 연구에서도, 소라이는 일본 우월성을 주장하는 민족주의자로서 그의 사상은 상당한 정도의 일본적 특성을 갖고 있다고 보았다. 히라이시 나오아키(平石直昭)는 「전중 戰中, 전후戰後의 소라이론(祖徠論) 비판: 초기 마루야마와 요시카와의 두 학설에 대한 검토를 중심으로」92)라는 글에서, 한편으로는 마루야마의 연구를 어느 정도 계승하면서 내재적인 이해를 바탕으로 소라이(祖徠)사상의 독특한 면을 파고들었지만, 또 다른 측면으로 볼 때 그도 역시 소라이사상의 독특한 면을 일본의 특수성으로 간단히 환원시킬 수 없음을 의식했다.93) 그 밖에 자신의 연구 방법을 '사회사상사(社會思想史'로 특징지은 기누가사 야스키(衣笠安喜)는 그의 저서 『근세유학사상사의 연구』94)에서 유학 일본화의 문제를 오규 소라이(荻生祖徠), 가이바라 에키켄(貝原益軒) 등 일본의 근세사상으로부터 일본의 현대적 사유의 요소들까지 두루 탐구함으로써 근세일본유학의 독특성을 부각시키는 관점에서 찾았다. 이러한 사고의 맥락 역시 마루야마의 사상사 맥락과 같은 궤도에 있다.

1980년대 이후 마루야마의 제자인 와타나베 히로시(渡邊浩)는 유학의 일본화 문제를 집중 검토하면서 스승의 관점에 대해서도 비판했다.95) 와타나베는 일본의 근세 사회에서 유학이 일본화한 것은 중국의 유학, 특히 주자학이 도쿠가와

---

92) 「戰中・戰後徂徠論批判: 初期丸山, 吉川兩學說の檢討を中心に」, 『社會科學研究』 39卷 1號 (1987)에 게재됨. 藍弘嶽의 중국어 번역본은 張寶三・徐興慶 編, 『德川時代日本儒學史論集』(臺北: 臺灣學出版中心, 2004), 99~174쪽 참조.

93) 위의 藍弘嶽 논문, 170쪽을 참조.

94) 東京: 法政大學出版社, 1976.

95) 渡邊浩, 『近世日本社會と宋學』(東京: 東京大學出版會, 1985) 참조.

사회에 적응하지 못했기 때문임을 강조했다. 와타나베의 연구는 '유학의 일본화' 또는 '일본유학론'의 확립을 상징한다고 말할 수 있다.[96] 그러나 관념의 사상사 연구를 중시하는 마루야마와는 달리, 와타나베는 일종의 사회사상사에 대한 연구를 수행하였다. 그 후 1997년에 펴낸 『동아시아의 왕권과 사상』(東アジアの王權と思想)[97]이라는 책을 통해 그의 고찰 방법을 이어갔고, 동아시아유학 문제에 관한 담론으로 시야를 넓혀 가면서, 보다 구체적으로 도쿠가와 일본은 동아시아의 다른 주요 국가와 사회체제가 다르고, '사상 성립의 사회의 장場'이 다르기 때문에, 사상 형태에 있어서 상당히 다른 모습을 보여 주었음을 논증했다. 그는 중국과 조선의 유학사에 대한 고찰을 통해 도쿠가와유학을 새롭게 이해하기 위한 이질적인 참조 기준을 제공했다. 와타나베의 도쿠가와 사상 연구에 대해 일부 논란도 있었지만, 그가 제시한 도쿠가와시기의 주자학이 결코 천하를 통일한 것이 아니고, 도쿠가와체제의 이데올로기로가 되지 못했으며, 유행의 조짐도 나타나지 않았다는 등의 주장은 그 뒤 일본사상사 연구자들의 대체적인 호응을 얻었다. 90년대에 이르러 일본사상을 연구하는 마루야마의 현대주의적인 진로에 대해 심각하게 비판한 사람은 고야스 노부쿠니(子安宣邦)이다. 그는 1991년에 펴낸 『사건으로서의 소라이학』('事件'としての徂徠學)이라는 책에서 마루야마의 도쿠가와 사상사 구축은 '현대에 관한' '역사철학 이야기'이고,[98] 현대주의의 관점으로부터 출발한 소라이학에 대한 마루야마의 해석은 종종 '자의적인 해석'에 빠졌으며,[99] 전후 일본의 도쿠가와 사상 연구는 '보편적인' 현대 서양 지식의 입장에서 출발했지만 그 '보편성'을 추구한 결과 역설적으로 '일본의 특수성'을 강조하는 반대 방향으로 굴러 떨어졌다고 신랄하게 비판했다. 중요한 것은 이러한 결과는 마루야마 본인도, 마루야마의 비판자들도 모두 유학을

---

96) 위의 藍弘嶽 논문, 160쪽을 참조.
97) 『東亞的王權與思想』(東京: 東京大學出版會, 1997).
98) 子安宣邦, 『'事件'としての徂徠學』(東京: 靑土社, 1991), 23쪽 참조.
99) 위의 책, 48쪽 참조.

실체화하는 상투적인 패턴에 사로잡힌 채로 일본의 현대성이라는 허구 속에서 도쿠가와유학을 담론하고 있음을 보여 준다. 따라서 고야스 노부쿠니는 현대적 비판 이론을 적용하여, 현대 일본 지식인들을 괴롭히는 이러한 '보편과 특수 사이의 골치 아픈 문제'를 무너뜨리려고 했다.[100] 고야스는 '보편과 특수'라는 문제의 해결은 현대적 지식 계보에 대한 철저한 비판과 해체를 통해서만 이루어 질 수 있다고 여겼는데, 그의 이론적 용기는 인정할 만하다. 사실, 동아시아유학 연구도 이제 '보편과 특수'에 어떻게 대응할 것인가 하는 문제에 직면했다.

구로즈미 마코토(黑住眞)는 『도쿠가와 유교와 메이지 유교의 재편성』이라는 글에서 그가 상당히 의문시하고 있는 현상을 지적했다. 즉, '근대 유교'의 문제에 있어서 일본학계(특히 일본사상사 학자들)가 오랫동안 무시하는 태도를 취했기 때문에 관련 연구의 축적이 매우 적어 '근세 유교'에 대한 연구가 유난히 많이 축적된 것과 대조적이라는 사실이다. 그는 근대사회의 사상과 이데올로기가 복잡한 다양성을 드러내는 배경에서 유교의 존재는 자명하게 정당화되지 못했고, 특히 전후戰後 많은 사상사 학자들은 유교 자체에 '반反근대성' 특징이 있기 때문에 그것은 '근대성에 대한 반동적인 부정否定 사항'이라고 여기면서 유교와 근대를 함께 거할 수 없는 존재처럼 본 것이 그 원인이라고 했다. 구로즈미 마코토는 "일본의 근대에 있어서, 유교는 복잡하고 난해한 상태를 보였지만, 무시할 수 없는 큰 역할을 했다"[101]는 점을 인정했다. 물론 우리가 일본의 유교를 이야기할 때 대체로 도쿠가와로부터 메이지유신까지의 소위 근세일본 유교를 위주로 한다. 메이지유신 이후의 근대 일본에 대해서는 일반적으로 일본의 사회 프로세스가 이미 완전히 서구화되었고, 특히 19세기 말 20세기 초의 일본은 이미 제국주의로의 전환을 끝냈기에 이 시기의 국가 이데올로기는 동양적인 색채가 완전히 없어지고, 중국과 조선에 대한 멸시 또한 중국유교에

---

100) 子安宣邦, 「祖徠を語るとは何を語ることか」, 『思想』 839호(1994), 65쪽 참조.
101) 黑住眞, 『近世日本社会と儒教』, 「德川儒教と明治におけるその再編」(東京: ぺりかん社, 2003), 165쪽.

대한 배척과 비판으로 극명하게 드러났다고 여기고 있다. 구로즈미 마코토의 연구는 바로 앞 시대 사람들의 이러한 선입견을 뒤집고, 근대 일본사상사의 유교적 요소를 애써 파헤치려는 것인데, 그 이론적 담력과 식견에 대해서는 우리들이 충분히 중시해야 한다.

구로즈미 마코토의 관찰에 의하면, 마루야마의 '일본특수론'의 착안점은 도쿠가와에서 메이지 사회로의 전환에 있고, 이런 전환의 사상사에서의 표현은 진사이학(仁齋學)과 소라이학(徂徠學)을 대표로 하는 '고학古學'과 그와 일맥상통하는 '국학國學' 이데올로기의 주자학에 대한 부정이고, 더 나아가 그것이 메이지 일본의 근대적 사상으로 이어진 것이다. 다시 말하자면, 마루야마의 의식에서는 고학과 국학이 '근대'에 더 가까운 '일본식' 사상이고, 도쿠가와유교는 이러한 '일본식' 사상의 전복을 거쳐야만 근대의 도래를 '대비'할 수 있는 것이다.[102] 마루야마의 이러한 사상사관은 줄곧 전후 일본사상사계의 주류 관점이 되었다. 그렇지만 사실에 있어서, 그 근원을 거슬러 올라가면 18세기 국학자 모토오리 노리나가(本居宣長)가 유학에 맞서 일본의 '고유의 삶(生)'이라는 견해를 적극 주장할 때 이미 이 같은 관념을 내포하고 있었지만 도쿠가와시대에는 국학파의 사상적 영향이 제한적이었을 뿐이다. 메이지시대 이후 서학이 압도적인 추세를 이루면서 국학과 신도神道의 국가주의가 사회 시장을 장악하게 되었고, 이에 발맞추어 유교사상은 점차 역사 속으로 사라졌다.

그러나 구로즈미 마코토가 지적했듯이 이러한 사상사적 묘사는 근대주의적 관념의 반영으로, 역사적으로 보면 문제가 있다. 19세기 말에서 20세기 초, 무대의 뒤로 물러섰던 유교가 다시 무대에 올라 "현대의 실천으로 재구축되고 재강조되었던 것"이 사실이다. 예를 들어, 갑오전쟁(일본어로는 청일전쟁으로 표기) 이후인 1900년에서 1906년 사이에 간행된 이노우에 데쓰지로(井上哲次郎, 1855~1944)가 쓴 3부작 『일본 양명학파의 철학』, 『일본 고학파의 철학』, 『일본 주자학파

102) 위의 책, 168쪽 참조.

의 철학』이 바로 그 당시 일본유교를 다시 불러일으킨 대표작이다. 이들 작품의
기조는 유학에 대한 부정은 아니지만, '일본', '철학' 등의 키워드를 통해 일본의
과거의 다양한 사상이 근대의 장애물이 아님은 물론, 오히려 근대를 구축함에
있어서 큰 의미를 가진다는 것을 표방하는 것이 저자의 의도이다. 이노우에는
메이지 초기의 유교부정론에 대한 반성을 통해 이런 부정론을 넘어 서양에서도
통할 수 있는 일본사상의 새로운 미래의 흐름을 제시하려고 시도했다. 이노우에
의 이 같은 지향은 1930년대 이후의 일본제국시기에 이르러서는 놀랍게도 서양
을 뛰어넘는(근대 초극론) 하나의 사상적 무기로 과장되었다. 근대 일본유교에
대한 마루야마의 비판은 바로 이러한 시대적 배경을 바탕으로 한 것이다. 단지
마루야마의 비판은 '서양의 전통'을 참조로 했기 때문에 고학과 국학이 일본에
있어서 서양 전통과 '등가물等價物'이 되어 버렸다. 이런 사고방식은 결코 취할
바가 못 된다.

그렇다면 도쿠가와시대 일본에는 '거대 격차'의 현상 이외에 '문화 친화'의
현상은 없을까? 만약 이 방면의 자료를 애써 수집한다면 많은 발견을 할 수
있을 것이다. 예를 들면, 도쿠가와 초기의 양명학자 구마자와 반잔(熊澤蕃山,
1619~1691)은 중화문명과 일본의 관계에 대해 다음과 같이 말했다.

> 중화는 사해四海(천하)의 스승의 나라이고 특히 일본에 대한 공이 크다. 예악禮樂·
> 서수書數·궁실宮室·의복衣服·주거舟車·농구農具·무구武具·서약西藥·침구針
> 灸·관직官職·위계位階·군법軍法·궁마弓馬의 도道, 그 밖에 온갖 기술과 재주에
> 이르기까지 어느 것 하나 중화에서 유래하지 않은 것이 없고, 중화를 따라 배우지
> 않은 것이 없다.[103]

이에 따르면 중화는 일본에 대해 '스승 나라'의 지위를 갖고 있고, 일본문화
에 대한 영향은 사회 전반에 파급되어 있다. 혹여 어떤 사람들은 주자학이

---

103) 熊澤蕃山, 『集義外書』(『全集』 2), 卷二, 25쪽. 黑住眞, 『近世日本社会と儒教』, 15쪽에서 인용.

도쿠가와시기의 일본유학사에서 양명학을 훨씬 능가했고, 양명학은 도쿠가와 사상의 주류 지위를 차지한 적이 없기 때문에 반잔의 말을 믿을 수 없다고 할 수도 있다. 반잔 자신도 "도덕의 진실과 대학大學의 도가 아직 (일본에서) 행해지지 않고 있다.…… 그러므로 중화의 공功이 크다 하지만, 그 도道와 가르침(敎)은 아직 (일본에서) 행해지지 않고 있다"104)고 솔직히 인정했다. 즉 중화의 각종 문물文物이 일본에 널리 전파되었지만 유교(도덕의 진실, 대학의 도)가 일본에서 제대로 실행되지 못했다는 것이다. 반잔은 유교 이후, 성인의 도道가 반드시 일어날 것이라고 믿었다. 반잔의 이 설에 대해 구로즈미 마코토는 실제로 구마자와 반잔의 시대 이후 "유교는 시대의 흐름에 따라 비약적으로 심화·발전되었다"고 지적했다. 다시 말하자면 도쿠가와 초기 이후부터 말기까지 유교가 쇠락하기는커녕 점점 절정을 맞이했다는 것이다. 그는 전체적으로 보면 "도쿠가와 시대의 유교는 대단히 뚜렷하고 융성했다고 말할 수 있다"105)라고 지적했다.

그러나 이런 주장은 도쿠가와시기의 유교가 이미 정치적 특권을 가지고 있었음을 의미하지 않으며, 실제 상황은 막부 정권의 정신적 도구로서 오히려 불교와 신도神道였다는 점에 유념해야 한다. 유교가 진정으로 '공公'적인 자리에 나타난 것은, 호시나 마사유키(保科正之, 제4대 쇼군 이에쓰나의 보좌, 1651~1669)와 쓰나요시(綱吉, 1680~1709 재위) 시대의 문치文治·예교禮敎의 수요에 부응하여 출현했고, 이 시기의 유교는 어느 정도 발전했지만 그 본질은 고전주의적 지식 훈련이었을 뿐, 사상계를 독자적으로 차지한 것은 아니었다. 이에 근거하여 구로즈미 마코토는 '도쿠가와 유교: 일본 유교의 비특권성' 또는 '복합성 속의 유교'106)라는 독특한 견해를 내놓았는데, 우리는 그것을 '유교 비특권론'이라 일컬을 수 있다. 이러한 결과를 낳게 된 데는 일본 사회의 특질과 연관되는데, 첫째, 불교와

---

104) 黑住眞, 『近世日本社会と儒教』, 「德川前期儒教の性格」, 15쪽.
105) "可以說, 德川時期的儒教是極其顯著的, 興盛的." 黑住眞, 『近世日本社会と儒教』, 「德川前期儒教の性格」, 25·16쪽.
106) 위의 책, 18·20쪽 참조.

신도가 제사·종교의 영역을 독점한 반면 유교에는 아무런 특권이 없었고, 둘째, 과거科擧 형식의 유교 관료제도가 근세일본에서 형성되지 않았다는 점이 주요한 원인이다. 첫 번째 원인으로 인해 유교는 도쿠가와시기의 국가 이데올로기의 지위를 얻지 못했고, 두 번째 원인으로 인해 유교의 지식 재생산은 매우 제한적이고, 마찬가지로 유학자들의 행정 일군과 교육자로서의 기능도 매우 제한적이었다. 따라서 도쿠가와시기 유교의 존재 방식은 중국이나 조선과는 달리 주로 '일반적 용어'의 훈련 방식을 제공함으로써 가능했다. 요컨대, 도쿠가와시기의 유교는 '종교적·정치적 정통성'으로서 스스로를 확립한 것이 아니라,[107] 기존의 정통 사상(예를 들어 천황, 神道)과 연결함으로써 자신의 존재 의의를 높였던 것이다. 총체적으로 보아 "사실 도쿠가와시대에 일본에서 지나支那(중국)가 가장 존중받았다"[108]고는 하지만 진정한 의미에서의 '체제'로서 확립된 유교는 메이지 이후 천황제 국가시기에 이르러서야 비로소 실현되었다.[109]

구로즈미 마코토(黑住眞)는 유학에 대한 역사적 고찰을 통해, 일본에 있어서 유교는 특수한 역사적 존재이며, 특히 도쿠가와 사상사에 있어서 유교는 '특권'이란 없었고, 각종 '복합성'에 파묻혀 기껏해야 도쿠가와 사상의 역사 형태 중 하나에 불과했다는 관점을 거듭 밝혔다. 그의 이런 연구는 와타나베 히로시(渡邊浩)의 연구와 비슷하고, 마찬가지로 사회사상사 연구에 속하며, 마루야마 이래의 관념사 연구의 역사적 허구에 비판적 의미가 있다고 봐야 한다. 나는 유학을 일본 사회와 결합시키는 이런 연구 작업이 우리들의 동아시아유학 연구에 중요한 계시적 의미를 지니고 있다고 본다. 왜냐하면 동아시아유학 연구란 동아시아유학의 사상적 의의를 고전 해석으로 파고드는 것 외에 동아시아 각지의 유학사적 배경에 대한 기본적인 객관적 파악이 있어야 하며, 그렇지

---

107) 黑住眞, 위의 책, 「德川儒教與明治的儒家重組」, 172쪽 참조.
108) 中村久四郞, 「近世支那の日本文化に及ぼしたる勢力影響」 一, 『史學雜誌』 第25編 第2號(1914), 131쪽.
109) 黑住眞, 『近世日本社会と儒教』, 「德川前期儒教の性格」, 27쪽 참조.

않으면 추상적인 공리공담을 면할 수 없기 때문이다. 예컨대, 우리가 일본의 주자학 또는 양명학을 운운할 때, 만약 도쿠가와 일본 사회에 대한 기본적인 이해와 분석이 결핍되어 있다면, 마치 일본의 사상이 곧 중국의 화신인 듯한 일방적인 인상을 초래하게 된다. 일본학자들은 중국에 이전부터 존재해 온 나쁜 버릇 두 가지, 즉 자대주의적自大主義的 태도와 외국이 갖고 있는 것을 중국이 이미 훨씬 이전부터 가지고 있었다고 생각하는 태도가 지금까지도 고쳐지지 않고 있다고 여기는데, 이것은 그들이 가장 민감하게 여기는 부분이다.

현재 일본의 학계에선 일본사상사 전공의 학자나 중국사상사 전공의 학자를 물론하고 모두 '일본의 특수성'에 대단히 많은 관심을 갖고 있다. 예를 들면, 고야스 노부쿠니(子安宣邦)는 자신이 제기한 '방법으로서의 에도(江戶)'라는 명제가 낳은 오해에 대해, 근세일본과 근세 에도의 '상이성相異性'을 부각하기 위한 "그것이 바로 '방법으로서의 에도'의 관점이다.…… 이러한 관점은 근대 일본이 모종의 방식으로 역사적 시대를 전개해 왔다고 이해하기 때문에 전근대와의 연속성보다는 차별성을 더욱 강하게 나타내는 시각이다"[110]라고 변명했다. 바꾸어 말하자면, '방법으로서'라는 표현 자체는 다케우치 요시미(竹內好)의 '방법으로서의 아시아'나 미조구치 유조(溝口雄三)의 '방법으로서의 중국'과 비슷해 보이지만, 고야스가 더욱 강조하는 것은 '방법으로서'의 구축을 통해 방법으로서의 대상 사이의 차이를 '강하게' 드러내고, 그런 차이로부터 방법으로서의 에도와 근대의 거리를 돋보이게 하려는 것이다. 마찬가지로, 고야스의 해석에 따르면 다케우치 요시미와 미조구치 유조가 구축하려는 방법으로서의 아시아와 중국도 서양과 다른 아시아, 중국과 다른 일본을 두드러지게 하여 아시아의 특수성, 일본의 특수성을 제시하려는 목적에서 나온 관점이다.

갈조광葛兆光도 지난 세기 90년대 이후 일본학계에서 일어난 '동아시아론'이나 '아시아론'의 학자들이 "일본사상사의 특수성을 특별히 강조"하고, 특히 근대

---

110) 子安宣邦,「'世界史'和日本近代的觀點」,『臺大歷史學報』第28期(2001.12), 244쪽.

일본이 동양이나 서양과 다른 "일본 자의식의 발현"을 반복적으로 언급하며, 항상 세계와 동아시아의 배경에서 "일본사상의 '일본적' 근원"은 어디에 있고 "일본의 특징은 도대체 무엇인가"를 꼬치꼬치 캐묻는다는 것을 예민하게 의식했다.[111] 나는 일본의 특수성을 강조하는 이면에는 분명 근세 이래의 일본문화 중에서 유학적 요소와 서양 근대적 요소를 '타자화' · '대상화'하려는 사고방식이 존재한다고 생각한다. 즉 이른바 '방법으로서' '방법화'함으로써 일본문화의 주체성 즉 '특수성'을 드러내고, 더 나아가 이러한 특수성을 근거로 하여 역으로 동양 또는 동아시아의 동일성同一性, 동질성同質性을 해체시키려는 것이다.

예를 들면, 쓰다 소키치(津田左右吉, 1873~1961)는 일찍이 "일본을 동양에 편입시킨 것은 일본문화와 서양문화의 대립으로 그 특수성을 강조하려는 생각에서 나온 것 또는 그런 생각에서 파생된 것"[112]이라고 지적하였다. 이 견해는 대체적으로 틀리지 않지만, 그는 이런 '특수성'의 입장에서 "유교적 도덕이 우리 국민의 도덕적인 삶을 지배한 적이 없다"(『유교의 실천 도덕』)는 저 유명한 극단적인 결론을 내렸다. 즉 일본은 여태껏 유교문화권에 속해 있지 않은 나라이고, 이른바 '동양문명'이나 '동양문화'도 완전히 허구라는 것이다. 이는 매우 극단적인 입장이다. '동양문화'에 대한 이러한 해체는 분명 일본의 '특수성'을 강조하려는 취지이고, 그 배후에는 서양의 보편성을 비판하려는 의도도 있거니와, 동시에 중국에 대한 멸시로 가득 차다.(黃俊傑의 말) 황준걸은, 쓰다 소키치의 논리에 따르면 '동아시아유학'은 오직 중국유학, 일본유학, 조선유학 등 구체적이고 특수한 '개체'로만 존재하는 것이지 전체로서는 존재하지 않으며, 또한 '전체'로서의 '동아시아유학'의 특질은 개별적인 지역적 유학 전통에서만 찾을 수 있다는 점을 지적했다.[113] 주목해야 할 것은 쓰다 소키치와 같은 논조가 아직도 오늘날

---

111) 葛兆光, 『西潮又東風: 晩淸民初思想 · 宗敎與學術十論』, 「誰的思想史? 爲誰寫的思想史?」(上海: 上海古籍出版社, 2006), 23~24쪽 참조.

112) 津田左右吉, 『シナ思想と日本』, 「東洋文化とは何か」(東京: 岩波書店, 1938), 112쪽.

113) 黃俊傑, 『東亞儒學: 經典與詮釋的辯證』, 「東亞儒學 如何可能」, 34쪽. 津田左右吉에 관한 연구는 增淵龍夫의 『歴史家の同時代史的考察について』, 「日本の近代史學史における中國

일본의 중국학계에 일정한 지분이 있다는 점이다. 물론 이런 과격한 관점에 대한 비판의 목소리도 있다. 예컨대, 현재 활동하고 있는 일본사상사 연구가 사와이 게이치(澤井啟一)는 쓰다 소키치를 비롯한 일련의 학자들의 일본 연구에 대한 단편적인 시각이 바로 일본의 '폐쇄 영역'(閉止域)[114]을 구성했다고 지적했다. 그러나 나는 일본의 특수론을 주장하는 학자들이 역사 일원론을 해체하기를 기다릴 것도 없이, 동아시아의 문화적 다양성에 대한 인식은 이미 오늘날 일본과 중국 대다수 학자들의 공감을 얻고 있다는 것이 사실이라고 생각한다.

5. 일본유학의 보편성과 특수성

지금까지 일본학자들은 일본 역사에 있어서 유학이 매우 '특수한' 지위를 차지하는 이유에 대해 두 가지로 언급하였는데, 하나는 일본문화의 특수성, 다른 하나는 근세일본 사회의 특수성과 연계시켰다. 이 양자는 또한 안과 밖의 관계로서, 상호 연관된 관계를 형성한다. 본래 문화학적으로 볼 때, 각 지역의

と日本(Ⅰ): 津田左右吉の場合」(東京: 岩波書店, 1983), 3~48쪽을 참조할 수 있다.

114) '폐쇄 영역'이란 '자기 폐쇄'라는 뜻이다. 澤井啟一, 『記號としての儒學』(東京: 光芒社, 2000) 참조, 荻生茂博, 『近代・アジア・陽明學』, 「大國主義と日本の'實學'」(東京: ぺりかん社, 2008), 314쪽에서 재인용. 일본사상사 연구 전문가인 荻生茂博의 연구를 중시할 필요가 있다. 그는 오늘날 일본 유교사상을 고찰할 때 다음과 같은 세 가지 점에 주의 해야 한다고 주장했다. ① 일본유교를 동아시아사상 운동의 한 부분으로 정립할 필요 가 있고, ② 지난날 漢學에 담겨 있던 '동아시아의 이데올로기＝일본의 맹주론'이라 는 발상을 철저히 차단해야 하며, ③ 이를 토대하여 새로운 사상사적 비전을 제시할 필요가 있다.(위의 책, 315쪽 참조) 그의 연구는 丸山眞男의 사상사관과 큰 차이가 있다. 그는 유교가 에도 후기, 특히 幕府 말기에 이미 일본 사회에 침투되었고, "일본 을 포함한 동아시아 세계에 이미 유교라는 공통된 사상의 '場'이 형성되었다"고 주장 했다.(위와 같음) 하지만 丸山眞男의 사고 맥락은 일본은 徂徠學에서부터 '지속적인 제국'으로서의 주자학의 세계를 벗어나기 시작하여 서양과 비슷한 근대적 사유를 형 성했기 때문에, 19세기 이후의 '脫亞入歐'라는 사상의 유래는 사실 이러한 '일본사상의 특권화'라는 전통사상의 내부에까지 거슬러 올라갈 수 있다고 보았다.(위와 같음) 나 는 荻生茂博의 분석과 비평이 우리들의 주의를 끌 만한 가치가 있다고 본다.

민족별 문화가 다른 문화와 다른 것, 즉 특수성을 갖는 것은 당연하다. 또한 이러한 문화의 '차이'를 직시하는 것은 문화의 '같음'을 강조하기보다 어떤 의미에서는 더 건설적이고, 중국문화가 강조하는 "조화롭되 같지 않다"(和而不同)는 정신이나, "같은 것만 강조하게 되면 오래 지속될 수 없다"(同則不繼)는 정신과도 대단히 잘 맞아떨어진다.

실제로 일본의 유학자들도 이 문제에 대해서 일정한 관심을 갖고 있다. 예를 들면, 19세기 일본 막부 말기의 유관儒官인 고가 도안(古賀侗庵, 1788~1847)의 제자 사카타니 시로시(阪谷素, 1822~1881)는 「존이설尊夷說」이라는 자신의 글에서 모든 사물은 친화적인 고유한 합동성合同性과 무분별적인 고유한 차이성(分異性)이라는 두 측면이 있기 때문에, 사물의 공용功用적 측면에서는 '다름'(異)의 측면이 더 중요하다고 지적했다. 그는 선후배와 친구 사이에 서로 다름이 있기 때문에 함께 토론할 수 있다는 예를 들면서, 결론적으로 말하여 공훈을 세우고 업적을 쌓을 수 있는 이유도 바로 "다름을 포용하여 존중할 수 있는 데에" 있기 때문에 '다름'(異)을 경멸하고 배척하는 태도는 오히려 '야만적인' 표현이라고 주장했다.115) 즉 사물에 '다른' 측면이 있기 때문에 그 '다름을 포용하는' 태도를 가지고 살펴볼 필요가 있다는 것이다. 이러한 태도는 우리가 일본유학의 특수성을 이해하는 데에 있어서 대단히 중요하다. 구체적으로 말하면, 주자학이 일본에 전해진 후, 국가 이데올로기가 되지 않았기 때문에 지식인들은 주자학에 대해 '호교적護敎的'인 태도를 취하지 않았다. 이는 그들이 외래의 이질적인 문화(예를 들어 19세기에 전해온 서양문화)의 충격에 직면하였을 때 실제적인 이념으로부터 출발하여 자유롭게 수용할 수 있었음을 보여 준다. 이 점을 조선의 주자학과 비교해 보면 더욱 두드러진다. 조선에서는, 특히 17세기 이후 중화의 보편적인 원리가 조선만이 보존할 수 있었다고 자부하면서 일종의 '소중화' 의식이 생겨났다.116) 따라서

---

115) 이상은 前田勉, 『兵學と朱子學・蘭學・國學: 近世日本思想史の構圖』(東京: 平凡社, 2006), 126쪽을 참조.

116) 17세기 이후 조선 왕조의 '소중화 의식'에 대해서 예로부터 많은 연구가 있다. 孫衛國,

보편적 원리(예를 들어 禮敎)를 파괴하려는 그 어떤 시도도 '척사위정斥邪衛正'의 태도로써 철저하게 부정하고 비판했다. 이로부터 서양의 앞선 기술에 대한 그들의 태도를 짐작할 수 있는바 '이질적인' 문화의 침입을 용인할 수 없었던 것이다. 바로 이런 의미에서 조선의 주자학은 현실 사회체제를 옹호하는 국가 이데올로기가 되었고,[117] 그 결과 '타자'를 거부하는 자기 절대화를 초래했다.

도쿠가와시기의 일본에서 중국과 다른 유학의 특징은 주로 두 가지로 나타난다. 첫째는 '나라를 다스리는 데 유학자를 쓰지 않은 것[118]'이다. 사상 외적인 시각에서 볼 때에 일본유학은 치국治國과 안방安邦의 학설 영역에서 제외되었다는 특징을 지적한 것이다. 둘째는 일본유학, 예를 들면 일본 주자학은 형이상학적 문제에 대해 관심이 적다는 점이다. 히라이시 나오아키(平石直昭)의 말로 표현하면, 일본의 주자학은 대개 형이상학적인 실재實在 문제에 대해서는 그다지 관심이 없다.[119] 이는 사상의 내적인 차원에서 일본유학의 특성을 지적한 것인데, 이런 특징은 또한 '유교일본화'의 전형적인 표현이다. 위의 두 관점은 '안(內)과 밖(外)'이라는 분석 방식으로서 두 가지 모두 필요한 시각이다. 그러나 문제는 일본유학의 이러한 '특수성'을 통해 유학의 '보편성'에 대한 일본 유학자들의

『大明旗號與小中華意識: 朝鮮王朝尊周思明問題研究(1637~1800)』(北京: 商務印書館, 2007)를 참조할 수 있다.

117) 위에서 인용한 前田勉의 저서, 128~129쪽 참조.
118) 長盤潭北의 말, 『野總茗話』(享保 十八年1733). 『通俗經濟文庫』(東京: 日本經濟叢書刊行會, 1917)에 수록. 渡邊浩, 「儒學史異同的解釋: '朱子學'以後的中國與日本」, 張寶三・徐興慶 編, 藍弘嶽 譯, 『德川時代日本儒學史論集』(臺北: 台大出版中心, 2004), 30쪽에서 재인용.
119) 平石直昭, 「戰中・戰後徂徠學批判: 以初期丸山・吉川兩學說的檢討爲中心」, 張寶三・徐興慶 編, 藍弘嶽 譯, 『德川時代日本儒學史論集』, 112쪽. 田原嗣郞는 일찍 에도시기의 이른바 주자학자인 林羅山, 貝原益軒, 山崎闇齋 등의 주자학 이해가 아래와 같은 특징을 보여 준다고 지적했다. 즉 그들은 주자학의 핵심 개념인 '理'를 주자학의 맥락에서 떼어 내어 '사물의 조리'로 설명했는데, 이는 도쿠가와 전기의 주자학자들이 주자학에 관한 핵심적인 문제에서 모두 주자학을 이탈하였음을 나타내므로, 그 사상에는 '비주자학적'이라는 특징이 있다는 것이다.(田原嗣郞, 「山鹿素行と士道」, 『山鹿素行』[『日本의 名著』第12冊, 東京: 中央公論社, 1983, 64쪽) 다하라의 이 견해는 일종의 보편적 '주자학'이 존재하고 있었다는 입장을 분명히 하고 있으므로, 그의 '비주자학적'이란 말은 중국의 주자학이 아니라는 뜻이다.

관심과 의식이 부족하다는 것을 증명해 낼 수 있는가 하는 것이다. 사실 사상가들의 이론 속에 깊이 들어가 구체적으로 관찰해보면, 근세일본의 유학자들도 보편적인 문제에 대해 다소 관심을 가지고 있었다는 것을 발견할 수 있다.

일부 연구에 따르면, 일본이 역사적으로 중국문화를 수용하는 과정이 아주 '특수'하다. 주희의 『사서집주』가 도쿠가와 이전의 전국시대, 즉 주희가 죽은 후 얼마 지나지 않은 가마쿠라 초기에 이미 일본 유학승留學僧에 의해 일본에 전해졌지만, 그 후의 300년 동안은 주로 교토의 박사가博士家와 오산五山사찰을 중심으로 불경(佛)의 부차적인 문헌으로 알려졌을 뿐이다. 17세기 초엽에 이르러서야 무가武家가 통치하던 전국시대가 끝나고 도쿠가와 정권이 확립되면서 사회질서가 회복되고 유교가 사회적으로 유행하기 시작했는데, 이를 '유교 유행 현상'이라고 할 수 있다.[120] 제도적으로도 에도시대의 강학교육이 사찰에서 점차 막부와 각각의 번藩의 지방 정부로 옮겨 갔고, 민간에서는 각종 학교, 서당, 데라코야(寺子屋)[121] 등이 형성되었다. 18세기 후반에 이르러서는 교육이 이미 무사 계층과 평민 계층에까지 이르렀기 때문에 200여 곳의 지방 번교藩校 가운데 유학을 다루지 않는 곳이 거의 없었다.[122] 그러면 사상적 측면에서 볼 때, 중국유학이 설파하는 천명天命과 천도天道, 천리天理와 양지良知 등 보편적인 원리를 도쿠가와 유학자들은 어떻게 받아들였을까? 물론 여기에서 말하는 '받아들이다'는 것은 일본어의 '수용受用'에 가까운 의미인데, 긍정적인 계승이라는 의미도 있지만 비판적인 의미도 있다.

도쿠가와 막부의 유가학파 대표자인 하야시 라잔(林羅山, 1583~1657)의 스승이

---

120) 吾妻重二, 「江戸初期における學塾の發展と中國‧朝鮮」, 關西大學, 『東アジア文化交渉研究』 第2號(2009.3), 48쪽. 한편 阿部吉雄, 『日本朱子學と朝鮮』(東京: 東京大學出版會, 1965), 549쪽 참조.
121) 역자 주: 일본 에도시대에 서민 자제에게 초보적인 읽기‧쓰기‧산술을 가르친 사설 교육기관이다.
122) 辻本雅史, 『教育社會文化史』(東京: 放送大學教育振興會, 2004), 81쪽. 위 吾妻重二의 論文 48쪽에서 재인용.

고, 근세일본유교의 시조인 후지와라 세이카(藤原惺窩, 1561~1619)[123]가 라잔에게
한 말이 대단히 흥미롭다.

> 리理가 있다는 것은 하늘이 덮지 않은 것이 없고, 땅이 싣지 않은 것이 없음과
> 같으니, 그러한 이치는 이 나라에서도 그렇고 조선에서도 그렇고 안남(베트남)에서
> 도 그렇고 중국에서도 그렇다. 동해의 동(성인)이나, 서해의 서(성인)의 말이 서로
> 합치하고(此言合) 그 이치 또한 같다(此理同). 이것은 남해와 북해의 경우도 마찬가지
> 다. 그러니 이러한 이치가 어찌 지공至公·지대至大·지정至正·지명至明이 아니겠
> 는가? 만약 사사로움이 있다면 나는 믿지 않을 것이다.(원문은 漢文으로 되어 있다.)[124]

나는 후지와라가 육상산陸象山의 책을 대충 읽어 보았을 것으로 추측한다.
그렇지 않다면 그의 '차언합此言合', '차이동此理同'이라는 말이 어찌 육상산의
'차심동此心同', '차이동此理同'이라는 말과 이렇게도 닮을 수 있겠는가? 구절이
비슷할 뿐만 아니라 그 속에서 드러난 관념도 거의 유사하다. 다만 후지와라의
맥락에서 보면, 그가 강조하는 '언합이동言合理同'은 동해의 성인, 서해의 성인을
추상적으로 지칭하는 것이 아니라 구체적으로 조선, 안남(베트남), 중국, 일본을
가리키는 것인데, 마침 지금 '동아시아'라는 개념으로 사용되는 지역들이다.
후지와라는 중국과 조선 문화를 내심으로 대단히 동경하고 숭배했다. 이 점은
많은 연구를 통해 충분히 규명되고 있다.[125]

---

123) 藤原惺窩는 조선의 大儒 退溪 李滉(1501~1570)의 학문을 익힌 姜沆(1567~1618)과 교
제하면서 그의 가르침을 많이 받았기에 藤原惺窩의 사상은 퇴계-주자학에 속한다
는 설이 있다. 강항은 16세기 말 도요토미 히데요시가 조선을 침략했을 때 포로가
되어 일본에 끌려갔었고, 藤原惺窩는 幕府의 장군 도쿠가와 이에야스의 御前 侍講으
로 政事에 참여했다.

124) "理之在也, 如天之無不幬, 似地之無不載. 此邦亦然, 朝鮮亦然, 安南亦然, 中國亦然. 東海之
東, 西海之西, 此言合, 此理同也. 南北亦若然. 是豈非至公·至大·至正·至明哉! 若有私之
者, 我不信也."(藤原惺窩, 『藤原惺窩集』下冊, 「惺窩問答」, 394쪽. 石田一良·金穀治 編,
『藤原惺窩·林羅山』[『日本思想大系』28], 東京: 岩波書店, 1975, 202쪽)

125) 위 吾妻重二의 論文을 참조.

후지와라는 도쿠가와 이에야스(德川家康, 1543~1616)를 대신해 안남(베트남) 국
왕에게 보내는 편지에서도 유학 보편주의 사상을 크게 강조했다.

무릇 믿음(信)이란 우리 인간성 중의 고유한 것으로서, 천지를 느끼고 금석을
꿰뚫게 되니 통하지 않는 바가 없다. 어찌 이웃과 서로 사이좋게 지내는 것뿐이겠
는가? 비록 천 리 밖의 풍습은 서로 다르지만, 오방五方 어디에나 다를 바가 없는
것이 또한 인간 본성이다. 이로부터 살펴본즉, 차이가 있다면 다만 의복과 언어와
같은 말단의 것일 뿐이다. 천리만리는 아득히 멀고 옷가지와 말은 서로 다르지만,
멀지 않고 다르지 않는 것이 존재하니 이른바 '한결같은 믿음'(一信)이다.…… 126)

여기서 드러난 관념도 육상산의 '심동心同 · 리동理同'의 학설과 거의 다를
바 없다. 물론 이 설 자체가 맹자학의 인성설에서 비롯된 것이 분명하지만,
그 설이 안남(베트남) 국왕에게 보내는 편지에 나왔다는 것은 매우 흥미로운
사실이다. 후지와라는 유학적 관념으로써 인성 속의 고유한 존재는 지리적
장벽이 없다는 것을 믿어야 한다고 안남국 사람들을 가르치며, 지리와 풍습은
제각각이고 옷가지와 말 또한 서로 다르지만 '인간성' 한 가지만은 완전히
일치한다고 강조했다. 그러므로 행위를 말하면서 반드시 '믿음'(信)으로 표현되
어야 한다는 점을 강조하였으며, 그것은 곧 인간 본성이 원래부터 갖고 있는
'믿음'(信)이라고 했다. '믿음'이 유교의 윤리 덕목 중에서 중요한 내용임은 말할
것도 없다.

후지와라는 안남 화물선과의 교역 규칙인 '주중규약舟中規約'에서도 이러한
보편주의인 사상을 강조하면서 '천부지리天賦之理'의 관념을 단도직입적으로 제

---

126) "夫信者, 吾人性中之固有, 而感乎天地, 貫乎金石, 無以不通. 豈啻交鄰通好而已哉. 雖是千里
不同其風, 所以五方皆不殊, 此性也歟. 由是見之, 則其不同者, 特衣服言語之末而已. 然則千
里萬里雖遠, 衣服言語雖殊, 有其不遠者不殊而存. 是所以謂一信也.……"(『惺窩先生文集』,
卷九, 「致書安南國」. 荻生茂博, 『近代 · アジア · 陽明學』, 「大國主義と日本の'實學'」, 325
쪽 참조)

시했다.

> 이역異域은 우리나라와 달라 풍속과 말은 같지 않다. 그렇지만 하늘이 품부해
> 준 이치는 다르지 않다. 그런데도 같은 것을 망각하고, 다른 것을 탓하여 사기를
> 치고 욕설을 퍼붓는 경우가 많다. 저들이 비록 모르더라도 내가 어찌 그것을
> 모를 수가 있겠는가? 돼지나 물고기 등과 같은 하등한 존재조차 이를 믿어 의심치
> 않는데, 갈매기의 지혜로야 더 말할 것 있으랴. 진실로 하늘은 거짓을 용납하지
> 않으니, 감히 우리나라 풍속을 욕되게 해서는 안 될 것이다.[127]

이 말에 의하면, 하늘이 품부해 준 이치가 다르지 않다는 보편주의는 나라와
나라 사이의 외교 관계를 수립하는 초석이다. 그리고 이러한 생각을 미루어
보면 보편주의는 세계 질서의 진정한 보증인 셈이다. 그만큼 후지와라의 사상적
입장은 주자학의 보편주의 입장에 가깝다.

교육자이기도 한 후지와라는 도쿠가와시대의 유학자들을 대거 배출했고,
그의 제자인 마쓰나가 세키고(松永尺五, 1592~1657)도 사숙私塾교육에 열심이었다.
그의 문하에 제자가 무려 5천 명이나 되었고, 수강 대상 또한 대단히 광범위했는
데, "조석으로 경전 강의가 끊이지 않았고, 귀공자, 벼슬아치, 사무라이의 무리들
이 다투어 수레를 끌고 와서 강의를 들었다"[128]고 전해진다. 마쓰나가의 문하에
서 기노시타 준안(木下順庵, 1621~1698)과 안도 세이안(安藤省庵)과 같은 석학들이
배출되었고, 준안의 문하에서 또 아라이 하쿠세키(新井白石, 1657~1725), 아메노모
리 호슈(雨森芳洲, 1668~1775) 등과 같은 명유名儒들이 나왔다. 마쓰나가와 준안
등과 대단히 친하게 지낸 주자학자 가이바라 에키켄(貝原益軒, 1630~1714)은 명성이

---

127) "異域之於我國, 風俗言語雖異, 其天賦之理未嘗不同. 忘其同, 怪其異, 莫少欺許慢(謾)罵. 且
雖不知之, 豈不知之哉. 及豚魚, 見海鷗. 天不容僞, 不可辱我國俗."(『惺窩先生文集』, 卷九.
위 荻生茂博 論著, 25쪽에서 인용)
128) "暮講聖經不斷, 介公子, 紳武弁之輩, 輪交跡而來聽言."(『尺五堂先生全集』[『尺五堂集』, 坤卷],
「尺五堂恭儉先生行狀」, 東京: ぺりかん社, 2000. 위 吾妻重二의 論文 55쪽에서 재인용)

더욱 높은 교육자이자 유학자였고, 그는 일본 조정에서 최초로 『근사록近思錄』을 강의한 학자이다. 또한 도쿠가와시대에 있어서 후지와라 제자들의 교육 실천을 보면, 그의 수제자인 하야시 라잔(林羅山)은 에도시기 학교 교육의 정초자라고 할 수 있다. 그가 세운 가숙家塾은 막부의 '창평판학문소昌平阪學問所'의 모델이 되어 막부는 물론 이후 문교 정책에 깊은 영향을 미쳤다. 하야시 라잔은 도쿠가와 이에야스(德川家康)와의 대화에서 '대명지도大明之道' 즉 명나라를 배워야 하고, 특히 '대명大明'의 학교 교육을 먼저 배워야 한다는 점을 강조한 것으로 전해진다. 그렇다면 어떻게 배울 것인가? 그는 중화中華 선유先儒들의 서원書院·문방文房 제도와 조선의 서원 제도를 과감하게 모방할 것을 제안하였을 뿐만 아니라, 이를 직접 실천하여 도쿠가와 전기 유학 교육의 튼튼한 기초를 닦아 놓았다. 위에서 소개한 내용의 대부분은 17세기 도쿠가와 전기의 유교학자들에 관한 것인데 일본사상사 연구 분야에서 그다지 주목받지 못했다. 사실 이 학자들이 구성한 사상계와 그들의 사상 활동은 유학이 도쿠가와시대에 이미 폭넓은 사회기반을 갖추고 있었음을 보여 준다.

만년에 도쿠가와시대에 들어선 후지와라의 사상도 도쿠가와 유학의 전형으로 보아야 한다. 오규 시게히로(荻生茂博)는 도쿠가와 유학에 대한 고찰을 통해 "유교가 에도시대의 정치사상에 국가를 초월한 보편주의를 제공했다"고 지적했다. 사실, 유교가 에도시대 전반에 공식적으로 '관학'이 된 적은 없지만, 막부에 근무했던 유교 관원들이 정사에 참여함에 있어서 유교가 제공한 인륜 관계에 관한 보편주의 학설이 유용하게 사용되었다. 그러나 "근대 일본의 한학漢學은 이를 이어간 것이 아니라" 도리어 근대 국가주의의 국면 아래 유교는 '재편성'의 운명을 당할 수밖에 없었던 것에 대해 오규 시게히로는 대단히 유감스럽게 생각했다.[129] 그는 예를 들어, 근대 일본 동양철학 연구의 개척자인 이노우에 데쓰지로(井上哲次郞, 오규 시게히로는 그를 '두 가지 양명학' 중의 '나쁜 양명학자'라고 했다)의

---

129) 荻生茂博, 『近代·アジア·陽明學』, 「大國主義と日本の'實學'」, 326쪽.

계승자 다카세 다케지로(高瀬武次郎, 1868~1950)는 제1차 세계대전 후 세계 질서의 구축에 있어서 반드시 '우승열패'라는 진화론의 '법칙'을 따라야 하고, '온 세상이 다 형제이고'(四海兄弟), '누구나 차별 없이 대하며'(一視同仁), '천지만물을 일체로 여기는'(萬物一體之仁) 중국 유학의 주장들은 현실의 차이를 고려하지 않은 헛된 이론이라고 주장하면서 '자국 중심주의'를 고수하였다[130]고 하였다. 이로부터 도쿠가와 전기에 볼 수 있었던 유교적 보편주의는 메이지시대의 일부 이른바 한학자들에 의해 거의 대부분 뒤집혔음을 알 수 있다.

그러나 사실에 있어서, 근대 일본에서도 유학의 보편성 원리는 상당한 관심을 불러일으켰다. 예를 들어, 19세기 일본의 유명한 근대 철학자 니시 아마네(西周, 1829~1897)는 최초로 'philosophy'를 '철학'으로 번역하여 동아시아 세계에 이름을 떨쳤는데, 철학에 대한 그의 정의가 바로 "천도와 인도를 밝히고 아울러 교법教法을 세우는 것이다."(論明天道人道兼立教法者)[131] 니시 아마네에 의하면, 철학은 인간의 '동일한 취지'를 추구하는 최고의 학문이다. 따라서 그가 쓴 『백일신론百一新論』의 실질은 "근세 사회에 이미 존재하던 보편적인 유학 지식을 바탕으로 메이지 사회에서의 근대적 지식의 형성 과정을 설명한 것이다."[132] 고야스 노부쿠니(子安宣邦)는 이에 대해 '근세일본의 보편적 지식'의 내용은 무엇이고, 그것은 또 어떻게 형성되었는가를 따졌다. 그는 17세기 가이바라 에키켄(貝原益軒)의 사상을 사례로 하여, 도쿠가와 정권이 확립된 이후 유학이 근세 사회의 학설 체계로 형성되면서 점차 '보편성'을 이룩했다고 지적했다. 즉 이른바 '유교'의 성립에는 대략 한 세기가 걸렸고, 그 상징적 인물이 바로 가이바라 에키켄이며, 그렇다고 하여 당시의 유학이 이미 제도화되었다는 뜻은 물론 아니라고 하였다.[133] 요컨대, 고야스 노부쿠니에 의하면 도쿠가와 전기前期

---

130) 위의 책, 328쪽.
131) 西周, 『百一新論』(『明治文學全集』 3, 東京: 築摩書房, 1967), 23쪽.
132) 子安宣邦, 陳瑋芬 等 譯, 『東亞儒學: 批判與方法』, 「日本朱子學究竟何事: 貝原益軒與近世知識的成立」, 25쪽.
133) 위의 책, 26쪽. 근세일본에 '유학의 제도화'라는 역사적 현상이 존재했는가는 검토해

에는 유학(朱子學)을 상징으로 하는 '보편적인 지식'이 확실히 형성되고 있었다.

18세기 도쿠가와 후반기에 이르러 막부는 로쥬(老中)[134]였던 마쓰다이라 사다노부(松平定信, 1758~1829)의 추진으로, 저 유명한 '관정이학寬政異學의 금령'을 시행하여 비주자학적인 사상 학설을 '이학'으로 간주하여 배척하는 한편, 막부와 각 번이 학교를 세우고 주자학을 교학 체제로 함으로써 유학의 권위가 눈에 띄게 높아졌다. 18세기 말에서 19세기 초에 이르러 히로시마 번의 유학자 라이 슌스이(賴春水, 1746~1816)는 「학통론學統論」(1786)에서 『예기』 「왕제편」의 "도덕을 하나로 하여 풍속을 같게 만든다"(一道德以同俗)는 말을 인용하여 통일된 도덕원리(주로 주자학을 지칭함)로써 풍속을 바로잡아야 한다고 강조했다. 그는 학통론을 학문의 기초로 간주하면서 "군자의 학문은 학통을 아는 것을 우선으로 해야 한다. 학통이 없이 배우느니 차라리 배우지 않는 게 더 낫다"[135]라고 했다. 그는 또 "학통의 존재는 밝은 태양처럼 환하다. 군자는 서로 받들어 그 단서로 근원을 찾고, 배우는 자는 이어받아 그 뜻을 넓혀 간다. 정치와 방법이 위에서

볼만한 문제이다. 辻本雅史의 검토에 따르면, 근세일본에는 유학이 제도화된 역사 단계가 있었는데, 이는 주로 1790년 막부의 松平定信이 추진한 寬政異學 금령(유신시기까지)을 가리킨다. 이 정책은 주자학을 '正學'으로 하여 유학이 일종의 도덕적 교화 체계가 되었음을 상징한다. 그런 점에서 "근세일본의 유학은 제도화로 나아갔다." (辻本雅史, 「談日本儒學的制度化: 以十七至十九世紀爲中心」, 田世民 譯, 『臺灣東亞文明研究學刊』 第3卷 第1期 總第5期, 2006.6, 267쪽) 다시 말하자면, 寬政改革은 "유학의 제도화와 지식의 재생산이라는 관점에서 보면 획기적"이라고 말할 수 있고, "근세일본은 유학을 제도화한 것으로 평가할 수 있다."(위의 책, 263쪽) 그러나 辻本雅史는 또 근세일본은 과거제도를 실시하지 않은데다가 유학이 정치적으로 독립적인 지위를 갖추지 못했기 때문에 제도화한 일본유학으로 보기에는 충분하지 않다고 생각했다.(위의 책, 272쪽)

134) 역자 주: 老中는 막부에서 가장 명망 높은 최고 원로 가신들을 의미한다. 보통 4명에서 5명으로 이루어져 있었으며, 이들이 1달에 한 번 정도 돌아가면서 쇼군의 국정 수행을 도왔다.

135) "君子之學, 知統爲先. 學焉無統, 不如不學也."(賴春水, 「學統說送赤崎彦禮」, 『寬政異學禁關係文書』[『近世後期儒家集』(『日本思想大系』47)], 東京: 岩波書店, 1972. 辻本雅史, 「十八世紀後半期儒學的再檢討: 以折衷派·正學派朱子學爲中心」, 田世民 譯, 張寶三·徐興慶 編, 『德川時代日本儒學史論集』, 187쪽에서 재인용)

하나로 통일되면 아래의 풍속이 어찌 둘, 셋으로 갈라지겠는가? 학통이 명백한 뒤에라야 치교治敎를 운운할 수 있다. 배우지 않으면 그만이겠지만"136)이라고 주장했다. 이를 통해 라이 슌스이가 소라이학(徂徠學)과 양명학을 이단시하고, 주자학의 보편적인 원리로 나라를 다스리려 했던 확고한 주자학자임을 알 수 있다.

라이 슌스이와 거의 때를 같이 한 비토 니슈(尾藤二洲, 1747~1813)도 '리理'의 시각에서 고학파의 대표이자, 반주자학적인 소라이학을 날카롭게 비판했다.

> 고문사학古文辭學은 붓소라이(物徂徠)에서 비롯되었다. 나는 일찍이 이것을 배운 바 있어 그 뜻을 아는데, 그 학문의 근본은 공리功利에 있고 성인의 말을 이용하여 꾸밀 뿐이다. 이 학문에 따르면, 도道는 곧 이전 시대의 성왕들이 이루어 낸 것이지 자연의 이치가 아니며, 천하를 평안하게 하기 위한 도구이지 반드시 가야 할 길은 아니라고 한다. 그 요점은,…… 이른바 학문이란 백성을 관리하는 수단일 뿐 스스로의 몸과 마음에 대해서는 관여하지 않는다는 것이다.137)

이 비평은 이론적인 문제와 관련된다. 즉 도道가 과연 선왕이 만든 '천하를 평안하게 하기 위한' 도구인지 아니면 선험적인 '자연의 이치'인지 하는 문제이다. 비토의 이 같은 질의는 분명 보편주의적 입장에서 비롯된 것으로, 주자학의 기본 입장과 대단히 가깝다. 따라서 도쿠가와 유학자들에게 있어서 보편주의적 배려가 부족하다고 단정하는 것은 전체적인 면모를 살핀 입장이 아니다. 비토 니슈는 또 다음과 같이 말했다.

---

136) "其統之所在, 昭如白日. 君相奉之, 端其化源. 學士稟之, 宣其德意. 政術一於上, 風俗豈二三 於下哉. 學統明白, 而後治敎可得而言也. 不學則已."(출전은 위와 같음)

137) "古文辭學起於物徂徠. 余早年嘗學, 故能知其意. 其學之所主, 在於功. 假聖人之言者, 止緣飾 也. 言道乃先王之作者, 非自然之理. 爲安天下之具, 非當行之路. 其綱要之處,……其學唯理民 之術而已, 至自己只身心而不問也."(尾藤二洲,「正學指掌附錄」,『徂徠學派』[『日本思想大系』]. 辻本雅史,「十八世紀後半期儒學的再檢討: 以折衷派, 正學派朱子學爲中心」, 田世民 譯, 張寶 三‧徐興慶 編,『德川時代日本儒學史論集』, 189쪽에서 재인용)

도道는 천지의 규칙이지 어느 한 사람만의 법이 아니다. 가르침은 천하의 법도이지, 한 사람의 표준이 아니다. 도道는 본래 천지의 '저절로 그러한 이치'(自然)에서 나온 것이고, 배움은 천하의 사람들과 함께하는 것이다. 그런데 하늘(天)과 사람(人)이 하나가 되는 것은 이치가 하나이기 때문이다. 만약 세상에 하나의 표준이 없다면 서로 합심할 수 없을 것이다. 그러므로 이 가르침은 세상 사람들의 병을 치유하는 좋은 의약醫藥이고, 이 배움은 천하의 사람들로 하여금 천지와 하나가 되게 하는 큰 법도이다. 그러므로 의학이 한 사람을 치료하고, 화살이 적 한 명을 막는 것과 (道를) 서로 비교하면, 이것은 마치 하늘과 땅 사이의 거리만큼이나, 구름과 진흙 사이의 차이만큼이나 다르다고 할 수 있다.[138]

여기서 말하는 '도'는 분명 보편적인 것이지 '한 사람의 법'이거나 '한 사람의 규칙'이 아니다. 즉 도道는 천하 공공의 법칙이라는 뜻인데, 이것은 리理가 천하의 공공의 이치라고 생각한 송명유학의 보편주의적인 발상과 일치한다. 그러나 쓰지모토 마사시(辻本雅史)는 이런 주장은 여전히 도를 천하를 통합하고 사회를 규범화하는 기준으로 인식하고 있다고 보았다. 그래서 정학파正學派 주자학의 이런 주장은 '근본적으로 소라이학과 직결된 것'[139]이라고 하였다. 이러한 견해는 소라이학이 '공리功利'에 빠졌다고 지적한 비토 니슈의 중요한 언급을 간과한 것으로 보인다.

정학파 주자학과 관정이학寬政異學 금지에 대한 고야스 노부쿠니(子安宣邦)의 생각은 지금까지의 평가와 약간 다르다. 고야스는 소라이학의 반대파가 곧 정학파이고, 정학파는 이학異學에 대한 금지와 번교藩校의 설치를 통하여 주자학으로써 교육을 통일하고 '교육의 통일성과 체계성'을 실현하려 애썼으며, 정학파

---

138) "道乃天地之規矩, 非一人之法. 敎乃天下之權衡, 非一人之則. 道本出於天地之自然, 學乃與天下之人所共行. 然天人一體, 爲一道理. 若無天下一枚一流, 則不相謀合. 故此敎乃療天下人之大醫藥, 而此學乃可令天下之人與天地成一體一枚之大權衡. 是故與醫藥之療一人, 弓箭之敵一人之具, 有若天地懸, 雲泥之違乎."(尾藤二洲, 「答問愚言」, 『寬政異學禁關係文書』. 위 辻本雅史의 論文, 190쪽에서 재인용)

139) 위와 같음.

주자학이 중시한 수신의 학문은 메이지시기에 수신을 중시하고 국민도덕을 선양했던 근대 일본의 교육 체계와 계승 관계가 있다고 주장했다. 왜냐하면 근대적 교육 시스템의 원형이 바로 정학파가 주창한 학통론學統論이기 때문이라는 것이다.[140] 고야스의 이러한 결론은 대체로 정확하다. 그가 말하는 근대적 교육 체제는, 1890년(메이지 23) 「교육칙어敎育勅語」의 반포와 이듬해 이노우에 데쓰지로(井上哲次郞)의 「칙어연의勅語衍義」의 발표로 상징된다. 이노우에의 해석과 발양發揚을 통해 국민의 교육은 '국민 도덕'을 기르는 데 있다고 인식되었고, '국민 도덕론'은 '국가 지상주의'로 부상한 것이 사실이다. 그리고 1912년(메이지 45)에 이르러 이노우에는 또한 『국민도덕개론』이라는 책에서, 일본은 천황을 중심으로 한 '종합가족국가綜合家族國家'임을 거듭 강조하면서 '중국과 차별화'한 일본의 '우월성'을 주장했다. 여기서 말하는 '우월성'은 '선진성', '보편성'과 같은 현대적 의미의 개념이다. 요컨대, 일본유교와 중국유교의 '차별화'를 통해 일본의 '보편성'을 부각시킨 것이 근대 일본 교육 체제를 구성한 사상적 기반이다. 이는 도쿠가와 유학자들이 관심을 모았던 보편적인 문제와는 이미 근본적으로 다르다는 것을 반드시 지적해야 한다. 이노우에의 철학은 두말할 것 없이 정부 당국의 어용철학이기 때문이다. 바로 그런 까닭에 메이지 말년에 일어난 이른바 유교 부흥, 일명 '한학漢學' 부흥이라고도 하는 이 운동이 이룩하려는 학문은 결코 중국의 고대 학문이 아니라 일본의 국체國體를 칭송하는 학문으로서 그 본질은 '어용적인 성격의 운동'이라 할 수 있다.[141]

국가주의자로서의 한학자 이노우에 데쓰지로 역시 '도道'의 일원성을 인정한 것이 흥미롭다. 따라서 그는 '고대 지나支那'의 도는 당대 일본에 적용될 수 있다고 보았다.[142] 다만 이 도道가 지금의 지나(중국)에서 이미 멸망된 반면

140) 子安宣邦, 「朱子學と近代日本の形成: 東亞朱子學の同調と異趣」, 『臺灣東亞文明硏究叢刊』 第3卷 第1期(2006.6), 94~95쪽 참조.
141) 荻生茂博, 『近代・アジア・陽明學』, 「大國主義と日本の'實學'」, 312~314쪽 참조.
142) 井上哲次郎, 『東洋文化と支那の將來』(東京: 理想社, 1935), 155~160쪽 참조.

일본에서는 만고에 변치 않고 끊임없이 뻗어 나가는 '황도皇道'로 드러났기 때문에 이로부터 '새로운 동아시아문화'를 개척할 수 있다고 주장했다.[143] 이노우에의 제자인 니시 신이치로(西晉一郎, 1873~1943)는 더 깊은 연구를 진행했다. 그는 도쿠가와 후기의 안사이파(崎門派)의 유학자인 아사미 게이사이(淺見絅齋, 1652~1711)에게 이미 보편적인 사유가 있었고, 게이사이의 '성기지리成氣之理'의 이론이 바로 형식과 내용을 거친 특수화이며, '특수성을 보편성으로 변화시킨 것'이라고 주장했다. 그 자신의 관점도 대단히 분명했다. 그는 "리理는 무궁하고, 인생의 이치(理) 역시 무궁하다.…… 리理는 절대성을 가지고 있기 때문에, 각각의 리理는 스스로 온전한 세상이다"라고 했다.[144] '스스로 온전한 세상'(自全的天地)이란 '리理'의 절대성과 자족적 원만성을 말한다. 그는 아사미 게이사이의 '성기지리成氣之理' 학설을 다르게 풀이하였는데, 즉 '리일理一'의 관념으로써 일본의 유교윤리가 훨씬 전에 이미 보편성을 갖고 있었다고 해석했다. 진위분陳瑋芬의 연구에 의하면, 사실 니시 신이치로의 의도는 '지나支那'에서 발원한 유가의 '특수성'을 제거하고, '일본식' 유교윤리의 특수성을 아예 '보편적인' 윤리로 규정하여 이를 선양하는 데에 있다는 것이다.[145] 니시 신이치로는 다음과 같이 말했다.

유교는 한인漢人(중국인)들의 국민 도덕이다. 국민 도덕은 도덕을 아우르는 보편적 진리가 없이는 국민 도덕이 될 수 없다. 그러므로 유교는 보편성을 갖추어야 하고, 또 그러한 보편성은 국민의 도덕에 자양분이 되기도 한다. 3학파(필자 주: 주자학파, 양명학파, 고학파를 가리킴) 가운데서도 소수의 주자학자들만이 보편성을 어떻게 살리고 특수성을 없애야 하는지를 알았을 뿐이다. 소라이학파(徂徠學派)와 진사이학파(仁齋學派)는 모두 다 깊은 속뜻을 알지 못하였다. 왕정王政 유신維新의

---

143) 위의 책, 263~264쪽 참조.
144) "理者無窮, 人生之理亦無窮.……由於理有絕對性, 各各的理於是又是氣自全的天地."(西晉一郎, 『東洋倫理』, 東京: 岩波書店, 1934, 47~48 · 64쪽)
145) 陳瑋芬, 『近代日本漢學的'關鍵字'硏究: 儒學及其相關槪念的嬗變』, 141쪽.

정신도 주자학과 관련될 뿐, 나머지 두 학파와는 별다른 관계가 없다.[146]

이는 도쿠가와 사상사를 재구축하려는 저자의 의도가 담긴 논리이다. 그는 도쿠가와 유학에서 양명학이나 소라이·진사이의 고학파가 모두 유교의 보편주의를 제대로 인식하지 못했던 것에 비해, 안사이파의 주자학만이 이에 깊은 공감을 가지고 있었다고 보았다. 따라서 안사이파의 주자학만이 근대 일본에서 국민 도덕을 구축하는 책임을 맡을 수 있었고, 최종 왕정 유신을 이룩하여 '국민 도덕'의 모델이 되었다는 것이다. 니시 신이치로는 또 하나의 중요한 신념을 드러냈다.

> 바깥에서 전해진 가르침(教)의 진정한 일본화를 이룩하려면, 반드시 그 역사적인 내용에서 벗어나 보편성을 발휘해야 하고, 우리의 역사 정신과도 연결시켜야 한다.[147]

이 말은 현대 일본에서 성행하고 있는 '방법으로서'의 아시아론(竹內好), 중국론(溝口雄三), 에도론(子安宣邦)에 대한 주석이 될 수 있다. 이른바 '역사적 내용에서 벗어나다'(超脫其歷史內容)라는 말은, 중국유교문화에 대한 '탈실체화'(去實體化)적 초월과 '바깥에서 전해진 가르침(教)'의 보편성을 '일본화'의 맥락 전환을 함으로써 일본의 고유한 문화정신과 연계시켜 '진정한 일본화'를 이룬 문화, 즉 '새로운 동아시아문화'(井上哲次郎의 말)를 창조한다는 의미이다. 그러나 마루야마 마사오의 관점에서 볼 때, 주자학의 '일본화'는 이미 17세기의 안사이학파에 의해

---

146) "儒教是漢人的國民道德. 國民道德如果沒有涵蓋道德的普遍眞理, 就不能成爲國民道德. 所以儒教必具備此普遍性, 而此普遍性亦可滋養我國民道德. 在三學派之中(按: 朱子·陽明·古學派를 가리킴)知曉如何發揚普遍性, 泯除特殊性的, 唯少數朱子學者而已. 徂徠學派和仁齋學派皆莫知所衷. 王政維新之精神亦僅關乎朱子學, 與其他二學派無關."(『東洋倫理』, 251쪽. 陳瑋芬의 위 저서 141쪽에서 재인용)

147) "若要令外來之敎眞正日本化, 必須超脫其歷史內容, 發揮其普遍性, 並與我的歷史精神相互連結, 才能達成."(『東洋倫理』, 276쪽. 陳瑋芬의 위 저서 142쪽에서 재인용)

성공을 보았다. 즉 "경의학파敬義學派(필자 주: 안사이학파를 가리킴)는 주자학을 '일본화'한 최초의 학파이다."148) 이에 반해, 이노우에 데쓰지로의 관점에 의하면, 야마자키는 주자학의 '일본화'를 실현하지 못했을 뿐만 아니라 '주자의 말을 맹신하는 정신적 노예'였다.149) 분명히 이것은 과장된 발언이다.

위에서 보다시피 일본유학은 에도시대에 사회체제 등의 요소로 말미암아 시종 국가 이데올로기의 지위로까지 상승하지 못했지만, 유학의 일본화 즉 일본 특수화라는 복잡다단한 과정에서 적지 않은 유학자들이 유학의 보편적 원리에 대해 공감하고 있었다는 것을 알 수 있다. 따라서 '중화문화일원론'을 반대하고, 동아시아문화의 '총체성'(整體性) 관점에 반대하며 일본문화가 중국과 다른 특수성을 가지고 있음을 강조한다고 하여, 중국유학의 보편 원리가 도쿠가와 유학자들에게 상당한 영향을 끼쳤다는 사실을 부인할 수는 없다. 관건은 유학의 보편적 원리가 도쿠가와 일본의 유학사에서 필연적인 현지화 과정이 있었다는 점을 무시할 수 없다는 것이다. 이것은 모든 문화교섭 과정에서의 필연적인 현상이다. 중요한 것은 이런 역사적 과정과 현상에 대해 사상적 인물들의 구체적 사안과 결합해 포괄적이고 객관적인 검증이 필요하며, 어떤 추상적인 방법론적 구호에만 그쳐서는 안 된다는 점이다. 물론 학술 연구는 방법론의 유도가 필요하고, 그래서 중국을 '타자'나 '방법'의 시야로만 보는 것도 무리가 아니다. 그러나 더 중요한 것은 방법론의 구축은 역사에 대한 객관적 이해를 바탕으로 해야지 그 반대로 할 수는 없다는 점이다. 오늘날 일본의 중국사 연구 전문가인 기시모토 미오(岸本美緒)는 근래에 미조구치 유조(溝口雄三) 등을 비롯하여 일부 학자들이 제창하고 있는 방법론으로서의 '아시아학'은 연구 대상의 구체적인 설정이 부족하기 때문에 일종의 '추상론'이라는 인상을 지울 수 없다고 하였다.150) 필자도 이러한 주장에 상당히 동감하는 바이다.

---

148) "敬義學派(按: 闇齋學派를 가리킴)是將朱子學日本化的最初的學派."(丸山眞男, 「闇齋學と 闇齋學派」, 『山崎闇齋學派』[『日本思想大系』 31], 東京: 岩波書店, 1970, 638쪽)

149) 井上哲次郎, 『日本朱子學之哲學』(東京: 冨山房, 1905), 410쪽.

6. 남은 논의

결론적으로 말하자면, '동아시아유학' 연구의 과정에서 점차 문제의 복잡성과 다양성이 드러나고, '동아시아'이든 '동아시아유학'이든 결코 자명한 개념이 아님을 알 수 있다. 동아시아 및 동아시아유학의 개념이 내포하고 있는 역사적 함의를 어떻게 파악하고, 동아시아유학의 구조 조성이 어떻게 가능한가에 대해 우리는 좀 더 구체적인 역사적 고찰과 이론 비판을 할 필요가 있는데, 지금은 모두가 받아들일 수 있는 일치된 견해를 내놓기가 쉽지 않다. 다만 분명한 것은 동아시아에 관한 문제는 결코 중국이나 대만만의 문제가 아니라 일본, 한국, 나아가 베트남 등 동아시아 지역이 직면하고 있는 문제이고, 특히 '동아시아'란 용어를 처음 만들어 낸 일본이 이 문제에 대한 중요한 발언권을 갖고 있다는 것은 우리가 오늘 동아시아유학 연구를 진행함에 있어서 간과할 수 없는 점이다.

최근 대만학계가 동아시아문화 연구 계획 하에 전개한 동아시아유학 연구는 상당한 성과를 거두었다. 그러나 새로운 학문 분야로서의 동아시아유학이 스스로 어떻게 자리매김하고, 이 연구의 미래 목표를 어떻게 설정할 것인지에 대해 명확히 할 필요가 있다. 황준걸黃俊傑은 '동아시아'를 다문화적 지역 개념으로 인식하면서 동아시아유학 연구는 보편성과 특수성의 장력張力과 정치적 공감과 문화적 동질성을 중시해야 한다고 했는데, 이런 관점이 방법론적 의의를 지니고 있다는 것은 의심할 바 없다. 그러나 황준걸은 동아시아유학이 어떻게 가능한지를 지켜보는 가운데 동아시아유학이 왜 필요한지에 대해서는 분명하게 대답하지 않았다. 고야스 노부쿠니(子安宣邦)가 과거 대만의 동아시아유학 연구 계획에 적극 참여했었지만, 이로부터 손을 떼게 된 과정은 '동아시아' 개념이 함축하고

---

150) 岸本美緒, 「東洋のなかの東洋學」, '序章', 『岩波講座「帝國」の學知 第3卷: 東洋學の磁場』 (東京: 岩波書店, 2006), 5~6쪽 참조.

있는 역사성·현대성 등의 문제에 대한 대만학계의 확실하고 명석한 자각적인 비판 의식이 결여되었음을 보여 준다. 동아시아의 유학 연구를 강력하게 추진하는 목적이 무엇인지 대만학계 스스로가 묻고 답할 필요가 있다. 지금 대만의 동아시아유학 연구가 '제국'의 아시아주의 담론을 재현하려는 것 아니냐는 고야스의 우려가 괜한 걱정이긴 하지만, 대만학자들의 동아시아 담론에 역사적 비판이 결여되었다는 그의 지적은 반드시 근거가 없다고는 할 수 없다.

나는 '동아시아유학'은 동아시아문화나 동아시아사상의 한 갈래일 뿐이며, 성격상 다문화 비교 연구에 속한다고 본다. 동아시아문화 자체가 갖는 다양한 특징처럼 동아시아유학에도 구조적 '총체성'이나 역사적 '동일성'은 있을 수 없다. 중국에서 발원된 유학이 동아시아 여러 지역에서 전개되고 또한 그 복잡한 전개 과정에서 필연적으로 '현지화'되는 과정으로 드러난다. 따라서 중국유학은 동아시아의 다른 지역의 유학에 비해 '상대적'일 뿐, 절대적인 통제성을 지니지 않는다. 여기서 '상대적'이란 다문화 연구 분야에서의 방법론적 의미의 상대주의를 말한다. 이러한 상대성은 추상적 절대성에 대한 것이기는 하지만, 애매모호하고 원칙이 없는 절충주의가 아니고 보편성을 단절한 특수주의도 아니다. 역사적으로 각종 다양한 사회와 그 문화가 나름대로의 독특한 도덕관념과 실천이론을 갖고 있다는 것을 말한다. 이러한 독특성은 다른 문화시스템에 비해 각각의 구체적인 문화전통에 스스로의 독특성이 있기 때문에 차이가 없는 문화전통이 있을 수 없음을 비교의 의미에서 드러낸다. 바로 이러한 문화의 독특성에 기초하여 모든 문화 관념과 그 실천 이론은 그 사회에 있어서 모두 '정당한' 것이다. 우리는 문화 비교라는 명분으로, 어떤 문화전통의 관점에서 다른 문화전통을 '좋다', '나쁘다'고 비난하거나 평가해서는 안 된다. 예를 들어, 일본제국시기에 일본 사람들은 '대동아 공영권'이라는 아시아주의적 논리가 '옳다'고 믿었을 수 있지만, 당시 중국이나 조선에 있어서는 절대로 '옳은 것'이 아니었다. 따라서 이러한 논리를 상대화할 필요가 있다.

이로부터 볼 때, 최근 동아시아 관련 담론에서 나타난 중국을 상대화·타자화하는 것도 틀리지 않으며, 중국을 동아시아문화 연구의 한 배경으로 보는 것도 옳은 것이다. 이런 시각에서 타자에 대한 존중이 필요한데, 다문화 연구의 상대주의가 바로 타자를 존중하고 편견을 피하려는 연구 태도이다. 나는 동아시아유학 연구의 가능한 열쇠는, 유학이 동아시아에서 서로 타자他者가 되고 서로 주체主體가 되는 것을 우리가 어떻게 진지하게 보느냐에 있다고 생각한다. 서로 타자가 되고 서로 주체가 된다는 것은 대상을 타자화하는 동시에 자신의 절대성·보편성을 미리 설정하지 않고, 또한 자신의 주체성도 부정적으로 보지 않는다는 뜻이다. 즉 일본을 놓고 말하면, 중국은 물론 타자적 존재이지만, 그렇다고 하여 일본이 동아시아에 있어서 절대성·보편성의 대표자라는 것도 아니다. 마찬가지로, 중국에 대한 타자화를 통해 일본 고유문화의 주체성도 확인할 수 있다. 만약 우리가 동아시아문화의 역사적 장면에서 '유학'을 떼어내어 동아시아 다른 지역의 유학 역사를 추상적인 중국유학으로 뒤덮거나 통제한다면 중화문화일원론, 절대주의 독단론에 빠질 수밖에 없다.

문제는 철학사 또는 사상사 연구에 종사하는 학자들이 흔히 어떤 철학사상의 이론 체계가 절대적 보편성 원리를 가지고 있다고 믿는 데 편중되어 있다는 것이다. 사실 동아시아 곳곳의 사상사와 문화사를 보더라도, 위에서 보았듯이 유학이 설파한 '도道'가 보편적인 의미를 갖는다고 믿는 학자들이 적지 않다. 이는 일정한 역사 시기에 유학의 보편적 가치에 대한 문화적 공감대가 존재했음을 의미한다. 예를 들어, 유학윤리의 보편성을 대표하기에 충분한 '충성'의 원리는 일본사상사에 깊은 족적을 남겼다. 그러나 이른바 사상의 보편성도 사회적 역사를 떠난 추상적 보편성이 될 수는 없다. 중국유학의 충성 원리가 일본 에도시대와 결합될 때, 황실 및 번주가藩主家에 대한 충성으로 바뀌었고, 따라서 충성사상은 일본에서 구체적인 보편성으로 나타났다.

또 어떤 학자들은 유가의 '효' 윤리의 관점에서 보다면, 중국의 '효'문화가 비록 에도시기의 일본에서 어느 정도 중시를 받았지만 적지 않은 유학자들은 중국의 '24 효'151) 이야기(예를 들면, 넓적다리의 살을 베어 부모의 생명을 구하는 '割股行孝')

를 대수롭지 않게 생각하였다. 심지어 어떤 이들은 이러한 행위를 '괴이하다'고 비난하고, '학덕이 있는 자의 담론이 아니다'(林羅山의 말)라고 하였는데, 이들은 중국과 일본의 '효'문화가 다르다는 점에서 "중국과 일본의 유교윤리의 본질적 차이를 추출할 수 있다"라고 했다.[152] 이런 주장은 우선 중·일문화의 '본질적 차이론'이라 할 수 있는데, 그것이 사실에 부합되는지의 여부는 별도로 검토해야 하기에 여기서는 장황하게 늘어놓지 않겠다. 요컨대, 유학 가치의 보편성과 동아시아 지역의 특수성으로 구성되는 장력張力 문제에 어떻게 대처해야 할 것인가 하는 문제는 향후 동아시아유학 연구의 방향을 규정하는 중요한 요소가 될 것이다.

반드시 지적해야 할 것은, '서로가 타자가 되는 본성을 지닌다'(互爲他者性)는 관점에서 볼 때 가장 금기시하는 두 가지 점이 있다. 하나는 중국유학의 가치관을 절대 보편성으로 추상하여 이를 기타 형태의 유학, 이를테면 일본유학이나 조선유학의 '옳고' '그름'을 판정하는 절대적 기준으로 삼는 것인데, 이렇게 되면 '정통 대 이단'의 상투적인 관점을 벗어나지 못한다. 다른 하나는 동아시아 유학의 가치관을 특수화함으로써 서구사상 형태, 예를 들면 유럽대륙철학의 '옳고' '그름'에 대한 판정 기준으로 삼는 것인데, 이는 '동양 대 서양'이라는 이원적 대결의 틀에 갇힌 셈이다. 이른바 '동양 대 서양'이란 다름 아닌 20세기 이래 일제의 사유방식이자 국가주의·민족주의의 일종 담론이다. 이러한 담론 은 철학적으로 특수주의에 속하는데, 제2차 세계대전 때에는 '서양의 보편주의/ 동양의 특수주의'라는 대항적對抗的 사고구조로 표현되었다. 그들은 일본이 태평

---

151) 역자 주: 역사에 회자되는 효자 24명의 전기와 시를 적은 교훈서를 말한다. 24명의 효자를 기록한 책은 몇 가지 종류가 있는데, 그중 가장 보편적인 것은 元나라 郭居敬 의 『二十四孝』이다.

152) 前川亨, 「身體感覺としての孝: 二十四孝と宝卷にみる孝の實踐形態」, 土屋昌明 編, 『東ア ジア社會における儒敎の變容』(東京: 專修大學出版局, 2007), 189쪽 참조. 일본 에도시기 에 '효'문화가 특히 양명학파의 중시를 받았던 것에 대해서는 張崑將, 『德川日本 '忠'·'孝'概念的形成與發展: 以兵學與陽明學爲中心』(臺北: 喜馬拉雅研究發展基金會, 2003) 을 참조.

양전쟁을 일으킨 것은 서구 식민주의로부터 아시아를 해방시키기 위한 것이라고 호도하였는데, 이것은 바로 이러한 사유의 작용에 따른 기괴한 주장인 것이다. 그러므로 우리는 중국의 유학만이 유일한 '정종正宗'인 것처럼 여기는 중국유학 특수주의를 경계해야 한다. 이런 생각은 사실 중국 전통문화에 대한 자기왜소화이고, '특수성'에 '보편성'의 의미가 담겨 있다는 것을 이해하지 못한 것이다. 즉 특수성은 비교 시각에서의 한 개념일 뿐이라는 것을 제대로 이해하지 못했다. 사실 특수성은 전체성의 일부분일 뿐, 전체를 떠나서는 이야기할 수 없다. 각 문화의 개별성을 보면 다른 문화와는 다른 특성이 존재하지만, 이러한 특성으로 구성된 문화전통의 전체는 가치 있고 의미 있는 시스템으로 존재하기 마련이다. 예를 들어, 유교에서 말하는 '도'가 보편적 존재인 것처럼, 만일 중국유학에 이런 보편적인 '도'의 가치신앙이 없다면 유교문화는 이미 멸망했을 것이다. 요컨대, 오늘날의 과업은 특수성으로써 보편성에 대항할 것이 아니라, 어떻게 유학의 보편성을 분명하게 인식하여 문화다원화 추세에 대처하느냐 하는 것이다. 즉 중국 전통문화의 하나인 유학의 '특수성'은 바로 보편적인 이념에 대한 추구로 표현되기 때문이다.

한편으로는 오늘날 동아시아유학 연구에서 가끔 들리는 '유학 가치관'이라는 표현도 조심해야 한다. 물론 유학에 '가치관'이 있다는 것은 논란의 여지가 없는 사실이기에 우리가 '유학 가치관'이라는 개념 자체를 반대하는 것은 아니다. 다만 이 개념이 외부인의 눈에는 '비서양화'의 주장으로 해석되기 쉽다는 점에 유의해야 한다. 이러한 '비서양화'는 동양으로써 서양에 대항하려는 정서적 함의를 지니고 있다. 또한 '유학 가치관'이라는 표현은 1970년대 싱가포르가 먼저 내세웠던 '아시아 가치관'이라는 이데올로기적 표현과 구별된다는 점에 유의해야 한다. 예를 들어 리콴유(李光耀)는 1978년에 한 공개 석상에서 '아시아 가치관'에 대한 구상을 명확히 밝혔고,[153] 오랫동안 말레이시아의 지도자로

---

153) 『李光耀40年政論選』(北京: 現代出版社, 1994), 365쪽 참조. 보다 구체적인 아시아 가치

지낸 마하티르도 리콴유와 맞장구를 쳤다. 그는 1995년 일본의 우익 정치인 이시하라 신타로(石原愼太郎)와 공동 저술한 「아시아의 목소리」란 글에서 "아시아는 역사상 유례가 없는 위대한 문명권을 창조할 것이다"[154]라고 선언했는데, 곧이어 미국 등의 서구권 학자들로부터 비판을 받았다. 미국학자 로버트 엘리건트(R. Eligent)는 리콴유의 표현이 유교의 가치관을 '제도화'한 것으로서, 그 목적은 '서양의 도덕적 타락'을 피하기 위하는 데 있지만, 사실 '아시아 가치관'의 본질은 '유교의 윤리'일 뿐이라고 하였다. 그러나 장예위莊禮偉가 지적했듯이, 1950년대 홍콩과 대만의 신유가학자들의 유학 부흥 사상과는 달리, 싱가포르가 고취한 이러한 아시아 가치관은 전적으로 관변 이데올로기와 정부 권리의 합법성을 강화하기 위한 것이었다. 따라서 이들이 떠받드는 유가사상은 원래의 모습이 아닌 유학으로서, 현실적인 역사적 비판정신이 결여되어 오히려 국가주의의 정서를 부추기는 측면이 있다.[155] 나는 이러한 지적에 대해 충분히 경청해야 한다고 생각한다. 즉 '동양 대 서양'이라는 사유의 틀에서 유학 가치관을 내세울 경우에 '아시아 가치관'의 변형된 표현이 될 수 있다는 점을 오늘날 동아시아유학 연구에 있어서 유의해야 하는 것이다. 더욱 중요한 것은, 이러한 '동아시아 가치관'의 출범 배경에 동·서 이원 대립의 구도에서 서양의 윤리와 종교 전통은 이미 스스로 갱신할 수 있는 메커니즘을 상실했기 때문에, 동양의 가치 신앙 시스템에 의해 구원되어야 한다는 사유가 자리 잡고 있다는 점이다. 이는 또 다른 이데올로기적 일원론에 빠질 수밖에 없는 것으로, 오늘날 세계의 다문화적인 경향과는 전혀 어울리지 않는다.[156]

관에 관한 '국가적 정의'는 1991년 1월 4일 싱가포르 내각이 국회에 제출한 '공동 가치관'에 관한 백서에 나오는데, 모두 다섯 개 항목이다. ① 國家至上, 社會爲先. ② 家庭爲根, 社會爲本. ③ 關懷扶持, 同舟共濟. ④ 求同存異, 協商共識. ⑤ 種族和諧, 宗敎寬容. 이것은 싱가포르의 아시아 가치관에 관한 공식 판본이다. 莊禮偉, 「亞洲價値觀的語義與淵源考證」, 吳志攀·李玉 主編, 包茂紅 副主編, 『東亞的價値』(北京: 北京大學出版社, 2010), 297쪽에서 재인용.

154) 莊禮偉, 「亞洲價値觀的語義與淵源考證」, 『亞洲的價値』, 291쪽에서 인용.

155) 위와 같은 책, 303쪽과 308쪽 참조.

위에서 우리는 근년의 동아시아유학 연구의 발흥과 전개 과정을 간단히 되짚어 보았고, 그 속에 담긴 그리고 앞으로 주목해야 할 점들을 지적하였으며, 동아시아유학이 어떻게 가능한지에 대한 견해를 간략하게 밝혔다. 그렇지만 오늘날 동아시아 사회에서 동아시아유학이 왜 필요한지에 대해서는 여전히 답을 하지 못하였다. 이에 대한 해답은 동아시아 여러 나라의 학자들이 함께 논의할 수 있기를 기대한다. 유학이 여전히 현실적이며 역사적인 비판 의식을 가지고 있다는 것은 우리들이 바라는 바이다. 비판이 없으면 철학도 없고, 비판이 없으면 유학도 없다는 옛말대로 비판정신은 유학의 생명력이자 유학의 가치관이다. 따라서 유학을 '주의主義'(이데올로기적인 경향)로 보는 것은 금해야 한다. 역사를 무시하고 현실을 수호함으로써 참배의 대상이 되어서는 안 되고, 동아시아 지역의 문화를 저울질하는 기준이 되어서는 더욱더 곤란하다. 이러한 '자기 중심론'을 피하기 위해서는 정치 이데올로기의 굴레에서 벗어나 다원적인 동아시아문화를 사고하는 방향과 전통유학을 조명하는 시대적 비판의식이 필요하다. 그렇지 않으면 우리는 타자(일본이나 한국, 심지어 구미 지역의 국가)와 대화할 자격조차 잃게 된다. 이러한 의미에서 동아시아유학이 왜 필요한가 하는 문제는 성찰을 끌어오게 된다.

---

156) 余英時는 1984년에 그의 논문 「從價値系統看中國文化的現代意義」에서 프랑스 계몽주의 역사철학자 비코(Giovanni Battista Vico, 1668~1744)와 18세기 독일 역사철학자 헤르더(Johann Gottfried Herder, 1744~1803)가 제기한 '다문화론'을 기초로 하여 "이른바 다원문화란 모든 민족이 저마다의 독특한 문화를 가지고 있다고 여기는 것이다. 각 민족의 문화는 一源이 아니며, 특히 유럽문화를 다른 문화의 보편적인 규범으로 삼아서는 안 된다"라고 하였다.(『余英時文集』 第3卷, 桂林: 廣西師範大學出版社, 2004, 2쪽) 한국의 철학자 송영배는 1993년에 발표한 글에서 "1970년대 구미학계에서 다시 거론된 문화다원론은 중국의 新儒家들을 크게 고무시켰는데, 이들은 이를 계기로 서양 중심, 서양 본위 문화발전사관이 부각시킨 '현대화=서구화'라는 관점을 비판하고 이를 극복했다"라고 지적했다.(宋榮培 著, 樸海光·呂鉬 譯, 『東西哲學的交匯與思維方式的差異』, 補論 「儒家式現代化問題」, 第1章 「與西方式不同的儒家式現代化是否可能」, 石家莊: 河北人民出版社, 2006, 239쪽)

제2장 동아시아유학이 왜 필요한가
—고야스 노부쿠니와 황준걸의 관련 논설로부터*

이전에 필자는 「'동아시아유학'에 대한 소견: 보편성과 특수성 문제를 중심으로」라는 글을 2010년 6월 국제중국철학회(ISCP)와 무한대학 철학원이 주최한 '최근 30년간의 중국철학의 발전: 회고와 전망'이라는 국제학술심포지엄에서 발표했다. 논평자인 진래陳來 교수와 그리고 참가학자들로부터 많은 유익한 비판을 받으면서 아직도 깊이 생각해야 할 문제들이 많다는 것을 깨닫게 되었다. 특히 '동아시아유학'이 어떻게 가능하고 왜 필요한지를 묻는 두 가지 질문에 대해, 지면의 제약으로 인해 첫 번째 문제에 대해서만 다소 자세하게 서술하였고 두 번째 문제에 대해서는 제대로 논의하지 못했다.[1]

논술의 논리적 필요에 따라 본문을 세 단계로 나눌 예정이다. 첫째, 현재 대만의 동아시아유학 연구에 대한 일본사상사 전문가인 고야스 노부쿠니(子安宣邦)의 비판을 중점적으로 소개함으로써 '타자'로서의 시야가 동아시아유학이 어떻게 가능한지의 문제를 성찰하는 데 있어서 얼마나 중요한가를 이해할 것이다. 둘째, 동아시아유학의 가능성 등에 대한 대만학자 황준걸黃俊傑의 논술을 통해, 현재 대만의 동아시아유학 연구에 있어서 주요한 방법론적 관점 및 특색을 살펴보겠다. 셋째, 근년의 동아시아유학 연구에 대한 회고와 반성을

---

* 본문은 2010년 9월 7일 대만대학 '인문사회과학고등연구원'이 개최한 제39차 '대만대 유학심포지엄'에서 발표한 글이다.

1) 이 글은 아직 발표하지 않은 원고의 문제의식에 따라 서술한 것인데, 議題의 연관성으로 말미암아 일부 내용이 미발표 원고와 중복되는 점이 있다는 사실을 미리 밝혀둔다.

통해, 오늘날 '동아시아유학'이라는 연구 영역을 개척하기 위한 학계의 노력이 왜 필요한지에 대한 필자의 약간의 전망적인 견해를 제시함으로써 학계 동학들의 가르침을 얻고자 한다.

1. 고야스 노부쿠니: '방법으로서의 동아시아' 구축

고야스 노부쿠니는 「'동아' 개념과 유학」('東亞'槪念と儒學, 이하 '고야스 논문'으로 간칭)[2]이란 글을 저술하여 '동아시아유학' 특히 '동아시아'라는 개념에 대해 독자적인 시각을 제시한 바 있다. 고야스의 논문은 강한 문제의식과 반성의식을 갖고 있다. '동아시아' 문제에 대한 그의 생각은 현대 일본 지식계의 '아시아 문제'에 대한 반성을 통해서만 오늘날의 '동아시아 담론'('동아시아유학'을 포함하여)이 어떻게 가능한지의 문제에 대한 적극적인 제안을 내놓을 수 있는 것으로 귀결된다. 그는 '중화문화일원론'의 경향을 애써 극복하고, "실체의 동아시아에서 방법의 동아시아"로 입장을 바꾸기 위해 노력해야 한다고 지적했다. 아래에 고야스 논문의 주요 관점에 대해 정리해 보기로 한다.

이 글을 저술한 데는 중요한 배경이 있어서 이목을 끈다. 2001년 10월, 고야스 노부쿠니는 대만대학과 국립역사박물관이 공동 주최하는 '동아시아문화권의 형성과 발전'이라는 학술심포지엄의 초청장(회의 개최는 이듬해 6월)을 받았

---

2) 子安宣邦, 『"アジア"はどう語られてきたか: 近代日本のオリエンタリズム』(東京: 藤原書店, 2004), 172~198쪽 참조. 원래 『環』 第10卷(東京: 藤原書店, 2002年 夏號)에 게재됨. 중국어 번역본이 두 가지가 있는데, 童長義의 번역본은 뒤에 子安宣邦, 陳瑋芬 외 옮김, 『東亞儒學: 批判與方法』(臺北: 喜瑪拉雅研究發展基金會, 2003), 第1章에 수록되었다. 子安宣邦, 趙京華 編譯, 『東亞論: 日本現代思想批判』(長春: 吉林人民出版社, 2004). 子安宣邦의 논문은 2002년 6월 대만대학 '동아시아문화권의 형성과 발전'이라는 주제의 국제심포지엄에 참가하기 위해 작성한 것이다. 同名의 회의 논문집은 2005년 대만대학 출판센터에서 출판하였고, 2008년 화동사범대학출판사에서 간체자판으로 출판했는데, 모두 童長義의 번역본을 수록했다. 본문은 일본어 원문에 의거하여 옮긴 것이다.

다. 모임의 '인연과 배경에 대한 설명'(高明士 집필, 이하 '배경 설명'이라 약칭함)이란 글은 모임의 취지에 대한 그의 관심과 의문을 불러일으켰다. 그에게 있어서 이 글은 동아시아문화권 형성의 역사적 과정에 대한 서술로 '동아시아문화권의 형성과 발전' 심포지엄의 인연과 주제 설정의 배경에 관한 설명을 대신한 것으로 보였다. 즉 '배경 설명'은 '동아시아문화권'의 형성 과정을 되돌아보는 역사적인 언어로 "회의 취지의 설명을 대신했다"는 것이다.[3] 고야스가 이러한 '배경 설명'의 속셈이 문제가 된다고 민감하게 의식하게 된 것은 대만의 위상이 날로 중요해지고 있는 시점에서, '동아시아문화권'이 형성하고 있는 역사적인 발언(話語)을 대만에서 재구성하겠다는 뜻으로 보았기 때문이다. 따라서 '동아시아문화권'이란 한·중·일 3국을 포괄하는 일원화一元化된 '중국문화권'의 대명사에 불과하고, 더욱 심각한 것은 '전통적인 중화제국'의 발언을 재구성하려는 주최자들의 의도가 잘 드러났으며, "중화제국의 발언권을 이제 '동아시아문화권'이라는 새로운 주제 아래 대만으로부터 재생시키고 재편하게 된다"는 것이다. 고야스의 비판의 신랄함과 날카로움이 놀랍기만 하다. 「동아」 개념과 유학」의 머리말 끝부분에서 고야스는, 이 글이 '동아시아문화권 세미나에 대한 비판적 보고서'라고 정중하게 밝혔다.[4] 뜻밖에도 중요한 비판자가 대만학계에 찾아왔음을 짐작할 수 있다. 이것은 대만학계에 대해 결코 나쁜 일이 아니다. 고야스가 직언을 서슴지 않은 것은 그만큼 대만학계에 대한 그의 관심이 크다는 것을 방증하고 있다고 나는 생각한다.

고야스의 이러한 비판에는 그 자체의 문제의식이 바탕에 깔려 있는 것이

---

3) 『"亞洲"是如何被論述的: 近代日本的東方主義』, 176쪽. 아래에서 이 글을 인용할 때에 쪽수를 명시하지 않겠다.

4) 이상에서 인용한 내용은 모두 子安宣邦의 「東亞槪念と儒學」의 '이끄는 말'에 있는데, 이 '이끄는 말'은 이후 출간된 同名의 회의 논문집에는 게재되지 않았고, 위에서 인용한 趙京華의 번역본은 『環』 第10卷(2002年 夏號)에 근거하여 옮긴 것이다. 나의 추측으로는, '이끄는 말'은 고야스가 회의 후에 『環』에 기고하면서 새롭게 첨가한 부분이기 때문에 同名의 회의 논문집에 수록된 童長義의 번역본이 '이끄는 말'을 삭제했을 가능성은 존재하지 않는다.

분명한데, 이 점에 대해서는 뒤에서 다시 설명하기로 한다. 사실 회의 주최자의 '배경 설명'에는 "동아시아문화권이란 근대 이전의 동아시아문화 세계를 가리킨다"라고 분명하게 밝혔다. 그러므로 '동아시아문화권'에 대한 전체 설명에는 시대 하한선에 대한 설정이 있는바, 근대 이전(주로 중국의 수·당 시기를 가리킴)에 형성된 '중화문화권'에 대한 설명이다. 전문全文을 자세히 읽어 보면, 이 글은 수·당 이래의 '중화문화권'의 구성 요소 및 역사 과정에 대한 일종의 역사적인 서술에 지나지 않아, 근세일본의 '동아시아' 담론에 대해서는 물론 언급조차 하지 않았다. 그렇기 때문에 회의 주최자들에게 '전통적인 중화제국의 언어'로 구성된 '중화문화권'을 지금의 대만이 재생시키고 재편하려는 의도가 없었다고 본다. 고야스의 논문은 의도적인 '오독'(역사학적인 시각이 아닌 해석학적인 관점에서 보면 이것은 결코 나쁜 뜻이 아님)이 아닐 수 없다. 그렇다면 왜 이러한 '오독'이 생겼는지는 고야스 자신의 동아시아 논설부터 따져볼 필요가 있다.

고야스 논문 첫 장의 제목이 '동아東亞 개념과 일본'이다. 시작부터 그는 '동아東亞'는 증명하지 않아도 자명한 개념이 아니라고 하면서, 지금 왜 동아시아를 말해야 하고 왜 '동아東亞'와 유학을 연결시켜야 하는가 라는 두 가지 질문을 던졌다. 고야스의 문제의식은 동아시아 논술의 역사적 연원을 먼저 규명하고, 나아가 '동아시아유학'이 무엇인지를 파고들어야 한다는 것으로 보인다. 이 글의 핵심 취지에서 보면, 그는 '동아시아'라는 개념이 1920년대에 일제가 문화의 지역적 개념으로 만들어 냈는데, 그 이후 30~40년대에 정치적 의미가 강한 지정학적 색채를 띤 개념으로 바뀌었다는 것을 우리들에게 말해 주고자 한다. 그런 점에서 그는 '동아시아' 개념에 대한 철저한 과거사 청산이 이루어지지 않은 채, 마치 '동아시아'가 자명한 전제라도 되는 듯이 입에 올리는 것은 반성과 비판 의식이 결여된 무책임한 표현이라는 점을 시종 강조했다. 고야스의 말은 대만의 동아시아유학 연구진이 동아시아 문제에 대한 필수적인 반성도 제대로 하지 않은 채 동아시아를 운운하고 있다는 것을 시사하는데, 그의 입장에서 보면 이러한 태도는 상당히 심각한 문제이다.

따라서 고야스 논문의 전반적인 기조는 '동아시아' 담론과 관련한 과거사 청산이고, 그의 작업은 기본적으로 비판적인 해체이다. 그는 20세기 초 이래로 일제가 만들어 냈던 '동아시아' 담론을 해체시키고, 이러한 담론에 대한 반성이 결여된 현대 일본 지식층의 무관심한 태도를 비판하려 애썼다. 그의 눈에 비친 이 시기의 동아시아 담론에는 아주 뚜렷한 특징이자 대단히 위험한 경향이 있다. 즉 '동아시아'가 결코 다원적인 세계가 아니라, 하나의 '일체적'이고 '실체화' 된 동아시아로 된 것이다. 그렇다면 왜 이것이 매우 위험한 경향일까? 일제가 고취한 소위 '동아시아 공영권'이 바로 이처럼 일체화되고 실체화된 일본을 맹주로 하는 동아시아 세계를 만들고자 한 것이었기 때문이다. 일제의 '망령 같은 말'이 되살아나지 않도록 이런 실체적 '동아시아' 관념을 철저하게 해체할 필요가 있다. 고야스의 이런 비판정신은 정말 쉽지 않고 또한 동감을 불러일으킨다.

그래서 나는 한편으로는 지금의 대만의 동아시아유학 연구가 '제국'의 아시아주의 담론을 재현하려는 것 아니냐 하는 고야스의 우려가 지나치긴 하지만, "대만학자들의 동아시아 담론에 역사적 비판이 결여되었다는 그의 지적이 아무런 생각 없이 한 말이라고는 할 수 없다"고 생각한다. 그리고 다른 한편으로는 일본학자로서 '동아시아' 문제에 대한 반성과 비판이 대단히 중요하다고 여기는 그의 심정도 이해되지만, 중국학자(대만학자들을 포함하여)들이 동아시아유학을 검토할 때 "근대 일본의 동아시아 담론에 대한 비판이 동아시아유학이라는 문제 설정의 학문적 전제가 되어서도 안 된다"라고 생각한다.(위 졸문 참조)

한 가지 짚고 넘어가야 할 것은, 고야스의 역사 비판 의식이 대단히 명석했으며, 또한 그는 방법론 문제도 매우 중시했는데 이러한 점은 일본의 사상사학계에서는 흔치 않은 일이라는 점이다. 고야스의 논문은 근대 일본의 동아시아 담론을 해체시키려는 시도 외에 또 하나의 중요한 제안을 했다. 즉 이 글의 마지막 장, "실체적인 동아시아에서 방법의 동아시아에로의 전향"이라는 제목 설정이다. '실체적인 동아시아'란 상술한 바와 같이 동아시아문화의 다원성을 무시하고 동아시아를 동질적인 존재로 보는 것을 말한다. 솔직히 말하면, 마치 일본이 곧 중국이고, 중국이 곧 일본인 것처럼 서로 차이가 없다는 것이다. 따라서 '동아시아 공동체'[5]는 실체로 존재하는 일체적인 동아시아를 가리키고, 이로써 구미의 서양 패권(언어 패권과 무력 패권을 포함)으로부터 해방될 수 있다고 여겼다. 그 당시 일제가 바로 동남아를 침략한 목적을 미화하여 서양의 식민주의로부터 아시아를 해방시키기 위한 것이라고 선전하였다. 이러한 기괴한 관념의 바탕이 바로 동아시아의 실체화 담론이라는 점에서 우리는 이것을 철저히 비판해야 한다.

이를 실현하기 위해 고야스는 '방법의 동아시아'를 구축할 필요가 있다고 극력 주장했다. 그러나 "실체적인 동아시아에서 방법의 동아시아에로의 전향"이라는 부분의 내용은 겨우 두 단락에 지나지 않는데, '방법으로서의 동아시아'에 대한 구체적인 구상이 명기되어 있지 않다. 고야스는 '동아시아'라는 개념은 "방법론적 개념이어야 한다"는 점을 거듭 강조했는데, "이른바 방법론적이란 '동아시아'의 실질성 또는 실체성에 대립되는 재생으로, '동아시아'를 사상적·방법론적으로 재조합한다는 개념임을 가리킨다." 이 뒤의 구절은 얼핏 보면 해석인 것 같지만, 사실 '방법의 동아시아'가 도대체 무엇인지를 정확히 설명하지 못하고 있다. '동아시아'가 실체적인 존재라는 통념을 근본적으로 뒤집겠다는 속셈은 알기 쉽지만, 이로부터 '동아시아'가 반드시 방법론의 하나로 구축될 수 있다고 추론하는 것은 깊이 생각할 여지가 있다.

이른바 '방법의 동아시아'라는 표현은 그 관념의 유형으로 보면 사실 다케우치 요시미(竹内好, 1910~1977)의 '방법으로서의 아시아'와 미조구치 유조(溝口雄三, 1933~2010)의 '방법으로서의 중국'과 서로 통하고, 고야스 자신도 '방법으로서의 에도'라는 말을 하기도 했다.[6] 보다시피 '방법으로서의'라는 표현은 원래 현대

---

5) 子安宣邦의 글 「昭和日本と'東亞'槪念」, 제3절 '東亞協同體'의 理念, 그리고 제4절 '東亞'から'大東亞'へ는 『"亞洲"是如何被論述的』, 92~101쪽에 수록되었다. 원래 『環』 第10卷(2002년 夏號)에 실린 이 글은 저자가 2000년 11월 한국 성균관대학교 '동아시아학 국제학술회의'에 참가하기 위해 쓴 것이다.

6) 子安宣邦, 『方法としての江戸』(東京: ぺりかん社, 2000). 子安宣邦은 2002년 2월 22일

일본사상학계에서 매우 즐겨 사용하는 상투어인데, 다케우치, 미조구치, 고야스 세 사람의 연구 취향과 입장이 서로 다르기 때문에 여기서 자세하게 토론하는 것은 적절하지 않다. 겉으로 보면 이 표현 방식이 중국어의 서술 습관에 잘 맞지 않지만 사실 또 그렇게 난해한 것도 아니다. 요컨대, 연구 대상을 '타자화', '방법화'하고, '중국·아시아' 또는 '에도·동아시아'를 실체화·동질화하는 것에 반대한다는 것이다. 한편, 이러한 방법론은 제2차 세계대전 이전과 이후에 여전히 일시적으로 유행했던 서양 중심주의의 시각으로써 일본을 포함한 아시아와 중국을 연구하는 것에 대한 비판이기도 하고, 서양이나 중국의 관점을 판단 기준으로 삼아서는 안 되고, 반대로 자기 자신의 시각으로부터 출발한 내재적인 사고를 해야 한다는 점을 강조한 것이다. 따라서 '방법으로서의'라는 표현에서 역사적 현상과 그에 관련된 논술에 대한 재조명의 입장과 관념을 밝히는 것이 중요하기 때문에, '실체적인 동아시아'에 대한 비판과 해체가 '방법의 동아시아'라는 관점이 지향하는 바가 된다. 바로 이 점에서 이 표현은 어느 정도 이론적 의의가 있지만 그 '방법'을 어떻게 구축할지는 다른 차원의 문제이다. 이러한 방법론적 검토는 사람들에게 상상적 공간을 많이 만들어 준다고 하지 않을 수 없지만, 이러한 '방법'이 동아시아를 재조명하는 데에 있어서 어떤 이론적 효과가 있을지는 '동아시아' 역사에 대한 구체적인 연구에 달려 있다. 동아시아유학 연구도 물론 그 중 하나여야 할 것이다.

2. 황준걸: 문화다원화의 시각에서 보는 동아시아유학

당연히 고야스 노부쿠니(子安宣邦)는 21세기 대만의 동아시아유학 연구, 특히

대만대학에서 한 보고에서 이른바 '방법으로서의 에도'에 대해서도 간략하게 서술했다. 『東亞儒學: 批判與方法』, 第4章 「作爲'事件'的徂徠學: 思想史方法的再思考」, 58~59쪽 참조.

2000년 이후 대만대학에서 추진한 동아시아유학 연구 시리즈 계획에 대한 기대가 컸고, 황준걸의 동아시아 연구에 대해서도 높이 평가했다.7) 한편, 황준걸도 고야스 노부쿠니의 저서 『동아시아유학: 비판과 방법』에서 직접 장문의 '발문'을 쓰며 찬사를 아끼지 않을 정도로 그의 '동아시아' 연구에 대해 관심이 많았다.8) 아울러 고야스의 위와 같은 동아시아 담론에 대한 비판은 황준걸의 관심을 불러일으켰고, 그도 문제의 심각성을 깨달았기에 「동아시아유학이 어떻게 가능한가」9)라는 글을 지어 학문적으로 '동아시아유학'이란 개념을 구축하고, 방법론적으로 '동아시아유학'이 어떻게 가능한지를 풀이하고자 했다.

황준걸은 우선 고야스의 견해에 동의하면서, '동아시아유학'은 자명한 개념이 아니고, 그 표현은 '동아시아'와 '유학'이라는 두 개념의 상호 규범이나 제한을 받고 있다고 하였다. 그렇기 때문에 한편으로는 '동아시아유학'의 연구 대상이 중국 · 대만 · 한국 · 일본 · 베트남과 같은 '동아시아'라는 지리적 개념에 묶여 있고, 다른 한편으로는 '동아시아'는 또 '유학'에 의해 규정된다고 보았다. 즉 '동아시아유학'에서의 '동아시아'는 유학의 전통에 젖어 있는 동아시아를 그 범위로 하는데, 전자는 연구대상의 시각에서 '동아시아유학'이 무엇인가에 답하고, 후자는 문화전통의 시각(유학전통)에서 '동아시아'가 무엇인가를 풀어 가는 것이라고 하였다. 이 견해는 대단히 합리적이어서 받아들이기 쉽다. 그러나

---

7) 子安宣邦이 2000년에 저술한 「昭和日本と‘東亞’槪念」(『“亞洲”是如何被論述的』), 91 · 109쪽의 주9) 등을 참조. 이 문헌의 단서는 황준걸 씨가 필자에게 제공한 것인데, 나의 관찰에 따르면, 일찍이 1997년 4월 대만 성공대학이 개최한 제1회 대만유학 국제학술 심포지엄에 참가했던 子安宣邦은 「전후 대만 유학의 보수화 경향: 『공맹월간』을 중심으로」라는 글에서 황준걸이 밝힌 유교문화일원론 반대 입장에 찬사를 보냈다. 그는 黃씨의 글이 『공맹월간지』가 고수하고 있는 '유학주의'와 '문화일원론'에 대해 '매서운 비판'을 하였는데, 이것은 '대만유학'의 '개방적인 새로운 담론 지평'을 잘 보여 주고 있다고 평가하였다. 子安宣邦, 『方法としての江戸』, 「儒敎文化の多元性」, 83~84쪽 참조. 위에서 인용한 황준걸의 논문은 그 뒤 그 자신의 저서 『臺灣意識與臺灣文化』(臺北: 台大出版中心, 2009)에 수록되었다. 235~266쪽 참조.

8) 子安宣邦, 陳瑋芬 等 譯, 『東亞儒學: 批判與方法』, 203~218쪽 참조.

9) 臺灣淸華大學, 『淸華學報』 新32卷 第2期(2003.12)에 발표되었고, 黃俊傑, 『東亞儒學: 經典與詮釋的辯證』(臺北: 台大出版中心, 2008)에 수록되었다. 29~56쪽 참조.

황준걸의 글은 '동아시아' 담론의 역사적 연원과 일본적 요인에 대해 정면으로 논의하지 않았기에 다른 사람들의 눈에는 '동아시아'에 대한 그의 이해가 비판적 시각이 부족했던 것으로 비쳤다.

실제로 역사적으로 보면 동아시아 담론에는 두 가지 배경 요소가 있는데, 하나는 전통적인 중화제국의 화이질서華夷秩序 의미에서의 이른바 '동아시아'이고, 다른 하나는 근대 일본제국의 '동아시아 공동체' 의미에서의 이른바 '동아시아'다. 이를 '두 가지 동아론東亞論'이라고 불러도 무방하다. 물론 전자의 동아시아론에 대해서는 중국학자들이 자각적으로 반성하고 비판해야 하고, 후자의 동아시아론은 일본학자들이 우선 해체하고 비판해야 한다. 중요한 것은 이두 가지 비판이 반드시 필요한 연계성을 확보해야 하고 심지어 서로를 비판할 수도 있다는 점이다. 황준걸의 글이 '두 가지 동아시아론'에 대해 정면으로 다루지 않은 것은 단점으로 봐야 하겠지만, 그렇다고 해서 그가 중화제국의 '말'(話語)을 되살리기 위한 목적으로 동아시아유학 문제를 논의한 것은 아니다. 황준걸의 글에 대한 이런 비평은 요점을 잡지 못한 것이 분명하다. 결국 '중국' 내지 '동아시아'를 타자화·방법화하는 것은 일본학자인 고야스 노부쿠니가 주장하는 것이지만, 이것을 보편적인 공통법으로 발전시킬 수 있는지는 여전히 검토의 여지가 있다. 내가 아는 바로는, 대만학계가 1990년대 말 동아시아유학 연구를 부활시킨 배경에는 나름대로의 '동아시아 의식'과 '대만 의식'이 있다. 다만 그 배경에는 대만 사회의 정치·문화적 요소가 섞여 있고, 필자 또한 아직 분명하게 정리하지 못했기 때문에 별도로 이야기해야 할 것 같다.[10] 중요한

---

10) 황준걸은 '대만 의식'의 역사적 변천에 대해 보다 분명하게 정리한 바 있다. 1895년 대만이 일본에 割讓되면서 '대만 의식'이 싹트기 시작했는데, 그전까지는 대만인들에게 '漳泉意識'과 '客家意識' 밖에 없었다. 대만이 일본의 식민지 지배에 직면해서야 대만 사람들은 "비로소 '대만 의식'을 공감하게 되었다." 이는 대만 사람들이 일본 식민통치에 항거해 나선 중국문화 의식이라 할 수 있다. 1945년 광복 후 대만을 통치하는 국민당의 專制主義的인 수법에 의해, 대만인은 또다시 '本省人과 外省人'을 구분하는 '省籍性' 대만 의식을 갖게 되었다. 80년대 말과 後解嚴(역자 주: 解嚴이란 대만 사람 특히 국민당을 따라 대만에 간 사람들이 대륙으로 돌아가지 못하도록 한

것은 동아시아의 역사 담론에 대한 비판은 물론 동아시아유학 연구의 필수적인 전제가 되지만, 반대로 동아시아유학 연구는 우리들에게 동아시아의 담론에 대한 깊은 반성을 촉구할 것이다. 그렇기 때문에 동아시아유학 연구는 비판과 구성이라는 두 가지 의미를 동시에 지닌다. 이런 점에서 21세기 대만의 동아시아유학이 갖는 창조적 의미는 두말할 필요도 없이 분명한 사실이다.

그렇다면 '동아시아유학'이란 무엇인가? 이 문제에 대해 황준걸은 『동아시아유학: 경전과 해석의 변증』의 '지은이 서문'에서 비교적 명확한 정의를 내렸는데, 대략 세 가지 의미로 해석하였다. ① 공간개념으로서의 '동아시아유학'은 동아시아 지역에 있어서의 유학사상과 가치이념의 발전과 그 내용을 가리킨다. ② 시간개념으로서의 '동아시아유학'은 각국의 유교전통에서 벗어난 경직된 이데올로기가 아니라, 동아시아 각 나라 유학자들의 사상적 상호작용 속에서 상황에 따라 변화하고, 시대와 함께 발전한 것을 가리킨다. ③ 따라서 '동아시아유학'은 그 자체가 다원적인 학문 분야이며, 이 분야에서는 전근대적인 '일원론'

명령을 해제하는 것을 가리킴) 시대에 이르러, 外省人과 本省人의 통치 지위에 변화가 일어났다. 이에 따라 또 하나의 '신대만인 의식'이 생겨났는데, "그 목적은 권력 재창출로 인한 사회 종족 집단 관계의 갈등 해소였다." 그러나 현 단계의 이런 '신대만인 의식'은 사실 '텅 비어 있는 空白의 주체'로서 '구체적인 사상적 내실이 결여되어 "흔히 서로 다른 입장에 있는 사람들에 의해 다른 내용이 주입된다"라고 황준걸은 말하였다. 황준걸은 이러한 개념사의 정리에 더해, 대만 의식의 '항쟁담론'을 '문화담론'으로 전환시키는 것만이 바람직한 미래 방향이라고 하였다. 즉 해협양안의 상호 작용의 맥락 속에서 '문화적 동질감'과 '정치적 동질감'의 동태적 균형을 유지하자는 것이다.(黃俊傑, 『臺灣意識與臺灣文化』, 「論臺灣意識的發展及其特質」, 臺北: 正中書局, 2000年初版; 臺北: 台大出版中心, 2007年 第2版, 3~38쪽 참조) 여기서 언급한 두 가지 '공감대'의 동태 균형 문제는 확실히 심사숙고해 볼 필요가 있다. 그러나 필자는 '대만 의식'의 문화적 본질에 대한 潘朝陽의 추궁이 더 주목할 만하다고 생각한다. 그는 "대만 의식의 본질적인 내용은, 실은 漢族 이민자들이 대만에서 신천지를 건설한 이후 대륙의 원래 고향에서 익힌 생활방식을 대만에서 재현하는 향토문화의식이다. 이러한 대만의 향토문화의식은 근본적으로 漢族문화나 중국문화에 있어서의 지역의 작은 전통이며, 본질적으로는 중국문화의 대만 의식이다"라고 정곡을 찔러 말했다.(潘朝陽, 「從原鄉生活方式到中華文化主體性: 臺灣的文化原則和方向」, 『臺灣研究季刊』總第87期, 廈門大學臺灣研究院, 2005.1. 潘朝陽, 『臺灣儒學的傳統與現代』, 臺北: 台大出版中心, 2008에 수록. 246~247쪽 참조)

의 가설이 존재하지 않는다. 나는 황준걸의 '동아시아유학'에 대한 이러한 정의에 대해 대체로 동의한다.

'동아시아유학' 연구의 입장에 대해서도 황준걸은 비교적 명확한 견해를 갖고 있다. "이른바 21세기 대만에서의 '동아시아유학'이란 바로 문화적 다원성 입장을 미리 설정해 놓은 것으로, 유학전통이 동아시아에서 이를테면 중국 대륙 및 대만 지역·조선·일본·베트남에서 나름대로 다양한 모습과 내포적 의미를 드러냈는데, 서로 다른 가운데서도 그 속에 공통적인 특성도 가지고 있다." 그렇기 때문에 본질적으로 말하면, '동아시아유학'의 특성은 "다多 중에 일一이 존재하며"(寓一於多) 유학전통의 큰 구조 속에서 동아시아문화의 다원성을 보여 준다.[11] 그러므로 동아시아유학은 문화일원론이 아니라 문화적 다원성을 내포하고 있으며 "다른가 하면 같기도 하고" "다多 중에 일一이 있는"[12] 그러한 존재이다. 즉 동아시아유학에는 다원성도 있고 동일성도 있는데, 이와 같은 이異와 동同, 일一과 다多의 구조적 관계는 동아시아유학에 내재적 장력張力이 있음을 말해 준다. 황준걸의 말을 빌리면, "중국유학의 가치 이념과 동아시아 지역 특성 간의 장력"[13]이고, 우리가 이해하기로는 동아시아문화의 보편성과 동아시아 각 지역문화의 특수성 사이의 장력이다. 이에 관하여는 상술한 미발표 논문에서 보다 상세한 토의가 있었으므로 여기서는 다시 반복하지 않겠다. 요컨대 황준걸은 '동아시아유학'이 가설적으로 말하고 있는 다문화적인 학술적 입장이라고 주장했는데, 이는 동아시아유학 연구가 중화문화일원론의 재건을 지향해서는 안 된다고 말한 고야스 노부쿠니의 주장과 일치한다.

냉정히 말해서, 고야스가 근대 이래의 일본의 동아시아 논술을 비판한

---

11) 黃俊傑, 『東亞儒學: 經典與詮釋的辯證』, 43~44쪽 참조.
12) 山室信一는 '多而合一' 이론을 주장했다. 山室信一, 「多而合一'的秩序原理與亞洲價値論」, 吳志攀·李玉 主編, 包茂紅 副主編, 『東亞的價値』(北京: 北京大學出版社, 2010), 311~325 쪽 참조. 또 山室信一, 『思想課題としてのアジア: 基軸·連鎖·投企』(東京: 岩波書店, 2001) 참조.
13) 黃俊傑, 『東亞儒學: 經典與詮釋的辯證』, 49쪽.

점은 긍정해야 한다. 그리고 그가 '다문화'[14]를 자신의 학술적인 입지로 삼아 동아시아유학은 결코 중국을 절대적인 중심으로 하지 않으며, '중심 대 변두리' 라는 구조적인 관계[15]도 가설하지 않는다는 점을 강조한 것은 '동아시아유학'이 무엇 때문에 가능한가를 밝히는 데 중요한 이론적 전제를 마련해 준다. 본질적으로 말하면, 이것은 문화다원론으로 문화일원론을 반대하는 것이다. 이로부터, 21세기 대만학계에서 주창한 동아시아유학 연구는 다문화 입장에서 가능해졌는데, 구체적으로 말하면 동아시아유학 연구는 "지역별 특색을 크게 갖춘 지역적 유학전통을 구축"할 수 있을 뿐만 아니라 "유학전통의 큰 틀에서 동아시아문화의 다원성을 드러낼 수 있게" 되었다.[16] 동아시아유학이 어떻게 가능하냐는 질문에 황준걸이 이런 대답을 할 수 있었던 배경에는 그 자신이 다년간 동아시아유학을 연구한 실천이 밑바탕이 되었음은 의심할 여지가 없다. 우리가 전근대의 일원론적 사고방식을 극복해야만 비로소 다문화의 입장에서 동아시아유학 연구 영역을 제대로 구축할 수 있다는 것은 분명하다.

하지만 고야스는 황준걸의 글에 대해 정면으로 대응하지 않았다. 주목할

---

14) '다문화' 이론에 관해서는 『余英時文集』第3卷(桂林: 廣西師範大學出版社, 2004)에 수록된 1984年 余英時의 論文「從價値系統看中國文化的現代意義」, 2쪽과 한국학자 宋榮培의 『東西哲學的交匯與思維方式的差異』(石家莊: 河北人民出版社, 2006), 239쪽을 참조할 수 있다. 그러나 당대의 '다문화' 이론이 학자들의 보편적인 관심을 끈 것은 지난 세기 70년대 이후이고, 서양중심론과 '현대상' 문제에 대한 반성이 그 학문적 배경이었다. 당대 신유가가 이 같은 관점을 중시하게 된 것은 '다문화' 사고 방법으로 서양중심론을 반박하기에 안성맞춤이기 때문이다.

15) '중심'은 중화문화를 중심으로 한 문화질서를 말하고, '주변'(일명 '가장자리' 또는 '변경')은 중화문화 중심의 주변에 위치한 지역을 말하는데, 동아시아문화 질서가 그 중심인 중화문화에서 끊임없이 주변 지역으로 확장되면서 포괄적인 영향을 미치는 한 형태로 드러나는 것이 바로 '중심 대 주변'의 구조이다. 그런데 이러한 구조 형식은 전통적인 중화제국의 華夷질서관과 대단히 흡사한바, '주변'의 문화주체는 언제나 '중심'의 문화적 영향을 수동적으로 받아들임으로써 동아시아 지역을 아우르는 중화문화일원론을 구축한다. 子安宣邦은 이에 대해 강하게 비판했다.(子安宣邦, 『東亞儒學: 批判與方法』,「서문」, 6쪽 참조) 황준걸도 이에 깊은 찬성을 표했다.(黃俊傑, 『東亞儒學: 經典與詮釋的辯證』, 42쪽 참조)

16) 黃俊傑, 『東亞儒學: 經典與詮釋的辯證』, 44쪽.

것은 고야스가 2008년과 2010년에 여러 차례 대만 학술회의에 참가했지만, 화제는 여전히 동아시아 문제를 둘러싸고 있다는 점이다.[17] 이 중 「방법으로서의 동아시아를 다시 논함」(2010년 3월 26일, 대만 성공대학)이라는 발표가 더욱 눈길을 끈다. 고야스는 이 발표에서 대만의 동아시아 연구에 수년간 참여했던 과정을 회고하고, 특히 2002년 6월의 '동아시아문화권의 형성과 발전'에 관한 국제심포지엄을 언급했는데, "심포지엄의 인연과 배경"이라는 취지 설명을 읽고 "이번 심포지엄에 임하는 자세가 기대에서 경계로 바뀌었다"고 하였다. 왜일까? 고야스는 "이 글은 역사적 사실을 진술하는 동시에 정치적 함의로 가득 찼다. '동아시아'라는 개념은 지도에 있는 지역 개념이 아니라 정치·지리적인 개념으로서, 정치적 지배·문화적 지배의 욕구와 공존해 만들어진 개념이다"라고 보았기 때문이다. 따라서 고야스에 의하면 이 회의는 성격상 "실체적인 중국문화권을 동아시아문화권으로 삼아 그 형성과 발전을 더듬기 위한 학술심포지엄"이었기에 '방법으로서의 동아시아'라는 그의 입장에서는 이를 절대로 받아들일 수가 없었다. 이른바 '정치·지리적 개념', '정치적 지배', '문화적 지배', 그리고 '실체적인 중국문화권'이라는 개념은 바로 고야스가 동아시아 담론에서 그토록 애써 해체시키려 했던 대상이다. 이로써 우리는 황준걸을 대표로 하는 대만대학의 동아시아문화 연구 계획이 '실체적인' 중화문화질서를 구축하려는 의도가 있지 않는가에 대해 고야스가 시종 안심할 수 없었고, 이것이 또한 그가 대만 동아시아유학 연구에 대한 기대에서 불만으로 돌아선 주요 원인 중 하나임을 알게 되었다.

---

17) 2008년 4월, 子安宣邦은 대만 교통대학에서 「전후 일본론: 오키나와로부터 바라보다」라는 강연을 했고, 같은 해 11월에 대만의 청화대학에서 「근대 일본과 두 가지 윤리학」이란 주제로 강연했다. 2010년 3월에 子安宣邦은 또 대만의 교통대학, 청화대학, 성공대학에서 「오늘, 윤리의 의미를 묻다」, 「'윤리'란 단어의 죽음과 재생」, 「'방법으로서의 동아시아'를 다시 논함」이란 주제로 세 차례의 학술발표를 했다. 대만 청화대학의 祝平次 교수께서 위 각 편의 중국어 번역본 강연 원고를 보내 주셔서 감사드린다.

여기까지 오고 보니, 왕범삼王汎森의 글이 떠오른다. "근대 중국과 일본의 애증 관계의 콤플렉스 때문에 이 문제(인용자의 말: 무술변법 전후 중국사상 속의 일본적인 요소를 가리킴)에 대한 그 어떠한 연구도 착수하기 어렵고, 감정에 사로잡히지 않기가 쉽지 않으며, 항상 말 뒤에 어떤 숨은 동기가 있을 것 같다는 느낌이 든다. 이러한 감정은 물론 완전히 터무니없는 것이 아니다."[18] 이제 대만의 동아시아 연구는 또 다른 '잠재적 동기'를 의심받고 있는 것처럼 보인다. 사실 내가 최근 몇 년간 대만학계를 관찰한 바에 따르면, "대만의 동아시아유학 연구가 '동아시아'를 '지정학적' 범위에 포함시켜 정의하려는 것 아닌가?", "실체적 중국문화권으로 동아시아를 포괄시켜 '동아시아'를 실체화하려는 것 아닌가?" 하는 추측은 완전히 사실무근인 것으로 여겨진다. 나의 견해로는, 엄밀히 말하면 동아시아는 지리적 개념인 동시에 문화적 개념이다. 즉 동아시아가 문화·지리적 개념이라는 점을 부인할 수 없다. 우리는 다음 글에서 이 문제를 좀 더 상세하게 검토할 것이다. 다만 대만학자들이 동아시아를 '지정학적인' 의미의 동아시아로 이해하고 있다고 비판하는 것은 지나친 처사라고 지적할 필요가 있다.

그렇다면 21세기 대만에서 동아시아유학을 다시 거론하는 배경은 무엇일까? 호주국립대학교의 존 맥컴(John Makeham) 교수는 위에서 언급한 무한대학회의 이후에 필자에게 논문 한 편을 주면서 최근 대만에서 동아시아 연구가 활발해지고 있는 것은 '탈중국화'라는 새로운 정세에 대응하기 위한 일부 학자들의 일종의 '전략'이라고 지적했다.[19] 이러한 분석은 비록 외연적인 것이지만, 제3자가 보는 시각 중 하나로서 중시할 필요가 있다. 분명한 것은 '중국 대륙'과 '중국-대만지구'가 동시에 '동아시아'에 들어갈 수 있어 당당해진다는 사실이

---

18) 王汎森, 「戊戌前後思想資源的變化: 以日本因素爲例」, 香港中文大學, 『二十一世紀』(인터넷 판, 2002年 9月號 總第6期)에 게재됨.

19) John Makeham, 「東亞儒學與中華文化民族主義: 一種來自邊緣的觀點」, 復旦大學文史研究院 編, 『從周邊看中國』(北京: 中華書局, 2009), 122쪽 참조.

다. 그렇지만 일찍이 1980년대 초반부터 대만의 동아시아유학 연구가 이미 주목받아왔음을 유념해야 한다.[20] 이명휘李明輝가 제공한 자료에 따르면, 1992년 9월 대만 청화대학과 일본 오사카대학이 "동아시아유학과 근대 국제심포지엄"을 공동으로 개최하였는데,[21] 이는 아마도 '동아시아유학'으로 명명된 국제회의의 대만에서의 기원일 것이다. 이듬해인 1993년 대만의 중앙연구원 중국문철소 中國文哲所가 '당대유학 연구 주제 기획'을 수립했는데, 당시에 대연장戴璉璋과 유술선劉述先이 주최하고 황준걸黃俊傑도 참여했다. 그 배경의 하나는 중앙연구원이 설립된 이래로 일관되게 유학 연구를 경시하던 편향성을 전환시키고, 80년대 말 중국 대륙에서 추진된 '현대신유가 사조 연구 과제'에 대응하기 위한 것이었다. 3년 후인 1996년 이 '주제 기획'을 계속 밀고 나가기 위해 제2차 계획을 세우고, "근대 동아시아에 있어서의 유가사상의 발전과 그 현대적 의미"라는 새로운 주제를 제시하여, 지금까지 유학 연구 중에 은연중 존재해 온 '중국 중심론'의 편향성을 돌이켜 보았다. 그리고 "각각 다른 역사적 배경으로 인해 유교사상은 이 지역(인용자의 말: '동아시아'를 지칭)에서 지극히 다른 방식으로 작용하여 같음에도 각각 다른 전통을 형성했다. 그렇기 때문에 우리는 동아시아를

---

20) 黃俊傑이 발표한 동아시아유학 분야의 첫 논문은 상당히 빠르다. 그의 글「東亞近世儒學思潮的新動向: 戴東原·伊藤仁齋與丁茶山對孟學的解釋」은『韓國學報』第1期(1981.4)에 게재되었고, 후에 그의 저서『儒學傳統與文化創新』(臺北: 東大圖書, 1983·1986)에 수록되었다.

21) 李明輝,「中央研究院當代儒學主題研究計畫概述」,『漢學研究通訊』19:4(臺北: 漢學研究中心, 2000.11), 567쪽 참조. 당시 오사카대학 교수였던 子安宣邦이 제안한 이 모임의 간추린 소식은『漢學研究通訊』11:4(1992.12)을 참조. 회의의 주요 논문 몇 편의 일본어판은『季刊日本思想史』41호(東京: ぺりかん社, 1993.5)를 참조. 주의해야 할 것은 이 회의 주제를 일본어로 "東アジアの儒敎と近代"라고 표현했다는 점이다.(子安宣邦,『方法としての江戶』,「儒敎文化の多元性」, 91쪽, 주3) 참조) 이처럼 일본에선 '동아시아유학'이란 용어가 우선 개념 사용에서 난행을 겪고 있다. 즉 동아시아가 死語로서 오늘날 학계에 학술 용어로 부활할 수 있을까에 대해 子安宣邦은 단호히 반대하는 입장이다.(주24)의 大沼保昭의 편저에 대한 子安宣邦의 비판을 참조) 따라서 앞으로도 중·일 학술 교류에서 '동아시아'라는 용어가 어떻게 변모할 것인가 하는 난감한 국면이 계속될지도 모른다.

하나의 전체로 보아 유가사상의 영향을 고찰할 필요가 있을 뿐만 아니라, 이 지역에 있어서의 서로 다른 역사·문화 배경에 근거하여 유가사상이 그 속에서 드러낸 차이를 탐구할 필요가 있다"[22]고 하는 연구 취지를 분명히 했다. 이 같은 입장은 2000년 이후 대만대학에서 추진해 온 여러 가지 '동아시아유학' 연구 계획에도 반영되었다는 것을 잘 알 수 있다. 물론 21세기 대만의 동아시아 유학 연구는 급격히 발전한 사회적 배경과 학문적 배경에서 살펴보아야 하는데, 20세기 80년대 말 대만의 민주화운동과 오늘에 이르기까지 여전히 불안정한 동아시아 사회의 큰 배경에서 살펴보아야 한다. 후해엄後解嚴시대의 대만 민주화 운동은 '동아시아유학', 나아가 '대만유학' 연구에 상당한 영향을 주었다. 중요한 것은 학술적인 배경을 살펴보는 목적이다. 그 목적은 동아시아 연구에서의 학술과 사회의 긍정적인 상호 작용을 탐구함으로써 이데올로기 조작에 따른 '대만 현지화'의 구호가 학술 연구에 미치는 교란[23]에서 벗어나고 나아가 동아시 아 사회에서의 유교의 미래상을 전망하는 데에 있다.

이러한 회고를 통해, 오늘날 학계의 새로운 학문 연구 분야로 '동아시아유학' 이 부각되는 과정에서 '동아시아유학'이란 무엇이고, '동아시아'가 무엇인지에 대한 의문이 끊임없이 제기되고 있음을 알 수 있다. 일제의 '동아시아' 담론에 대한 고야스 노부쿠니(子安宣邦)의 역사적인 비판은 사람들을 깊이 반성케 하고, '동아시아유학'이 어떻게 가능한가 하는 등의 학문적 문제에 대한 황준걸의 깊이 있는 논술도 시사성이 대단히 크다. 이어서 동아시아유학 문제에 대한 개인적인 의견을 말해 보고자 한다.

'동아시아유학'이란 동아시아에서의 유학을 말하는데, 이는 일종의 역사

---

22) 위의 李明輝,「中央研究院當代儒學主題研究計畫槪述」, 564~571쪽 참조. 여기서의 인용 문은 567쪽 참조.
23) 예를 들면, 後解嚴시대의 '대만독립운동'이 떠벌린 이른바 '대만 의식' 또는 '대만 현 지화'가 반중국문화의 구호가 되었던 것이다. 潘朝陽은 이런 대만의 현지화는 이미 "대만의 현지성에 反한 이질적인 대만 현지화로 변했기에"(『台灣儒學的傳統與現代』, 250쪽) 그 본질이 '허구일 뿐'이라고 날카롭게 지적했다.(같은 책, 252쪽)

현상학적 서술로서, 그 뜻은 역사적 흐름에서 유학이 동아시아라는 지역 공간에 존재했었음을 의미한다고 나는 본다. 다시 말하자면, '동아시아유학'에 내포한 시간과 공간의 개념은 역사학적 개념으로서 역사적 구조 속에 존재하는 것이다. 그러나 '동아시아유학'이라는 개념 구조 속에서의 '동아시아'란 지리적 개념일 뿐인지, 아니면 가치 의미를 지닌 문화적 개념인지, 또는 지역과 문화를 겸한 문화·지리적 개념인지에 그 문제의 복잡성이 있다. 아울러 '동아시아'란 개념이 등장하게 된 초기에 벌써 일제의 이데올로기의 그림자가 붙어 다녔기 때문에 그 속에는 이미 문화·지역적 의미가 내포되어 있으므로[24] 그것을 헌신짝 버리듯 쓸어 내야 한다고 할 수 있을까가 또한 고민이다. 나는 동아시아가 우선 지리적 개념이라는 사실은 의심할 여지가 없지만, 우리가 '유학'으로부터 '동아시아'를 바라보거나 '동아시아'에서 '유학'을 생각할 때 '동아시아'는 순수한 지리적 개념이 아니라 복수적인 개념임이 분명하다고 본다. 그런 의미에서 '문화 동아시아'란 개념을 거론할 필요가 있는 것이다.

---

24) 문화 지역적 함의를 담은 '동아시아' 개념이 1920년대의 일본제국시기에 형성되었다는 점은 이미 위에서 서술한 바와 같다. 여기서 子安宣邦이 특별히 열거한 大沼保昭의 편저 『東亞の構想: 二十一世紀東アジアの規範秩序』(東京: 築摩書房, 2000)를 소개한다. 子安宣邦은 책 제목을 '동아시아'라 한 것이 대단히 '이상하다'고 지적했다. 그는 편집자가 이른바 '동아시아'란 "동북아시아와 동남아시아를 포함한 동아시아를 가리키는 지리적 개념"(子安宣邦, 「"亞洲"是如何被論述的」, 「昭和日本と'東亞'概念」, 86쪽)일 뿐이라고 미리 밝혔음에도 불구하고, 『東亞の構想』이란 책의 각 논문 저자들은 모두 '東亞'라는 단어를 채택하지 않고 '동아시아'라는 단어를 사용했다고 날카롭게 지적했다.(104쪽, 주4) 여하튼 이로부터 당대 일본에서는 '동아시아'를 단지 지리적 개념으로 보고 그 개념의 문화·역사적 의미를 인정하지 않으려는(또는 한사코 회피하는) 학자들이 있다는 것을 알 수 있다. 물론 '동아시아' 담론에 대한 고야스의 역사적 비판 차원에서는 그런 태도가 결코 바람직하지 않다. 그는 '東亞' 개념의 역사적 함의를 떠나 이를 '동아시아'(東アジア)와 '상호 교환'할 수 있는 개념으로 보는 것은 "오늘날 일본에서 아시아 문제에 대한 사람들의 애매모호한 태도, 그리고 역사적으로 아시아 문제에 대한 일본인들의 애매모호한 태도"를 반영한 것이라고 엄숙하게 비판하였다. 그리고 '동아시아'는 "역사적이고 정치적인 개념이지 결코 단순한 지리적 개념이 아니기 때문에"(87~88쪽 참조) '문화사로서의 동아시아'(89~92쪽 참조)라는 역사적 문제에 대한 깊은 반성이 필요하다고 강조했다. 나는 子安宣邦의 말을 귀담아 들어야 한다고 생각한다.

그것은 무슨 의미일까? 사실 '유학'에서 보는 '동아시아'는 위도나 경도가 뚜렷한 자연지리학적 개념이 아니라 인문지리학적 의미에서의 개념이다. 인문지리학의 기본 규정에 따르면, 동아시아는 동아시아 지역에서의 각종 사회·정치·경제와 문화 현상을 일컫는 인문지리이다. 역사적 요소를 감안하면 '동아시아유학' 중의 '동아시아'는 역사·인문지리의 한 개념이라고 할 수 있다. 사실 유학은 '동아시아'에 있어서 역사적 시간과 인문학적 공간에서 벗어날 수 없기 때문이다. 즉 중국이라는 지역문화의 산물인 유학이 동아시아로 전파될 때 하나의 역사적 과정과 함께 '동아시아' 다른 지역의 문화역사와 충돌·마찰·혼합하는 과정이 있었다. 거꾸로 말하면, 예를 들어 '동아시아' 지역 중 하나인 일본의 경우, 유학을 받아들일 때 자신은 결코 문화상의 공백이 아니었기 때문에 유학이 천하를 통제하도록 내버려 두지 않았다. 일본 자체의 문화는 외래 유학을 흡수하고, 수용하고 나아가 이것과 반발하는 복잡한 과정을 거쳤다는 것을 역사가 알려 준다. 요컨대, 유학은 일본에서 '현지화'의 과정을 통하여 중국의 이론 형태와 다른 일본유학을 형성하였다. 이처럼 '동아시아'는 특정한 역사적 의미를 지닌 문화·지리적 개념임을 알 수 있다. '문화교섭'[25]의 관점에서 보자면 동아시아가 구성한 것은 바로 하나의 다문화 체계이다. 이 같은 다원성은

---

25) '문화교섭'이란 단어의 의미에 대해 藤田高夫는 「東アジア文化交涉學の構築にむけて」(關西大學 文化交涉學敎育硏究基地, 『東アジア文化交涉學硏究』 창간호, 大阪: 關西大學, 2008, 3~7쪽 참조)에서 자세히 설명하였다. 즉 교섭이란 일방적인 '전파'와는 달리, 서로 다른 문화 간의 동적인 교제를 의미하기 때문에, 구체적으로 말하자면 '문화교섭학'으로서 국가와 민족 등의 분석 단위를 초월하여 일정한 연관성을 가진 문화복합체를 설정하고, 그 내부의 문화형성·전파·접촉 및 변천에 관심을 가지는 것과 아울러 다원적이고 종합적인 시각으로 문화교섭의 여러 측면을 전면적으로 분석해야 한다. 그러기 위해서는 이중 추월, 즉 기존의 인문계 각 학문 분야의 연구의 틀을 뛰어넘는 것은 물론이고, 국가와 민족적 의미에서의 연구 구조를 추월해야 한다는 것이다. 余英時는 2008년 關西大學 동아시아문화교섭학센터 개소식에서 문화교섭학 연구 계획에 찬성하는 연설을 하면서, 토인비(Toynbee)는 연구의 시각을 '여러 큰 문명 간의 교섭'에 집중시켰다는 의미에서 문화교섭학의 중요한 선구자라고 하였다.(余英時, 「中日文化交涉學的初步觀察」, 關西大學 文化交涉學敎育硏究基地, 『東アジア文化交涉學硏究』 別冊1, 大阪: 關西大學, 2008, 4쪽)

서로 다른 지역 간의 표현일 뿐만 아니라 같은 지역 내에서도 다원적 문화 표현으로 드러난다. 대만 본토의 경우를 말하자면, 명나라 정씨鄭氏의 정권시기 (1662~1683) 이래로 청나라에서 대만을 통치하던 시기(1683~1895)와 일제강점기 (1895~1945)를 거쳐 광복 이후 해엄解嚴 이전의 시기(1945~1987)까지 대만 사회는 바로 다원공존과 다원융합의 문화융합체 모습을 보여 주었다. 따라서 대만에서 의 유학은 '대만 의식'과 관련되지 않을 수 없고, 중국의 유학과는 다른 발전 형태를 가질 수밖에 없다. 예를 들어, 1950년대 대만 학원파學院派의 '당대 신유학' 은 중국 전통유학에 대한 새로운 발전이었을 뿐만 아니라, 오늘날 '대만유학'운 동의 한 부분으로 여겨진다. 물론 그 본질을 말하자면 '당대 신유학'은 '대만의 유학'일 뿐만 아니라 더욱이 '중국의 유학'이다. 왜냐하면 그것이 여전히 '중국유 가의 도덕 혜명慧命을 뿌리'로 하기 때문이다.26)

그렇다면 왜 '문화 동아시아'를 강조하는 것이 중요한가? 이 문제에 관하여 우리는 두 가지 방면에서 이야기할 수 있다. 첫째, 문화전파의 현지화라는 시각에서 볼 때, 그 어떤 문화이든 다른 지역에 전파될 때 모두 다 그 지역의 문화와 부딪치고 적응하는 과정이 있기 마련인데, 이러한 과정이 바로 '현지화' 의 과정이다. 문화전파는 결코 상품 수출과 같이 수입국이 수동적으로 받아들일 수밖에 없는 것이 아니라, 그것은 한 문화가 다른 한 문화와의 대화 과정이기

---

26) 潘朝陽, 『臺灣儒學的傳統與現代』, 「自序」, 2쪽. '대만유학'이란 용어는 陳昭瑛이 1995년 대만 중앙연구원의 '당대 유학' 계획의 제3차 세미나에 제출한 논문 「當代儒學與臺灣 本土化運動」(『臺灣文學與本土化運動』, 臺北: 正中書局, 1998)에서 처음 언급되었는데, 순 식간에 아주 격렬한 '논전'이 벌어져서 "독립파 학자들의 토벌을 당했다"고 한다.(陳 昭瑛, 『臺灣儒學: 起源·發展與轉化』, 「初版自序」, 臺北: 台灣大學出版中心, 2008, 3쪽) 陳 昭瑛이 개인적인 "마음 깊숙한 곳에 자리하고 있는 대만 감정과 중국 감정을 어떻게 조절할 것이냐?"하는 문제의식에 있어서 '대만유학'이라는 '새로운 영역'(4쪽)을 어떻 게 구축할 것인가 하는 질문을 던졌다. 그런데 대만학계는 향후 동아시아유학 연구 의 유기적인 부분을 이룰 만큼 이미 상당한 학술적인 축적을 하고 있다.(潘朝陽의 「戰後臺灣儒家研究的幾個則面: 問題及其意義」[黃俊傑 主編, 『東亞儒學研究的回顧與展望』, 臺北: 台灣大學出版中心, 2005]에 의하면, 대만유학 관련 연구 전문서 및 회의 논문집이 총10편 검색된다.)

때문에, 그 과정에서 문화전파는 '문화교섭'의 성격을 띠게 된다. 그런 의미에서 우리는 동아시아는 지리적 개념이자 문화적 개념이라고 말하게 된다. 만약 우리가 일방적으로 동아시아를 지리적 개념으로만 강조한다면, 동아시아유학 개념의 제안은 동아시아 자체에 문화적 내포가 없기 때문에, 동아시아에서의 유학은 일방적인 전파일 뿐 현지 문화와의 교섭 과정이 없다는 것을 의미하는 것이 된다. 이러한 관점은 유학이 동아시아 지역을 아우르는 통제적 개념이 되는 아주 심각한 결과를 초래할 것이다. 왜냐하면 동아시아 자체가 아무것도 없는 문화 부재의 지리적 존재이기 때문이다. 이렇게 되면 동아시아유학은 반드시 '중화문화일원론'이나 '중국 중심론'의 변칙으로밖에 될 수 없는데, 이는 오늘날 세계 문화 다원화의 흐름 속에서 반드시 극복해야 할 편견이다. 그렇지 않으면 '잠재적 동기'가 있는 것 아니냐는 의심을 살 수밖에 없다.

둘째, 우리가 '동아시아'는 문화지리적 개념임을 강조하는 이유는 또 다른 이해, 즉 동아시아를 정치질서와 지리정치의 개념으로 이해하는 것에 관심을 돌려야 하기 때문인데, 20세기 초 '동아시아' 개념이 일본에서 유행될 때 바로 '지정학적' 냄새를 짙게 풍겼었다. 예컨대, 모두가 익히 알고 있고, 아픈 기억을 지니고 있는 '대동아 공영권'은 제국주의·식민주의 의미가 강한 지정학적 개념으로, 2차 세계대전이 끝나면서 이미 '사어死語'가 되었고, 정직한 지식인이라면 그것의 부활을 원하지 않는다. 우리가 문화지리적 개념인 동아시아를 강조하게 되는 것은 이처럼 지정학적 개념인 동아시아가 다시 살아나는 것을 차단하기 위해서다. 동아시아를 하나의 문화적 내포를 가진 지리적 존재로 보는 것은 우리로 하여금 동아시아 자체가 의미 세계를 구성하는 것에 관심을 가지도록 할 뿐만 아니라, 역사 연구에 있어서의 전통적인 민족국가(nation-state) 개념에 따른 어려움을 극복하고 보다 명확하고 다양한 시각으로 동아시아 지역문화에서의 중국유학의 역사적 문제를 재조명할 수 있게 한다.

3. 요약: 네 가지 측면에서 동아시아유학의 필요성을 말해 보다

마지막으로 본문이 설정한 동아시아유학이 왜 필요한가 라는 문제에 대답해 보기로 하자. 이에 앞서 '동아시아유학'의 연구 성격과 대상, 접근 방법 등에 대해 몇 가지 초보적인 이해를 제시할 필요가 있다. 사실만 들어 거칠게 말해 보면, 대체적으로 아래와 같은 몇 가지 뜻이 있다.

첫째, 동아시아유학은 동아시아문화나 동아시아사상의 한 갈래이기 때문에 동아시아유학 연구는 성격상 다문화 비교 연구에 속하며, 동아시아문화 자체가 다원성이란 근본적인 특징을 가지고 있기 때문에 동아시아유학 또한 구조상의 '통체성(整體性)'이나 역사상의 '동일성'이 있을 수 없다. 이는 다문화 비교 연구가 성립될 수 있는 전제이기도 하다.

둘째, 중국에서 발원한 유학이 동아시아에 있어서 발전하게 되는 것은 필연적으로 역사적 시간과 지역적 공간에서 이질성을 드러내고, 그 과정도 반드시 '현지화'의 과정을 거치게 되므로, 중국유학이나 일본유학 또는 한국유학 은 구조적인 형태 및 의리적인 천명(闡明)에 있어서 가지각색이다. 바로 이런 의미에서 동아시아유학은 다원적인 학술 연구 분야라고 할 수 있다.[27]

셋째, 그 다원성 때문에 서로 '타자'가 되면서도 또한 서로 주체가 되는 것이다. 예를 들어 일본의 경우, 중국은 '타자적인' 존재이지만, 그렇다고 일본이 동아시아에 있어서 절대성·보편성의 대표자인 것도 아니고, 중국에 대한 '타자 화'를 통해 일본 자체의 주체성을 확인할 수 있다. 이 점은 중국이나 다른 동아시아 국가들에게 있어서도 마찬가지이므로, 이들은 서로 타자가 되고 서로 주체가 된다고 할 수 있다. 만약 일방적으로 '타자'나 '주체'만 강조한다면, 이른바 이러한 '타자'나 '주체'는 배타성을 지니게 되어 '타자/비타자'라는 이원

---

27) 이에 대해서는 황준걸이 「東亞儒學 如何可能」라는 글에서 이미 명확하게 밝혔으므로 참조할 수 있다.

적 대립의 올가미 속에 빠지기 쉽다.

넷째, 중요한 것은 오늘날 세계화의 물결 속에서 문화적인 차이, 다름, 타자가 소멸되고 제거되는 것이 아니라, 오히려 다문화적인 공감의식이 뚜렷해지는 요즘 사회에서 다양한 문화 간의 차이, 다름, 타자가 서로 소통하고 공감할 수 있게 되었다. 여기서 '화이부동和而不同'과 '동즉불계同則不繼'라는 중국의 옛 지혜가 현 세계의 서로 다른 문명 간의 문화적 공감에 하나의 관념적 기초를 제공해 준다.

다섯째, 동아시아유학 연구가 다문화 연구인 이상 근본적으로 말하자면 이는 다른 문화 간의 대화이며, 이러한 대화는 또한 오늘날 세계의 '문명 대화'를 구성하는 요소 중의 하나가 된다. 본질에 있어서 대화는 상대를 정복하는 것도, 자신의 관점을 강요하는 것도 아니라 서로에 대한 이해를 증진시키기 위한 것이므로 당연히 '타자'에 대한 존중이 전제되어야 한다.

동아시아유학이 왜 필요한가에 대한 문제는 크게 네 가지로 요약할 수 있는데, 필자가 제시할 수 있는 것은 아직 비전일 뿐이며, 앞으로 더욱 많은 학자들이 이 문제에 대한 탐구와 논증에 참여해야 한다는 점을 여기서 먼저 말해 둔다. 네 가지 측면은 다음과 같다.

① 학술 연구에 있어서 동아시아유학은 하나의 다문화 연구로서 중국 자신의 유학전통에 대한 재인식, 재평가에 긍정적인 의의를 가진다. 예를 들어, 우리가 중국유학이 지니고 있는 논리적 발전 가능성과 중국유학의 다원화 발전 가능성을 일본유학 및 조선유학에 대한 연구를 통해 더욱 깊이 있게 알 수 있다. 반면, 중국유학으로만 중국유학을 바라봄으로써 '타자'의 안목이 부재할 경우, '자아 중심론'의 정서를 부추길 수 있고, 동아시아 지역문화에서 중국유학이 도전에 직면할 가능성을 알 수 없게 될 것이다.[28] 만약 다문화

---

28) 여기서 말하는 중국유학의 발전 가능성과 도전받을 수 있는 가능성 등의 문제는 陳來의『東亞儒學九論』,「前言」(北京: 三聯書店, 2008), 3~4쪽에서 따온 것이다. 陳來는 중국의 유학만 알고 일본과 한국 유학에 대해 모른다면 "중국유학의 특질을 제대로

비교의 시선에서 유학을 '일국사一國史'의 유학이 아닌 '지역사'(regional history)[29]의 특성을 지닌 '동아시아유학'으로 볼 때, 중국유학을 알지 못하면 마찬가지로 한일의 유학이 중국의 유학과 다른 독자성과 동아시아유학으로서의 발전 가능성을 제대로 알 수 없다고 말할 수 있다. 따라서 동아시아유학 연구는 중국유학의 전통을 보다 잘 이해하기 위해서도 반드시 필요하다.

② 동아시아유학 연구는 우리가 역사적으로 '문화 동아시아'의 특징을 객관적으로 파악하고, '문화 동아시아'의 다원적인 형태를 파악하는 데 중요한 촉진 작용을 일으킨다. 긍정적으로 볼 때, 이런 역할은 동아시아 지역의 서로 다른 문화 간의 상호 이해를 증진시키는 효과도 있어 '중화문화일원론' 의미에서의 이른바 '유교 가치관'이 동아시아 지역문화에 대한 통제를 면하게 한다. 그리고 동아시아문화 현실에서 유학의 가치관과 보편성이 필연적으로 다원성, 구체성, 지역성으로 드러남을 더욱 깊이 의식함과 아울러 20세기 2~30년대에 일본제국주의의 동아론東亞論으로 등장한 일본을 맹주로 하는 이른바 '대동아 공영권', '동아시아 공동체' 등의 담론에 대한 통렬한 반성과 비판을 재촉하게 된다. 다시 말하자면, 제국주의의 동아관東亞觀(중화제국과 일본제국 시기를 포함하여)에 대한 역사적 청산의 의미에서도 동아시아유학 연구는 충분히 필요하다는 것이다.

③ 근·현대 동아시아 중·한·일 3국의 역사 과정에 우여곡절이 많을 뿐만 아니라, 아직도 허다한 불쾌한 요소들이 해소되지 않고 있으며, 때로는 일부 정서적인 요소들까지 뒤섞여 학술 연구를 방해하고 있다는 것을 반드시 지적해야 한다. 그러므로 근래에는 3국의 학자들이 학문적 양심에 입각하여 함께

알기 어렵다"(3쪽)라고 지적했는데, 필자는 이러한 지적에 깊이 공감한다.
29) 黃俊傑은 '지역사' 연구에는 두 가지 유형이 있는데, 하나는 '地域史'가 '國別史'와 지방사 사이에 있는 것이고, 다른 하나는 지역사가 '국별사'와 '세계사' 사이에 있는 것이라고 지적했다. 전자는 국가 내의 서로 다른 지역의 역사로서 '江南史'와 같은 것이고, 후자는 동아시아사와 같은 국경을 초월한 지역의 역사이다.(黃俊傑, 「作爲區域史的東亞文化交流史: 問題意識與硏究主題」, 『臺大歷史學報』 제43회, 2009.6, 191쪽에 실림) 이 주장은 충분히 참고할 만한 견해이다. 이른바 '지역사'인 동아시아유학은 대체적으로 두 번째 의미에 해당한다.

손잡고 근·현대 3국의 역사를 반성하고 총결하며 서로를 이해할 것을 호소하고 있다. 이미 알려진 대로 '중·일 역사공동연구위원회'와 '한·일 역사공동연구위원회'를 구성하여 3국의 근·현대사 공동 연구에 착수하고 있다. 이러한 연구들이 아직은 중대한 역사 사건에 대하여 점차 공감대를 형성해 가는 단계이지만, 이상하게도 일단 사상문화 영역에만 들어가면 모두 입을 다물거나 말문이 막히게 된다.[30] 사상문화 연구로서의 동아시아유학 연구 영역의 확장은 역으로 동아시아의 근·현대사를 깊이 있게 이해하는 데도 중요한 의미가 있으며, 적어도 우리가 근대 이래의 동아시아의 '정치 – 문화' 역사 및 '사회 – 문화' 역사를 새롭게 인식하는 데 중요한 보탬이 될 수 있다고 본다.

④ 지금은 이미 '세계화의 시대'이고, 경제·정보·인적 교류 등에서 점점 더 세계화의 추세로 나아가고 있음은 말할 필요도 없다. 그러나 '세계화'는 필연적으로 '현지화'의 문제를 이끌어 내게 된다. 즉 세계화의 추세 속에서 어떻게 세계 여러 민족의 문화적 특성에 맞닥뜨릴 것인가 하는 문제가 그것인데, 세계화는 반드시 현지화를 없앨 것인가에 대한 대답은 당연히 부정적이다. 어떤 학자들은 지금의 세계적인 '문명 대화'의 차원에서, 세계화는 서양을 본보기로 하던 지난날의 이른바 '서구화'나 '현대화'와는 달리 지속적으로 발전하는 다문화 모델을 추구하는 것이라고 지적한다. 현대화가 다양한 문화적 차이를 해소하고, 하나의 현대사회를 형성한다는 이른바 현대화의 관점은 이미 설득력을 잃었다. 왜냐하면 세계화는 동질화와 함께 지역화(localization)와 현지화(indigenization)를 낳기에 결국 여러 문화전통은 여전히 세계화의 일부분이 되기

---

30) 반드시 지적해야 할 것은 반공식적인 색채를 띤 이 두 조직과는 달리, 2008년 10월 일본 關西大學에서 발기하고 설립한 '동아시아문화교섭학회'는 순수한 학술단체이다. 같은 해, 關西大學에서 '關西大學文化交涉學教育研究基地'(ICIS) 제1차 국제세미나를 가졌고, 올해 5월에는 대만대학에서 '東亞文化交涉學會' 제2차 年會를 소집하였다. 이러한 학회 활동이 진전됨에 따라 동아시아는 물론 세계 다른 지역의 동아시아 연구에 관한 학문적 역량까지 통합할 수 있게 되었다. 이는 '동아시아유학'의 국제적인 연구뿐만 아니라 '문화 동아시아'에 대한 세계의 이해를 높이는 데도 긍정적으로 작용할 것으로 보인다.

때문이다.[31] 필자는 이러한 관점이 우리가 동아시아유학 연구에 종사하는 데에 중요한 의의가 있다고 본다. 바꾸어 말하자면, 오늘날의 세계화 추세는 현지(토착) 문화와 전통가치에 대한 연구를 더 중요하게 여기게 하는 만큼 우리는 전통유학을 '문명 대화'의 시야에 둘 필요가 있다. 그러기 위해서는 문화 동아시아 전통의 중요한 핵심적 요소가 되는 유학사상에 대한 깊고 구체적인 연구가 필요하다. 그리고 이에 기초하여 유학이 세계에로 나아갈 토대를 마련하는 동시에 유학으로 하여금 세계화 문제에 대처하는 데에 관한 어떤 유익한 사상자원을 제공하도록 해야 한다.

요컨대, 동아시아유학 연구는 다문화론을 전제로 한 '문화 동아시아'의 재건을 위한 중요하고 의미 있는 작업이 아닐 수 없다.

---

31) 杜維明, 彭國翔 編譯, 『儒家傳統與文明對話』, 「相互學習: 社會發展的一項議程」(石家莊: 河北人民出版社, 2006), 71~72쪽. 또 杜維明이 2001년 유엔의 『文明對話宣言』에 쓴 「세계화와 다양성」(하버드대학 옌칭연구소 編, 『全球化與文明對話』, 南京: 江蘇教育出版社, 2004, 75~105쪽)이란 글을 참고할 수 있다. 黃俊傑이 그의 저서 『東亞文化交流中的儒家經典與理念: 互動·轉化與融合』(臺北: 台灣大學出版中心, 2010.8)의 「이끄는 글」에서, 대외적으로 다른 문명과의 대화에 참여하면서 아시아 문화전통으로 '돌아가고 재방문'(35쪽)할 것에 대해 더욱 주목해야 한다고 강조한 것도 동아시아유학이 왜 필요한가에 대한 응답이다.

제2부

도쿠가와시기 일본유학의 재건

제3장 도의 탈형이상학화

—일본 소라이학의 정치화된 유학 구축의 시도

이끄는 글: '국내 제일류의 인물'

일본 도쿠가와 막부 교호(享保) 13년(戊申年, 1728) 정월 19일, 에도성 안에는 함박눈이 펑펑 내리고 있었는데 오규 소라이(荻生徂徠, 1666~1728)는 중태에 빠져 있었다. 이때 그는 그 어디에서도 유사한 사례를 찾기 힘든 임종 소감을 남겼다.

국내 제일류第一流의 인물인 무경茂卿(오규 소라이의 字)이 운명하게 되자 하늘이 이 세상을 은빛으로 만드는구나.[1]

소라이가 스스로 '국내 제일류의 인물'로 자처하고, 자신의 죽음에 하늘도 감동하여 눈이 내리고 세계를 은빛으로 만든다는 말투에서 광기 어린 그의 성격을 엿볼 수 있다.

소라이는 학문 외에 어떤 취미가 있느냐는 질문에 자신은 '다른 사람 헐뜯기'를 좋아한다고 말하기도 했다.

나는 다른 취미는 없고, 마치 콩을 볶아 먹듯이 우주의 인물들을 헐뜯을 뿐이다.[2]

---

1) 原念齋 著, 源了圓·前田勉 譯注, 『先哲叢談』, 卷六, 「荻生徂徠」第20條(東京: 平凡社, 1994, 東洋文庫本), 290쪽.
2) 위의 책, 288쪽, "餘無他嗜玩, 惟翻炒豆, 而詆毀宇宙間人物而已."

'우주의 인물들을 헐뜯다'는 말은 대단히 솔직한 표현인데, 이러한 점은 그의 사상의 강렬한 비판성으로부터도 충분히 입증된다. 사실, 공자를 제외하고는 자사子思, 맹자孟子, 정정·주朱, 육륙·왕王 및 일본의 진사이(仁齋) 등 중국과 일본 유학사의 일류의 인물들도 모두 그의 눈에 차지 않았고, 비판 대상이되었다. '우주의 인물들을 헐뜯다'라고 하는 말과 '국내 제일류의 인물'이라는 말은 소라이의 사상적 성격을 잘 드러내 주는 표현이다.

그뿐만 아니라 소라이는 일본에서 이른바 중국의 '성인'이 다시 나타나기를 기대했다. 그의 재전再傳제자인 유아사 조잔(湯淺常山, 1708~1781)은『문회잡기文會雜記』에 다음과 같이 기록하였다.

> 소라이는 평소 자주 말하기를, "구마자와(熊澤)의 지식과 이토(伊藤)의 행실에 나의 학문을 더하면 동해에 성인이 다시 출현할 것이다"라고 하였다.3)

여기서 '동해'는 고대 중국에서 일본을 일컫던 명칭이다. 구마자와는 일본 양명학의 시조인 나카에 도주(中江藤樹, 1608~1648)의 제자인 구마자와 반잔(熊澤蕃山, 1619~1691)을 말하는데, 그의 경세론經世論은 에도시기에 대단히 유명했다. 이토는 유학의 고의古義를 회복하는 것을 평생의 사업으로 삼았던 고학파의 대표 인물 이토 진사이(伊藤仁齋, 1627~1705)를 가리킨다. 소라이는 구마자와에 대해서는 그다지 언급하지 않았지만, 진사이에 대해서는 중년 이후 주요한 비판 대상으로 간주했다. 그러나 그는 이 두 사람을 다함께 존중했다. 그는 구마자와와 진사이 두 사람은 도쿠가와 100년 이래의 '거장 유학자'이나 그 나머지는 모두 그만그만한 무리들이라고 하였다.4) 이러한 사실로부터도 위에

---

3) 『先哲叢談』, 卷六, 「荻生徂徠」, 288쪽, "徂徠每自言, 熊澤之知, 伊藤之行, 加之以我之學, 則東海始出一聖人."
4) 『徂徠集』(『近世儒家文集集成』第3卷), 卷二十三, 「與藪震庵」第4書(東京: ぺりかん社, 1985), 246쪽, "蓋百年來儒者巨擘, 人才則熊澤, 學問則仁齋, 余子碌碌, 未足數也."

서 인용한 유아사 조잔의 말이 거짓이 아님을 증빙하게 된다.

사실 '성인'이라는 개념은 소라이의 심중에서 대단히 무거운 존재이다. 그의 역사관에 따르면, '성인'은 중국에서 생겨난 것이다. 예를 들면 요堯·순舜·우禹·탕湯·문文·무武·주공周公과 같은 분이고, 넓은 의미에서는 복희伏羲·신농神農·황제黃帝를 포함하며, 공자는 6경을 저술한 공로로 성인의 반열에 오른다. 소라이는 '성인은 제작자(作者)를 일컫는다'5)라고 엄격하게 정의를 내렸다. 이른바 '제작자'란 성인이 '예악을 만드는 것'6)을 의미하는데, 이에 근거하면 성인은 천하의 예악제도를 제정할 수 있는 군주의 지위를 가진 천자가 되어야 하므로 성인은 곧 '천자'와 같다.7) 뿐만 아니라 성인이 예악을 제작하는 것은 '천시天時'에 맞추어야 하며, '혁명의 시기'(革命之秋)에만 실행에 옮길 수 있다.8) 그러므로 중국의 성인은 상고시대에만 존재했을 뿐 '지금은 성인이 없으며'9) 일본에는 종래로 성인이 존재하지 않았다고 한다. 소라이는 비록 "동해에서 성인이 나오지 않고, 서해에서도 성인이 나오지 않는다"10)라고 말했지만, '동해'에서 성인이 다시 세상에 나올 것을 간절히 바라는 그의 속마음을 읽을 수 있다. 소라이가 하늘을 찌를 뜻한 영웅적 기개를 가졌다고는 해도 스스로 '성인'

---

5) 『弁名』(『荻生徂徠』[『日本思想大系』 36]), 「聖」 第1則(東京: 岩波書店, 1973), 216쪽. 소라이가 『禮記』 「樂記」의 "만드는 자를 聖이라 한다"를 답습한 것이다.

6) 위와 같음.

7) 荻生徂徠, 『太平策』(『荻生徂徠』[『日本思想大系』 36]), 448쪽.

8) 예를 들면, 徂徠는 "製作禮樂, 革命事, 君子諱言之……而孔顏之時, 革命之秋也……故孔子以製作禮樂告之"(『論語徵』[『荻生徂徠全集』, 第4卷], 辛卷, 東京: みすず書房, 1978, 231쪽)라고 했다. "孔子時當革命之秋, 孔子之道大行于天下, 必改禮樂."(『論語徵』, 壬卷, 303쪽) 『論語徵』 甲·乙·丙·丁의 4卷은 『荻生徂徠全集』 第3卷에 수록되었고, 戊·己·庚·辛·壬·癸의 六卷은 『荻生徂徠全集』 第4卷에 수록되었다. 아래에서는 권수와 쪽수만 밝히겠다.

9) 『徂徠集』, 第24卷, 「復水神童」 第2書, 259쪽.

10) 『學則』(『荻生徂徠』), 256쪽. 이것은 徂徠 『學則』 첫머리의 첫마디인데, 여기서 '西海'는 중국을 가리키는 것이 아니라 중국의 서쪽을 가리킨다. 그는 분명 "동해·서해에서 성인이 나온다"라고 한 陸象山의 보편주의적 '성인관'을 뒤엎으려 했지만, 중국 중심주의의 지리 관념은 도리어 그가 취한 것이다.

이라고 자부할 정도는 아니었다.

그러나 학문적인 입장에서 말하자면, 소라이는 성인의 도가 공자 이후에 중국에서 이미 쇠퇴의 길에 접어들었고, 송나라 유학자들의 시대 이후에는 완전히 실전失傳된 상태라고 보았다. 심지어 그는 송대宋代의 위대한 유학자 주희나 도쿠가와시대의 대유인 진사이 조차도 성인의 도를 다시 일으켜 세울 수가 없었고, 오직 자신만이 이러한 임무를 맡을 자격이 있다고 하였다. 그가 직접 한 말이 증거가 된다.

> 오호라, 공자가 돌아가신 지 천여 년이 흘렀는데, 도는 오늘에 이르러서야 비로소 밝아졌으니 이 어찌 나의 힘이겠는가! 하늘의 명인 것이다. 나는 이로써 죽더라도 썩지 않을 것이로다![11]

소라이는 '국내 제일류의 인물'이라고 자처하였을 뿐만 아니라, 위에서 보듯이 '공자 이후의 제일인자'가 바로 자신이며, 하늘이 그에게 부여한 사명으로 인해 '영생불멸'한 업적을 이루게 되었다고 자부하였다.

여기서 우리는 '소라이는 과연 어떤 사람'이고 '소라이학은 궁극적으로 무엇을 의미할까'라는 생각을 갖게 된다.

1. 문제의 유래: 근대성과 일본화

도쿠가와시기(1603~1868)의 일본사상사에 있어서 오규 소라이는 한 시대를 이끌어 간 인물이다. 만약 그가 없었더라면 도쿠가와 사상사 전체가 퇴색되고 따분하고 재미없었을 것이다. 그의 학설과 그가 창시한 학파 즉 '겐엔학파'(蘐園學

---

11) 『徂徠集拾遺』 上(『近世儒家文集集成』 第3卷), 「與県次公書」 第1書, 402~404쪽.

派)는 교호 연간(1716~1735)에 이미 '한 시대를 풍미하여' "온 나라 사람들이 빠져들고 나라의 예문藝文이 일신되는 거대한 변화를 일으켰다."[12] 그러나 동시에 도쿠가와 중기부터 막부의 말기까지 소라이학에 대한 논란도 끊이지 않았고, 심지어 '소라이학을 반대'하는 사조思潮까지 생겨났다.[13] 그 원인 중 하나는 소라이가 '우주 안의 인물들을 헐뜯음'의 행위가 너무 지나쳤기 때문일 수도 있으며 그로 인한 반발이 심했던 것으로도 보인다.[14] 그렇지만 더욱 중요한 이유는 소라이학의 등장이 분명 도쿠가와 사상사에 있어서의 '사건'을 뜻하며 심지어 동아시아유학사상사에 있어서도 '사건'을 의미하기 때문이다.[15] 소라이학은 진사이학(仁齋學)의 '반명제'일 뿐만 아니라, 더욱이 맹자학과 주자학의 '반명제'이기도 하다.[16] 그렇기 때문에 소라이학의 '사건성'이 일본에만 국한되지 않으며 동아시아유학의 시각에서 평가할 필요가 있다.

소라이학은 18세기 초에 등장한 이래 도쿠가와 유학에 있어서 언제나 화제가 되었고, 근대 이후에도 많은 관심을 받았다. 1790년 막부가 추진한 주자학 숭상을 내건 '칸세이 이학의 금'(寬政異學之禁)으로 인해 한때 심하게 탄압받기도 했지만, 모든 가치를 서양화에 둔 메이지유신의 근대화 운동에 있어서 소라이학

---

12) 江村北海(1713~1788),『日本詩史』, 卷四(早稻田大學藏, 1771), 抄本, 쪽수 없음.
13) 小島康敬의『徂徠學と反徂徠學』은 24명 학자의 反徂徠學 저서 43편을 나열했다.(東京: ぺりかん社, 1987, 135~137쪽)
14) 江村北海,『日本詩史』, 卷四, "徂徠才大氣豪, 言多過激, 故其行也驟, 而其弊亦速."
15) 子安宣邦,『"事件"としての徂徠學』,「序論: 事件としての徂徠學への方法」및 第2章「事件としての徂徠學」(東京: 靑土社, 1990) 참조.
16) 丸山眞男은 "徂徠学은 주자학의 반명제이다"라고 명확히 지적했다.(『日本政治思想史研究』, 東京: 東京大學出版會, 1952, 115쪽) 마루야마의 제자인 渡邊浩는 徂徠學은 거의 모든 면에서 '反'의 경향을 보인다고 지적했다. 예를 들면, 역사관에서는 반진보, 반성장이고, 경제적으로는 반도시화, 반시장경제이며, 사회관에서는 반자유, 반평등, 반계몽이고, 정치적으로는 철두철미한 반민주주의다. 이러한 '반근대적'인 여러 요소들이 徂徠學에서 기묘하게도 하나가 되었다.(渡邊浩,『近世日本社会と宋學』, 東京: 東京大學出版會, 1985, 197쪽 참조) 반드시 설명해야 할 것은 일본어의 맥락에서 '근대'라는 단어는 중국어에서의 '현대'를 포함하고 있기 때문에 '근대성'은 흔히 '현대성'과 같은 의미이기도 하다.

의 근대성은 많은 진보적 지식인들에게 주목을 받게 되었다. 메이지 초기의 계몽사상가인 니시 아마네(西周, 1829~1897)와 가토 히로유키(加藤弘之, 1836~1916), 그리고 메이지 말기의 야마지 아이잔(山路愛山, 1865~1917)이 지은 『오규 소라이』(1893) 및 근대의 '어용학자'인 이노우에 데쓰지로(井上哲次郎, 1855~1944)가 저술한 『일본 고학파 연구』(1902)는 모두 소라이학에서 근대 서구사상 특히 공리주의 사상을 발견하였고, 이로써 일본의 '근대화'에 있어서 자생적 사상 자원이 있었다는 사실을 입증했다. 1945년 전후까지만 해도 일본학계에서는 이러한 '근대적' 사상 근원을 탐구하는 연구 방식이 여전히 강세를 이루고 있었다. 예를 들면, 소라이학의 연구 대가인 이마나카 간지(今中寬司)도 소라이학의 특징을 공리주의로 규정하였다. 다만 그는 중국 송대로 눈을 돌려 섭적葉適과 진량陳亮의 공리주의가 소라이학과 어떤 연관성을 가지고 있을 가능성이 있다고 보았으며, 이들의 사상이 모두 동아시아 특색의 공리주의를 구성하고 있는데 서구의 근대 공리주의 형태와는 결코 같지 않다고 보았다.17)

전후의 일본사상사 연구에서 모범적 의미를 지니는 마루야마 마사오(丸山眞男, 1914~1996)는 『일본정치사상사연구』18)에서 소라이를 평하였다. 소라이는 비록 근대 서양 공리주의와는 다른 연구 시각을 가졌지만 일본 근대정신의 선구자이고, 일본이 근세(전근대)로부터 근대에로 나아가는 대표적 인물이기 때문에 '근대성'은 그의 연구의 주요한 문제의식이었다는 점을 지적했다. 마루야마는 정치와 도덕이 혼돈에서 분리로 나아가는 과정과 자연적인 질서원리에서 인위적인 질서관으로 전환되는 과정(즉 질서의 규범이 더 이상 자연이치의 규정이 아닌 인위적인 재건)이 근대적 사고 형성에서 나타나는 두 가지의 주요한 지표라고 하였다.

---

17) 今中寬司, 『徂徠學の史的研究』, 第3章 第1節 「永嘉·永康學と徂徠の功利主義」(京都: 思文閣出版社, 1992), 253~263쪽. 참고로 지적할 것은 今中寬司도 소라이학의 '氣質不可變'이라는 명제에서 徂徠學의 '近代性'을 발견했다.(제3장 제2절 「徂徠の氣質不變化說とその近代性」, 266~279쪽 참조)

18) 丸山眞男의 이 책은 모두 3장으로 구성되었는데 그중 徂徠學에 관한 두 장은 1940년부터 1944년 사이에 완성되어 1952년에 모아 출판되었다.

그리고 이 두 가지의 분리 과정은 사상의 중대한 전환을 의미하는데, 도쿠가와 사상사에서는 주로 주자학의 와해로부터 소라이학의 건립으로 표현된다는 점을 지적했다. 마루야마의 분석에 따르면, 소라이학의 '근대성'은 주자학의 '규범과 자연의 연속성이 일도양단一刀兩斷되고' "치국평천하治國平天下는 수신제가修身齊家에서 독립되어 나옴으로써 주자학의 연속적 사유가 완전히 해체되고 모든 것이 독립에로 나아가는 것"[19]으로 표현되었다. 소라이학에 대한 마루야마의 해석에 대해 고야스 노부쿠니는 소라이학의 역사적 모습이 이렇게 근대주의자인 마루야마 마사오에 의해 '허구'적으로 주조되었고, 전후 오랜 기간 동안 사람들은 조금도 주저 없이 소라이학으로써 일본의 근대적 사유의 탄생을 서술하였다고 혹평했다.[20]

이상의 논의를 통해 소라이학이 일본의 '근대성'을 어떻게 해석하느냐에 대한 관건이 되었음을 알 수 있다. 하지만 소라이학이 과연 일본 근대적 사유의 맹아였는가 하는 문제는 근대 일본이 걸어온 파란만장한 역사적 배경 요소들을 포함하고 있기 때문에 이 글에서 깊이 논할 수 있는 사항이 아니다. 일본 '근대성' 문제의 실질은 사실 서양을 중심으로 하는 '근대성'(즉 '현대성') 문제가 일본 사회에서 어떻게 굴절되었는가 하는 데에 있다. 마루야마의 소라이학 연구 관점에서 볼 때, 심지어 '근대란 과연 무엇인가' 하는 것도 그의 관심의 핵심이 아니다. 그가 애써 찾아내려고 했던 것은 일본인 의식 깊숙한 곳에 도대체 어떤 '일본적인 것'(일본의 なもの)이 메이지 이후 근대화로 나아가는 걸림돌이 되었는가 하는 것이다. 그에게 있어서 일본의 근대화는 여태껏 진정으로 실현된 적이 없다. 물론 우리는 마루야마의 문제의식이 상당히 중요하고 그의 소라이학 연구가 여전히 일정한 모범적 의미를 지니고 있음을 부인할 수 없다.

---

19) 『日本政治思想史研究』(東京: 東京大學出版會, 1952), 115쪽; 王中江 譯本(北京: 三聯書店, 2000), 74쪽.

20) 子安宣邦, 「作爲事件的徂徠學: 思想史方法的再思考」, 朱秋而 譯, 『臺大歷史學報』 第29期 (2002.6), 181~182쪽에 실림.

그러나 문제는 그의 해석을 통해 소라이학은 이미 기존의 소라이학이 아니라 그 자신의 '근대주의'의 상상을 거쳐 재구성되었다는 점이다. 물론 해석학적인 시각에서 볼 때 어떠한 고전적 텍스트의 해석에도 해석자의 '선입견'이 수반될 수밖에 없고, 순수하고 객관적인 해석의 결론에 이르는 것은 불가능하다. 그런 의미에서 마루야마의 소라이학 연구가 시대적 비판의식이 강하고, 해석의 결론 도 시대적 색채가 짙다는 것을 나무랄 바는 아니다. 그러나 소라이학 연구에 있어 '근대성' 문제의 가설이 반드시 필요한지는 다시 생각해 볼 여지가 있다.

당대 일본의 소라이학 연구 분야에 있어서 찬성하든 비판하든 마루야마의 소라이학 연구를 피해 가기 힘들다. 많은 비판자들 가운데 비토 마사히데(尾藤正 英)의 시각이 대표적이다. 그는 유학이 일본에 전파된 후 필연적으로 '일본화'의 문제에 부딪힌다는 것은 인정하지만, '근대주의'의 시각으로 소라이학을 자리매 김하는 것에 대해서는 반대하였다. 그는 소라이사상을 '봉건'에서 '근대'에로 나아가는 일련의 연속물에 넣어 자리매김하기보다는, 문제를 바라보는 우리의 시각을 전환시켜 소라이사상을 '중국사상으로부터 일본사상으로 변화하는' 역 사적 행보에 두고 고찰하는 것이 소라이학의 특징을 더욱 본질적으로 포착할 수 있는 길이라고 주장했다.[21] 또 다른 일본사상사 연구가인 사와이 게이치(澤井 啓一)는 위에서 말한 일본의 근세로부터 '근대성'을 찾기 위해 애쓰는 여러 가지 연구들을 비판하였다. 즉 마루야마의 소라이 연구의 문제는 검토의 시선을 소라이에게만 집중시키고 중국유학(주자학)에 대해서는 시선 밖에 방치해 놓음 으로써 근대의 문제를 일본만의 문제인 것처럼 취급하고, 메이지 이후의 근대 일본 역사의 흐름이야말로 '동아시아의 유일한 근대'로 여기며 이를 '특권화'하 게 되었다고 비판하였다.[22] 그러므로 사와이는 소라이학을 '일본유학'과 '중국

---

21) 中村幸彦 외 주편, 「近世の思想: 大東急紀念文庫公開講座講演錄」, 『大東急紀念文庫』(1979), 47~48쪽 참조. 渡邊浩, 『近世日本社会と宋學』, 212~213쪽에서 재인용. '封建'은 尾藤正 英이 사용한 중요한 개념이다. 그의 대표적 작품인 『日本封建思想史研究: 幕藩體制の原 理と朱子學的思惟』(東京: 青木書店, 1961)를 참조.

22) 澤井啟一, 『記號としての儒學』(東京: 光芒社, 2000), 59쪽.

유학'이 교류하는 배경에서 살펴보아야만 비로소 유학이 일본에서 '토착화'('현지화 또는 '在地化'와 같은 의미)하는 과정에 있어서 소라이학이 가지는 의미를 발견하고 이해할 수 있다고 주장했다.[23]

이 글의 입장은 이른바 '일본유학'이란 중국유학의 '일본화'의 결과이므로 무릇 일본 역사상에 있어서 유학자들이 구축한 사상 학설은 모두 일본유학의 범위에 속한다는 점이다. 그런데 이와 동시에 '동아시아유학'의 영역에서 살펴보게 되면 일본 유학자들의 사상 활동은 종종 중국유학과의 대화(흡수·수용 내지 비판적 재구성을 포함) 속에서 진행되었다는 사실을 이해할 필요가 있다. 이글에서는, 소라이가 송대 유학의 '도道'에 대한 '탈형이상학화'의 비판을 통해 이른바 일본화 유학의 전형적인 형태인 '소라이학'을 구축했다는 사실을 잘 보여 준다.

2. '도'의 '탈형이상학화'와 정치화

마루야마의 소라이학 경전 연구에서 이미 널리 알려진 중요한 관점이 하나 있는데, 말하자면 그가 소라이학의 중요한 특징을 발견했다는 것이다. 즉, 도道와 술術 등과 같은 '차원'에 관한 문제들이 소라이에 의해 정치적으로 해석되면서 도덕과 정치의 연속성이 원천적으로 차단되어 정치의 도덕화를 반대하는 동시에 도덕의 정치화에 대해서도 반대하게 되었다.[24] 소라이학의 이러한 특징은 확실히 그 이론 형태가 송대의 리학과는 완전히 다를 뿐만 아니라, 또한 고증하여 진위를 밝히는 청대 유학의 고증학과도 일치하지 않으며, 도쿠가와 사상사에 있어서도 일본의 주자학이나 양명학과는 차별적인 매우 독특한 사상풍격과

---

23) 澤井啓一, 『記號としての儒學』, 「이끄는 글」 및 제2장 「徂徠學は近代的か: 日本儒學における'近代性'をめぐって」, 7~17·49~73쪽 참조.
24) 丸山眞男, 『日本政治思想史研究』, 110·115쪽 참조.

강한 비판정신을 드러냈다. 마루야마가 애써 구축하려 했던 것은 사실 일본형의 정치화한 유학이었다. 소라이는 이러한 목적을 이루기 위해 유학의 '도'를 재해석하는 것으로부터 시작했다.

공자의 도는 선왕의 도이고, 선왕의 도는 천하를 안정시키는 도이다.[25]

이는 교호 2년(1717) 소라이가 『변도弁道』라는 책에서 내린 '도'에 대한 정의로서 소라이학의 '철학적 선언'이라 할 수 있다. 소라이는 자신의 중요한 견해에 대해 매우 명석한 자의식을 가지고 있었는데, 교호 6년(1721)에 그는 정치론적인 문헌인 『태평책』에서 자신의 사상형성에 대해 고백했다. 원문은 고대 일본어로 되어 있고, 중국어로 옮기면 대략 다음과 같은 의미이다.

"성인의 도는 천하와 국가를 다스리는 도이다." 하지만 사람들은 점차 그 거룩한 경전의 본뜻을 잊어버렸는데, 내가 이 세상의 잘못됨이 오래되었음을 간파하고 거룩한 경전의 본뜻을 잃지 않도록 그 한마디 한마디를 심혈을 기울여 굳게 지키면서 사실적으로 실행해 보니, 이제 '성인의 도'가 마치 내 '손바닥 안'에 있는 듯하다.[26]

여기서 '성인의 도'와 '공자의 도', '선왕의 도'는 모두 같은 의미이다. '세상과 나라를 다스리는 도'(治天下國家之道) 즉 '천하를 안정시키는 도'(安天下之道) 또는 '백성을 편안히 살게 하는 도'(安民之道)라는 뜻이다. 소라이에 의하면, '도'의 함의는 거룩한 유가경전의 본뜻인데, 중요한 사실은 유가경전의 이러한 본뜻이 제대로 전해지지 않은 지 이미 오래되었으므로 자신이 이것을 이어받아 계승한다는 것이다.

---

25) 『弁道』(『荻生徂徠』[『日本思想大系』 36]), 第2條(東京: 岩波書店, 1973), 200쪽.
26) 『太平策』(『荻生徂徠』[『日本思想大系』 36]), 448쪽.

그러나 소라이가 '성인의 도는 세상과 나라를 다스리는 도'라는 의식이 먼저 있고 나서 유가의 '거룩한 경전'을 한 구절 한 구절씩 다시 읽어 내려가면서 해석한 것인지, 아니면 먼저 유가의 거룩한 경전을 한 글자 한 글자 해독해 본 결과 거룩한 경전의 본뜻이 '천하를 안정시키는 도'에 있었음을 다시금 깨닫게 되었는지 이 단락의 내용만으로는 판단하기 어렵다. 유가경전 해석에 대한 소라이의 결론을 보면, 그의 경전 해석은 주관의식이 선행된 뚜렷한 특징이 있음은 두말할 필요가 없다. 그의 경전 해석은 문자 훈고학의 원칙을 따르지 않았고, 해석의 결론도 종종 경전의 상식과 어긋나는 괴팍한 현상을 초래했다. 그가 말하는 경전의 본뜻과 자신의 관념적 입장이 서로 뒤얽혀 '소라이학'의 흔적을 짙게 남겼다.

이제 '소라이학'의 색채가 대단히 풍부한 '도'에 관한 해석을 몇 단락 더 살펴보도록 하자.

육경六經은 곧 선왕의 도이다.
도道는 통칭으로서, 예악형정禮樂刑政과 같은 무릇 선왕께서 세우신 모든 것을 합하여 명칭한 것이니, 예악형정을 떠나서 별도로 이른바 도가 있는 것이 아니다. 선왕의 도는 선왕이 만든 것이지 천지자연의 도가 아니다. 선왕은 총명하고 지혜 로운 덕으로써 천명을 받아 천하를 다스렸다. 그렇기 때문에 그 마음은 천하를 안정시키는 것을 일삼았으며, 심력을 다하고 지혜와 기교를 극진히 하여 실행하는 것을 '도'로 여겼다. 천하 후세 사람들로 하여금 이로부터 (도를) 행하도록 하는 것이지, 어찌 천지에 (도가) 저절로 있는 것이겠는가?
선왕의 도에 단서가 많지만…… 결국은 천하를 평안하게 하는 것에 귀결된다.
선왕의 도를 옛날에 도술道術이라 하였는데, 예악禮樂이 바로 그것이다.[27]

27) 이상의 내용은 모두 『弁道』, 200~206쪽에 수록되어 있다. "六經卽先王之道也."; "道者 統名也, 舉禮樂刑政凡先王所建者, 合而命之也, 非離禮樂刑政別有所謂道者也."; "先王之道, 先王所造也, 非天地自然之道也. 蓋先王以聰明睿智之德, 受天命, 王天下, 其心一以安天下爲 務, 是以盡其心力, 極其知巧, 作爲是道. 使天下後世之人由是而行之, 豈天地自然有之哉."; "先王之道多端矣……然要歸於安天下已."; "先王之道, 古者謂之道術, 禮樂是也."

도는 통칭으로서 그렇게 말하는 유래가 있다.…… 예를 들면 모든 사람들이 길을
따라 가기 때문에 이를 일러 '도'라고 하는 것과 같다.[28]

도에 관한 이 몇 단락의 논술은 대단히 유명한데, 소라이학 연구자라면
누구나 빼놓지 않는다. 종합적으로 볼 때, 대개 여섯 가지 의미가 있다. 즉
도는 육경에 있고, 도는 통칭이며, 도는 선왕이 만든 것이고, 도에 단서가 많으며,
도는 곧 도술道術이고 도는 길(路)과도 같다. 그 중 핵심적인 의미는 '실행하는
것이 도이다'(作爲是道)라는 구절에 있다. '작위'는 '안천하安天下('安民'과 같은 의미)의
의미로서 도는 '천지에 저절로 있는 것이 아니다.' '도'는 인위적인 창조물이지
천지자연이 만든 것이 아니다. 즉 천지자연과는 무관하다. 그래서 '도'는 절대적
으로 유일한 것이 아니라 '다단多端'하다. 즉 '도'는 다양성을 나타내는데, 마치
'길'에 여러 가지 다른 경로가 있을 수 있고 '도술'이 예악형정 등의 다양한
표현이 가능한 것과도 같다.

이상과 같은 소라이의 관점은 "뒷시대의 유학자들이 제대로 살펴보지도
않고 천리자연을 '도'로 여기는"[29] 데에 대한 분명한 비판이다. 그의 습관적인
용례에 따르면 여기서 말하는 뒷시대의 유학자의 범위에는 정주程朱와 근세의
이씨伊氏(이토 진사이)가 포함될 것이다. 그는 송나라 유학자들에게 '천리자연을
도道로 여기거나' '성인의 도道를 본연으로 여기는'[30] 폐단이 있다고 했다. 소라이
는 도에 대한 재해석을 통해 '자연'·'본연'의 의미에서의 '도'의 의미를 완전히
뒤집겠다는 의식이 분명하다. 그런데 '천리자연의 도' 또는 '본연의 도'를 강조하
는 사상 관점이 바로 정주 리학의 철학적 토대이므로, 송명시대에 나타난 신유학
의 근간을 근본적으로 뒤흔들어 놓겠다는 것이 소라이의 목적이라 할 수 있다.

---

28) 『弁道』(『荻生徂徠』[『日本思想大系』 36]), 「道」 第1則, 210쪽, "道者統名也, 以有所由言之
也……辟諸人由道路以行, 故謂之道."
29) 『弁道』, 第5條, 201쪽.
30) 『弁道』, 第1條, 200쪽.

이른바 '자연' 또는 '본연'이라고 하는 것은 '도'가 사람에 의해 후천적으로 생겨난 것이 아니라 선천적으로 존재하고 추상적·초월적으로 존재하는 것임을 의미한다. 이러한 관점에서 보자면 도는 질서의 상징이고, 인간질서를 포함한 우주질서는 본래 그러한 것이며, 천도나 천리가 자연스러우며, 사람들의 의식에 의해 조작되지 않는 것과도 같다. 그러나 소라이는 '도'의 이러한 선천성·추상성·초월성을 근본적으로 잘라내려 했다. 즉 '탈형이상학화'하여 '도'의 형이상학적 성격을 잘라내고 그것을 다시 원래 있어야 할 자리인 예악禮樂과 제도에 올려놓겠다는 것이다. '도'에 대한 이러한 의미 전환을 거쳐 '도'는 후천적으로, 인위적으로 창조되는 것, 그것도 선왕만이 창조할 수 있는 자격이 있는 것으로 이해되었다. 그러므로 소라이는 "도는 요·순이 세운 것이다"[31]라고 단정했다. 이는 요·순 이전에는 도道가 없었고, 요·순 이후에 사람들이 행하는 도는 모두 성인聖人의 도이고, 선왕先王의 도이며 구체적으로는 육경과 예악 및 각종 도술道術에 그 도가 있다는 것이다. 소라이는 도에 대한 자신의 재발견이 거룩한 유가경전의 '본뜻'에 부합된다고 보았다.

그러나 『변도』라는 책을 살펴보면, 우리는 뜻밖에도 소라이가 어떠한 고전 문서에 근거하여 그의 해석을 증명했다는 점을 발견하지 못한다. 다만 『변명弁名』에서 겨우 두 가지 문헌을 찾을 수 있는데, 하나는 『논어』를 풀이한 공안국孔安國의 "도는 예악이다"(道謂禮樂野)라는 말과, 『효경』을 풀이한 그의 "도는 만물을 도와준다"(道者扶持萬物也)라는 말이다. 하지만 경학사의 상식이 조금이라도 있다면 이 두 구절이 하안何晏의 『논어집해』와 공전孔傳의 『고문효경古文孝經』에서 나온 것이지만, 두 책에서 인용한 것이 공안국의 말인지는 매우 의심스럽다는 사실을 바로 깨닫게 될 것이다. 특히 공전孔傳 『효경』은 후세의 가필로 이미 정평이 난 상황이다. 그러나 소라이는 '고문사학古文辭學'의 방법론[32]에 근거하여

---

31) 『弁道』, 「道」 第2則, 211쪽.
32) 이른바 '古文辭學'이란 徂徠가 고전을 해석하는 중요한 방법론이다. 이에 관해서는 이 책에 수록된 「제4장 古言으로써 古義를 증명하다: 도쿠가와 유학자 荻生徂徠의

후대 유학자들이 '도道'의 문제에서 잘못을 범한 것은 그들 대부분이 '고문을 잘 몰라' 종종 '지금의 말로써 옛말을 이해하였으므로' "성인의 도가 밝혀지지 않는 것은 이 때문이다"[33]라고 했다. 문제는 소라이 자신이 이른바 서한西漢 이전의 '고문사古文辭'를 사용할 때 종종 경서經書의 진위 분별에는 신경 쓰지 않았다는 점이다. 이상에서 인용한 공안국의 말을 청대 고증학자의 눈으로 본다면 웃음거리가 되지 않을 수 없다. 뿐만 아니라 소라이는 『고문상서古文尚書』에 대하여 주희와 진사이가 이미 밝힌 회의적인 태도에도 아랑곳하지 않고 여전히 『고문상서』를 대량으로 사용하면서 자신의 관점을 뒷받침했다. 심지어 소라이는 한대漢代 이후의 작품인 『공자가어孔子家語』를 선진先秦시기 공자 계열의 유서로 보았고, 그 중 공자의 말은 틀림없다고 굳게 믿었다. 그래서 이른바 '고문사학'을 건립한 그의 의도가 고증考證과 분별을 거쳐 경전의 권위를 재창출하려는 것이 아니라 자신의 사상을 밝히고 송나라 유학자들을 비판하는 도구로 이용하자는 것이 아닌가를 의심하게 된다.

다시 말하면, '도는 예악이고', '도는 만물을 도와준다'고 하는 공안국의 주장과 "예악형정을 떠나 달리 도가 있는 것이 아니다. 도는 즉 도술道術이다"라고 하는 소라이의 해석이 일치하였을 뿐이다. 소라이는 공안국의 말이 과연 믿을 만한 역사자료인가 아닌가에 대해서는 관심을 갖지 않았다. 소라이는 '천하를 평탄케 하는 도가 '도'의 유일한 해석임을 굳게 믿었고, 공자의 『논어』에 나오는 '도'의 개념은 모두 '천하를 평탄케 하는 도'의 의미이고, 그 외의 다른 어떤 설명도 할 수 없다고 보았다. 예를 들면 공자가 "천하에 도가 있으면 예악과 정벌의 대권이 천자로부터 발동되고, 도가 없으면 예악과 정벌의 대권이 제후로부터 발동된다"[34]라고 하는 유명한 말이 있다. 그렇다면 만약 '도'가

경전 해석 방법론에 대한 초보적 탐색(以古言征古義: 德川儒者荻生徂徠經典詮釋方法論初探)을 참조할 것. 요약하면, 徂徠는 西漢 이전의 先秦문헌(유가 및 諸子와 역사문헌을 포함)이 上古시대의 성인의 古言에 가장 가깝고, 유가의 六經은 古文辭의 전형이기에 결국 古文辭學을 통하면 六經의 殿堂을 직접 살펴볼 수 있다고 믿었다.

33) 『弁道』, 第24條, 207쪽.

'천하를 태평케 하는 도'를 가리킨다면 공자의 말은 천하에 '선왕의 도'가 존재한다면 예악정벌은 마땅히 천자가 제정하여야 하고, 그렇지 않으면 제후가 제정하여야 한다는 뜻이 된다. 바꾸어 말하면, '도' 즉 예악형정은 소라이의 이해대로 한다면 "천하에 도가 있으면 예악과 정벌의 대권이 천자로부터 발동된다"고 하는 말은 반드시 천하에 예악정벌이 여전히 존재하더라도 천자가 예악정벌을 제정해야 한다는 것으로 해석되어야 한다. 이에 대해 우리는 '천하에 도가 있다'는 것은 선왕의 도가 무사하다는 것을 의미하고, 선왕의 도가 곧 예악형정이라고 하는 이상 천자가 왜 예악정벌을 다시 제정해야 하는지 의문스럽다. 이는 분명 소라이가 '안민安民'에 집착하여 도道를 해석하였기 때문에 도道의 질서적인 내포를 간과하는 결과를 초래하여 『논어』의 도를 원만히 해석할 수 없게 되었던 것이다.

지적해야 할 것은 위에서 인용한 『논어』 「계씨」의 공자의 말에 대해 소라이는 『논어징論語徵』에서 아무런 설명도 하지 않았고, 공자의 그 말을 완전히 뛰어넘어 갔다는 사실이다. 왜 그랬는지 우리가 지금 판단할 수 없다.35) "천하에 도가 있으면 내가 참여하여 바꾸려 하지 않을 것이다"36)라고 한 공자의 말에 대하여 소라이는 "이 말의 의미는 '만약 천하의 임금들이 모두 도가 있다면 내가 하필이면 그들을 도와 풍속을 바꾸겠는가'라는 말이니, 주자의 주석에서 이러한 뜻을 충분히 설명하였다"라고 하였다. 또한 그는 "무릇 여러 책에서 '천하유도天下有道', '방유도邦有道', '(邦)무도無道'라 했는데 이는 모두 임금을 두고 한 말이고, 이른바 도란 모두 선왕의 도이다"라고 하였다.37) 즉 '천하'는 전적으

---

34) 『論語』, 「季氏」.

35) 徂徠의 『論語徵』은 長句의 注疏體가 아니고, 『論語』의 문구 처리에 있어서 종종 자신의 독창적 견해를 피력하는 경우가 있다. 土田健次郎의 평가에 따르면, 徂徠의 『論語徵』은 공정하고 중용적인 주석서라기보다는 議論에 가깝다. 상대적으로 말하면, 진사이의 "『論語古義』가 오히려 註釋의 구조를 갖춘 경전 주석서이다."(土田健次郎, 「伊藤東涯之『論語』研究」, 張崑將 編, 『東亞論語學: 韓日篇』, 臺北: 台大出版中心, 2009, 381쪽 참조) 이 견해는 참고할 만하다.

36) 『論語』, 「微子」, "天下有道, 丘不與易."

로 '임금'의 천하를, '도'는 전적으로 '선왕의 도'를 가리킨다는 것이다. 따라서 '천하유도'는 임금이 '선왕의 도'(先王之道)를 잃지 않고 잘 보존하고 있는 상태를 가리키며, 그렇지 않으면 곧 상실된 상태를 의미한다. 이러한 해석은 '도'를 정치적으로 해석하는 소라이의 입장과 일치한다.

요컨대, 소라이에 의하면, '도'는 성인이 제작한 결과이며, 후천적으로 등장한 것이며, 정치질서의 상징이며, 그 외에 다른 뜻이 없다. 그러나 만약 유가에서 말하는 '도'의 선천성과 초월성을 제하고 후천적인 의義와 인위적인 의義만 남겨 두면 우리는 선왕의 도가 성립될 수 있는 근거를 제대로 이해할 수 없을 것이다.

3. '도'의 비도덕화

위에서 말하는 '안민지도安民之道'나 '안천하지도安天下之道'는 유학의 '도'에 관한 소라이 해석의 근본적인 의미를 이룬다. 하지만 '안민지도'는 도술道術 차원의 정의로서 후천적인 인위의 의미를 가지며, 도道의 초월적 의미와 추상적 의미는 모두 제거되어 버렸다. 또한 소라이는 송대 유학이 성性으로써 도를

---

37) 『論語徵』, 壬卷(『荻生徂徠全集』, 第4卷, 東京: みすず書房, 1978), 319쪽. 『論語徵』의 甲 · 乙 · 丙 · 丁 4권은 『荻生徂徠全集』 第3卷에 수록되어 있고, 戊 · 己 · 庚 · 辛 · 壬 · 癸 6권은 『荻生徂徠全集』 第4卷에 수록되어 있다. 이하에서는 권수와 쪽수만 표기하겠다. 여기서 말하는 '朱注'란 "선왕의 제도는 제후들은 예악을 변경할 수 없고 징벌에 전념할 수 없다"(『論語集注』, 「季氏」 第十六)라는 구절에 대한 주희의 해석을 가리킨다. 이에 대해 徂徠가 찬성을 표했는데, 그가 중요하다고 여긴 것은 분명 '先王之制'라는 말이다. 그러나 徂徠는 주희가 여기서 무엇을 '天下有道'라 하는가에 대해서는 설명하지 않은 것을 눈치 채지 못한 것 같다. 사실 주희 사상 중의 '道'는 분명 規範義와 秩序義를 갖추고 있다. 예컨대, 주희는 '天下有道'는 '대단히 태평스럽고', '天下無道'는 '대단히 혼란스러운 것이라고 했다.(『朱子語類』, 卷四十四, 北京: 中華書局, 1986, 1142~1143쪽) 『論語』에서는 특히 '邦有道', '邦無道' 등과 같은 설이 자주 나온다. 예를 들면 「憲問」, 「衛靈公」, 「公冶長」, 「泰伯」 등에서 그러하다.

해석하고, 리理로써 성性을 해석하며, 진사이가 덕德으로써 도를 해석하는 관점을 반드시 완전히 뒤엎었다. 즉 그는 도와 '성', '덕', '리' 개념 간의 관념적인 추상적 연관성을 단절함으로써 '도'의 도덕화 해석의 가능성을 차단하고, 도의 정치화 해석의 토대를 마련해야 하는 중요한 사업에 직면하게 되었다. 그래서 그는 다음과 같이 말했다.

'도'는 '성'도 '덕'도 아니다. 한나라와 송나라의 유학자들은 도를 성이라 했는데 그것은 아니다. 진사이 선생은 도를 덕으로 여겼는데 그것 역시 아니다.[38]

소라이는 여기서 '도'를 '성'이나 '덕'으로 규정할 수 없음을 강조하였는데, 그러한 논의 가운데에는 '성'과 '덕'에 대한 그의 관점과 입장이 포함되어 있기 때문에 본 주제를 떠날까 염려되어 잠시 논의를 보류하도록 하겠다. 간단히 말하여, 소라이에 따르면 '도는 선왕에게 속하기' 때문에 정치적 측면이나 제도적 측면에 속하는 외재적 문제이지만, '덕은 나에게 속하는' 사적인 차원의 내재적인 문제이다.[39] 성性은 '삶의 실질'(生之實 또는 生之質)이고 자연생명 차원의 문제이기 때문에, 덕德이나 성性은 모두 '도道'와는 차원이 다르다. 이로부터 소라이가 '도'를 완전히 외형화 · 정치화 · 제도화하였음을 알 수 있다. 소라이에 의하면, '도'를 인간성의 내재적 본질로 해석할 수 있는 모든 가능성을 차단하기 위해서는 '선왕의 도'를 '도'의 해석에 관한 모든 유교경전에 관통시킬 수 있어야 한다. 예를 들면, "사람이 도를 넓히는 것이지 도가 사람을 넓히는 것이 아니다"[40]라고 하는 공자의 명언에 대해 소라이는 단호하게 다음과 같이 해석하였다.

---

38) 『論語徵』, 甲卷, 45쪽, "道也, 非性亦非德. 漢儒宋儒以爲性, 非也. 仁齋先生以爲德, 亦非也."
39) "道는 先王에게 속하고 德은 나에게 속한다. 仁에 의거한 후에라야 도와 나를 합하여 말할 수 있다"라고 한 소라이 말을 참조.(『弁名』, 「仁」 第1則, 214쪽) 물론 소위 外在와 內在란 우리의 분석 용어이지 徂徠 자신의 개념은 아니다. 徂徠는 맹자 이후의 유학자들이 仁 · 義와 內 · 外 문제를 논쟁하는 것을 대단히 싫어했다. 『論語徵』, 辛卷, 244쪽 등 참조.
40) 역자 주: 『論語』, 「衛靈公」.

도道는 선왕의 도이다. "도는 헛되게 행해지지 않고"41), 반드시 사람에게 보존되어 있다. 공자가 이와 같이 말한 까닭은 (다만 도를 지키기만 하고 끝나서는 안 되며, 반드시 그것을 성대하게 해야 되기 때문이다. 그러므로 "도가 사람을 넓히는 것이 아니다"라고 한 것이다.)42) 주자의 주석에서는 도체道體를 가지고 말하기도 하고, 본성을 가지고 말하기도 하며, 사람 밖에 도가 없고 도 밖에 사람이 없음을 언급하기도 했는데,43) 모두 도와 덕을 뒤섞어 하나로 만들었으니, 옛날의 뜻이 아니다.44)

이것은 곧 소라이가 '도와 덕을 하나'로 보는 것을 매우 경계했음을 말해 주는 사례이다. 표면적인 이유는 '도덕'이라는 용어가 '고의古義'에 맞지 않는다는 것, 즉 공자의 시대에는 이런 설이 없었다는 것이다. 그러나 따지고 보면 소라이는 도를 도덕적으로 해석하는 것에 대해 반대했던 것이다. 뒤에서 설명하는 바처럼 소라이는 송대의 유학자들이 말끝마다 '도덕道德'이니 '인의仁義'니, '천리天理'니 '인욕人慾'이니 하는 것에 대해 대단히 싫어하였다.

소라이가 '송유宋儒들이 도道를 성性으로 삼는다'라고 지적하였을 때 그의 생각으로는 '성즉리性卽理'라는 송유들의 명제를 가리킨 것일 수도 있다. 그렇지만 송유들의 사상적 맥락에서는 리理·성性·덕德이 거의 비슷한 의미를 갖기 때문에 '성즉리'는 곧 도道와 성性 그리고 도道와 덕德과 동일한 의미를 지니게 된다. 그런데 송유에 대한 소라이의 비판은 '리理'의 문제에 있어서 특히 날카로웠다. 그에 의하면 '리'는 추상적인 용어일 뿐이고, 이런 추상적인 '리'는 결코 객관적으로 존재할 수 없다. 그렇기 때문에 '리'는 주관적인 설정에 불과하고 인심과 떼어놓을 수 없다고 한다. 그리고 '성즉리'라고 하게 되면 사람의 도덕행

---

41) 역자 주: 『周易』, 「繫辭下」.
42) 역자 주: 원저작에서는 이 부분이 빠져 있으나, 문맥상 보충되어야 하기에 이를 보완하였다.
43) 역자 주: 『論語集註』, 「衛靈公」.
44) 『論語徵』, 辛卷, 244~245쪽. '朱注'는 주희의 『論語集註』 「衛靈公」 第十五를 가리킨다. "人外無道, 道外無人. 然人心有覺, 而道體無爲. 故人能大其道, 道不能大其人也."

위, 이를테면 선하고 악한 것이 모두 자기 마음의 리理에 근거할 수 있기 때문에 이때의 '리'는 아무런 기준도 없는 것이 되고 만다. 그래서 소라이는 다음과 같이 말하였다.

리理란 사물이 모두 자연적으로 가지고 있는 것이다. 나의 마음으로 헤아려 보건 대 밖으로 드러날 때 반드시 그러한 것과 그렇지 않은 것이 바로 리理이다. 무릇 사람이 선을 행하려고 할 때 그 리理가 행할 수 있는 것으로 드러나기에 행하는 것이고, 악을 행하려고 할 때 그 리理가 행할 수 있는 것으로 드러나기에 행하는 것이다. 그러므로 모두 나의 마음이 할 수 있다고 드러나서 하는 것이므로 리理에 는 고정된 기준이 없게 된다.[45]

"리理란 사물이 모두 자연적으로 가지고 있는 것이다"라는 첫마디로 미루어 볼 때, 소라이가 '리'의 존재를 완전히 부정한 것 같지는 않다. 비록 그가 보기에 선왕인 공자의 도道가 '의義'를 말하고 리理에 대해서는 말하지는 않았지만', 리理를 완전히 없애버린 것은 아니었기 때문에 "선왕의 의義로써 이치를 미루어 나가게 되면 드러남에 있어서 일정한 기준이 있어서 리理를 얻게 된다는 것이 다." 그런데 문제는 맹자로부터 발단된다. 맹자는 사람들과 논쟁하기를 좋아했 고, "선왕인 공자가 말하지 않은 것을 깨우치려 했기 때문에 '리理와 의義가 내 마음을 기쁘게 함이 마치 고기 요리가 내 입을 기쁘게 함과 같으니라'[46]라고 했다. 이때 의義를 붙여서 말했기 때문에 공자의 영향이 그에게 끼쳐지지 않은 것은 아니다." 의미인즉, 맹자가 리理를 말함에 있어서 지나친 측면이 있기는 하지만, '의義'와 함께 말했기 때문에 공자의 여운이 남아 있다는 뜻이다. 그런데 소라이는 리理와 관련하여 보다 더 심각한 문제가 송유宋儒들이 '리理를 제1의로 삼은 것'에서 생겨난다고 보았다. 그는 이러한 문제의 본질을 따지고 보면

---

45) 『弁名』, 「理氣人慾」 第1則, 244쪽.
46) 역자 주: 『孟子』, 「告子上」.

결국 "성인을 스승으로 본받지 않고 제멋대로 하여 실수를 저지른 것이다"라고 하였다. 즉 송나라 유학자들이 성인(공자)을 스승으로 본받지 않고 '스승의 뜻을 제멋대로 해석하였는데', 그 병의 근원은 송유들이 말한 '리理'가 바로 자신들의 견해일 뿐이라는 데 있다는 것이다.

문자학적으로 보면, 원래 '리理'라는 글자는 '옥玉'과 '리里'로 이루어졌는데,[47] 창힐蒼頡이 처음 글자를 만들 때 이것으로써 기억하기 편하도록 했을 뿐이지 이 외에 다른 깊은 뜻을 부여하지 않았다. 그런데 "노장老莊과 송유들이 모두 자신들의 의견을 주장하면서 리理를 자주 인용하였다." 이처럼 '리理'는 항상 주관적인 '견해'(見)와 관계되기 때문에 결국 특정인의 주관적인 '의견'이 되기 쉽고 성인聖人을 안중에 두지 않는다. 결론적으로 말하자면, 잘못의 근원은 '리理'자 그 자체에 있는 것이 아니라, 송유(노장을 포함)들이 종종 자신들의 견해를 '리'로 삼는 데에 있다. 그러므로 소라이는 한편으로 "요컨대 어찌 '리'를 버릴 수 있겠는가? 성인의 가르침에 따라 예의를 극진히 한다면 이를 어찌 나쁘다고 하겠는가?"[48]라고 하면서도, 또 다른 한편으로는 "리理에 대한 송유들의 말만 들으면 '구역질'이 난다"고 말하기도 했다.

> 세상의 유학자들은 리理에 취하여 도덕道德이니 인의仁義니 천리니 인욕이니 하면서 되는 대로 떠들어 대는데, 나는 이러한 말을 들을 때마다 구역질이 난다.[49]

위에서 보듯이, 우리는 소라이가 '리'에 대해 어떤 구체적인 해석을 했는지에

---

47) 역자 주: 『說文解字』에서는 理를 '玉을 다듬다'(理)로 풀이하며, '玉'을 의미부로 그리고 '里'를 발음부로 보기도 한다. 그런데 본래 理는 돌이나 구슬(玉) 속에 있는 '결과 '무늬'를 뜻하며, 여기에서 '條理'의 의미가 파생된다.

48) 이상의 내용이 『弁名』, 「理氣人慾」 第1則, 244~245쪽에 나온다.

49) 『徂徠集』(『近世儒家文集集成』 第3卷), 卷二十二, 「與平子杉」 第3書, 235쪽. '道德仁義'는 宋儒들이 강조한 것이 아니라 『禮記』 「曲禮」의 "도덕과 인의도 예가 아니면 이루어지지 않는다"는 글에서 비롯된 것이다. 『예기』의 이 주장을 소라이가 반대할 리 없지만, 宋儒의 입에서 나왔다고 하면 소라이는 반드시 큰 잘못이라고 여길 것이다.

대해서는 알 수 없다. 위에서 인용한 문헌의 출처인 『변명弁名』 '리기인욕理氣人慾'의 제1법칙에서 소라이는 "리理는 사물에 다 있는 것이므로 리理는 섬세纖細한 것이다"라고 하였다. 이러한 해석은 분명 "리理라는 글자는 '옥玉'과 '리里'로 이루어졌다"(理從玉從里)고 하는 문자적 정의에서 나온 것이다. 소라이에 의하면, 모든 사물에는 '옥玉'에 결(里)이 있듯이 조리(理)가 있다는 것이다. 그래서 『역전易傳』에는 '궁리窮理'의 설이 있다. 하지만 『역전』 「설괘」에서는 '궁리'가 전적으로 "성인의 일이지 범부가 할 수 있는 일이 아님"을 가리키고 있다.

이상에서 우리는 리理 문제에 대한 소라이의 핵심적인 관점이 '리'와 '도'는 근본적으로 다른 차원의 존재이고 '도'는 행行을 주관하고 '리'는 의견을 주관하며,50) '도'는 실천적 의미를 지니지만 '리'는 사물 속의 매우 섬세한 조리나 문리文理일 뿐이므로, '리'는 천변만화하고 아주 다양하여 그 자체로 '고정된 기준'이 없기에 도무지 '끝까지 궁구할 수 없다'51)는 것임을 대략적으로 알 수 있다. 다른 한편으로, 송유들의 '리理'가 지나치게 독단적이고 주관적이며, 사사로운 견해로써 시비를 가리며, 위에서 아래를 내려다보듯이 타인을 제압하는 자세를 취하기 때문에 소라이가 가장 반감을 갖고 구역질난다고 했던 것이다.

총괄적으로 말하면, 소라이의 사상구축에 있어서 도에 대한 그의 '탈형이상학화'의 작업이 대단히 중요하다. 또한 그는 '리理' 특히 송유宋儒들의 형이상학적인 '리理'를 더욱 철저하게 비판할 필요성을 느끼고 있었다. 이러한 작업은 모두 그의 정치화를 지향하는 유학을 구축하기 위하여 이론적 토대를 마련하는 일이었다. 만약 이러한 작업이 없었더라면 소라이학의 성립도 불가능하였을 것이다.

---

50) 이상의 내용이 『弁名』 「理氣人慾」 第1則, 244~245쪽에 나온다.
51) 예를 들면, "천하의 理를 어찌 다 궁구할 수 있겠는가?"(『弁名』, 「理氣人慾」 第1則, 244쪽)

4. '도'의 역사성과 보편성

위에서 언급하였듯이 소라이는 '도'의 선천성·추상성·초월성을 근본적으로 제거해 버림으로써 '도'의 '탈형이상학화' 및 정치화를 이루려고 했다. 요약하면, 소라이의 의도는 맹자 이후로부터 송나라 유학자들에 이르기까지 천도와 천리를 절대적인 존재로 여긴 형이상학을 모조리 살펴보려는 것이다. 그렇다면 이것은 성인지도聖人之道의 보편성에 대한 소라이의 전체적인 부정을 의미하는 것일까? 만약 그렇다고 한다면 성인지도가 어찌하여 후대에 보편적인 효과를 얻을 수가 있었겠는가? 이것은 생각해 볼 문제이다. 결론적으로 말하여, 소라이에 의하면 도道는 성인이 후천적으로 만들었기 때문에 그것은 추상적이고 초월적인 것이 아니라 하더라도 후천적으로 만들어진 도道에 내포된 규범적 의미는 보편적이고, 고금을 관통할 수 있으며, 유가학파의 범위를 넘어서는 보편성까지 갖추고 있다. 그렇기 때문에 '성인지도聖人之道는 만세에 행할 수 있는'[52] 법칙이 된다. 이것은 곧 소라이의 상징적인 관점이라고 할 수 있다. 그는 또한 다음과 같이 말하였다.

> 우리가 말하는 이른바 성인은 옛날의 제왕帝王이다. 성인의 도란 옛날의 제왕이 천하를 다스리던 도이고 공자가 그것을 전한 것이다. 진秦·한漢시대 이래로 법률로써 천하를 다스렸기에 성인의 도는 소용이 없게 되었고, 유학자들만이 그것을 지키고 있었던 것이지…… (성인의 도 자체가) 어찌 유학자들만의 소유라고 하겠는가?[53]

즉 공자 이후부터 진秦·한漢시대 이래로 사회제도가 '법률'을 중시했기

---

52) 『徂徠集』, 卷二十八, 「復安澹泊」, 第3書, 303쪽.
53) 『徂徠集』(『荻生徂徠』[『日本思想大系』 36]), 卷十七, 「對問」, 499쪽, "夫吾所謂聖人者, 古帝王也. 聖人之道者, 古帝王治天下之道也, 孔子所傳是也. 秦漢以來, 用法律治天下, 而聖人之道無所用, 唯儒者守之……豈儒者之私有哉."

때문에 성인의 도가 쓸모없게 되었으며,[54] 오로지 유가학파의 학자들만이 이것을 지켜 냈지만 사실 성인의 도는 유학자들만의 사적 소유물이 아니라는 것이다. 유가의 사적 재산이 아닌 이상, 천하를 다스리는 성인의 도는 필연적으로 공공적이고 보편적인 것일 수밖에 없다. 바로 이러한 의미에서 소라이는 '도는 요순이 세우고 만세가 답습한다'는 것을 강조했다. 그러나 '요순이 세운 것' 즉 '성인이 제작한' 도道는 구체적인 예악禮樂제도로 나타나기 마련이고, 이러한 제도 또한 영원불변할 수 없으며 "언제든지 변화할 수 있는 것으로서 '그 시대의 성인'(一代聖人)이 개정하여 도道로 세우게 된다"라고 소라이는 강조했다. 여기서 말하는 '그 시대의 성인'이란 성인이 만들고 만세萬世가 답습하는 그러한 '도道'는 시대의 변화에 따라 달라지게 되므로 각 시대마다 그 시대에 맞게 제정하는 '성인의 도'가 있다는 뜻이다. 따라서 도의 보편성을 강조하는 '만세의 답습'과 도의 역사성을 강조하는 '수시변역'은 서로 배척되지 않는다. 그렇기 때문에 소라이는 만세가 답습해야 도의 극치를 이루고 수시로 변화하게 되면 그보다 뒤진 도라고 할 수 없음을 강조하였다.[55] 이른바 도의 극치란 도의 궁극적인 상태를 뜻한다. 이것은 한편으로 만세가 답습하는 도가 궁극적으로는 변하지 않음을 의미하는 것이 아니며, 다른 한편으로는 '수시로 변화하는 도' 또한 '만세 답습의 도'보다 낮은 도를 의미하는 것이 아니라는 뜻이다.

소라이는 성인이 제작한 예악제도임에도 불구하고 100년 후이면 반드시

---

54) 徂徠는 秦·漢 이래의 중국 사회 제도에 대해 기본적인 고찰을 하면서 "秦·漢 이래로 郡縣으로 封建을 대체하고 법률로써 예악을 대체했는데…… 郡縣을 다스림에 있어서 모든 제도가 옛것과 같지 않아 선왕의 도는 쓸 수 없게 되었다"라고 지적했다.(『徂徠集』, 卷二十四, 「復水神童」 第2書, 258쪽) 그는 근세중국에서 郡縣, 法律, 科擧라는 세 가지 제도가 시행됨으로써 經術과 吏治, 文士와 武士가 분리되어 "지금까지 합치지 못했다"(위의 책과 같음, 259쪽)라고 한탄했는데, 이것이야말로 徂徠가 중국에 대해 가장 슬프게 여긴 점이다. 하지만 중국과 뚜렷한 대조를 이루는 일본은 봉건국가이고 또한 文·武의 道가 매우 밀접하게 결합되어 있기 때문에 중국의 옛 성인의 시대에 더욱 가깝고 성인의 道가 일본에서 다시 부흥될 가능성도 더욱 크다고 여겼다.

55) 이상의 내용은 『弁道』, 「道」 第2條, 211쪽을 참조.

'폐단'이 생겨나고, 또 "그 폐단이 반드시 난세를 초래하게 된다"라고 지적하였다. 하夏・상商・주周가 각각 6・7・800년에 달했던 것과는 달리, 한漢・당唐 이래의 왕조 교체는 모두 300년 미만으로 단축되었는데, 이는 모두 '제도가 좋지 않았기 때문'이다.[56] 이러한 사례는 제도가 영원히 불변하는 것이 아님을 말해 준다. 소라이는 또 "천하와 나라를 다스림에 있어서 고금古今이 다를 바가 없고"[57] "가르침과 도道에 있어서도 고금이 다를 바가 없으며, 성인의 도道 또한 나라를 다스리고 천하를 평안하게 하는 것임"[58]을 강조했다. 언뜻 보면 이 두 가지의 관점은 서로 모순되는 것 같다. 즉 수시로 변화되는 도는 예나 지금이나 변화되지 않을 수 없고, 고금을 관통하는 도는 갑자기 존속했다 갑자기 없어질 수 없다. 이러한 문제에 대해 일본학계에서 이미 연구한 바가 있다.[59] 나의 견해에 의하면 소라이의 생각을 이해하기가 어렵지 않을 것 같다. 요컨대, '도'는 성인이 제정한 이상 필연적으로 시공을 넘고 역사를 뛰어넘는 보편성을 갖게 되지만, 도가 구체적으로 구현되는 예악제도는 영구불변한 것이 아니라 반드시 수시로 바뀌어야 하기 때문에 우리는 예악제도를 '만세에 답습되는 것'으로서 '도의 극치'로 간주해서는 안 된다. 이러한 예악제도는 존재하지 않는다. 그래서 소라이는 '수시로 바뀌는 것을 버금가는(次) 것으로 간주할 수 없다'고 강조했다. 바꾸어 말하자면, 도는 고금을 관통하기 때문에 '도에는 고금이 없고', '성인의 도도 오늘날 세상을 다스리는 데에 적용할 수 있다는

---

56) 이상의 내용은 『太平策』, 459쪽을 참조.

57) 위의 책과 같음, 448쪽.

58) 『徂徠先生答問書』, 卷下. 衣笠安喜, 『近世儒學思想史の硏究』(東京: 法政大學出版部, 1976), 142쪽에서 재인용.

59) 예컨대 丸山眞男은 "道의 보편성은 道를 제작한 聖人의 보편성을 가리킨다"(그의 저서, 『日本政治思想史硏究』, 84쪽 이하를 참조)라고 했고, 前田一良는 "道의 보편성은 대체로 예악제도의 원칙이 불변성과 보편성을 갖고 있음을 가리킨다"(『日本史硏究』 4・6호에 실린 그의 글 「徂徠學」을 참조)라고 했으며, 衣笠安喜는 "道의 보편성은 두 가지로 나타나는데 하나는 성인이 초역사적인 권위성을 가지고 있는 것이고, 다른 하나는 성인이 제작한 내용의 광범위성에 의해 규정된 보편성을 말한다"(이상의 내용은 위의 衣笠安喜의 저서 142~143쪽에서 인용)라고 했다.

것이다. 그러나 예악제도는 반드시 수시로 보태고 덜어내야 하며, 다만 예악에 깃든 도만은 변하지 않을 뿐이다. 바로 그렇기 때문에 성인의 도를 기대할 수 있고, 우리들의 노력으로 그것을 완성할 수 있는 것이다. 하지만 그렇다고 성인의 예악제도를 변함없이 그대로 옮겨 적용할 수는 없다. 요약하면, 소라이 가 인정하는 성인의 도는 추상적 보편성이 아닌 구체적 보편성이기 때문에 '도'는 보편적이면서도 역사적이어야 한다는 것이 소라이 '도론道論'의 기본 특징 이다.

이상과 같은 이론은 그 대부분이 소라이의 '철학' 작품에 근거했기 때문에 추상적이었다고 하면, 이제부터 우리는 당시의 중국과 일본을 구체적인 의논 대상으로 설정하고 중국 성인의 도가 일본에 대해 보편적 의의를 가지는가를 생각해 보자. 물론, 소라이가 유가의 경전 해석에 주목했을 때는 이 문제가 아직 두드러지지 않았지만, 정치 생활 속에서[60] 그는 어쩔 수 없이 이 문제를 생각하고 대답해야 했다. 그래서 우리는 그 문제를 다루는 효과적인 방법으로서 소라이의 정치론적 성격의 글인 『태평책太平策』을 선택했다.[61] 이는 교호 6년 (1721)에 쓴 글인데 소라이가 당시의 장군인 요시무네(吉宗)에게 조언하기 위해 지은 것으로서 소라이의 작품에서는 보기 드문 일본어로 된 저술이다. 저술에서 소라이는 중국과 일본을 중첩시켜 대비하는 두드러진 고찰 방법으로써 요시무 네에게 두 가지 관점을 강조했다. 하나는 중국 고대의 '성인지도聖人之道'를 배우 는 중요성을 강조하면서 정치를 하려면 반드시 "성인지도를 법칙의 준거로 삼아야 한다"[62]고 한 것이고, 다른 하나는 '도'의 구현으로 드러나는 예악제도가

---

60) 徂徠는 일생에 두 번 막부정치에 참여했는데, 1696년부터 1709년까지 14년, 1716년 부터 1728년까지 13년이다. 그 경력이 짧지 않았고 연봉은 500만 석에 이르렀다.
61) 일본학계에서는 『太平策』이 위작이란 설이 줄곧 존재했는데 丸山眞男가 「太平策考」 (『荻生徂徠』(『日本思想大系』 36))를 통해 그러한 주장을 뒤집었고, 그의 제자인 平石直 昭가 마루야마의 고증에 기초하여 『太平策』이 '소라이의 저작'(『荻生徂徠年譜考』, 東 京: 平凡社, 1984, 239쪽)이라고 단정했으며, 또 그 저술의 上呈 시기를 享保 6년 8~9 월 사이로 확정했다. 필자는 고증학에 관한 지식을 갖추지 못했기 때문에 이러한 고증에 대해 구체적인 논의를 할 수 없고, 다만 '차용'하는 방책을 취하기로 한다.

역사적인 구체성을 지니고 있기 때문에 반드시 지역 실정에 맞게 조절하고 시기에 따라 달라져야 한다고 강조한 것이다.[63]

우선, 소라이는 일본에도 자체의 '도'가 있기 때문에 중국의 '성인지도'가 일본에 적용되기 쉽지 않다는 잘못된 관점이 있다는 점을 의식했다.

> 우리나라에는 우리나라의 도가 따로 있고 무사는 무사의 도가 있는데, 이는 국토
> 에 상응하는 도이다. 이국異國의 성인지도聖人之道는 국토와 풍속이 같지 않기
> 때문에 우리나라에 적용하기 어렵고 다만 쓰기에 따라 취할 것이며, 그것이 도움
> 이 된다고 하여 억지로 다 배울 수는 없을 것이다.[64]

이는 '국토'와 '풍속'을 이유로, '이국'(중국)의 성인의 도를 '우리나라'(일본)에 보편적으로 적용할 수 없다고 본 것이다. 이러한 '국토론'과 '풍속론'은 도쿠가와 초기의 양명학파인 나카에 도주(中江藤樹)와 그의 제자인 구마자와 반잔(熊澤蕃山)이 주장한 '시처위론時處位論'과 '수토론水土論'에서 이미 그 일단을 드러내고 있기에 소라이의 견해가 전혀 근거가 없는 것은 아니다. 이는 전형적인 '일본특수론'으로서 별도로 다룰 것이다.[65] 문제는 이러한 '국토론'이나 '풍속론'을 옳다고 한다면 소라이가 자나 깨나 생각했던 '성인지도'는 역사상의 존재일 뿐이고 머나먼 '이국의 도'이기 때문에 '우리나라' 일본과는 아무런 관계가 없다. 한

---

62) 『太平策』, 474쪽.
63) 위와 같은 책, 459쪽.
64) 위와 같은 책, 450~451쪽.
65) 中江藤樹, 『翁問答』, 「仕置の學問」. 熊澤蕃山, 『集義外書』, 卷十六, 「水土解」. 이 같은 사
   상언론은 당시 山鹿素行(1622~1685)의 『中朝事實』과 좀 뒤인 西川如見(1648~1724)
   의 『水土解弁』에도 자주 등장한다. 다만 반드시 지적해야 할 것은 도주나 반잔이나
   를 막론하고 그들의 사상 입장은 여전히 유학적 보편주의였으며, 일본과 중국이 문
   화상 동질성을 가지고 있다고 믿었다. 宮崎道生, 『熊澤蕃山の研究』(京都: 思文閣出版社,
   1989), 162쪽 참조. 사실 20세기 초에 벌써 도쿠가와 전기의 사상사에서 일본사상의
   특수성을 강조한 것은 주류 관점이 아니라 소수 현상이라는 견해가 있었다. 津田左
   右吉의 『蕃山·益軒』(東京: 岩波書店, 1938), 213~214쪽 참조.

걸음 물러서서 실용적 차원에서 원용한다고 해도 외연적으로 '도움이 되는' 역할이 있을 뿐이어서 '우리나라' 일본에 있어서 이러한 성인지도를 일일이 그대로 배울 필요가 없다는 것이다. 이에 대해 소라이는 다음과 같이 대답했다.

> 만약 윗사람이 만약 학문이 없고 성인의 도를 모른다면 세상은 일찍 쇠퇴해지고 끝에 가서는 권세가 아래쪽으로 기울어져서 마치 손으로 바다를 막는 격이 되고, 윗사람의 권위는 점점 약해지고 혼란이 빠르게 닥쳐올 것이다. 이제 그런 조짐이 막 보이고 있다. 만약 건국 초기부터 오늘에 이르기까지의 치세 과정만 기억하면서 그것은 성인지도聖人之道의 밖에 있고, 국토에 상응하는 무사도가 따로 있었다고 여기게 되면 이는 어디까지나 '불문不文[66]'의 과실이고 풍속에만 깊이 빠져 생각한 결과이다. 이는 마치 촌사람이 도시를 보는 것과 같아서 제대로 이해하기 어렵다.[67]

이 번역문의 대의는 틀리지는 않지만 어쩐지 어색하다. 현대어로 번역하면, 소라이가 의도하는 바는(약간 삭제) 최상위의 통치자가 학문이 없고 더욱이 성인의 도까지 모르면, 그가 다스리는 세상은 아마도 급속히 쇠퇴해 가고 권세가 아래로 기울며 위엄이 점차 실추되는 현상이 발생하여 난세가 도래할 것이라는 뜻이다. 지금 이미 이러한 단서가 드러나고 있는데도 도쿠가와 건국 이래의 치국지도治國之道를 고집하면서 성인의 도 밖에 '국토'에 상응하는 무사도武士道가

---

66) '不文'이란 용어에 특별한 뜻이 있다. 윗글을 이어 "우리는 작은 나라이고 不文의 나라이지만 이국에 비하면 유달리 다스리기 쉬운 나라이다"(『太平策』, 453쪽)라고 하였다. '不文'은 문화제도가 제대로 발달하지 못했다는 뜻이다.

67) 『太平策』, 451쪽. 이 단락의 글은 매우 중요하므로, 신중을 기하기 위하여 일본어 원문을 아래와 같이 제시한다. "上ナル人二學問ナク, 聖人ノ道ヲシラザレバ, 世界早ク老衰シテ, 末々二至リテハ, 権勢下二移リ, 大海ヲ手二テ防グ如クニナリテ, 上ノ威力次第二薄クナリユキ, 乱ヲ醸スコト速ナリ. ソノ萌今已二見ユ侍ル. シカルヲ國初ヨリ今マデ治リ来リタル筋ヲノミ覺ヘテ, 聖人ノ道ノ外二, 別二國土相應ノ武士道アリトイヘル, 畢竟是モ不文ノ過二テ, 今ノ習俗二馴染リタル心ヨリ料簡スルユヘ, 田舎人ノ都ノコトヲ會得セヌ類ナルベシ."

따로 있다고 생각하는 것은 문화적 소양이 부족해서 저지르는 과오이고, 풍습에 물든 고집스런 소견으로서 시골 사람이 도시에 와도 도시를 제대로 알 수 없는 것과 같다는 뜻이다.

소라이에게 직언을 서슴지 않는 용기가 있었다는 것을 알 수 있다. 무력으로 나라를 건립한 도쿠가와 막부의 통치시스템인 무사武士제도에 대해 그가 왈가왈부하는 것은 경이롭기 짝이 없는 일인데, 이 또한 그가 감히 '우주 속의 인물을 헐뜯는' 표현이기도 한 것 같다.[68] 더욱 중요한 것은 성인의 도가 천하를 다스리는 관건임을 강조하면서 '우리나라' 일본에 소위 자기의 '무사도'가 있다 하여 성인지도를 배척하면 안 되고, 풍토가 다르다는 이유로 성인지도를 물리쳐도 안 된다고 주장했다는 점이다. 성인의 도에 관한 문제에 있어서 소라이는 분명 보편주의자이다. 그는 성인의 도가 시·공을 넘어 지금의 일본에도 적용될 수 있다고 보았다.

이상과 같은 소라이의 견해가 추상적이라는 인상을 주었다면, 『태평책』의 내용 깊은 곳에 조금 들어가서 소라이가 구체적으로 '제도 재건'(일본어로는 制度ヲ立替ル)을 논의한 문제 중의 하나인 '성인의 정전법井田法'에 대해 살펴보기로 하자. 그는 정전의 법도 성인이 만든 것인데, 그 뛰어난 점은 '만민이 땅으로 돌아가게 한 것'(일본어로는 '土着' 즉 '在着於土'로 표현했다)이고, 이는 '왕도의 근본'이라고 보았다. 그러나 일본의 경우에는 먼저 에도시대의 조닌(町人, 즉 도시 주민으로서 주로 상업수공업자를 말함)을 선별하여, 10년 전에 들어온 조닌에게는 영주권을 주고 최근 10년 사이에 새로 들어온 조닌에게는 본거지의 번주에게 통지하여 그들을 고향으로 데려가도록 해야 한다고 주장했다.[69] 왜 이렇게 해야 하는지에 대해서 소라이가 길게 논술했지만 여기서는 자세하게 서술하지 않겠다.[70] 소라

---

68) 사실 소라이는 이 글에서 神道敎에 대해서도 비판을 가하였는데, 특히 神道敎의 명맥이 걸린 이른바 '세 가지의 神器說'(즉 八尺鏡, 天叢雲劍, 八阪瓊曲玉인데, 줄여서 '鏡劍玉이라 칭함)에 대해 이를 "후대에 잘못 전해진 것으로서, 전대에는 이런 말이 없었다"(『太平策』, 451쪽)라고 단호하게 지적했다.

69) 이상의 내용은 『太平策』, 478~479쪽에 나온다.

이의 이러한 구상에 대해 마루야마는 정전제를 '성인의 도'로 보고 그것을 일반화하려 했던 노력[71])이라고 했는데, 그의 분석은 맞는 말이다. 이는 소라이가 예악제도 외에 정전제 등 구체적인 사회경제제도에도 성인지도의 보편성을 체현하고 있기 때문에 이역 땅 일본에서도 활용할 수 있다고 보았음을 말해준다. 사실 정전제가 도쿠가와 일본의 번주제 농업경제 전통과는 어울리지 않고, 당시 일본의 도시상품경제의 발달로 인해 인구가 농촌으로부터 도시에로 흘러들어가는 겐로쿠·교호시기(元祿享保期, 1688~1735)의 사회적 대세와도 맞지 않지만, 소라이가 여전히 정전제가 성인지도의 보편성을 구현하였다고 생각하고 있었다는 점은 우리의 이목을 끈다. 다만 소라이의 정치적 조언이 실행되었다는 흔적은 찾아볼 수 없으므로, 그가 비록 뛰어난 재능은 갖고 있었지만 결국에는 '모든 것을 독단'하는 막부체제 하에서는 '문관 직책'을 맡은 '가신家臣'에 불과하여 제대로 재능을 발휘할 수 없다고 한탄하지 않을 수 없었다.[72) 이러한 이유로 인해 소라이가 리학화理學化 유학을 전복시켜서 정치화 유학을 구성하려

---

70) 享保 7년(1722), 즉 『태평책』을 완성한 이듬해에 소라이는 또 吉宗에게 上書하기 위해 『政談』이란 작품을 지었는데, 그 속에서 '諸事制度'를 어떻게 재건할 것인가 등의 문제에 대해 보다 구체적으로 논의했다. 여기서는 장황하게 늘어놓지 않겠다.

71) 『太平策』, 479~480쪽.

72) 이는 도쿠가와 정치 상황에 대한 소라이의 판단이다. 이런 상황에서 '문관작'의 儒臣은 '顧問의 역할을 하는' 虛職을 맡을 뿐이어서, 유가에서 주장하는 '썩지 않는 세 가지'(德·功·言)를 공부하면서 '옛사람과 벗하고' 역사에 파묻히는 것 외에는 아무런 쓸모도 없는 사람들이다.(『徂徠集』, 卷二十七, 「與県雲洞」第2書, 286~287쪽; 『徂徠集卷』, 二十三, 「與藪震庵」第10書, 251~252쪽) 도쿠가와 정권이 '무력의 위세'로 건국 했다는 것은 역사학계의 상식이고, 어떤 학자들은 도쿠가와 일본의 국가적 성격을 '兵營國家'로 개괄하기도 하는데 눈여겨볼만한 주장이다.(前田勉, 『兵學と朱子學蘭學國學: 近世日本思想史の構圖』, 東京: 平凡社, 2006, 188쪽) 기록에 따르면, 일본 역사상 막부 조정에 직접 관여한 '儒者'는 네 명밖에 없고, 도쿠가와시대에는 두 사람뿐이다.(大田錦城, 『梧窗漫筆』, 渡邊浩의 『近世日本社会と宋學』, 186쪽에서 재인용) 그중 한 사람은 소라이의 정치적 라이벌이었던 新井白石(1657~1725)으로, 6대 장군인 德川家宣의 '正德' 치세를 추진한 기획자 중 한 명이었다. 그러나 그의 정책은 10분의 1밖에 실행되지 못했고, 岡山藩의 정치개혁에 동참한 熊澤蕃山보다 업적이 훨씬 미치지 못한다.(南川維遷, 『閑散餘錄』, 卷上, '熊澤息遊軒條, 明和 七年[1770]序刊, www2s. biglobe. ne.jp/~Taiju/1782_kansan_yoroku_2.htm)

했던 시도는 결국 현실 정치 생활에서 곳곳에서 벽에 부딪히게 되었다고 말할 수 있다.

5. 요약

상술한 바를 종합하여, 우리는 소라이사상에 대해 다음과 같이 초보적인 평가를 내릴 수 있다.

1. 소라이는 유가 성인의 도를 재해석함으로써 '도'가 곧 '안민安民의 도'이고 '도는 통칭'이며 도는 '다양한 단서를 지닌다'(多端)라는 등의 관점을 제시하고, 도의 후천성·구체성·역사성을 강조하였다. 그는 이렇게 함으로써 도의 선천의先天義·형상의形上義·추상의抽象義를 뒤엎고 송유宋儒의 형이상학을 반대 방향으로 철저하게 이끌어 갔다.

2. '도'에 대한 '탈脫형이상학화'와 함께, 소라이는 독특한 고전 해석을 통해 '도'에 대한 정치화·비도덕화의 해석 작업을 진행함으로써 정치를 도덕화하는 것에 반대하는 자신의 사상적 특색을 부각시키고, 정치와 도덕의 연속성에 대한 차단을 완성할 수 있었다. 이로부터 우리는 소라이학의 취지가 일본 형태의 '정치화한 유학'을 구축하는 것이라고 할 수 있다. 물론 그 성공 여부는 별도로 다루어야 하겠지만 말이다.

3. 소라이는 국토와 풍속이 다르다는 문화특수론을 이유로 하여 성인의 도를 배격하는 관점에 대해서도 반대하였다. 그는 '도'의 보편성을 인정하면서 중국의 '성인지도'가 펼쳐 주는 예악禮樂제도는 인간의 도덕을 이룩하는 의미에서 보편적으로 적용될 수 있다고 주장했다.

4. 이와 함께 그는 또 성인이 세운 문화제도라 해도 수시로 변화한다는 법칙은 당시 일본의 막부정치에도 똑같이 적용된다고 보았다. 따라서 도道의 역사성과 다양성이 부각되면서 소라이학의 도론道論이 구체적인 보편성을 갖게

되었다.

5. 소라이는 '도'는 보편적이면서도 역사적이라는 관념에 근거하여 한편으로는 성인은 역사적 개념으로서 오직 상고시대의 중국에서만 탄생할 수 있고, 그 어떤 사람이든 아무리 도덕적 노력을 통해서라도 성인이 될 수 없다고 주장하였다. 그러나 다른 한편으로는 성인지도聖人之道는 경전의 범위와 지리적 한계를 뛰어넘어 후대의 학습 모델, 정치적 모범이 될 수 있을 뿐만 아니라, 이것은 도쿠가와 사회에서도 변칙적으로 활용될 수 있다고 보았다.

6. 소라이학의 사상적 의미와 역사적 위치에 대해서 다음과 같이 말할 수 있다. 즉, 소라이학이 이미 '근대성'을 띤 맹아로서 일본이 근세로부터 근대에로 나아가는 방향성을 예고했다기보다는 차라리 사상적 권위인 주자학에 대한 체제 전복의 비판을 통해 중국유학이 일본유학으로 전환하는 과정을 추진하였고, 일본사상이 그 이후의 발전 과정에서 여러 가지의 가능성과 다양성을 드러내게 될 것을 예시했다고 하는 것이 훨씬 낫다. 도쿠가와 후기의 반反소라이학과 국학國學 등의 새로운 사조의 등장이 바로 이를 설명한다.

제4장 고언으로써 고의를 증명하다
─도쿠가와 유학자 오규 소라이의 경전 해석 방법론에 대한 초보적 탐색

도쿠가와 일본사상사에 있어서 오규 소라이가 '고문사古文辭'를 고전 해석의 중요한 방법으로 삼을 것을 제창했기 때문에 그의 학문을 '고문사학'이라고도 불렀다. 그러나 그 사상적 취지는 서한西漢시대의 옛 문헌에 나오는 '고언古言'을 통해 유가경전에 나오는 '고의古義'를 발견하는 것이었다. 이것은 소라이보다 한 세대 앞선 이토 진사이(伊藤仁齋, 1627~1705)가 유학의 '고의를 회복할 것'을 제창한 것과 비슷하여 '고학'이라고도 불리고 더불어 '고학파'라고도 했다. 이 학파 인물들의 사상 관점은 서로 다르지만 모두 반리학反理學(특히 반주자학)을 사상 표지로 하면서 원전으로 돌아가 유학 의리를 재정리할 것을 주장하였다. 하지만 그들의 궁극적인 사상적 취지는 유학 '일본화'의 구축에 있었다. 다만 진사이학은 나중에 결국 소라이학의 비판 대상이 되었다. 왜냐하면 소라이는 진사이학의 골자가 여전히 송유들의 '리학'에 있었기 때문에 그의 리학 비판은 별로 효과적이지 않고 자신의 '고문사학'이 취하는 '고언古言으로써 고의古義를 증명'하는 방법만이 송유들이 구축한 형이상학을 근본적으로 무너뜨릴 수 있다고 생각했다.

진사이라고 하면 중국의 대진戴震(1724~1777)을 떠올릴 것이다. 20세기 초 학계에서는 대진의 반反리학이 진사이의 말과 너무나 비슷하다면서 대진의 사상이 진사이와 연관이 있을 것이라고 의심했다. 하지만 이러한 논의는 최근에 이르러 일단락되었는데, 양자가 사상적으로 비슷한 점이 있다면 그것은 일종의 '문을 닫고 수레를 만들었지만 서로 일치한' 우연한 현상일 뿐이라는 결론을 내렸다. 왜냐하면 진사이의 저서가 그 당시 중국에 전해졌음을 보여 주는 자료를 아직 발견하지 못했기 때문이다.[1] 그러나 기록에 따르면, 소라이의 유명한 출세작인 『논어징論語徵』(그리고 『大學解』와 『中庸解』)은 이미 1809년에 중국에 수입되어 중국 지식계에 큰 반향을 불러일으켰고, 유보남劉寶楠(1791~1855)의 『논어정의論語正義』에 두 차례나 인용되었으며, 대망戴望(1837~1873)·유월兪樾(1821~1906)·이자명李慈銘(1830~1894) 등과 같은 일부 엘리트 학자들의 관심을 끌었다.[2] 고증학에 조예가 아주 깊었던 청대淸代 경학자들은 동쪽 일본의 유학자인 소라이가 학술 방법에 있어서 자신들의 사상과 놀랍게도 판에 박은 듯 일치하고, 적어도 송학을 비판했다는 점에서 자신들과 의기투합하는 것 같다고 여겼다. 확실히 '고문사학古文辭學'이 청대의 고증학과 겉으로는 얼마간 닮은 것으로 보인다. 그러나 그 본질에서 보면, 고문사학의 결정체인 『논어징』은 주소체注疏體 경학의 저작이라기보다는 소라이학의 의론적議論的 저서이고, 그 풍격은 송학宋學의 장구식章句式 전주체傳注體에 더 가깝다. 이는 반주자학의 모습으로 등장한 소라이학의 매우 기괴한 현상이다. 따라서 소라이학을 중국과 유사한 고증학으로 본다면 소라이학의 사상적 의미를 과소평가할 수도 있다.

---

1) 余英時, 『論戴震與章學誠』(修訂本) 外篇, 第2章 「戴東原與伊藤仁齋」(北京: 三聯書店, 2000), 220~233쪽 참조.
2) 藤塚鄰, 「物茂卿の『論語徵』と淸朝の經師」(『支那學硏究』第4期, 東京: 斯文會, 1935. 2, 65~129쪽)는 『長崎年表』文化 6年條의 「唐船和板書籍數種を輸出す」의 기록에 근거하여 당시 중국에 수출된 和刻本 경학 저술 27종 가운데 徂徠의 『論語徵正文』과 『大學解』, 『中庸解』가 있었다고 지적했다. 『論語徵』이 전래된 후 가장 먼저 관심을 갖게 된 중국 지식인은 嘉慶年間의 吳英이었는데 그는 그의 『竹石軒經句說』에서 『論語徵』 8개조를 인용했고 그중 5조목이 소라이를 반박한 것이다. 또 狄子奇의 『論語質疑』는 찬동하는 어조로 『論語徵』 13조목을 인용했다. 『論語徵』을 가장 좋게 여긴 사람은 李慈銘이다. 그는 소라이의 『論語徵』을 "모두다 실학과 관계되며" "의논이 아주 바르고 당당하다"라고까지 평가했다.(『荀學齋日記』乙集下; 藤塚鄰의 「物茂卿の『論語徵』と淸朝の經師」에서 인용) 黃心川, 「中國與東方周邊國家哲學的雙向交流及影響」, 『中國社會科學院硏究生院學報』 1999年 第4期; 林慶彰, 「明淸時代中日經學硏究的互動關係」, 『中國思潮與外來文化』(臺北: 中央硏究院中國文哲硏究所, 2002에 실리고, 그 뒤 저자의 저서인 『中國經學硏究的新視野』, 臺北: 萬卷樓, 2012에 수록됨), 第6節 「荻生徂徠論語徵的傳入」, 141~146쪽 참조.

사실, 소라이는 글자 훈고訓詁를 고전 해석의 중요한 수법으로 인정하지 않았고, 훈고가 밝아야 의리義理가 밝혀진다는 청대 유학자들의 방식에 따라 유가의 경전을 해독하지도 않았다. 그는 상고시대 성인의 '고언고의古言古義'의 풍부한 보고寶庫가 '고문사학古文辭學'에 의해서만 재발견될 수 있다고 굳게 믿었다. 그에 의하면, 공자 시대 이후의 유학자들이 성인의 도를 오독誤讀하는 이유는 '고문사古文辭'를 모르기 때문이다. 그러므로 소라이는 유가의 경전을 이해하려면 먼저 고문사를 알아야 하고, 유가경전의 옛 뜻을 이해하려면 성인 시대의 고언古言을 먼저 숙달해야 한다고 강조했다. 이것이 바로 '고언古言으로써 고의古義를 증명(古言征古義)하려는' 소라이 주장의 진의眞意이다. 그러나 그가 이른바 '옛말로써 옛 뜻을 증명하는' 방법으로써 유교경전을 해석하려 할 때, 사실은 이미 사상적 입장이 가정되어 있기 때문에 유교경전의 해석은 종종 '선입견'이 선행하게 된다. 다른 한편으로, 소라이가 '고언古言으로써 고의古義를 증명하는 것'으로 '지금의 말로써 옛말을 이해하는 것'을 반대할 때, '고언'이 또 절대화되어 '옛말로써 지금의 말을 이해하는' 또 다른 극단으로 나아가 결국 필연적으로 고금문화의 역사적 연속성을 단절시키게 되고, 고전해석이론에 비역사적이고 근본주의적인 색채를 덧입히게 된다. 이와 관련하여 소라이는 경전의 원천으로 확실하게 돌아갈 수 있도록 공자를 맹자와 선진유학, 송명유학에서 떼어내려고 노력하였다. 복고를 제창한 소라이의 목적은 송대 신유학의 방향을 되돌리기 위한 것이었다. 그는 오직 천리·도덕·성명性命과 같은 송유宋儒의 추상적인 학설을 타파해야만 유학이 일본에 뿌리내릴 수 있다고 보았다.

1. 고문사학의 발견

소라이는 유교경전의 오묘한 비밀은 고언古言과 고의古義에 있고, 고언은 또 '고문사古文辭'라는 언어 계통에 있기 때문에 고문사를 파악하는 것이 유학의 심오한 진면목을 맛볼 수 있는 관건이라고 생각했다. 소라이는 '고문사학'에 대한 특별한 깨달음을 얻은 경험이 있다는 사실을 대단히 흡족해 하면서 이것을 자주 입에 올렸다. 그의 자술自述에 따르면 소라이가 40세쯤 되던 시기에, '하늘의 총령寵靈을 얻은'[3] 덕분에 갑자기 명대 '후칠자後七子'의 두 대표자인 이반룡李攀龍 (1514~1570)과 왕세정王世貞(1526~1590)의 저서를 만나게 되었다. 그런데 뜻밖에도 그들의 글이야말로 진정한 고문이라는 사실을 발견하고 고문을 터득하면 옛사 람들과 '한 자리에 모여' 직접 대화할 수 있어 더 이상 송유宋儒의 전주傳注와 훈고에 의지할 필요가 없음을 크게 깨달았다. 그래서 중년 이후에는 서한西漢 이후의 문장을 읽지 않기로 맹세했다.

나는 어릴 때부터 송유宋儒의 전주傳注를 공부하고 숭배한 지 오래되어 쌓인 습관 에 얽매인 잘못을 깨닫지 못했다. '하늘의 총령을 얻은' 덕에 중년에 두 사람(이반룡 과 왕세정을 지칭)의 책을 얻어 읽었는데, 처음에는 역시 대단히 어려웠다. 두 사람의 글은 고사古辭를 바탕으로 하였기에 고서古書에 익숙하지 않으면 읽을 수가 없다. 전주傳注로써도 이해할 수 없는 고서의 단어가 두 학자의 글 속에는 찬란하여 훈고를 다시 할 필요가 없었다. 고문사학의 학문이 어찌 근거 없는 것이겠는가? 반드시 그 손가락이 가리키는 것을 찾아내야 한다. 그 손가락이 가리키는 것을 드러낼 수 있다면, 고서는 마치 나의 입에서 나온 것과도 같고 그런 뒤에야 소개할 필요도 없이 곧바로 옛사람들과 한 자리에서 읍하며 인사하게 되니…… 어찌 유쾌하지 않겠는가![4]

그렇다면 '고문사古文辭'란 무엇인가? '사辭'는 육경의 언어체계이고 말(言說)체 계이다. 소라이는 이에 대해 "무릇 말이 글로 된 것을 사辭라 한다"[5]라는 기본적

---

3) 『弁道』(『荻生徂徠』[『日本思想大系』36]), 第1條(東京: 岩波書店, 1973), 200쪽. 徂徠의 자 술에 따르면 그가 고문사학에 근거하여 『弁道』라고 밝힌 것은 '하늘의 寵靈에 보답 하기 위해서이다.
4) 『徂徠集』(『近世儒家文集集成』第3卷), 卷二十七, 「答屈景山」第1書(東京: ぺりかん社, 1985), 295쪽.

인 정의를 내렸다. 사辭는 문文과 관련된 것이지 글자와 글귀를 가리키는 것이 아니라는 것을 알 수 있다. 유가의 입장에서 말하자면 '문文'은 곧 성인지도의 구현이다. 그러므로 소라이는 "성인의 도를 '문'이라고 한다", "옛날에는 말에 능한 것을 '문'이라 했는데, (왜냐하면 '문'이) 도를 형상화했기 때문이다"[6], "옛날에는 도를 '문'이라 했는데 곧 예악禮樂을 말한 것이다", "문은 도이고 예악이다"[7]라고 하였다. 또한 소라이는『주역』「계사하전」의 "물상物象이 서로 얽혀 있으니 이를 일러 '문'이라고 한다"(物相雜, 故曰文)라는 말에 근거하여 "문이 란 '물상物象이 서로 얽혀 있는 것'에 대한 이름이다. 어찌 말로 다할 수 있겠는 가?", "도의 문文은 말로써 해석할 수 없기 때문이다"[8], "물상物象이 서로 얽혀 있는 것을 문이라 하는데 어찌 한마디 말로 다할 수 있겠는가?"[9]라고 하였다. 이로부터 '문文'은 '성인의 도'와 예악문화제도를 포괄한 매우 광범위한 개념임을 알 수 있다. 소라이의 관점에서 '문'은 '도'의 물상物象세계의 전반 즉 문화세계를 담고 있고,[10] 바로 이러한 '문'이 도를 형상할 수 있는 것이다. 즉 (문은) '도'의 구체적 상징으로서 그 포용성이 매우 광범위하여 언어로써도 그것을 다 표현할 수 없다는 것을 말한다. 다른 한 방면으로 '사辭'는 또한 동사의 의미, 즉 말한다는 의미를 지니기도 한다. 이를테면 사람이 죽고 사는 것은 운명에 달렸다는 공자의

---

5) 『論語徵』(『荻生徂徠全集』第4卷), 辛卷(東京: みすず書房, 1978), 252쪽. 그 밖에 '辭'는 또 동사의 뜻이 있고 言說을 가리킨다. 예를 들면 죽고 사는 것은 운명에 달렸다는 공자의 '死生有命'이란 말을 徂徠는 '사양할 수 없음을 가리킨다'라고 해석했는데(『論語徵』, 己卷, 136쪽) 그 의미는 말할 수 없다는 것이다. 『論語徵』甲・乙・丙・丁 四卷 은『荻生徂徠全集』第3卷에 수록되고, 戊・己・庚・辛・壬・癸 六卷은『荻生徂徠全集』第4卷에 수록되었다. 아래에서는 권수와 쪽수만 적겠다.

6) 『論語徵』, 辛卷, 252쪽.

7) 『弁道』, 第17條, 205쪽.

8) 『論語徵』, 辛卷, 252쪽.

9) 위와 같음.

10) 徂徠는 또한 "蓋孔子之道, 卽先王之道也, 先王之道, 先王爲安民立之, 故其道有仁焉者, 有智 焉者, 有義焉者, 有勇焉者……有禮焉者, 有樂焉者, 有兵焉, 有刑焉, 制度雲爲, 不可以一盡 焉, 紛雜乎不可得而究焉, 故命之曰文"이라고 했다.(『論語徵』, 乙卷, 179~180쪽) 여기서 의 '文'은 성인이 만든 예악제도 전체를 말한다.

'사생유명死生有命'이라는 말을 소라이는 말할 수 없음을 뜻한다는 의미로 '언기불
가사言其不可辭'11)라고 해석하였다.

'사辭'는 '언言이 문文을 이루는' 일련의 체계이므로 '사辭'야말로 경전을 이해
하는 관건이다. 이는 '육경六經은 사辭이고 그 안에 모든 방법이 존재하기' 때문이
다. 다만 공자에서 서한西漢에 이르는 시기에는 고문이 존재하였으나, 동한東漢·
위진魏晉·육조六朝 이후로는 '사辭에 문제가 생기고 방법에 폐단이 일어났다'.
당나라에 이르러 한유韓愈와 유종원柳宗元이 고문운동을 벌이기도 했지만 이미
'문장의 도'에 어긋났다. 송나라 이후에는 '논의論議'만 일으키고, "종횡무진 마음
내키는 대로 하며 나쁜 방법에 속박되었으니 어찌 제대로 사辭를 알았겠는가?"12)
그렇기 때문에 후세 사람들에게 있어서 중요한 것은 고문사로부터 육경의
'사물(物)과 이름(名)'을 장악하는 것이다. "사물과 이름이 맞은 후에라야 훈고가
비로소 밝혀지고 나아가 육경을 말할 수 있다."13) 이상은 소라이의 이른바
'고문사학'에 대한 주요한 생각들을 정리한 것이다. 구체적으로 고문사는 서한西
漢 이전의 고언古言과 고의古義로 구성된 성문成文 체계를 가리키는데, 주로 유가의
육경을 근간으로 하고 또한 다른 제자諸子들의 예를 들면 『순자』와 역사서인
『사기』 등을 포함한다. 이 고문사학古文辭學 체계에는 성인의 도가 존재하기
때문에 고문사古文辭에 의해 성인의 도를 파악할 수 있다.

그러나 반드시 주의해야 할 것은 위에서 인용한 '훈고가 비로소 밝아진다'는
내용 등은 청대 고증학자들이 흥미롭게 이야기했던 '훈고가 밝으니 의리가
밝아진다'는 주장을 상기시켜서 마치 소라이와 청대 유학자들의 교감이 이루어
지고, 양자가 모두 '훈고'는 의리로 나아가는 전제임을 강조하는 것처럼 보인다
는 점이다. 그러나 위에서 인용한 소라이의 자술과 그가 말한 "사물과 이름이
맞은 뒤에라야 비로소 훈고가 밝아진다"는 것에 비추어 보면, 소라이가 강조하

---

11) 『論語徵』, 乙卷, 136쪽.
12) 『徂徠集』, 卷二十七, 「答屈景山」 第1書, 294~295쪽.
13) 『弁道』, 第1條, 200쪽.

는 것이 '사辭'에 있음을 알 수 있다. 고문사를 익히면 '전주傳注'와 '훈고'도 필요 없다는 것이 소라이가 자주 강조하는 관점이다. 소라이의 뜻을 자세히 따져 보면 사실 훈고는 '사물과 이름'의 뒤에 존재하고, '사물과 이름'을 파악하는 것이야말로 옛 사람과 직접 대화하는 선결 조건이다. 또한 '사물'은 분명히 '이름'보다 더 중요한 것으로서, 소라이의 말처럼 "육경은 사물이고, 그 안에 모든 도가 존재한다."[14] 그러므로 '사물'은 '이름'보다 내포나 외연적 측면에서 더 넓고 포용성이 크다는 것을 알 수 있다. 그래서 그는 "내가 물러서서 육경을 구하게 된 것은 오직 사물 때문이고" "군자는 반드시 세상을 논하되 역시 사물에 근거해야 한다"라고 즐겨 말했다.[15] 심지어 '사물'이 유교적 교화 시스템의 전제 조건이 되어 소라이는 '사물이 교육의 요건'이라고 했다.[16] 여기서의 '사물'은 구체적으로 『주례周禮』의 '향삼물鄕三物'(六德·六行·六藝)과 '향사오물鄕射五物'(和·容·主皮·和容·興舞)을 말한다. 여기서 말하는 '사물'(物)이란 것은 사실 인간 문화의 '일'(事)이지 결코 자연계의 객관존재가 아니다. 그 '사물'이 있으면 반드시 그 '이름'이 있기 때문에 각종 명물名物제도가 구성되어진다. 그러나 각종 명물은 또한 모두 고문사古文辭에 존재한다. 총괄하여 말하자면, '사辭', '문文', '물物'은 소라이의 고문사학 중에서 세 가지 핵심개념을 이루고 '도道'가 함께 존재하는 필수 조건이 된다. 상대적으로 '전주'와 '훈고'는 그보다 낮은 것으로서 성인의 도를 파악하는 데 필수적인 조건이 아니다. 왜냐하면 소라이의 입장에서 보면 훈고와 전주는 공자 시대 이후의 산물에 불과하기 때문이다.

요컨대, 고문사를 익혀 '이름과 사물'(名物)을 파악하고, 다시 이름과 사물로부터 그 안의 도를 파악하게 된다. 그러는 과정에서 주석과 훈고는 자연히 말하지 않아도 밝혀지는 것이다. 이로부터 소라이는 청나라 유학자들처럼 훈고를 의리의 다른 한 극에 둔 것이 아니라는 사실을 알 수 있다. 그리고 더더욱

---

14) 『學則』(『荻生徂徠』[『日本思想大系』 36]), 第3條, 第257쪽.

15) 『學則』, 第3條·第4條, 257쪽 참조.

16) 『弁名』(『荻生徂徠』[『日本思想大系』 36]), 「物」, 第253쪽.

글자로부터 단어를 알고 단어로부터 도리를 밝히는[17] 그러한 명확한 의식이 소라이에게 없었음을 알 수 있다. 그래서 어떤 학자는 소라이학이 아직 고증학의 단계에 이르지 못했다[18]고 지적했는데 일리가 있다고 하겠다. 소라이의 이른바 고문사학은 문자학, 음운학, 훈고학을 중시하는 청나라 유학자들의 취지와는 확실히 다르다. 이는 소라이가 일본의 유학자로서 자기의 문제의식을 가지고 있었기 때문이다. 예를 들어 그가 해결하려는 우선적인 과제는 어떻게 하면 중국과 일본의 언어를 하나로 연결하여 하나의 '번역학'(譯學)을 만들어 더 큰 목표를 달성할 수 있을 것인가는 것이다. 즉 그는 "고금古今을 통틀어 하나로 하는 것이 곧 나의 고문사학이다"[19]라고 했다. 하지만 고문사학은 소라이가 중국 고전에 대한 해석을 통해 그의 사상이론을 구축하는 수단에 불과했다.

2. 한어로 한어를 읽기

소라이에게 있어서 중국어는 외국어이므로 중국의 전적을 읽자면 우선 언어상의 난관을 통과해야 함은 말할 것도 없다. 그러나 스승도 없이 혼자서 중국 고서를 읽었다는 그의 경험담에 의하면, 그가 범상치 않은 언어 재능을 가지고 있었던 것 같다.

내가 모시던 돌아가신 아버지의 일상에 관한 기록이다. 내가 일고여덟 살이 되던 해에 아버지께서는 낮에 하던 일을 적으라고 명하셨다. 관청이나 손님이 와서 무슨 말을 하고 무슨 일을 했는지, 그리고 날씨가 바람이 불고 비 오고 흐리고 맑았는지, 또한 집안의 자질구레한 일들까지 모두 기록하도록 하였는데, 밤마다

---

17) 예를 들면 戴震(1723~1777)은 "由字以通其詞, 由詞以通其道"(『戴震全書』[『東原文集』, 卷九] 第6冊, 「與是仲明論學書」, 合肥: 黃山書社, 1995, 370쪽)라고 했다.
18) 賴惟勤, 「徂徠門弟以後の經學說の性格」, 『徂徠學派』(『日本思想大系』 37), 574쪽 참조.
19) 『徂徠集』, 卷十九, 「譯文筌蹄題言十則」, 198쪽.

자기 전에 말로 전해 주는 것을 글로 받아 적었다. 내가 아버지로부터 한 번도
직접 가르침을 받은 적이 없었지만, 열한두 살 때에 이미 혼자서 책을 읽을 수
있었던 것은 다 이 때문이다.…… 어려서부터 글이 눈과 귀에 익어서 읽는 족족
이해가 되고 강설講説을 싫어하지 않았다. 20)

이는 소라이가 일고여덟 살에 이미 글을 쓸 수 있었고, 열한두 살 때는
'구두句讀' 훈련을 한 번도 받지 않은 상태에서 스스로 '독서'하고 '읽는 것마다
이해가 되어' 다른 사람의 지도를 필요로 하지 않았다는 것이다. 여기서의
'구두'란 특별히 일본에서 중국 서적을 읽는 훈독법을 지칭하는 것으로서 '화훈和
訓'이라고도 한다. 즉 명사가 앞에 있고 동사가 뒤에 있는 일본어 어순에 따라
중국어의 어순을 바꾸어 읽는 것인데 소라이는 이를 '화훈회환和訓廻環의 독법'이
라고 폄하했다.21) 그러나 소라이는 전혀 그런 제한을 받지 않고 자유롭게 중국
서적을 읽을 수 있었는데, 그의 자술에 따르면, 이는 '어릴 때' 아버지가 그에게
'말로 전해 주는 것(口授)을 글로 받아 적도록' 한 덕분이다. 독학으로 외국어를
습득하는 것은 결코 불가능한 일이 아니기 때문에 소라이의 자술에 의문을
가질 이유는 없는 것 같다. 그러나 소라이가 그의 경험에 근거하여 직접 '한어漢語

---

20) 위의 책, 196쪽. 『譯文筌蹄』는 대략 徂徠가 36세 때인 元祿 5년(1692)에 기초한 것으
로, 당시의 통속 일본어로 古漢語를 해설한 사전이다. 중·일 언어의 同訓異義 현상을
해설하는 데에 중점을 둔 이 사전은 총 1,675자의 한자를 수록하고 있으며, 초판
6권으로 正德 원년(1711)에 간행되었다. 후편 3권은 寬文 8년(1796)에 간행되었는데,
권두에 첨부한 '題言十則'은 책 편찬의 취지를 설명한 것으로서 소라이가 49세 때인
正德 5년(1715)에 기초한 것이다.

21) '和訓廻環'이란? 예를 들어, 『論語』의 '過則勿憚改'를 和訓讀法으로 읽으면 '過まてば改
むるに憚ること勿れ'이다. 그런데 徂徠는 이를 중국어 발음으로 직접 'コウ ツエ ホ
ダン カイ'로 읽어야 한다고 주장했다. 이는 일본어 독음으로 중국어 독음을 표시하
는 것이다. 칸트를 연구하려면 칸트의 독일어 원작을 읽어야 한다는 것처럼 당대
학술적 시각에서 보면 놀랄 일이 아닌 것 같지만, 17세기 도쿠가와 일본의 사회적
배경에서 소라이의 주장을 들은 사람치고 "처음에 깜짝 놀라지 않은 사람이 없었
다."(『徂徠集』, 卷十九, 「譯文筌蹄題言十則」, 194쪽) 방법은 일종의 도구 이성일 뿐이
며, 최종 목표는 중국인이 되는 것이 아니라 중국문화의 우열을 꿰뚫어 보기 위한
것이다. 최소한 徂徠에게는 그러한 야망이 있었다.

로 한어를 이해'하는 독서법(소라이는 '학문의 법'이라고 했다)을 고안해 냈는데, 이것이 고전해석학에서 '고언古言으로 고의古義를 증명'하는 주장과 맞물려 있다는 점은 주목할 만하다.

소라이는 만년에 그의 『역문전제제언십칙譯文筌蹄題言十·則』에서 학문을 어떻게 할 것인가에 대한 방법론의 원칙을 총결하면서, '강설講說'로써 『한서漢書』를 설명하는 것을 듣기 몹시 싫어했다는 뜻을 드러냈다. 그는 그러한 강설은 '열 가지 해로운 점'(十害)이 있지만 이로운 점은 하나도 없으며, '열 가지 해로운 것'으로부터 백 가지 폐단을 일으키는데 그 병의 근원은 "귀를 귀하게 여기고, 눈을 가볍게 보며, 독서를 폐하고 듣기에만 열중하는 것"이라고 보았다. 소라이는 직접 독서할 것을 극력 주장하면서 이런 폐단을 없애려 했다. 그가 자랑스럽게 여기는 최상의 학습 방법은 다음과 같다.

> 그렇기 때문에 나는 지식이 없는 자들에게 학문의 법을 제정했는데, 먼저 기요우의 학(崎陽之學)22)을 공부하면서 속어俗語를 가르치고 화음華音을 낭독하며 그 지방의 방언을 번역하도록 하고 절대 화훈회환和訓廻環으로써 읽지 못하게 했다. 처음에는 자잘한 두세 글자로 글을 짓게 하고 나중에는 책을 읽도록 했다. 기요우의 학문을 이루어야 비로소 중화인中華人이 될 수 있고, 그런 후에야 경사자집經史子集의 4부를 조금씩 읽어 나갈 수 있게 되는데, 이렇게 되면 그 기세는 파죽지세로 최상의 상태에 이를 수 있다.23)

이는 '화훈회환'의 방법을 철저히 막고 중국어 발음, 그것도 중국어 구어의 발음부터 배우기 시작했다는 것이다. 독음讀音을 습득하면 중국 사람이 될 수 있고, 그런 뒤에 티끌 모아 태산이 되는 식으로 경사자집經史子集 4부의 책을 읽어 내려간다면, 마지막에는 『한서漢書』를 읽는 '파죽지세'의 최상의 경지에

---

22) 崎陽은 나가사키의 別名으로, 崎陽之學은 당시의 나가사키 '唐通事'(중국어 통역관)의 譯學에 대한 호칭이다. '唐話' 또는 '唐音之學'이라고도 불렀다.

23) 『徂徠集』, 卷十九, 「譯文筌蹄題言十則」, 195쪽.

이를 수 있다는 것이다.

그러나 "중국어는 간결하면서도 우아(文)한데, 일본어(方語)는 복잡하면서도 천하다." 따라서 '복잡하고 천한' 일본어로써 '간결하면서도 우아한' 중국어를 번역하고 해석하는 것은 궁극적으로 한계가 있다. "그러므로 번역한 말의 힘에는 결국 미치지 못하는 데가 있다. 그래서 번역을 '통발'이라고 한다."[24] '번역'은 하나의 '통발'일 뿐이다. '고기를 잡은 뒤엔 고기를 잡던 통발은 잊어버려라'라고 하는 (장자의) 설에 따르면 '통발'은 궁극적으로는 잊어버려야 하는 존재이다. 따라서 '번역'은 중국말을 이해하기 위한 편리한 방법일 뿐이며, 중국의 고문사학을 직접 파악하여 성인지도를 정통하는 것이 더 중요하다.

소라이는 궁벽한 벽지에 있어서 '기요우의 학'(崎陽之學)을 접할 수 없는 자들을 위해 '최상'의 방법 외에 이에 버금가는 방법을 제정했는데, 구체적인 내용은 여기서 번잡하게 인용하지 않겠다. 재미있는 것은 '버금가는 방법'에도 소라이가 큰 기대를 걸었다는 점이다. 그는 처음에는 사서오경四書五經 및 『소학小學』, 『효경孝經』, 『문선文選』과 같은 책을 화훈和訓으로 읽는 것을 허락했고, 그런 후에 『사기』와 『한서』를 각각 2, 3회 읽게 했다. 그다음에는 "화훈이 있기만 하면 일절 보지 못하게 하였고, 사마온공司馬溫公의 『자치통감』과 같은 화훈이 없는 책으로써 가르치고 한 번 읽게 하여 읽을 수 없는 책이 없게 된 상태에 이른 후에야 비로소 중화의 제생諸生이 되게 했다." 이렇게 '버금가는 방법'에 따라 책을 읽어도 나중에는 '중화제생中華諸生'이 될 수 있는 것이다. 이 과정에서 '화훈을 멀리하면서 독서하는 것이 진정한 독서법'이라는 점을 기억하는 것이 대단히 중요하다.[25] 최상의 독서법의 적용 대상자가 직업적인 유교를 지향하는 젊은 학자들이라면 이들을 중화제생으로 육성하는 것은 연구의 관점에서 보면 이해할 만하다. 하지만 벽지에 있는 '누추한 곳'의 출신자들에게도 동일한 기준

---

24) 『徂徠集』, 卷十九, 「譯文筌蹄題言十則」, 198쪽.
25) 위와 같은 책, 196쪽.

을 적용한다면 일본 지식인들 모두가 '중화인'이 되고 마는 것이 아닌가? 사실 소라이의 의도는 독서력에서 '중화제생'과 같은 뛰어난 기능을 키움으로써 중화 전적中華典籍의 중심을 직접 공략하고, 중국인과 같은 언어능력으로써 중국인과 대화(사실은 주로 경전과의 대화)하는 것이었다.

소라이가 창도한 화훈和訓을 배제하고 한적漢籍을 '직독直讀'하는 것을 특징으로 하는 '학문 방법'은 겉으로 보기에는 다소 심오하여 짐작하기 어렵지만, 그 당시 특히 소라이가 창립한 '훤원학사蘐園學社'에서는 그 영향이 매우 광범위하여 문장의 품평은 왜기倭氣의 유·무를 기준으로 하고, 학문적 소양의 높고 낮음은 '중국 발음'(唐音)의 가능 여부를 기준으로 삼는 기풍까지 형성되었다. 예를 들면, 소라이는 진사이를 "왜훈倭訓으로 글 읽기를 면치 못했다"26)라고 비판했다. 또 소라이의 문하에 중국의 고문사에 서툰 제자 히라노 긴카(平野金華, 1688~1732)의 한문 저서 『금화고산金華稿刪』이 구설수에 올랐는데, 그 이유는 "왜 자倭字·왜구倭句·왜기倭氣가 있고, 옛것을 쓸 때마다 잘못 쓰고, 주제넘게 활용하는 것이 많다"라는 것이었다.27) 또 아메노모리 호슈(雨森芳洲, 1668~1755)의 『귤창다화橘窓茶話』에 따르면, 그는 젊은 시절 주순수朱舜水의 제자인 이마이 히로스미(今井弘濟, 1652~1689)가 '당음唐音을 아주 깊이 통달했다'는 소문을 듣고 너무 부러워하였다. 그래서 히로스미의 제자에게 '당음만으로 독서하는가'라고 물으니 "당음을 그대로 쓰면서도 훈독도 버리지 않았다"라는 대답을 듣고 '이분이야말로 중국 학문을 배우는 사람 중에서 훌륭한 분'이라고 평가했다.28) 그리고 소라이의 수제자인 다자이 슌다이(太宰春台, 1680~1747) 역시 직독법을 극력 주장하면서 '왜어'로 '중화의 서적'을 읽는 것을 반대했다. 그는 『왜독요령倭讀要領』에서

---

26) 『論語徵』, 庚卷, 180쪽.
27) 宇野明霞(1698~1745), 『明公四序評』(1772年刊)에 「彈金華稿刪」을 부록함. 原念齋 著, 源了圓·前田勉 譯注, 『先哲叢談』, 卷七, 「平野精華」 第8條(東京: 平凡社, 1994, 東洋文庫 本), 361~362쪽에서 인용함.
28) 『朱舜水集』, 附錄五, 「友人弟子傳記資料」 13, '今井弘濟'(北京: 中華書局, 1981), 835쪽에서 인용.

소라이의 독서법을 거듭 밝히며 "선생님(필자 주: 소라이를 가리킴)은 중국어에 능하고, 특히 괴이한 독법을 싫어했으며 나와 마음이 잘 맞았다. 왜독倭讀이 어려울 뿐만 아니라 크게 해를 끼치는 것도 알아야 한다.…… 왜어倭語로 중국 서적을 읽을 수 없음을 알 것이다"29)라고 했다. 이 책은 상·하 두 권으로 나뉘는데, 그중 일부의 문장 이를테면 '일본에 문자가 없다는 설', '중국 문자가 이곳에서 유행하기 시작했다는 설', '뒤집어 읽기는 글 뜻을 해친다는 설' 등은 사람들의 주의를 끌었다. 다자이 슌다이는 문자학 등의 관점에서 '한어漢語로 한어漢語 읽기'라는 소라이학의 언어 방법론의 중요성을 일층 강조했다.

그러나 소라이의 입장에서 볼 때, 한어로 한어를 읽거나 한어로 한어를 아는 것은 사실 초학 입문의 첫 관문으로서, 기껏해야 '문장을 지을 줄 모르는 중국 사람'30)이 될 뿐이다. 고급 목표는 '고문사학'을 이해하는 것에 있다는 점을 유의해야 한다. 소라이가 한어로 한어 읽기를 주장한 까닭은 중국어와 일본어의 단어는 흔히 '뜻은 같지만 표현이 달라' 만약 화훈의 방법으로 중국어를 읽으면 뜻은 통할 수 있으나 언어의 맛을 느낄 수 없다고 보았기 때문이다. 더욱 중요한 것은 '언어는 시대에 따라 달라지고'(語以代異) 언어 자체 또한 기격氣格·풍조風調·빛깔과 광택(色澤)·신비스런 이치(神理)를 갖고 있기 때문에 언어를 모르면 고금古今과 아속雅俗의 언어 맛을 제대로 파악할 수 없다. 『시경』 읽기가 특히 그러한데, "의미만 얻고 말을 모르면 『시』를 다 알았다고 할 수 없다." 『시경』은 인정人情을 표현하기 때문에 『시』를 다 알지 못한 결과는 "의미만 얻고 말을 모르는 자로서 그 정情을 다하지 못하게 된다."31) 즉 중국 옛사람들의

---

29) 『倭讀要領』 上, 「序」(早稻田大學藏, 享保 十三年[1728]刻本), 2쪽下~3쪽下.

30) 예를 들어, 소라이는 그의 '독서법'이 다른 학자들과 "근본적으로 다른 점은 일본어로 한어를 추측하는 것과 한어로 한어를 알기이다.…… 이것은 학문을 받아들이는 기초 터전이므로 입문하는 초학자들의 첫 관문이다. 이 관문을 뚫어야만 비로소 학식이 제대로 없고 문장을 지을 줄 모르는 중국 사람이 된다."(『徂徠集』, 卷二十六, 「與江若水」 第5書, 276쪽)라고 명확히 제시했다.

31) 이상의 내용은 『徂徠集』, 卷二十五, 「答崎陽田邊生」, 265쪽에 있다.

정情을 제대로 파악하지 못한다는 것이다.

언어의 번역에는 항상 한계가 존재한다는 것이 소라이가 중국어로 중국어를 읽어야 한다고 주장하는 또 다른 중요한 이유이다. 그는 중국어와 일본어가 "체질이 본래 다른데 어떻게 정확하게 맞아떨어질 수 있겠는가?"라고 생각했다. 그는 '화훈회환和訓廻環'의 독법을 활용하면 대의大意는 알 수 있지만 실제로는 대단히 견강부회하고 신발을 신고 발바닥 긁는 것과 같다고 보아, "학자는 우선 중국 사람들의 말부터 배워 그 본래의 면목을 알아야 한다. 그런데 그 본래의 면목을 중국 사람들이 제대로 알지 못하니 어찌 그 몸이 바로 여산廬山 속에 있기 때문이 아니겠는가?"32)라고 하였다. 소라이는 그만큼 상당한 자신감을 갖고 있음을 드러냈다. 그는 한어漢語의 본래 면목을 중국인 자신들조차도 '몸을 여산에 담고' 있기 때문에 잊어버렸지만, 일본 사람들이 오히려 한어의 여산 정체를 더 잘 알고 있을 가능성이 있다고 믿었다. 이는 아마 당시의 일본 유학자들이 들으라고 한 말일 것이다. 소라이가 무엇이 '원래의 모습'인가에 대해서는 구체적으로 밝히지 않았지만, 그 뜻은 대체로 그 당시의 송나라 중국에서 이미 전해지지 않고 있는 서한西漢 이전의 고문사를 가리킨다는 것을 쉽게 짐작할 수 있다. 요컨대, 한자로 한서를 읽는 것은 초급이지만 반드시 필요한 언어 훈련이다. 중요한 것은 고문사를 기준으로 중국의 고언을 파악하는 것이며, 그래야만 한 단계 더 도약하여 '고언으로 고의를 증명하는' 것을 실현할 수 있다.

3. 고언으로 고의를 증명하기

소라이는 『논어징論語徵』의 「제언題言」에서 그가 이 저서를 쓴 이유를 다음과

---

32) 이상의 내용은 『徂徠集』, 卷十九, 「譯文筌蹄題言十則」, 192~193쪽에 있다.

같이 설명했다.

나는 '고문사古文辭'를 배운 지 10년이 지나 조금씩 '고언古言'이 있음을 알게 되었
다. 고언이 분명해진 이후에 고의古義가 정해지고 선왕의 도를 얻어서 말할 수
있을 뿐이다.…… 그러므로 함부로 스스로를 헤아리지 않고 아는 바를 공경히
서술하고, '알지 못하는 것은 우선 그냥 놓아둔다.'³³⁾ 까닭이 있고, 뜻이 있고,
지적하여 들추어낸 것이 있는 것은 모두 고언을 근거로 검증하였다. 그러므로
이것들을 합하여 이름 짓기를 『논어징論語徵』이라고 하였다.³⁴⁾

여기서 "고언이 분명해진 이후에 고의가 정해지고" "고언을 근거로 검증하
였다"라는 표현은 '고언으로 고의를 증명하기'라는 소라이학의 경전해석 방법론
주장으로 귀결된다. 그러나 반드시 지적해야 할 것은 '고언으로 고의를 증명하
기'는 소라이의 입에서 나온 것이 아니라 도쿠가와 말기의 유학자인 가메이
쇼요(龜井昭陽, 1772~1836)가 소라이학의 성격을 규정하면서 한 말이다. 비록 소라
이를 비판하려는 것이 그의 의도였지만, 소라이의 고전 해석 방법의 요령을
잘 이해하고 있었다. 쇼요는 "고언으로 고의를 증명하기는 소라이가 터득한
바이다. 그러나 그 증명이 경솔함이 많고, 견강부회와 날조가 많은데, 재능과
식견은 당당하지만 문리가 치밀하지 못한 탓이다"³⁵⁾라고 했다. 즉 고언으로

---

33) 역자 주: 『論語』, 「子路」, "군자는 자기가 알지 못하는 것에 대해서는 우선 놓아두는
    것이다." 참조.
34) 『論語徵』, 「題言」, 4쪽, "古余學古文辭十年, 稍稍知有古言. 言明而後古義定, 先王之道可得
    而言已……是以妄不自揣, 敬述其所知, 其所不知者, 蓋闕如也. 有故有義, 有所指摘, 皆征諸
    古言, 故合命之曰, 『論語徵』."
35) 『家學小言』. 원문은 일본어이다. 賴惟勤, 「藪孤山と亀井昭陽父子」, 『徂徠學派』(『日本思
    想大系』 37), 567쪽에서 인용함. 흥미로운 점은 소라이학의 비판자인 片山兼山(1730~
    1782)이 '고언으로 고의를 증명하기'의 방법론으로 古文 즉 古學派(赤松豐泰, 「題垂統後
    編首(1780). 張崑將, 「片山兼山『論語一貫』的解釋特色」, 『東亞論語學: 韓日篇』, 臺北: 台大
    出版中心, 2009, 442쪽에서 인용)를 비판했다는 점이다. 이로부터 도쿠가와 중기와
    말기에 이미 한어로 한서를 읽거나 고서로 고서를 증명하기는 방법상 가능하다고
    인정하는 풍조가 있었음을 알 수 있다. 그러나 문제는 經傳義理(즉 소라이가 말하는

고의를 정립할 수는 있지만 이 방법을 잘못 쓴 소라이의 경전 해석이 종종 틀리는 이유는 소라이가 '재능과 식견'은 대단히 높지만 신중하게 증거를 찾는 정신이 부족하기 때문이라는 것이다. 이 비평이 적절한지는 여기서 따지지 않겠지만, 특히 지적해야 할 것은 고언으로 고의를 증명하기는 소라이가 중년의 '오도悟道'(엄밀히 말하면 고문사에 대한 깨달음일 뿐)를 거쳐 확립한 방법론적 입장이라는 의미에서 그 중요성은 소라이학에 있어서 결코 간과할 수 없다는 점이다.

만약 도道 즉 안민安民의 도에 대한 재해석을 통해 도에 대한 '탈형이상학화'를 실현하는 것을 소라이학 사상구조의 논리적 출발점이라고 한다면, 소라이가 창도한 '한어로 한어를 읽기'나 '고언으로 고의를 증명하기'는 그 사상구축에 있어서의 언어 방법론이다. 그러나 소라이 사상의 형성 과정에 대해 말하자면, 이 방법은 중년 이전에 이미 완성되었기 때문에 그가 유학 경전의 고의를 새롭게 해석할 수 있는 토대가 마련되었다. 그러나 '고언으로 고의를 증명'하는 두 가지 전제 설정, 즉 고언과 고의를 어떻게 입증하느냐가 소라이학의 큰 문제이다.

일반적으로 고언과 고의가 무엇인지는 사학적 판단기준이 있으며, 이러한 판단기준은 한적漢籍을 많이 읽은 경험을 통해 얻어지고 또 검증 가능한 것이다. 그러나 우리는 이것이 그렇게 간단한 것이 아님을 발견하게 된다. 많은 경우, 소라이가 이것이 '고언'이고 저것이 '고의'라고 판단할 때에, 종종 문헌의 출처를 통해 우리들로 하여금 그가 이렇게 판단하는 역사적 근거를 알 수 있도록 하지 않는다. 그래서 우리들로 하여금 그에게 또 다른 판단 기준, 즉 이론 기준—송유에 대한 청대 유학자들의 비판인 '리理로써 경전을 해석하는 의리義理 기준'을 그대로 적용하는 경향이 있는 것으로 의심하게 한다. 따라서 소라이의

'古義)에만 관계되면 논란으로 이어졌다. 兼山이 의리상 聖人之道의 중요한 이치를 알지 못하고 무턱대고 "한 글자 한 글자의 의미를 구하는 것은 고서를 널리 읽지 않은 탓"(『垂統』前編甲. 위에서 제시한 張崑將의 글, 449쪽에서 인용)이라고 徂徠를 비판한 것이 바로 그 한 예이다.

방법론이 송대 의리학에 대한 비판을 지향하고 있음에도 불구하고 그 방법론 자체는 이미 또 다른 의리학으로 빠져들게 되었다. 경전 중의 고언과 고의는 역사학적으로 글자의 훈고 등을 거쳐 재발견될 수 있다. 그러나 해석학의 견지에서 보면, 고언과 고의에 대한 해석자의 재발견은 해석자의 주관적 견해와 사상적 입장이 스며들기 마련이다. 특히 유교학자들이 사상가로서 유교경전 텍스트를 해석할 때에 그 해석 과정에는 의리 판단이 수반될 수밖에 없다. 해석자가 자각적으로 모든 관점과 입장을 스스로 배제하고 오직 문자의 원뜻만을 추구하는 것을 궁극 목표로 한다면 모르겠지만 말이다. 그러나 만약 그렇다면 이른바 해석은 해석학이 아니라 석자학釋字學이어야 한다.

소라이가 송유宋儒의 의리학을 깊이 혐오하는 것은 의심할 바 없는 사실이다. 그러나 소라이의 비판 무기가 자의학字義學이나 훈고학일 뿐이라고 생각한다면 그의 사상의 힘을 과소평가하는 것이 된다. 사실, 소라이는 어떤 문자가 어떤 의미인가를 해석하는 것은 '자고字詁'의 작업일 뿐이라는 고집스러운 관점을 가지고 있었고, 이에 대해 그는 항상 대수롭지 않게 여겼다. 그는 심지어 "문자학(字學) 학자들과 같은 사람들은 나는 정말 싫다. 문자학자들은 모두 육서六書의 본뜻을 모르는 자들로서, 초라하고 추하다"[36]라고 자신의 감정을 솔직히 말하기도 했다. 여기에서 그는 '우주 속 인물 헐뜯기'의 본색을 그대로 드러내고, 문자학자와 의리학자 모두의 미움을 사게 되는 것을 마다하지 않았다. 흥미로운 것은 그가 문자학자들을 질책할 때 그들이 '본뜻'을 모른다는 것이 그 이유인데, 이는 그가 경전의 '본뜻'(本旨)과 '본의미'(本意)를 더 중시한다는 것을 말한다. 그러나 그에 의하면 육경의 근본 취지는 훈고나 의리에 있는 것이 아니라 '사事'와 '사辭'에 있다. 『시경』이 '인정' 때문에 만들어진 것과 같이, 모두 '밭 가는 농부와 베 짜는 여인'(田畯紅女)의 입에서 나온 것이므로 "어찌 훈고가 필요하고, 의리를 말할 수 있겠는가? 『시』를 해석하는 자는 그 사유事由를 서술하는

---

36) 『徂徠集』, 卷二十四, 「復水神童」 第2書, 261쪽.

것으로 충분하다."37) 즉 훈고와 의리로써 '『시』를 해석하기'에는 부족하고, 『시경』을 시골 아낙네들의 입에서 나온 '서사시'로 간주하면 족하다고 직언했다. 우리는 소라이가 무슨 근거로 이렇게 단언하는지는 알 수 없으나, 그 말투는 '국내 최고의 인물'이라는 자부심으로 꽉 찼음을 느낄 수 있다. 그렇다면 경전의 '사유事由'는 무엇으로 알 수 있을까? 소라이는 사事와 사辭는 육경의 근간이고 경문의 뜻을 파악하는 열쇠이기에 '고문사'를 먼저 발견하는 것이 중요하다고 여겼다. 그는 "나는 직접 경문에 근거하고 사事와 사辭로 증명하므로 더는 훈고와 주석을 필요로 하지 않는다"38)라고 자랑스럽게 말했다.

이처럼 소라이에게 있어서 '고언'은 글자나 단어만이 아니라 고문사에 해당하고, 옛말에는 옛 뜻이 있기 때문에 옛말을 알면 옛 뜻을 파악할 수 있다. 이것이 바로 고언으로 고의를 증명한다는 기본적인 사고 맥락으로서, 문자 훈고는 상대적으로 중요하지 않다. 예를 들어 인仁에 대하여 그는 "인은 기르는 (養) 도이므로 나라를 다스리는 길이다"39)라고 해석했다. 이 해석은 문자 훈고의 원칙에서 완전히 벗어난 소라이만의 이른바 고문사에 기초한 의리해석이다. 그러므로 소라이는 종종 문자 풀이조차 거들떠보지 않고, 진한秦漢 이전의 책을 직접 읽고 고언과 고의를 제대로 익히기만 하면 성인의 도가 바로 그 손안에 있다고 여겼다.

> 학자가 진한秦漢 이전의 책을 읽을 수 있고 고언古言을 안다면, 육경과 『논어』의 주해에 의거할 필요가 있겠는가? 고언이 밝혀지면 고의를 말할 수 있게 되고, 고의가 분명하면 옛 성인의 도는 마치 손바닥을 보듯이 알기 쉬울 것이다.40)

---

37) 『徂徠集』, 卷二十四, 「復水神童」第1書, 257쪽.
38) 『徂徠集』, 卷二十八, 「復安澹泊」第3書, 303쪽.
39) 『弁道』, 第9條, 203쪽. '養道'란 즉 수신의 도이고 대체로 養其善과 養其物이란 두 가지 의미가 있다. 예를 들면, "修身之道, 亦養其善而惡自消矣"(『弁道』, 第9條, 203쪽), "大氐物不得其養, 惡也. 不得其所, 惡也. 養而成之, 俾得其所, 皆善也"(『學則』, 第6條, 258쪽)이다. 하지만 徂徠는 "성에 대한 말은 老莊에서부터 비롯되었다"(『弁道』, 第9條, 204쪽)라고 여겼기 때문에 性에 대한 수양을 말하지 않았다.

그러나 소라이가 '자의字義'를 일률적으로 배척한 것은 아니고, 때로는 '자의'도 중요하게 생각한 것 같았고, 송유들이 '자의'를 모르고 '도'는 더욱 알지 못했다는 비판까지 했다. 그는 "송유들은 글자의 뜻에 어둡고 도를 알지 못한다", "대개 송유들은 글자의 뜻을 소홀히 하고 되는 대로 학설을 만들었다"41)라고 했다. 그는 심지어 "진사이는 글자를 모르고", "주자는 고언을 모른다"42)라고까지 질책했다. 또 "후세의 유학자들은 대부분 글자만 알고 옛말은 몰랐는데…… 옛말을 모르고 글자풀이를 하려고 하니 실수할 수밖에 없다"43)라고 했다. 한편에서는 송유가 글자의 뜻을 알지 못한다고 비판하면서, 다른 한편에서는 송유가 '글자'만 알고 '옛 뜻'을 알지 못한다고 비판했는데 결국은 '글자로써 글자를 풀이하는' 기존의 틀에 빠진 것이다. 글자만 안다고 하여 글자의 뜻을 파악했거나 고언古言을 아는 것을 의미하지 않으며, 고문사古文辭를 파악하는 것과는 더구나 거리가 멀다는 것을 알 수 있다. 특히 지적해야 할 것은 송유에 대해 "고문사를 알지 못한다"라고 한 소라이의 비판44)은 "송대宋代 사람들이 글자를 모른다"라고 한 청대淸代 초기의 고증학자인 혜동惠棟(1697~1758)의 비판과 어투가 매우 흡사하다는 점이다. 두 사람이 송유를 격렬하게 비판하는 입장 뒤에는 서로 다른 의식의 뿌리가 있지만 18세기 초 이역異域에서 날아온 이런

---

40) 『徂徠集拾遺』 上(『近世儒家文集集成』 第3卷),「與県次公書」, 401쪽, "學者苟能讀秦漢以前 之書, 而有識古言, 則六經論語何假注解也. 古言明, 而後古義可得而言焉. 古義明, 而古聖人 之道如示諸掌焉."

41) 『論語徵』, 乙卷, 107·104쪽.

42) 『論語徵』, 乙卷, 136·123쪽. 徂徠에게 있어서 글자를 모르는 것은 간단한 잘못에 지나지 않고, 보다 엄중한 것은 古文辭를 모르는 것인데 "주자는 古文辭를 모른다"(『論語徵』, 庚卷, 178쪽)라고 비판했다. 또 그는 "후세의 유학자들은 辭에 어두울 뿐만 아니라 '抑亦'과 같은 글자도 제대로 알지 못하는데 이는 글자의 기초가 부실하기 때문이다"(위와 같은 책, 205쪽)라고 했다. 古文辭를 모르는 것이 글자를 모르는 것보다 더 큰 잘못이라고 여겼음을 알 수 있다. 徂徠는 仁齋를 宋儒와 비교하면 분명 송유의 아류에 지나지 않는다고 여겼기 때문에 "송유도 몰랐는데 하물며 仁齋겠는가?"(위와 같은 책, 169쪽)라고 했다.

43) 『論語徵』, 乙卷, 130쪽. 이는 주희에 대한 徂徠의 비판이다.

44) 『論語徵』, 戊卷, 19쪽.

사상적 비판은 눈여겨볼만하다.

그렇다면 소라이는 어째서 송유宋儒들이 "글자를 모른다", "옛 뜻을 알지 못한다"라고 했을까? 여기서 예를 들어 설명하면 좋겠다. 예를 들면『논어』 「위정」의 '온고지신溫故知新'장에 관하여 소라이는 형병邢昺의 소疏와 주자의 주注 는 '고故'를 '이전에 배웠던 것', '이전에 들었던 것'이라고 풀이했는데, 이는 모두 "자의字義에 의해 해석한 것으로서 옳지 않다.…… 고언古言을 모르고 글자 로 글자를 해석하면 다른 책으로 미루어 보아도 통하지 않는다"45)라고 지적했 다. 이처럼 고언을 알지 못하는 것은 글자의 뜻을 몰라 저지른 잘못보다 더 심각한 것임을 알 수 있다. 송유는 '자의를 소홀히 하고' '글자로만 해석했으며' '고문사'에 대한 근본적인 이해가 부족했기 때문에 옛 뜻을 제대로 이해할 수 없었다는 것이다. '의리로써 경전을 해석하는' 송유들의 잘못보다 더 엄중한 것은 없다고 하면서 소라이는 "후대의 유학자들은 공자의 도가 바로 옛 성인의 도이고, 옛 성인의 도는 예의를 다하는 것임을 알지 못하고,『논어』를 해석함에 있어서 모두 의리로 해석하는데 의리에 근거가 없으니 제멋대로 날뛰며 자행하 는 것이 어찌 잘못이 아니겠는가?"46)라고 호되게 꾸짖었다. 소라이에 의하면 경전 해석이 '의리'로 선행되어야 한다면, 이러한 경전 해석은 글자의 뜻을 소홀히 하고 옛말을 모르는 것보다 더 심각한 오류를 초래할 수 있다. 왜냐하면 '의리'란 근거가 없고 모두 후대의 하나의 견해일 뿐이기 때문이다.

역사적으로 볼 때, '글자로써 글자를 푸는 것'(以字解字)은 문자 훈고학의 영역으로서 경전 해석의 필수적인 일환이다. 그런 의미에서 대진戴震이 말한 글자로부터 단어를 밝히고 단어로부터 도를 밝히는 것과, 훈고가 분명한 뒤라야 육경을 말할 수 있다는 소라이의 주장은 모두 경전 해석에 있어서의 정상적인 절차다. 그러나 소라이는 '글자로 글자를 푸는 것'을 대단히 못마땅하게 여기면

---

45) 『論語徵』, 甲卷, 71~72쪽.
46) 『論語徵』, 戊卷, 13~14쪽.

서 이는 '고언古言'을 모르기 때문이고 '다른 책을 미루어' 보면 글자로 글자를
푸는 오류를 바로 알아차릴 수 있다고 보았다. 이른바 '다른 책을 미루어'라는
것은 이미 '경전으로 경전을 해석'한다는 발상이 담겨 있고, 이른바 '경전으로
경전을 해석'하는 것이란 사실 청대 고증학자들도 일반적으로 사용하는 다른
경전으로 본 경전을 해석하는 경학해석 방법의 하나이다. 소라이가 말한 '다른
책을 미루어'란 유가의 다른 경전, 심지어 다른 고서까지 사용해서 『논어』
중의 어떤 '고언'을 설명할 수 있다는 뜻으로서, 『논어』에만 국한되어서는 안
된다는 것이다.47) 소라이의 해석학에서는 유교경전이 서로 얽혀 있어서 서로
증명할 수 있는 시스템임을 분명히 인식한 것으로 보인다. 그가 강조한 고문사학
에는 사실 이런 특색이 있다. 즉 '고언古言'은 성문成文 체계이고, '자의字義'나
'자고字詁'를 파악하는 것은 필요하지만, '고문사학'의 뜻을 다 드러낼 수 없고,
'고의古義' 또한 진정으로 파악하기 어렵기 때문에 고전 시스템에 대한 전체적인
파악이 중요하다. 소라이가 "무릇 옛날의 이른바 도道란 선왕의 도를 말한다"48)
라고 감히 단언할 수 있었던 까닭은 바로 그가 '다른 책을 미루어' 볼 수 있었기
때문이다. 오직 그렇기 때문에 그는 "무릇 여러 책에서 '천하에 도가 있고'
'나라에 도가 있고' '(나라에) 도가 없다'라고 한 것은 다 임금을 놓고 한 말이

---

47) 소라이는 推諸他書가 어떤 책들인지는 명확히 알려 주지 않았다, 나는 그의 한 통의
서한에서 그가 추천한 책 목록을 발견했는데, 아마도 그가 늘 '미루어 보는'(推) 증거
로 사용했던 것 같다. 그는 옛날에는 다른 책이 없었고 『상서』만 "사관들이 기록한
것으로서 예로부터 있었다." 이 밖에 『논어』, 『역전』, 『左氏』, 『戴記』(즉 『禮記』), 『家
語』(즉 『공자가어』), 『孟子』, 『荀子』, 『顏子』, 『墨子』 등 제가들이 인용한 詩書만 있었
는데, 지금 남아 있는 것과 같아 옛 경전임을 의심할 수 없다"(『荻生徂徠』, 「復水神童」
第2書, 513쪽)라고 하였다. 소라이에 의하면 이 도서 목록에 열거한 것들은 모두 古經
이고 그 속에는 유가의 경전 외에 諸子들의 작품도 있다. 그러나 『공자가어』뿐만 아
니라 『荀子』, 『墨子』 등 諸子들의 저서까지도 유가의 典籍과 병렬하는 古經으로 보는
것은 의심을 면할 수 없다. 소라이의 經典觀이 그 당시의 사람들과 완전히 다름을
알 수 있다. 하지만 그는 『가어』도 공자의 문하에서 나왔음을 믿었지만 『논어』와
비교하면 문자가 '아주 졸렬하다'(『徂徠集』, 卷二十四, 「復水神童」 第1書, 257쪽)라고
말했다.
48) 『論語徵』, 壬卷, 274쪽.

다"[49]라고 분명히 단언할 수 있었다. 그리고 그는 "고서로써 읽으면 송유들의 해석이 하나도 맞는 것이 없다"라고 감히 단언했다. 이상과 같은 모든 단언은 "나의 이른바 고언古言을 여러 고서에 미루어 보면 하나하나 들어맞고 예증例證이 아주 분명하다"[50]라는 소라이의 자신감에서 나온 것이다.

그러나 우리가 소라이의 '예증例證'이 어느 전적典籍에서 나왔고, 이른바 '고언'은 또 어디서 유래되었는가를 따져 물으면 의문점이 적지 않을 것이다. 사실 『논어징論語徵』을 조금만 살펴보아도 그가 판단한 이 '고언'과 저 '고어古語'는 거의 독단에 가깝고, 구체적인 고전의 출처를 찾아볼 수 없음을 알 수 있다. 사람을 멍하게 만들고 탄식하게 하지 않을 수 없다. 예를 들면, 소라이는 "인에 사는 것이 아름답다(里仁爲美)는 말은 고언古言이고 공자가 인용한 것이다.…… 이인里仁은 공자 때의 말이 아니므로 고언古言임을 알 수 있다"[51]라고 했다. '공자 때의 말이 아니다'는 것이 소라이가 '고언古言'을 판단하는 하나의 기준이다. 그런데 어찌하여 '이인'이 '공자 때의 말'이 아니라고 단정할 수 있는지에 대해서는 소라이가 구체적으로 설명하지 않았다. 또 예를 들면, "허물을 보면 인자인지 아닌지를 알 수 있다(觀過斯知仁矣)는 말은 고어古語이다"[52], "위력爲力, 위정爲政은 모두 고언이다. 그리고 '주피主皮'도 고언이다"[53], "시서예악詩書禮樂은 모두 선왕의 도이므로 일언반구一言半句를 모두 다 도라 하고 고언古言이라 할 수 있다.…… '도道'자를 학자들이 잘 이해하지 못하는 것은 역시 고언古言을 알려고 하지 않기 때문이다"[54]. 또 예를 들면, "슬기로운 사람은 물을 좋아하고 어진 사람은 산을 좋아한다", "자기의 욕심을 누르고 예의범절을 따른다", "세 사람이 길을 가면 그 중에는 반드시 나의 스승이 있게 된다", "굳게 믿어 배우기

---

49) 위와 같은 책, 319쪽.
50) 『徂徠集』, 卷二十五, 「復谷大雅」, 272쪽.
51) 『論語徵』, 乙卷, 159쪽.
52) 위와 같은 책, 170쪽, "觀過斯知仁矣, 蓋古語."
53) 위와 같은 책, 130쪽, "爲力, 爲政, 古言也. 主皮, 亦古言也."
54) 『論語徵』, 戊卷, 36~37쪽, "蓋詩書禮樂, 皆先王之道惡, 故一言片句皆稱爲道, 古言爲爾."

를 좋아하고, 죽음으로써 도를 높여라", "사회에 나아가 사람을 만날 때에는 마치 큰 손님을 만난 듯이 경건하게 대하고, 백성을 부릴 때에는 마치 제사 모시듯 신중히 한다"라는 등의 널리 사람들의 입에 오르내리는 공자의 명언을 모두 공자 때가 아닌 '고언'으로 이해하였다.55) 그중에서 '극기복례克己復禮'와 관련하여 소라이는 이 말이 『좌전』에도 보이기 때문에 '고서古書의 말56)이라고 하였다. 이 밖의 거의 모든 '고언'에 대하여 소라이는 문헌의 근거를 구체적으로 제시하지 않았다. 왜 이렇게까지 했는지 곤혹스럽기만 하다.

그런데 이에 대한 해답이 있을 것 같은 단서가 하나 있다. 우리는 소라이가 『논어論語』「팔일八佾」 '임방林放이 예禮의 근본을 묻다'라는 장에 대한 해석에 주목하게 된다. 소라이는 공자가 임방의 질문에 대답할 때 갑자기 "예는 사치하느니보다는 검박해야 하고, 장례는 이것저것 갖추기보다는 진심으로 애통해야 한다"라는 두 마디를 던졌는데, 이것이 고어古語라고 바로 판단했다. "고어인 줄 어찌 알았겠는가?" 소라이는 위아래 글의 문맥에 근거하여 "답과 물음이 일치하지 않는다"57)라고 지적했다. 즉 답한 내용이 물음의 범위를 넘어섰다는 것이다. 이로써 우리는 소라이가 고언과 고어를 판단하는 준칙이 무엇이라는 것을 알게 된다. 소라이에 의하면, 공자가 제자들과의 문답 과정에서 갑자기 질문에 정면으로 대답하기 어려운 경우가 발생하면, 공자는 반드시 고선왕古先王의 고언古言을 '인용하여 서술하거나' 또는 '인용하여 외우거나' 함으로써 제자들이 스스로 '생각하여 얻게끔' 한다. 소라이는 "공자의 가르침이 모두 그러하다"58)라고까지 단언하였다. 원래 고언은 대화 장면에 근거하여 판단해야 하는 것이다. 다시 말하면 언어문자의 의의는 생동하고 구체적인 사상 대화 속에서만

---

55) 이상에서 인용한 문헌의 구체적인 출처는 張崑將, 『日本德川時代古學派之王道政治論』, 第2章「古學派思想淵源與背景」(臺北: 台灣大學出版中心, 2004), 80~81쪽의 자세한 내용을 참조.
56) 『論語徵』, 己卷, 130쪽.
57) 『論語徵』, 乙卷, 103쪽.
58) 위와 같음.

드러날 수 있다. 여기서 소라이의 고문사학이 고문자학과 다르다는 것을 알 수 있다. 요컨대, 소라이의 입장에서는 공자 이전의 책에서 고언의 근거를 찾으려 한다면 그것은 찾을 수 없는 것이다. "공자 이전에 어디 책이 있었겠는 가!"59) 육경은 공자가 정리하고 서술하여 보존된 것이다. 그러나 우리는 경서에 많은 고언들이 존재하고 있음을 고문사학의 원칙에 따라 판단할 수 있다.

사실 소라이는 『효경』에서 인용한 "선왕의 법언法言이 아니면 감히 말할 수 없다"라는 공자의 말을 근거로 하여 "그러므로 공자는 고언을 많이 외웠고 『논어』에 나오는 내용이 모두 공자의 말인 것은 아니다"60)라고 단언했다. 이 역시 소라이가 '고언古言'을 판단하는 방법이기도 하다. 그 이유는 '선왕의 말'이 아니면 공자가 '감히 말하지 못했기 때문'이다. 그래서 『논어』가 모두 공자의 말이 아니라 대부분은 선왕의 법언法言 즉 '고언古言'이거나 또는 공자가 '고언古言'에 근거하여 보충한 것이라고 보았다.61) 그런데 재미있는 것은 『효경』에 나오는 이 공자의 말조차 진짜인지 아닌지에 대해 소라이가 관심을 갖지 않았다는

---

59) 『論語徵』, 辛卷, 271쪽. 참고로 말하면, 학자들의 통계에 따르면 『論語徵』에서 어떤 말이 古言 또는 古語로 단정한 예는 모두 30여 곳에 이른다. 中村春作, 「荻生徂徠之『論語徵』及其後之『論語』注釋」, 金培懿 譯, 張崑將 編, 『東亞論語學: 韓日篇』(臺北: 臺灣大學出版中心, 2009), 296쪽 참조. 그러나 이 통계는 보수적일 수 있는데, 徂徠가 宋儒와 仁齋를 비판할 때 사용했던 "古文辭를 알지 못한다", "古言을 모른다"는 등의 구절을 감안하면 통계는 훨씬 더 올라갈 수 있고, 심지어 徂徠가 저술하는 과정에서 나중에는 이것이 고언이고 저것이 고어라는 말에 싫증이 나서 더 이상 쓰지 않았을 가능성까지 염두에 둘 필요가 있다.

60) 『論語徵』, 乙卷, 186쪽, "故孔子多誦古言, 論語所載不皆孔子之言矣."

61) 예를 들면, "부친이 살아 계시면 그분의 뜻을 살피고, 돌아가셨으면 생존 시의 행적을 살펴라"는 것은 사람을 관찰하는 법도이다. 그러나 "삼 년 간을 두고 선친의 도를 고치지 않아야 비로소 孝라고 할 수 있다"는 말은 부친이 비록 돌아가셨지만 아직 그 행적을 살피지 않은 것이 있다는 것이다. 여기서 위 두 마디는 고어이고, 아래 두 마디는 공자가 그 뜻을 보탠 것이다.(『論語徵』, 甲卷, 40쪽) 이는 『論語』「學而」의 '父在觀其行'장에 대한 주석이고 또 「里仁」'三年無改於父之道'장에서는 徂徠가 "'삼 년 간을 두고 선친의 도를 고치지 않아야 비로소 효라 할 수 있다'고 한 것도 역시 고언이다"라고 했다.(『論語徵』, 乙卷, 186쪽) 여기서 '고언'에 대한 徂徠의 판단이 임의적임을 알 수 있다.

점이다. 그의 저술 『논어징』은 도처에서 공안국孔安國의 『논어해論語解』나 공전孔傳의 『고문효경古文孝經』을 인용했고, 또한 대부분 거의 의심의 여지가 없는 긍정적인 말로 받아들였다. "공안국이 노나라 사람인데 어찌 『노론魯論』을 읽지 않았겠는가?"[62] 하는 것이 이유다. 즉 공안국의 출신지가 이미 공안국이 고언古言에 대해 대단히 익숙할 수 있는 사상적 배경이 되었다는 것이다. 여기까지 이르게 되면 우리는 더 할 말이 없지만, 후세 사람들이 공안국에게 가탁하여 『고문효경전』을 지었을 수도 있었다는 것을 소라이는 왜 깨닫지 못했을까 하는 추가적인 의문이 생겨나게 된다.

또 다른 의혹은 소라이가 『논어징』을 저술하는 과정에서도 이른바 고문사학古文辭學의 원칙을 일관하게 견지하지 않았다는 점이다. 예컨대 그는 후대에 위작의 의문이 제기된 한유의 『논어필해論語筆解』[63]를 굳게 신뢰하였고, 또한 특히 경학 방면에서 후대의 구설에 오르게 되는 명나라 양신楊愼(1488~1559)의 경학 해석을 즐겨 인용했다.[64] 『논어징』의 역주자인 오가와 다마키(小川環樹)는 양신楊愼의 『논어주』가 고주古注를 꽤 중시했고 새로운 해석도 많으며 거듭 주자의 주해를 비판하였기에 소라이가 이것을 좋아했으며 이상할 게 없다 라고 하였다.[65] 소라이에 대한 이러한 동정적인 이해는 잘못이라 할 수 없지만 경학 해석학적으로 보면 소라이의 경전 해석에 선입견이 너무 강하다는 점은 부정할 수 없다. 그리고 진위를 변별하는 의식이 부족한 상태에서 구축한 그의 이른바 고문사학도 여러 가지 의문점을 남기지 않을 수 없다.

물론 경전 해석에 있어서 '선입견'(소라이는 '먼저 갖게 되는 견해'[先有此見]라는 부정적인 의미의 용어를 즐겨 사용했다)이 존재함은 비난할 바가 아니고 또 피할 수도 없다. 그런데 소라이는 송유와 진사이의 경전 해석에 대해 "제 생각이 먼저

---

62) 『論語徵』, 戊卷, 83쪽.
63) 『四庫全書提要』의 작자는 이 책이 송나라 사람의 위조일 수 있다고 지적했다.
64) 楊愼의 경학 관점에 대해서는 『升庵外集』 卷三十六, 「經說」을 자세히 참조할 것.
65) 荻生徂徠, 小川環樹 譯注, 『論語徵』, 卷末, 「論語徵解題」[小川環樹](東京: 平凡社, 1994, 東洋文庫本), 378쪽 참조.

가슴에 가로 걸려 있다"[66]라고 호되게 비판하면서도 정작 자신도 '제 생각이 먼저'임을 깨닫지 못했다. 더 엄중한 사실은, 소라이 자신이 세운 고문사학의 규칙을 훼손했기 때문에 그가 단정한 고언古言·고의古義가 과연 믿을 만한 것인지 의문이 들 수밖에 없다는 점이다. 위에서 언급한 바와 같이 『논어징』은 주소체注疏體의 경학 저작이라기보다는 의리를 설파하는 의론적議論的 저서이다. 그는 리理로써 경전을 해석하는 주희와 진사이의 해석 방법을 극구 비판했지만, 자신의 경전 해석에 있어서도 리理로써 경전을 해석하는 경향이 강하다. 예를 들면 '안민安民'으로 '도道'를 해석하였고, '인의仁義'를 해석하면서 "인仁은 임금의 도이고, 의義는 신하의 도이다"[67]라고 해석하였는데, 이러한 사례들은 소라이의 경전 해석이 이미 경학 주소의 관례에 따르지 않고, 자의적字義的인 훈고의 격식을 벗어났음을 의미한다. 그렇지만 그는 스스로 자기 학설이 융통성이 있고 꽤 독창성을 갖춘 학문이라고 자부하였다. 소라이학은 도쿠가와 사상사 전반에 걸쳐 독보적인 존재로서, 그 사상적 비판력이 가져다 준 충격은 누구와도 견줄 수 없으며, 공자 이후의 유학자들(특히 근세 중·일사상사에서)의 거의 대부분이 그의 사상비판의 사정거리 안에 있었다고 할 수 있다. 그러나 소라이의 고전적 해석 방법론인 고문사학이 과연 신기한 비판적 효력을 가지고 있을까? 아래에서 이 문제에 대해 간략하게 답해 보고자 한다.

---

66) 『論語徵』, 戊卷, 61쪽. 사실 중국유학의 해석 원칙에 따라 원문에 충실하고 선입견을 배척하는 것은 이미 전통이 되었고, 주자 또한 이에 대한 분명한 의식을 가지고 있었다. 그렇기 때문에 한편으로는 맹자의 '以意逆志(시를 읽는 사람의 의도를 작자의 본의에 맞게 한다)의 해석 방법의 유효성을 인정하면서도 다른 한편으로는 "만약 나의 선입견을 가슴에 두고 성현의 말씀을 자기의 뜻에 맞게 풀이하여 의리가 통하도록 하면 이는 이미 사사로운 의도가 천착된 것으로 견강부회하고 원뜻을 곡해했다는 질책을 면할 수 없음"을 강조했다.(『朱子文集』[『朱子全書』 第22冊], 卷四十六, 「答胡伯逢」 第3書, 2149쪽)

67) 『論語徵』, 辛卷, 236쪽.

4. 요약

마지막으로 두 가지 점을 지적하여 우리들이 생각해 볼 자료로 제시하고자 한다.

첫째, 소라이의 고문사학의 원칙적 입장에서 보면, "주자는 고문사를 모른다", "진사이는 글자를 모른다", "형병邢昺은 초라한 유학자이다"[68]라고 호되게 질타한 그의 입장을 이해할 만도 하다. 왜냐하면 이것은 소라이의 가치판단과 관계되기 때문에 후세 사람들이 함부로 가타부타할 것이 아니다. 그러나 그는 자사子思와 맹자에 대해서까지 거듭 의문을 제기하면서, 고언은 자사와 맹자에 의해 이미 점차 유실되기 시작했다고 여겼다.[69] 그런데 이러한 입장은 소라이 자신이 설정한 고문사학의 관점 즉 선진先秦시대의 공자로부터 서한西漢에 이르기까지의 글들은 모두 고문사의 범위에 속한다는 원칙에 반하는 것이다. 왜냐하

---

68) 『論語徵』, 戊卷, 60쪽.
69) 예를 들면 徂徠는 "두 사람(필자 주: 자사와 맹자를 지칭)은 시급히 이론을 내세우고, 세상 구제에 용감하며, '말의 기세(辭氣)'에 抑揚을 두는 사이에 옛 뜻이 전해지지 못하니 한탄스럽구나!…… 대개 후대 사람들은 자사·맹자·정자·주자를 공자보다 더 믿으니 어찌 잘못된 일이 아니겠는가"(『弁道』, 第5條, 202쪽)라고 했다. 하지만 徂徠는 그래도 말은 조심스럽게 하면서 "자사는 공자의 시대와 멀지 않아 유풍이 아직 사라지지 않았기에 말함에 있어서 망설이는 데가 있었다", "맹자도 공자의 시대와 너무 먼 것이 아니어서 말함에 있어서 짐작하는 데가 있었다"(위와 같은 책, 201·202쪽)라고 했다. 그러나 古義가 자사와 맹자에게 이미 전해지지 않았다고 한 이상, 그리고 자사와 맹자를 程朱의 사상적 연원으로 여기는 이상 자사와 맹자를 비판하는 徂徠의 태도는 대단히 분명하다. 사실 徂徠의 언론을 살펴보면 맹자에 대한 비판은 거의 전면적이다. 예를 들면, "맹자로부터 성선설이 있게 되었다", "맹자가 仁義의 內外설을 주장했다"(필자 주: 엄격하게 말하자면 仁義는 모두 내재적이다), "맹자는 모든 사람이 요·순이 될 수 있다고 말했다"(『論語徵』, 壬卷, 276쪽)가 바로 그러하다. 따라서 맹자에 대해 내린 徂徠의 총체적인 판단은 "맹자의 학문은 때로는 공자를 잃은 지 오래되었다", "맹자 역시 理로 말한다"(위와 같은 책, 276·277쪽), 맹자학의 본질은 '以心治心'이라는 네 글자로 귀결된다.(『弁道』, 第18條, 205쪽)라고 했다. 徂徠의 맹자 비판에 관해서는 본문의 취지가 아니므로 상세히 논할 수는 없다. 徂徠, 『孟子識』(甘雨亭叢書本)을 참조. 이 책은 원래 七卷이었는데, 지금은 한 권밖에 남지 않았고, 『域外漢籍珍本文庫』 第1輯 經部 第3冊(重慶: 西南師範大學出版社, 2008)에 수록되어 있다.

면 어찌하여 맹자가 고언을 잊어버렸는데도 공안국이 고언을 잃지 않았는지를 설명하기 어렵다. 이는 소라이가 자사와 맹자를 비판할 때 이미 그 자신이 설정한 고문사학古文辭學의 입장이 흔들렸음을 의미한다. 왜냐하면 소라이의 비판은 분명 그 자신의 의리적 입장에 근거한 것이므로, 역설적으로 소라이의 고전 해석학에서는 고언과 고의에 준거한 이른바 '고문사학'과 소라이 자신의 사상적 입장 사이에 이론적 긴장이 생겨나서 그 자신의 주장을 강하게 내세울 때면 이른바 고문사학 입장을 끝까지 관철시킬 수 없기 때문이다. 역시 그런 의미에서 소라이학의 역사적 위치를 '고문사학古文辭學'으로 규정하는 것은 적절치 않다. 겉으로 보면, "고금古今을 통틀어 하나로 하는 것이 곧 나의 고문사학이다"라는 것이 소라이 스스로의 입장 성명인 것 같지만, 그 실질을 살펴보면 소라이학의 속내는 고문사학이라는 수단을 통해 유교경전에 대한 그의 해석 논리를 구축하려는 데 있었다. 그리고 이러한 과정에서 소라이는 고언에 절대 충실할 것이라고 말했지만, 그는 도저히 그렇게 할 수 없었다. 그가 이른바 고언·고의를 익힌 뒤에 유교경전을 해석하려고 할 때는 그 속에 이미 그 자신의 입장이 전제되어 있었기 때문이다.

둘째, '고언으로 고의를 증명한다'라는 관점은 소라이 경전 해석의 중요한 입장이자 송유들의 형이상학을 뒤집는 주요한 방법이다. 그는 이러한 입장과 방법을 근거로 주자학은 물론 진사이의 고의학古義學까지도 철저하게 비판했다. 소라이학은 겉으로는 역사주의 입장을 관철함으로써 공자로 회귀하고, 원전原典으로 회귀하고, 고언古言으로 회귀하는 것을 취지로 하여 마치 모든 것을 역사를 기준으로 한 것이 보이지만, 사실은 그의 사상에 많은 비역사적인 요소들이 존재하는 것을 드러냈다.(와타나베 히로시의 말대로 하면, 소라이학은 그 자체가 '반명제'이다.)70) 소라이의 유학적 역사관을 살펴보면 사상과 언어는 발전한다는 점을 분명 간과했고, 나아가 경전 해석과 사상 의리도 발전하는 과정이 있다는 점을

---

70) 渡邊浩, 『近世日本社會と宋學』(東京: 東京大學出版會, 1985), 197쪽.

거의 무시했다. 한편으로 소라이는 유학에 대한 해석에서 자신의 사상적 의리를 침투시키면서도, 다른 한편으로는 유학사상에 대해 주희나 진사이의 그 어떤 창의적인 발휘도 허락하지 않았다. 그는 자신의 경전 해석은 모두 고언과 고의에 완전히 부합된다고 생각했지만, 실질적으로는 이 역시 비역사주의적인 태도이다. 그가 '지금의 말로 옛말을 이해'(以今言視古言)하는 것에 대해 반대하는 것이 마치 '지금으로 과거를 겨냥'하는 것을 반대하는 것과 같이 이해되지만, 이를 절대명제로 하여 '고언古言'을 절대적인 조건으로 삼게 되면 또한 '옛말로 지금의 말을 이해'하는 또 다른 극단으로 나아갈 수 있다. 결과적으로 반드시 고·금문화의 역사적 연속성을 단절하고 그 사상에도 비역사적인 색채를 덧입히게 된다. 소라이는 독서경험과 역사적 소양에 근거하여 구축한 자신의 '사학 표준'으로써 송유의 리학理學 형이상학을 완전히 전복시킬 수 있다고 믿었다. 그러나 그는 자신의 이러한 비판에 또 다른 '이론적 기준'이 더 큰 역할을 하고 있다는 사실을 깨닫지 못했다. 만약 그렇지 않다면 '사학 기준'만으로는 리학理學과의 대화가 불가능하며, '사학 기준'에 근거한 리학 비판도 송유의 형이상학을 제대로 뒤흔들 수 없다.

제5장 도쿠가와시기 일본 소라이학의 예의제도 재건

　오규 소라이는 공자 이후의 유학사상, 즉 진·한秦漢 이후의 사회제도 특히 송유의 형이상학적인 철학에 대해 거의 만족하지 못했다. 그의 생각에 따르면, 모든 중국사상의 문제의 근원은 자사와 맹자(특히 맹자)의 '심학心學' 전통과 깊은 관련이 있다. 맹자의 가장 큰 문제는 "선악은 모두 마음으로써 말한다"라는 입장을 먼저 설정해 놓은 데에 있다. 즉 선한 마음으로 악한 다른 마음을 다스려야 하기 때문에 '나의 마음으로 나의 마음을 다스리는'(以心治心) 결과를 초래하게 되었는데, 예를 들어 말하면 미친 사람이 스스로 그 광기를 어떻게 다스릴 수 있단 말인가? 이것이 바로 '후세치심설後世治心說'의 총체적인 근원이다. 소라이는 이러한 폐단을 극복하려면 반드시 『상서尚書』「중훼지고仲虺之誥」의 '예로 마음을 다스리는' 방법에 따라 해야 한다고 보았다. 왜냐하면 그것이 바로 '성인의 도'이기 때문이다. 반대로 "예의를 떠나서 마음을 다스리는 방법을 논하는 것은 모두 사사로운 지혜와 망령된 행동이다."[1] 소라이의 입장에서는

---

1) 이상은 『弁道』(『荻生徂徠』[『日本思想大系』36]), 第18條(東京: 岩波書店, 1973), 205쪽을 참조. 상술한 徂徠의 맹자 해석은 물론 그의 사상적 입장에 근거하여 내린 가치 판단이지만, 맹자학의 입장에서 보면 맹자가 '善과 惡이 모두 마음이다'(善惡皆心)라는 것을 인정했는지 의심이 간다. 그러나 우리가 맹자를 위한 護敎的인 마음에서 徂徠의 이해가 틀렸고, 우리의 이해가 맹자의 본의에 해당한다고 시비를 걸 필요는 없다. 자칫하면 이러한 논쟁은 중국유학으로써 '일본유학'(또는 '한국유학')을 통제하는 결과를 초래하고, 유학이 지역문화별로 교섭하는 과정에서 중국 본토 유학의 특색과 다른 유학이론의 형태를 발전시킬 수 있다는 점을 간과할 수도 있기 때문이다. 이는 '동아시아유학이 어떻게 가능한가'에 관한 학술적인 문제로서 본문에서 상세하게 논할 수 있는 것이 아니다. 黃俊傑 編, 『東亞儒學研究的回顧與展望』(臺北: 台大出版中心, 2005)을 참조. 졸문 「試說'東亞儒學'何以必要」, 「'東亞儒學'芻議: 就普遍性與特殊性的問題爲核心」을 참조.

'예禮'와 '심心'은 상극相克의 개념이고, '예'야말로 맹자의 심학과 후대 유학자들의 모든 사상적 폐단을 바로잡는 중요한 열쇠임을 알 수 있다. 그리고 그의 이해에 근거하면 유교의 성인지도聖人之道의 본질은 예악禮樂이다. 그는 "옛날에 도道를 문文이라 했는데 곧 예악을 말한다", "선왕의 사술四術은 시서예악詩書禮樂이다", "도道는 통틀어 일컫는 말로서 예악형정禮樂刑政을 거론하는데, 무릇 선왕이 세운 것을 모두 모아 명명한 것이다. 예악형정을 떠나 따로 도가 있는 것이 아니다"2) 라고 했다. 이는 예악이야말로 성인지도의 구체적인 내용이라고 명확히 밝힌 것이다.

사실 소라이의 사상 작업은 주로 두 부분으로 나누어진다. 하나는 성인의 도를 복원하는 방식으로써 송유의 형이상학을 완전히 뒤집는 것이고, 다른 하나는 유교경전의 재해석을 통해 제도 재건의 토대를 마련하는 것이다. 물론 이 두 가지는 밀접하게 연관되어 있다. 이른바 제도의 재건을 소라이의 말대로 하면 '제도'(建替え)이다. 소라이의 이해에 따르면 '제도'란 곧 예악禮樂과 형정刑政 이고, 이를 합쳐 사술四術 또는 사교四敎라 하는데, 이는 선왕의 네 가지 도술道術을 의미한다. 물론 소라이가 말하는 '제도 재건'이란 도쿠가와 일본 사회에 대한 제도 재건이라는 점을 잊어서는 안 된다.

본문은 주로 '예'학과 예의禮儀제도의 재건에 관한 소라이의 생각을 다룰 것이다. 소라이학이 '예로써 마음을 절제하는 것'(以禮制心)을 통해 '마음으로 마음을 다스린다'라는 주장을 뒤엎는 상황과, 동시에 소라이에게 '예禮'에 대한 어떠한 구체적인 구상과 논술이 있었는가 하는 점을 알아볼 것이다.

---

2) 각각 『弁道』, 第17條, 205쪽; 第22條, 206쪽; 第3條, 201쪽 참조.

1. '예'는 선왕의 '준거'

소라이는 중년에 '고문사학'으로 입장을 굳히고 '고언古言으로써 고의古義를 증명'하는 원칙을 세운 후, 그의 사상은 오직 선왕의 도道만을 따랐다. 도는 구체적으로 예악으로 드러나는데 『악경樂經』은 이미 실전되고 『예경』만 존재했기 때문에 '예禮'가 소라이의 주된 관심사가 되었다. 그러면 '예'는 소라이에게 어떤 의미였을까?

소라이가 "예는 천리天理의 절문節文이고 인사人事의 의칙儀則이다"[3]라는 예에 대한 정程ㆍ주朱의 규정을 일관하게 반대했다는 것은 더 말할 것도 없다. 소라이는 "예란 도道의 이름이고 선왕이 만든 사교四敎와 육례六藝 중의 하나이다"[4]라고 정의했다. '사교'란 예악형정禮樂刑政이고 '육례'란 예악사어서수禮樂射御書數이며, 예악은 양자를 관통한다. 그러므로 소라이는 "예악은 법도 중의 가장 큰 것으로서, 군자가 해야 할 일"이기 때문에 실제로 사교와 육례의 핵심을 이룬다고 강조했다. 구체적으로 말하자면 예악의 교화 작용이 가장 뚜렷하다는 말이다.

> 성왕은 사람을 가르침에 있어서 말(言語)의 부족함을 알고 예악을 만들어 가르쳤고, 백성을 안정시킴에 있어서 형정刑政의 부족함을 알고 예악을 만들어 교화했다.[5]

예악은 사실 성인이 실시하는 사회교화의 실질적인 내용이므로 성인의 도는 '예'에서 벗어날 수 없음을 알 수 있다. 바꾸어 말하자면 '예는 도의 이름'이

---

3) 朱熹, 『論語集注』(『四書章句集注』), 卷一, 「學而」(北京: 中華書局, 1983), 51쪽, "禮者, 天理之節文, 人事之儀則."
4) 『弁名』(『荻生徂徠』(『日本思想大系』 36)), 「禮」第1則, 219쪽, "禮者, 道之名也, 先王所製作四敎六藝, 是居其一."
5) 위와 같음, "蓋聖王知言語之不足以敎人也, 故作禮樂以敎之. 知政刑之不足以安民也, 故作禮樂以化之."

고 도의 내포적인 규정이 '예'라고 할 수 있다.

그렇다면 성인은 무엇 때문에 예를 만들었을까? 소라이는 『공자가어孔子家語』의 "인자는 예를 제정하는 사람이다"(夫仁者, 制禮者)라는 말은 진짜 공자의 말이라고 여기면서 그것을 근거로 "선왕이 예를 제정한 뜻은 인仁에 있는데, 이것이 이른바 근본이다"6)라고 단언했다. 이것은 인과 예의 관계 문제에 대한 소라이의 기본적인 견해이다. 그는 또 "선왕은 인으로 예악을 제정했다"7)라고 명확히 말했다. 여기서 '인'은 선왕이 '예'를 제정하는 근거로 해석되었는데 예리한 관찰이다. 문제는 인仁에 대한 소라이의 이해와 중국 전통유학의 이해가 크게 다르다는 점이다. 일반적으로 말하자면 '인'은 측은지심이고, 남의 고통을 차마 지나치지 못하는 마음으로서, 바로 인간의 내재적인 덕성이다. 이는 공孔·맹孟 이래의 전통적인 견해이지만 소라이의 정의는 이를 외재화外在化하고 정치화했다. 소라이는 "인仁은 안민安民의 덕이다"라고 했다. 여기서 '안민'의 주체는 '윗사람' 즉 왕위에 있는 군주이므로 '인은 곧 군주의 도'이다.8) '군주의 도'가 '안민의 도'라고 하면 '인'의 내재된 덕성의 의미가 빠져버려 정치적 의미의 '군주의 도'로 외화外化되고 군주가 '안민'으로 쓰는 통치술이 되고 만다. 전통 유학이 '인민애물仁民愛物'과 '인정仁政'이라는 정치적 목표를 지녔지만, 근본적으로 말하면 인仁은 무엇보다도 먼저 인간의 마음(군주의 마음을 포함) 속에 내재한 덕성德性이라고 하는 데에 의심의 여지가 없다. 그러나 '도道'에 대한 소라이의 비도덕화 해석과 마찬가지로 '인仁'에 대한 그의 도덕화 설명은 결코 받아들일 수 없다.

만약 인이 '안민의 덕'(安民之德)이라면 '덕'은 무엇이겠는가? 소라이에게 있어서 '덕'은 결코 추상적이고 인간의 마음에 내재한 덕성德性이 아니다. 글자 의미로

---

6) 『論語徵』(『荻生徂徠全集』 第3卷), 乙卷(東京: みすず書房, 1978), 107쪽. 『論語徵』 甲·乙·丙·丁의 四卷은 『荻生徂徠全集』 第3卷에 수록되고, 戊·己·庚·辛·壬·癸 六卷은 『荻生徂徠全集』 第4卷에 수록되었다. 아래에서는 권수와 쪽수만 밝히겠다.

7) 『論語徵』, 乙卷, 102쪽, "先王作禮樂, 以仁而已矣."

8) 『論語徵』, 辛卷, 236쪽.

말하면 '덕德은 곧 득得이다.' 그러나 이 '득得'은 주회 리학에서 이해하는 천성에서 얻고 천명에서 부여받아 인성에 내재한 그런 의미가 아니라, 후천적인 '양성'(養)을 통해 이루어지는 것이다. 이것이 그 하나이고, 다른 하나는 '덕'은 본성에 따라 갖추어지고 인성人性이 지니는 품성의 표현이지만 '본성이 사람마다 다르기' 때문에, 즉 인성에는 결코 추상적인 본질의 동일성이 존재하지 않기 때문에 '덕 또한 사람마다 다르고', 덕의 표현도 사람에 따라 다르다.9) 따라서 소라이에 의하면 '성' 또는 '덕'은 모두 다 인간의 본성이라는 개념이 아니기 때문에 이른바 선善도 없고 악惡도 없다. 이로부터 소라이는 인간성 문제에 있어서 아주 단호하게 고자告子의 편에 섰고, 심지어 순자가 맹자의 성선性善의 편향을 바로잡기 위해 제기한 성악설性惡說이 또 다른 편향을 초래했다고 여겼는데, 맹자와 명예를 다투기 위해 감정적으로 일을 처리하는 경향까지 드러냈다. 이상은 '성'과 '덕'의 문제에 관한 소라이의 기본적인 사고맥락이다.10)

---

9) 예를 들면 "德은 得이다. 사람은 저마다 도에 얻는 바가 있는 것을 말한다. 성품을 얻든 학문을 얻든 다 본성에 따라 다르다. 본성이 사람마다 다르기 때문에 덕 또한 사람마다 다르다.…… 예를 들면, 『虞書』는 九德이고 『周官』은 六德이며 『傳』은 仁智孝弟, 忠信恭儉, 讓不欲, 剛勇淸直과 같은 것들인데 모두 그러하다."(『弁名』, 「德」第1則, 212쪽)

10) 예를 들면, 徂徠는 다음과 같이 말했다. "'性相近, 習相遠'이다. 性은 性質이고, 사람의 성질은 원래 별로 큰 차이가 없으나 습관이 다름에 따라 나중에 어질거나 어리석음이 마침내 아득히 멀어진다.…… 그러므로 습관에는 확실히 선·악이 있다. 하지만 공자의 뜻은 배워서 군자가 되고 그런 뒤에야 현명함과 지혜, 재능이 비로소 鄕人과 멀어지게 된다는 것이지 결코 선·악으로 말한 것이 아니다.…… 맹자가 성선설을 주장하면서부터 유학자들은 성을 논했고, 오랜 세월을 두고 의견이 분분하여 결론이 나지 않았으며, 공자가 성을 논한 것이 배움을 권장하는 말인 줄을 몰랐다."(『論語徵』, 壬卷, 276쪽) 徂徠에 의하면, 성에 관한 공자의 말이 가장 확실하고 공자의 취지는 선·악으로 性을 논하자는 것이 아니라 勸學에 있었다. 왜냐하면 성의 선·악은 '배움'에 달렸기 때문에, 선을 배우면 善人이 되고, 악을 배우면 惡人이 되기 때문이다. 인간이 왜 선을 배우거나 악을 배우는지에 대해서는 추상적인 선악론으로 결정할 것이 아니라 인성의 質로 귀결되어야 한다. 質이 사람에 따라 다르기에 性도 사람에 따라 다르다. 性이 사람마다 각기 다르기 때문에 德도 서로 다르다. 德을 이루는 일은 무엇보다도 배움에 달렸다. 그래서 徂徠는 "德은 性에 따라 다르므로 사람의 성품도 가지각색이다. 반드시 배워서 이룬 뒤에라야 德이라 할 수 있다"(『論語徵』, 壬卷, 287쪽)라고 했다. 성공하기에 이르면 "각기 그 덕을 이룩하고 각기 그 재능을 완성한

'덕'과 '예악'의 관계를 '시서詩書는 의義를 모은 창고'라는 말에 비유하면 '예악은 덕의 법칙'이라고 할 수 있다. 즉 예악은 '덕'을 이룩하는 관건이란 뜻이다. 소라이는 심지어 이렇게까지 말하였다.

> 무릇 선왕의 도는 예로 끝난다. 예를 모르면 군자 사이에 설 수가 없는데 3대代의 시대에는 세상이 모두 그러했다. 그렇기 때문에 예를 배워야 설 수 있다.[11]

이 주장은 약간 절대적이지만, 시서예악 중에서 '예'만이 '선왕의 도'의 모든 내용을 포함할 수 있고, 사람이 군자 사이에 우뚝 설 수 있는 근거도 '예를 배우는' 데에 있다는 것이다. 경전으로 보면 '예'는 주로 『의례』, 『주례』 그리고 『예기』 삼례三禮를 가리킨다. 이는 소라이가 각별히 신경 쓰는 경전 3편으로서, 소라이는 지식인이라면 반드시 '삼례'에 정통해야 한다고 보았다.

> 나는 옛것을 구함에 있어서 반드시 사事와 사辭에 의거한다. 사事는 삼례보다 더 상세한 것이 없기 때문에 지식인치고 삼례에 정통하지 않으면 옛것을 좋아한다 고 할 수 없다.[12]

소라이에게 있어서 '삼례三禮'의 중요성은 말할 필요도 없다. 다만 책으로 된 삼례의 형식은 공문孔門에서 시작되었고, 그 이전에는 구전口傳으로 전해졌을 뿐이다.

　　다."(『徂徠集』[『近世儒家文集集成』第3卷], 卷二十四, 「復水神童」第2書, 東京: ぺりかん 社, 1985, 258쪽) 人性이 '여러 가지'이고 道의 단서도 다양(『弁名』, 第七條, 202쪽)하기 에 사회 형태와 예악문화도 다양하다.
11) 『論語徵』, 辛卷, 270쪽.
12) 『徂徠集』, 卷二十四, 「復水神童」第2書, 261쪽. '事'와 '辭'에 관해서는 이 책에 실린 徂 徠의 말, 즉 "나는 詩書는 辭, 禮樂은 事라고 본다"(위와 같은 책, 257쪽)로 부터 그의 기본 입장을 알 수 있다.

공자 이전에는 시詩가 사람들의 입에 존재했고, 예악은 모두 사람들을 통해 전해 졌기 때문에 이른바 "문무의 도가 땅에 떨어지지 않고 아직도 사람들이 지니고 있다"(『논어』, 「자장」)라고 하였다. 모두 책이 지어지기 이전의 형태인데, 예에 관한 책이 있기 시작한 것은 공문孔門에서부터 비롯되었으며, 그것은 『대대례기大戴禮記』에 나온다.(필자 주: 『예기』 「잡기」의 "선비의 상례가 여기에서 비로소 기록되었다." 참조) 지금 『의례』 17편을 보면, 승강진퇴升降進退의 예절과 (祭物의) 기수器數에 대해서는 직접 상세하게 기록했는데 의리는 말하지 않았다. 후세 유학자들의 입장과는 대단히 다른데, 실로 예경禮經의 참된 바라 이를 수 있다.13)

이는 곧 예악禮樂은 성인의 도道이지만, 예禮가 책으로 등장한 것은 공자의 시대이며, 글로 책에 적은 것은 공자의 제자들이라는 것이다. 이것이 곧 '예'경에 대한 소라이의 기본적인 견해이다. 그러나 예가 대단히 늦은 시기에 책으로 이루어졌지만, 예禮의 말이 모두 고언古言이고 성인이 세운 것이란 점은 의심의 여지가 없다.

도의 주요 부분은 두 가지인데 예禮라 하고 의義라 한다. 예는 성인이 세운 것이고 의義도 역시 성인이 세운 것이다.14)

하지만 소라이는 때때로 '예'는 모두 공자의 말에서 나온 것이라고 단언했다. "무릇 『주례周禮』와 『대대례기大戴禮記』의 여러 책에 실린 것은 모두 공자가 말한 것이고, 그 후에 문인들이 그것을 책으로 엮은 것이다."15)

소라이가 '삼례' 중에서도 특히 『예기禮記』를 중시했고, 『의례儀禮』와 『주례周

---

13) 위와 같은 책, 259쪽, "如孔子以前, 則詩存人口, 禮樂皆以人傳之, 所謂文武之道未隊地而在人'是也. 是皆未嘗有書者審矣, 而禮之有書, 自孔門始, 其事見戴記(『禮記』, 「雜記」, "士喪禮於是乎書"). 今觀儀禮十七篇, 直錄升降進退器數之詳, 而未嘗言義理, 迥異於後儒所見, 則所謂禮經者眞耳."

14) 『徂徠集』, 卷二十四, 「復水神童」 第1書, 257쪽, "道之大端有二, 曰禮曰義. 禮, 聖人所立也, 義, 亦聖人所立也."

15) 『論語徵』, 辛卷, 271쪽, "凡周之禮, 戴記諸書所載, 皆孔子言之, 而後門人得書之者耳."

禮』를 전문적으로 연구했다는 증거를 아직까지는 찾을 수 없다는 점을 밝힐 필요가 있다. 그는 『논어징論語徵』이란 대표적인 저서에서 『예기』를 인용한 빈도가 높았고, 또한 그 중의 공자의 말은 모두 공자가 말한 것이라고 믿어 의심치 않을 정도였다. 요컨대, 소라이는 "예는 선왕이 세운 근본 대법이다"[16]라고 결론적인 판단을 내렸다. 이 점에 대해 그는 『변도弁道』에서 자신의 입장을 더욱 명확히 밝혔다.

> 선왕이 천하의 기강으로서 백성들에게 극極을 세운 것은 전적으로 예에 있다. 지혜로운 사람은 생각하여 얻는 것이 있고 어리석은 사람은 모르지만 따르며, 현자는 허리 굽혀 당장 실천하고 불초자는 노력하여 이에 이르고자 한다. 하나의 일, 한마디의 말조차 반드시 예에 근거해야 선왕의 도에 맞는지 아닌지를 알 수 있다. 그러므로 예를 체體라고 말하는데, 선왕의 도를 체현(體)한 것이다.[17]

여기서 '극極'자는 『상서』「홍범」의 '황극皇極'이라는 말에서 따온 것인데, 소라이는 '극'을 '예'로 해석했다. 이것은 그의 독창적인 견해이다. 일반적으로 한漢나라 유학자들은 '극極'을 '중中'으로 해석했고, 이는 송대 주희 이전까지의 주류적인 해석이었다. 그러나 소라이는 '극'에 '중'의 뜻이 있지만 '중'으로 '극'을 해석할 수 없고, 엄격하게 말하자면 '준거準據'의 의미로 '극'을 해석해야 하고, 구체적으로 '준거'가 될 수 있는 것은 '예'뿐이라고 여겼다.

> '극極'이란 백성들이 준거로 삼을 수 있도록 선왕이 세운 것이다.……『대학』의 "그러므로 군자는 그 극極을 쓰지 않는 바가 없다", 『주례』의 "백성의 표준(極)으로 하였다", 「홍범」의 "임금은 그 극極을 세워야 한다", 「제의祭儀」의 "(성인께서는)

---

16) 『論語徵』, 乙卷, 108쪽, "禮者先王所立以爲極也."
17) 『弁道』, 第22조, 207쪽, "先王所以紀綱天下立生民之極者, 專存於禮矣. 知者思而得焉, 愚者不知而由焉, 賢者俯而就焉, 不肖者企而及焉. 其或爲一事出一言也, 必稽諸禮, 而知其合于先王之道與否焉. 故禮之爲言體也, 先王之道之體也."

물건의 정기에 인해서 '지극한 법'(極)을 만든다'라고 하는 것들이 다 그러한 사례이다. 한漢나라 유학자들은 대체로 극極을 중中으로 해석하였다. 선왕이 (극'을) 세웠고, 현자들은 당장 실천하고 불초자는 노력하여 이에 이르도록 했기 때문에 '극'에 '중'의 의미가 있기는 하지만, 곧바로 (극'을) '중'으로 해석한 것은 아니다. 주자는 '지극至極'이란 군주가 인륜의 극치까지 몸소 행하여 만민의 표준이 되는 것을 가리킨다고 해석하였다. 선왕의 도는 사람이 모두 할 수 있는 것을 세워 가르치는 것이지 어찌 '지극至極'의 의미이겠는가? 다만 남들이 모두 할 수 있는 것에 이르지 못하는 것은 또한 소견이 어떠한가에 달려 있을 뿐이다. '극'자는 '준거'가 주요한 뜻이 되고, 다른 것들은 모두 부수적인 의미이다. 예를 들면 북극北極도 역시 사람들이 준거로 삼는 바이다.[18]

소라이는 극에 대한 한유漢儒와 주희의 서로 다른 해석에 주목하였는데, 그가 말한 '준거'란 의미는 분명 주희의 '기준'이란 뜻에서 나온 것이다. '황극皇極'에 대한 주희의 해석은 그의 「황극변」에 자세하게 설명되어 있다. 소라이는 분명 이 글을 읽었고, 적어도 『주자어류』에 실린 '황극'의 해석에 대해 익숙하다. '기준'과 '준거'의 글자 차이는 있지만 그 의미에는 사실 차이가 없다.

그러나 소라이는 주희가 '극'을 '지극至極'의 뜻으로 해석하는 것에 대해서는 동의하지 않았다. 솔직하게 말하면, 이것은 '극極'을 해석하는 이면에 소라이와 주희가 밝히려고 하는 통념에 중대한 차이가 존재하기 때문이다. 주희의 뜻은 바로 군주가 정심正心・성의誠意와 같은 도학실천을 통해 천하의 도덕적 본보기가 되어야 한다는 것이고,[19] 소라이의 생각은 성인의 도인 '예禮'가 만민의

---

18) 『弁名』,「極」第1則, 248쪽, "極者, 謂先王立是, 以爲民之所准據者也,……大學曰, '是故君子無所不用其極.' 周禮曰, '以爲民極.' 洪範曰, '皇建其有極.' 祭義曰, '因物之精, 制爲之極.' 皆是也. 漢儒訓極爲中, 蓋先王建之, 以使賢者俯就, 而不肖者企而及之, 故極有中之義, 非直訓中也. 朱子以爲'至極'之義, 是其謂人君躬行人倫之極以爲萬民標準也. 先王之道, 立人所皆能者爲敎, 豈至極之義哉. 祇人所皆能者莫不焉, 則亦在所見如何耳. 然極字之義, 以准據爲主意, 它皆傍意, 如北極, 亦人所以爲准據也."

19) 皇極에 대한 주희의 해석은 졸작「宋代政治思想史上的皇極'解釋: 以朱熹「皇極辨」爲中心」(『復旦學報』2012年 第6期)을 참조.

행위를 단속하는 '준거'임을 강조하자는 것이다. 이로부터 '극極'자에 대한 의미 해석은 비슷하지만, 그 뒤에 담긴 취지는 현저한 차이가 있음을 알 수 있다.

소라이는 추상적인 '지극至極'이나 '도덕'으로 '표준'을 이해하는 주희의 해석에 대해 엄청난 불만을 토로했는데, 이것은 '예禮'를 '준거'로 설정하는 자신의 견고한 신념에서 비롯되었다. 그래서 그는 "선왕이 극極을 세워 예라 했다"라고 말했다. 이에 따라 그는 진사이가 "효제孝悌와 인의仁義를 법도(規矩準繩)로 삼는다"라고 한 주장에 대해서도 큰 불만을 드러내면서 "만일 그러하다면 사람마다 스스로 효제인의라 여길 것인데 도대체 무엇에 근거할 것인가? 그야말로 '마디가 없는 잣대'(無寸之尺)이고 '눈금이 없는 저울'(無星之秤)이라 할 수 있다"[20]라고 했다. 이로부터 '선왕의 입극立極'에 대해 송유들이 '사리事理의 당연한 극極'으로 해석하고, 그리고 진사이가 '효제인의'로 해석하는 것에 대해 소라이가 강력하게 반발했음을 알 수 있다. 소라이의 입장에서 보면, 송유의 형이상학적인 해석과 도덕화한 해석은 사람마다 스스로 선천적으로 이미 '효제인의'를 충분히 갖추었다고 여기게 하여 모든 행위의 정확성 여부를 판단하는 '기준'을 바로 자신의 마음속에 두는 심각한 결과를 초래하게 한다. 이렇게 되면 그 '기준'은 '마디가 없는 잣대'(無寸之尺)이고 '눈금이 없는 저울'(無星之秤)이 되어버려 사실 (객관적인) '기준'이라고 말할 수 없게 된다.

소라이는 선왕의 예禮야말로 진정한 '법도'(規矩準繩)로서, 그것은 내면적인 성이나 덕이 아닌 외적인 제도라고 보았다. "경전에서 말하는 예는 모두 예악의 예이다. 정주程朱는 이것을 '성'으로, 진사이는 '덕'으로 여기는데 어찌 억지가 아니겠는가?"[21] 소라이에 의하면 내재적인 덕성은 사적인 기준일 뿐이고, 예禮만이 사회적인 공동 기준이 되기에 적합하다. '도'가 보편성을 지니듯이 '예'도 상응한 보편성을 띠지만, '성'은 특수성의 개념일 뿐이다. 요컨대, 소라이가

20) 『弁道』, 第22條, 202쪽, "果若是乎, 則人人自以其意爲孝弟仁義也. 亦何所准哉. 可謂無寸之尺, 無星之稱也."
21) 『徂徠集』, 卷二十八, 「復安澹泊」 第3書, 303쪽.

"예는 선왕이 극極으로 세운 것이다"라고 하였을 때의 '극'은 바로 하나의 보편적인 개념이다. 그가 이것을 '북극'에 비유한 것도 이러한 점을 잘 보여 준다. 그러나 예의 보편성이 사회에 구체적으로 적용되면 필연적으로 사회문화와 역사의 제한을 받기 때문에 구체성을 띠게 되며, 예의 현실화 문제가 대두된다.

2. '예'의 현실화 문제

'예'가 선왕이 세운 '준거'이자 누구나 지켜야 할 행동의 준칙으로서 보편성을 가졌다면, 중국의 '예'도 마찬가지로 일본에 적용될 수 있을까? 바꾸어 말하자면, '예'는 보편적인 것으로서 시·공간의 제한이 없이 천하에 통용될 수 있는 마력이 있는 것일까? 이것에 대한 소라이의 대답은 당연히 부정적이다. 왜냐하면 '예'는 일종의 제도이고, 제도는 항상 구체적이기 때문이다. 따라서 필연적으로 그 지역의 실정에 맞게, 상황에 따라 변하기 마련이다. 다시 말하자면, 제도는 역사의 변화에 따라 필연적으로 변화하기 때문에 행위의 준거로서의 '예'는 보편적인 의미를 갖기는 하지만, 그 보편성은 구체적이고 역사적이며, '사리事理의 당연한 극極'인 추상적 보편성과는 근본적으로 다르다. 소라이의 이러한 관점을 좀 더 이해하기 위해서는 그가 '예'의 현실화 문제에 대해 어떤 주요한 견해를 지녔던가 하는 것을 살펴볼 필요가 있다. 그 구체적인 사례로서 먼저 주희의 『가례家禮』에 대한 소라이의 견해를 들어보기로 하자.

선행 연구에 의하면, 『가례』는 늦어도 무로마치시대(1336~1573) 중기에 이미 일본에 전해졌다. 좀 더 구체적으로 말하여, 무로마치 막부 아시카가 시대의 중기인 15세기에 전해진 것으로 보는 것이 타당하다. 그러나 이론과 실천의 두 측면에서 『가례』가 동시에 중시를 받게 된 것은 도쿠가와시대 이후이다.[22]

---

22) 이상의 내용은 吾妻重二 著, 吳震 編, 『朱熹『家禮』實證研究: 附宋版『家禮』家校勘本』(上海:

우리의 주인공인 오규 소라이는 가례에 익숙했을 뿐만 아니라 이를 직접 실천에 옮기기도 했다. 호에이(實永) 2년(1705)에 소라이는 그의 아내를 안장하는 장례葬禮에 있어서 주희의 『가례』를 채택했다.[23] 그러나 장례 문제에 있어서 소라이 가문은 유교일원화를 따르지는 않았던 것으로 보인다. 기록에 의하면, 소라이 할머니의 장례식은 불교 의식에 따랐고 원돈사圓頓寺라는 불교사찰에 안장했다. 할머니의 계명戒名은 '여심원麗心院'이라 했고, 그리고 어머니의 계명은 '조운원고암춘정대자朝雲院高岩春貞大姉'라고 했다.[24] 그런데 재미있는 사실은 소라이의 제자 홋케이(北溪, 1669~1754)가 죽은 뒤에 그의 가족들이 『가례』에 의해 '나무 신주' (木主)를 만들었다는 점이다. 유교 의식에 따라 장례식을 치렀음을 알 수 있다.[25] 소라이 자신에게도 예제禮制에 관한 논저들이 있는데, 이를 테면 「답송자금문신주제도答松子錦問神主制度」라는 글과 전문 저서인 『상례략喪禮略』, 『사당식급통·례징고祠堂式及通禮徵考』 두 권이 있다.[26] 이러한 사례들로부터 소라이가 확실히 '예제

華東師範大學出版社, 2012), 192~193쪽 참조. 吾妻重二의 고찰에 따르면 최소한 도쿠가와 초기·중기의 『가례』에 관한 다음 논저는 주목할 만하다. 伊藤仁齋의 『讀家禮』; 山崎闇齋(1619~1682)의 『文會筆錄, 卷一, 『家禮』에 관한 筆記; 三宅尙齋(1662~1741)의 『朱子家禮筆記』; 淺見絅齋(1652~1711)의 『家禮師說』 및 『通祭喪葬小記』; 若林強齋(1679~1732)의 『家禮訓蒙疏』; 室鳩巢(1658~1734)의 『文公家禮通考』; 新井白石(1657~1725)의 『家禮儀節考』 등등. 위 吾妻重二의 논저, 54~74쪽 참조.

23) 徂徠의 「嬪三宅氏墓誌」를 참조. 이 글은 아주 간략하게 썼는데, 마지막 한마디 "後事는 관청에 맡기되 『文公家禮』에 따르라"는 것뿐이다.(『徂徠集拾遺』 上, 345쪽) 또한 逸名氏의 抄本 『徂徠先生年譜細君墓表神主』 一卷(關西大學泊園文庫藏)에 수록된 「徂徠先生配三宅氏孺人之墓代」에 따르면, "後事는 모두 『文公家禮』에 따르라"라는 말 뒤에 또 다시 "문하생 田中省吾가 題銘한 비석의 '銘'에서 이르기를, '살아서는 儒者의 아내가 되었고, 죽어서는 儒者의 장례를 치렀도다'라고 하였다. …… "(今中寬司, 『徂徠學の 史的研究』, 京都: 思文閣出版, 1992, 8쪽에서 인용)라는 기록이 있다.

24) 『徂徠先生年譜細君墓表神主』 一卷에 수록된 「徂徠先生年譜」와 「母兒鹿氏墓碑銘」을 참조. 위의 今中寬司의 논저 8쪽과 9쪽에서 인용함.

25) 위의 吾妻重二, 『朱熹「家禮」實證研究』, 第5章 「木主考附圖6荻生北溪木主」, 175쪽 참조.

26) 이 책은 모두 『徂徠集』 卷二十八 및 『荻生徂徠全集』 卷十三(東京: みすず書房, 1987)에 수록되어 있다. 『喪禮略』은 『가례』의 '상례'편을 원본으로 삼고 明나라 徐一夔의 『大明集禮』 등 후대의 禮書를 참고했다. 『祠堂式及通禮徵考』에는 제례 중의 사당 문제와 통례 문제가 언급되어 있는데, 전문은 3쪽에 불과하여 내용이 간략하다. 주로 『가례』 의 '통례'에 대한 부연해설이며, 『喪禮略』 뒤에 덧붙여졌다. 『喪禮略』과 『祠堂式及通禮

禮制'의 재건 문제를 진지하게 고민하였음을 알 수 있다. 특히 '신주神主', '상례喪禮', '사당祠堂' 및 『가례』 가운데서 '통례通禮'의 문제에 대해 주목했는데, 이러한 문제들은 하나같이 주희의 『가례』에서도 핵심적인 것들이다.

『의례』와 『주례』가 주로 상층문화의 의례 문제를 다루었던 것과는 달리 『가례』의 등장은 오랫동안 "예는 서민들에게까지 내려가지 않는다"(禮不下庶人)고 했던 국면이 근본적으로 바뀌어 '사士'와 '서庶'의 계층 양쪽에서 통용되는 관혼상제의 예의를 만들었음을 의미한다. 『가례』의 이런 성격이 또한 일본 유학자들(특히 조선 유학자들)이 『가례』를 중시한 이유기도 하다. 이는 주희가 심성·리기 등의 형이상학적 문제뿐만 아니라 유학을 사회생활에서 어떻게 실천할 것인가 하는 등의 현실적인 문제에도 열성을 아끼지 않았음을 보여 준다. 예학에 대한 이론적 배려도 주희의 『의례경전통해儀禮經傳通解』라는 대작에서 드러났다.27) 그러나 소라이는 한편으로 자신의 예학 저서에서 『가례』를

微考』의 판본에 대한 것은 池田末利의 '解題'를 참고할 수 있는데, 『荻生徂徠全集』 卷十三, 446~469쪽에 수록되어 있다.

27) 주희의 『通解』는 『儀禮』 17篇을 여섯 개의 부류, 즉 家禮, 鄕禮, 邦國禮, 王朝禮, 喪禮, 祭禮로 나누었다. 주희는 앞의 네 가지만 완성하였고, 뒤의 두 가지는 그의 제자인 黃榦과 楊複이 보충하여 완성했다. 上山春平, 「朱子'家禮'と'儀禮經傳通解'」(京都大學人文科學硏究所, 『東方學報』 第54號, 1982)를 참조함. 중국어판은 吳震·吾妻重二 主編, 『思想與文獻: 日本學者宋明儒學硏究』(上海: 華東師範大學出版社, 2009) 참조. 소라이가 즐겨 찾는 '禮樂'은 『儀禮經傳通解』에 따르면 세 번째 종류인 '邦國禮'에 속한다. 소라이에 의하면, '예'는 성인지도의 높이로 승화함에 따라 당연히 三禮 전체가 포괄되어야 한다. 구체적으로 '曲禮'와 '經禮' 두 부분으로 나눌 수 있고, 각기 禮儀規範과 禮義思想을 가리킨다. 이것은 『예기』의 '經禮三百, 曲禮三千'이라는 설에서 유래한 것이 분명하다. 소라이는 주희가 예를 모른다고 비판했는데, 이것은 곧 『儀禮經傳通解』를 지은 주희 작업의 중요성을 간과한 것이다. 흥미로운 것은 徂徠의 後學들에 이르러 이러한 상황이 근본적으로 바뀌었다는 점이다. 服部南郭(1683~1759)을 중심으로 하여 조직된 '三禮' 관련 文獻의 '會讀'이 예학 연구에 새로운 지평을 열게 되었다. 會讀을 통해서 그들은 뜻밖에도 주희의 예학이 가장 믿음직하다는 사실을 발견했다. 그래서 "주자의 학문이 매우 믿음직하다"(『文會雜記』, 卷二上), "주자의 『경전통해』는 『注疏』의 오류를 매우 많이 바로잡았다"(위와 같음), "주자의 학문은 후대의 理學者들이 따라올 수 없을 정도로 견실하다"(위의 책, 권2하), "주자의 『의례통해』는 대단히 훌륭하다"(위와 같음)와 같은 말을 남겼다. 이상의 『文會雜記』 원문은 위 吾妻重二의 『朱熹'家禮'實證硏究』, 62쪽에서 인용함.

많이 인용하면서도, 다른 한편으로는 '송유가 예를 소홀히 했다', '송유는 예를 묻지 않고, 마음부터 구했는데 황당무계하다', '송유는 예를 모른다', '송유는 예악을 모른다' 등등으로 단정했다.[28] 여기서의 송유는 당연히 정程·주朱를 주로 가리킨다. 그래서 소라이는 "정·주가 예악을 해석함에 있어서 '질서와 조화'(序和)만을 말했는데, 이는 예악禮樂은 거칠고 리理는 정미精微하다는 의미다" 라고 했다.[29] 마치 정주程朱가 리理만 말하고 예禮는 말하지 않았거나, '예'를 말하더라도 '리'의 밑에다 놓고 말하다 보니 결국은 예를 거칠게 다룬 것처럼 여겼다.

그렇다면 도대체 정주程朱는 어떻게 예의 문제를 거칠게 다루었단 말인가? 소라이는 송유(진사이를 포함하여)들이 '예'를 '리理', '성性', '덕德' 등의 개념에 의존시켜 추상적인 개념 전환을 한 것이 문제라고 지적하였다. 소라이는 '예禮'는 성인의 도인 '예악'제도인 것이지 추상적인 천리天理나 내재된 덕성德性이 아니라고 주장했다. '예'의 구체적인 문제에 있어서 정주程朱의 '예'에 대한 소라이의 공격은 주로 '신주제神主制'[30]와 '4대四代 봉사제奉祀祭'[31] 두 가지에 집중되었다. 그는 아사카 단파쿠(安積澹泊, 1556~1738)와 주고받은 6통의 편지에서 '예禮'의 문제를 반복적으로 토론했다.[32] 그 중에서 다음과 같이 말한 부분이 있다.

---

28) 『徂徠集』, 卷二十八, 「復安澹泊」 第3書, 303쪽; 『論語徵』, 戊卷, 69쪽; 위와 같은 책, 戊卷, 86쪽; 위와 같은 책, 庚卷, 161쪽 참조. 소라이는 진사이에게도 주희와 동일한 결점이 있다고 질타했다. "진사이도 예악을 모른다."(같은 책, 庚卷, 189~190쪽)

29) 『弁名』, 「禮」 第1則, 219쪽. 徂徠는 '序和'를 언급하면서, 정·주가 『論語』 「學而」편의 "예를 시행하는 데는 조화가 귀중하다"는 것만을 지나치게 강조하고 그 아래의 글에서 공자가 말한 "예로써 조절한다"는 또 다른 중요한 측면을 간과하였다고 비판하였다. 徂徠에 의하면 사람의 행동을 절제하는 것이 바로 '예악'의 본질이다.

30) 역자 주: 제사를 지낼 때에 사용하는 '位牌'와 '木主'이다. 전자는 일반 士人과 서민들에게 쓰였고, 후자는 관료사대부들이 사용하였다.

31) 역자 주: 아버지로부터 고조에 이르기까지 4대의 제사를 받드는 것을 말함.

32) 安積澹泊, 『澹泊齋文集』(『續續群書類叢』 第13冊, 東京: 國書刊行會, 明治 四十二年 刊本)에 徂徠와 주고받은 서신이 일곱 통 수록되어 있는데, 두 사람의 서신은 享保 7년(1722)에서 享保 12년(1727) 사이에 오갔다. 安積澹泊은 朱舜水의 제자이고 미토 번(水戶藩)의 유학자이다. 그는 미토 번주 도쿠가와 미쓰쿠니의 지도하에 한문으로 저술한 첫

또 예를 들면, 『가례』의 신주제神主制에서 (신주의) 길이(높이)가 한 자(尺) 두 치(寸)[33]
이니 12달을 상징한다. 무릇 『예』에서 '12'의 숫자를 사용하는 것은 천자만이
그러하고, '4대四代 봉사제奉祀祭'는 제후만이 그러하다. 이천伊川이 이것을 서민들
에게도 사용하였으니 어찌 참월되지 않겠는가? 공자 때의 학문은 전적으로 예에
힘썼지만, 송유宋儒들은 그렇지 않았다.[34]

여기서 『가례』 '신주제神主制'의 표현법이 완전히 정확한 것은 아니다. 『가례』
에는 「신주제神主制」라는 편이 없고, 다만 권두에 '목주전식木主全式'(일명 '神主式')이
라는 그림이 하나 덧붙어 있을 뿐인데, 정이程頤의 「작주식作主式」(『河南程氏文集』,
권10)을 답습한 것이다. 그 중에 확실히 "고척유이촌高尺有二寸, 상12월象十二月"이
라는 구절이 있다. 소라이는 『예』의 경전에 무릇 '12'의 숫자는 다만 천자天子만이
사용하는 것이므로 '12'라는 숫자를 함부로 쓸 수 없다고 보았다. 따라서 '이천제
伊川制'는 천자를 참월한 중대한 의혹이 있다고 보았다. '4대四代 봉사제奉祀祭'는
조상들의 제사를 지낼 때에 몇 대까지 지내야 하는지에 대한 문제로서, 송대에는
3대제(증조부까지)가 주류적인 견해였다. 북송의 시기별 예제 규정에 따르면, 4대제
에는 관1품 또는 정2품 이상의 관원만이 자격이 있었다. 그런데 정이와 주희는
4대제를 극력 주장했고, 심지어 시조도 제사지내야 한다고까지 주장하여 이
부분에서 유달리 두드러져 보였다.[35] 주희도 나중에 '옛날에는 백관도 2대 제사

紀傳體의 일본 국사인 『대일본사』를 편찬했는데, 享保 5년(1720)에 250권을 완성하여
幕府에 받쳤다. 그 후 후대에 걸쳐 계속 편찬되었으며, 후세 사람들의 끊임없는 편찬
수정을 거쳤다. 전체적인 편찬 과정은 明歷 3년(1657)부터 明治 39년(1906)에 이르는
250년이 걸렸다. 내용은 神武天皇에서 남북조 말기의 小松天皇까지 편폭이 397권으로
확대되었다.

33) 역자 주: 1尺2寸은 곧 12寸이다.
34) 『徂徠集』, 卷二十八, 「復安澹泊」第3書, 303쪽. 「復安澹泊」第5書에서 徂徠는 程 · 朱의
祭禮에 대한 상기한 두 가지의 문제점을 자신이 처음 발견했다고 강조했다. "4대제
가 참월이고 목주의 길이가 '한 자 두 치'(열두치)이면 참월이라고 한 것은 나의 주장
이다."(『徂徠集』, 卷二十八, 305쪽)
35) 이 문제에 대하여 吾妻重二, 『朱熹『家禮』實證研究』, 第4章 「宋代의 家廟與祖先祭祀」, 第3
節 「關於祭祀의 範圍」, 144~148쪽을 자세히 참조할 것.

만 지낼 수 있었음'을 깨닫고, 시조에게 제사를 지내는 것도 참월을 면치 못하여 '감히 제사를 지낼 수 없었을' 뿐만 아니라 '4대제도 이미 참월한 것'[36]으로 여겨 『가례』에서는 시조제를 제사 대상에서 제외하는 쪽으로 생각을 바꿨다. 그렇지만 실제 처신에서 주희는 '손익損益'의 원칙에 따라 묘제墓祭할 때는 시조제 사를 지내도 무방하고, 사당에 일당사감제一堂四龕制[37]를 그대로 두자고 주장했다.

소라이는 '4대 봉사제는 오직 제후만이 그러하다'라고 여겼는데, 이는 『의례儀禮』 「상복전喪服傳」 등의 문헌적 근거가 있는 것으로서, 그가 '4대제는 참월'이라고 질책한 것은 과장하여 말한 것이 아니다. 그러나 정주程朱가 '가례'를 제정하려는 목적은 '고례古禮'를 부활시키자는 것이 아니라 '고례'를 짐작하여, 예로부터 사·서인 계층에서 통용되는 제사의례가 부족했던 것에 대비하여 보다 폭넓은 사회기반을 가진 의례의 새로운 규범을 새롭게 만들려고 한 것이다. 따라서 일률적으로 『의례』와 같이 천자나 왕공귀족을 상대로 제정한 예의규범이라고 질책해서는 안 된다. 그러나 소라이는 '성인이 제작자'라는 신념을 토대로 예악禮樂제도는 성인이 아니면 제작할 수 없다고 보면서 주희가 섣불리 '가례'를 제정한 것 자체가 이미 '성인'[38]에게 크게 무례함을 저지른 것이라고 했다. 이것은 유교적 원리주의에 가까운 태도이다. 사실 소라이의 이 말은 이토 진사이(1627~1705)가 주희에 대해 함부로 '가례'를 제정했다고 비판한 말과 궤를 같이한다.[39]

---

36) 『朱子語類』, 卷九十, 2318쪽.

37) 역자 주: 한 사당에 네 개의 龕室을 설치하는 제도이다.

38) 예를 들면, "禮의 제작으로 말하면 정·주가 성인을 본뜬 것은 옳지 않고, 禮를 전한 것으로 말하자면 정·주가 옛 제도를 어지럽힌 것이 옳지 않다."(『徂徠集』, 卷二十八, 「復安澹泊」 第6書, 307쪽)

39) 진사이는 『중용』의 "천자가 아니면 예의를 의논할 수 없으며 법도를 제정할 수 없다"는 것을 근거로 하여 "宋의 유학자들이 禮書를 많이 제정했는데," 이는 "도를 위한 것이 아니라 사실 도를 해치는 도구이다"라고 호되게 비판했다.(『古學先生文集』, 卷六, 「讀家禮」, 古義堂刻本, 15쪽下~16쪽上) 또한 "가령 文公(주희)이 예를 喪祭의 예와 같이 하여 옛날과 오늘날의 법도를 참작하고 절충해서 스스로 행해야 할 儀範이라고 여기면서도 후학들이 법도로 삼기를 바라는 의도가 없었다면 또한 훌륭하지 않았겠는가? 후학들도 마땅히 취하여 법으로 삼았을 것이다. 애석하다. 그가 여기에서 벗어난 줄도 모르고 도리어 스스로 천하 후세의 예를 정하고자 하였으니 또한 잘못이다"

그런데 후술하겠지만 소라이는 '예'를 세 가지 차원으로 나누고 '예를 행하는' 차원에서는 '자신의 뜻을 헤아리고' '인정을 살피며' '선왕의 예에 반드시 부합해 야 된다고 요구'할 수는 없다고 주장했다.

소라이 자신이 『사당식급통례징고祠堂式及通禮徵考』라는 저서에서 설계한 '위 패' 중에, '주감主龕' 위에서 왼쪽으로부터 오른쪽까지 각각 '시조始祖·이대二代· 삼대三代·사대四代'인 사감四龕을 설치하도록 규정했는데, 이는 엄연한 '일당사감 제一堂四龕制'이다. 즉 주희의 『가례』 권1 「통례편通禮篇」 사당장祠堂章, '사감四龕을 만들어 선조의 신주를 모시는 조'의 복제판이다. 소라이는 경전 해석학적으로 정·주의 '4대제'나 '시조제'의 주장을 비판했지만, 구체적인 의례 차원에서는 조상 제사를 주장했을 뿐만 아니라 '4대제'도 가능하다고 여겼다. 물론 소라이의 이러한 설계는 주희의 『가례』를 일본 사회에 차용하여 일본 사회의 상제의례 측면에서 실제의 필요에 근거하여 배우고 탄력적으로 적용하는 본보기로 만들 려고 한 것이다.

문제는 소라이가 왜 일본 상고시대의 '고례古禮'에는 손대지 않고 그가 대단 히 싫어한 주희의 『가례』를 '은밀히' 짐작했을까는 하는 점인데, 이 문제는 상당히 복잡하다. 간단히 말하면, 이른바 일본 상고의 예란 아마도 일종의 역사적 상상에서 비롯된 것으로, 소라이는 중·일 상고사에 대한 전반적인 이해에 따라 "일본의 고례는 성인의 예를 바탕으로 한다"라고 생각했다. 이는 문화 원형적인 의미에서 상고의 일본에도 '중국 성인의 예'와 같은 예가 반드시 존재하였음을 의미한다. 그러나 그는 이런 고례들이 이미 실전되어 흔적조차 찾아볼 수 없게 되었다는 점을 인정했다.[40] 오늘날 이미 존재하지 않는 이상,

---

라고 주희를 비판했다.(위와 같은 책, 17쪽) 『古學先生文集』, 享保 二年(1717) 간행. 소라이가 이것을 살펴보았을 것이다.

40) 원문은 이러하다. "日本ノ古禮モ聖人ノ禮ヲ本トシ玉フ", 그것이 "今ハ迹方モナク成タル 也."(『政談』[『荻生徂徠』(『日本思想大系』 36)], 413쪽) 만약 禮에 '예'와 '악'이라는 두 가 지 방면이 포함된다면 隋나라 이전의 많은 古樂이 일본에 남아 있다고 소라이는 여 겼다. 심지어 그는 이런 고악이 '三代의 遺音'이라 단언할 수 있다'고 했는데(『徂徠集』,

소라이가 또 무슨 근거로 상고의 중·일 두 나라에 같은 '예'가 존재했다고 생각하는지 의문이 들 수밖에 없다. 이 질문에 대해 지금 소라이의 대답을 들을 수는 없다. 사실, 일본의 고례란 주로 천황 또는 공가公家의 사회계층에 존재하는 귀족의 예를 가리키고, 사·서인 사회에는 자고로 상제喪祭의 예가 존재하지 않았다. 예를 들어, 호에이(寶永) 7년(1710)에 미토(水戶)번의 유학자가 제정하여 막부에 올린 예에 관한 책 『의례유전儀禮類典』은 모두 1천 권으로 분량이 방대하다. 그중 헤이안 시대 이래의 조정과 공가公家의 중대한 의례에 관한 기록이 다수 남아 있으나, 이는 사·서인 사회의 상제喪祭의례와는 무관하다. 그렇기 때문에 소라이는 부득이 '우리나라' 일본의 '선왕'은 제사를 지낼 예의를 제정하지 않았다는 것을 인정하지 않을 수 없었다. 따라서 '신주神主'나 '신판神版'을 어떻게 만들어야 할지에 대해 신경을 많이 썼다. 그는 다음과 같이 말했다.

卷二十三, 「復藪震庵」第4書, 245쪽) 구체적인 물증은 그가 민간에서 얻은 『猗蘭琴譜』이다. 소라이는 이에 근거하여 "중국에서 실전된 古樂이 우리나라에 있음을 알게 되었다"라고 하였다.(위와 같은 책, 246쪽) 이 『琴譜』는 지금 일본 궁내청에 소장되어 있다.(田尻祐一郎, 「音樂神主と徂徠學: 藪愼庵安積澹泊との往復書簡をめぐって」, 日本東北大學, 『日本思想史研究』第14號, 1983, 22쪽) 사실, 이와 비슷한 견해가 소라이 이전에도 이미 존재했다. 예를 들면, 熊澤蕃山은 "중국인은 음악에 능통한 사람이 많아서 왕조마다 끊임없이 음악을 고치면서 그 근본을 잃어 갔지만, 일본은 '악'의 제작이 쉽지 않아 오히려 고악을 완전하게 보존할 수 있었다"라고 했다.(『集義外書』[『(增訂)熊澤蕃山全集』第2冊, 卷十五, 「雅樂解」참조) 에도시대에도 이와 비슷한 관점을 가진 사람이 적지 않았다. 예를 들면, 太宰春台의 再傳제자인 山縣大弍(1725~1767)도 고악은 물론 '옛 道' 또한 마찬가지로 중국에서는 '없어지고' 일본에는 '존재'하며, 다만 武家에 있는 것이 아니라 조정에 있을 뿐이라고 했다.(그의 저서 『琴學發揮』, 卷上, 「溫故」참조. 大川眞, 「近世王權論研究の新たな視座: 文武論をてかがりとして」, 日本東北大學, 『日本思想史研究』第36號, 2004, 35쪽에서 재인용) 특히 주희도 "唐나라 이전에는 제도가 있어 樂律을 고찰할 수 있었지만, 唐나라 이후로는 고찰할 수 없다"(『朱子語類』, 卷九十二, 2342쪽), "남북의 난은 중국의 雅樂을 절멸시켰다"(위와 같음), "지금의 樂은 다 胡樂이다. 옛날 鄭나라와 衛나라의 樂마저 볼 수 없다"(위와 같은 책, 2347쪽)라고 하면서 당나라 이후의 '고악'이 사라졌다는 사실을 인정했다.

우리나라 선왕들이 상·제례를 제정하지 않았기 때문에 지금 나라에 '정해진 제도'(定制)가 없다. 군자는 이 나라에 태어나 자신의 뜻을 펼치면서 후대의 성인을 기다리려야 하고, 만약 예에 합당하지 않으면 왕의 스승이 되어야 하는데 어떻게 하면 되겠는가? 내가 보건대, '주主'와 '판版'이란 스스로 구별되는 의미로서 신주는 사당의 주인이다. 그러므로 사당이 있으면 주가 있고 사당이 없으면 주도 없으며, 훼묘毁廟[41]된 신주를 보관하거나 묻는 것은 신을 머물게 하려는 것이다. 그렇기 때문에 천지사방으로 서로 소통하여 신은 텅 빈 곳에 모여 있다. 초상에 신주가 없으면 혼백魂帛을 설치하고 군대가 출전할 때는 훼묘된 신주를 싣고 가고 훼묘된 신주가 없으면 폐폐幣와 규圭로 제사를 지낸다. 이를 받들고 나가서 대신하니, 어찌 제식題識[42]이 있겠는가?[43]

이른바 '주主와 판版'이란 신주神主와 신판神版을 가리킨다. '신주'는 집안의 사당과 관련되어 있고, '사당이 없으면' 신주를 둘 필요가 없다. 일반적으로 말하면, 당나라 이전에는 사대부 계층에 '가묘家廟'를 건립하는 제도가 없었다. '신판神版'은 서진西晉 때의 순욱荀勗이 만든 신판神版이 가장 유명한데, 일반 사인士人과 서민들이 사용했다. 위의 인용문에서 소라이가 첫마디로 "우리나라 선왕이 상제례를 제정하지 않았음으로 지금 나라에 정해진 제도(定制)가 없다"라고 한 것은 누구나 다 인정하는 사실을 말한 것이다.[44] 위의 인용문을 보면, 어떻게 당시의 일본에 정해진 제도가 없는 상례와 그에 관계되는 '신주'를 제정할 것인가가 소라이의 관심사였다.

소라이와 단파쿠 사이에 오간 서신에서 이 문제에 대해 반복적으로 논의했다. 그러한 논의의 대략적인 배경은 다음과 같다. 즉 단파구가 섬기는 미토 번주

---

41) 역자 주: '祧遷과 같은 의미로, 제사를 지내는 代의 수가 다 되어서, 종묘에 있는 신주를 다른 사당으로 옮기는 것을 이른다.

42) 역자 주: 題辭나 跋文을 의미한다.

43) 『徂徠集』, 卷二十八, 「答松子錦問神主制度」, 308쪽.

44) 예를 들어 도요토미 히데요시 시기에 일본이 조선을 침입했을 때 포로로 사로잡혀 간 姜沆(1567~1618)은 "일본에 본래 葬禮문화가 없는 것을 발견하고 깜짝 놀랐다." (姜杭, 朴鐘鳴 譯注, 『看羊錄』, 東京: 平凡社, 1984, 183쪽)

도쿠가와 미쓰쿠니(德川光國, 1628~1700)와 단파쿠의 스승인 주순수朱舜水(1600~1682)는 모두 '유례儒禮'의 개혁에 열심이었다. 특히 미쓰쿠니는 『가례』와 중국의 의례에 따라 그 가문을 위해 미토성에 유교식 묘지를 조성하고 또 친히 『상장의략喪葬儀略』을 저술하여 '번'의 무사 및 가신들에게 배포함으로써, 미토 번에 유가 의례를 널리 보급하는 실천을 도모하였다.[45] 이와 함께 단파쿠가 '대일본사' 편찬 작업을 맡고 있었으니 일본 역사상의 각종 제도 문제, 예를 들어 도량度量 문제 등에 대해 잘 알고 있었을 것이며, 소라이가 새롭게 신주를 제작하려면 중국 고대의 규격을 어떻게 일본의 규격으로 바꾸겠는가 하는 세부적인 문제를 반드시 다루어야 했을 것이다.[46] 바로 이러한 맥락에서 소라이와 단파쿠 사이의 예제禮制 논의가 가장 광범위하고 심도 있게 진행되었다. 특히 아사카 단파쿠가 소라이의 「복안담박復安澹泊」 제3서에 답장할 때 했던 다음과 같은 말은 주목할 만하다.

신주에 대해 말하면, 마을의 사인士人들 중에서 집집마다 많이 소유하고 있는데 그 제도는 예에 맞지 않는다. 4대 봉사제는 참월이라 하니, 무릇 자식된 자로서는 반드시 마음이 불안할 것이다. 사마온공司馬溫公이 순욱荀勖의 『예禮』에 근거하여 패패牌를 만들었고, 이천伊川은 제후의 제도를 누르고 신주를 만들었으며 또 의식을 갖추어 시조의 제사를 지냈다고 들었다. 후일에 주자는 시조제가 참월인 것 같아서 시조에게는 제사하지 않고 4대에만 제사를 지냈다. '주主'를 제작함에 있어서 이천伊川의 설을 따랐는데 주자 역시도 소홀한 점이 있는 것으로 여겨졌기 때문이다. 이것은 감히 옛사람을 가벼이 의논하는 것이 아니라, 가까운 일을 고찰하고

45) 도쿠가와 미쓰쿠니와 주순수의 예제개혁에 대하여 吾妻重二, 「水戶德川家と儒敎儀禮: 祭禮を中心に」, 『アジア文化交流研究』 第3號(大阪: 關西大學アジア文化交流センター, 2008), 219~245쪽; 徐興慶, 「朱舜水與德川水戶藩的禮制實踐」, 臺灣大學, 『台大文史學報』 第75期(2011), 161~179쪽 참조. 주순수는 儒禮개혁운동에서 의례와 관련하여 많은 중요한 글을 썼다. 『朱舜水集』(北京: 中華書局, 1981); 『朱氏談綺』(上海: 華東師範大學出版社, 1988) 참조.

46) 『徂徠集』, 卷二十八, 「復安澹泊」 第6書. 徂徠는 『度量考』란 책을 지었고(『荻生徂徠全集』, 卷十三), 그의 남동생인 荻生北溪도 『衡考』를 지었는데, 후에 그것을 『度量衡考』 三卷으로 모아 享保 19年(1734)에 간행했다.

살펴보려고 하는 것이다. 지금 사인士人들의 집에서 목주木主를 쓰지 않고 패牌를 써도 되는 것일까? 사마온공의 제도를 따라도 되는 것인가? 전별戰別에 또 다른 방식이 있는 것인가? 만약 목주를 쓴다면 그 제도가 어떠해야 할까? 다만 조상의 사당에 제사를 지낼 때 고조와 중조에까지 미치지 않는 것은 괜찮은가? 바라건대 한가한 날 시사(侍史[47])에게 명하여 족하께서 제사드리는 예와 목주木主의 법식을 기록하여 보내주시면 더 이상 무엇을 바라겠는가? 천만 간절히 바란다.[48]

단파쿠는 미토 번 내의 사인들은 거의 집집마다 '신주神主'가 있는데, 다만 그 제작이 예법에 다 맞는 것은 아니라고 소라이에게 소개하면서, 편지의 말미에 소라이에게 상례에 관한 일련의 문제를 물었으며, 소라이의 『목주지식木主之式』이란 대작을 얻기를 원했다. 이것은 아마도 단파쿠가 소라이의 『상례략喪禮略』이나 『사당식祠堂式』 등과 같은 논저가 이미 완성되었다는 소문을 들었기 때문일 것이다. 편지에서 정이천의 「작주식作主式」 및 주자의 『가례』 그리고 '4대제' 등에 관한 문제를 언급하였는데, 단파쿠 또한 중국의 예제에 대해 불만을 드러냄으로써 소라이의 의견에 찬성을 표시했다. 이 편지에 뒤이어 이어진 「오규 소라이에 답함」(答荻徂徠書) 제5서에서는 단파쿠가 소라이에게 자신의 가문에서 '『가례』에 따라 제사를 지내고' '이천의 방식에 근거하여 목주를 제작한 지' 이미 6~70년의 역사를 지녔다고 말하면서, 사인士人의 제사는 『가례』에 준거해야 한다는 주장을 극력 개진하였다. 계속하여 "미루어 말하면, 마을의 모든 지식인들이 다 그러하다. 어찌 마을뿐이겠는가? 사방의 지식인들이 『가례』를 준용하는 것은 당연한 일이다"[49]라고 했다. 소라이 이전에, 적어도 미토 번의 유학자 계층에서는 가례에 따라 제사를 지내는 것이 이미 일반화되었음을 알 수 있다.

특히 소라이가 '예'를 어떻게 현실화하느냐 하는 문제에 직면하여 '예'를

---

47) 역자 주: 곁에서 모시면서 文書를 맡은 사람을 일컫는다.
48) 『澹泊齋文集』, 卷八, 「答荻生徂徠書」 第4書, 414~415쪽.
49) 『澹泊齋文集』, 卷八, 「答荻生徂徠書」 第5書, 422쪽.

'제례制禮', '전례傳禮', '행례行禮'라는 다양한 차원으로 구분해서 각각 생각해야 한다고 제안한 점이 눈길을 끈다.[50] 사실 '행례'란 말은 소라이가 '예'의 현실화에 대비하여 제기한 중요한 관점이다. '제례'는 당연히 '3대 성인'의 일이고, '전례傳禮'는 공자의 제자들이 만들어 놓은 각종 예서禮書를 가리킨다. 문제는 '실행'하는 차원에서 사람들이 어떻게 해야 하느냐는 것이다. 소라이는 먼저 '행례'의 측면에서 '고금古今과 화이華夷의 구분'이 존재한다고 지적했다.

예의 실행에 있어서 고금古今과 화이華夷의 구분이 존재한다. 옛날에 하夏의 예는 은殷과 같은 제후국에서는 행하지 못했고, 은殷의 예는 주周와 같은 제후국에서 행하지 못했으며, 주周나라 이후에도 모두 그러했다. 다른 왕조의 예, 어지러운 시대의 왕이 만든 것을 신하들이 행하지 않았다.…… 그러므로 번문繁文과 말절末節의 지극히 사소하고 반드시 구속받지 않아도 되는 예는 비록 공자와 같은 성인이라 할지라도 이를 모두 상세히 묻고 견고히 지키려 하였다. 무릇 『대대례기』의 여러 책에 실린 예와 관련한 내용들은 모두 그 시대의 임금들이 제작한 것이다. 옛적에 예를 행할 때에는 이러했는데, 후세에는 이와 달랐다.

이것은 예를 행함에 있어서 시대와 지역의 차이에 따라 수시로 바뀌어야 하며 고정불변해서는 안 되고, 하夏나라로부터 은殷과 주周에 이르기까지 모두 다 그러했다는 사실을 말하고 있다. 마치 큰 도리를 말하는 것과 같다. 그런데 문제는 수시로 바뀌어야 하는 '행례'는 과연 누가 제정하느냐 하는 것이다. 이에 대해 소라이는 다음과 같이 말했다.

그러므로 세상에서 행해야 할 예는 그 시기의 왕(時王)이 제작해 놓은 것이 없기에 어쩔 수 없이 먼 선왕의 예를 취하고 자기의 뜻을 헤아려 행하는 것이다. 사마온공

---

50) 이 3분법에 관하여 어떤 학자는 소라이의 명작 『弁道』와 『弁名』 그리고 『論語徵』에서 볼 수 없다고 지적했다. 田尻祐一郎, 「音樂神主と徂徠學: 藪愼庵安積澹泊との往復書簡をめぐって」, 日本東北大學, 『日本思想史研究』 第14號(1983), 26쪽에 게재됨.

과 주자가 그러했듯이. 이미 '짐작斟酌'이라고 하는 이상 어찌 반드시 선왕의 예에 부합하도록 요구하겠는가?

여기서 '사마온공'은 사마광司馬光의 『서의書儀』를 가리키고 '주자'는 주희의 『가례』를 말한다. 송대에 가장 유명한 이 두 편의 예서는 바로 '먼 선왕의 예를 취하여 자신의 마음으로 짐작하여' 제정한 것이다. '짐작'이라고 한 이상 반드시 '선왕의 예'에 부합되어야 할 필요는 없다. 소라이는 여기서 '짐작'의 중요성을 강조했다. 그러면 어떻게 '짐작'해야 하는가? 소라이는 일본을 예로 들고 있다.

우리나라 선왕이 상제喪祭의 예를 제정하지 않았으니 사람들이 준수할 바가 없다. 또한 삼대 선왕의 예는 읽기 힘들어 가까운 주자의 『가례』를 취하였다. 그러나 시대가 다르고 지역이 다르며 풍속 또한 달라 그것을 일일이 준수할 수 없기에 반드시 스스로 그 마땅함을 재량한 뒤에라야 실행할 수 있다.

이는 일본에서 지금 주자의 『가례』를 사용하는 것은 부득이한 것이고 또한 중국과 일본 사이에 '시대가 다르고 지역이 다르며 풍속도 다른' 거대한 차이가 존재하기 때문에 『가례』를 기계적으로 단순히 옮겨 놓을 것이 아니라 '그 적당함을 스스로 헤아려', 즉 일본의 특수성을 고려하여 필요한 전환을 해야 한다는 것이다. 실제로 『가례』에 관련된 관혼상제의 네 가지 의례가 일본에 전해진 뒤, 일본 유학자들에 의해 흡수되고 수용된 것은 대부분 '상제' 부분이다. 관혼冠婚에 관한 예의는 일본 사회의 관습과 거리가 멀기 때문에 도쿠가와 유학자들의 관심을 끌지 못했다.

그러나 문제의 관건은 어떻게 '짐작'하느냐 하는 것이다. 소라이는 『예기』 등의 기록에 근거하여 재량의 근거를 '인정'에다 두었다.

무엇으로 '짐작'할 것인가? 인정에 맞기를 호소할 것이다. 전傳에 이르기를 "하늘로부터 내려온 것도 아니며, 땅에서 나온 것도 아니다. 오직 인정일 따름이다"(『예기』, 「문상」)라고 하였다. 성인은 예를 제정함에 있어서 인정에 근거했다. 그러므로 지금 예를 행함에 있어서 인정에 어울리도록 하는 것은 (성인의 경우와) 위배되지 않는다고 할 수 있다. 옛날에 재아宰我가 단상短喪을 하려고 하니 공자께서는 "네 마음이 편하거든 그렇게 해라"(『논어』, 「양화」)라고 하셨다. 비록 꾸짖어 말한 것이겠지만 반드시 마음이 편안하기를 기약한 것이다. 지금 귀하께서 마음의 편안한 여부를 말하는데, 과연 예의 의미를 안다고 할 수 있다. 나는 정주程朱의 예 또한 (예를 행하는 사람이) 스스로 알아서 하게 한 것이라고 생각하는데, 그렇다면 어찌 불가하겠는가?

이른바 '짐작'이란 결국 '인정에 순응한다'는 것에 지나지 않음을 알 수 있다. 특히 소라이는 재아의 '3년상' 문제에 대해 "네 마음이 편하거든 그렇게 해라"라고 한 공자의 말을 근거로 하여 '마음이 편안함'이라는 심리상태야말로 예를 어떻게 행해야 할 것인가를 최종적으로 판단하는 기준이라고 생각하였다. 소라이가 공자의 이 말 뜻을 크게 오해한 점에 대해서는 뒤에서 언급하겠지만, 흥미로운 것은 소라이가 예를 행하는 차원에서 정주程朱의 예를 따르더라도 무방하다고 하여 정주의 예를 인정했다는 점이다. 이 점에 대하여 소라이는 한 걸음 더 나아가 이렇게 말하였다.

제례制禮에 대해 말하면 정주를 성인과 비교하는 것은 옳지 않고, 전례傳禮에 대해 말하면 정주가 고제古制를 어지럽힌 것이 옳지 않다. 그렇지만 행례行禮에 대해 말하면 정주의 예의도 괜찮고, 세속의 예의도 괜찮으며, 특히 자신의 마음으로 선왕의 예를 짐작해도 좋다고 본다. 선왕의 예를 지금 그대로 다 행할 수 없을 바에는, 사람마다 자기 마음의 편안함 여부에 따라 판단할 수 있다. 사람마다 성품이 다르고, 마음 또한 얼굴과 같아서 그 마음의 편안함은 사람마다 다르니 이것이 어찌 문제될 게 있겠는가? 사람들은 습관에 안주하기에 세속적인 예에 익숙해져서 정주가 제정한 것을 편안하게 여기지 않는데, 이것은 귀하께서 정주가

제정한 것을 편안하다고 여기는 것과도 같다. 이러한 사실을 알지 못하면 안
될 것이다.[51]

'제례制禮'와 '전례傳禮'의 문제에서는 소라이가 정주程朱를 심하게 비판했지
만 '행례行禮'의 문제에서는 상당히 유연한 태도를 보였음을 알 수 있다. 사실
이러한 태도는 일본이 중국의 유학을 흡수하고 개조하는 과정에서 보여 준
정상적인 형태이다. 예를 들면 소라이보다 한 세대 앞선 야마자키 안사이(山崎闇
齋, 1618~1682)는 "주자는 속례俗禮를 많이 사용했을 뿐만 아니라 고례古禮도 고찰하
고 또한 그 뜻을 깊이 헤아려 시기에 맞게 행했는데, 이는 유학자가 해야 할
일이라고 할 수 있다"라고 하였다. 그는 심지어 주자가 만약 일본에서 태어났다
면 주자도 틀림없이 일본의 상황에 따라 『가례』를 제작했을 것이라고 가정했다.
그러므로 "『가례』에 얽매이는 것은 결코 주자의 뜻을 잘 알고 『가례』를 행하는
사람이 아니다. 만약 예의 근본을 알고 사실에 근거하여 행한다면, 그야말로
주자의 본의를 얻었다고 할 수 있다"[52]라고 하였다. 바꾸어 말하면, 주희 이론의
본의를 잘 얻은 사람은 『가례』를 활용하여 일본의 상황에 맞게 적절하게 수정해
야 한다는 것이다. 사실 이러한 이치를 안사이만 안 것이 아니라, 소라이도
알았으며, 주희 또한 이에 대해 충분히 자각하고 있었다. 예를 들면 주희는
"어떤 사람이 말하기를 성왕이 다시 부흥하여 오늘의 예를 만든다 하더라도
아마 옛 제도와 다 똑같지는 않을 것이다. 지금 (예를 행할 때에는) 주요한

---

51) 이상에서 인용한 원문은 「復安澹泊」 第6書에서 인용. 『徂徠集』, 卷二十八, 306~307쪽
　　에서 나옴. "不佞曰, 以制禮言之, 程朱之擬聖人, 非也. 以傳禮言之, 程朱之亂古制, 非也. 若
　　以行禮言之, 程朱之禮亦可, 世俗之禮亦可, 特以己心斟酌先王之禮亦可. 夫先王之禮既不可全
　　行於今, 則人人以己心所安斷之可也. 人異性, 心如面, 其心所安, 人而異, 庸何傷乎. 祇人安
　　于習, 故習於世俗之禮者, 不以程朱所定爲安, 亦猶足下以程朱之制爲安也, 是亦不可不知如此."
52) 若林強齋(1679~1732), 『家禮訓蒙疏』, 卷一, 「通禮」, 吾妻重二, 『家禮文獻集成: 日本篇』 1,
　　「解說」, 248쪽에서 인용. 若林強齋는 山崎闇齋의 再傳弟子이고 위에서 인용한 두 단락
　　의 말은 그가 闇齋의 말을 祖述한 것이다. 그는 『家禮訓蒙疏』에서 '부언 설명'의 방식
　　으로 자기의 독특한 견해를 덧붙여서 어떻게 일본 풍속에 따라 『가례』를 짐작하여
　　행할 것인가를 설명했다.(위와 같음)

골자를 얻어야 하지, 그 사소한 부분을 모두 사용하기는 어렵다"53)라고 하였다.

특히 지적해야 할 것은 "사람의 성품은 다르고 마음 또한 얼굴과 같아 (사람마다 다르다)"라고 하는 것은 소라이학의 독특한 '심성론'이다. 그는 인간성과 인심은 구체적이고 특수하며, 사람마다 다르며 각기 다른 점이 있다고 생각했다. 그렇기 때문에 근본적으로 동일한 인간성이나 인심의 본질이 존재하지 않으며 예를 행함에 있어서도 사람에 따라 다르다는 것을 강조했다. 소라이는 현실 차원에서 중국 의례의 상대화를 통해 '예'의 다원화를 꾀하고 있음을 알 수 있다. 중국 선왕의 예가 아무리 숭고하다고 해도 일단 현실세계에 적용되면, 중·일 양국의 '시대가 다르고 지역이 다르며 풍속 또한 다른' 커다란 차이 때문에 중국의 예로 일원화하려는 시도를 반드시 무마시켜야 한다. '정주의 예'와 '세속의 예'를 막론하고 모두 자기 민족의 '정서'에 따라 선택할 수 있으며, '중화 숭배'의 콤플렉스로 중화문화를 대해서는 안 된다. 예를 들어 소라이는 '중화 숭배 사상에 깊이 빠진' 친구에게 "삼대三代 이후에는 비록 중화中華라 하더라도 오랑캐 무리들이 횡행하여 더 이상 옛날의 중화가 아니기에 중화라는 이름만을 경모하는 것은 옳지 않다"54)라고 권고했다. 소라이가 '모화慕華' 현상에 대해 명석한 인식을 가지고 있었음을 알 수 있다. 따라서 소라이에 대해 모화사상을 지닌 자라 하는 것은 소라이 자신이 인정하지 않을 것이다. 소라이가 단파쿠와 논의한 것은 일본 사회에서 도대체 어떻게 예를 행해야 할 것인가 하는 문제이다. 그러므로 그가 말한 '짐작'은 당시의 일본 사람들을 대상으로

---

53) 『朱子語類』, 卷八十四, 2185쪽, "某嘗說, 使有聖王復興, 爲今日禮, 怕必不能悉如古制. 今日要得大綱是, 若其小處亦難盡用."

54) 『徂徠集』, 卷二十五, 「復柳川內山生」, 270쪽. 도쿠가와 후기 특히 근대 이래로 소라이를 전형적인 慕華論者로 보는 관점이 있었지만, 이와 관련된 논의가 복잡하기 때문에 여기서는 다른 말을 하지 않겠다. 다만 정반대의 관점을 가진 학자도 있다는 점을 지적해야 하겠다. 예를 들면, 吉川幸次郎은 사실 소라이가 보편주의의 입장에 있는 민족주의자이고 또한 전형적인 일본적 사상가라고 했다. 그의 저서 『仁齋·徂徠·宣長』(東京: 岩波書店, 1975)에 게재된 두 편의 중요한 논문 「民族主義者としての徂徠」과 「日本的思想家としての徂徠」를 참조할 것.

한 것이지 중국 사람을 놓고 말한 것이 아님을 잊지 말아야 한다.

3. '예를 행하는' 인정의 토대

그렇다면 '짐작'의 기준은 또 무엇일까? 소라이는 『예기』가 '인정人情에 합치되기를 추구하는' 책이라고 여겨서 '짐작'의 기준이 될 수 있다고 여겼다. 성인은 '인정을 근본으로 하여' 예를 제정했기 때문에 예를 행하는 사람은 더구나 '인정에 맞도록 행해야 한다.' 문제는 '인정'이란 무엇인가 하는 것이다. 소라이는 예를 들면 『시경』에 '인정'이 집약되어 있다고 보았다.

옛날의 '시'는 오늘의 시와 같으니 주로 인정을 말한 것이지 어찌 이치를 말한 것이겠는가?…… 선왕의 도는 인정에 의하여 설치된 것으로, 인정을 알지 못하고서 어찌 천하에 지장 없이 통행할 수 있겠는가? 학자들은 인정을 알고 나서야 의리의 신명스러운 변화를 설명해야 한다. 그러므로 시를 의리(義)의 창고로 삼아 반드시 이것을 함께 언급해야 하니, 이것이 선왕의 가르침의 오묘한 바이다. 55)

인정은 『시』의 주제이고, 그 속에는 의리가 존재하지 않는다. 중요한 것은 '선왕의 도'는 제정 당시에 인정人情을 기준으로 삼았기 때문에 인정을 모르면 선왕의 도가 생겨나야 할 이유가 없고, 어떻게 실행하는가에 대해서는 더구나 운운할 여지도 없다는 점이다. '인정'은 소라이의 사상 시스템에 있어서 지극히 중요한 관념이며, 핵심적인 위치를 지니고 있음을 알 수 있다. 그에 의하면, "공자는 인심을 잘 안다고 할 수 있다."56) 그래서 인정은 『논어』와 육경 속에도

---

55) 『弁名』, 「義」 第5則, 222쪽, "夫古之詩, 猶今之詩也. 其言主人情, 豈有義理之可言哉……蓋先王之道, 緣人情以設之, 苟不知人情, 安能通行天下莫有所窒礙乎. 學者能知人情, 而後書之義神明變化. 故以詩爲義之府者, 必並書言之已. 是先王之敎所以爲妙也."

56) 『論語徵』, 壬卷, 307쪽.

존재한다. 이러한 인정은 결코 사사로운 정이 아니라 사회적이고 역사적인 함의를 가지고 있다. 다시 말하자면, 성인은 사회의 인정을 근거로 하여 예의를 제정한 것이다, 그렇지 않고서는 "어찌 천하에 지장 없이 통행할 수 있겠는가?" 따라서 후세에 경전을 공부하는 사람들에 대해 말하자면 '인정을 아는 것'이 각별히 중요한 문제가 된다. 다른 한편으로 소라이는 위에서 인용한 「복안적담 朴復安積澹泊」 제6서에서 『예기』 「단궁」에 나오는 "그의 거동이 예절에 맞구나"(其動也中)라는 사상을 근거로 하여 인정이란 마음에서 우러나오는 감정이라고 했다. 또한 공자가 '3년상'을 의심한 재아宰我에 대하여 "네 마음이 편하거든 그렇게 해라"고 하는 말을 근거로 하여 인정에 기초한 '마음의 편안함'이 '예의 의미'를 파악하는 핵심임을 강조했다. 다시 말하면 '예의 의미'는 외적인 규범에 의해서만 파악할 수 있는 것이 아니라, 인정에 부합하느냐의 여부로 판단해야 하므로 '인정'에는 또한 내재적인 심리활동의 의미가 있다.

요컨대, 소라이가 강조하는 '행례行禮'가 지금의 예인 이상 반드시 '자신의 뜻'에 따라 헤아려야 하고, '자신의 뜻'이 '인정'에 부합하느냐 하는 관건은 예를 행하는 사람의 마음이 편안한지를 살펴보아야 한다. 따라서 행례의 차원에서는 인심의 내면적인 감정의 문제가 대단히 중요하다. 일본에 대해 말하자면, 일본은 옛날에 상례가 없었기 때문에 어떠한 예의를 지켜야 하는가의 문제도 존재하지 않는다. 이런 상황에서 예를 행하는 사람은 일본 사회의 '인정'과 자신의 내적 감정을 짐작해야 한다. 이것이 바로 "사람마다 자신의 마음의 편안함의 여부에 따라 판단해야 한다"라고 강조한 이유이고, 또한 소라이가 공자의 "네 마음이 편하거든 그렇게 해라"라는 말을 특히 중요하게 여기는 이유이기도 하다. 소라이의 이해에 따르면, 공자의 이 말은 우리들에게 예를 행하는 준칙을 제시했다.

그러나 "네 마음이 편하거든 그렇게 해라"라는 구절에 대한 소라이의 해독이 공자의 의도와 일치하는 것일까? 이에 대해 꼼꼼하게 따질 필요가 있는 것 같다. 논의의 편리를 위해 먼저 『논어』 「양화」에 실린 공자와 재아 사이에 있은 '3년상'에 관한 대화 전문을 살펴보자.

재아가 말하였다. "삼년상은 기간이 너무 깁니다. 군자가 삼 년 동안 예절을
행하지 않으면 예절은 반드시 무너질 것이요, 삼 년 동안 음악을 하지 않으면
음악이 반드시 무너질 것입니다. (일 년 정도면) 묵은 곡식은 이미 없어지고,
햇곡식은 이미 나오며 불씨 만드는 나무도 바뀌니 일 년에 상을 마치는 것이
좋을 듯합니다." 공자께서 말씀하셨다. "(일 년 상만 치르고도) 쌀밥을 먹고 비단
옷을 입는 것이 너는 편안하냐?" "편안합니다." "네 마음이 편안하거든 그렇게
해라. 군자는 상喪을 입는 중에는 먹어도 맛이 없고, 음악을 들어도 즐겁지 않으며,
거처하는 것도 편치 않기 때문에 쌀밥과 비단옷을 피하는 것이다. 그런데 지금
너는 편안하다니 편안하다면 그렇게 해라." 재아가 나가자 공자께서 말씀하셨다.
"재아는 인仁하지 못하구나! 자식이 태어나 삼 년은 지나야 부모의 품을 벗어날
수 있기에 대개 삼년상은 천하의 공통된 상례인 것이다. 재아도 과연 그 부모에게
삼 년 동안의 사랑을 받았는가?"

공자가 "네 마음이 편하거든 그렇게 해라"라고 한 말을 전체 대화의 맥락에
놓고 보면, 이 말은 '편안하다'라고 한 재아의 대답에 이어서 말한 것이다.
그리고 재아가 '편안하다'라고 말한 것은 공자가 상중에 쌀밥을 먹고 비단옷을
입는 것57)이 마음에 편하냐고 물어본 것에 대해 답한 말임을 알 수 있다.
'편안하다'라는 재아의 대답에 공자는 어쩔 수 없어 "네 마음이 편하거든 그렇게
해라"라고 말했던 것이다. 그러나 대화는 여기서 끝나지 않았다. 공자는 더
나아가 만약 군자라면 상중에 맛있는 것을 먹어도 달지 않고, 음악을 들어도
즐겁지 않고, 편히 처해 있어도 편하지 않기 때문에 기년期年(1년) 상喪에 편안해할
수 없을 것인데, 그래도 "지금 네 마음이 편하다면 그렇게 해 봐라"라고 했던

---

57) 공자의 말은 『儀禮喪服傳』에 기록된 "虞祭를 이미 지냈으면 현미밥을 먹고 물을 마시
고, 練祭를 지냈으면 菜果를 먹고 素食을 한다"라는 말을 은연중에 가리킨 것이다.(劉
寶楠, 『論語正義』, 卷二十, 北京: 中華書局, 1990, 703쪽) 喪中에 쌀밥을 먹고 비단옷을
입는 것은 예법에 어긋난 일임을 알 수 있다.

것이다. 공자는 분명 "네 마음이 편하거든 그렇게 해라"라는 말에 앞서 '만약 자신이 군자가 아니라는 것을 인정한다면'이라는 전제를 달았다. 대화 전체의 뉘앙스와 그 속뜻을 보면 "네 마음이 편하거든 그렇게 해라"라는 공자의 말은 칭찬이 아니라 어쩔 수 없다는 의미에서 한 말이다. 다만 공자가 이 대화에서도 '마음이 편안함'의 중요성을 강조한 것은 분명한 사실이다. 즉 예를 행하는 데는 감정의 토대가 필요하다는 것이다. 다만 공자는 군자가 '3년상을 치르는 것'도 마음이 편하기 위해서라고 주장했을 뿐이다. 이로부터 알 수 있듯이 '마음이 편안함'에는 하나의 필요한 전제 조건이 있다. 즉 행위 자체가 우선 예의규범에 부합되어야 하고, 규범에 부합되는 전제하에서만 '마음이 편안함'을 고려할 수 있는 것이지, 거꾸로 '마음이 편안함'을 전제로 하여 예를 행하기 전에 먼저 자신의 심리적인 느낌에 따라 예를 행하는 방식을 결정해서는 안 된다. 그러나 소라이의 해석에 따르면 공자는 오직 감정을 유일하고 절대적인 조건으로 삼았고 또한 재아宰我의 행위를 적극 격려했다는 것이다. 만약 그렇다면 공자는 '3년상'에 대하여 그렇게 해도 되고 그렇게 하지 않아도 문제될 것이 없다는 태도를 취했다고 할 수 있다.

더욱 중요한 것은, 뒷부분의 기록에서 밝힌 바와 같이 공자는 재아에 대해 깊은 실망을 드러내면서 '인仁하지 않다'라고 꾸짖었고, 공자 스스로의 입장을 강조하여 '3년상을 치르는 것은 천하의 공통된 상례법'이라고 했다. 그래서 공자는 재아가 부모님의 '3년 사랑'을 받아봤는지까지 의심했던 것이다. 요컨대 이 대화의 분위기와 맥락을 짐작해 보면 재아의 3년상에 대한 의혹과 '기년 상'에 대한 주장을 공자가 못마땅하게 여겼다고 할 수 있다. 이런 의미에서 주희의 『논어집주』가 여기에 등장한 두 곳의 "네 마음이 편하거든 그렇게 해라"라는 구절에 대해 특별히 풀이를 하였다. 즉 주희는 "처음에 말한 '네 마음이 편하거든 그렇게 해라'라는 구절은 절대 그렇게 하지 말라는 의미"이고, "두 번째로 말한 '네 마음이 편하거든 그렇게 해라'라는 구절은 몹시 질책하는 의미"이기 때문에 공자의 본뜻에서 멀지 않다고 하였다. 그만큼 공자의 태도가 분명했던바, "네 마음이 편하거든 그렇게 해라"라는 구절이 상례를 개변하는 이유가 될 수 없다.

확실히 원칙적인 입장은 버릴 수 없다. 공자는 여전히 자신의 가치 입장을 고수하였기에 재아의 행위를 '인仁하지 않다'라고 비판했던 것이다. 그런데 이 비판은 재아가 떠나간 뒤에 공자가 제3자의 앞에서 한 것이다. 이런 일이 벌어진 것은 『논어』 전체에서 단 한 번뿐으로, 공자가 거의 참을 수 없는 지경에 이르렀음을 보여 준다. 지적해야 할 것은 전통 경학 주석사註釋史에서 재아를 위해 변명하는 사가도 있다는 점이다. 예를 들면 공영달孔穎達의 『논어소論語疏』에서는 무협繆協의 말을 인용하여, "재아는 공자를 격분시켜서 자신에 대한 훈계를 이끌어 냈는데, 이것은 자신을 굽혀서 도를 밝히고자 했기 때문"이라고 보았고, 유보남劉寶楠은 "이 해석은 대단히 확실하다"[58]라고 했다. 이 말들은 모두 호교적護教的인 차원에서 나온 것으로서, 과연 확실한 것인지는 이 글의 취지와 무관하다. 중요한 것은 이 해석의 이면에 담긴 뜻은 무협이든 유보남이든 모두 재아가 공자께서 3년상의 이유를 털어놓도록 하기 위해 기꺼이 악역을 맡았다고 생각했다는 점이다. 이에 근거하면, "네 마음이 편하거든 그렇게 해라"라는 말은 공자가 일시적으로 격분되어 한 말로서, 공자가 재아의 주장에 수긍하여 상기를 1년으로 단축할 수 있다고 여겼다는 증거가 되지 않는다.

이제 소라이의 해석을 보면, 그의 해석과 결론은 주희와 전통주소의 의미와 크게 다르다. 그는 우선 이 대화의 시대적 배경에 대해 중요한 판단을 내렸다.

> 공자 때는 혁명의 시기로, 공자의 도가 천하에 크게 행해졌고 예악 또한 반드시 고쳐야 했다. 재아는 스스로의 지혜로 그 뜻을 간파했기에 "기년(1년)도 되지요?"라는 물음을 제기했던 것이지 자기가 스스로 단상短喪을 하려고 한 것이 아니다. 그는 (시대에 따라) 예악을 제정하는 입장에서 말하자면 기년期年도 가可하다는 주장을 했을 뿐이다. 그렇지 않고서야 삼년상이 선왕의 제도로서 당시 사람들이

---

58) 劉寶楠, 『論語正義』, 卷二十, 「陽貨」 第17, 701쪽에서 인용.

좇아서 감히 어기지 못했는데, 하물며 공자 문하의 한 사람인 재아가 어찌 까닭 없이 이러한 물음을 제기했겠는가?[59]

소라이에 의하면, 공자는 당시 '혁명'의 중요한 시기에 처해 있었으며, 게다가 '공자의 도'가 이미 '천하에 널리 행해지고 있는데', 이때를 계기로 공자는 반드시 '예악'을 새롭게 제정해야 했다. 이런 맥락에서, 재아가 일부러 "기년期年이면 되지요?"라는 물음을 제기한 것은 혁명적 상황에 순응하여 예악을 수정하도록 공자를 유도하려는 것이지, 자신이 정말로 상례의 기한을 단축하려는 것이 아니라는 것이다. 소라이의 이러한 해석은 '성인 제작'에 대한 그의 역사관과 밀접한 관련이 있는 것이 분명하다. 즉 '혁명의 시기'가 아니라면 예악을 만들 필요가 없고, 반대로 성인이 예악을 만들어야 한다면 '혁명의 시기'에 직면한 것이다.

"예악을 제정하는 입장에서 말하자면" 이하의 단락은 소라이의 독특한 해석이다. 그에 따르면, 재아의 의도는 공자가 만약 예악을 다시 만들려고 한다면 '기년期年이면 된다'는 것이다. 즉 공자는 1년 안에 이 일을 해 낼 수 있다는 의미다. 다시 말하자면 재아가 상기를 3년에서 1년으로 줄이자고 주장한 것이 아니라 공자가 예악을 제정하려면 1년이면 충분하다는 뜻이다. 왜냐하면 소라이에 따르면, '3년상'은 '선왕의 제도'로서 바꿀 수 없는 것이고, 또한 그 당시의 사람들이 모두 이를 어김없이 따랐는데, 공자의 문하에 있던 재아가 무슨 담력으로 상기喪期를 단축하자고 할 수 있었겠나 하는 것이다. 소라이의 이러한 해석은 사실 심리적인 추측에 기반한 것이다. 그는 재아의 심리가 선왕의 제도마저 바꿀 수 있다고 여기지는 않았을 것이라고 추측했는데, 이런 추측은 매우 뜻밖이다. 지금 사가史家들은 일반적으로 3년상이 공자의 춘추시대에 사실

---

59) 『論語徵』, 壬卷, 303쪽, "孔子時當革命之秋, 孔子之道大行於天下, 必改禮樂. 宰我之智, 蓋窺見其意, 故有'期可已矣'之問, 是非己欲短喪也. 言若製作禮樂, 則期可已矣耳. 不然, 三年之喪, 先王之制也, 當世之人遵奉而不敢違也. 況宰我之在聖門, 豈無故而有此問乎."

이미 실행되지 않은 지 오래되었다고 보고 있다.[60] 따라서 '기년이면 된다'는 구절과 관련하여 소라이의 재해석이 과연 성립될 수 있는지 의심스럽다.

이어서 소라이는 주희와 진사이를 비판하기 시작했다. 그는 "송유는 스스로 높이기를 좋아하고 가볍게 사람을 의논하며 망령된 의론을 펼쳤다. 진사이 선생은 '재아가 공자 문하의 고제자로서 어떻게 그런 질문을 하는가'라고 질책했다'라고 지적하였다. 여기서 '송유'는 주희를 가리키는 것이 자명하고, 진사이의 해석이 어떠한가에 대해서는 더 이상 말할 필요가 없다. 이어 소라이는 『논어』 텍스트를 건너뛰어 '다른 책을 미루어 보는' 해석 방법을 이용하였는데, 즉 『예기』로써 『논어』를 해석하면서 자신의 주장을 보강하였다.

예는 인정에 따라 제작되는 것[61]이기에 공자가 "네 마음이 편안하거든 그렇게 해라"라고 했다. 뒷시대의 유학자들은 그러한 사실을 알지 못하고 재아를 심히 꾸짖었는데 참으로 잘못된 것이다. 재아는 "군자가 삼 년 동안 예절을 행하지 않으면 예절은 반드시 무너질 것이요, 삼 년 동안 음악을 하지 않으면 음악이 반드시 무너질 것입니다"라고 말했는데, 이러한 언급을 통해 공자 시대에 예악이 대단히 중요했음을 알 수 있다. 그러므로 재아는 다른 것이 아닌 예악으로 말했는데, 만약 후대의 유학자라면 어찌 이런 말을 했겠는가?…… 3년상으로써 자식으로서의 애도를 다하게 되고, 성인은 그것으로 부모의 품에서 입은 은혜를 다 보답할 수 있다고 여겼다면, 이것은 어찌 어리석지 않겠는가? 그러나 공자가 그렇게 말한 것은 예를 백성들의 교화의 수단으로 취한 것이기 때문이다. 증자는 "부모상

---

60) 劉寶楠은 『公羊傳』 등에 근거하여 "3년상은 당시 행하지 않은 지 오래되었다"라고 지적했다. 그러나 『禮記』 「檀弓」의 기록에 의하여 공자 문하의 子夏와 閔子騫은 모두 3년상을 행하고 공자를 만났기 때문에 공자의 제자들은 '모두 (3년상을) 행했다'(『論語正義』, 卷二十, 「陽貨」, 701쪽)라고 보는 사람도 있다.

61) 徂徠의 이 말은 『禮記』 「樂記」의 "예악의 說은 人情을 管攝하는 것이다"에서 비롯된 것이다. 또는 『사기』 권23 「禮書」의 "3대의 損益을 보면 인정에 따라 예를 제정했음을 알 수 있다"(『二十五史』, 上海: 上海古籍出版社, 1986, 154쪽)에서 직접 인용했을 가능성도 있다. 徂徠는 『사기』를 줄곧 매우 중시했고 古言에 가까운 것으로 보았다. 『徂徠集』, 卷二十三, 「與藪震庵」 第7書, 248쪽 참조.

과 조상 제사를 치르면서 경건하게 예를 다하면 백성의 덕성이 한결 돈후하게 된다"라고 하였는데, 이것이 바로 예를 제정한 의미이다.[62]

이 해석에서 있어서 '예는 인정에 따라 제작되는 것'이라 할 때의 '인정'은 예를 해석하는 소라이의 핵심적인 관점이 된다. 그는 정情으로 예를 해석하는 입장에서, 공자의 "네 마음이 편안하거든 그렇게 해라"라고 하는 말을 해석하여, 공자의 말은 예의 무게가 정情에 있고, '인정人情에 따른다'라고 할 때의 '따르다'(緣)라는 글자는 예의 제정자들이 반드시 인정에 의거해야 함을 말한다고 보았다. 또한 주희와 진사이가 이를 '심하게 질책하였다'로 이해하는 것은 모두다 '도'를 모르기 때문이라고 했다.

물론 인정은 성인들이 예를 제정하는 중요한 요소로서, 이는 유가의 전통적인 관점이다. 예를 들면『예기禮記』「방기坊記」에서 "예라는 것은 사람의 정에 따라서 이를 절문節文하는 것이다"라고 하는 경우와 같다. 그러나 다른 한편으로는 성정론적性情論的 관점에서 보면 인정에는 희·노·애·락 등의 복잡한 표현이 있고, 쉽게 정도를 벗어나 치우치는 경향을 일으키기도 하기 때문에 예로써 다스려야 한다.『예기禮記』「예운禮運」편에 "그런 까닭에 성왕聖王은 의義의 조수操守와 예禮의 차례를 닦아서 사람의 정을 알맞게 다스린다. 그러므로 사람의 심정이란 것은 성왕의 밭이다. 성왕은 예를 닦아서 그 밭을 갈며……"라고 했다. 이는 예의禮義 등을 내세워 인심을 기르자는 주장이다. 「예운禮運」에서는 또한 "그러므로 성인이 사람의 칠정七情을 다스리고, 십의十義를 닦으며, 신의를 강습하고, 화목한 것을 수습하며, 자애하고 겸양하는 덕을 숭상하며, 쟁탈을 제거하는데 있어서 예를 버리고 무엇으로 다스릴 수 있겠는가?"라고 했다. 한 방면으로

---

62) 『論語徵』, 壬卷, 303~307쪽, "夫禮者, 緣人情而作者也. 故孔子曰安則爲之, 後儒不知道, 故以爲深責宰我, 可謂謬矣. 宰我曰, '君子三年不爲禮, 禮必壞, 三年不爲樂, 樂必崩.' 可見孔子之時, 禮樂爲重耳. 故宰我不以它而以禮樂, 若後世儒者何有此言乎……夫三年之喪, 以盡子之哀, 聖人之心以此爲足以報懷抱之恩, 則豈不迂乎. 然孔子所以雲爾者, 逈禮之所取於類爲爾. 曾子曰, '愼終追遠, 民德歸厚.' 是制禮之意也."

인정은 예의 제정과 관계되지만, 동시에 예의의 작용은 정을 다스리는 데 있다. 그러나 소라이에 의하면, 그는 발생학적인 의미에서 성인은 인정에 따라 예를 만든다는 것을 강조했다. 이렇게 되면 인정은 예를 제정하는 근거가 되고, 인정 중의 선악善惡·시비是非 등의 도덕적인 문제는 그의 시야에서 제외된다.

이로부터 소라이의 전체적인 해석의 요점은 사실 두 가지인 것을 알 수 있다. 즉 하나는 '예는 인정에 따라 만들어지는 것'이라는 깃발을 추켜드는 것이고, 다른 하나는 이에 근거하여 "네 마음이 편안하거든 그렇게 해라"라고 하는 공자의 말이 재아에 대한 극찬이라고 판단한 것이다. 소라이가 강조하는 '편안하다'(安)라는 말은 자신의 뜻을 짐작하고, 인정에 맞게 한다는 의미에서의 마음의 편안함을 가리키는데, 이렇게 되면 행례行禮는 마음의 편안함이라는 심리적 활동의 바탕 위에 놓이게 된다. 소라이가 말하는 '마음'은 결코 도덕적 의미에서의 '본심本心'이 아니기 때문에 '마음의 편안함'은 일종의 감정 활동의 심리적인 표현으로서, 도덕적 판단과는 무관하다. '3년상'에 관한 대화 앞뒤의 의리적義理的 맥락을 소라이가 보고도 못 본 체했거나 또는 필요에 따라 취하는 해석을 한 것이다. 이러한 판단에는 분명 소라이의 '선입견'이 전제된 특징이 있고, 유교경전에 대한 그의 이해는 자신의 말처럼 '본의本義'를 모두 파악한 것은 아닌 것 같다.

물론 소라이의 유가경전 해석도 취할 만한 것이 없는 것은 아니다. 예를 들어, 그는 사회적 인정과 자아 정서를 의례적 실천의 기초로 삼았는데, 이는 소라이학의 사상적 독특성을 충분히 보여 준다. 중요한 것은 소라이가 자신의 사상적 입장에서 유가의 경전을 새롭게 해석함으로써 공자 이후 시대의 거의 모든 유교 이론을 해체시키고 나아가 중국유학의 형태와는 다른 '일본화한' 유학을 구축했다는 점이다.

4. 요약

소라이는 송유들에 대해서 '예를 제대로 알지 못한다'라고 비판했다. 그러면 그 자신은 예에 대한 어떤 건설적인 방안을 갖고 있었는가? 우리는 소라이가 관심을 가졌던 의례제도의 재건 문제는 사실 범위가 대단히 좁고, 주로 '신주神主' 제도, 즉 상례 문제에 있었다는 점에 주목하게 된다. 제례 부분은 예를 들면 『사당식급통례징고祠堂式及通禮徵考』에서 다루고 있으나, 의미가 분명하지 않다. 신주 문제에서 소라이는 허신許慎의 『오경이의五經異義』 이후의 각종 전적을 고증하고, 『통전通典』에 실린 순욱荀勗의 '신판神版' 제도가 '모두 한 자 한 치'의 길이라고 한 것을 근거로 하여, "또한 근거가 없다고 할 수 없다"라고 하면서 정·주의 목주木主 제도의 '높이가 한 자 두 치'라는 잘못을 바로잡기 위해 오늘날 사람들이 그것을 참고해도 무방하다고 했다. 그러나 문제는 어떻게 이러한 중국의 고전연구를 일본의 현실 제도에 정착시키겠는가 하는 것이다. 즉 일본은 과연 어떤 신주제도를 채택해야 할 것인가 하는 문제이다. 이에 대한 소라이의 대답은 사람들을 실망케 한다.

> 이곳(필자 주: 일본을 가리킴)의 유학자들은 제후와 대부들에게 정이천程伊川의 제도를 사용할 것을 권했는데, 이는 얼마나 잘못된 것인가! 사인士人들은 채읍采邑이 있으면서도 거기에 거처하지 않고 모두 성 안에 들어가 살고, 집안이 지저분하고 만사를 대충대충 하며, 곤궁하여 한가한 날이 없어 재계齋戒도 할 수 없거늘 하물며 제천祭薦이랴! 주패主牌의 같고 다름을 어찌 묻겠는가! 제사를 지내서 모독하기보다는 차라리 세속의 행하는 바를 따라서 사찰에다 조상을 편히 모시는 것이 낫겠다. 슬프도다![63]

---

63) 『徂徠集』, 卷二十八, 「復安澹泊」 第5書, 305쪽, "此方(필자 주: 日本을 가리킴)儒者乃勸諸
侯大夫用伊川制, 何其謬哉. 士人雖有采邑而不居, 皆館於城中, 屋舍猥陋, 百事苟且, 穴迫無暇
日, 齋且不能, 況祭薦乎. 尙何問主牌異同乎. 與其祀而褻瀆, 孰若且從世俗所爲, 薦於僧寺之
爲祖先所安享也, 悲哉."

소라이의 견해는 대단히 비관적이다. 그는 중국 관료 사대부들의 신주제도가 일본에서 보급될 가능성이 거의 없다고 여겼다. 왜냐하면 일본 사인土人들의 생태환경이 중국과 근본적으로 다르기 때문이다. 사실 근세일본에는 과거제도가 없었고 사인土人들의 대부분이 원래 무사 출신으로서 고향을 버리고 도시로 이주했기 때문에 거처가 좁아 집에 사당을 세울 수 없었으며, 그렇기 때문에 신주를 어떻게 만들어야 하는지에 대해서는 더더욱 말할 필요가 없었다. 그러므로 소라이는 일본 중세 이래의 풍속에 따라 모든 상례제도를 불교 사원에 맡길 것을 제안했다. 그가 '슬프도다'라고 한탄한 것은 그가 정말로 어쩔 수 없었다는 것을 보여 준다.[64]

소라이는 송유宋儒를 반대하는 입장에서 출발했기 때문에 예제禮制에 있어서 정程·주朱의 예禮에 대한 불만이 많았는데, 이에 대해 우리는 우선 소라이의 입장을 동정하고 이해해야 한다. 그는 중국유교의 의례가 일본의 풍토에 맞지 않는 점이 매우 많은 것은 중·일 양국의 시대가 다르고 지역이 다르며 풍속이 다른 커다란 차이가 있기 때문이라고 생각했다. 우리는 이 견해를 중시해야 한다. 그러나 소라이는 에도 초기 이래의 일본 유학자들의 『가례』 연구와 그 실천운동에 대하여 특별히 관심을 두지 않았다. 그는 미토 번의 유교의례개혁운동에 대해 아는 것이 대단히 제한되어 있었을 뿐만 아니라, 이 개혁운동의 선구작인 하야시 가호(林鵞峰)의 『가례』 저서 두 편, 즉 『읍혈여적泣血餘滴』과

---

64) 安積澹泊는 답장에서 '슬프도다'라고 한 소라이의 한탄에 대해 동정과 이해를 표명하면서 이는 진심이 아닌 '격한 말'이라고 했다. 그는 "오늘날 불교가 국내에서 성행하고 있는데 그중에서 氣理를 약간 분별하여 집에서 조상에 대한 제사를 지낼 줄 아는 사람은 천 명과 백 명 중에서 열 명과 한 명도 되지 않는다. 이러한 제사를 모두 승려들에게 맡긴다면 그 폐해는 이루 다 말할 수 없다. 그렇기 때문에 귀하께서 '슬프도다' 하는 말로 끝낸 것은 감정이 격하여 한 말임을 알 수 있다"(『澹泊齋文集』, 卷八, 「答荻生徂徠書」, 422쪽)라고 했다. 이에 따라 徂徠가 자신이 유학자의 신분임을 여전히 잊지 않고 있었던 것으로 추측된다. 다만 "천 명과 백 명 중에서 열 명과 한 명도 되지 않는다"라는 말은 당시 일본에서 장례를 치를 때면 불교세력이 유교보다 훨씬 컸음을 보여 준다.

『제전사의祭奠私議』에 대해서도 아무런 관심을 보이지 않았다. 그런데 이 두 권의 예학론은 중국 의례의 일본화의 전범典範이라 할 수 있다. 연구에 따르면, 하야시 가호우가 최소한 열 가지 방면에서 『가례』에 대한 일본화를 진행했으며, 이후 에도시대의 『가례』 실천에도 시범적인 역할을 했다.[65] 그러므로 당시 홍기하기 시작한 중국 의례의 일본화운동에서 소라이학의 지위는 실로 보잘 것 없었다. 소라이는 심지어 예를 행함에 있어서 마음의 편안함을 전제로 세속의 예나 불교의 의례에 따라 행해도 무방하다고 했을 정도였다. 이는 행례行禮 문제에 있어서 그에게 경전 이론의 일관된 지지가 결여되어 있었음을 보여 준다.

또한 소라이는 공자의 도가 그의 손에 이르러 틀림없이 송유宋儒의 먹구름을 물리치고 다시 빛을 보게 될 것이라고 여길 정도로 학술에 대한 자신감이 대단했다. 그는 한편으로는 송유의 형이상학적 방향을 돌려세우고, 공자의 도를 예악제도 속에 집어넣기 위해 애쓰면서 모든 행위가 '예'에 따라 행해진다 면 성인의 도에 접근할 수 있을 것이라고 생각했다. 그리고 다른 한편으로는 제도적 설계에서의 정주학의 노력을 지나치게 경시하고 무턱대고 정주학을 비판했으며, 그러한 와중에 감정적으로 일을 처리했다는 혐의를 벗어나지 못하 게 되었다.[66] 사실, 이미 많은 연구가 보여 주는 바에 의하면, 제도의 배치상에

---

65) 吾妻重二, 「日本における『家禮』の受容: 林鵝峰『泣血餘滴』『祭奠私儀』を中心に」, 吾妻重二・朴元在 編, 『朱子家禮と東アジアの文化交渉』(東京: 汲古書院, 2012), 185~187쪽을 참조

66) 예를 들면, 徂徠는 "후세의 유학자(宋儒를 가리킴)들은 세속과는 다른 기발한 주장을 내세워 자기를 자랑하기를 좋아하였고, 귀신이 사실 없기 때문에 伊川制를 따르는 것은 유학자들의 당연한 예라고 여겼다. 그래서 그들은 준엄하게 모시는 그 道가 귀신을 공경하는 선왕의 뜻을 저버림을 알지 못했다"(『徂徠集』, 卷二十八, 「復安澹泊第5書, 305쪽)라고 宋儒들을 비판한다. 본문은 논제의 제한으로 인해 徂徠의 귀신관 문제를 제대로 다룰 수는 없지만, 후대의 유학자들이 伊川制를 그대로 적용하는 것은 無神論을 믿었기 때문이라고 해석한 徂徠의 주장이 지나치다는 점에 대해서는 지적해 두고자 한다. 우리는 종종 徂徠의 이론적 용기가 그 감정과 얽혀서 무엇이 무엇인지 알 수 없게 되는 경우를 보게 된다. 주희의 귀신관에 대해서는 졸문 「鬼神 以祭祀而言: 關於朱子鬼神觀的若干問題」(『哲學分析』 2012年 第3卷 第5期, 73~95쪽)를

있어서 주희의 이론 탐구와 그의 공헌은 유학사의 그 어떤 유학자들보다도 크다. 그의 『가례』가 근세 동아시아에 끼친 광범위한 영향은 이 점을 충분히 설명해 주고 있다. 물론 근세일본의 상황이 복잡하여 아직은 정리해야 할 부분도 있지만 말이다.

원래 유학에 있어서 인의예지의 하나인 '예'는 인간성 속에 내재된 덕성의 존재인 동시에 제도의 '예'로서 질서의 의의가 있기에 객관성을 띤다. 그러나 주희가 「가례서家禮序」에서 밝혔듯이 그의 『가례』는 전통적인 예서禮書의 '큰 줄거리는 고치지 않고 약간 덜거나 보태어' 만든 것이다. 즉 '예'는 실제 운용에 있어서 구체적이므로, 수시로 더하고 덜 수 있다는 뜻이다. 따라서 『가례』가 일본에 전래된 이후 일본의 유학자들도 반드시 중국의 '예'를 일본의 풍토와 인정에 어떻게 결합시킬 것인가 라는 실제의 문제를 겪게 된다. 사실 이는 문화교섭사에 있어서 필연적으로 나타나는 문제이다.

그러나 소라이에게 있어서 이 문제는 까다로울 뿐만 아니라 그가 이 문제에 대답할 때 사실 이미 여러 가지 이론상의 심각한 곤경에 빠졌다. 한편으로는 소라이가 공자의 도로 돌아가기를 지향했지만, 다른 한편으로는 공자의 도의 구체적인 내용인 예악제도의 복원은 이미 불가능했다. 특히 『의례儀禮』, 『주례周禮』와 같은 귀족의 예의가 더욱 그러했다. 한편으로 소라이는 송유를 비판하는 것을 자신의 책무로 삼아 송유가 예의를 모른다고 비난하였으나, 또 다른 한편으로는 주희의 『가례』를 짐작하여 『상례략喪禮略』을 제정하지 않으면 안 되었다. 한편 소라이는 제례制禮, 전례傳禮, 행례行禮라는 3분법을 통해 고전 연구와 응용 연구를 구분하려 했으나, 다른 한편으로는 일본에서 다시 예의제도를 갖추려면 현실적으로는 거의 희망이 없음을 깊이 느꼈다.

마지막으로 소라이가 중국유가의 경전에 대한 재해석을 통해 구축한 것은

참조. 徂徠의 귀신관은 子安宣邦, 『(新版)鬼神論: 神と祭祀のディスケール』, 「新版序」第8節 「徂徠鬼神說と國家神道」(東京: 白澤社, 2002, 22~25쪽)를 참조할 것.

사실상 일본화한 유학임을 반드시 지적해야 한다. 바로 그렇기 때문에 우리는 소라이가 비록 송유의 형이상학에 대한 전복자이지만, 공자의 도리를 재건한 사람일 수 없다고 여긴다. 소라이학의 역사적 의의는 중국유학이 일본유학으로 전화轉化하는 과정을 가속화함으로써 도쿠가와 사상으로 하여금 그 이후의 발전 과정에서 여러 가지 가능성과 다양성을 지니게 한 것에 있다. 소라이학의 사상적 의의도 바로 이 점에 있을 것이다.

제6장 17세기 도쿠가와유학의 반주자학적 사례 고찰
─이토 진사이의 인학과 도론의 사상적 구조로부터

이끄는 글: 주자학의 일본적 운명

　'주자학朱子學'이라는 이름은 사실 일본에서 유래되었는데, 정확한 연대는 아직 고증이 없지만 적어도 19세기 말의 근대 일본에서는 이미 학술적인 개념으로 확립되었다.[1] 주자학이란 좁은 의미에서는 주희 자신의 철학사상을 말하고, 넓은 의미에서는 주자시대 이후 그의 제자 또는 후세의 주자학자들이 계승하여 전개한 주자학사상 전체를 가리킨다. 좀 더 폭넓게 말하자면, 주자학은 13세기 이후에 조선 및 일본에 전해진 주자학 사상을 포함해야 하는데, 그 중에는 조선 및 일본 유학자들의 주자학 재해석으로 형성된 조선(한국) 주자학이나 일본 주자학이 망라되어 중국의 주자학과 삼각의 형세를 이루었다. 근년에 동아시아유학이라는 연구 영역이 개척되면서, 대만학계에 '동아시아 주자학'이라는 명칭까지 생겨났다.[2] 요컨대, 주자학은 일정한 가치배려, 의리구조와 같은

---

1) 일반적으로 1905년에 井上哲次郎의『日本朱子學派의 哲學』의 출간이 '주자학'이 '시민권'을 얻었다는 상징으로 평가된다. 그 정의에 따르면, 주자학은 도덕철학으로서 도덕인격을 성취하는 것을 목적으로 하는 학설일 뿐이며, 신칸트파의 '자아실현설'과 비슷한 점이 있다. 그런 의미에서 주자학도 나름대로 '근대성'이 있지만 독일 관념론의 순수철학과는 다르다. 澤井啓一의 「近代儒教의 生産と丸山眞男」(『現代思想』第42卷 第11號, 2014年 8月, 臨時增刊號), 78쪽 참조.
2) 예를 들면, 楊儒賓의『朱子學의 展開』의 「이끄는 글」에서 '동아시아 주자학'이라는 개념을 제시했다.(臺北: 漢學研究中心, 2002, 4쪽) 또 예를 들면, 2006년 '東亞朱子學的同調與異趣'라는 주제로 대만대학에서 주최한 국제회의 후에 同名의 논문집을 출판했다.(臺北: 臺大出版中心, 2008) 회의에 참석한 일본학자 子安宣邦이 회의 후에 발표한 일본어 논문의 제목은「朱子學と近代日本의 形成: 東亞朱子學의 同調と異趣」(『臺灣東

사상시스템을 가지고 있지만, 이러한 시스템은 고정불변하고 스스로 폐쇄적인 것이 아니므로 필연적으로 후대의 해석과 서술을 거쳐 재탄생하게 된다. 이는 주자학이 하나의 학파 개념으로서든 사상 시스템으로서든 그 자체가 역사적 과정에서 끊임없이 발전해 왔음을 보여 준다.

그러나 대륙학계를 보면, 수십 년 전까지만 해도 주자학에 대해 운운할 때, 아직 국별사國別史라는 의식의 제약을 면치 못했기에 마치 주자학이 자국의 지역적 의미만 가지는 것같이 보면서 주자학이 다문화적 의미가 있는지에 대해서는 관심이 적었거나 심지어 무시하기까지 했다. 오늘날, 1990년대 이래로 경제세계화와 문화세계화의 상호 작용 추세가 날로 강화되고 있는 가운데, 동아시아유학 연구 영역의 개척에 따라, 사람들은 유학이 지역적 지식일 뿐만 아니라 다문화 지역의 보편적 의의도 가지고 있다는 것을 깨닫게 되었다. 지금 세계화 이론으로 말하자면 유학은 바로 '글로벌한 지역성'(glocalization)의 지식 가치체계이다. 중요한 것은 유학은 국별사라는 좁은 의미의 지역성이 있기 때문에 서로 다른 특징을 지닐 뿐만 아니라, 동아시아 지역의 여러 나라를 포함하는 넓은 의미의 지역성으로 인해 또한 다문화적인 보편성을 가지고 있다는 점이다.

공·맹의 원시유학은 물론 12세기 주희朱熹(1130~1200)가 개척한 주자학이 동아시아 사회에서 한때 풍미하여 국가이데올로기('조선'의 경우)나 일반적인 지식 형태('도쿠가와 일본'의 경우)로서 어떤 보편적인 형식을 갖추었음은 이미 확인된 사실이다. 이로부터 주자학은 중국의 것일 뿐만 아니라 동아시아의 것이라고 할 수도 있다. 물론 이런 말은 유교적 문화본질주의로써 기타 지역의 본토문화를 덮어버리거나 통제하는 것을 의미하는 것은 아니다. 반대로, 문화적 다원성은 바로 전 세계의 지역적 지식의 성립을 보장하는 전제이다. 따라서 주자학은

亞文明硏究學刊』第3卷 第1期 總第5期, 2006.6)이다. 그러나 그는 넓은 의미에서의 '동아시아 주자학'은 받아들일 수 있지만 좁은 의미의 '동아시아 주자학'에 대해서는 많은 우려를 표시했다. 여기서는 더 이상 서술하지 않겠다.

각 지역문화와 적극적으로 대화해야 새로운 활력을 얻을 수 있다. 그러나 문화다원론은 문화적 상대주의를 의미하지 않으며, 지역적 지식의 특수성을 강조하는 것은 세계화의 흐름에 대항하는 논리가 될 수 없다. 주희의 성리학 이론의 표현을 빌리자면 '분수分殊'에 '리일理一'이 있고, '리일'은 반드시 '분수'로 드러나게 된다.

그렇다면 주자학은 일본에 전해진 후 어떤 운명을 맞았을까? 주자학의 보편적 원리가 일본의 문화환경에서 또 어떠한 특수한 전화轉化가 있었을까? 그리고 주자학을 동아시아의 유학세계에 두고 살펴볼 때, 주자학에서 깊이 생각해 볼만한 어떠한 변화와 발전 가능성을 찾아볼 수 있을까? 이 글은 도쿠가와유학의 '고학파古學派'의 대표 인물인 이토 진사이(伊藤仁齋, 1627~1705)의 사례를 통해 17세기 도쿠가와유학의 '반주자학적' 사유를 고찰하고자 하는 의도를 지닌다. 즉 진사이학에 있어서 유가경전의 고의古義에 대한 재발견을 통하여 유학의 핵심개념인 '인仁'과 '도道'의 형이상학적 구조를 뒤집고 '인학仁學'과 '도론道論'을 재창조한 결과 유학의 일본화를 이루게 되는 역사적 과정을 고찰하고자 하는 것이다.

주지하다시피, 진사이학은 '고의학古義學'이라고도 알려져 있으며, 도쿠가와 초기의 '고학파' 가운데서도 가장 대표적이다.[3] 진사이의 두 중요한 저서인

---

[3] 일본 도쿠가와유학사에서의 '고학파'는 유학 원전에로의 회귀를 제창하고, 유학 옛 의미의 복원을 구호로 하고, 宋儒의 형이상학 비판을 표지로 했다. 그 대표적 인물은 山鹿素行(1622~1685), 伊藤仁齋(1627~1705), 荻生徂徠(1666~1728)인데, 이들을 일러 '古學三傑'이라 한다. 素行思想의 민족주의 콤플렉스가 가장 심하고, 공맹유학에 대한 仁齋의 신앙이 가장 돈독하며, 중국유학 전반에 대한 徂徠학의 파괴력이 가장 컸다. 그런데 재미있는 것은 세 사람은 서로 알지 못하고 교제도 하지 않았지만, 이들이 서로 비슷한 문제의식에서 宋儒 특히 주자학을 성토한 데서 반주자학 사조가 생겨났다는 점이다. 관련 연구 성과의 축적은 일본학계에 헤아릴 수 없을 정도로 많은데 여기서는 두 편의 참고서만 예를 들겠다. 田原嗣郎, 『德川思想史硏究』(東京: 未來社, 1967). 이 책은 素行學, 徂徠學, 仁齋學 3장으로 구성되었다. 吉川幸次郎, 『仁齋徂徠宣長』(東京: 岩波書店, 1975). 이 책은 진사이학, 소라이학의 연구 분야에서 아직도 典範的인 의미를 지닌다.

『논어고의論語古義』와 『맹자고의孟子古義』는 바로 '고의古義'로 명명된다. 이는 『논어』와 『맹자』의 옛 뜻을 회복하자는 사상적 의도, 즉 '복고'의 명의로 공맹의 사상세계를 새롭게 구성하고자 하는 의도를 잘 보여 준다. 진사이에 의하면 맹자 이후로는 유교경전의 본의를 다 잃게 되고, 송대에 이르러서는 이러한 상황이 이미 매우 심각했는바, 주자학이든 양명학이든 그들의 경전 해석과 그들이 이룩한 이른바 리학理學이나 심학心學은 유학의 옛 의미와 크게 어긋날 뿐만 아니라, 불교와 도교의 이단적인 요소들까지 섞여서 유학은 방향을 잃을 위험에 처하게 되었다. 유학이 다시 정상적인 궤도에 오르려면 먼저 공맹학의 원뜻을 회복해야 하는데, 공맹의 원뜻은 『논어』와 『맹자』의 '고의古義'에 있기 때문에 주자학에 도전해야 한다. 거꾸로 말하자면, 주자학을 비판하는 것이 곧 공맹유학의 본의가 다시 광명을 볼 수 있느냐 없느냐 하는 관건이라는 것이다.

진사이의 주자학 비판은 거의 전방위적인 것으로서, 그는 주자학의 형이상학뿐만 아니라, 특히 주자학의 천리관天理觀과 천도관天道觀을 뒤엎는 한편, 주자학의 거경궁리居敬窮理의 이론에 대해서도 재검토하고 심지어 비판·개조하였다. 그러나 비판이 비판에만 그치고 아무런 이론적 특징이 없다면 비판은 정서적 발언일 뿐이다. 그렇지만 진사이학仁齋學은 스스로 추구하는 이론적 지향이 있었다. 진사이가 '리理는 죽은 글자'라고 비판한 것은 '생생불이生生不已의 리理'라는 천도관을 재구성하기 위한 것이고, '인仁을 성性으로' 하고 '인仁을 리理로' 하는 것은 '인仁이 성문聖門의 첫 글자'이고 '인이 곧 사랑'이라는 명제를 증명함으로써 '인학仁學'을 재구성하려는 것이다. 그러나 당대 일본학계의 대표적인 몇 권의 진사이학 논저를 보면, 그의 인학사상에 대한 긍정적인 관심이 대단히 적다는 사실[4]이 좀 이해하기 어렵다. 그러면 '인'과 '도'는 진사이학의 사상체계

---

4) 예를 들면, 仁齋學의 전문가인 三宅正彦의 『京都町衆伊藤仁齋の思想形成』(京都: 思文閣出版, 1987)과 子安宣邦의 『伊藤仁齋: 人倫的世界の思想』(東京: 東京大學出版會, 1982)은 모두 仁齋의 仁學思想을 논하기 위한 전문적인 章節을 설치하지 않았다. 또 다른 학계

에서 무엇을 의미하고, 또 어떤 중요한 사상적 의미를 가지는가? 그의 인仁에 대한 주장과 도道에 대한 사상 구조는 공맹유학 및 정주리학과 또 어떤 차이점과 동일점이 있는가? 그의 '반주자학적' 이론의 의도는 그에 걸맞은 이론적 성공을 거두었는가? 이러한 것들이 본문에서 시험적으로 탐구해야 할 과제들이다.

상편: 인학仁學

1. 인仁은 공자 문하의 첫 글자이다

인仁은 『논어』의 핵심 개념일 뿐만 아니라 유학에 대한 공자의 가장 큰 이론적 기여로서 유가문화의 중요한 정신전통을 이룬다. 이는 중국 전통문화에 대해 조금이라도 아는 사람이라면 부인할 수 없는 사실이다. 그러나 다 아는 바와 같이, 공자의 『논어』에서 '인'자가 105곳에서 등장하지만, 대부분은 '인'에 대한 공자의 언급이지 정의定義를 내리는 것은 아니다. 그리고 공자가 쉽게 '인'으로 사람을 평가하지는 않았지만, 관중管仲 등을 '인仁'으로 평가한 것을 보면 공자의 마음속에는 반드시 무엇이 '인仁'이다 라고 하는 기준이 있었던

의 원로인 田原嗣郎가 그의 명저인 『德川思想史研究』(東京: 未來社, 1967)에서 '仁'에 관한 仁齋의 사상을 한 절 두 쪽으로 간략하게 소개했을 뿐, 심도 있는 논의를 전개하지 않았다. 土田健次郎의 近著 『'日常'の回復: 江戸儒學の'仁'の思想に學ぶ』(東京: 早稻田大學出版部, 2012)는 총 98쪽밖에 안 되는 소책자인데, 그중 한 절을 할애하여 仁齋사상을 연구하고 '自他 共存'이 가능한 仁學을 구축하려 한 것이 그 특징이라고 지적했다. 이는 매우 시사적인 견해라 생각한다. 중국학계를 보면, 黃俊傑의 「伊藤仁齋對『論語』的解釋: 東亞儒學詮釋學的一種類型」(『中山人文學報』 15, 2002, 21~42쪽)이란 글은 仁齋의 '仁學'을 전문적으로 논의했다. 그리고 韓東育의 「仁'在日本近代史觀中的非主流地位」(『歷史研究』 2005年 第1期)에서는 에도에서 근대에 이르는 일본에서는 '仁'을 핵심으로 한 유교도덕의 기준이 부차적인 지위에로 격하되어 긍정적인 주목과 인정을 받지 못했고, 일상에서 일본인들이 '仁愛'를 말하지 않은 것은 아니지만, 일본 근대사관에서 '仁'이 시종 하위권에 있었던 것만은 사실이라고 보았다. 이 견해는 참고할 만하다.

것으로 보인다. 이러한 기준을 어떻게 분명히 알아내는가가 후세의 유학자들이 끊임없이 탐구해 온 문제이다.

공자는 번지樊遲가 '인'에 대해 묻자 "사람을 사랑하는 것이다"라고 대답했다. 『중용』에서도 '자왈子曰'을 인용하여, "몸을 닦는 것은 도로써 할 것이요, 도를 닦는 것은 인으로써 할 것이다. 어진 것은 사람을 대상으로 하는 것이다. 그러므로 친족에게는 친한 것이 제일 큰 도리이다"라고 했고, 『맹자』에서도 "인은 사람이다"라고 했다. 하지만 엄밀히 말하면 이것은 모두 인이 무엇인지에 대한 정의라기보다는 인이 어떠하다는 묘사이다. 그래서 후세의 유학자들, 예를 들면 정이程頤는 "자고로 '인'자의 뜻을 풀이한 사람은 없었다"5)라고 탄식했다. 주희에 이르러 '마음의 덕'(心之德)과 '사랑의 리'(愛之理)라는 여섯 글자로 '인'을 정의함으로써 인은 내재적인 미덕일 뿐만 아니라 보편적인 이치이기도 하고, 이러한 '리理'는 인정人情 속에서 전개되어 '사랑'으로 드러나고, 이러한 '사랑'은 또한 당연지칙當然之則에 뿌리를 두고 있기 때문에 성性의 리理인 '인仁'이 된다는 내포적인 의미로 해석되었다. 그러므로 '사람'이나 '사랑'만으로 '인'을 해석하기에는 충분치 않다. 반드시 '리理'의 본체의 높이에 올라가서 '인'이라는 유교의 핵심 개념이 성리性理에 관통하고 심정心情을 통합하는 본체적인 의미6)를 갖게 됨으로써 유가의 인학仁學이 진정으로 '제2의 비약'을 맞게 되어 '리학理學의 신인설新仁說'을 이룩하게 되었다.7)

---

5) 『程氏遺書』(『二程集』), 卷十五(北京: 中華書局, 1981), 154쪽, "自古元不曾有人解仁字之義"
6) 程子로부터 理로써 仁을 해석하기 시작하였다. 朱熹는 「答程允夫」 第8書(1172)에서 "理之至實而不可易者, 莫如仁"(『朱子文集』[『朱子全書』 第22冊], 卷三十一, 上海: 上海古籍出版社; 合肥: 安徽教育出版社, 2002, 1880쪽)이라는 程子의 말을 인용했고, 또한 「答程允夫」 第4書에서도 "仁者, 天理也"(同上書, 第1865頁)라는 程子의 말을 인용했다. 朱熹에 이르러 더욱 명확히 '理로써 '仁'을 정의했다. 예를 들면 朱熹는 孟子의 "仁也者人也"라는 한마디를 "仁者, 人之所以爲人之理也. 然仁, 理也. 人, 物也"(『孟子』[『四書章句集注』], 「盡心下」, 北京: 中華書局, 1986, 367쪽)라고 해석했다.
7) 楊儒賓의 말인데 매우 정확하다. 그의 글 「理學的仁說: 一種新生命哲學的誕生」(『臺灣東亞文明研究學刊』 第6卷 第1期 總第11期, 2009), 30·32쪽 참조.

일찍이 주자학이 13세기 초에 이미 일본에 전해졌지만 주자학의 경전 전수와 경전 해독은 '오산선승五山禪僧'이라는 좁은 학술권에 의해 장기간 독점되었고, 지식인 사회에 제대로 보급된 것은 17세기 초의 도쿠가와 에도시대(1603~1868) 이후이다. 진사이가 유가의 경전인 『논어』와 『맹자』의 해석 시스템을 구축하면서 주자학의 여러 가지 이론적 문제를 비판적으로 대응하기 위해 가장 먼저 건드린 것이 바로 '인仁'이라는 핵심적인 문제였다. 인에 대한 반성이 이루어져야만 비로소 그의 리학理學 비판이 일본화 유학을 새롭게 구축하는 긍정적 의미를 제대로 드러낼 수 있었기 때문이다.

텐나(天和) 3년(1683)에 진사이가 지은 『어맹자의語孟字義』는 사실 『논어고의論語古義』와 『맹자고의孟子古義』의 정간판精簡版으로서 진사이 사상의 핵심을 반영하였다. 하지만 이 저술은 주자의 제자인 진순陳淳의 『북계자의北溪字義』를 본뜬 흔적이 뚜렷하게 나타나는데, 진사이가 송대의 리학사상을 내용 및 형식 두 가지 측면에서 낱낱이 파헤쳐 주희의 리학을 근본적으로 뒤엎으려 했던 의도가 있었음을 말해 준다. 진사이는 『어맹자의』에서 유학의 취지는 '인의仁義' 두 글자에 있다고 명확히 제시했지만,[8] 구체적인 글자의 의미 문제에 있어서 그는 고의학古義學의 원칙에 근거하여 '인仁은 인人이다'라는 것은 음훈音訓이지 정훈正訓이 아니라고 지적했다.

> 인仁은 인人이고, 의義는 의宜이며, 천天은 전顚이고, 지地는 시示이다. 모두 다 유사한 발음을 따서 그 뜻을 드러내는 것으로 원래 정훈正訓이 아니다.[9]

이른바 '정훈'이란 문자의 '의미'에 대한 정확한 해석을 뜻하며, '의미'의

---

8) 『語孟字義』 上(『伊藤仁齋伊藤東涯』[『日本思想大系』 33], 東京: 岩波書店, 1971), 130쪽. 아래에서는 쪽수만 밝히겠다.

9) 『語孟字義』 上, 127쪽, "仁, 人也. 義, 宜也. 天, 顚也. 地, 示也. 皆仮音近者, 以發其義, 本非正訓也."

획득은 반드시 텍스트의 '혈맥'(즉 맥락)을 파악하는 것을 전제로 한다. 그러므로 진사이는 반드시 텍스트의 '의미'와 '혈맥'을 모두 파악해야 텍스트의 정확한 의미를 알 수 있다고 주장했다.

> 나는 학문의 방법을 둘로 나누어 '혈맥'이라 하고 '의미'라 한다. 혈맥은 성현의 학문의 조리로서, 맹자가 말하는 '인의'와 같은 것이다. 의미란 즉 성현의 책 속의 의미이다. 의미는 본래 혈맥에서 나오는 것이므로 학자는 먼저 혈맥부터 알아야 한다. 혈맥을 모르면 배(船)에 키가 없고, 밤에 불이 없는 것과 같아서 어디에 닿아야 할지 알 수 없다. 혈맥을 모르고 의미를 얻는 법은 없다. 그러나 선후先後를 말하자면 혈맥이 먼저이고, 난이難易를 말하자면 의미가 어려운 것이다.10)

여기서 혈맥과 의미에 대한 논술은 경전 해석학적 방법에 관한 것이 분명하다. '혈맥'은 텍스트의 의리적인 맥락을 가리키고 '조리'라고도 하며, '의미'는 텍스트의 내포, 즉 경전의 정신적 취지를 가리킨다. 사실, 혈맥과 의미 외에 별도로 '자의字義'의 문제가 있다. 글자의 뜻은 비록 학문의 '작은' 문제에 속하지만, 이것은 대단히 중요하다. '일단 그 뜻을 잃으면 폐해가 적지 않기' 때문이다. 글자 의미에 대한 이해는 또 반드시 "일일이 『논어』와 『맹자』에 근거해야 하고 그 의미와 맥락에 부합된 후에야 비로소 가능하다."11) 즉 '자의'와 '혈맥' 및 '의미'는 마치 삼두마차와도 같이 하나의 시스템을 구성하므로 그 중 어느 하나도 없어서는 안 된다는 것이다. 그런데 이해의 관점에서 보면 먼저 '자의'이고 다음은 '혈맥'이며 그 다음은 '의미'이고, 해석의 각도에서 본다면 '자의'가 작고 '혈맥'이 가벼우며 의미가 가장 무겁다. 예컨대 만약 텍스트의 정확한 의미를 파악하려면, 반드시 경전의 텍스트에 대한 전체적인 통찰이 있어야만

---

10) 『古學先生文集』(『近世儒家文集集成』第1卷), 卷五, 「同志會筆記」(東京: ぺりかん社, 1985), 107쪽. 仁齊의 아들인 東涯의 '跋文'에 따르면 「同志會筆記」는 仁齊의 50세 전후의 작품이다.(위와 같은 책, 114쪽)
11) 『語孟字義』上, 115쪽.

가능하다. 그런데 관련된 문제가 매우 복잡하여 이러한 혈맥·의미론의 경전해석 방법이 경전 해석자가 유학의 고의나 고전의 본의를 객관적으로 재현할 수 있도록 보장할 수 있을지 여기서는 더 깊이 파고들기 어렵다.[12]

　　무엇보다 인仁에 대한 진사이의 이해가 이미 공자 텍스트의 인仁에 대하여 혈맥·의미적으로 전체적인 이해가 있었다는 것을 보여 주고, 그러므로 그가 '인仁은 성문聖門의 첫 글자'라는 판단을 명시할 수 있었고, 이 판단은 이미 '자의字義' 문제를 넘어선 것이라는 점을 중시해야 한다. 그러나 이러한 판단은 『논맹자의論孟字義』에서 등장한 것이 아니라, 나중에 출판된 『동자문童子問』과 『인재일찰仁齋日札』에서 나왔다. 전자는 겐로쿠 4년(1691)에 완성되었고, 후자는 켄로쿠 5년에 저술하기 시작했는데, 앞뒤가 거의 비슷한 시기이고 모두 다 진사이의 말년 저작들이다. 특히 『동자문』은 자문자답의 형식을 띠고 있어서 경전주소의 격식을 벗어날 수 있었고, 상대적으로 자유롭게 사상관점을 논할 수 있었다. 그 중에서 진사이는 인의 문제에 대한 기본적인 판단을 제시했다.

---

12) 徂徠는 仁齋의 혈맥·의미론을 대수롭지 않게 여기며 '一家言'일 뿐이라고 했다. 그는 "仁齋先生의 『語孟字義』에서 '공맹의 의미·혈맥(自序)이라 했다'에 주목하면서 "공맹의 의미·혈맥이란 나는 무슨 뜻인지 알 수 없고 역시 그의 家言일 뿐이다"라고 비판했다.(『蘐園隨筆』, 卷五, 「文成」, "第一戒和字", 2쪽上. 日本山形縣酒田市立光丘文庫 藏, 寶永 六年(1709)刊本, http://base1.nijl.ac.jp/iview/Frame) 그는 또 仁齋의 『童子問』에 나오는 "혈맥은 나름대로 호응한다"라는 말을 인용한 뒤 "'혈맥은 나름대로 호응한다'는 말이 무슨 말인지 알 수 없는데, 이 역시 그의 家言일 뿐이다"라고 가볍게 지적했다.(위와 같은 책, 3쪽하) 徂徠의 이 같은 비판은 자신의 고전적 해석 방법을 갖고 있는 입장과 관련이 있지만, 객관적으로 말하자면 仁齋의 혈맥·의미론의 제시는 그에게 경전 해석 방법에 대한 어떤 자각적인 의식이 있었음을 보여 주는 것도 부인할 수 없다. 다만 후인들의 눈높이에서 보면 논의할 문제도 적지 않다. 특히 주자학에 대한 仁齋의 해석을 보면 그의 주자학 이해가 주자학의 혈맥·의미를 얼마나 잘 파악하고 있는지 자못 의심스럽기도 하다. 왜냐하면 仁齋의 주자학 비판은 주자학의 혈맥·의미에 대한 전체적인 파악에 입각한 것이 아니라 오히려 먼저 주자학에 대해 '탈맥락화'를 하고 이어서 주자학 텍스트 속의 '의미'를 뒤집은 것이지 '혈맥이 나름대로 호응되게' 하지는 않았다는 것이 분명하기 때문이다. 뒷부분에서 전개되는 토론에서 이 점이 점차 분명하게 드러날 것이다.

『논어』는 우주의 으뜸가는 저서이고 인仁은 공문孔門의 첫 번째 글자이다.[13]
물음: 인仁이 성문聖門의 첫 번째 글자라면 그 취지는 어떠합니까?
대답: 인은 덕이 큰 것이다. 그러나 한마디로 말하면 사랑일 뿐이다. 군신에 있어
서는 의라고 하고, 부자에 있어서는 사랑이라 하며, 부부에 있어서는 구별이라
하고, 형제에 있어서는 순서라고 하며, 친구에 있어서는 믿음이라 하는데 모두
자애自愛에서 나온 것이다. 사랑은 진실한 마음에서 나온다. 이 다섯 가지는 자애
에서 나왔기 때문에 진실하고 자애하지 않은 것에서 나오면 거짓일 뿐이다. 그러
므로 군자에 있어서 자애로운 덕보다 더 큰 것이 없고 잔인하고 각박한 마음보다
더 괴로운 것이 없다. 공문에서 인을 덕의 으뜸으로 여기는 것은 다 이 때문이다.
이는 '인'을 성문의 첫 번째 글자로 여기는 까닭이다.[14]

『인재일찰仁齋日札』의 기술은 비교적 간결하고 명료하다.

성인 학문의 첫 글자가 인仁인데, 의義를 짝으로 하고, 지知를 보조로 하며, 예를
토대로 하고, 수련하는 방법은 충신忠信에 전념하는 것이다.[15]

위에서 인용한 『동자문』의 말대로 하면, 진사이가 인仁을 성문聖門의 첫
글자라고 하는 데는 두 가지 의미가 있다. 하나는 유가의 취지가 '인仁'이란
한 글자에 있다는 뜻이고, 다른 하나는 '인仁을 덕의 으뜸', 즉 '인仁을 4덕의
으뜸'으로 한다는 뜻이다. 『일찰日札』에서 의義·지智·예禮를 인의 짝(配)·보조
(輔)·토대(地)로 본 것도 역시 이런 의미와 같다. 사실 인은 인의예지 사덕의
으뜸이자 공문孔門에서 학문을 논하는 취지라는 것이 진사이의 기본 판단이다.
그래서 진사이는 인을 '천하의 대덕大德' 또는 '천하의 미덕美德'으로 끌어올려

---

13) 『童子問』(『近世思想家文集』[『日本古典文學大系』第97冊]), 卷中, 第1章(東京: 岩波書店,
1966), 220쪽. 아래에서는 『文集』의 쪽수만 간략하게 밝힘.
14) 『童子問』(『文集』), 卷上, 第39章, 215쪽.
15) 『仁齋日劄』(甘雨亭叢書本), 2쪽上. http://base1.nijl.ac.jp/iview/Frame.jsp. 山形縣酒田市
立光丘文庫藏. "聖人學問第一字是仁, 以義爲配, 以知爲輔, 以禮爲地, 而進修之方, 專在忠信."

높이 평가했다.

인은 천하의 미덕인데 어찌 성정性情으로 가를 수 있겠는가?16)

인은 천하의 대덕이다.17)

그러면 진사이는 '인'을 어떻게 이해했을까? 『동자문』을 인용한 대목에서
진사이는 이미 '인'에 대해 '한마디로 사랑이라 할 뿐이다'라고 명시한 바 있다.
바꾸어 말하자면 '사랑'은 '인'의 본뜻이다.18) 그중 "어찌 성정으로 가를 수
있겠는가?"라는 말은 분명 정이程頤(1033~1107)의 관점을 비판한 것이다.

사랑은 자연히 정情이고, 인仁은 자연히 성性인데, 어찌 사랑만으로 인仁이라 할
수 있겠는가?19)

진사이에 의하면, 이천은 '인'과 '사랑'을 둘로 쪼개서 각각 '성'과 '정'에
귀속시키고, 사람이 사랑을 위해서는 정만 말할 수 있고 인을 말할 수 없다고
했는데, 이는 분명 근본에서 잘못된 것이다. 진사이는 '인'의 본뜻은 단지 '사랑'
(愛)이란 한 글자일 뿐이라고 생각했다. 뒤에서 언급하겠지만 진사이의 기본

---

16) 『童子問』(『文集』), 卷上, 第56章, 218쪽, "仁者天下之美德, 豈可以性情分之哉."
17) 『論語古義』(『日本名家四書注疏全書』第3卷), 卷一, 「學而篇」(東京: 鳳出版, 1973), 3쪽. 『論
語古義』의 版本學 문제는 대단히 복잡한데 刊本(伊藤東涯가 정리·교정한 것)과 林本
(仁齋의 제자 林景範의 寫本) 사이에는 일부 중대한 차이가 존재한다. 刊本 『論語古義』
에는 "仁者天下之達道"라고 했고, 林本에는 "仁者天下之大德"이라 했는데 양자의 차이
는 위의 三宅正彦, 『京都町衆伊藤仁齋の思想形成』, 序章三 「基本的著作の問題」와 第11章
「仁齋學の展開」一, 「論語古義諸稿本/分析方針」을 참조. 위에서 인용한 "仁者天下之大德"
이란 구절은 이 책의 295~296쪽을 참조.
18) 그래서 그는 가끔 또 '仁'자는 "결국 사랑에 머문다"라고 강조했다.(『童子問』[『文集』],
卷上, 第45章, 216쪽) 그 의미는 '사랑'은 '인'을 포함하기에 충분하다는 것이다.
19) 『程氏遺書』(『二程集』), 卷十八, 182쪽, "愛自是情, 仁自是性, 豈可專以愛爲仁."

관점은 '인'은 '정'이지 '성'이 아니라는 것이다.[20] 그러므로 '인을 성으로 한' 이천의 관점도 옳지 않음은 마찬가지다.

이른바 "군자에 있어서 자애로운 덕보다 더 큰 것이 없고 잔인하고 각박한 마음보다 더 괴로운 것이 없다"라는 견해는 '인'에 대한 진사이의 정의적定義的인 묘사에서 흔히 보이고, 진사이의 다양한 저서에도 산견散見된다. 아래에 인용한 두 단락 중에 하나는 『자의字義』에서 나온 것이고, 다른 하나는 『동자문』에 있는 글귀이다.

> 자애로운 덕이 원근遠近과 내외內外에 충만하고 관통되어 이르지 않는 곳이 없음을 '인'이라 한다.[21]

> 자애로운 마음이 질박하고 통달하며 안으로부터 밖으로 이르지 않는 곳이 없으며 달성하지 않은 것이 없고, 잔인하고 각박한 마음이 하나도 없는 것을 바로 '인'이라 한다.[22]

양자의 뜻이 완전히 일치하고, 두 가지 모두 '자애'를 '인'의 확실한 의미로 삼았다. 다만 뒤의 대목에 '잔인하고 각박한 마음이 하나도 없다'는 한마디가 더 있을 뿐이다. 이 또한 진사이가 '인'을 정의할 때 특히 강조하는 대목이기도 하다. 이에 대해 잠시 후에 다시 논의하기로 하자.

---

20) 사실 程頤의 견지에서 보면, 상술한 "어찌 전적으로 사랑을 仁이라고 할 수 있겠는가?"라는 말은 결코 사랑이 仁이 아님을 의미하는 것이 아니라 '사랑'이 '仁'의 전체 의미를 포함할 수 없음을 강조하려는 것이다. 하지만 '仁'이 '사랑'으로 표현된다는 것은 부정할 수 없다. 그래서 程頤는 "어진 자는 모든 것을 널리 평등하게 사랑하지만 博愛가 仁이라고 생각하면 안 된다"라고 했다.(『程氏遺書』[『二程集』], 卷十八, 182쪽) 仁과 사랑의 이런 차이는 스스로 체득한 것이다. 하지만 程門後學의 대부분이 程頤의 이 말에 근거하여 사랑으로써 仁을 해석하는 것을 반대하였다. 이에 朱熹는 강한 불만을 표시했는데 상세한 내용은 뒤에서 설명하겠다.

21) 『語孟字義』(『大系』), 卷上, 「仁義禮智」, 第1條, 128쪽 참조.

22) 『童子問』(『文集』), 卷上, 第43章, 216쪽 참조.

주목해야 할 것은 『자의字義』에는 '자애로운 덕'으로, 『동자문』에는 '자애로운 마음'으로 표현했다는 점이다. 이는 진사이의 관점이 '인'은 자애로움으로 드러나는 '마음의 덕'임을 말한다. 이 '덕'은 '천하의 대덕大德'인 이상 사람들에게 반드시 있기 때문에 보편적인 의의를 가진다. 또한 이 '덕'은 '실심實心'에 근원하는 것이기에 '실덕實德'이라 할 수 있고 그 구체적인 표현은 바로 '사랑'이다. 예를 들면 진사이와 제자 간에 이러한 문답이 있었다.

> 물음: '인'은 결국 사랑에 그치는 것입니까?
> 대답: 사랑에 그친다. 사랑은 실덕이고 사랑이 아니면 그 덕을 볼 수 없다. 만약
> 조금이라도 잔인하고 야박하며 해치려는 마음이 있다면 '인'이라고 할 수 없다.
> 그러므로 학문이 '인'에 이르면, 이는 실덕이다. 갖가지 선행은 모두 그에 미루어
> 알 수 있다. '인'의 덕, 그 여파는 널리 퍼지느니라.[23]

진사이의 '실심'과 '실덕'의 설은 '마음의 덕'으로 '인'을 정의하는 주희의 관점과 가깝다고 할 수 있다.[24] 왜냐하면 진사이가 말하는 사랑의 '실덕'은 어디까지나 마음의 덕이기 때문이다. 그러나 주희와의 중요한 차이는 사랑을 리理와 동일시해서는 안 된다는 점이다. 즉 '사랑의 리'라고는 할 수 없다.

'자애로움'에 대해 말한다면, 진사이의 입장에서는 그 뜻이 이미 유가에서 말하는 '부자자효父慈子孝'라는 가정윤리적인 의미에서의 '자애로움'을 초월하여 '이르지 않는 곳이 없고, 이루지 못하는 것이 없는'(無所不至, 無所不達) 보편성을 띠고 있다. 그는 '이루지 못하는 것이 없다'를 간단명료하게 다음과 같이 표현하였다.

---

23) 『童子問』(『文集』), 卷上, 第44章, 216~217쪽, "問. 仁畢竟止於愛乎. 曰. 畢竟止於愛. 愛, 實德也, 非愛則無以見其德也. 苟有一毫殘忍刻薄枝害之心, 則不得爲仁. 故學至於仁, 便爲實德. 種種善行, 皆其推也. 仁之德, 其餘波溥哉."
24) 주희의 주장에 대해서는 그의 글 「仁說」을 자세히 참조할 것. 뒤에서 「仁說」에 대해 간략하게 고찰할 것이다.

여기에 머무르지만 저기에서 행할 수 없으면 '안'이 아니고, 한 사람에게만 베풀어 주고 열 사람에게까지 미치지 못하는 것은 '안'이 아니다. 눈 깜빡할 사이에도 존재하고 꿈에서도 통하며, 마음은 사랑을 떠나지 않고, 사랑이 마음속에 가득 차서 하나가 되는 것이 바로 '안'이다. 그러므로 사람을 사랑하는 것보다 더 큰 덕은 없다.25)

이는 '인애仁愛'를 보편화한 것으로서, 공자의 '인자애인仁者愛人'의 학설에 대한 분명한 추연推演과 발전이다. 그는 심지어 '사랑'을 '천하의 미덕'의 높이에 까지 끌어올리고, 사랑을 천하의 가장 진실한 마음의 덕인 '실덕實德'으로 단정했다.26)

"만약 조금이라도 잔인하고 야박하며 해치려는 마음이 있다면 결코 '안'이라고 할 수 없다"27)라고 주장한 것은 '인'과 '불안'의 분수령이 '잔인하고 각박함'에 있음을 강조한 것이다. 사실 진사이의 이 말은 주자학을 빗대어 한 말이다. 아래에서 서술하듯이 진사이는 '잔인하고 각박한 것'은 '리理로써 결단한 결과라고 결론지었다. 문제는 주희가 '인설仁說'을 격식화 · 규범화하는 과정에서 인심仁心이 '자애慈愛'로 체현된다는 것을 인정하면서도 '잔혹하고 각박한' 마음은 측은지심의 반대편인 '불인不仁'이라고 언급한 바에 있다. 아래에서 우리는 주희의 인설仁說을 통해 진사이 인설의 새로운 의미와 그 문제점을 살펴보겠다.

2. 주희와 진사이의 '인설'

공맹 이후 인학仁學의 이론은 주희에 의해 완성되었다고 할 수 있다. 다시 말해 주희는 공맹 이후 유가의 인학에 가장 중요한 이론적 기여를 한 사람이다.

---

25) 『童子問』(『文集』), 卷上, 第43章, 216쪽, "存于此而不行於彼, 非仁也. 施于一人而不及於十人, 非仁也. 存乎瞬息, 通乎夢寐, 心不離愛, 愛全於心, 打成一片, 正是仁. 故德莫大于愛人."
26) 『童子問』(『文集』), 卷上, 第39章「實德爲心」, 215쪽.
27) 『童子問』(『文集』), 卷上, 第45章, 217쪽.

주희의 「인설」은 '인'에 관한 글자 뜻풀이와 이론해석을 한 중요한 글로서 인학 이론의 구축에 중요한 역할을 했다. 이 글이 일본에 전해진 후 어떠한 영향을 미쳤는지에 대해 필자는 아직 충분한 실증적 지식을 갖추지 못했고 또한 그것이 본문의 논지가 아니지만, 최소한 두 가지 사실에서 주희의 「인설」이 도쿠가와유학사에 미친 영향이 뚜렷했다는 것을 증명할 수 있다. 예를 들면, 진사이는 일찍이 주자학의 영향으로 32세에 『인설仁說』을 저술했고, 진사이보다 조금 앞선 또 다른 주자학자인 야마자키 안사이(山崎闇齋, 1618~1682)는 『인설문답 仁說問答』을 지었는데, 그는 이 글의 서문에서 주희의 또 다른 중요한 글인 「옥산 강의玉山講義」를 언급하면서, 이 「강의」가 밝힌 '공문孔門'의 인설仁說'은 비할 바 없이 중요하고, '여러 성인들이 전하는' 유학의 종지로서, 인학의 문제가 주희에 이르러서야 비로소 "점차 친절하게 (소개가) 되었다"라고 평가했다.[28] 주자학의

---

28) 『山崎闇齋學派』(『日本思想大系』 31, 東京: 岩波書店, 1980), 244쪽. 闇齋의 『仁說問答』은 사실 朱熹의 「仁說」 전문과 『朱子語類』의 「仁說圖」를 베껴 쓴 것일 뿐이고, 그 중 문답의 내용은 없었다. 오히려 闇齋의 제자인 淺見絅齋(1652~1711)가 「仁說問答師說」을 지어 스승의 『仁說問答』을 일본으로 통속적으로 해석했는데 그 중 仁을 "イトヲシ ム"(同上書, 292쪽), 즉 현대 일본어 동사 "愛おしむ", 상응하는 형용사 "愛しい"로, 즉 중국어의 '사랑'이란 뜻으로 해석했다. 그는 주희의 '心之德, 愛之理'라는 여섯 글 자에 깊은 공감을 표시했다. 그리고 闇齋는 비록 주자학자이지만, 더욱더 민족주의 자로서 神道學者이기도 하다. 그는 주자학에 대한 논저를 거의 쓰지 않았고, 그가 창조적으로 개발한 '垂加神道'에 관한 많은 저서들만 남겼을 뿐이어서, 심지어 당대 의 학자들이 『日本思想大系』를 편찬하면서 특별히 그를 위해 책 한 권을 만들지 못할 정도여서, 그의 제자들과 함께 『山崎闇齋學派』로 묶을 수밖에 없었다. 사실 闇齋에게 는 또 다른 중요한 작업, 즉 주희가 仁을 말한 것에 대해 '類聚'하는 작업(주로 주희의 『文集』과 『語類』에서 뽑아내는 것)이 있었다. 이는 주로 명의상으로는 闇齋의 제자인 保科正之(1611~1672, 三代將軍 德川家光의 異腹 아우인 會津藩主)이지만 사실은 山崎 闇齋가 편찬한 『玉山講義附錄』(1665년 간행)에 잘 나타난다. 특히 下卷에서 전문적으 로 '仁'을 말했다. 이 책은 현재 대만 중앙연구원 中國文哲研究所 기획처에서 1994년 에 출판한 영인본이 있는데, 寬文 12년(1672)의 간행본을 이용했다. 『玉山講義附錄』은 崎門派의 기본 교과서이고 특히 그 중의 '智藏說'은 崎門派의 사상특색을 이룬다. 이 설은 仁義禮智를 元亨利貞과 春夏秋冬에 배치하여 冬에 내포된 '藏'자의 의미로 제시했 는데, 典故는 『주역』 「계사상전」의 "신비스러움은 올 것을 알고 지혜로움은 갈 것을 안다" 등이다. 智藏은 인류 지혜의 奧義라고 여겼는데, 이는 주자학에 대한 闇齋學과 崎門派의 확장 및 전환이며, 자애롭고 인자한 '仁'으로부터 收縮 退藏하는 '智'를 중시

인학사상이 도쿠가와시대 유학자들의 주목을 끌었다는 것은 의심할 여지가 없음을 알 수 있다.[29]

주희는 '인'자를 정의할 때에 '자애'와 '잔혹'의 의미에 눈을 돌리기도 했는데, 어쩌면 이는 진사이가 '잔혹하고 각박하다', 즉 불인不仁을 강조하는 사상적 유래가 되는 것일지도 모른다. 주희는 "사단四端이 세밀하게 드러나지 않았을 때에는 측은하게 보면 인이고, 측은하지 않고 잔인하면 불인이다"[30]라고 명확하게 밝혔다. 더 분명하게 "잔혹함은 측은함의 반대이다"[31]라고 했다. 주희는 또 "사단에는 모두 상반되는 것이 있다. 예를 들면 잔인함(『饒錄』에서는 '忮害'라고 했다)은 인仁이 아니고, 부끄러워하지 않는 것은 의義가 아니며, 불손하면 예가 아니고, 어리석은 것은 지智가 아니다. 이러한 것들은 곧 이롭지 못한 것들이다"[32]라고 했다. 주희는 때로 '의'의 지나침은 '잔혹함'이라고 했다. "악을 미워하는 마음은 '의'의 실마리이기에 본래는 선한 것이지만 지나치면 잔인해진다."[33] 이상의 사례를 보면 '잔인하고 각박한 것은 불인不仁이다'라고 하는 것은 주희의 고유한 관점이었다.

<hr>

하는 것으로의 전환을 보여 준다. 闇齋의 제자인 三宅尙齋(1662~1741)의 『智藏說』과 岡田武彦의 글「朱子と智藏」(그의 저서 『中國思想における理와 現實』, 東京: 木耳社, 1983에 수록)을 참조. 岡田에 따르면, 주자가 '智藏說'을 제시한 이래(『朱子文集』, 卷五十八, 「答陳器之問玉山講義」를 참조), 元·明·淸의 유학자들과 조선·일본의 朱子學者들은 모두 이에 관심을 갖지 않았으나, 오직 闇齋만이 이 뜻을 깊이 새겼다.(270쪽)

29) 참고로 지적하면, 18세기 일본의 다른 유학자이자 古學派와 연고가 있는 豐島豐州 (1737~1814)도「仁說」(『日本儒林叢書』 第6冊, 東京: 鳳出版, 1978)이란 글을 지었는데 필자는 아직 그의 사상의 대략적인 맥락을 분명히 알지 못하고 있다. 주희의 인설에 대한 도쿠가와시기 일본학자들의 반응에 대하여 黃俊傑의 近作, 「朱子「仁說」在德川日本的迴響」, 鐘彩鈞 編, 『"中央"硏究院第四屆國際漢學會議論文集: 東亞視域中的儒學——傳統的詮釋』(臺北: "中央"硏究院中國文哲硏究所, 2013.10), 409~429쪽을 참조할 수 있다.

30) 『朱子語類』, 卷五十三(北京: 中華書局, 1986), 1287쪽, "四端未見精細時, 且見得惻隱便是仁, 不惻隱而殘忍便是不仁."

31) 『朱子語類』, 卷五十九, 1381쪽, "殘忍便是那惻隱反底."

32) 『朱子語類』, 卷五十七, 1353쪽. 그 중에서 '忮害'라는 용어가 仁齋가 말한 '忮害之心'이라는 용어의 출처인지는 문헌의 확증이 없어 단언하기 어렵다.

33) 『朱子語類』, 卷九十七, 2487쪽, "羞惡之心, 義之端, 本是善, 才過便至於殘忍."

그렇다면 진사이는 '사랑일 뿐'이라는 말로 '인'을 설명했는데, 이는 주희의 '인'과 관련이 있는 것인가? 이 문제는 당돌한 것 같지만, 사실 이것은 '인仁'자의 이름과 뜻의 해석에 관한 기본적인 문제이다. 따라서 이 문제를 명확히 밝히지 않으면 도쿠가와 초기 유학자들이 왜 주자를 비판함으로써 인학의 재건을 꾀했는가 하는 문제를 사상적으로 고찰함에 있어서 동아시아유학사의 맥락을 잃게 된다. 그래서 주희의 인설仁說에 대해 조금 더 짚어볼 필요가 있다.

사실 한나라에서 당나라에 이르기까지 사랑愛으로써 인仁을 해석하는 것이 유학사에 있어서의 주류였다. 한유韓愈(768~824)의 "박애가 곧 인이다"博愛之謂仁라고 하는 말이 가장 전형적인 사례이다. 송나라 초기 주돈이周敦頤(1017~1073)의 "덕애를 인이라 한다"德愛曰仁[34]라는 설명도 낡은 틀에서 벗어나지 못했다. 그러나 정이程頤가 "인仁은 성性이고 애정이다. 어찌 사랑을 인이라 할 수 있겠느냐?"[35]라고 제시하는 것에서부터 '사랑으로 인을 해석'하는 문제는 정문程門 후학에서부터 주희에 이르기까지 줄곧 많은 관심을 불러일으켰다. 주희는 '기축년己丑年(1169)의 깨달음' 이후 한동안 호상湖湘학자들과 '인'의 문제를 놓고 끊임없이 토론했다. 이에 대하여 주희가 후에 편찬한 「인설」(1173)과 『어류』 권6에 요덕명廖德明이 수록한 「호상湖湘학자에게 답한 글, '애愛'자로 인仁을 해석하면 어떻겠는가」라는 등의 기록을 참조할 수 있다.

요컨대 정문후학程門後學들은 대부분 사랑으로 인을 해석하는 것을 반대하면

---

34) 『通書』(『周敦頤集』), 「誠幾德」 第三(北京: 中華書局, 1990), 15쪽. 이 文集의 陳克明 點校本은 "德. 愛曰仁, 宜曰義, 理曰禮, 通曰智, 守曰信"이라고 했다. 그러므로 '德愛'란 두 글자는 붙여서 읽은 것이 아니고, 仁義禮智信의 五德을 가리킨다. 그런데 도쿠가와 유학자들은 대부분 '德愛曰仁'이라고 읽는다. 필자의 생각으로는 주돈이의 이 말을 '仁之德曰愛'라고 해석하는 것도 무방하다. 그러면 '德愛曰仁'이라고 읽는 것도 불가하지 않다.

35) 이 내용은 「答張欽夫論仁說」(『朱子文集』, 卷三十二)에 나오는데 程頤의 말(『二程集』, 182쪽)과 문자가 약간 다르지만 의미는 완전히 같다. 사실 程頤도 "仁의 주된 것이 사랑이고, 사랑에서 어버이를 사랑하는 것보다 더 큰 것이 없다"(同上書, 183쪽, "仁主於愛, 愛莫大於愛親")라고 밝힌 바 있다. 朱熹가 말한 '仁主乎愛'(『朱子語類』, 卷二十, 2487쪽) 역시 程頤에서 유래되었을 것이다.

서 '각覺'으로(謝上蔡), '일체一體'로(楊龜山) 인仁을 해석하는 견해들이 나왔다. 이에 대해 주희는 "인자는 본래 깨달을 수 있기에 깨달음을 인仁이라고 하는 것은 불가하다"라고 하였다. 왜냐하면 깨달음(覺)은 인仁이나 불인不仁에 대한 분별적 의미이지, '인仁'의 본래 속성이 아니기 때문이다. 이것은 그 하나이고 다른 하나는 "'인'자는 본래 만물과 하나가 될 수 있지만 만물과 하나가 되는 것을 '인'이라 해도 역시 안 된다." 왜냐하면 '만물과 하나가 된다'는 것은 '인仁의 양量일 뿐 인의 체體'가 아니기 때문이다.36) 주희의 결론에 따르면, '인의 체'는 곧 '인체仁體'이고 그 내포는 '심의 덕'(心之德)과 '애의 리'(愛之理)라는 여섯 글자로 개괄할 수 있으며, "인仁의 도는 만물을 낳는 천지의 마음이다"라고 해석할 수 있다.37) '인仁'자에 대한 주희의 재정립으로 공맹유학의 '인'은 윤리학적인 의미뿐만 아니라 우주론 및 형이상학적인 의미를 부여받았다. 그러나 진사이의 관점에서는 주희의 이 같은 해석으로 인하여 후대에 리理로써 인仁을 해석하는 폐단이 생기게 되었고 그 해로움 또한 끝이 없다. 이 점에 대해서는 뒤에서 다시 의논하기로 하자.

그렇다면 '사랑으로 인을 해석'하는 문제에 있어서 주희의 태도는 어떠한가? 주희의 입장은 매우 확고했는바 "인仁은 당연히 사랑(愛)의 체體이다"라고 단언했다. 그 뜻은 '인'에는 자연히 '자애慈愛'라는 뜻이 담겨져 있다는 것이다.

> 누군가 물음: "인을 어떻게 해석해야 합니까?"
> 대답: "반드시 한 글자로 해석할 필요는 없지만, 그 큰 뜻은 투철해야 함을 알아야 한다. '인仁'자를 넓게 말하면 전체다. 측은과 자애는 그 본래 형상을 말한다."[高]
> "명의名義로 말하면 인은 당연히 사랑의 체體이고 깨달음은 지智의 용用으로서 원래 다르다. 그러나 인은 사덕四德을 포함한다. '인'하다면 어찌 깨닫지 않을

---

36) 『朱子語類』, 卷六, 118쪽.
37) 이상은 『朱子文集』(『朱子全書』第23冊), 卷六十七, 「仁說」, 3279~3280쪽을 참조. '心之德, 愛之理'라는 여섯 글자를 붙여 쓴 용례는 『論語集注』, 卷一, 「學而篇」과 『孟子集注』(『四書章句集注』), 卷一, 「梁惠王上」, 48·201쪽을 참조.

수 있겠는가.”[道夫38)

이로부터 ‘인’은 당연히 ‘자애慈愛’라는 뜻을 가지고 있고, ‘자애’는 곧 ‘인’의 본래 형상임을 알 수 있다. 즉 ‘인’은 본래 그러하다는 표현이지만 ‘사랑’은 ‘인’의 전체적인 의미를 모두 표현할 수는 없다는 것이다. 그러므로 만약 ‘전체’에서 말한다면 ‘인’은 한 글자로 해석할 수 없음으로 ‘인仁’자의 전체적인 뜻을 파악해야 한다. 주희가 다른 자리에서 한 말을 빌리면, “사람의 몸 전체가 다 인仁이다.”39)

이른바 “전체가 ‘인’이다”라는 말은 주희에 의하면 두 가지 뜻이 있다. 하나는 “인이 사덕四德을 포함한다”는 뜻이고, 다른 하나는 인이 곧 사랑의 이치임을 강조하는 것이다. 따라서 사랑이란 결국 ‘인의 행적(跡)’40)에 불과하다는 것이 주희의 해석이다. 바꾸어 말하면, 인은 ‘사랑의 체體’이지만, 거꾸로 사랑이 ‘인의 체’라고 하면 안 된다. 사랑은 ‘인仁’의 ‘용用’일 뿐이다. 반드시 지적해야 할 것은 ‘자애’는 인仁의 본래 모습이라고 하지만, 이러한 본래 모습이 ‘본체적인’ 의미는 아니라는 점이다. 이 점에서 진사이의 인설仁說이 주희와 차이점을 드러낸다. 왜냐하면 주희가 자애를 인의 본래 모습이라고 했지만, ‘사랑’으로써 인仁을 정의하는 것은 인정하지 않았고, ‘사랑의 이치’(愛之理)를 인의 확실한 정의로 고수했다는 사실이 분명하기 때문이다.

주희는 ‘사랑의 이치’로 ‘인’을 규정했는데, 이 말이 곧 ‘사랑’이 인의 고유한 속성이 아니라는 것을 의미하는 것은 아니다. 정확히 말하자면, 주희가 말했듯이 인은 ‘미발의 사랑’(未發之愛)이다.

이른바 사랑의 이치란 바로 인을 일컫는 말이다. 인은 미발未發의 사랑이고, 사랑

---

38) 이상의 두 구절은 모두 『朱子語類』 卷六, 118쪽에 나온다.
39) 『朱子語類』, 卷九十五, 2454쪽, “人身上全體皆是仁.”
40) 『朱子語類』, 卷六, 118쪽.

은 이발已發의 인이다.

인은 미발未發이고, 사랑은 이발已發이다.41)

여기서의 '미발'은 성性과 리理를 가리키며 '이발'은 정情을 가리킨다. 따라서 '미발지애未發之愛'는 사랑의 이치이지 사랑 그 자체를 의미하는 것은 아니다. '인은 미발'이라고 하는 말은 '안'이 본질에 있어서 여전히 '성'이나 '리'에 속하고 '사랑'이나 '정'과 완전히 같은 것이 아님을 말한다. 그럼에도 '안'을 직접 '리理'로 정의한다면 주희의 입장에서 그것은 지나치게 광범위하여 치밀하지 못하다고 여겼다. 그래서 그는 "정자程子는 '인仁이 곧 리理다'라고 했는데 이 말은 지나치게 넓다"42)라고 하였다. 주희에 의하면, 성性은 당연히 리理이고 인仁은 당연히 성性이지만 인仁을 직접 리理라고 하면 안 된다. 만약 이 설이 성립된다면 자애라는 인仁의 본래 모습이 가려질 수 있기 때문이다. 그래서 주희는 다음과 같이 말했다.

인은 뿌리요, 사랑은 싹이다.…… 옛사람들은 대부분 자상하고 온화함을 가지고 인이라 하였다. 그래서 『주역』에서는 "땅에서 편안히 살고 어진 것을 돈독하게 한다. 그렇기 때문에 사랑한다"라고 하였다. 어찌 지각을 인仁으로 삼을 수 있겠는가!43)

의義·예禮·지智는 모두 마음의 소유이지만, 인仁은 혼연일체이다. 구분해서 말하면 인은 사랑을 주관하고, 합해서 말하면 (인은) 이 삼자를 포함한다.44)

---

41) 『朱子語類』, 卷二十, 470·464쪽, "所謂愛之理者, 則正謂仁是未發之愛, 愛是已發之仁爾.", "仁是未發, 愛是已發."
42) 『朱子語類』, 卷二十五, 606쪽, "程子曰'仁是理, 此說太寬."
43) 위와 같음, "仁是根, 愛是苗.……古人言仁, 多以慈詳愷悌. 易則曰, 安土敦乎仁, 故能愛. 何嘗以知覺爲仁."
44) 『朱子語類』, 卷二十, 468쪽.

주희는 옛사람들이 인을 말할 때 항상 '자상하고 온화함'으로써 자신의 주장을 펼쳤다는 점을 강조했다. 만약 '구분해서 말하면', 즉 인의 본래 모습을 말하면 '인은 사랑을 주관한다'고 단정하지 않을 수 없고, 반대로 '합해서 말하면' 인은 의義·예禮·지智를 포함한다. 즉 인은 사덕을 포함한다. 주희는 때로는 정이程頤의 말을 빌려 전자를 '편언偏言', 후자를 '전언專言'이라고도 했다.45)

'사랑의 이치'는 '편언偏言'(개별 용례)의 입장에서 말하면 한 가지의 일이며, '마음의 덕'은 '전언專言'(일반 용례)의 입장에서 말하면 (인·의·예·지) 네 가지를 모두 포함한다. 그러므로 합해서 말하면 네 가지가 모두 마음의 덕인데 인이 주도적이고, 구분해서 말하면 인은 사랑의 '리'理이고, 의義는 마땅함의 '리'이며, 예禮는 공경과 겸손함의 '리'이고, 지知는 시비를 가르는 '리'이다.[時學]46)

이로부터 주희는 비록 글자의 뜻에서 인은 반드시 '사랑의 리'로 해석할 것을 고수했지만, '사랑'으로만 해석해도 안 되고 '리'로만 해석해도 안 된다고 주장했다. 그러나 주희는 여전히 인에는 '온화함'과 '자애함'이 있다는 점을 인정하여 "인이라고 하면 자애로운 의미가 있다"47)라고 주장했다. 그는 만년에 지은 유명한 「옥산강의玉山講義」(1194)에서도 "인은 온화하고 자애로운 도리이다"48)라고 강조했다.

진사이가 말하는 '자애로운 마음'은 주희가 말하는 '온화하고 자애로운 도리'와 부합한다는 것을 알 수 있다. 진사이의 이른바 "질박하고 두루 통달하며

---

45) 『程氏易傳』 '乾卦 象辭'에서 '大哉乾元'을 "四德의 元은 五常의 仁과 같고, 치우쳐 말하면 하나의 일이고, 전문적으로 말하면 네 가지를 포함한다"(『二程集』, 697쪽)라고 해석하였다.
46) 『朱子語類』, 卷二十, 466쪽, "愛之理, 是偏言則一事. 心之德是專言則包四者. 故合而言之, 則四者皆心之德, 而仁爲之主. 分而言之, 則仁是愛之理, 義是宜之理, 禮是恭敬辭遜之理, 知是分別是非之理也."[時學]
47) 『朱子語類』, 卷六, 105쪽.
48) 『朱子文集』(『朱子全書』 集24冊), 卷七十四, 「玉山講義」, 第3589쪽.

안으로부터 바깥에까지 이르지 않는 곳이 없고 달성하지 않는 것이 없다"라고 하는 말도 사실은 주희가 「옥산강의」에서 "관통되고 두루 흘러 퍼진다"라고 말한 인의 특성을 밝힌 관점과 통한다. 왜냐하면 주희는 인을 논함에 있어서 두루 통하지 않는 것이 없는 특징을 지닌 '유행流行'의 체體임을 거듭 강조하기 때문이다. 사람의 '사덕四德'(仁義禮智)이나 원형이정元亨利貞, 춘하추동春夏秋冬의 우주조화를 막론하고 그 속에는 '인仁'이 관통하고 유행하지 않는 바가 없다. 분석해 보면 마치 인仁이 의義·예禮·지智에 유행하고, 원元이 형亨·이利·정貞에 유행하며, 춘春이 하夏·추秋·동冬에 유행하는 것과도 같다. 바로 이런 의미에서 주희는 '천지가 만물을 낳는 마음'으로 '인'을 설명하였다.(「仁說」참조) 물론 주희의 이러한 설명은 그가 주장하는 '인仁' 즉 '생生', 곧 생으로써 인을 해석하는 주장과 밀접한 관련이 있다. 천지가 끊임없이 만물을 낳고 또 낳기 때문에 천지의 생물지심生物之心(仁)이 한 몸과 천지 사이를 관통하고 유행할 수 있는 것이다.

우리는 지금 진사이가 주희의 「옥산강의」를 읽었는지 아닌지의 여부를 알 수 없다. 그의 "이르지 않는 곳이 없고 달성하지 않은 것이 없다"고 하는 해석은 확실히 주희가 말한 "만약 익숙하고 투철하게 체인하여 살핀다면 영롱함이 구멍을 뚫고 나와서 종횡으로 뒤집어도 (영롱한 빛이) 통하지 않음이 없을 것이다"[49]라는 것과 의미상 근본적인 충돌은 없다. 이는 진사이의 사상에 있어서 주희 못지않게 '생生'을 강조하고 중시했기 때문이다. 비록 양자가 '생生'자를 인정하는 이유에는 차이가 있지만, 여기에서 자세히 논할 수는 없다. 한마디로 말하자면, 진사이에 있어서 '생'의 이론적 근거는 '원기론元氣論'에 있기 때문에 주희가 '천지생물'이라는 우주론적 차원에서 '인仁'이 관통하고 유행하는 의미를 강조하는 것과는 다르게 해석될 수밖에 없다.

---

49) 『朱子文集』(『朱子全書』集24冊), 卷七十四, 「玉山講義」, 第3590쪽, "若認得熟, 看得透, 則 玲瓏穿穴, 縱橫顚倒, 無處不通."

이처럼 진사이의 '사랑'에 대한 강조는 사실 주희 '인설仁說'의 중요한 내용이기도 하다. 그러나 진사이는 '인仁'에 대한 자신의 관점이 주희와 그 어떤 관련이 있다는 점을 인정하지 않았다. 그가 만년에 쓴 『어맹자의語孟字義』와 『동자문童子問』은 말할 것도 없고, 일찍이 32세 때에 지은 『인설仁說』에서도 주희의 「인설」을 패러디한 흔적이 많지만, 주희의 「인설」을 절대 언급하지 않았다. 예를 들면, 진사이는 『인설』의 첫머리에서 이렇게 말하고 있다.

천지의 대덕大德을 생생生이라 하고 인간의 대덕을 인仁이라 한다. 이른바 인자仁者
란 천지의 낳고 또 낳는 덕을 얻어 마음에 품은 자이다.50)

그런데 주희 「인설」의 첫머리에는 이렇게 서술되어 있다.

천지는 생물生物을 마음으로 하고, 사람과 사물의 생명은 또한 각기 천지의 마음을
얻어 (자신의) 마음으로 한다.51)

비록 표현은 다르지만 '천지생생天地生生', '구우심자其于心者' 등과 같은 키워드는 진사이가 주희에게서 따온 것임을 알 수 있다. 물론 차이점도 있다. 즉, 진사이는 『인설』에서 '마음의 덕'과 '사랑의 리理'를 절대 언급하지 않았다. 그는 『인설』에서 "인이란 성정性情의 미덕이고 인간의 본심이다"라고 하면서 "그러므로 인의 덕을 한마디로 말하면 사랑일 뿐"이라는 관점을 분명하게 제시했다. '본심本心'이라는 용어를 제외하면, '인仁'과 관련된 위 정의는 말년에 『동자문童子問』에서 '인'에 대해 하고 있는 정의와 거의 일치한다. 즉 모두 인仁에 있어서 '애愛'자의 뜻을 부각하고 '리理'자의 뜻을 취하지 않았다.

---

50) 『古學先生文集』(『近世儒家文集集成』第1卷), 卷三, 「仁說」, 60쪽, "蓋天地之大德曰生, 人
之大德曰仁. 而所謂仁者, 又得夫天地生生之德以其於心者也."
51) 『朱子文集』(『朱子全書』第23冊), 卷六十七, 「仁說」, 3279쪽, "天地以生物爲心者也, 而人物
之生, 又各得夫天地之心以爲心者也."

요컨대, 사랑의 '애愛'자를 강조하고 '리理'자를 배척하는 것이 진사이 인학의 중요한 특징이므로, 그가 주희의 '애지리愛之理'를 받아들일 수 없었던 점을 이해하기 어렵지 않다. 중요한 것은 이러한 차이로 인해 주희는 '리'를 중시하고, 진사이는 '정'을 부각시켰다는 점이다. 요약하자면, 진사이는 주희가 '리'를 통해 '인'을 말하지만, 자신은 '정'으로써 '인'을 말한다고 보았다. 사실 어떤 의미에서는 정情을 중시하는 사상적 경향이 도쿠가와유학의 중요한 특징이라고 할 수 있는데, 이러한 특징은 중국유학의 '정'에 대한 인식과 대단히 다르다는 점에 주목해야 한다.

3. 인정의 지극함이 곧 도이다

인仁은 성性의 문제와 관련될 뿐만 아니라 정情의 문제와도 관련된다는 것은 더 말할 필요도 없는 사실이다.

우리들이 알고 있는 바와 같이 성정性情의 문제는 물론 유학 이론에 포함되어야 할 내용이다. 일반적으로 '정'은 정실情實·인정人情·정감情感·정욕情欲 등의 의미를 갖기 때문에 대단히 다의적多義的인 개념이다. 『맹자』에는 '정情'이라는 글자가 많이 보이지 않고 4곳에서 발견되는데, 기본적으로 '정실情實'이라는 의미에 속한다. 『맹자』의 "사람은 누구나 '타고난 바탕'(情)대로만 따른다면 선하게 될 수가 있다"(「고자상」)라는 구절에서의 '정'도 '정실'로 해석되지만, 그렇다고 하여 공맹유학이 감정적인 문제에 대한 생각이 부족하다는 것은 아니다. 사실 공자와 맹자 사이에 유가문헌인 곽점초간郭店楚簡의 『성자명출性自命出』에 정情에 관한 토론이 많이 나오는데, 그 중에서 '인정'의 의미거나 '감정'의 의미에 속하는 것들이 많이 등장한다. 예를 들면, 애愛·욕欲·악惡·노怒·희喜·락樂·비悲 등이다. 아울러 '정情은 성性에서 생기고' '예禮는 정情에서 나오며' '무릇 인정人情은 즐겁다'[52]라는 등의 중요한 명제가 제시되었다고 알려진다.

한나라 왕충王充(27~대략 97)의 기술에 따르면, 성정性情의 문제는 공문孔門에서 규명할 수 있는 계보가 있다. 즉 세석世碩으로부터 복자천宓子賤, 칠조개漆雕開, 공손니자公孫尼子의 계통에 이르기까지 모두 '정'을 주요 관심 대상으로 삼았다. 그러나 왕충의 입장에서 보자면, '맹자로부터 유향劉向에 이르기까지' 유학의 중요한 의제인 성정의 문제가 '의외로 확정되지 않았다.' 왕충은 세석의 "인성에는 선도 있고 악도 있다"라는 관점을 원칙적으로 찬성하면서, "오로지 세석(儒)과 공손니자 무리들만이 그 정수를 얻었다"[53]라고 하였다. 정情의 문제는 공자의 문하에서 나름대로 전승되고 있었음을 알 수 있다. 특히 유가경전인 『예기禮記』에 '정'의 문제에 대한 중요한 논술이 더욱 많다. 『예기』 저자의 기본 관점에 따르면, 사람의 감정은 어떤 긍정적인 힘의 인도가 부족하면 본능이 제멋대로 발현되어 황음荒淫하고 사악한 데에로 나아가기 쉬우므로 예악禮樂으로 다스려야 한다고 주장했다. 예를 들면, 『예기』 「악기」에서 "예악의 설은 사람의 감정을 주관하는 것이다"라고 말하는 것은 바로 예로써 감정을 통제해야 한다는 관점이다. 그러나 다른 한편으로, 예악의 유래에서 보면 만일 인정이 없다면 예악은 성립될 수 없다. 그러므로 『예기』에서는 또 "예라는 것은 사람의 정에 따라서 이를 절문節文하는 것이다"(「坊記」)라고 했고, 나아가 "정情을 헤아려서 예문禮文을 세운다"라는 관점에서 '삼년상이 무엇인가'(「三年問」)[54]에 대한 문제를 해석했으며, 『사기』는 3대의 예제에 관한 고찰을 통해 "3대의 손익損益을 보면 인정에 따라 예를 제정했음을 알 수 있다"(「禮書」)라고 명확히 지적했다. 즉 "인정에 의하여 예를 제정했다"는 결론으로 귀납할 수 있다.[55] 이는 예의 기원의 관점에

---

52) 『性自命出』(『郭店楚墓竹簡』, 北京: 文物出版社, 1998), 179·203쪽 참조.

53) 이상의 내용은 王充, 『論衡本性篇』(上海: 上海人民出版社, 1974), 43·46쪽 참조.

54) 이 말은 또 『荀子禮論』, '三年之喪' 조목에 나오는데 문자가 완전히 같다.

55) 이 관점은 宋代 道學者들도 찬성했다. 예를 들면 程明道는 "성인이 법을 창조함(創法)에 있어서 모두 人情에 근본하고, 物理에 지극하다"라고 명확히 밝혔다.(『河南程氏文集』[『二程集』], 卷一, 「論十事劄子」, 452쪽) 여기서의 '법의 창조'는 制禮를 포함하는 것은 당연하지만 제례보다 더 넓은 범위라고 하겠다. '인정'이 道學者들한테서 반드시 부정적인 의미의 단어는 아님을 충분히 알 수 있다. 제도, 인정, 물리의 3자간의 균형을 어떻게 유지하고, 어느 한쪽만을 고집하지 않겠느냐 하는 것이야말로 도학자들

서 논한 것이고, 예의 사회적 기능의 관점에서 본다면 『예기』에서 말한 "사람의 감정이란 것은 성왕의 밭이다. 성왕은 예를 닦아서 그 밭을 간다"라고 하는 것이 '정'과 '예'의 관계에 대한 중요한 정의로서, 거의 모든 역대 유학자들에 의해 변할 수 없는 해석으로 추앙받았다. 다시 말해 '예로써 정을 다스린다'(以禮治情)고 하는 입장이 '정'과 '예'에 관한 유학의 최종 학설이다.

그러나 '정'에 따라 '예'를 제정하든 '예'로써 '정'을 다스리든지를 막론하고 이러한 정과 예의 관계는 어디까지나 외재적인 관계이다. 만약 어느 한 사람을 두고서 말한다면, 정情과 내재적인 관계를 형성하는 것은 당연히 성性이어야 한다. 이에 대해 순자는 가장 먼저 "성性은 하늘이 만든 것이고, 정情은 성性의 질質이며, 욕欲은 정情의 응應이다"(「正名篇」)라고 정의했다. 여기서 '질'자는 바로 '재질'이란 뜻으로서, 정이 없으면 성이 발현될 수 없고 또한 존재할 수도 없다. '욕'은 '정'이 감동되어 응하는 표현, 즉 '정情의 응應이다. 여기서 '정'은 분명 도덕적 개념이 아니기 때문에 선·악이 따로 없다. 철학적으로, 즉 본말本末의 견지에서 성정性情 관계에 대하여 명확히 규정한 것은 아마도 왕필王弼(226~249)이 처음일 것이다. 그는 『주역』을 주석하면서 '성기정性其情'이라는 유명한 논점을 제시하여 성정을 모종의 본말 관계, 즉 성이 본本이고 정이 말末이라는 형식으로 고정시켰다.

왕필의 이 명제는 훗날 정이程頤의 극찬을 받았다. 하지만 정이는 분명 도학의 입장에서, 즉 성을 높이고 정을 낮추는 입장에서 '성기정性其情'을 주장했던 것이다. 그는 소년시기의 작품인 『안자소호하학론顔子所好何學論』에서 오성인 '인의예지신仁義禮智信'과 칠정인 '희노애구애오욕喜怒哀懼愛惡欲'에는 반드시 '정치情熾'와 '성착性鑿'의 긴장 관계가 존재하기 때문에 "마음을 바로잡고 성을 기르면 '성기정性其情'이 되고", 반대로 만약 '정을 방종하고' '성을 속박하게' 되면 반드시

이 관심을 갖는 중요한 의제이다. 朱熹가 『孟子集注』「滕文公上」에서 '井地(井田)之法'을 해석하면서 반드시 '인정에 맞고 토속에 어울려야 한다'(『四書章句集注』, 257쪽)고 했는데 역시 '인정'이란 용어의 중요성을 보여 주는 대목이다.

'성기정性其情'의 반명제인 '정기성情其性'56)을 초래하게 될 것이라고 지적했다. 이때부터 성으로써 정을 다스리거나 리理를 살리고 욕망을 물리치는 의식이 정주 도학공부론의 상징적인 구호가 되었고, 정이 성 또는 리의 아래에 놓이게 되어 당연히 다스려야 할 대상이 되었으며, 거꾸로 인정 지상주의를 주장하거나 정을 성 위에 군림하게 내버려 둘 수 없다는 것이 절대적이고 보편적인 기준이 되었다.

그러나 '정情'의 문제에 관한 도쿠가와 고학파의 관점과 주장은 송대의 도학과 크게 다르다. 위에서 언급했듯이 진사이는 '인'이란 '사랑일 뿐'이라고 규정하면서 '인仁을 리理로 해석하는' 것에 대해 반대했는데, 이는 진사이가 정情과 리理에서 둘 중 하나를 선택해야 하는 곤경에서 어쩔 수 없이 리理를 버리고 정情을 취했기 때문이다. 그렇다면 '정'이란 진사이에게 있어서 도대체 어떤 의미일까? 결론적으로 말하면 진사이의 입장은 "정이 곧 '도'이다"라는 명제로 귀납될 수 있다. 진사이는 이렇게 말하였다.

부자가 서로 숨겨 주는 것은 인정의 지극함이다. 인정이 지극하면 곧 도이다.57)

'부자가 서로 숨겨 준다'는 일화는 『논어』 「자로」의 '섭공이 공자를 말하다' 장에 나오는데, 이 장에 대한 해석 또한 진사이와 주희가 많이 다르다. 진사이는 "부자가 서로 숨겨 주는 것은 천리와 인정의 지극함이다"라는 주희의 해석에 반대하면서, 겉보기에는 인정과 천리를 '둘로 갈라놓고 있는 것' 같지만 사실은 인정이 천리의 아래에 놓이게 되어 양자가 서로 반대되는 관계를 이루게 된다고 보았다. 진사이는 주희의 해석이 옳지 않다고 단호히 질책하며 다음과 같이 말하였다.

---

56) 『河南程氏文集』(『二程集』), 卷八, 「伊川先生文」 四, 577쪽 참조.
57) 『語孟字義』(『日本名家四書注釋全書』 第3卷), 卷七, 「子路」, 197쪽, "父子相隱, 人情之至也. 人情之至卽道也."

인정은 천하고금에 다름이 없고, 오상五常과 백행百行이 모두 이로부터 비롯된다. 어찌 인정 밖에 별도로 천리가 있겠는가? 만약 인정에 맞지 않게 되면 천하를 위한다고 해도 할 수 없으며 실은 승냥이 마음일 뿐이다. 그러나 예가 있어 조절하고 의義로써 재량한다. 후세의 유학자들은 '공公'자를 즐겨 말하는데 그 폐단은 도를 해치는 데에까지 이르렀다. 무엇 때문인가? 옳은 것은 옳다 하고 그른 것은 그르다 하면서 친한 것과 소원한 것을 가리지 않는 것을 공公이라 한다. 지금 어버이가 자식을 위하여 숨겨 주고 자식이 어버이를 위하여 숨겨 주는 것은 강직함이 아니고 공적인 것이라고 할 수 없다. 그러나 공자가 취하려는 것은 부자가 서로 숨겨 주는 인간의 지극한 정과 예禮와 의義의 존재하는 바이다. 이런 까닭으로 성인은 예를 말하나 리理를 말하지 않고, 의를 말하나 공公을 말하지 않는다. 만약 인정을 배제하고 은애恩愛를 떠나 도를 추구한다면, 이러한 도는 사실 이단이 숭상하는 바이지, 천하의 달도達道가 아니다.[58]

위 인용문에서 말하는 성인은 "의를 말하나 공公을 말하지 않는다"는 것인데, 이것은 공公으로써 인仁을 말할 수 있는가 하는 문제에 연관된다. 여기에 대한 진사이의 태도는 분명 부정적이다. 이에 대해 본문에서는 깊이 논하지 않겠다.[59] 여기에서 우리들이 기억해야 할 진사이의 말은 "인정이 천하고금에

---

58) 『語孟字義』(『日本名家四書注釋全書』第3卷), 卷七, 「子路」, 197쪽, "夫人情者, 天下古今之同然, 五常百行, 皆由是而出, 豈外人情而別有所謂天理者哉. 苟於人情不合, 則藉令能爲天下之所難爲, 實豺狼之心, 不可行也. 但在禮以節之, 義以裁之耳. 後世儒者, 喜言公字, 其弊至於賊道, 何者. 是是而非非, 不別親疏貴賤, 謂之公. 今夫父爲子隱, 子爲父隱, 非直也, 不可謂之公也. 然夫子取之者, 父子相隱, 人之至情, 禮之所存, 而義之所在也. 故聖人說禮而不說理, 說義而不說公. 若夫外人情, 離恩愛而求道者, 實異端之所尙, 而非天下之達道也."

59) 公과 仁의 관계에 대하여 "仁道는 이름 짓기 어렵다. 오로지 '公'이면 가깝지만 '公'이라 하여 곧 '仁'인 것은 아니다"(『程氏遺書』[『二程集』], 卷三, 63쪽)라는 程頤의 유명한 판단이 있다. 그러나 仁齊는 유가는 "公을 말하지 않는다"라고 직언하였는데, 이는 분명히 역사적 사실에 부합되지 않는다. 만약 그렇다면 "큰 도가 행해지자 천하를 公器로 생각한다"(『禮記』, 「禮運」)라고 말할 수 없게 된다. 사실 仁齊의 이 말은 역사적 진술이 아니라 가치판단이다. 예를 들면 그는 "지극히 높으면 仁을 해치게 되므로 성인은 높음을 말하지 않는다. 지극히 公하면 義를 해치므로 성인은 公을 말하지 않는다"(『古學先生文集』[『近世儒家文集集成』第1卷, 卷五, 「同志會筆記」, 109쪽)라고 했다. 이런 가치 판단의 이면에는 분명히 다른 사상적 사연이 있을 것이다. 내가 보건

다름이 없다"는 것과 "오상五常과 백행百行이 모두 인정에서 비롯될 뿐만 아니라 천리天理도 인정과 맞아야 한다"는 것이다. 이렇게 되면 인정은 거의 천리의 근원이 되니, "어찌 인정 밖에 별도로 이른바 천리가 있겠는가!"

다만 인정도 절제해야 하기에 반드시 예禮·의義(그러나 천리는 아니다)로써 절제해야만 '도'라고 할 수 있다.

> 『상서商書』에서는 "의義로써 일을 바로잡고 예禮로써 마음을 바로잡는다"라고
> 했고, 맹자는 "군자는 항상 인을 마음에 지니고 있으며 또한 예를 항상 마음에
> 지니고 있다"라고 했다. 만약 예禮·의義로써 마름질하면 정情이 곧 도이고 욕欲이
> 곧 의義이니, 어찌 악할 수 있겠는가?[60]

진사이의 관념에서는 '정이 곧 도'란 말은 선천적인 필연적 명제가 아니고, 정情도 여전히 예禮·의義에 의해 통제되어야 한다는 것이 분명하다. 그렇지만

대 그는 유가의 '仁에 몸을 두고 義를 좇는다'(居仁由義)는 敎義를 견지한다. 그렇지만 '至公'은 반드시 '잔인하고 각박함'을 초래하여 인정에 위배되고, 義는 "해야 할 것은 하고 하지 말아야 할 것은 하지 않는 것"(위와 같음)이 바로 '義'이지 '公'을 말하는 것이 아니라고 생각한 것 같다. 한편, 仁齊는 宋儒들이 매번 '天理의 公'으로써 人事를 재단하여 '刻薄에 빠지는 것을 비판하기 위해 道도 公이라고 말할 수 없다고 주장하였다. 그러면서 그는 "宋儒는 언제나 '公'자를 학문의 긴요한 것으로 삼아 天理의 公을 말하고 公을 구현할 것을 말하지만, '公'자는 老莊의 책에 많이 보이지 우리 성인들의 책에서는 보이지 않는다……. 그러나 인정의 지극한 곳에 도가 있는 법이다. 그러므로 성인은 어질고 사랑을 극진히 했다. 仁에 몸을 두고 義를 좇으면 公을 말하지 않아도 사사로움이 없게 된다"라고 하였다.(『語孟字義』, 卷十, 「堯曰」, 293쪽) 만약 仁齊의 이러한 견해를 주희의 公論과 비교해 보면 두 사람의 생각이 다름을 알 수 있다. 주희는 "公은 仁이 仁으로 되는 도이므로 인자는 반드시 먼저 자신을 단속해야 한다. 자신을 단속하면 公이 서고, 公이 서면 仁하게 되고, 仁하면 사랑하게 된다"(『朱子文集』[『朱子全書』第22冊, 卷四十二, 「答吳晦叔」第10書, 1917쪽. 이 글은 1172년에 지었다)라고 했다. '公'은 비록 '仁'자의 본뜻은 아니지만, '仁'의 도'이며, 또한 仁을 위하는 필연적인 취향임을 강조했다. 이는 분명히 程頤의 "公을 仁이라 할 수 없다"는 것에 대한 대응이다. 중·일 사상사에 있어서 公私觀의 문제에 대하여 溝口雄三, 鄭靜 譯, 孫歌 校, 『中國的公與私·公私』(北京: 三聯書店, 2011)를 참조.
60) 『童子問』(『文集』), 卷中, 第10章, 222~223쪽.

송유의 도학과는 달리 정情은 더 이상 '멸滅'의 대상이 아니며, '리理'와도 물과 불의 관계가 아니며, 그 자체를 '악惡'이라 할 수 없기 때문에 그 중요성은 말할 필요도 없이 크다. 만일 '인간의 지극한 정'(蘭然至情이라고도 함)이라면 오히려 그 속에 '예가 있고' '의가 있다'. 다시 말하자면 예·의는 일방적으로 인정을 억압하는 것이 아니라 반대로 인정도 예·의의 정당한 구현이어야 한다. 그렇기 때문에 '정이 곧 도'이고 '욕이 곧 의'라는 것은 정욕주의를 주장하는 것이 아니라 정욕의 합合도덕성을 주장하는 것이다.

더 중요한 것은 도덕으로서의 예·의는 바로 정욕 속에 있는 것이지 추상적인 존재가 아니라는 점이다. 따라서 송유의 말대로 '존리멸욕存理滅欲'한다면 반드시 '사랑을 단절하고 욕망을 없애고' '애연蘭然하고 지극한 정까지 다 함께 절멸하기에' 이르게 된다. 이는 근본적으로 '인지상정'에 역행하는 것이고 '천하지도'에 위배되는 것으로서, 당연히 성인의 소행이 아니다.[61] 여기서 말하는 '애연하고 지극한 정'이란 진사이가 말하는 '인'자의 본뜻임을 알 수 있다.

진사이에 있어서 구분하여 말하면 '정'에는 인정·동정·정욕이라는 세 가지 의미가 있고, 합해서 말하면 '지극한 정'만을 주장하고 '사사로운 정'은 배척했다는 점에 유의해야 할 것이다. 따라서 '정情이 곧 도道'라고 할 때의 정은 '지극한 정'(至情)을 가리키고, 이때의 '지극한 정'은 '천하 어디에서나 다 같은 것이므로' 공공성을 띤다. 그만큼 진사이의 정은 윤리적 측면뿐 아니라 정치사회적 의미를 가지며, 특수성뿐 아니라 보편성을 띤다.

> 도道는 천하의 공적인 것으로서, 한 사람의 사사로운 정이 아니다.…… 탕무湯武만이 자신의 사사로운 정에 얽매이지 않고, 천하의 공통적인 것을 따를 수 있었으므로 이를 '도'라고 한다.
> 인정에는 고금古今이 없고 화이華夷가 없이 하나 같이 모두 그러하다. 인정을 따르면 행할 수 있고 인정에 어긋나면 일을 망친다. 만약 인정에 따르지 않으면

---

61) 『童子問』(『文集』), 卷中, 第10章, 223쪽.

마치 여름에 갖옷을 입게 하고 겨울에 갈의葛衣를 입게 하는 것과도 같아, 사람들
이 일시적으로는 따르겠지만 나중에는 반드시 버릴 것이다.…… 성인이 정치를
행함에 있어서 인륜에 근거하고 인정에 충실한다. 허위와 염담恬淡한 행동을 하지
않고 공리功利와 형명刑名을 섞지 않는다.[62]

소라이는 위 구절에서, 인정은 시간에서의 '고금古今'과 공간에서의 '화이華夷'
를 초월하는 보편적인 존재이므로 성인의 '위정爲政'은 고금을 관통하고 천하의
인정에 맞도록 하는 것을 근본으로 한다는 점을 강조하였다.

정情은 '천하가 똑같이 그러함'(天下之所同然)을 말하는 것이므로 천하가 같은 정이
고 또 고금이 같은 정이라 한다. 부모가 자식이 착하기를 원하고, 자식이 부모의
장수를 바라는 것은 천하에 있어서 같은 마음이고, 이러한 마음은 고금을 막론하
고 똑같다. 무릇 사람이 희노애락애오욕에 직면하여 희노애락애오욕하지 않을
수 없는 것은 천하의 같은 심정이다.[63]

위 구절은 '동정同情'이란 무엇인가를 해석한 것이다. 진사이에 의하면, 예나
지금이나 '천하에 공통적으로 그러한 것'(天下之所同然者)이 곧 '동정同情'이다. 이른
바 '천하지소동연'이란 말은 원래 맹자가 '리理'의 의미의 보편적인 필연성을
강조하기 위해 사용했던 특수한 표현으로서 선한 성과 본심을 가리킨다. 맹자의
입장에서 보면, 인간의 마음에서 반드시 성이 선하다는 것을 알 수 있는 것은
천하에 공통적으로 그러한 '리理'의 의미가 담보되어 있기 때문이다. 사람마다
모두 내재적인 '리理'의 의미가 있는 것은 마치 사람마다 모두 내재적인 인의仁義
의 성, 인의의 심이 있는 것과도 같다. 진사이는 맹자의 '마음이 모두 그러한

---

62) 『語孟字義』(『大系』), 卷下, 「權」 第4條, 149쪽. 『語孟字義』(『大系』), 卷下, 「總論四經」, 159쪽.
63) 『仁齋日劄』(甘雨亭叢書本), 15쪽下, "蓋情以天下之所同情而言, 故天下之情, 又曰古今之
情. 蓋父欲其子之賢, 子欲其父之壽康, 此所謂天下之同情, 而古今之所同然也. 凡人見當喜怒
哀樂愛惡欲者, 不能不喜怒哀樂愛惡欲, 是天下之同情也."

바'(心之所同然)라는 말을 차용하여 인정의 보편적인 필연성을 강조하기 위해 그것을 다른 차원의 의리義理로 전환했다. 그러므로 '동정'이란 연민의 정을 가리키는 것이 아니라, 사람이면 누구나 가지는 그러한 감정과 그러한 욕구(예를 들면, 자식이 착하기를 원하는 부모의 욕구)를 가리킨다. 그것은 사람과 사람이 하나로 공존하는 연결고리이므로 고금이 비록 다르고, 화이華夷도 같지 않지만, 사람에게 그러한 감정이 있는 것은 다를 바가 없다. 이러한 의미에서 필자는 진사이를 정을 중하게 여기는 사람이라고 해석하고 싶다. 진사이가 사랑으로써 인仁을 해석할 것을 강조하고 리理로써 인을 해석하는 것을 반대한 이유 중의 하나가 바로 여기에 있다.

세심한 독자들은 진사이가 '천하지소동연天下之所同然'으로써 맹자의 '심지소동연心之所同然'을 대체한 것을 눈치채게 될 것이다. 즉 여기서 '마음'(心) 대신에 '천하天下'라는 표현을 썼는데 그 의도는 무엇일까? 사실 진사이는 '천하'라는 단어를 특히 중시했고, 그것은 유교경전에 나오는 중요한 '자안字眼'이라고 여겼다. 그의 다른 표현으로 말하면 그것은 '혈맥'이다. 그는 다음과 같이 말했다.

성인의 책에는 반드시 자안字眼이 있는 법인데 '천하'라는 두 글자가 바로 성인의 책에 보이는 자안이다. 무릇 공맹의 책을 읽을 때 '천하'라는 두 글자를 만나게 되면 대충 보지 말고 반드시 눈여겨보아야 한다.[64]

물론 여기서의 '천하'는 국가의 개념이 아니라 '하늘 아래'라는 뜻으로서 보편적인 함의를 지닌다. 그런데 인仁은 '천하의 대덕大德'이고 도덕 자체도 또한 '천하에 두루 미침을 일컫는 것'[65]이므로 소위 천하는 바로 '공공公共'이라는 뜻을 가지고 있다. 이에 따라 진사이의 소위 인정은 '천하의 인정'이고, 동정은

---

64) 『童子問』(『文集』), 卷中, 第13章, 224쪽. 楊儒賓은 이 '天下'라는 단어는 "보편성을 가리키는데, 천하에 모두 유효하다는 뜻이다"라고 지적했다. 그의 저서 『異議의 意義: 近世東亞의 反理學思潮』(臺北: 台大出版中心, 2012), 181쪽 참조.

65) 『語孟字義』 上(『大系』), 「仁義禮智」 第3條, 129쪽.

'천하의 동정'으로서 '정情'자는 '천하의 공공'이라는 뜻을 부여받게 된다. 그러나 잘 알려진 바와 같이, 정주 도학에서는 '리理'만이 '천하 공공의 리理'라고 할 수 있다. 이로써 주자학에서 진사이학에 이르러 보편적 공공성에 관한 문제에서 중요한 사상적 반전이 일어나, 더 이상 '리'나 '성'이 아닌 '정'이 '천하공공天下公共'이라는 초월적 품격을 가지게 되었음을 알 수 있다.[66]

홍미로운 것은 진사이가 인정을 중시하였을 뿐만 아니라, 그러한 경향은 도쿠가와 초기의 유학사상사를 두루 살펴보면 인정을 중시한 사람들이 대단히 많아 결코 고립적인 현상이 아니라는 점이다. 예를 들면, 고학파의 초기 대표 인물이었던 야마가 소코(山鹿素行, 1622~1685)도 인정 긍정론자였다. 그는 "인정은 고금이 따로 없고 세상에 있어서 하나인 것과 같다"[67]라고 하여 진사이와 매우 유사한 주장을 제시했다. 물론 소코와 진사이가 서로 교류하지 않았고 누가 누구를 표절했느냐의 문제도 존재하지 않지만, 두 사람의 말이 이처럼 일치한 것은 당시 도쿠가와 사회의 어떤 사상적 분위기에서 비롯된 것이다. 도쿠가와 초기 양명학파의 창시자인 나카에 도주(中江藤樹, 1608~1648)의 저명한 제자인 구마자와 반잔(熊澤蕃山, 1619~1691)도 인정을 대단히 중시했는데, 그는 자격 있는 위정자라면 반드시 "세속의 인정을 알아야 한다"[68]라고 주장했다.

또 다른 고학파의 거장인 오규 소라이(荻生徂徠, 1619~1728)는 진사이와 같은 시대에 좀 늦게 태어났고 서로 알지 못했지만 진사이학에 대해 비판적인 태도를 취했다. 그 이유가 무엇인지에 대해서 여기에서 상세히 말할 수는 없지만,

---

66) 仁齊學의 人情 중시 및 公共 문제에 관련하여 上安祥子, 『近世論の近世』, 第3章 「私情から至情への交通: 古義學の'公共'概念」(東京: 靑木書店, 2005), 57~78쪽 참조.

67) 山鹿素行, 『謫居童問』(『山鹿素行全集』, 第12卷, 東京: 岩波書店, 1937), 54쪽 참조.

68) 熊澤蕃山, 『集義和書』(『日本思想大系』30), 卷五(東京: 岩波書店, 1971), 92쪽. 아울러 지적하자면, '안'에 관한 熊澤蕃山의 학설이 伊藤仁齋와 매우 비슷한데 仁에 대한 그의 정의도 '자애'와 '生理'의 두 가지 함의를 부각시켰다. 그는 "仁은 하늘의 으뜸의 덕이고 생명의 이치이다.…… 마음에 느껴서 세상에 통하는 것이 자애로움과 측은한 마음이다. 천하 나라에 이런 자애로움이 없으면 하루라도 이를 수 없다"라고 했다. (위와 같은 책, 卷六, 「心法圖解」, 102~103쪽)

눈길을 끄는 것은 소라이가 '부모 자식 간에 서로 숨겨 주는 것'에 대한 진사이의 해석을 비판했고, 진사이가 주희의 '천리인정설天理人情說'을 비판하는 것은 '집요한 처사'라고 여겼다는 점이다. 소라이는 다음과 같이 말했다.

> '천리天理'라는 말은 진실로 송유宋儒의 말(家言)이다. 부富·귀貴·안일安逸·성색聲色에 대한 욕심은 다 같은 인지상정이지 이것이 어찌 도道이겠는가? 요컨대 도는 당연히 도이고, 인정은 당연히 인정이지, 어찌 이 두 가지를 뒤섞을 수 있겠는가? 지극한 도는 당연히 인정에 어긋날 수 없지만, 인정이 모두 도에 부합될 수는 없다.[69]

위 인용문의 마지막 말을 통해 소라이가 심지어 인정과 도의 그 어떤 연관성조차 인정하지 않는다는 것을 알 수 있다. 엄밀히 말하면, 소라이는 인정이 '도道'에 대립하여 양극으로 갈라지지 말아야 함을 강조한 것이다. 따라서 "성인의 도는 인간의 정情을 다하는 것이다"[70]라는 것이 소라이의 확고한 입장이었다. 요컨대 소라이가 진사이에 대해 불만을 가지는 이유는, 소라이가 보기에 진사이가 천리와 인정을 달리하는 것에 반대하는 것은 은근히 이 두 가지를 합치려는 의도가 있는데, 이것은 역시 리학理學의 분위기가 있기 때문이라는 것이다. 소라이에 의하면, 인정과 도가 부합되느냐 되지 않느냐의 문제가 존재하는 것이 아니라, 도는 반드시 인정에 부합되어야 함으로 둘 사이의 상하 관계를 뒤바꾸어서는 안 된다. 이로부터 소라이의 중정주의重情主義의 주장이 진사이보다 더욱 철저하다는 것을 알 수 있다. 소라이는 모든 유가의 경전 중에서 『시경』이 가장 집중적으로 '인정'을 구현했고, 그 속에서 토로한 '인정'은 '의리'와 아무런 교섭도 없으므로 학자들은 인정만 알면 경서의 의의를 알 수 있다고

---

69) 『論語徵』(『荻生徂徠全集』第4卷), 庚卷, 523쪽, "天理誠宋儒之家言, 然欲富, 欲貴, 欲安佚, 欲聲色, 皆人情之所同, 豈道乎. 要之, 道自道, 人情自人情, 豈容混哉. 至道固不悖人情, 人情豈皆合道哉."

70) 荻生徂徠, 『學則』(『荻生徂徠』[『日本思想大系』36]), 第6條, 258쪽 참조.

주장했다.

> 옛날의 시는 오늘의 시와 마찬가지로 주인공의 정을 말한 것이지 어찌 의리를
> 말한 것이겠는가!…… 선왕의 도는 인정에 의하여 설치된 것으로서, 만약 인정을
> 모르면 어찌 장애 없이 천하에 통행할 수 있겠는가?[71]

즉 "선왕의 도道는 인정에 의하여 설치되지만", 거꾸로 인정은 반드시 도(또는
예의)에 부합되어야 한다고는 말할 수 없다는 것이 '도'와 '인정'의 관계라고
하였다. 소라이는 이러한 관점을 강화하기 위해 '인정'을 모르면 '도'가 '천하에
통행'하기 어렵다고 가정했다. 그는 "공자는 인정을 잘 아는 사람이라고 할
수 있다"[72]라고 하면서, 공자 이상으로 인정을 잘 아는 사람이 없다고 보았다.
이로써 '인정'은 소라이학의 핵심 개념이 되었다. 반드시 지적해야 할 것은
만약 '인정'의 아래에 '도'를 두어야 한다면 '인정'은 오히려 '본체'의 지위를
갖게 된다는 점이다. 왜냐하면 선왕이 도를 세우는 것도 인정에 근거해야 하기
때문이다.(이것은 명백히 유가의 '정에 의해 예를 제정한다'는 것에 대한 과장 해석이다.) 그런
의미에서 소라이는 중정주의자重情主義者일 뿐만 아니라 '정본론자情本論者'라고
할 수 있다. 예를 들어 소라이의 제자 다자이 슌다이(太宰春台, 1680~1747)가 전하는
말에 의하면, 소라이는 '인정'을 시공을 초월하는 보편성을 가졌다고 보았다.
슌다이는 "나의 스승인 소라이 선생은, 이국異國은 우리나라와 풍속이 크게
다르고, 시와 노래의 도道에 있어서도 용어가 같지 않지만 그 취향은 모두
같다. 인간의 감정이 같기 때문이라고 했다"[73]라고 증언하였다. 그만큼 인간의

---

71) 『弁名』 上(『日本思想大系』 36), 「義」 第5條, 222쪽, "夫古之詩, 猶今之詩, 言主人情, 豈有
    義理之可言哉.……蓋先王之道, 緣人情以設之, 苟不知人情, 安能通行天下莫有窒礙乎."
72) 『論語徵』(『荻生徂徠全集』 第4卷), 壬卷, 307쪽 참조.
73) 太宰春台, 「獨語」, 『日本隨筆大成』 第1期 17에 수록. 원래는 일본어이다. 若水俊, 『徂徠
    とその門人の硏究』(東京: 三一書房, 1993), 89~90쪽에서 재인용. 여기서 '異國'이란 중
    국을 가리킴.

감정 문제에 있어서 소라이가 그 초월성을 강조했다는 점에서 진사이와 뜻을 같이하고 있음을 알 수 있다. 소라이는 심지어 성과 정의 문제는 이미 송유들에게서 그 "해답을 얻을 수 없게 되었고" "진사이 선생에 이르러서야 비로소 명백해지게 되었다"[74]고 하였다. 그렇지만 소라이는 송유의 핵심 개념인 '본체'에 대하여 극력 피하려 했다.[75]

이처럼 도쿠가와 유학자들이 정情을 중시하는 현상이 거의 보편화되다시피한 것은 진사이의 '인설仁說'이 왜 '사랑'을 강조했는지를 보여 주는 단면이다. 소라이는 제쳐 두고 진사이에 대해 말하자면, 인학仁學을 확립하자면 '인'자를 해석하면서 남겨놓은 리학理學의 오염을 반드시 깨끗이 제거해야 했다. 그것은 크게 세 가지로서, "인을 리理·성性·지각知覺으로 해석하는 학문 경향"[76]인데, 각기 주희(理)와 정이程頤(性) 그리고 사상채謝上蔡(知覺)를 가리킨다. 리학을 비판함

---

74) 『弁名』 上.(『日本思想大系』 36), 「義」 第5條, 222쪽 참조.
75) 徂徠는 本體, 本然이란 용어를 거부하면서 實로써 情을 해석했다.(중국의 古訓인 '情實'의 뜻에 가깝다.) 그에 의하면, 情은 사람의 감정이나 정욕일 뿐만 아니라 더욱이 사람과 사물의 진실한 존재로서, '사려에 관계없고' '내실을 숨기지 않는' 특질을 가지고 있다.(『弁名』 上, 「性情才」 第5條, 242쪽) 그러므로 情은 진실이며, 理로써 情을 단속하려는 그 어떠한 시도도 옳지 않다. 그는 "先儒들이 情을 단속해야 한다고 말하는데 그릇된 것"이라고 직언했다. 그 이유는 "情은 사려와 상관없고…… 義理를 말할 수 없으며 사려를 사용할 수 없기" 때문이다.(위와 같음) 소라이의 '人情論'의 구체적인 내포에 대해서는 따로 연구할 것이다. 仁齊의 개념 사용이 徂徠에 비해 민감성이 떨어진다는 점을 지적해야 한다. 그는 '본연', '본체' 등의 단어를 자주 사용하는데 宋明道學의 용어와 혼동하여 구분이 없다. 그는 만년의 출세작인 『語孟字義』에서 "성인은 네 가지(仁義禮智를 가리킴)를 도덕의 본체로 하였다"(『語孟字義』 上『大系』], 「仁義禮智」 第1條, 128쪽)라고 했다. 다만 여기에서의 도덕 본체란 形而上의 의미에서의 본체가 아니라 擔體的 의미라는 것을 알 수 있다. 伊藤仁齊가 말하는 '마음의 실체'라는 '실체'도 같은 의미이다. 그럼에도 仁齊는 徂徠에게 자주 놀림을 받았고, 심지어 徂徠가 仁齊學이 程朱學의 악취에서 벗어나지 못했다고까지 단언한 까닭의 하나가 바로 여기에 있다. 특히 徂徠의 입장에서 보면 仁齊가 『맹자』로 『논어』를 해석하는 것은 아주 잘못된 것이다. 그는 "근년의 伊씨(仁齊)도 역시 호걸이니 그 비슷한 점을 엿볼 수 있다. 그러나 그가 『맹자』로 『논어』를 해석하고, 요즘 사람들의 시각으로 古文을 마주하는데 마치 程朱學과도 같다"라고 했다.(『弁道』[『日本思想大系』 36], 第1條, 200쪽 참조)
76) 『童子問』(『文集』), 卷上, 第39章, 215쪽 참조.

과 동시에 진사이는 '공문孔門'에서 자신의 인설 주장을 위한 합법성의 원천을 찾았다. 그런데 '공문'은 '구인求仁'을 근본으로 하기에 이는 송유들이 '궁리窮理'를 근본으로 하는 것과는 대조된다. 그래서 진사이는 공자의 인학 전통을 이어가는 중책을 자신이 맡았다고 여겼던 것이다. 그는 다음과 같이 말했다.

> 궁리의 학문이 홍성하면서부터 세상의 학자들은 지知를 높이 여기고 인仁을 낮게 보며, 지에 힘쓰지만 인에 힘쓰지 않았다. 그러므로 그 기상이 비천하고 협소하여, 충족하고 광대한 오묘함이 부족하기에 이르렀다. 이것을 어찌 성문聖門의 궁리라 고 할 수 있겠는가? 인을 떠나서 다시 무슨 할 말이 있겠는가?[77]

4. 요약

총괄하여 말하면, 진사이는 리학 비판을 수단으로 하고, 유학의 고의古義 회복을 방법으로 하며, 인학의 재건을 목표로 하였다. 그가 "인은 공문孔門의 첫 글자이다", "공맹 학문의 첫 글자는 인이다", "공맹의 학문은 인일 따름이 다"[78]라는 관점을 거듭 강조한 것으로부터 그의 사상 취지가 '인학仁學의 재건'이 었음을 알 수 있다. 바꾸어 말하면, 이를 실현하기 위해서는 두 가지 작업을 동시에 추진해야 했는데, 하나는 유학의 고의 회복으로, 그 중에는 당연히 '인仁'자의 고의를 재현하는 것도 포함된다. 그리고 다른 하나는 유교경전에 대한 리학理學의 자의적인 해석의 악영향을 제거하는 것이다.

물론 유학의 옛 뜻을 재현하는 것은 기본적으로 고전 해석의 영역에 속하며, 여기에는 고전 해석의 방법론 등의 문제가 있기 때문에 본문의 취지가 아니므로

---

77) 『古學先生文集』(『近世儒家文集集成』第1卷), 卷四, 「仁人心也章講義」, 80~82쪽. 이 글은 寬文 2년(1662), 仁齊가 36세에 지은 것이다. 伊藤東涯는 '跋文'에서 "窮理說을 배척하 고 오로지 놓쳤던 본심을 찾는 것을 근본으로 하였는데 초년의 견해와 매우 달랐다" 라고 했다.(위와 같은 책, 82쪽 참조)

78) 『古學先生文集』(『近世儒家文集集成』第1卷), 卷五, 「同志會筆記」, 111~112쪽 참조.

구체적으로 논하기에 적절하지 않다.[79] 요컨대, 진사이는 『논어』와 『맹자』 텍스트의 '혈맥'을 꽉 잡으면 그 속에서 '인은 사랑일 따름'이고, 인은 또 '자애로운 덕'이고 '상냥하고 지극한 정'이며 '사랑을 마음으로 한다[80]'는 유가 인학의 '의미'를 직접 발견할 수 있다고 여겼다. 그러므로 인학 재건의 관건은 어떻게 인정에 대한 존중과 신념을 확립하느냐에 달려 있다. 왜냐하면 인정은 인애仁愛하는 사람의 감정이고, 세상의 미덕이며, 고금을 뛰어넘고, 화이華夷가 따로 없으며, 세상 어디에서나 똑같은 보편적 의미를 가지기 때문이다. 이에 따라 인학도 다문화적인 보편성을 지녀야 하며, 중국이나 혹은 다른 어느 한 지역에 국한되어서는 안 된다.

주희는 인학을 재건할 때 '인'이 고금을 초월하는 보편성을 가지고 있다는 점을 분명히 인식하였을 것이지만, '타자'인 이역異域 땅 일본에도 인의 씨앗이 있고, 마찬가지로 인의 정신을 빛낼 수 있을 것이라고는 구체적으로 의식하지 못했을 수 있다. 대조적으로, 일본의 유학자인 진사이의 사상 배후에는 항상 거대한 '타자'인 중국이 있어서 지워 버릴 수가 없었다. 따라서 인학 재건에 있어서 진사이 사상의 중요한 특징은 '고금'을 뛰어넘어야 할 뿐만 아니라 '화이華夷'도 뚫고 나와야 하는 것으로 드러났다. 그러한 의미에서 진사이는 중정주의자重情主義者일 뿐만 아니라 보편주의자이며 더욱이 도덕주의자라고

---

79) 도쿠가와 초기 고학파의 고전 해석 방법론에 대해서는 拙文, 「德川儒者荻生徂徠的經典詮釋方法論初探」(『中山大學學報』 2014年 第3期, 115~125쪽)을 참조. 이미 이 책에 수록했다.

80) 원문은 "蓋仁者以愛爲心, 造次於是, 顚沛於是, 自內及外, 自邇及遐, 應事接物, 起居動息, 無往而非是心"이다.(『古學先生文集』[『近世儒家文集集成』 第1卷], 卷五, 「同志會筆記」, 112쪽) 이른바 '是心'이란 '仁愛의 마음'을 가리킨다. 仁齋는 '心'자에 대해 "사람이 사람으로 될 수 있는 것은 마음에 있고, 마음이 마음으로 될 수 있는 것은 仁에 있다"라는 기본적인 정의를 내렸다. 그러므로 仁은 즉 '마음의 실체이다.'(『古學先生文集』[『近世儒家文集集成』 第1卷], 卷五, 「仁人心也章講義」, 80쪽) 그러나 주의해야 할 것은 仁齋는 '心'자를 꺼리며 '심학'이 禪宗에서 왔다고 여긴 점이다. 그는 "성인은 덕을 말하지 心을 말하지 않는다"(『童子問』[『文集』], 卷下, 第71章, 238쪽)라고 하면서 맹자의 良心 의미에서의 '心'만을 인정했다.(위와 같음)

할 수 있다.

또한 인이 곧 사랑(愛)이고, 사랑이 곧 정情이라는 기본 입장에 토대하여 진사이는 '인을 성性으로 여기거나' '인을 리理로 여기는' 후대 유학자들의 '인仁'에 대한 의리적義理的 해석을 배척했다. 그의 입장에서 보면, 송유의 궁리학설은 반드시 지知를 중시하고 인을 경시하게 됨으로써 이미 잘못된 길에 접어들었고, '리理로써 인仁을 구하는' 등 리학理學의 수양 방법도 그 올바른 방향을 일탈하여 믿을 수 없게 되었다. 따라서 진사이로서는 인학을 재건하기 위해서는 반드시 리학 특히 주자학의 형이상학을 뒤엎어야 했다.

하편: 도론道論

1. 리理의 비판과 재구성

상술한 바와 같이, '인'에 대한 진사이의 기본 규정에는 "조금이라도 잔인하고 각박한 마음을 가지면 인을 얻을 수 없다"는 말이 있다. 주희도 '잔혹하고 각박함'을 '불인不仁'으로 보았다. 그러나 주희는 '잔혹하고 각박함'을 의義의 지나침의 잘못으로 간주하였다. 그는 "의義의 발단은 본래 선하지만 지나치면 잔인하기에 이른다"라고 하였다. 이와는 달리 진사이는 잔인하고 각박한 것은 '리理에 의한 결정' 때문이라고 비난하여 은근히 리학理學에다 비판의 화살을 돌렸다. 그는 다음과 같이 말했다.

> 송유宋儒는 리理라는 한 글자로써 천하의 일을 다 할 수 있다고 여기는데, 천하에 리理를 떠난 사물이 없다고는 하지만, 리理란 한 글자로 천하의 일을 결정해서는 안 된다는 것을 알지 못했다. 학자들은 '리'라는 한 글자에 근거하여 천하의 사리를 판단하는데, 논의는 그렇게 할 수 있으나 실제에서 그렇게 구하면 그 합당함을

모두 얻지는 못한다.…… 그러나 성인이 삼사三赦·삼유三宥[81]로써 형벌에서 고려해 주는 것은 어찌 지나치게 관용을 베푸는 것이 아니겠는가? 선한 것은 선하게 대하고 악한 것은 악하게 대하는 것이 '리'의 법칙이지만, 성인은 언제나 선한 것을 선하게 대함을 더 크게 하고 악한 것을 악하게 대함을 작게 하는데, 역시 어찌 애증의 적합함을 잃은 것이 아니겠는가? 그렇지만 성인이 모두 그렇지 아니한 것으로부터 천하의 일을 '리'로써 결정할 것이 아님을 충분히 알 수 있다. 그러므로 무릇 일은 '리'를 따져 결정하면(依理斷決) 잔인하고 각박한 마음이 이기게 되고, 어질고 너그러운 마음이 적어진다. 윗사람으로서 덕이 메마르면 아랫사람이 다치게 되고 마음으로 감복하지 않을 것이다. 반드시 어른의 모습을 갖추어야 할 것이다.[82]

이 구절의 핵심적 의미는 '리理에 의거해 결단한다'(依理斷決)라고 하는 네 글자에 있는데, 송대 리학에 대한 항소抗訴가 아닐 수 없다. 진사이는 '리'가 모든 사물에 있지만, 송유들이 주장하는 '리'가 일단 누군가의 '천하의 일을 결단하는' 기준이 된다고 하면, 이러한 '리'는 한 사람의 기준이 되어 버리고, 따라서 '모든 경우에 적중할 수 없게 되며' 따라서 사물의 '실정'에서 벗어나는 결과를 낳게 된다고 하였다. 한편 상고시대에는 성인이 예법을 제정할 때 삼사三赦·삼유三宥를 설계하여 너그럽고 가엽게 여기는 마음을 구현하였으며, '선善은 선으로 악惡은 악으로'라는 '상리常理'로써 인간사를 결단하지는 않았다. 그렇지만 또한 '애증'의 적절함을 잃지 않았으니 이는 성인시대에 '리理에 근거하여 천하의 일을 판단하지 않았음'을 보여 준다. 그러나 성인시대 이후(특히 리학이 횡행했던 송대를 가리킴)로는 '무릇 일은 오로지 리理에 의해서만 결정되어' 결국 "잔인하고 각박한 마음이 이기게 되고, 어질고 너그러운 마음이 적어졌다."

---

81) 三赦·三宥는 『周禮』「秋官司寇」에 나오는 말이다. '三赦'란 '幼弱'과 '老耄' 그리고 '惷愚'에 대하여 형사책임을 면해 줄 수 있다는 것이고 '三宥'란 '不識', '過失', '遺忘'에 대하여 너그럽게 처벌할 수 있다는 것이다. 『周禮注疏』, 卷四十二, 「秋官司寇」第五(上海: 上海古籍出版社, 2010), 1382~1383쪽 참조.

82) 『童子問』(『文集』), 卷中, 第65章, 236쪽 참조.

'잔혹하고 각박함'과 '어질고 너그러움'은 정반대의 것으로서, 이것이 아니면 저것이라는 갈등을 빚어 어질고 너그러운 마음의 상실은 잔인하고 각박한 마음의 도래를 의미한다. 이 같은 현상의 근원은 '리에 의한 결단'에 있다. 그렇다면 왜 '리에 의한 결단'이 반드시 '잔인하고 각박하게' 되는 것일까? 이것은 '리'에 대한 진사이의 이해와 관련이 있다.

진사이는 '리'자 자체는 선진유학의 자원으로부터 비롯되었다는 것을 잘 알고 있었다. 예를 들어 맹자는 "리의理義는 나의 마음을 즐겁게 한다"라는 명언을 남겼다. 진사이의 이해에 따르면 '리理'자는 '조리條理'의 의미이지, 송유들이 말하는 이른바 '만물의 본원'이거나 기氣에 앞선 형이상학적이고 추상적인 리가 아니다. 그래서 그는 다음과 같이 말했다.

물음: 리학理學이라는 이름은 성학聖學의 실질과 맞지 않는다. 그러나 리理자 같은 것도 가벼이 보아서는 안 되는 것 아닌가?
답변: 그렇다. 맹자는 "사람들이 리의理義를 즐겨 따르는 것은 마치 입으로 고기 요리 먹는 것을 좋아하는 것과 같다"라고 했는데, 바로 그런 뜻이다. 맹자의 뜻은 사물에 조리가 있음을 가리키는 것으로서 송유들이 주장하는 이의 의미와 상당히 다르다.
물음: 그렇다면, '리'는 완전무결하지 못한 것인가?
대답: 각각 해당되는 바가 있음을 말한다. '리'는 사물에 맞추면 되지만 천지에 사용하면 안 된다. 맹자의 이른바 '시조리始條理, 종조리終條理'나 또는 "리의理義는 내 마음을 즐겁게 한다"라고 하는 등의 말은 모두 사물이 각기 조리를 얻었음을 가리키는 것이다. 『주역』에서는 "이치를 다하고 성품을 극진히 하여 천명을 이룬다"라고 했다. 이치를 다한다는 것은 사물에 대하여 말한 것이고, 성품을 극진히 한다는 것은 사람에 대하여 말한 것이며, 천명을 이룬다는 것은 하늘에 대해 말한 것이다. 이처럼 용어의 순서가 아주 명백하다. 만일 이치를 만물의 본원으로 삼는다면 노老·불佛의 학설로 흘러들어간다. 이렇게 되면 성인의 뜻과는 하늘과 땅의 차이만큼이나 심해지게 되니 어찌 조심하지 않겠는가?[83]

이로부터 알 수 있듯이 진사이가 주장하는 '리'는 조리·물리·사리만을 가리키므로 "리 자를 사물에 맞추면 가할 것이다"라고 했다. 그러나 진사이는 소위 성리性理나 천리가 천지 사이에 존재하여 '만물의 본원'을 구성하는 것을 인정하지 않았기 때문에 "천지에 그것을 쓰면 안 된다"라고 했다. 그는 맹자가 말한 '리의理義'와 '조리'는 같은 의미이고, 모두 '조리'를 가리키는 것이지 다른 해석이 있을 수 없다고 보았다. 만약 '리'를 '만물의 본원'이라는 높이에까지 거슬러 올라가 인정한다면 노·불의 학문에 빠지게 되고, 그렇게 되면 성인의 뜻과는 하늘과 땅의 차이만큼 벌어지게 된다고 하였다. 이는 분명 송대 리학에 대한 진사이의 날카로운 비판이다.

진사이가 한편으로는 사물에는 사물의 조리가 있음을 인정하면서도, 다른 한편으로는 '리'가 사물의 본원이 될 수 없고, '만화萬化의 중추'로는 더욱 성립할 수 없다고 주장했는데, 그 까닭은 '리理는 본래 죽은 글자'라는 진사이의 근본적인 판단이 있었기 때문이다. 그는 다음과 같이 지적했다.

> '리'는 본래 죽은 글자로서 사물事物에는 있지만 사물事物을 주재할 수는 없다. 생물에는 생물의 리가 있고, 사물死物에는 사물死物의 리가 있으며, 인간은 인간의 리가 있고 사물事物은 사물事物의 리가 있다. 그러나 일원一元의 기가 근본이고 리는 기의 뒤에 따른다. 그러므로 리는 만화萬化의 중추가 되기에 부족하다. 오직 성인만이 천지가 하나의 거대한 활물活物이기에 '리理'자로써는 이를 모두 포괄할 수 없음을 아는 것이다. 그렇기 때문에 『주역』「단전」에서는 "크도다 건원乾元이여, 지극하도다 곤원坤元이여"라고 했는데, 지극하고 극진함을 다함이다. 진실로 천지가 하나의 활물活物임을 알게 된다면 그 자체로 (『주역』을 지은) 복희씨와 같게 될 것이다.[84]

'리理는 본래 죽은 글자'라고 하는 것은 리학의 형이상학적 리理에 대해

---

83) 『童子問』(『文集』), 卷中, 第66章, 236쪽 참조.
84) 『童子問』(『文集』), 卷中, 第68章, 237쪽 참조.

사형을 선고한 것이다. 소위 '사물을 주재할 수 없다' 함은 사물 위에 '주재자가'
존재하지 않음을 가리킨다. 이는 사물 위의 존재일 수 없다는 뜻이므로 '리理는
기氣의 뒤에 따른다'고 했는데, 이것은 분명히 '리는 기에 앞선다'는 주희의
말을 겨냥한 것이다. 리理가 기氣에 앞서지 않는 이상 리理는 기 속에 있어야
한다. 진사이에 의하면, 리기理氣의 문제에 있어서 리학자들의 사유논리가 방향
성의 착오를 범했다. 즉 그들은 항상 습관적으로 만물로부터 오행으로, 오행으
로부터 음양陰陽으로 추리하여 결국 "음양의 '그러한 까닭'(所以然)에까지 이르게
되면 리理에 귀속되지 않을 수 없고, 리에 귀속하는 이상 당연히 허무에 빠지게
된다."[85] 그런데 리학에서 '그러한 까닭'이라고 규정하는 '리'는 사실 '허무'에
지나지 않으며, 이러한 '허무'는 바로 노·불의 학설로서 관념상의 '죽음'을
의미한다. 이는 유가에서 중시하는 '천지가 하나의 큰 활물'이라는 지향과 정면
으로 배치된다. 이러한 점이 또한 진사이가 '리'를 배격하는 사상적 원인이기도
하다.

그러나 만약 좀 더 의문을 가지게 되면 '리는 도대체 무엇인가' 하는 문제에
부딪치게 된다. '사물에는 사물의 리가 있다'고 하는 것처럼, 진사이도 '조리'로서
의 '리'자, 즉 '리'의 존재적 합리성을 인정했다. 그러나 이것은 형이상학적이고
추상적인 리가 아니고, '그러한 까닭'의 리도 아니다. 동시에 진사이는 '무릇
천지간에 있는 모든 것들이 하나의 리理'임을 인정했다. 그러나 이 말은 오해를
불러일으키기 쉽다. 왜냐하면 '하나의 리理'라고 하면 그것은 곧 일종의 동일성을
가진 '리'를 의미하는 듯하여 송유들이 말하는 '리일理一'의 뜻에 가깝게 되기
때문이다. 하지만 그것은 진사이가 절대로 인정할 수 없는 견해이다. 따라서
소위 '무릇 천지간에 있는 모든 것들이 하나의 리理'란 이렇게 이해할 수밖에
없다. 즉 세상의 모든 사물은 다 그 자체의 조리가 있고, 그러한 리는 추상적인
리가 아니며, '사물을 주재'할 수 있는 실체의 리도 아니다. 만약 그 '리'가

---

85) 위와 같음.

실체라면 만물의 본원으로서 천지 밖에 독립하여 있고 또한 만물을 지배할 수도 있다는 것이다. 하지만 이러한 견해는 진사이의 관점에서 보면 환상적인 상상에 지나지 않는다. 그러므로 진사이가 이른바 '리'가 사물에 있다 함은 '리'가 사물의 주재라는 의미가 아니다. 따라서 천하의 사물을 '리'로써 결단하면 반드시 끝없는 해악을 끼치게 된다.

그러나 '리理가 본래 죽은 글자'라고 하면서 또 천지를 '하나의 큰 활물'이라고 하면, 리理와 사물(物)은 상응 관계를 맺지 못한다. 이것에 대해 진사이는 다른 각도에서 '한결같이 살아 있는 까닭의 이치'(一乎生故之理)라는 명제―生生之理 혹은 '生理'로 귀결할 수 있다―를 제기하면서 새롭게 '리'를 정의했다. 그는 다음과 같이 말했다.

> 물음: 선생님께서 세상은 하나의 큰 활물活物로서 '리理'자로써는 다 아우를 수
> 없다고 하셨습니다. 그것은 즉 『자의字義』에서 말씀하신 이른바 생生이 있지만
> 사死가 없고 모이지만 흩어짐이 없기에 살아 있기 때문이란 말씀입니까?
> 대답: 그렇다. 천지간에 있는 것들이 다 하나의 리理이다. 동이 있으나 정이 없고,
> 선이 있으나 악이 없는 것은 정은 동의 그침이고, 악은 선의 변화이기 때문이다.
> 선은 삶과 같은 것이고, 악은 죽음과 같은 것으로서 이 둘이 서로 대립하여 함께
> 나타나는 것이 아니라 모두 한결같이 살아 있는 까닭이다.[86]

첫머리의 "세상은 하나의 큰 활물活物로서 '리理'자로써는 다 아우를 수 없다"는 말은 『동자문童子問』 중권 68장의 구절, 즉 '리理'자는 "생성하고 변화하는 것의 근원이 되기에는 충분하지 않다"라고 하는 말에서 온 것이다. 두 말의 뜻이 서로 통하고, '리理'자가 천지조화를 담기에는 부족하다는 것을 분명하게 보여 주고 있다.

그렇다면 무엇을 '한결같이 살아 있는 까닭'(一乎生故也)이라고 하는가? 말의

---

86) 『童子問』(『文集』), 卷中, 第69章, 237쪽 참조.

의미에 따르면, 천지의 모든 것이 다 '생生'의 특질을 지니고 있고 모두 낳아가고 변화하는 과정에 있지 않을 수 없으며, '리理'는 결코 생생화화生生化化하는 이외의 독립된 존재가 아니며, 생생화화의 과정 자체가 바로 리理임을 가리킨다. 이것이 바로 '한결같이 살아 있는 까닭'(一乎生故也)의 확실한 의미일 것이다. 위에서 언급한 『자의字義』는 『어맹자의語孟字義』를 말한다. 진사이는 『어맹자의』에서 이러한 자신의 뜻을 더욱 뚜렷하게 서술했다.

> 『주역』에서 "천지의 큰 덕은 생生이다"라고 했는데, 끊임없이 생生하고 또 생하는 것이 천지의 도임을 말한다. 그러므로 천지의 도에는 삶이 있지 죽음이 없고, 모임이 있지 흩어짐이 없다. 죽음은 삶의 결말이고 흩어짐은 모임이 끝난 것이다. 천지의 도가 한결같이 살아 있는 까닭이기 때문이다.[87]

결국 진사이는 『주역』의 "천지의 큰 덕은 생生이다"라는 구절을 근거로 하여 "끊임없이 생生하고 또 생하는 것이 천지의 도이다"라는 결론에 이른 것이다. 바꾸어 말하자면 '천지의 도'는 '한결같이 살아 있는 까닭'이라는 뜻이다. 『동자문童子問』은 '리理'를 말하고, 『어맹자의』는 '천도天道'를 말한 것이 다른데, 이는 진사이가 개념 사용상 엄밀하지 못함을 말해 준다. 왜냐하면 죽은 글자였던 '리理'가 '천도天道'와 호환할 수 있는 개념이 되었기 때문이다. 사실 '한결같이 살아 있는 까닭의 이치'는 생생지리生生之理를 가리키는데, '한결같이 살아 있는 까닭의 도'와 용어 사용은 다르지만 '생生'자를 강조하는 점에 있어서는 서로 통한다.

중요한 것은, '리理는 본래 죽은 글자(死字)이다'라는 것에 대비하여 진사이는 '도는 본래 살아 있는 글자(活字)'라고도 했다는 점이다. 진사이는 이 점에 대해 대단히 분명하게 구별하고 있다.

---

87) 『語孟字義』 上(『大系』), 「天道」 第4條, 116쪽.

'리理자와 '도道'자는 서로 비슷하다. '도'는 왕래往來를 말하고 '리'는 조리를 말한다.…… '도'자는 활자活字이다. 따라서 생생화화生生化化의 오묘함을 형용한다. 그런데 '리'와 같은 글자는 본래 죽은 글자이다. 옥에서 소리가 나는 것을 옥석의 문리文理라고 하여 사물의 조리를 형용할 수 있지만, 천지의 생생화화의 오묘함을 형용하기에는 부족하다.

'도'는 행하는 바를 말하므로 활자活字이고 '리'는 존재하는 바를 말하므로 죽은 글자이다. 88)

이처럼 '죽은 글자'(死字)와 '살아 있는 글자'(活字)의 근본적인 차이는 전자는 '옥석의 문리文理'와 같이 '사물의 조리', 즉 '존재하는 바'(所存)라는 뜻으로만 표현할 수 있고, 후자는 '천지의 생생화화의 오묘함을 형용하기에 충분한' '일음일양一陰一陽이 끊임없이 생겨나는' 그 자체, 즉 '행하는 바'(所行)라는 뜻임을 알 수 있다. 현대적 어법에 따라 말해 보면, 진사이의 뜻은 '리'자는 추상적인 개념에 불과하고 도는 우주만물의 살아 있는 상징임을 강조하려는 것이다. 물론 이것은 진사이가 천도의 형이상학적 의미를 배척하기 위해 내놓은 일종의 해석이다. 이러한 해석이 이론적으로 성공했는지는 별개의 문제이고, 이 점에 대해서는 뒷부분 '요약'에서 다시 검토하기로 한다.

요컨대, 진사이는 죽은 글자인 '리理' 즉 추상적이고 형이상학적인 '리'는 배척하지만, 만물을 끊임없이 탄생시키고 기르는 '리'는 배척하지 않았다. 그는 천지라는 하나의 큰 생명체에는 반드시 끊임없이 순환상생하는 '리'가 있다고 단언했다. 따라서 '리理'자에 대한 해석의 전환이 관건이다. 즉 '리'는 추상적인 천리가 아니라 사물의 조리에 불과하다는 것을 반드시 인정해야 하며, 사물에 근거하여 '리'를 말하거나 또는 '기'에 근거하여 '리'를 말해야지, 사물을 이탈하거나 '기'를 떠나 '리'를 말해서는 안 된다. 이렇듯 진사이의 '리'는 사물의 '조리'이자 우주만물의 '생생지리生生之理'이다. 그가 강조하려는 것은 '리'의 즉물성卽物

---

88) 이상의 두 단락은 각기 『語孟字義』 上(『大系』), 「理」 第1條·第3條, 124쪽에 있다.

性과 구체성이지 결코 '만물의 본원'으로서의 추상적인 '리'가 아니다. '일리—理'라고 하면서 '리'의 보편성(사물에는 다 리가 있다)을 인정하지만, 보편성은 구체성 안에서만 그 의미를 나타낼 수 있다. 뒤에서 다시 언급하겠지만 '리'에 대한 진사이의 기본 관점은 사실 '도는 일 가운데에 있다'(道在事中)고 하는 그의 입장과 일치한다. 왜냐하면 사실 '생生'의 관점에서 말하는 진사이의 '리理'는 그가 말하는 '도道'와 통하기 때문이다. 물론 그가 사상의 핵심적인 개념으로서 도道를 더 강조한 데 비해 리理는 핵심적 위치에 있지 않다. 진사이는 다음과 같이 말했다.

> 높은 곳에서 도를 구하고 먼 곳에서 일을 도모하는 것이 학자들의 일반적인 병폐이다. 『시』·『서』의 가르침은 인정에 가깝고, 일용에 쓰인다. 처음에는 사람을 멀리하지 않는 것을 도라 여겼으며, 또한 사람을 멀리하지 않는 것을 말(言)이라 하였다.[89]

이 구절은 진사이의 '도'가 즉물성·구체성을 띠고, 인정을 떠나지 않을 뿐만 아니라 일용에도 쓰이는 특질을 갖추고 있다는 사실을 잘 보여 준다. 즉 '도'의 인륜적인 일상성, 구체적인 보편성으로 요약될 수 있다.[90] 이 점에 대해서는 아래에서 조금 더 자세하게 토론할 것이다.

2. 도道의 비판과 재구성

진사이의 경우처럼, "천지의 도는 한결같이 살아 있는 까닭"(天地之道, 一於生故

---

89) 『論語古義』, 104쪽 참조.
90) 일본사상사의 저명한 학자 相良亨(1901~2000)은 '인륜적인 일상성'을 매우 중시한 仁齋의 사상에 대하여 이미 지적했다. 그의 글, 「人倫日用における超越: 伊藤仁齋の場合」(『相良亨著作集』第2冊, 東京: ぺりかん社, 1996, 220~300쪽) 참조. 仁齋의 말대로 증명하면 다음과 같다. 즉 (공자의 도는) "인륜의 일상에서 행할 수 있는 도이다."(『童子問』[『文集』], 卷下, 第50章, 257쪽)

也)이라고 하여 천지만물의 생생불이生生不已함을 도道로 해석하고 또한 '도'를 직접 '생생불이' 그 자체로 규정하게 되면 '도'는 더 이상 '생생불이'를 초월한 외적 혹은 그 이상의 다른 실체적 존재일 수 없으며, '도'는 '생생불이'의 과정 자체일 수밖에 없다. 이것은 곧 '한결같이 살아 있는 까닭의 이치'(一乎生故也之理)라는 말과 의미가 일치한다. 이로부터 '도'는 실체적 존재가 아닌 상황을 묘사하는 용어로 바뀌었다. 다시 말하자면 '도'는 '생생불이'의 과정에 대한 일종의 묘사가 되었다. 이것은 '생생불이가 곧 천지의 도'라는 뜻이다. '생생불이'는 과정적인 상태일 뿐이어서 그 자체는 실체가 아니다. 진사이는 '도'나 '리'에 대해 '실체화를 없애는' 해석을 하였는데, 그러한 의미에서 그가 생각하는 '도'는 더 이상 음양의 기가 변화하고 끊임없이 낳고 또 낳아가는 근원적 실체가 아니다. 그러므로 진사이에게 있어서 송유의 도체관道體觀은 반드시 해체되어야 할 대상이 될 수밖에 없다.

또한 문헌학적으로 보아 진사이는 '도체道體라는 두 글자'는 '송유들이 발휘한' 관념적 가설이지 "경전에서 찾아볼 수 있는 것이 아니다"라고 단정하였다. 진사이는 정이程頤의 "음양은 단서가 없고 동정은 시작이 없음을 도체로 한다"(以陰陽無端動靜無始爲道體)라는 말과 주희의 "소리도 없고 냄새 또한 없는 소이연所以然의 리理를 도체로 한다"(以無聲無臭所以然之理爲道體)라는 말이 가장 전형적인 사례라고 하였다.91) 진사이의 입장에서 보면, 정이의 말은 『역전』의 "한 번 음陰하고

---

91) 이른바 程頤의 말이란 "動靜은 단서가 없고 陰陽은 시작이 없다"라는 것을 가리킬 것이다.(『程氏易傳』) 그러나 程頤는 이것을 '道體'와 연결시키지 않았다. 程頤에 대한 仁齊의 誤讀임이 분명하다. 朱熹의 말은 『太極圖解』와 朱熹와 陸九淵의 논변인 '無極太極'에서 나오고, 특히 다음 글이 위에서 인용한 仁齋의 말의 出典일 수도 있다. 朱熹는 "한 번 음하고 한 번 양하는 것은 形氣에 속하지만 한 번 음하고 한 번 양하게 하는 것은 道體의 소행이다. 그러므로 도체의 지극함을 太極이라 하고 태극의 유행을 도라고 한다. 비록 이름은 둘이지만 원래 그 體가 둘인 것은 아니다. 周敦頤가 그것을 '無極'이라 한 것은 바로 그것이 無方所, 無形狀이고 사물이 있기 이전에도 사물이 있지 않았던 적이 없으며, 음양의 밖에 있지만 음양 속에서 행해지지 않음이 없고, 전체에 관통되어 없는 곳이 없지만 소리도 없고 냄새 또한 없어 영향을 말할 수 없다고 여겼기 때문이다"(『朱子文集』[『朱子全書』第21冊], 卷三十六, 「答陸子靜」第5書,

한 번 양陽하는 것을 일러 도道라 한다"라는 뜻에 가깝지만, 그의 잘못은 '도체의 이름'을 따로 세운 것이다. 그리고 주희의 말은 모두 "노장의 허무맹랑한 설에서 연원된 것"[92]이어서 근본적으로 잘못되었으니 논박할 가치도 없다고 보았다. 이처럼 진사이는 '도'만 인정하고 '도체'의 설정을 인정하지 않았다. 그 이유는 도의 실체화를 인정할 수 없고, 도가 '생생불이生生不已'일 수밖에 없기 때문이다. 사실 '생생불이'에 대한 강조는 분명히 진사이의 기학氣學사상과 관련되고, 그의 '도론'은 그의 '기론氣論'에 기초한 것임을 염두에 두어야 한다.

송대 도학에서 장재張載(1020~1077)는 '기'의 문제에 대하여 가장 이론적으로 기여한 사람이다. 그는 "태허太虛로부터 천天이라는 이름이 있고, 기화氣化로부터 도道라는 이름이 있다"라는 유명한 말을 했다. 즉 명의상으로는 '천'이나 '도'라는 명칭의 유래는 '태허' 또는 '기화'와 관련이 있다는 뜻이다. 이러한 견해는 주희 및 그의 제자들의 큰 주목을 받았다. 예를 들면, 주희의 제자 진순陳淳(1159~1223)은 장재의 이 논술을 주목하면서 이는 일종의 '근원과 내력을 미루어 가는'(推原來歷) 사고방식이라고 지적했다. 즉 '도道'의 '내력과 근원'을 '기화氣化'의 이전으로 거슬러 올라가 모든 존재는 다 한 번 음陰하고 한 번 양陽하는 '기화'에서 비롯되고, 음·양이 그렇게 되는 까닭이 도道라고 여겼다. 유가경전에 대한 진순의 고찰에 따르면, 유가의 성인은 대부분 인사人事에 있어서 '도'를 말했지만 『역전』「계사상전」의 "한 번 음하고 한 번 양하는 것을 도道라 한다"라는 한마디는 "(공자가) 『주역』을 부연 설명 할 때에 그 내력과 근본을 설명한 것이다."[93] 진순은 다음과 같이 말했다.

1568쪽)라고 했다. 이 단락의 글에서 "소리도 없고 냄새 또한 없는 所以然의 理를 道體로 삼는다"라는 결론을 귀납해 낼 수 있다. 물론 엄밀하게 말하면 仁齊의 귀납과 朱熹의 본의는 여전히 차이가 있다는 것은 더 말할 필요도 없다. 사실 仁齊는 일찍이 朱熹와 陸九淵의 논변에 깊은 관심을 가졌고 「鵝湖異同辨」(『古學先生文集』, 卷三)이라 는 글도 지었기 때문에 물론 朱陸論辨의 문장을 잘 알고 있었다.

92) 『語孟字義』(『大系』), 卷上, 「道」 第4條, 123쪽.
93) 『北溪字義』, 卷下, 「道」 第8條(北京: 中華書局, 1983), 41쪽 참조.

음양은 기氣이고 형이하形而下의 것이며, 도道는 리理이고 형이상形而上의 것이다.
공자는 여기에서 조화造化의 근원에서 논하였다.94)

진순의 이러한 표현은 주자학의 전형적인 관점을 반영한 것이다. 즉 '도'는
'형이상'의 것으로서 사물의 이치(그렇게 되는 까닭)이자 행위의 규범(응당 그러해야
할 이치)이며, 음양을 초월한 본체적 존재이다. 이는 '근원과 내력을 미루어 가는'
사고방식의 필연적인 결론이다.

그러나 진사이는 음양의 기화氣化 이전이나 그 위에 이른바 '도체道體'라는
것이 있어서 '내력과 근원'으로 존재한다는 것을 절대 인정하지 않았다. 따라서
진사이는 진순의 '내력근원'론을 신랄하게 비판했다.

북계 진순은 "『역』에서 '한 번 음하고 한 번 양하는 것을 일러 도道라 한다'라고
했는데, 공자는 여기서 조화의 근본에서 말한 것이다. 대개 성현들은 대부분 인사
人事에 있어서 '도'를 말했지만 이 한마디만은 『역』을 칭송할 때 내력과 근원을
말한 것이다'라고 했다. 나는 그렇지 않다고 생각한다. 천인天人이 같은 도道라는
것은 말이 되지만, '도道'자의 내력과 근원을 따지는 것이라면 문제가 있다. 『역』의
말은 천도를 말하는 것이고, "성에 따라서 행하는 것을 도라 하고" "도에 뜻을
두고" "같이 도를 지켜 나가며" "인을 실천하는 도리가 바로 가까이에 있다"라는
등과 같은 말은 인도를 말하는 것이다. 『주역』「설괘」에 분명히 "하늘의 도를
세워서 음과 양이라 했고, 땅의 도를 세워 유柔와 강剛이라 했으며, 사람의 도를
세워서 인仁과 의義라 했기에" 혼동해서는 안 된다. 음양을 사람의 도라 할 수
없는 것은 인의를 하늘의 도라 할 수 없는 것과 같다. 이러한 '도道'자를 내력과
근원으로 삼는다면, 음양으로써 사람의 도로 삼는 것과 같다.95)

겉으로는 진사이가 천도와 인도를 혼동하는 논술 방법을 반대했지만, 항상

---

94) 위와 같은 책, 40~41쪽 참조.
95) 『語孟字義』(『大系』), 卷上, 「道」第1條, 122쪽.

마음에 두고 있었던 것은 사실 '내력근원來歷根原'이라는 네 글자에 나타난 형이상形而上의 사고방식이었다. 그러나 '내력근원'에 대한 진사이의 거부방식이 조금 특이하다고 하지 않을 수 없다. 그는 도道가 '내력근원'의 의미를 가진다는 것에 반대하면서 '도道'를 '한 번 음하고 한 번 양하는' 과정으로 보았다. 이러한 학설의 성립 여부는 어떤 해석을 하느냐에 달려 있다. 그러나 진순의 뜻은 '한 번 음하고 한 번 양하는 것을 일러 도라 한다'라는 것은 '도'가 결코 '한 번 음하고 한 번 양하는' 자체가 아니라, '한 번 음하고 한 번 양하는 것'이 가능한 근거로서의 '형이상形而上'의 존재이므로 '형이하形而下'의 기와 혼동해서는 안 된다는 것이지, '하늘의 도'와 '사람의 도'를 하나로 혼동할 수 있다는 의미는 결코 아니다. 그러나 진사이는, 진순이 '도'를 '내력근원'이라는 높이에 끌어올려 추상적으로 규정한 것은 음과 양으로 하늘의 도를 세우고 인과 의로 사람의 도를 세우는 것을 혼동한 것이라고 여겼다. 진사이는 도道는 오로지 구체적으로 천도나 인도를 가리킬 뿐이지 천도나 인도의 위에 또 어떤 형이상의 도가 존재하는 것이 아니라고 주장했다. 이는 진사이가 송유의 형이상의 도를 뿌리째 뒤엎으려는 시도임을 뚜렷이 보여 준다.

사실 '도체'에 대한 진사이의 비판은 '리'자에 대한 그의 비판 및 사상적 맥락과 완전히 일치한다. 즉 그는 현실존재의 배후에 이른바 '그렇게 하는 바의 것(所以然者)'이라는 또 다른 형이상의 실체가 있다는 것을 인정할 수 없었다. 하지만 그는 '리理를 죽은 글자라고 비판하면서 송유의 '리'를 기본적으로 부정한 것에 비해, '도'에 대한 관념은 매우 중시했다. 그는, 도체라는 개념이 도의 실체화의 해석으로 이어질 수 있는 가능성에 대해서는 극력 반대하고, 도道는 음양기화陰陽氣化의 '생생불이生生不已'의 과정 그 자체라고 주장했다. 진사이는 '한 번 음하고 한 번 양하는 끊임없는 왕래'의 상위 차원의 문제, 즉 우주의 '근원'이나 '형이상'에 관한 문제에 대해서는 아예 '보류하고 의논하지 않는' 입장을 취했다.

물음: 어떤 사람은 천지개벽 이후부터 보면 하나의 원기일 뿐이고, 천지개벽 이전에서 보면 리理일 뿐이므로 '무극이태극無極而太極'이라 한다. 그런데 성인(공자)은 한 번 음하고 한 번 양하는 끊임없는 왕래의 상위 차원에 대해서는 언급하지 않았다. (이것에 대해 어떻게 생각하는가?)

대답: 이것은 상상에서 나온 생각이다. 천지의 이전과 천지의 시작을 누가 보았고, 누가 전했단 말인가? 만약 세상에 천지개벽 이전에 태어나 수백억 만세를 살아온 사람이 있어서 직접 보고 후세에 전하여 오늘에까지 이르렀다면 정말 진실할 것이다. 그러나 세상에 천지개벽 이전에 태어난 사람이 없고 또한 수백억 만세를 누린 사람도 없으니 무릇 천지개벽을 운운하는 사람들은 모두 이것을 겪지 않은 것이다.…… 어떤 사람은 천지에 시작과 끝이 있고 개벽이 있다고 할 수도 없고, 또 시작과 끝이 없고 개벽이 없다 할 수도 없다고 한다. 그러나 그 궁극에 이르면 성인이라도 알 수 없는데 하물며 일반 학자이겠는가? 그러므로 (이러한 문제에 대해서는) 보류하고 의논하지 않는 것이 좋다.[96]

진사이는 '끊임없이 왕래하는 상층' 차원의 본원 문제는 아무도 친히 목격한 사람이 없다는 이유로써 이러한 문제에 대해서는 보류하고 의논하지 않는 영역에 두었는데, 이는 분명히 경험론적인 입장으로 형이상학을 반대한 것이다. 그런데 이러한 태도가 이론적으로 유효한지는 의문이다.[97] 진사이는 "무릇 성인이 말하는 도는 모두 인도에 대하여 말한 것이고 천도에 대해서는 공자께서 거의 말하지 않았기에 자공子貢이 (공자가 천도를 말하는 것에 대해서는) 들어본

---

96) 『語孟字義』(『大系』), 卷上, 「天道」 第5條, 116~117쪽.

97) 만약 '불가지론'(agnosticism)이 어떤 특수한 지식의 영역에 대해 침묵하는 것을 의미한다면, 예를 들면, "공자께서는 괴변·폭력·난동·귀신 등에 대하여서는 별로 말씀하시지 않았다"라는 것과 같이 '괴변·폭력·난동·귀신'의 영역에 대해 공자가 침묵하고 있음을 표현한 태도는 결코 바람직하지 않은 것은 아니다. 그러나 불가지론은 서로 다른 지식들이 각각 그 자체의 가치가 있다는 것을 인정하는 견지에 입각해야만 옳은 것이지, 그 어느 것도 다른 지식을 배척하는 절대적인 이유가 될 수는 없다. 그런데 仁齋가 宋儒의 근원적 내력의 궁극적 문제에 대한 생각을 불가지론적 태도로 배척하는 것은 배타주의적 불가지론에 빠질 수밖에 없다. 이는 분명 바람직하지 않은 태도이다.

적이 없다고 하였다"[98]라는 말을 근거로 내세웠다. 그러나 다른 한편으로는 공자께서 거의 말하지 않았다고 해서 천도가 없거나 공자께서 천도를 모른다고 할 수는 없다고 하였다. 왜냐하면 "한 번 음하고 한 번 양하며 끊임없이 왕래하는 것을 천도라고 하는 의미가 대단히 명백하기" 때문이다. 자공이 들어본 적이 없는 것은 "한 번 음하고 한 번 양하며 끊임없이 왕래하는 그 리理이다. 혹 후대 학자들이 (이것에 대해 하는 말이라면) 들어본 적이 있을 수도 있다. 그렇지만 하늘의 명이 그윽하고 그지없는 리理는 총명하고 정직하며 지략이 뛰어난 사람이 아니면 알아볼 수 없기" 때문에 오로지 성인만이 알 수 있을 뿐이다. 진사이의 다음과 같은 말은 이러한 정황을 증명하고 있다.

> 공자는 "하늘이 내게 선천적으로 덕을 부여해 주었거늘 환퇴桓魋가 나를 어떻게 해치겠는가?"라고 했고, 또한 "하늘에 죄를 지으면 빌 곳이 없는 법이다"라고 하였다. 자공이 들어본 적이 없다는 것은 바로 이와 같은 것들이다.…… 송유들이 하늘을 말할 때 오로지 말하면 리理라 하고 또 천즉리天卽理라고 했다. 이 설은 허무에 빠진 것으로서 성인이 천도를 논한 근본 취지가 아니다.[99]

보다시피, 진사이는 '끊임없이 왕래하는 리理'와 '그윽하고 그지없는 리理'를 구분하여 전자는 들을 수 있지만 후자는 들을 수 없기 때문에 오로지 성인만이 '알 수 있다'고 여겼다. 『어맹자의語孟字義』에서 진사이는 이러한 두 가지의 '리'를 '천도'의 두 가지 측면이라고 하면서 "한 번 음하고 한 번 양하는 끊임없는 왕래는 유행에 대하여 말한 것이고, 오직 하늘의 명령은 깊고 멀어서 그침이 없다는 것은 주재에 대하여 말한 것"이라고 하였다. 이른바 '유행'은 기의 조화운 동을 가리키지만 '주재'는 좀 더 현묘하다. 진사이는 이것을 사람에 비유하여 다음과 같이 말했다.

---

98) 『語孟字義』(『大系』), 卷上, 「道」 第1條, 122쪽.
99) 『語孟字義』(『大系』), 卷上, 「天道」 第6條, 117쪽 참조.

한 번 음하고 한 번 양하는 끊임없는 왕래는 유행流行에 대하여 말한 것이고, 하늘의 명이 그윽하고 그지없는 것은 주재主宰에 대하여 말한 것이다. 유행은 사람에게 동작과 위의가 있는 것과 같고, 주재는 사람에게 사려와 지혜가 있는 것과 같은데 사실은 하나의 리理이다. 그러나 천도를 논함에 있어서 천도라 할 수 있는 것은 오직 주재를 놓고 말하는 것이다. 『서경』과 『역易』 「단彖」에서 공자가 말하는 '천도'가 바로 그러하다. 그러므로 『중용』에서 '하늘의 명'이란 시를 인용하여 "이것은 대개 하늘이 하늘 된 까닭을 말한 것이다"라고 해석했다. 비록 단서가 둘인 것 같지만 천도가 천도 된 까닭을 말하자면 전적으로 주재에 있는 것임을 알 수 있다.[100]

위 문장의 요지는 '천명'은 사람이 '사려와 지려'를 가지고 있는 것처럼 의지가 있는 존재이므로 주재는 천명을 가리키는 것이라는 말이다. 이는 '명命'자에 대한 진사이의 이해와 밀접한 관계가 있다. 그는 천명의 '명'은 사람이 명령을 내리는 것, 즉 명령과 같다고 생각했고, 그에 걸맞게 '하늘'은 '군주'와 같다고 했다. 진사이는 『어맹자의』의 「천명」 조목에서 다음과 같이 명확하게 의견을 개진했다.

하늘은 군주와도 같고 명命은 그의 명령과도 같다. 하늘은 명령이 나온 곳이니, 명은 곧 하늘에서 나온 것이다.[101]

동중서(기원전 179~기원전 104)가 '명命이란 하늘의 명령命이다'라는 관점을 제시했는데, 주희에 이르러서야 비로소 이러한 관점에 적극적으로 응하여 그것이 "자사子思의 뜻에 가깝다"[102]라고 하였고, 또한 『중용장구』에서 '천명'을 해석하

---

100) 『語孟字義』(『大系』), 卷上, 「天道」第7條, 118쪽 참조.
101) 『語孟字義』(『大系』), 卷上, 「天命」第1條, 118쪽 참조.
102) 『朱子文集』(『朱子全書』第24冊), 卷七十二, 「雜學辨」, 3474쪽. 董仲舒의 說은 「策對」에 나온다. 『漢書』, 卷五十六, 「董仲舒傳」에 게재됨. 한편 동중서의 "命이란 하늘의 슈이다"라는 말에 대한 주희의 賞讚은 『朱子語類』를 참조할 수 있다.

여 '명은 명령과도 같다'(命猶令也)라고 했다. 이러한 것들을 진사이가 익히 알고 있었을 것이다. 그러나 그는 주희가 이러한 해석을 제시한 후에 바로 아래와 같이 지적했음은 눈치채지 못했을 수도 있다. 즉 이 '명령'은 '품부'의 뜻에 가깝고, 하늘이 만물을 낳음에 있어서 "기氣가 형체를 이루면 리理도 부여받게 되는데"[103], 이 부여되는 과정은 마치 누군가가 '주재'하는 것처럼 보이기 때문에 주희는 "주재를 임금이라 하는데 누가 주재하느냐?"라는 제자의 물음에 답하면서 이렇게 말하였다.

자연히 지배자가 있는 것이다. 하늘은 지극히 강하고 지극히 양적陽的인 존재이니 당연히 이렇게 쉬지 않고 움직인다. 그럴 수 있는 것은 반드시 그것을 지배하는 주재자가 있기 마련이다. 이것은 스스로 알아보아야지 말로 다할 수 없는 것이다.[104]

또한 『상서』와 『주역』의 '천' 개념을 해석하면서 "이것은 분명히 누군가가 안에서 주재하는 것과 같다"[105]라고 했다.

그러나 주희는 '하늘이 곧 리理'(天卽理也)라는 관념적 입장을 견지했기 때문에, '품부'라는 말은 흡사 '주재자'가 '명령'하는 과정과도 같이 보이지만, 사실은 '리'가 '사물'에 품부되는 과정을 의미한다. 그래서 "사람과 사물의 탄생은 각기 부여받은 리를 얻었기 때문에 각자 오상의 덕에 잘 순응할 수 있다"[106]라고 하였다. 주희의 이러한 해석에 대해 진사이가 상응하는 의리적 해석은 하지 않았지만 나름대로 일정한 지식을 갖추고 있었어야만 했다. 진사이는 '사려와 지혜'(心思智慮)라는 말로 주재자를 표현했는데, 이러한 주재자는 의지가 있는 일반적인 인격적 존재가 된다. 그래서 진사이는 유행의 의미에서의 '천도'와 주재의 의미에서의 '천명'을 엄격하게 구별해야 한다고 주장했다. 그리고 주희

---

103) 『中庸章句』(『四書章句集注』), 第1章, 17쪽 참조.
104) 『朱子語類』, 卷六十八, 1684~1785쪽 참조.
105) 『朱子語類』, 卷四, 60쪽 참조.
106) 『中庸章句』(『四書章句集注』), 第1章, 17쪽 참조.

는 태극을 '천명의 유행'이라 하였고, 정자는 천도를 '한 번 음하고 한 번 양하는 끊임없는 왕래'라고 하였는데, 이러한 주장은 모두 틀린 것이라고 주장하였다.

주자는 「태극도해」에서 "태극에 동정이 있는 것은 천명의 유행이다"라고 했는데, 이것은 「주송周頌·유천지명維天之命」이란 시에 근거하여 말한 것이다. 정자도 "천도가 멈춤이 없고 문왕도 천도에 순응함이 끝이 없다"라고 했는데 모두 한 번 음하고 한 번 양하는 끊임없는 왕래를 가리켜 말한 것이다. 그러나 사실은 그렇지 않다. 이른바 '명'이란 하늘이 사람의 선과 악, 착하고 사악함을 감독하여 길흉화복을 내리는 것을 말한다. 『시』에서 "하늘의 명이 그윽하고 그지없다"라고 한 뜻은 문왕이 다스리는 이 큰 세상은 자손에까지 이르게 되니 영원히 성실히 보필하라고 하늘이 명령한 것이다.······ 『시』는 항상 보호하고 돕고 명령을 내리며 하늘에서부터 은총이 거듭 된다는 뜻을 말했으므로 본래 음·양의 유행이라는 의미가 없었다는 것은 너무나도 명백함을 알 수 있다.107)

이것은 '한 번 음하고 한 번 양하는 끊임없는 왕래'는 천도의 유행을 가리키고, '하늘의 명이 그윽하고 그지없음'은 천명의 주재를 가리키는데, 이른바 주재는 '하늘이 감독'하여 인류에게 '길흉화복'을 내린다는 뜻으로서 '음·양의 유행'과는 아무런 관계가 없음을 말한다는 것이다. 이러한 관점은 진사이 사상의 종교적 배려를 보여 준 것으로서, 천명에 대한 그의 이런 종교적 이해가 합리적 인가에 대해서는 본문의 취지를 벗어나는 것이기에 여기서 장황하게 늘어놓을 필요가 없을 것 같다.

우리는 다시 '생생불이生生不已'의 천도관을 살펴보기로 하자. 사실 진사이의 천도관은 원기론元氣論에 기초하고 있다. 진사이는 이른바 '생생불이'란 '기'를 가리켜 말한 것이라고 여겼고, 심지어 "천지 사이에 하나의 원기일 뿐이다"라고 명확하게 지적했다. 그의 견해에 따르면, "음·양 두 기가 찼다 없어지고, 늘어났

---

107) 『語孟字義』(『大系』), 卷上, 「天命」 第5條, 119~120쪽 참조.

다 적어지며, 왕래하고 감응함이 멈춘 적이 없는 것이 바로 천도의 전체이고 자연의 기세로서 만물의 변화가 여기에서 일어나고 사물의 종류가 여기에서 생겨난다." 그래서 그는 "성인이 하늘을 논함에 있어서 여기에 이르러 극치에 도달하여 더 이상 말할 리理가 없고 더 이르러야 할 곳이 없다"라고 단언했다. 즉 원기元氣 이외에 끊임없는 왕래 이전에 그 무슨 '내력근원'을 캐묻는 것은 허사라는 것이다. 따라서 그는 주회가 '그렇게 하는 바'(所以然者)로써 '도'를 해석하는 것에 특히 반대했다. "주자는 음양이 도가 아니고 음양 하도록 하는 것이 도라고 하는데 이것은 옳지 않다."108) 진사이 자신의 관점은 "음양은 물론 도가 아니고, 한 번 음하고 한 번 양하며 끊임없이 왕래하는 것이 도"109)이며, "끊임없이 왕래하는 것이 곧 천도"라는 사상을 되풀이한 것이다. 즉 진사이의 관념에 의하면 천天에 관한 말은 오직 '기氣'까지만 말할 수 있기 때문에 '도道'와 '천도天道'에 관한 모든 것도 다 '기'까지만 말할 수 있으며, '기'의 위에 있는 존재나 또는 그 이전에 '도'라는 실체가 존재했는지에 대해서는 우리가 말할 수 없다고 보았다.

'음양 하도록 하는 것'이 도가 아니고, '끊임없이 왕래하는 것 자체가 도'라고 하면 이러한 '도'는 이미 형이상학적 의미를 잃어버렸음을 의미한다. 이는 '도'에 대한 진사이의 '탈형이상학화'한 비판으로서, 그의 '도체'개념에 대한 '탈실체화'의 비판과 일치한다. 이와 동시에 진사이는 '도'를 위에서 아래로 끌어내리려 하였고, 천지의 도는 "인간에게만 존재한다"라고 하였다. 그는 심지어 유학은 '인도人道'110)만 주장하는 것이라고 단언하면서 '인륜 밖에 도가 없다'는 관점을

---

108) 이것은 『易傳』의 "한 번 음하고 한 번 양하는 것을 '도라 한다"라는 구절에 대한 朱熹의 유명한 해석이다. 물론 이 해석은 朱熹가 二程의 사상을 계승한 데서 비롯된 것이다.
109) 이상의 내용은 『語孟字義』(『大系』), 卷上, 「天道」 第1條, 115쪽에 나온다.
110) 예를 들어 仁齊는 "무릇 성인의 이른바 道는 모두 인도에 대해 말한 것이다. 天道에 대해서는 공자가 거의 말하지 않았기 때문에 子貢이 듣지 못한 것은 필연적이었다"라고 했다.(『語孟字義』[『大系』], 卷上, 「天道」 第1條, 122쪽)

제기하여 '도'의 인륜 일용성을 강조했다. 그는 다음과 같이 말했다.

인륜 외에 도가 없고 인의仁義의 밖에 학문이 없다. 사람이 힘써야 할 것은 인륜일 뿐이고 힘을 다하여 노력해야 할 바는 인의일 뿐이다.[111]

진사이에 따르면, '성인이 교敎를 설치하는 것'은 오직 "사람에 의하여 '교'를 세우는 것이지 '교'를 세워 사람을 몰아넣는 것이 아니다." 그러므로 그는 "도의 밖에 사람이 없고, 사람의 밖에 도가 없다"라고 하였다. 도가 사람과 '어찌 멀리 떨어져 있겠는가? 오직 '도'를 모르는 자만이 "자기가 높고 아름답고 하늘이라도 올라간 것처럼 여긴다." 그 결과는 반드시 "도를 먼 것으로 보아 이르기 더더욱 힘드니 어찌 불쌍하지 않겠는가!"[112]

진사이는 더 나아가 '도는 사람을 멀리하지 않기' 때문에 도는 바로 '일' 가운데에 있고, '세속'에 있다고 강조하면서 '세속이 곧 도이다'라는 명제를 제시했다.

일(事)이 만약 의義를 해치지 않으면 세속이 곧 도이다. 세속 밖에 이른바 도가 없다. 그렇기 때문에 "군자의 도는 한 쌍의 부부 사이에서 시작된다"라고 한다. 그러므로 요순堯舜의 왕위 선양禪讓은 민심을 따른 것이고, 탕무湯武의 방벌放伐은 민심에 순응한 것이다. 많은 사람들의 마음이 가는 곳에 세속이 이루어지는 법이므로, 다만 그것이 '의'에 부합되는가의 여부만 보면 된다. 구태여 세속 밖에서 도를 구할 필요가 있겠는가? 무릇 세속을 벗어나 도를 구하고자 하는 것은 사실 이단이지 성인의 도가 아니다.[113]

---

111) 『語孟字義』의 마지막에 「論堯舜既沒邪說暴行又作」을 부록으로 수록하고 있음. 『大系』, 166쪽 참조.
112) 이상의 내용은 『論語古義』 5, 145쪽을 참조.
113) 『論語古義』, 130쪽 참조.

'도'는 세속이나 인륜을 벗어날 수 없고 이른바 '세속'이란 많은 사람들의 마음이 귀결되는 세속사회나 생활세계를 가리킨다. 이렇게 세속에 존재하는 '도'는 필연적으로 '일용과 일상'에 있으며, '넓고 넓으며 평이할' 뿐만 아니라 또한 '대단히 가까운 데에 있는 것'[114]이다. 이런 의미에서 '세속이 곧 도'라고 한다. 이것이 진사이의 도론의 궁극적인 결론이자 정채로운 부분이라 할 수 있다.

그러나 사회의 세속성은 언제나 구체적이고 특수하며, 그러므로 어느 한 지역의 세속성은 다른 지역의 세속적 특성과 꼭 같은 것이 아니다. 그렇다면 세속 중의 도道는 무엇으로 보편성을 담보할 수 있을까? 진사이는 도를 하늘에서 인간세상으로 끌어낸 후, 일용의 인륜성을 띤 도는 동시에 고금을 초월하는 보편성을 가지고 있다는 점을 거듭 강조했다. 그러므로 '성인의 도'는 반드시 '천지의 상경常經이고 고금의 통의通義이다'라고 하였다.[115] 그는 다음과 같이 말했다.

> 대개 도는 고·금의 차이가 없음으로 사람도 고·금의 구별이 없는 것이다. 지금
> 의 백성은 바로 3대 시대의 (백성이기) 때문에 도를 곧장 걸어가는 백성은 그
> 성품이 처음과 별다른 차이가 없다.[116]
> 도道는 천하의 공공公共적인 것이고 사람의 마음은 다 같은 것으로서 많은 사람들
> 의 마음이 가는 곳에 도가 있는 법이다.[117]

요컨대, 진사이에게 있어서 도는 지극히 높고 먼 추상적인 존재가 아니고 음양의 기氣 '이후의' 형이상적 존재도 아니다. 그것은 바로 인륜의 일상 속에, 세속적인 생활 안에, 사람과 '몹시 가깝게 있기' 때문에 일종의 확실하고 구체적

---

114) 위와 같은 책, 135쪽 참조.
115) 위와 같은 책, 288쪽 참조.
116) 위와 같은 책, 238쪽 참조.
117) 『孟子古義』(『日本名家四書注釋全書』第3卷, 東京: 鳳出版, 1973), 36쪽 참조.

인 존재이다. 그러나 동시에 '도'는 또한 천하의 공공적인 도道이고, 고·금을 초월하는 품격을 지녔으며, 사람의 마음과 같은 것이고, 많은 사람들의 마음이 가는 곳이어서 지역을 초월한 보편성과 공공성을 가지고 있다. 핵심을 말하자면 진사이의 이른바 '도道'는 구체적이고 보편적인 존재이다. 이는 진사이 도론道論의 기본적인 특색이다.

3. 요약

이처럼 송유의 형이상학적 리와 형이상학적 도에 대한 진사이의 비판은 대단히 강렬했으며, 송유의 형이상학의 이론을 완전히 뒤집으려는 의도는 분명하면서도 단호했다. 물론 그의 리학 비판이 어떤 이론적 효과를 나타내고, 그가 이것을 통해 재구성한 '도론'이 성공했는지는 별개의 문제다.

허심탄회하게 논한다면, 진사이는 자신이 유가경전의 고의를 파악했다고 여기면서 나아가 이를 근거로 하여 '세상이 하나의 거대한 활물'(天地一大活物)이라는 사상에 맞지 않는 '리理'는 본래 죽은 글자라고 판정했다. 그러나 그가 이로부터 송유의 형이상학을 비판한 것은 이론적 설득력이 결여되어 있다. 왜냐하면 글 뜻을 해석하는 것만으로는 형이상학을 제대로 뒤흔들 수 없기 때문이다. 다른 한편, 그는 '한결같이 살아 있는 까닭의 리'(一乎生故也之理)와 '한결같이 살아 있는 까닭의 도'(一乎生故也之道)의 명제로써 '리'와 '도'를 '한 번 음하고 한 번 양하는 생생불이生生不已의 과정' 자체로 규정하였다. 그리고 '소이연자'로서의 리理 또는 도道를 단호히 부정하고, 단정적으로 맹자의 '리'는 모두 조리條理라고 판정함으로써 맹자의 질서의秩序義와 규범의規範義를 부정하였다. 이는 분명 진사이 개인의 발언에 지나지 않는 것이다. 나름대로 가치판단과 사상적 입장이 있기는 하지만 근본적으로 말하면 '생생불이'는 기화氣化의 과정일 뿐이고, 천도 운동의 한 측면이거나 도체 존재의 한 양식으로 이해할 수는 있어도 이로부터 천도 존재의 초월성을 부정할 수는 없다. 따라서 유학은 인도만 말하고 천도는 말하지 않는다고 단언하는 등과 같은 진사이의 주장은 지나치게 독단적이며, 유가 천도론의 초월적 의미, 형이상학적 의미에 대한 근본적인 이해가 부족하다고 할 수 있다.

그러나 진사이가 도는 일(事) 가운데에 있고 세속이 즉 도道임을 강조하여 '도'의 인륜 일용성과 일상의 실행 가능을 부각시켰는데, 이는 진사이의 '도론道論'의 빛나는 업적이고 천도와 인사가 '상즉불리相卽不離'한다는 유학의 관점과도 부합된다. 다만 이러한 관점이 도가 드러나는 방식에 따른 것이지 도의 존재 방식에 착안한 것이 아님을 진사이가 깨닫지 못했던 것 같다. 사실 드러나는 방식으로 말하자면 도의 의미는 반드시 일을 통하여 드러나기 때문에 이러한 점에서 말하면 도는 일을 떠날 수 없다고 할 수 있다. 바꾸어 말하면 도는 바로 인사人事 가운데에 존재하는 것이다. 존재방식으로 말하자면, 도道는 현실에서 발용發用하고 유행하여 끊임없이 생장하고 번성하는 동시에 또한 도체道體로서 필연적으로 인사를 초월하게 된다. 그렇지 않으면 도道는 '마땅히 그렇게 되는 바의 까닭'(所以然之故) 및 '마땅히 그러해야 할 바의 규칙'(所當然之則)이 될 수 없다.

요컨대, 도체는 현실을 초월하면서도 또한 구체적인 것에 내재되어 있기 때문에 '도체'의 보편성은 단극주의적單極主義的인 절대적 추상성이 아니라 구체적인 보편성으로 드러나게 된다. 이러한 의리에 대해서 공자와 맹자가 이미 언급하였다. 다만 보다 상세하게 논하지 않았을 뿐이다. 그러나 송·명시대의 도학자들은 이에 대하여 보다 깊은 이론적 확장을 했다. 성性과 천도天道, 형이상과 형이하가 단절된 것이 아니라 서로 연관되어 있다는 것은 송·명 도학의 공통된 인식이다. 그런 점에서 진사이가 송·명 도학의 의리시스템에 대한 상응한 이해가 부족했다는 점은 부인할 수 없다. 좀 더 상세히 설명하기 위해 예를 한 가지 들어가며 서술하는 것도 좋을 것 같다.

진사이는 자주 '도는 길(路)과도 같다'는 표현으로써 '도'를 규정하고 또한 이것으로써 송유들의 형이상의 도를 비판하였다.

도는 길과도 같다. 사람들이 왕래하고 통행할 수 있는 까닭이다. 그러므로 무릇 사물이 통행할 수 있는 것을 모두 도道라 한다.[118]

도는 길과도 같다. 사람들이 왕래할 수 있는 까닭이다. 그러므로 음양이 서로 운행하는 것을 천도天道라고 한다.[119]

이는 문자해석학으로써 의미해석학을 대신하여 내린 결론이다. 그러므로 그 이론적 효과가 의문시되는 것은 분명하다. '도는 길과도 같다'는 것은 사실 글자를 해체하여 풀이하는 방법이다. 자형字形으로부터 말하는 것으로서, 물론 틀리지는 않았지만, 그러나 이것으로써 공자의 "아침에 도를 들어 깨달으면 저녁에 죽어도 좋다"라는 '도'나 맹자의 "호연지기는 반드시 인의·도덕(道)과 짝지어 함양되는 것이다"라는 '도', 그리고 '인정仁政'과 '왕도王道'의 '도' 등과 같은 '도'자의 사상적 의미를 해석할 수는 없다. 사실 송대의 도학자들 역시 문자훈고학을 모르는 것이 아니었다. 주희는 다음과 같이 말하였다.

도道는 길(路)로 해석한다. 아마도 사람들이 함께 가는 길을 말하는 것이다.[120]

진순陳淳도 이렇게 말하였다.

도道란 사람들이 통행하는 것에 대해 말하는 글자이다.[121]

하지만 이러한 점들이 주희의 '도'에 대한 규정에 방해가 되지는 않는다.

---

118) 『語孟古義』(『大系』), 卷上, 「天道」 第1條, 115쪽 참조.
119) 『語孟古義』(『大系』), 卷上, 「道」 第1條, 121쪽 참조.
120) 『朱子語類』, 卷六, 99쪽.
121) 『北溪字義』, 卷上, 「理」 第1條, 41쪽 참조.

314   제2부 도쿠가와시기 일본유학의 재건

도는 리理이고, 음양은 기氣이다.…… 형이상보다 위의 존재를 '도'라 하고 형이상
보다 아래인 존재를 '기器'라 한다.[122]

이것은 마찬가지로 '도'에 대한 진순의 의리적 해석에도 방해가 되지 않는다.

도의 대강大綱은 일용의 인륜 사물이 마땅히 행해야 할 도리일 뿐이며, 많은 사람
들이 공통적으로 따르는 것이다.[123]

'도'는 '일용·인륜'과 분리되지 않으면서도 '마땅히 행해야 하고' '공통적으
로 따르는' 관념적 존재이지 경험적 사물의 실체가 아님을 알 수 있다. 물론
진사이도 '왕래하는 까닭'(所以往來)이라는 표현을 썼지만, 그가 말하는 '까닭'(所以)
은 마땅히 그렇게 되는 바의 '소이연所以然'의 뜻이 아니라 '길'은 '왕래하고
통행할 수 있게 한다는 의미를 밝혔을 뿐이다. 그래서 결국에는 실체의 글자인
'길'을 위로 끌어올려 형이상의 의미의 '도'를 추상해 내지 못했던 것이다.[124]
　어쨌든 관념론적 사고에 대한 선호나 흥미가 부족했던 진사이로서는 원전
유학의 '고의古義'를 이해하는 면에서 결국 전면적이지 못할 수밖에 없었다.
더욱 심각한 것은 진사이가 경험론이나 실증론의 입장에서 송유의 형이상학을

---

122) 『朱子語類』, 卷六十七, 1970쪽.
123) 『北溪字義』, 卷上, 「道」, 38쪽 참조.
124) 朱熹는 呂祖儉과 張元德이 '道'를 '行'으로 보는 관점에 대해 토론하였다. '도'라는 이름
　　은 사물의 당연한 이치에서 온 것일 뿐인데, 元德을 '行'으로 해석하는 것은 틀렸으
　　나 다만 '마땅히 행해야 할 길'이라는 것을 알려 주면 된다고 지적한 것이 주희의
　　대체적인 뜻이고, "형이상보다 위인 것이 도이고 사물의 이치이며, 형이상보다 아래
　　인 것이 器이고 사물의 사물됨이다"라는 것이 주희의 결론이다. 주희는 또 "이 두
　　마디로만 추론하여도" "당연히 관통되고 모자람이 없다"라고 지적했다.(『朱子文集』
　　[『朱子全書』第22冊], 卷四十八, 「答呂子約」 第12書, 2226~2227쪽) 이것은 道가 '길'의
　　의미만이 아니라 '마땅히 행해야 할 길'이라는 뜻이고, 道와 器는 분명히 두 가지
　　사물이라 함은 '길'과 '가다'(行)라는 뜻을 혼동해서는 안 된다는 말과도 같다는 것이
　　다. 이 경우에 仁齊는 張元德과 같다고 가정해 볼 수 있다. '도'를 잘못 해석(해석학
　　적으로는 허용할 수도 있다)한 두 사람의 모습이 이처럼 닮아 있다.

전복시키려 한 점인데, 그 이론적 효과로 보면 설득력이 부족하다.

남은 논의: 도쿠가와 유학자들의 '반주자학적' 학풍에 대한 몇 가지 성찰

　여기까지 이르러 우리는 다음과 같은 두 가지 문제를 사고하게 되었다. ① 진사이는 무엇 때문에 일찍이 주자학을 신봉하였으나 중년 이후 180도 뒤집혀 주자학을 전면적으로 비판하게 되었는가? ② 주자학에 대한 진사이의 맹비판의 의도는 대관절 무엇인가? 바꾸어 말하자면 어떤 이론적 목표를 달성하려는 것이었을까? 진사이보다 조금 앞서 '고학'을 제창한 야마가 소코(山鹿素行, 1622~ 1685)의 주자학에 대한 불만은 맹목적으로 교만을 부리며 잘난 체하는 그의 민족주의적 콤플렉스—예를 들면 그는 일본을 '중국'이라 하고 중국을 '外朝'라고 폄하하였음(『中朝事實』)—와 다소 관련이 있다. 또한 진사이보다 약 1세기 늦은 국학자 모토오리 노리나가(本居宣長, 1730~1801)가 송학宋學뿐만 아니라 한학漢學 전체를 원수처럼 여기면서 한학과 불교를 완전히 제거하려고 아등바등하고 『고사기古事記』 이전의 일본 전통으로 돌아가야 일본문화를 정화하는 목적을 달성할 수 있다고 극력 주장한 면이 있다. 그리고 주자학이 일본에서 겪은 순조롭지 못한 운명이 상술한 도쿠가와 초기·중기에 존재한 사상 현상과 다소 관련이 있을 수 있다. 그렇다면 주자학에 대한 진사이학의 비판과 배척은 결국 소코나 노리나가 등과 같은 사람들과 한통속임을 말해 주는 것일까? 반드시 모두 그런 것은 아니라는 것이 나의 결론이다.

　분명한 사실은 진사이가 송유를 배척하고 주자를 비판하는 것은 일본의 민족주의적 감정을 드러내기 위해서가 아니고, 중국 전통유학을 경멸해서도 아니다. 그는 오히려 공자를 '최상의 지극한 우주 제1성인'으로, 『논어』를 '최상의 지극한 우주 제1책'[125]으로 간주했으며, 심지어 공맹의 도가 곧 온 세상의 진리라고까지 믿었다. 그는 중국 성인의 원형인 요·순으로 대표되는 '요순의

도'는 '인도주의의 극치'이고, '만세에 변하지 않을 것'이라고 단정할 정도로 보편주의자였음을 알 수 있다. 그가 주자를 비판한 것은 유학을 일본국의 문밖으로 밀어내기 위해, '기기신화記紀神話'[126]시대 이전의 일본문화 전통의 원천으로 되돌아가기만 하면 된다고 여겼다고 볼 수 없다. 진사이에게 있어서는 유학을 믿는 것과 주자를 배척하는 것이 동시에 병존할 수 있지만, 진사이 사상의 배후에는 중국적 요인이라는 거대한 '타자他者'[127]가 있을 뿐만 아니라 일본문화의 사상적 자원과 일본 사회의 배경이 그로 하여금 '반주자학'이란 큰 기발을 들고 나오게 한 이유인 것으로 보인다.

진사이에게 있어서는 주자가 왜 공자를 떠났는지 분명히 구분해야 할 문제였지만, 우리로서는 일본 유학자인 진사이가 유학의 고의를 되살리자는 구호를 내세운 의도가 무엇인지를 묻게 된다. 바꾸어 말하면, 만약 복고가 목적이 아닌 수단이라면 진사이는 왜 복고를 하려 했을까? 가령 진사이가 당시 중국이나 조선에서 이데올로기의 길목을 차지하고 있던 주자학을 비판한 것이 일본 정권의 권위자들에게 좋은 계책이나 방도를 내놓기 위한 것이었다고 한다면, 어떤 사상의 사회사상적 배경을 지나치게 강조하는 것은 편파적일 수 있다.

---

125) 『童子問』(『文集』), 卷下, 第50章, 258쪽. 특히 뒤의 한 구절은 仁齊의 문헌에 수두룩하다. 예를 들면 그는 『논어』는 "만세 도학의 規矩와 준칙이다", "(그 도리가) 만세에 통하고 세상 어디에서나 어긋남이 없으니 크도다"라고 했다.(『論語古義綱領』, 3쪽) 이로써 『논어』는 仁齊에게 있어서 聖經과도 같으며, 세상 그 어디에서나 다 들어맞는 진리였음을 알 수 있어서 사람들에게 특이한 느낌을 주기까지 한다. 林本 『論語古義』 각 권의 권두에 원래 '最上至極宇宙第一'이라는 여덟 글자까지 덧붙여 있었는데 후에 伊藤東涯가 수정한 林本에 의해 삭제되었다. 林本은 仁齊의 생전 마지막 원고본이다. 林本과 刊本의 차이에 대해서는 子安宣邦, 「伊藤仁齋研究」(『大阪大學文學部紀要』 第26卷, 1986.7)에 게재되었고, 후에 저자의 저서 『伊藤仁齋の世界』(東京: 鵜鶘社, 2004)에도 수록했다.

126) 역자 주: 일본 天皇의 계보와 기원에 관한 이야기들을 수록하고 있는 문헌인 『古事記』와 『日本書紀』를 묶어서 부르기를 '記紀神話'라고 한다.

127) '거대한 他者'라는 견해는 子安宣邦, 『"アジア"はどう語られてきたか—近代日本のオリエンタリズム』, 第6章 「大いなる他者: 近代日本の中國像」(東京: 藤原書店, 2003), 149～170쪽에서 취한 것이다.

왜냐하면 사상은 물론 사회 및 생활의 반영이기는 하지만 기계적인 반영은 아니며, 사상은 관념으로서의 그 자체의 논리적 체인體認이 있기 때문이다. 여기서 우리는 두 가지 측면에 대한 고려가 필요하다. 하나는 진사이가 처한 일본의 역사적 배경이 그로 하여금 중국유학을 이해하는 데 있어서 독특한 사유방식을 갖게 한 것이고, 다른 하나는 진사이가 유학에 대해 깊이 생각할수록 유학의 지식적 가치에 대한 자신의 판단기준이 마련될 수 있다는 점이다. 전자는 유학이 일본에 전해질 때 반드시 현지화를 거쳐야 이해되고 해석될 수 있는 동시에 이해되고 해석되는 과정 자체가 곧 유학의 일본화 과정임을 말해 준다. 그리고 후자는 유학이 하나의 사상관념으로서 다른 이론의 옳고 그름을 살펴볼 수 있는 판단기준을 그 자체로 가지고 있음을 나타낸다. 물론 엄격하게 말하면 사회적 배경으로서의 일본 요소의 문제는 역사학 연구의 범위에 속하고, 이 역시 예로부터 진사이학 연구의 중점의 하나였다. 진사이가 유학의 궁극적 가치가 공맹의 경전에 내재되어 있다는 것을 스스로 발견했다고 생각하는 데에는 그 나름의 사유논리를 가지고 있을 것이므로, 이에 대하여 우리가 주자학 을 잣대로 함부로 비판할 것이 아니라 철학적으로 진지하게 접근할 필요가 있다.

내가 보기에 진사이가 공맹의 원전유학을 이해하고 해석하는 데에는 나름의 이론적 기준이 분명히 있다. 그는 '사랑으로 인仁을 해석하고', '도가 곧 인도이고' '도는 일 속에 있으며', '세속이 곧 도이다'라는 관념적 입장을 견지하였다. 그래서 '인을 리理'라 하거나 '리理로써 인을 구하는' 것에 대해 반대하였으며, 추상적이고 현담적玄談的인 형이상의 도에 대해서는 더욱 반대하였다. 이것은 '인'과 '도' 등 유학의 핵심 관념에 대한 진사이의 이해가 나름대로 독특한 점이 있었다는 것을 말해 준다. 또한 유학의 입장에서 볼 때에 각국 사람들의 신분이 모두 동일하다는 의식도 대단히 명확했는데, 그가 송학을 반대한 목적은 바로 동아시아 어디에서나 정확한 이른바 원전유학을 추구하려 함이었다. 왜냐 하면 그의 마음속에서는 공자는 동아시아뿐 아니라 우주를 둘러봐도 '일인자가 될 자격이 있기 때문이다. 분명한 것은 17세기의 중국에 있어서 중국 본토의 유학자들은 진사이만큼 유학이 본래부터 지역과 문화를 넘나드는 보편성을 지니고 있고, 최소한 동아시아 사회에서는 유학적 가치가 보편적으로 인정받을 수 있다는 의식이 없었을 것이다. 이러한 관점에서 진사이학은 동아시아사상사에서 독특한 역사적 지위와 사상적 의의를 가지고 있으며, 우리들로 하여금 유교문화의 우열과 장단을 성찰케 한다. 그러나 진사이학의 이러한 사상적 의미는 반주자학적 입장으로 드러났기 때문에, 진사이가 주자학을 반대하는 것이 중·일 두 나라가 사상문화의 문제에 있어서 물과 불 같이 서로 용납하지 못하는 대립의 양극에 처해 있었음을 말해 준다고 오해를 사기 쉽다. 실제로 역사적으로 중·일 양국은 17세기 이후로 '차이점'이 점점 더 심해져 '문화 차이점 거대론'128)까지 등장하게 되었다. 당시 동아시아 사회문화의 흐름상 이 같은 판단은 충분한 이유가 있었다. 왜냐하면 '문화'라는 개념과 '문명'이라는 개념은 서로 다르기 때문에 그것은 어디까지나 추상적인 문화가 아닌 구체적인 문화를 지향하게 된다. 따라서 일단 중국문화나 일본문화를 언급하게 되면 양자 사이에는 차이가 존재하기 마련이므로 서로 상대방을 지워 버릴 수 없고, 상호 작용할 수는 있지만 상대방을 삼켜 버릴 수는 없는 것이다.

중요한 것은 유학은 철학으로서, 또 하나의 문화로서, 시·공간의 이동과 역사 변화에 따라, 한편으로는 철학적 형태의 유학이 자신의 가치 입장에 입각하여 어떤 보편성을 얻게 되며, 또한 지역과 문화를 초월하는 특질을 갖게 된다는 점이다. 그러나 다른 한편으로는, 문화 형태로서의 유학은 이질적인 문화와의 만남에서 차별성을 나타내기도 하는데, 이러한 차별성은 보편성의 해소를 지향하는 것이 아니라 보편성을 구체적 문화 형태에서 구현하는 것이다. 공맹학과

---

128) 위의 拙文, 「東亞儒學' 芻議: 普遍性與特殊性問題爲核心」, 第3節 '十七世紀以後東亞文化差異巨大論'(『中國學術』 總第31輯), 345~405쪽 참조. 이 '차이 거대론'은 葛兆光으로부터 비롯된 것 같다. 그의 글 「地雖近而心漸遠: 十七世紀中葉以後的中國, 朝鮮和日本」(『臺灣東亞文明研究學刊』 第3卷 第1期, 臺北: 台灣大學出版中心, 2006에 게재됨)을 참조.

주자학에 대한 진사이의 사뭇 다른 태도는 우리가 유학을 동아시아유학이라는 시야에서 볼 때, 공맹지도의 보편성은 이역異域 일본의 문화적 배경에서 전개될 수 있다는 것을 생동감 있게 보여 주고 있다. 그러나 이러한 전개는 반드시 어떤 특수한 형태를 통해야만 가능한데, 진사이학이 주자학의 추상적인 이론에 반대하는 것은 유학의 보편성이 구체적인 사회문화 배경을 떠나서는 인정받기 어렵다는 것을 말해 준다.

그런데 만약 다른 시각에서, 즉 철학의 관점에서 본다면, 진사이의 주자 비판이 적절했는지는 충분히 검토해 보아야 한다. 진사이가 취한 이론적 기준은 『논어』, 『맹자』의 옛 뜻을 회복한다는 데서 비롯된 것 같지만, 공맹의 경전에 대한 그의 의리적 해석은 상당히 문제가 된다. 이를테면 그는 유학의 맥락 속에서 '리理'자의 '조리條理'라는 의미만 인정할 뿐 기타 해석의 가능성은 일절 배제했다. 그러나 『맹자』에서 '리'자가 7번 나오는데 '조리'라는 의미로 '금성옥진金聲玉振'의 문제를 설명할 수 있는 것 외에, 예를 들어 "마음의 공통점이란 무엇이겠느냐? 이른바 리理이자 의義이다"와 "리理와 의義가 우리 마음을 기쁘게 한다"라는 구절에서 말하는 '리'자는 조리로 해석하기 어려우며 어떤 보편적이고 필연적인 원리, 법칙 또는 규범을 가리키는 것으로 해석해야 한다. 물론 진사이의 경전 해석에 여러 가지 오독이 있다는 것을 지적하는 것은 쉽지만, 그 오독의 이유가 무엇인지에 대해서는 관심이 모아진다. 특히 진사이는 공맹의 옛 뜻만 고집했기 때문에 주자학을 전혀 수용할 수 없었다. 마치 유학이 선진先秦 시대에서 제자리걸음을 해야 할 뿐 그 어떤 발전도 있을 필요가 없다는 듯이 말이다.[129)]

---

129) 古學派의 '徂徠學'이 표면적으로는 역사성을 대단히 중시한 것 같지만 그 실질을 따지고 보면 '古義'만을 옳다고 하는 입장은 古今 문화의 역사적 연속성을 단절하는 것으로서 그 사상으로 하여금 '비역사적 색채'를 덧씌우게 하는 것이라고 생각한다. 拙文, 「德川儒者荻生徂徠的經典詮釋方法論初探」(『中山大學學報』 2014年 第1期), 115쪽을 참조. 이런 판단은 仁齊學에도 적용될 수 있다. 덧붙여 설명해야 할 것은, 이러한 소위 '비역사상'이란 것은 復古를 슬로건으로 하는 '사이비 역사주의'이며, 그 실질

원인은 여러 가지이고 답안도 한 가지만일 수는 없다. 예를 들어 일설에 따르면, 역사가 보여 주다시피 일본의 유학자들은 관념론적 흥취가 결핍되어 있고, 형이상학적인 문제에 대해서는 깊이 연구하기 싫어했기 때문에 도쿠가와 시대의 유학자들 대부분은 송대 유학의 성리학에 대해 불만을 가진 데 비해 삶의 지혜가 넘치는 『논어』를 가까이했다.130) 또 어떤 관점은 유학적 가치와 그에 반영된 행위방식이 근본적으로 일본 전통문화의 정신에 부합되지 않았기 때문에 일본인의 생활·행위·도덕 및 심미 방면에 아무런 영향도 미치지 않았고, 유학은 고작 지적인 취미로 일부 엘리트들의 선호를 얻었을 뿐이라고 주장했다.131) 이러한 견해들은 일면 합리성도 있지만 편파성도 있다. 그러나 진사이학을 놓고 말하면, 송유에 대한 비판을 통해 펼쳐 준 그의 이른바 고의학古義學은 그래도 일본문화 전통과 당시 일본 정치사회의 배경으로부터 그 원인을 찾아보아야 할 것 같다. 간단히 말해서 크게 세 가지를 생각해 볼 필요가 있다.

첫째, 송유宋儒가 구축한 성리학이나 형이상학은 학문적으로 보면 어떤 의미에서 선진유학에 대한 추진과 발전이라고 할 수 있지만, 진사이의 시각에서는 이러한 발전이 사실 '도'가 '세속'을 멀리하지 않는다는 유학의 옛 뜻에 위반될 뿐만 아니라 세상과 백성에게도 도움이 되지 않는다. '육합六合132)의 바깥'에 관한 그 추상적인 의론은 "근세에 천학天學을 말하는 자들이 무한한 도리를 곱씹기 좋아하는 것"과 꽤 비슷한데, '공자지도'와는 천지 차이133)가 있으므로

은 '역사 허무주의'라는 점이다.

130) 平石直昭는, 도쿠가와시대의 유학자들은 "흔히 형이상학적인 실재에 크게 관심이 없었다"라고 솔직하게 말했다. 그의 글 「戰中, 戰後徂徠學批判: 以初期丸山, 吉川兩學說의 檢討爲中心」(藍弘嶽 譯, 張寶三·徐興慶 編, 『德川時代日本儒學史論集』, 臺北: 臺灣大學出版中心, 2004), 112쪽을 참조.

131) 津田左右吉(1873~1961)가 가장 대표적이다. 그는 "유교는 다만 서적의 지식으로서 사상으로서만 학습되고 강습되었으며, 처음부터 사람들의 실제생활 속으로 들어가지 못했고 또 들어가지도 않았다"라고 단언했다.(『シナ思想と日本』, 東京: 岩波書店, 1938, 161쪽)

132) 역자 주: 천지와 동서남북 사방을 가리키는 말이다.

133) 『童子問』(『文集』), 卷中, 第65章, 236쪽. 문장에서의 '天學'이란 천주교를 가리킨다. 도

반드시 철저히 반전시킬 필요가 있다.

둘째, 문화배경에서 보면, 유학에 대한 일본문화의 수용방식이 시종 다원성, 차이성 특징을 띠고 있다. 즉, 유학의 어떤 사람이나 어떤 학파의 학설이 최고의 권위를 가지도록 한 적이 없고, 유학을 유일한 절대적인 국가이데올로기로 정치화한 적도 없다. 유가를 제외하고, 일본문화사에서 보다 광범위한 사회 기반을 보유하고 있는 것은 차라리 불교와 신도교神道教였고, 특히 일본 신도교는 17, 8세기 이후의 근세일본 사회에서 이미 이론통합과 체계화적인 발전 추세를 보이고 있었다.

셋째, 사회적 배경에서 보면, 17세기 중엽 이후의 일본 사회가 고도성장을 맞으면서 일본형의 '화이華夷의식'이 점점 퍼지기 시작했고,[134] 일본을 여전히 '무국武國' 또는 '신국神國'으로 간주하는 민족주의 사상도 고개를 들었다. 이와 함께 많은 도쿠가와시대의 유학자들을 당혹스럽게 했던 명·청의 교체는 상국上國(후지와라 세이카의 말)의 중화문명이 이미 사라지고, 어쩌면 동양 신국인 일본이 머지않아 중국을 대신하여 새로운 '중화'의 상징이 될지도 모른다는 것을 점차 의식하게 했다.

이러한 사회와 문화, 정치와 사상이 얽혀 움직이는 배경에서 소코, 진사이, 소라이를 대표로 하는 고학파의 도쿠가와 유학자들이 송명유학에 대해 과감히 의문을 제기하게 되었고, 원래의 원전유가로 돌아가야만 일본에서 송유들의 정신적 오염을 근절할 수 있고, 성인지도가 다시 일본에 재현될 수 있다고 생각했다. 그러나 잊지 말아야 할 것은 도쿠가와시대의 이러한 복고 사조는

쿠가와 정권은 이에 대해 극히 엄격한 禁教 정책을 취했기 때문에 누구 할 것 없이 '천학'에만 관계되면 모두 큰 정치적 위험을 감수해야 했음은 두말할 나위 없다. 仁齋가 '지금 理學을 말하는 사람'을 '근세의 天學을 말하는 사람'에 비유했는데 그 속셈이 고약하다고 하지 않을 수 없다.

134) 도쿠가와시대의 일본형 '중화의식'의 발상과 발전에 대하여 桂島宣弘, 『思想史の十九世紀: 他者としての德川日本』, 第7章「華夷思想の解體と國學的'自己'像の生成」(東京: ぺりかん社, 1999), 165~192쪽 참조.

절대 옛 중국으로 되돌아가려는 것이 아니라 중국 성인의 말을 차용하여 현시대 일본이 바로 옛 성인의 이상사회와 부합된다는 것을 증명하려는 것이었으며, 그리고 진秦·한漢 이후 군현郡縣으로 봉건을 대신하고, 법률로 예악을 대체한135) 중국은 고대의 성인지도와는 점점 멀어졌기 때문에 일본이 가야 할 길이 아니라고 여겼다는 점이다.

이로부터 우리는 도쿠가와시대의 초기, 중기로부터 '반주자학'과 함께 '탈중심화'136)와 '재일본화再日本化'의 과정을 동시에 열어갔다고 할 수 있다. 진사이 자신이 이에 대해 명확하게 의식하고 있었는지는 의문이 들지만, 복고적인 그의 마음가짐은 분명 '현세적 마음가짐'과 겹쳐졌고, 그의 '현세적 마음가짐'은 도쿠가와 사회의 도덕현실에 대한 불만으로 드러났을 뿐만 아니라, '후세의 문인들(일본의 문인을 가리킴)이 걸핏하면 경제를 구실'로 '고금의 성패, 제도의 연혁, 보잘것없는 역사 이야기'에 관한 서책의 지식에 집착하여 '경제는 도덕을 근본으로 한다'는 유가의 가르침을 통째로 잊어버린 것에 대한 미움으로 구현되었다. 따라서 이러한 일본 사회를 개조하기 위하여 유학을 부흥시키는 것이 바로 그의 자각적인 사명이 되었다. 그러나 유학 고의를 복원한 이론적 효과를 본다면, 결과적으로 공맹유학과 형상은 비슷하나 속은 딴판이고, 더구나 송명유학의 의리 방향과는 거리가 멀어졌다는 것은 의심할 여지가 없다.

요컨대 진사이학의 출현은 절대로 우연적인 것이 아니라 그 본토 사상의 기연機緣과 시세가 은밀하게 뒷받침해 준 것이다. 다만 그 자신이 몰랐을 수도 있었을 것이다. 그러나 객관적으로 볼 때, 유학에 대한 진사이학의 재해석은

---

135) 徂徠는 秦나라 이래로 '郡縣으로 봉건을, 법률로 예의를 대체'(『徂徠集』, 卷二十四, 「復水神童」第2書, 258쪽)하는 제도배치로 인해 이미 經術과 吏治, 文士와 武士가 단절되었다고 한탄하면서 중국과 선명한 대조를 이루고 있는 일본은 여전히 봉건제도를 실시하고 있을 뿐만 아니라 文·武 결합의 전통도 여전히 잃지 않아 고대 중국 성인의 시대에 더 가깝고, 일본에서의 성인지도의 부흥을 더욱 기대할 수 있다고 여겼다.
136) 韓東育은 '脫中心化' 또는 '脫儒'라고 했다. 그의 저서 『從脫儒到脫亞: 日本近世以來 去中心化'之思想過程』(臺北: 台大出版中心, 2009)을 참조.

유학의 현지화를 추진하고, 공맹지도의 보편성을 일본 풍토에 맞게 구체화하는데에 선동적인 역할을 일으켰음은 두말할 나위 없다. 그 뒤에 나타난 소라이학(徂徠學)은 진사이학(仁齋學)에 불만을 드러내면서 진사이의 사상이 송학宋學의 구린내를 벗어나지 못했을 뿐만 아니라 주자를 비판함에 있어서도 종종 요령부득이라고 생각했다. 그렇지만 원전 복귀, 옛 뜻의 재현, 형이상학의 전복이라는 사상적 맥락에서는 진사이와 소라이는 차라리 한 전선에서 싸우는 전우라고 해야 할 것이다. 이는 일본유학이 더 이상 송명유학의 전철을 밟지 않고 단호하게 일본 특색의 발전의 길을 걸어갈 것임을 예시하는 것이다. 이러한 의미에서 진사이학은 도쿠가와 초기 유학의 일본화의 대표적인 사례[137]라고 할 수 있고, 이는 또한 유학이 동아시아문화 발전 과정에서 새로운 전환이나 활력을 얻을 수 있음을 보여 주는 사례이기도 하다.

---

137) 仁齋學의 고전해석과 복고적 취향에서 '유학의 일본화'의 의미를 引出해 내는 것은 이미 오늘날 일본학계의 상식이 된 것 같다. 渡邊浩, 『近世日本社會と宋學』, 「補論: 伊藤仁齋東涯─宋學批判と古義學」(東京: 東京大學出版會, 1985); 土田健次郎, 「東アジアにおける朱子學の機能: 普遍性と地域性」, 『アジア地域文化學の構築』(京都: 雄山閣, 2006) 참조. 그리고 일부 학자들은 '유학의 일본화'가 아니라 '일본유학'이라는 용어를 직접 사용해야 한다고 주장했다. 예를 들어 仁齋學과 徂徠學은 독특한 유가경전해석을 통하여 '일본성' 색채가 짙은 일본유학을 형성했다.(澤井啟一, 『記號としての儒學』, 東京: 光芒社, 2000, 178쪽) 즉 仁齋學과 徂徠學을 대표로 하는 에도시대 '고학파' 유학은 '일본유학'이 형성된 상징의 하나라는 것이다.

제3부

일본의 심학과 유학의 일본화

제7장 도쿠가와시기 일본 심학운동의 중국적 요소
─유학의 일본화를 함께 논함*

이끄는 글: 동아시아 지역의 두 가지 심학

일본의 중국학 또는 일본학 연구자들에게 있어서, '중국'과 '일본'은 그들이 회피할 수 없을 뿐만 아니라 심지어 항상 감정의 응어리를 수반하는 일종의 지식의 대상이다. 이에 반해, 중국의 중국학이나 일본학 연구자들에게 있어서 중국이나 일본은 서로 독립할 수 있고, 심지어 서로 관련이 없는 지식의 대상이다. 이에 따라 동아시아 학술계에 있어서 중국에 대한 일본의 이해와 일본에 대한 중국의 이해가 대칭되지 않는 현상이 오랫동안 존재했는데 이에 대해서는 깊이 생각해 볼 필요가 있다. 특히 근대 이전에 일본에 대한 중국의 지적 이해가 매우 제한적이었다. 반면 일본은 메이지유신 이후 서구 사회를 향한 박차를 다그쳤음에도 불구하고, 여전히 유학부흥운동을 일으켜 사회 전반에 나타난 서구화 사조를 반성하고 나아가 이에 대해 반항까지 했다.[1] 흥미롭게도

---

* 이 글은 2012년 9월 16일 일본 東洋大 국제철학연구센터 주최로 열린 '현실적인 글로벌 지향의 철학(동양대 창립 125주년 기념 국제심포지엄)에서 행한 주제발표이다.
1) 黑住眞의 두 편의 중요한 논문, 즉 「德川儒敎と明治におけるその再編」, 「漢學: その書記生成權威」(黑住眞, 『近世日本社會と儒敎』, 東京: ぺりかん社, 2003, 165~190쪽; 191~230쪽에 수록됨)를 참조. 또 渡邊浩의 신작 『近世日本政治思想史: 十七~十九世紀』(東京: 東京大學出版會, 2010), 第20章 「文明開化」, 412쪽 참조. 여기서는 메이지 초기 서양문명을 추앙했던 '明六社'의 주요 구성원이자 열성적인 주자학자였던 阪谷素(1822~1881)가 '歐漢一致'라는 구호를 제기했었다고 언급했다. 역시 이 단체의 일원이자 처음으로 'philosophy'를 '철학'으로 번역한 유명한 일본 철학자 西周(1829~1897) 또한 孔孟之道와 유럽철학이 '대동소이'하고, 東·西 간에 서로 답습한 것은 아니지만 마치 '符節을 맞춘 듯' 유사하므로 '四海와 古今이 다르지 않다'고 보았다.(위와 같은 책, 413

덜 알기 때문에 안중에 없는 경우가 많고, 많이 알면 알수록 상대방을 더 의식하게 된다.

예를 들어, 사람들은 대부분 중국 역사에 심학心學사상이 있었다는 것은 알고 있지만, 일본 역사에도 심학이 있었다는 것은 모를 수 있다. 중요한 것은, 대륙학계에서는 일본에도 중국으로부터 전해온 양명심학이 있었다는 사실은 알고 있었지만, 일본사상사에 오랫동안 영향을 준 일본 본토의 심학사조에 대해서는 그다지 알고 있지 못할 가능성이 높다는 점이다. 일본학계에 있어서 일본사상사에 종사하는 연구자라면 이 두 가지 심학에 대해 많든 적든 간에 어쨌든 알고 있는 것은 분명하다. 송宋·명明의 육왕심학(특히 양명심학)은 도쿠가와(1603~1868) 초기에 이미 일본에 전해졌고, 도쿠가와 일본 및 메이지 이후에 이르기까지의 사상적 배경과 연근蓮根의 뿌리처럼 끊어지지 않는 관계를 갖고 있었다. 18세기 초 도쿠가와시기에 주로 일본의 상인商人(일본어로는 '町人'이라 함) 계층이 주창했던 심학사상은 중국과는 다른 독특한 색채가 많다.[2] 그렇다면 이러한 일본심학은 중국의 심학(특히 양명심학)과 직접적인 연원 관계는 없지만 그 중에 중국유학의 요인은 없을까? 다시 말하자면 일본 본토의 심학사조와 중국의 유학이 어떤 사상적 갈등 관계를 갖고 있는지 재조명할 필요가 있다.

일본심학이란 대개 도쿠가와시기 교호(享保) 14년(1729)에 이시다 바이간(石田梅岩, 1685~1744)이 공개적으로 학술강연을 행한 것을 기점으로 하여 나타난 일종의 심학이론 및 학술강연을 주요 형식으로 하는 심학운동을 가리킨다. 그 가운데에는 바이간의 심학과 대를 이어 전해온 바이간의 후학 사상도 함께 포함된다. 본문에서는, 넓은 의미에서의 석문심학石門心學은 바이간심학과 그 후학들의 심학사상 및 그 강학운동을 포괄하는 것으로 정의하고, 좁은 의미에서의 바이간

쪽) 이와 같이 일본이 이른바 '脫亞入歐'라는 근대에 들어선 이후 적지 않은 학자(심지어 서양에서 유학을 한 배경이 있는 학자들도)들이 여전히 동해나 서해나 다 같은 마음이고 동일한 이치라는 보편주의를 신봉했고 유학(중국유학일 수도 있고 일본유학일 수도 있다)을 '四海古今'을 뛰어넘는 보편성의 대표로 간주했음을 알 수 있다.
2) 역자 주: 이 부분의 내용은 저자의 뜻에 따라 약간 수정했다.

심학은 이시다 바이간 본인의 심학이론 체계를 의미하는 것으로 이해하였다. 지식사회학적 견지에서 보면, 18세기 초 일본 사회의 사상분위기 속에서 바이간 심학과 외래 사상인 양명심학의 사상적 연관성을 어떻게 이해하여야 하는가의 문제는 아직 논란 중인 학술사 문제이다. 일본사상사학계의 주류적인 견해는 양자의 역사적 연관성을 부인하는데, 바이간이 생전에 양명의 저작을 인용한 적이 없다는 것 등이 그 주요한 이유이다. 따라서 일부 학자들은 바이간심학의 사상적 연원을 양명학으로 소급하는 문제에 대해, 바이간이 인용한 서적에 근거하면 왕학王學과는 무관하다 것을 정설로 할 수 있다고 단정하였다.3) 중·일 양국의 심학사상의 관련 유무에 대해서는 우리는 아직도 깊이 논의할 준비가 되어 있지 않기에 여기서는 군말이 필요할 것 같지 않다.4)

---

3) 예를 들면 '戰後' 일본학계의 심학 연구가인 柴田實가 梅岩의 중요한 저서인 『都鄙問答』에 인용된 典籍들에 대한 상세한 고찰을 통해 梅岩이 채용한 명대 사람들의 서적이 매우 적었다는 것을 발견했다. 명나라 초기의 『性理大全』이외에 『李卓吾集』한 책뿐이라는 사실은 사람들을 크게 놀라게 했다. 인용 횟수를 보면 전자는 네 번, 후자는 단 한 번뿐인 것에 비해 梅岩은 송유들의 저서를 비교적 많이 인용했는데, 심지어 유가경전 중에서 四書五經을 인용한 것에 버금간다. 이러한 치밀한 역사적 고찰을 근거로 하여 柴田實는 梅岩이 인용한 전적 중에서 "陸象山과 王陽明 등의 저서는 단 한 편도 없다"는 확실한 결론을 내렸다. 柴田實,「『都鄙問答』の成立: 石田梅岩の心學の諸典據について」,『史林』39卷 6號(1956.11). 후에 본인의 저서 『梅岩とその門流: 石門心學史研究』(東京: ミネルヴァ書房, 1977), 13~15·17쪽에 수록됨. 그러나 柴田實는 梅岩이 陽明의 저작을 인용하지 않았다 하여 梅岩이 陽明에 대해 아무것도 모르고 있었다는 것을 의미하지는 않는다고 하였다. 다른 중요한 사료인 『石田先生語錄補遺書』(『石田梅岩全集』下卷, 石門心學會 編, 京都: 明倫舍, 1957)의 기록에 근거하면 梅岩은 일찍 『대학』의 '親民' 문제에 대해 陽明을 지명하여 그 주장을 비판했지만 '程子·朱子'의 해석을 높이 평가한다고 명확히 밝혔다. 위에서 인용한 『梅岩とその門流: 石門心學史研究』, 23쪽, 주12)를 참조. 그러나 나는 史料 하나만 가지고 梅岩이 陽明心學에 대해 반대 입장을 갖고 있었다고 단정하기 어렵기 때문에, 梅岩은 양명학에 대한 지적인 흥취가 없었거나 이해가 매우 제한적이었을 뿐이라고 해석하는 것이 보다 타당하다고 생각한다.

4) 일반적으로 일본학계에서는 석문심학 연구를 일본 근세사상사 또는 서민교육사 분야에 포함시키고 일본유학사의 한 축을 이루는 일본 양명학 연구와는 뚜렷이 구분했다. 戰前·戰後의 석문심학사상 연구의 제일인자인 石川謙(1891~1969)의 빛나는 대작 『石門心學史の研究』(東京: 岩波書店, 1938)와 위에서 제시한 柴田實의 저서 『梅岩とその門流: 石門心學史研究』등의 주요 저서는 모두 梅岩心學이 陽明心學과 무관하다

필자의 초보적인 관점에서 본다면, 양자는 단지 어떤 사상적 유사성이 있을 뿐 결코 실제적인 이론적 연관이 없는 것 같다. 양자 간에 가지는 사상적 유사성은 이른바 '개념총槪念叢' 의미에서의 '가족 유사성'이 아니라, 서로 다른 지역문화에서 어떤 보편적 문제에 대한 공통적인 관심으로 인하여 생겨나는 비슷한 취향으로 여겨진다. 중요한 것은 이런 유사성 또한 차이가 전혀 없는 동일성이 아니라 상당한 차이를 내포한 동일한 취지라는 점이다. 중국의 고사성어로 표현하면 '화이부동和而不同'인데, 여기서의 '동同'은 차이가 있는 '동'이다. 그런데 '동즉불계同則不繼'라고 할 때의 '동'은 차이가 없는 절대적인 '동'을 의미한다. 바이간과 양명심학의 관계에 대해 논의하면서 같은 것과 다른 것이 서로 뒤섞여 있다고 생각하는 것이 사실에 가까운 고찰일 것이라고 나는 생각한다.

요컨대, 본문의 취지는 동아시아 지역의 이 두 가지 심학이 상호 '영향' 관계가 있었는지를 연구하는 데에 있지 않다. 본문에서는 우선 중국 및 일본의 심학 역사를 간략하게 개괄함으로써 우리가 검토하고자 하는 문제의 사상적 배경을 파악하고, 나아가 일본 근세 유학의 배경에서 바이간심학을 논의하여

고 보았다. 뿐만 아니라 石川謙은 심지어 梅岩心學은 그 어떤 외래사상(양명학·주자학·불교·삼교일치론을 포함하여)의 단일적인 영향을 받지 않았으며, 일본 "민족성의 '머리'와 국민성의 '마음'으로써 솔직하고 있는 그대로 그 당시의 국민 생활과 문화를 묘사하여 독특한 체계를 형성하였다"라고 주장했다. 吉田公平, 「石門心學と陽明學」, 今井淳·山本眞功 編, 『石門心學の思想』(東京: ぺりかん社, 2006), 385쪽에서 인용. 그러나 중국철학 연구자 출신으로서 일본사상 연구에 몰두하고 있는 吉田公平는 이와 반대되는 의견을 제시했다. 그는 당시의 지식 분위기로 볼 때 양명심학의 저서가 흔했고, 교토 일대에 특히 그러했기 때문에 梅岩심학과 양명심학의 사상맥락에 있어서 있을 수 있는 연관성을 완전히 무시할 수 없다고 주장했다.(위에서 인용한 吉田公平의 논문, 382~306쪽 참조) 하지만 이러한 관점은 또 柴田實의 견해와 대립되었다. 柴田實는 梅岩의 시대와 그 주변에는 육왕심학의 서적이 유행되지 않았고, 주류적인 사상도 아니었다고 주장했다.(위의 柴田實의 저서, 21쪽 참조) 나는 의견이 이렇게 엇갈리는 이유가 학자들의 전공 분야가 다르기 때문이라고 본다. 그리고 도쿠가와 초기와 중기에 있어서 양명심학이 유행되었는지의 문제는 아직도 재고할 여지가 있지만, 중요한 것은 수많은 에도시대의 유학자들이 중국 학문을 받아들이는 태도는 사실 단일적이 아니라 교차되고 겹쳐져 있다는 점이고, 일본 양명학의 시조로 알려진 中江藤樹(1608~1648) 또한 마찬가지라고 생각한다.

그 심학사상의 독특한 점을 찾아낸 다음, 바이간심학의 특징과 결부하여 최근 일본학계에서 자주 거론되고 있는 '유학의 일본화' 문제에 대한 필자의 일부 견해를 제시하고자 한다. 본 장 마지막의 부록은 19세기 초 일본의 히다노쿠니(飛騨國)의 심학운동에서 전해 내려온 민간문서 한 편을 소개함으로써 석문石門 심학자들이 농촌에서 강학 활동을 벌인 갖가지 언론들과 그것들이 지니는 중국적 요소에 대해 고찰하였다. 이러한 고찰을 통해 우리는 여기서 말하는 중국적 요소들이 단순한 유학적 지식이 아니라, 상당 부분이 중국 민간에 전해지고 있는 인과응보의 관념을 지닌 각종 도깨비 이야기라는 사실을 발견할 수 있다. 이것은 적어도 중국 지식에 대한 근세일본의 농촌민간에서의 태도가 사실 복잡하고 다양했다는 것을 보여 준다.

1. 심학: 중국에서 일본으로

우선 '심학心學'이라는 용어가 중·일 양국 유학사에서 어떻게 발생했고, 그 내포적 의미가 무엇인지에 대해 개념사의 관점에서 말해 볼 필요가 있다.

주지하다시피 중국 선진先秦 시기에 있어서 '심心'의 문제는 공맹유가 즉 초기 유가의 주요 관심사 중 하나였다. 예로부터 공자는 심성心性 문제에 대해서는 그다지 말하지 않았다고 여겨지지만, 그에게도 역시 "마음 내키는 대로 좇아도 법도를 넘어서지 않았다"고 하는 중요한 관점이 있다. 물론 여기서의 '마음' 즉 '심'은 주로 심리의식 활동을 말한다. 그러나 맹자에 이르러서 '심'은 이미 그의 핵심적인 문제 중 하나가 되었다. 예를 들면 '본심', '양심', '인심', '존심存心', '진심盡心'과 인의예지의 '사단지심四端之心' 등의 개념이 맹자학의 중요한 사상요소를 구성한다. 심지어 유가의 심성론은 일종의 사상 전통으로서 맹자에 의해 구축되었다고 할 수 있다. 초기 유가의 몇 가지 중요한 경전을 보면, 우리는 '심'과 관련된 의론이 대단히 많음을 볼 수 있다. 예를 들면,

『역전易傳』의 '세심설洗心說', 『대학』의 '정심설正心說'은 모두 초기 유학의 중요한 사상 관점이다. 그래서 넓은 의미에서 말하면 유학에는 예로부터 '심학'의 전통이 있었다고 할 수 있다. 송대 신유학에 이르러서는 이 전통을 회복하고 이어나가야 한다는 자각적인 의식이 더욱 강해졌다. 남송의 주희朱熹(晦庵, 1130~1200)는 「중용장구서中庸章句序」에서 처음부터 『상서尙書』를 근거로 하여 천 년 이래의 유가 '도통道統'의 근간이 되는 '십육자심결十六字心訣'을 제시했다. 그에 따르면, 유가 도통이 창설되고 끊임없이 계속되는 전통은 상고시대인 요·순 이래의 '심전心傳'5)이다. 그러므로 그는 또 '심전도통心傳道統'이라는 복합용어를 만들어내어 '도통' 관념을 새롭게 정의했다. 물론 주희의 사상은 현대 학술사의 관점에서 보면 리학理學에 속하고, 육구연陸九淵(象山, 1139~1193)이 비로소 '심즉리心卽理'의 의미에서 심학心學을 분명하게 제창했다. 사실 송·명시대의 학술사 그 자체를 놓고 보면 육구연은 스스로 '심학'이라고 말한 적이 없으며, 주희 또한 '심전心傳'의 중요성을 간과하지 않았다. '심학心學'이라는 명칭과 그 내포에 변화가 생기게 된 것은 왕수인王守仁(陽明, 1472~1529)에 이르러서인데, 그가 「상산문집서象山文集序」에서 처음으로 '성인의 학문은 심학心學'이라는 명제를 명확하게 제시했다. 이는 양명이 상산학象山學을 '심학'으로 추인했고, 아울러 자신의 사상적 입장이 심학이기 때문에 주희의 리학과는 다르다고 인정했음을 의미한다.

양명이 인정한 '심학'은 어떤 특정한 의미의 명사일 뿐인데, 그 외에도 더 넓은 의미의 심학 명칭이 있다는 점에 유의할 필요가 있다. 이를테면 명나라 중엽 왕학王學을 반대한 맹장인 진건陳建(1497~1567)은 "성현의 학문은 심학이다. 선학禪學과 육학陸學도 스스로 심학이라고 했는데 이름은 같지만 그들이 말하는 심心은 (성현이 말하는 '심'과) 다르다"6)라고 했다. 여기서 첫마디는 분명히

---

5) 이 용어는 朱熹의 『晦庵先生朱文公文集』(『朱子全書』第25冊) 卷九十九, 「又牒」(4582쪽)에서 나왔다. 이때는 朱熹가 南康에서 知縣으로 있을 때인 淳熙 六年(1179)으로서, 朱熹가 「中庸章句序」에서 언급한 '道統'이란 용어가 등장한 淳熙 十六年(1189)보다 무려 10년이나 앞선다.

6) 陳建, 『學蔀通辨』, 卷十, 「終編上」(臺北: 廣文書局, 1971), 164쪽, "聖賢之學, 心學也. 禪

양명의 말과 일치하나, 진건이 진정으로 하고 싶었던 말은 '심학'이라는 용어를 광의적으로 사용하게 될 때에 유학 또한 '심학'이라고 할 수 있는데, 송대 이래의 선학禪學과 육학陸學이 스스로 일컫는 이른바 '심학心學'이라고 하는 것은 문제가 대단히 심각하고, 이것은 유가의 '심학'과 이름만 같을 뿐 실질은 다르다는 것이다. 진건이 육왕심학을 비판한 이론적 효과가 있었는지에 대해서는 제쳐 놓고, 우선 그의 중요한 저서인 『학부통변學蔀通辨』이 왕학王學의 비판서로서 에도시기의 일본에서 오랫동안 관심을 끌었다는 것은 사실이다.[7] 이러한 주장 은 남송 말기의 황진黃震(1212~1280)이나 진덕수眞德秀(1178~1235)의 관점과 관련이 있는 것으로 보인다. 예를 들어, 황진은 세 가지 심학이 있다고 지적하면서 하나는 '요·순·우가 천하를 수수授受한' 심전心傳의 본지를 가리키고, 다른 하나 는 '마음이 즉 도'라는 근세(즉 남송시대)의 심학(象山心學을 가리킴)을 가리키며, 그 다음은 선학과 같은 심학이라고 보았다. 심학에 대한 그의 긍정적인 시각에 따르면, 주희의 스승인 이동李侗의 사상 또한 '심학'이라 할 수 있고,[8] 이것을 기준으로 하면 주희의 사상도 '심학'인 것이다. 주문朱門 후학인 진덕수는 그가 저술한 책, 즉 대단히 유명하고 도쿠가와시기 일본에 널리 전해진 『심경』의 첫머리에서 유학사에 있어서의 '십육자심결十六字心訣'이 '만세 심학'의 근원이라 고 명확히 지적했다. 마찬가지로 도쿠가와 일본에서 명성을 떨친 명대의 사상가 나흠순羅欽順(1465~1547)도 이러한 '심결心訣'을 '심학의 원천'으로 받아들였다.[9] 이로부터 심학에는 원래 두 가지 의미가 있는데 송·명시기에는 넓은 의미에서 유교의 성인지학을 '심학'으로 보았고, 이러한 견해에는 후대의 많은 유학자들이

   學·陸學亦皆自謂心學也. 殊不知心之名同而所以言心則異也."

7) 예를 들면, 에도 초기 山崎闇齋(1618~1682)의 제자인 雲川弘毅(1666~1709)는 王學을 비판한 陳建의 이 책을 대단히 좋아하면서, 여전히 더 강하게 비판해야 하고 주자학 만이 진정한 '심학'임을 강조해야 한다고 했다. 吉田公平,「石門心學と陽明學」, 今井 淳·山本眞功 編,『石門心學の思想』(東京: ぺりかん社,2006), 387쪽에 게재됨.

8) 이상의 내용은 『黃氏日抄』, 卷五·卷四十二를 참조.

9) 羅欽順,『困知記』附錄,「答黃筠溪亞卿」(北京: 中華書局, 1990), 115쪽 참조.

공감하게 되었음을 알 수 있다. 그러나 명말明末, 특히 청초淸初에는 황종희黃宗羲의『명유학안明儒學案』이 출판됨에 따라 육陸·왕王의 사상을 좁은 의미에서 심학으로 지칭하는 것이 거의 정평이 되어 육왕심학陸王心學이나 양명심학陽明心學이라는 명칭이 나오게 되었다.

이제 또 근세일본(1603~1868)의 경우를 살펴보자. 관련 연구에 따르면, 주자학은 13세기 중엽에 이미 일본에 전해졌으나 주로 선종의 승려 및 귀족들 사이에서 전파되었고, 에도시대 초기에 이르러서는 주자리학朱子理學이 양명심학과 함께 민간학자들 사이에서 성행하기 시작했다. 그러나 사회체제로부터 볼 때, 에도시기의 일본은 중세 일본의 무가武家 전통을 이어가고 '막번제幕藩制'라는 준准군사적인 정치체제를 실행하고 있었기 때문에 중국식 과거제도를 본뜬 패턴도 없었고, 중국 국자감과 같은 정부 주도의 전국적으로 통일된 '교학체제'10)도 없었다. 그래서 적어도 초기·중기의 도쿠가와 일본에서 각종 유학사상은 주로 외래 지식으로서 민간에 전해졌을 뿐, 정부 차원에서는 이데올로기적 정치실천의 이론적 체계로 부상하지 못했다. 따라서 유교경전은 단지 일종의 지식적인 텍스트로서 주목받았을 뿐, 제도화된 텍스트로서 사람들의 언론실천을 제약하거나 통제하지 않았다.11) 일본의 도쿠가와 초기에 외래 사상인 송명리

---

10) 근세일본의 사회체제와 유학의 관계 문제는 渡邊浩,『近世日本の宋學』(東京: 東京大學出版會, 1985); 黑住眞,『近世日本社會と儒敎』,「儒學と近世日本社會」(東京: ぺりかん社, 2003)를 참조. 물론, 도쿠가와시대에는 각 藩國마다 藩校(藩黌이라고도 했는데 후에 鄕學으로 변져 나갔다) 및 '데라코야(寺子屋, 주로 어린이들을 위한 識字敎育기관)'와 같은 지방 학교나 서당식 학교들이 많았다.(石川謙,『日本庶民敎育史』, 東京: 玉川大學出版部, 1977;『敎育の名著 10』, 1929년 초판 참조)

11) 그러나 18세기 말인 1790년에 이르러 막부의 老中인 松平定信(1758~1829)가 寬政異學之禁을 추진한 이후 주자학은 공식적 사상으로서 막부 및 각 번의 학교에서 정통 교육시스템이 되었다. 관련 사료는『寬政異學禁關係文書』(『近世後期儒家集』『日本思想大系』47], 東京: 岩波書店, 1972) 참조. 이때부터 "근세일본의 유학이 제도화되기 시작했다"는 주장도 나왔다.(辻本雅史,「談日本儒學的制度化: 以十七至十九世紀爲中心」, 田世民 譯,『臺灣東亞文明研究學刊』第3卷 第1期 總第5期, 台灣大學出版中心, 2006.6, 267쪽 참조) 참고로 말하면, 주자학을 '최고의 존엄'(定爲一尊)으로 결정하는 이 운동은 곧 석문 심학자들의 긴장감을 불러일으켰고, 심학강학도 금지될 것이라고 우려했지

학이나 심학은 정치이데올로기 차원의 갈등을 일으키지 않았다고 할 수 있는데, 이는 에도시기의 유학자들이 열린 자세로 중국 송대 이후의 새로운 유학을 받아들일 수 있었고, 지식계에서도 비교적 자유로운 토론과 쟁론을 벌일 수 있었음을 보여 준다.[12]

예를 들어, 심학 문제에 있어서 에도 초기의 주자학자인 야마자키 안사이(山崎闇齋, 1618~1682)는 그의 저서 『대가상량집大家商量集』에서 육왕심학에 대해 비판의 화살을 날렸고,[13] 기문삼걸崎門三傑의 한 사람인 사토 나오가타(佐藤直方, 1650~1719)는 『왕학변집王學辯集』에서 직접 육왕심학을 비판했다. 안사이의 다른 한 제자인 구모카와 고우키(雲川弘毅, 1666~1709)는 비판의 표적을 일본으로 돌려 그의 『심학변心學弁』이라는 글에서 에도 초기의 양명학자인 나카에 도주(中江藤樹, 1608~1648)와 그 후학들의 심학을 '가짜 심학'이라고 비판하면서 주자학이야말로 진정한 심학이라고 주장했다. 또 다른 도쿠가와 초기의 고학파 선구자이자 외래의 한어漢語가 아닌 통속적인 일본어 저술을 중요시했던 가이바라 에키켄(貝原益軒, 1630~1714) 또한 『심학변心學弁』을 지었는데, 그는 이 책에서 주자학이야말로 '심학'이라고 지적했다.[14] 좀 늦은 고학파 학자인 오규 소라이(荻生徂徠, 1666~1728)도 이와 비슷한 관점을 가지고 있었고, 송유의 학문이 곧 '심학'이라고 보았다. 그의 문인인 다자이 슌다이(太宰春台, 1680~1747)는 야마자키파(山崎派)와 비슷한 입장을 취했는데, 주자학만이 '심학'이라 할 수 있다고 주장했다. 그렇지만 소라이학에서는 심학을 적극적으로 취하지 않았으며, 그들의 기본 입장은

만 사실상 이런 상황은 일어나지 않았다. 柴田實, 「寬政異學の禁と心學」(『關西大學文學論集』 創立九十周年紀念特輯, 1971.11에 게재되었고, 본인의 『梅岩とその門流: 石門心學史研究』에 수록되었다. 147~160쪽) 참조.

12) 근세일본사상사에 있어서의 여러 가지 쟁론은 今井淳・小澤富夫 編, 『日本思想論爭史』(東京: ぺりかん社, 1979, 174~233쪽)를 참조할 수 있는데, 그중에서도 특히 第3章 「近世諸思想の論爭」, 第3節 「儒教內部の論爭」 및 第4節 「國學と儒教の論爭」을 참조할 것.

13) 田尻佑一郎, 『山崎闇齋の世界』, 第1章 第5節 「陽明學批判」(東京: ぺりかん社, 2006), 77~95쪽 참조.

14) 荒木見悟, 『貝原益軒の思想』(『日本思想大系』 34, 東京: 岩波書店, 1970) 참조.

오히려 심학 비판이었다. 이러한 비판은 에도 중기 이후의 사상적 향배에도 영향을 미칠 정도로 이론적으로 심각하므로 여기서 몇 마디 더 해야겠다.

주지하다시피 소라이의 사상적 입장은 공자를 존숭하고 맹자를 가볍게 보며 순자를 높인다.15) 소라이는 이러한 입장에서 명나라 심학은 물론, 맹자에 대한 비판까지도 서슴지 않았고, 맹자학의 병폐가 '이심치심以心治心'에 있다고 보았다. 그는 "다스리는 것이 마음이고, 다스려야 하는 것도 마음이다. 나의 마음으로 나의 마음을 다스리는 것은 미친 사람이 스스로 그 광기를 다스리는 것과 같으니 어찌 다스릴 수 있겠는가?"16)라고 했는데, 이 비평은 상당히 예리하다. 이는 맹자가 말하는 '마음'이 이중적인 성격을 띠고 있다는 것이다. 즉 마음은 병을 치료하는 주체인 동시에 치료의 대상이기도 하여 결국은 '이심치심'의 패러독스를 초래하게 되며, 제정신이 아닌 미치광이가 스스로 제 심리가 매우 정상이어서 완전히 자신에 의하여 자신을 치료할 수 있다고 생각하는 것과 같다는 것이다. 이러한 근본적인 잘못을 바로잡기 위해 그는 '예로써 마음을 다스리고'(以禮治心) '몸을 예로 통제하자'(納身於禮)라고 주장했다.17) 소라이학의 사상적 특징에 대하여 그의 제자인 다자이 슌다이는 "마음의 신령함이 어디엔들 미치지 않겠는가? 오로지 몸이 불선不善한 일을 하지 않으면 그것으로 이미 된 것인데, 여기다 더해 마음의 생각을 묻게 된다면 이는 지나친 것이다. 성인은 예로써 마음을 다스리는데, 마음은 모름지기 다스리지 않아도 다스려지지 않음이 없다.…… 비록 다스린다 해도 그 다스림에 의한 교란은 이루 다 말할 수 없다"18)라고 했는데 매우 적절한 설명이다. 소라이학은 특히 '예'의

---

15) 井上哲次郎(1855~1944), 『日本古學派之哲學』(東京: 冨山房, 1903), 528쪽 참조.

16) 『弁道』(『徂徠學派』[『日本思想大系』 36]), 205쪽 참조.

17) '以禮治心'은 『尙書』 「仲虺之誥」의 '예로써 마음을 바로잡다'에서 비롯된 것이다. '納身 於禮'는 소라이가 '克己復禮'를 해석하면서 제시한 독창적인 견해이다. "극기복례란 예에 몸을 두는 것이다."(『論語徵』[關儀一郎 編, 『日本名家四書注釈全書』], 東京: 鳳出版, 1973, 236쪽) 물론 이러한 표현은 荀子의 "예란 내 몸을 바르게 하기 위한 것이다"라는 사상과 관련이 있을 것이다.

18) 太宰春台, 『聖學問答』(『徂徠學派』[『日本思想大系』 37]), 卷上, 423쪽 참조.

문제 즉 사회규범의 문제를 중시하고 있음을 알 수 있다. '심'의 문제는 예의규범에 귀속시켜야 할 문제로서 '반드시 다스리지 않아도 다스려지지 않음이 없는 것'이다. 유학에 대한 이러한 이해에는 반드시 일본 '현지화'의 요소가 내포되어 있을 것이 분명하지만 그것에 대해서는 별도로 취급하겠다. 우선 여기서 명확히 할 점은 '심'의 문제가 소라이학의 핵심적인 주제가 아니라는 사실이다.

현대 일본사상사의 연구 대가인 미나모토 료엔(源了圓, 1920~2020)은 일본심학에 대하여 독자적인 연구를 하면서 '심학의 실학'(心學之實學)이라는 중요한 개념을 제시하여 도쿠가와 전기의 사상 상황을 분석했다. 그는, 도쿠가와 전기에 '심학의 실학'을 취지로 하는 사조가 존재했는데 소라이가 '이심치심'을 반대하면서부터 이러한 '심학'의 '내재적 지향성'이 전복되었다. 따라서 소라이를 상징으로 하는 일본의 근세사상은 '후기'에 접어들었으며, 그때로부터 '심학'은 더이상 사회의 사상적 주류가 되지 못했음에도 불구하고 소라이 이후 '심학의 명맥'이 완전히 끊어진 것이 아니라 '서민세계'에서 '지하수처럼 흘러가게 되었다.' 그 전형적인 사례가 바로 도쿠가와 중기, 후기의 '석문심학'이라고 주장했다.[19] 미나모토 료엔의 이러한 견해는 대단히 중요하다. 그는 일본심학의 명맥이 주로 민간사회에서 이어졌다고 보았다. 그는 또 근세 초기에는 취향이 다른 여러 가지 학설들이 있었지만, 전체적인 관점에서 볼 때 그러한 학설들의 성격은 "모두 자신들의 사상을 '심학'이라는 '실학'에 입각시킨 것"으로 규정될 수 있으며, 그것이 또한 근세 초기의 '시대의 특수한 정신풍토'였다고 주장했다. 예를 들어, 일본 근세 유학의 창시자인 후지와라 세이카(藤原惺窩, 1561~1619)로부터 양명학자 나카에 도주(中江藤樹, 1608~1648), 그리고 도주의 제자인 구마자와 반잔(熊澤蕃山, 1619~1691)에 이르기까지 모두 '자립정신'을 대단히 강조했고, '마음의 직관'을 강조했다는 점에서 그들은 사실 중세 이래의 '정신적 풍토'를 계승하였

---

19) 이상의 내용은 源了圓, 『近世初期實學思想の研究』(東京: 創文社, 1980), 521·523쪽 참조. 일본 근세사의 시기 구분에 있어서 源了圓은 寛文年間(1661~1672)을 전기와 중기의 분계선으로 하였다.

다고 말할 수 있다.[20] 다시 말하면, 중세 이래로 일본문화에는 '심'을 중시하는
전통이 있었다.[21] 그렇다면 '심학의 실학'이란 무슨 뜻일까? 이에 대해 료엔은
"근세 실학은 인간의 진실성과 도덕적 실천을 추구하는 실학의 범주에 속하고,
'심학'으로 요약될 수 있다"라고 핵심사항을 지적하였다. 즉 심학은 '인간이
진실을 추구하는 실학'이고 '도덕적 실천의 실학'[22]이라고도 할 수 있다. 다시
말하면, 실학은 인심을 중시하는 도덕적 실천이라는 뜻이다. 요컨대, 실학의
으뜸가는 의미는 '실천'에 있고, 이러한 '실천'은 인심을 지향하기 때문에 객관적
지식을 추구하는 그런 경험주의적 실학과는 다르다.

미나모토 료엔은 또한 바이간사상이 바로 '인간이 진실을 추구하는 실학',
'도덕적 실천의 실학'을 제창한 전형적인 사례라고 평가했다. 이는 당시 사회의
지적 취향에 대하여 "책을 많이 읽어도 성리性理에 통하지 않으면 주자의 문장이
나 암송하는 속유俗儒로 전락하여 진유眞儒가 될 수 없다"라고 하는 바이간의
중요한 판단에 근거한 것이다. 이른바 '속유'란 바이간에 의하면 '문자예자文字藝
者'(문자를 기예로 삼는 자)나 '서물상書物箱'(책벌레를 의미함)[23]과 같은 무리이다. 그만
큼 바이간은 유자儒者의 정체성을 확립하려는 강한 의식을 지니고 있었다. 료엔
의 판단에 따르면, 바이간이 인정하는 '진유眞儒'는 인간의 진실을 추구하고
도덕적 실천을 중시하는 '심학의 실학자'이다. 개념사적으로 보면 '실학'이라는
단어는 별도로 유래가 있다. 이것은 중국 송나라 때의 정주철학과 연결되는

---

20) 源了圓, 『近世初期實學思想の硏究』, 518 · 526~527쪽 참조.

21) 일본사상사 연구가인 澤井啓一는 심학 문제가 동아시아유학의 보편적인 문제일 가능
   성이 있다고 보면서 송대 리학 이래로 '마음수양'의 문제는 이미 '동아시아유학의
   핵심 과제 중 하나'가 되었고, 근세일본유학의 형성도 이러한 사상적 배경에서 고찰
   해야 한다고 지적했다. 澤井啓一, 「近代日本儒學的展開」, 廖肇亨 옮김, 李明輝 · 陳瑋芬
   主編, 『現代儒家與東亞文明: 地域與發展』(臺北: '中央'硏究院 中國文哲硏究所, 2004年修訂
   版), 338~339쪽 참조.

22) 源了圓, 『近世初期實學思想の硏究』, 524쪽 참조. 별도로 源了圓, 「石田梅岩論」, 古田紹欽 ·
   今井淳 編, 『石田梅岩の思想: 心と儉約の哲學』(東京: ぺりかん社, 1979), 101쪽 참조.

23) 石田梅岩, 『都鄙問答』(『石田梅岩全集』上, 東京: 淸文堂, 1972), 39 · 41 · 42 · 137쪽 참조.

것으로서 원래는 '공空'을 논하고 '무無'를 말하는 불佛·노老의 학문과 구분하는 의미의 유학을 가리켰는데, 후에 이 개념은 조선과 일본에서 널리 사용되었다. 하지만 미나모토 료엔이 강조하려는 것은 근세의 일본인들이 보편주의적 입장에서 유교를 공부하고 그것으로써 '보편적 진리'를 추구하는 이러한 학문이야말로 실학이라는 점이다.[24] 이로부터 료엔의 이른바 '실학'으로서의 '심학'은 유학과 맞닿은 사상적 연원을 가지는 동시에 일본 자체의 '정신풍토'의 요소가 있다는 것을 알 수 있다. 그러므로 그의 '실학'사상사 연구에서는 '실학'으로서의 '심학'이 초학파적, 심지어 동아시아를 뛰어넘는 보편성을 띤 사상사 개념임을 제시한다. 그리고 더 나아가 '심학'은 근세 동아시아문화에서 보편성을 지닌 동시에 일본 본토 지역문화의 특색도 지니고 있음을 강조하려는 야심 찬 책략이 담겨 있다. 따라서 일본의 심학은 중국의 만명晚明시기에 심성心性에 대해 공리공담한다고 폄하되던 양명학과 동일할 필요는 없다는 것이다. 여기서 무엇 때문에 심학이 중국과 일본에 있어서 운명이 이처럼 다른가 하는 것을 깊이 생각해 볼 필요가 있다. 중국에 있어서 청대에 들어선 이후부터 심학은 위魏·진晉시기의 청담淸談과 같은 무용지학無用之學으로 취급되어 헌신짝 버리듯 소홀히 취급받았다. 이에 반해 일본의 '정신풍토'에서 육성된 심학은 일종의 '실학'으로서 그 명맥이 '서민세계'에서 마치 '지하수'처럼 끊임없이 오랫동안 이어져 갔다는 점은 충분히 새겨보아야 할 대목이다.

1960년대 이후 상당 기간 침체해 있던 석문심학에 대한 학계의 관심과 연구가 부활할 조짐을 보였다. 아울러 전전戰前과 전후戰後의 일본사상사 연구 방법을 성찰하는 과정에서 또 다른 하나의 움직임, 즉 관심의 중점을 사회 엘리트 유학자들로부터 하층사회의 일반 민중에게로 돌리고, 나아가 '민중사상' 또는 '민중유학'이라는 새로운 연구 관점이 생겨나서 일본사상사 연구에 새로운 분위기를 형성했다는 점을 지적해야 한다.[25] 예를 들면, 일본사상사 연구 전문

---

24) 源了圓, 『近世初期實學思想の硏究』, 「序論」, 4~5쪽 참조.

가인 야스마루 요시오(安丸良夫)는 바이간심학을 '민중사상사'의 연구 시선에서 재조명해야 한다고 주장했다. 왜냐하면 한편으로 심학은 절대적인 규범의 자신과의 일체화(내재화)를 강조함으로써 인간에게 무한한 가능성을 부여하는 철학이고, 다른 한편으로 이러한 철학은 민중의 일상생활 규범인 '통속적인 여러 덕목의 실천'과 결합하여, 심학의 에너지를 '대중의 삶 의식의 내면'에 투영하여 그들의 '정신세계'를 변화하고 조성하기 때문이다. 이런 철학의 전형이 바로 바이간심학인 것은 의심의 여지가 없다.[26] 다시 말해서, 바이간심학은 본질적으로 '서민의 철학'이다. 이는 일본학계에서 통상 바이간심학을 '정인町人철학' 또는 '상인철학'으로 자리매김하는 전통적인 주장과 기본적으로 같지만 미묘한 차이도 있다. 즉 그동안 바이간의 심성철학 등을 놓고 논의했던 연구에 비해 야스마루 요시오는 심학이론에서의 '통속 윤리'와 생활실천 차원의 문제에 더 많은 관심을 기울였던 것이다.

---

25) '민중유학'은 우리가 말하는 '민간유학'에 해당한다. 근년에 이러한 연구시각으로부터 일본사상사를 재조명하는 연구 성과들이 쏟아져 나왔는데, 여기서 실례를 하나 들어 다른 것을 개괄하고자 한다. 예를 들어, 川村肇가 이러한 시각으로써 근세 이래 일본 지방 사회의 유학 침투 등 여러 가지 구체적인 역사 문제를 탐구할 것을 주장했다. 그의 「民衆儒學へのアプローチ: 教育史の窓から」(『江戸の時代』 第3號, 東京: ぺりかん社, 1996, 108~123쪽)라는 글은 바로 '民衆儒學硏究' 및 '在村知識人의 儒學知硏究'에 관한 대담한 시도이다. 물론 그의 이러한 연구 실천에는 주목할 만한 논문들이 여러 편 있다. 「幕末在村'知識人'の儒學知の性格: 一八三〇年代信州松尾亨庵の事例」(『日本の教育史學』 第33集, 1990); 「涉川における幕末の儒學: '性'と教育, '忠信'と易姓革命」(『日本教育史硏究』 第10號, 1991); 「幕末における在村の儒學と主體形成: 武藏國秩父, 若林嘉陵の事例」(『教育學硏究』 第59卷 第2號, 1992); 「江戸時代後期の在村知識人の儒學: 甲斐國市川大門, 座光寺南屛の事例」(『鳴門教育大學硏究紀要教育科學編』 第10卷, 1995) 등이 그것이다. 이상의 논문은 후에 모두 저자의 저서 『在村知識人の儒學』(京都: 思文閣出版, 1996)에 수록되었다. 이 연구와 취지가 비슷한 논저는 田崎哲郞, 『地方知識人の形成』(東京: 名著出版, 1990); 桂島宣弘, 『幕末民衆思想の硏究: 幕末國學と民衆宗敎』(增補改訂版, 京都: 文理閣, 2005; 1992 초판)를 참조할 수 있다.

26) 安丸良夫, 『日本の近代化と民衆思想』(東京: 靑木書店, 1974; 1965 초판); 逆井孝仁, 「通俗道德の思想構造: '心'の哲學成立の思想史的意義」, 古田紹欽・今井淳 編, 『石田梅岩の思想: '心'と'儉約'の哲學』(東京: ぺりかん社, 1979) 참조. 민중사상사 연구에 관한 安丸良夫의 기여와 그 문제점에 대하여 安丸良夫・磯前順一 編, 『安丸思想史への對論: 文明化民衆兩義性』(東京: ぺりかん社, 2010)을 참조.

소위 '민중사상사' 연구 영역의 개척은 전후 일본학계의 사학 영역에서의
커다란 돌파구가 되었다. 이는 주로 전후 일본학계에서 주류를 이룬 일본 마르크
스주의 사학과 근대주의의 틀에서의 역사 연구가 상부구조의 역사관을 지나치
게 강조하는 것에 대한 불만에서 일반 민중의 사상에 주목할 것을 제창한
것이다. 특히 1960년대에 이로카와 다이키치(色川大吉)의 『메이지정신사』(黃河書房,
1964)[27]와 야스마루 요시오의 『일본의 근대화와 민중사상』(1965)의 출판을 상징으로
로 민중사상 연구가 유행하게 되었다. 그리고 1970년대에 『일본사상대계日本思想
大系』를 편찬하면서 『민중운동의 사상』(民衆運動の思想)이란 책을 전문 편찬하여
그 속에 수록하기까지 했다.[28] 이로카와 다이키치의 방법론 구상에 따르면,
그의 연구가 '사상사'가 아닌 '정신사'라는 이름을 가지게 된 것은 '사상'이
체계화·조직화된 사유의 결과인 반면, '정신'은 체계화·조직화되지 않은 사회
저변에 잠재해 있는 삶의 의식[29]이므로 정신사 연구는 반드시 사회 대중을
주요 관심사로 해야 한다는 점에서 주목할 만하다. 사실 석문심학 연구가 전후에
잠시 중단되었다가 1960년대 이후 다시 되살아나게 된 것은 이 같은 새로운
연구 사조와 박자가 맞아서였다. 다만 이로카와나 야스마루의 민중사상 연구는
밑바닥에서 살고 있는 일반인들의 사회정치, 경제생활 등의 상태에 대한 사고,
불만, 심지어 저항 등의 정신적 태도에 주목한 데 비하여, 석문심학 연구는

---

27) 色川의 이 책은 당시 큰 반향을 일으켰는데, 수 년 후인 1968년에 『增補明治精神史』(黃
河書房)를 출판한 후 얼마 지나지 않아 절판되었다가 1973년에 대폭 수정 增削하여
『新編明治精神史』(中央公論社)를 다시 출판하였고, 후에 『色川大吉著作集』 第1卷(東京:
築摩書房, 1995)에 수록했다. "엘리트도 사상가도 아닌 일반인의 정신동향을 탐구한
다"는 취지에서 만들어진 이 책은 '三多馬 지역(현재 도쿄의 일부 지역)과 10명의
인물에 한정했는데, 민간에서 발굴한 지방문서를 활용하여 일반인의 정신활동에 대
하여 창조적인 역사를 구축했다. 이 때문에 당시 학계의 주류 엘리트 학자나 지식인
들로부터 三多馬 연구에 국한된 '地方史家' 또는 '鄕土史家'라는 놀림까지 받았다. 그는
이러한 호칭을 받아들일지언정 主流의 소위 '中央史家'가 되지 않겠다고 맞받아쳤다.
그가 골몰한 것이 바로 "中央史家들이 보지 못하는, 지하에서 종횡으로 교차하는 지
하수맥의 모습"(『新編明治精神史』[『色川大吉著作集』 第1卷], 524쪽)이었기 때문이다.
28) 『日本思想大系』 58(東京: 岩波書店, 1970). 校注者는 莊司吉之助·林基·安丸良夫이다.
29) 色川大吉, 『新編明治精神史』(『色川大吉著作集』 第1卷), 238~247쪽 참조.

'세속적인 도덕설교'를 새롭게 발굴하는 사상 활동에 초점을 맞추었다는 점에서 구분될 수 있다. 이런 사상 활동은 상당 부분 체제에 대한 의존성이 존재하기 때문에 '민중사상' 연구 분야에 편입되지 못했다.[30]

마지막으로 설명해야 할 것은 '심학'이라는 용어가 사실 일본에서 아주 일찍 등장했고, 적어도 게이안(慶安) 3년(1650)에 출판된『심학오륜서心學五倫書』[31]로 거슬러 올라갈 수 있다는 점이다. 그러나 바이간 자신은 '심학'이란 용어를 쓰지 않았고 '성학性學'으로써 자신의 교리를 밝혔다. 안에이(安永) 7년(1778)에 이르러 그의 문인인 데지마 도안(手島堵庵, 1718~1786)이 바이간의 사상을 '심학'으로 개괄하면서부터 차츰 널리 유행하게 되었다. '석문심학石門心學'이란 용어는 아마도 1790년대 이후에 나온 것으로서, 이는 석문심학을 불교나 유교의 심학과 구별하기 위한 목적에서 사용한 것으로 보인다.[32]

---

30) 예를 들면, 「民衆思想の硏究」(『日本思想大系』 58)에는 石門心學에 관한 아무런 자료도 수록되지 않았다. 민중사상연구의 대상, 특질 등의 문제에 관해서는 安丸良夫, 『民衆運動の思想』(『日本思想大系』 58), 「民衆思想の硏究」, 「解說」, 391~436쪽을 참조. 겸해서 말하면 '일본민중 윤리사상사' 연구에 몰두하고 있는 또 다른 학자 布川淸司는 연구 43년 만에 뜻밖의 사실을 발견했는데, 여전히 이 분야에서 연구를 고수하고 있는 사람은 그 자신 한 명뿐이고, 호응하는 사람도 아무도 없다는 것이다.(布川淸司, 『日本民衆倫理思想史硏究』, 東京: 明石書院, 2000, 785~786쪽) 이른바 '민중윤리사상사' 연구 분위기는 사실 불황의 연속이었음을 알 수 있다. 布川가 자신의 연구를 '윤리적 불복'이라는 특정한 시각에 설정했다는 점이 이채롭다. 다만 그의 시각이 사회 상·하 2층의 대결구도, 이를테면 '一揆(폭동, 봉기)', '世直し'(사회개조) 등의 문제에 치우치다보니 통속적인 도덕, 특히 유교윤리와 세속사회의 상호작용 등에 대해서는 관심이 부족했다.

31) 이 책의 저자가 명확하지 않다. 어떤 학자들은 이 책의 '朱子心學論' 및 '神儒一致說' 등의 주장에 근거하여 일본 주자학의 시조인 藤原惺窩의 문인 林羅山(1583~1657)의 저서로 추측하고 있다. 今中寬司, 「江戶時代の倫理思想」, 日本思想史硏究會 編, 『日本における倫理思想の展開』(東京: 吉川弘文館, 1965), 177쪽 참조. 『心學五倫書』에 근거하면 이른바 '심학'이란『尙書』「大禹謨」의 "人心惟危, 道心惟微, 惟精惟一, 允執厥中"을 가리키고, 이 '十六字'는 "요·순·우가 천하를 다스리던 心法이고…… 만세 성인이 전수한 심학이다."(위와 같은 책, 178쪽) 이는 심학을 정치사상으로 이해한 것이 분명하다. 그러나 이 설은 사실 에도시대에 널리 알려진 남송의 眞德秀(1178~1235)의『心經』에서 비롯되었다. 『心學五倫書』의 문헌학 연구에 관하여 山本眞功, 『『心學五倫書』の基礎的硏究』(東京: 學習院大學, 1985) 참조.

---

2. 바이간심학의 사상적 특질

바이간(梅岩)심학은 왜 '정인철학町人哲學'으로 불릴까? 이는 바이간의 출신과 관련이 있다. 바이간은 교토 인근인 단파국丹波國 상전군桑田郡 동현촌東懸村(현재의 교토부 가메오카시)의 농가에서 태어났는데, 일생을 주로 교토에서 생활했다. 그는 젊은 시절 교토의 상인 집에서 두 차례 일하여 '정인町人'이 되었는데, 우리가 흔히 말하는 '시장통의 사람'(市井之人)으로서 사·농·공·상의 사회적 신분에서 '상商'의 계층에 속하는 셈이다. 그는 23세 때에 두 번째로 교토에 온 후 열심히 자습하기 시작했는데 그의 학습방식은 태주학파의 왕간王艮(1483~1541)과 비슷했다. 왕간은 젊은 시절 경서를 소매 속에 숨기고 일하면서 공부했는데, 바이간의 학습생활도 이와 비슷했다. 그러나 바이간은 당시 교토의 유학자들이 개설한 각종 강좌에 자주 참석할 수 있다는 유리한 조건을 이용하면서 주로 '유가철학'을 공부했다고 한다.[33] 어쨌든 바이간에게는 23세부터 43세까지 상가商家를 떠나 독립할 때까지의 긴 독학 과정이 인생의 고비였다. 2년 뒤인 45세(1729)에 그는 사상가·교육자로서의 다른 인생을 시작했다.

바이간의 사상형성 과정을 보면, 그는 처음에 일본 신도교神道敎에 열중하다가 유가경전을 학습하게 되었으며 불교에도 큰 매력을 느꼈다는 것을 그가 남긴 강의 기록에서 분명히 엿볼 수 있다. 그렇기 때문에 일반적으로 그의 사상은 삼교三敎 융합으로 이루어졌다고 여기지만, 이 '삼교'는 중국의 유·불·도가 아닌 '신神·유儒·불佛'을 뜻한다. 그러므로 바이간의 사상적 요소는 결코

---

32) 石門心學에서 '심학'이란 단어의 출현과 그 사용에 대하여 石川謙 編, 「心學槪說」(石川謙 著), 『心學』, 第1卷(東京: 雄山閣, 1941), 1~5쪽 참조. 또 R. N. Bellah, 池田昭 譯, 『德川時代の宗敎』(東京: 岩波書店, 1996), 337쪽, 주79)를 참조할 수 있다. 이 책의 일본어 초역본은 1962년에 출판되었고, 중국어 번역본은 王曉山·戴茸 譯, 『德川宗敎: 現代日本的文化淵源』(北京: 三聯書店, 1998)이 있다. 그러나 이 번역본은 원저의 고전 인용문 쪽수를 모두 삭제하고 일부 해석적인 주석만 남겨 놓았다.

33) 石川謙, 『石田梅岩と『都鄙問答』』(東京: 岩波書店, 1968), 7쪽 참조.

유교 하나만이 아니다. 그 자신도 일찍이 '신·유·불을 함께 존중한다'라는 입장을 분명히 밝혔다.[34] 그리고 그는 그것을 일상생활에서 관철하고 실행하는 것을 대단히 강조했는데, 그의 주장은 매우 재미있고 중요하다. 첫 번째는 '천조황태신天照皇太神'을 예배하고, 두 번째는 '문선왕文宣王' 즉 공자를 예배하고, 세 번째는 '석가여래'를 예배했다. 중요한 것은 여기서 예배 순서가 틀리면 안 되고, 유·불은 모두 '태신궁太神宮'을 으뜸으로 해야 한다고 규정한 점이다.[35] 그는 매일 이러한 예배를 몸소 실천했다고 한다. 특이한 것은 그는 매일 아침 '천조황태신궁'을 예배하는 동시에 또 '부엌신'(조왕신)과 '고향의 씨신氏神'을 예배하고, 스승·조상·부모에게도 절하고, 심지어 저녁에도 한 번 더 엎드려 절했다고 한다.[36] 그만큼 바이간의 종교적인 신심은 매우 컸지만 그에게 있어서 유학은 아마도 그 지식구조를 이루는 일부분에 지나지 않았으며, 그의 궁극적인 배려나

---

34) 예를 들면, 바이간은 "神·儒·佛 모두가 깨달음을 마음 하나로 여긴다"라고 하였다.(『都鄙問答』3『石田梅岩全集』上, 121쪽) 즉 바이간은 '神·儒·佛'의 連用에 대한 자각적인 의식을 갖고 있었음을 알 수 있다. 『石田先生語錄』18(『石田梅岩全集』下), 144쪽 함께 참조. 아래에 인용한 '梅岩語錄'은 모두 고대 일본어로 이루어져 있는데, 이것을 필자가 중국어로 번역했다.

35) 여기서 寬保 三年(1743)의 대화 기록 한 단락을 발췌하는 것도 무방하겠다. "神儒佛三道ノ中ニテハ何レ乄至極ニ忝シト思ヒ尊ブヤ, 信心スル所ニ依テ倚ル所アラバ申ベシト存.……先第一「二」天照皇太神宮ト拜スル中ニ八百萬神·天子·將軍モ籠リ玉フ. 第二番目ニハ文宣王ヲ拜スル中「二」, 曾子·子思·孟子·宋儒等マデ籠リ玉フ. 第三番ニハ釈迦如來ヲ拜スル中ニ开山方マデ籠リ玉フ. 又佛者ナラバ第二番目ニ佛ヲ拜シ申ベシ. コレ禮ナクンバアルベカラズト云所ナリ. 世ニ스ム者ハ此禮ヲ盡スベキ所ナリ, 儒佛共ニ太神宮ハ第一番ナルベシ."(『石田先生語錄』18『石田梅岩全集』下, 144쪽) 이 자료에 대해 源了圓은 다르게 이해하였다. 그는 신도가 梅岩思想의 '핵심' 또는 '본체'를 구성했다고 여겨서는 안 된다고 보았다. 그에 의하면, 梅岩은 다만 일본문화의 풍습에 따라 皇太神宮을 예배의 첫 순위에 놓을 것을 주장했을 뿐이다. 梅岩이 신도를 '유일한 宗源'으로 간주한 것은 물론 '감정의 표현'이지만 그것을 '이론화'하지 않았기 때문에 '유교 중심'이 梅岩사상의 기본 '소재'가 되고, 그의 '신도 중심'의 입장은 '사상적 태도'의 차원에서 말하는 것이다.(源了圓, 「石田梅岩論」, 古田紹欽·今井淳 編, 『石田梅岩の思想: '心'と'倹約'の哲學』, 90쪽 참조) 이 견해는 참고할 만하다. 그러나 나는 梅岩이 儒·佛을 수용함에 있어서 작업가설적 입장이 없을 수 없기에 그 사상의 근본적 입장에서 볼 때 그는 분명 신도를 문화 본위주의로 간주했다고 생각한다.

36) 『石田先生事蹟』(『石田梅岩全集』下), 617~618쪽 참조.

가치신앙은 여전히 일본 신도교를 본위로 하고 있음을 알 수 있다. 그의 신앙이 극단적인 일원론이 아니라 다신론多神論인 것 같지만, 그 신앙의 본질에 있어서는 '천조황태신'의 신앙이 으뜸이자 첫 순위에 있었던 것은 분명하다.37)

그는 삼교의 위계순서를 생동감 있게 비유하여 태신궁은 '금', 유교는 '은', 부처는 '전錢'(銅에 해당함)이라고 하였다. 그러나 이론적 가치의 관점에서 보면, 신·유·불의 가치관은 서로 다르지만, 각각 정직·성실·자비로서 상·하 우열의 차이가 없기 때문에 '삼도三道'로 병렬될 수 있다.38) 그러나 바이간이 여전히 신도를 문화 본위로 삼았다는 점은 반드시 강조되어야 한다. 즉 그의 신·유·불 삼교일치의 태도는 단순한 복합이 아니라 신도문화 본위주의라는 입장을 전제로 하고 있다. 다시 말하면 신도로써 유·불을 통섭하는 것이 바이간심학의 문화민족주의 입장이다. 다음 절에서 서술하게 되는 메이지이후 석문 심학자들이 '대교선포운동大敎宣布運動'에 적극 참여하거나 「교육칙어」를 열창하는 등의 언행이 바이간심학의 이러한 문화민족주의 입장과도 밀접한 관련이 있을 것으로 짐작한다.

물론 바이간이 후세에 '심학자'로 추앙받는 데에는 그럴 만한 이유가 있다. 그는 "이 마음을 얻는 것이 곧 학문의 시작과 끝을 이룬다"(得此心者, 乃爲學問之始終)라는 것과, 또한 "성학聖學을 논하는 것은 반드시 이 마음을 안 뒤에라야 가능하다"(論聖學, 必知此心而後可矣)라는 관점을 대단히 강조했기 때문이다.39) 그는 '심'을 거의 궁극적인 문제로 보고 중시한 셈이다. 그리고 그 자신이 '심'을 중시하는 것은 공자와 맹자, 특히 맹자와 관련이 있다는 점을 인정했다. 그는 다음과

---

37) 梅岩의 신도신앙이 어떤 계통인지에 대해서는 여러 가지 설이 있다. 柴田實, 『梅岩と その門流: 石門心學史硏究』, 「石田梅岩と神道」, 24～37쪽 참조. 梅岩 자신의 견해에 따르면, 그의 신도 신앙은 분명히 『日本紀』 '天照太神'의 신앙 체계에 속한다.(『都鄙問答』 3(『石田梅岩全集』 上, 123쪽) 그리고 그는 『日本紀』 '神代卷'에 나타난 상고시대 일본의 神靈 시스템에 대한 신앙도 대단히 경건하였고, 일본은 예로부터 '신국'이었다고 굳게 믿었다.(『都鄙問答』 4(『石田梅岩全集』 上, 180쪽)

38) 이상의 내용은 『石田先生語錄』 18(『石田梅岩全集』 下, 145～146쪽 참조.

39) 『都鄙問答』 3(『石田梅岩全集』 上), 112·125쪽 참조.

같이 말했다.

> 학문의 극치는 하늘로부터 받은 자기의 영명한 본심을 끝까지 발휘하여 하늘이
> 부여해 준 자기의 본성을 아는 것이다. 본성을 알면 하늘을 안다. 하늘을 아는
> 경지에 도달하면 '천天', 즉 공맹이 말하는 '마음'을 파악할 수 있으며, 공맹의
> 마음을 알면 송유의 마음도 한 가지임을 알게 된다. 하나이므로 스스로 부합하게
> 된다. 마음을 알게 되면 천리가 그 속에 다 갖추어져 있는 것을 알 수 있다.[40]

바이간이 맹자의 '진심盡心 · 지성知性 · 지천知天'에 대하여 보편적인 해석을
했다. 그에 의하면, '진심'으로부터 '지천'에 이르는 공부 이론에는 '심'이라는
핵심적인 관념이 관통되어 있고, 공맹으로부터 송유에 이르기까지 그 마음이
한결같고 그 리理가 같아 둘이 아니다. 이로부터 그는 "이 마음을 얻는 것이
곧 학문의 시작과 끝을 이룬다"라고 강조했던 것이다. 요컨대, 바이간은 '심'을
보편적인 존재, '입교立敎'의 근본으로 보았다. 그래서 그는 다음과 같이 말했다.

> 학문의 극치는 하늘로부터 받은 자기의 영명한 본심을 끝까지 발휘하여 하늘이
> 부여해 준 자기의 본성을 아는 것이다.
> 맹자는 '내 마음을 다하여 본성을 알게 되면'(盡心知性) '하늘을 알게 된다'(知天)고
> 말한 것이 곧 나의 마음에 부합하여 의심할 여지가 없으므로, 나는 이것으로써
> '교敎'를 세우는 바이다.[41]

이로부터 바이간의 심학사상이 맹자와 다소 연원 관계가 있다는 것을 알
수 있다. 그러나 우리는 바이간의 심학이 맹자의 심학과 같은 근원에서 나왔다고
착각해서는 안 된다. 바이간의 아래와 같은 발언은 거의 주회의 말투라는 생각이

---

40) 『都鄙問答』 2(『石田梅岩全集』 上), 72쪽 참조. "學問之至極在於盡心知性, 知性則知天. 知
 天則天卽孔孟之心, 知孔孟之心則宋儒之心一也. 一故注自合. 知心時, 天理備於其中."
41) 위와 같은 책, 71쪽; 『都鄙問答』 1(위와 같은 책), 11쪽 참조.

든다.

심心이란 성정性情을 겸하고 동정動靜과 체용體用이 있는 것이다. 성性은 체體이면서 정靜하고, 심은 동動이면서 용用이다. 심의 체를 놓고 말하면 성과 비슷한 면이 있다. 심의 체가 옮겨 가지 않는 것이 무심無心이니, 성性 역시 무심인 것이다. 심은 기氣에 속하고 성은 리理에 속한다.[42]

이 단락의 말뜻은 대단히 명확하다. 그는 '겸兼'자로써 심心 · 성性 · 정情의 관계를 나타냈는데 이는 주희의 '심통성정心統性情'의 이론에 가깝다. '통統은 겸兼이다'라고 한 것은 주희의 해석과 같다. 이른바 "성性은 체體이면서 정靜하고, 심은 동動이면서 용用이다"라는 것은 성性은 심心의 체이고, 심心은 성性의 용이며, 체體로부터 말하면 고요함(靜)에 속하고 용用으로부터 말하면 동動에 속한다는 뜻이다. 이러한 주장도 주희의 학설과 비슷하다. 그가 말한 "성性 역시 무심인 것이다"에 대해서는 여기서 토론하지 않겠다. 마지막의 "심은 기氣에 속하고 성은 리理에 속한다"라는 말은 주희의 "성性은 태극과 같고, 심心은 음양과 같다"[43]라는 관점에서 변화되어 나왔을 수도 있다. 왜냐하면 '심은 음양과 같다'고 하는 말의 의미가 '심은 기氣와 같다'고 하는 것과 유사하고, 여기서 한 걸음 더 나아가면 '심은 기에 속한다'라고 추론할 수 있기 때문이다. 사실 주희 리학의 의리체계에 근거하면, 주희의 '심론'에 대한 이러한 이해가 완전히 옳은 것은 아니다. 그렇지만 이것은 별도로 취급해야 할 문제다.[44] 어쨌든 바이간은 주희의 사서장구四書章句와 그에 관한 이론에 익숙하였고, 그의 사고맥락도 주자학과 비슷한 점이 있다는 것은 부인할 수 없다.

---

42) 『石田先生語錄』(『石田梅岩全集』 上), 528쪽 참조.
43) 『朱子語類』, 卷5(北京: 中華書局, 1986), 87쪽.
44) 물론 현재 학계의 실증적인 연구가 이미 주희가 "心은 氣에 속한다"거나 '心卽氣'라 는 말을 한 적이 없음을 충분히 입증하고 있다. 吳震, 『'心是做工夫處: 關於朱子'心論' 的幾個問題』(上海: 華東師範大學出版社, 2009), 112~138쪽 참조.

사실 바이간의 심학이론은 매우 독특하며 맹자와도 다르고 주자와도 다른 일본적 색채를 띠고 있다고 할 수 있다. 예를 들어 그는 상징적인 관점을 가지고 있는데 일본어 원문은 '形=由ノ心', '形ガ直=心'이다.[45] 이를 중국어로 옮기면 '유형지심由形之心', '형직시심形直是心'이 되는데, 이 두 가지 표현은 뜻이 서로 통한다. 우리의 분석에 따르면, 그 뜻은 '심은 형상에서 벗어날 수 없고', '형상이 없으면 심도 없다'는 것이다. 극단적으로 말하면 형상 자체가 곧 심이라는 말이다. 중국의 심학전통에서 맹자로부터 육상산, 왕양명에 이르기까지 모두 도덕본심으로 이론을 세웠고, 이러한 도덕본심이나 양지본체는 배우지 않고도 알고 생각하지 않아도 할 수 있는 절대적인 존재로서 결코 심은 형체적인 존재로서만 존재한다고 할 수 없다. 그렇다면 바이간에게 있어서 '형形'은 어떤 의미일까? 그는 다음과 같은 권위 있는 진술을 했다.

> 원래 형체가 있는 것은 바로 형체를 '심'으로 한다는 사실을 알 수 있다.……
> 모기의 유충은 물에서 사람을 쏘지 않지만 모기로 변하게 되면 갑자기 사람을 쏘는데, 이것은 형체로부터 생겨나게 되는 '심'에서 비롯된 것이다.…… 자라나서 개구리의 형체가 되면 뱀을 무서워하는데, 형체가 바로 '심'의 거처이기 때문이다.[46]

여기서 그는 모기와 개구리를 예로 들면서 모기가 형체를 갖추지 않았을 때는 '사람을 쏠' 줄을 모르지만, 일단 모양을 갖추게 되면 '사람을 쏘는' 본성을 드러내게 되는데 이는 '형체로부터 생겨나는 심에서 비롯된 것'이라고 지적했다. 즉 모기가 사람을 쏘는 본성은 모기의 '심'이고, 그런 '심'의 형성은 모기가 형체를 갖추는 데에 달려 있다는 것이다. 개구리의 예도 이와 마찬가지로 역시 개구리가 커서 모양을 갖추면 뱀을 무서워하는 본성이 생겨난다고 보았다.

---

45) 『都鄙問答』3(『石田梅岩全集』上), 113쪽 참조.
46) 위와 같음.

여기서 말하는 '형체'(形)란 구체적인 사물의 형상과 그 생존환경을 가리키며, '심'은 구체적인 사물 및 그 환경에 존재한다고 여겼다. 이것이 바로 이른바 '유형지심由形之心', '형직시심形直是心'의 본뜻이다. 한편으로 그는 심에는 일정한 보편적인 의의가 있기 때문에 공맹의 심과 송유의 심, 나아가 현인들의 심이 서로 통하고 연결될 수 있다고 보았지만, 다른 한편으로는 또 심의 존재가 구체적인 형체를 벗어나서는 안 된다고 강조했다. 이 두 가지는 얼핏 보기에 서로 모순처럼 보인다. 그렇지만 보편적인 것은 구체적인 형체에 의해서만 드러날 수 있다는 바이간의 중요하고도 독특한 관점에서 보면 양자는 서로 연관되어 있다. 그의 이런 관점은 양명심학이 강조하는 양지良知의 존재는 '인륜 일용에서 벗어나지 않는다'(이른바 '매일의 일상 행위 안에서 떨어지지 않는다'[不離日用常行 內])는 관점과 비슷한 것으로 보이지만, 양명에게 있어서 양지가 인륜일용에서 발현되고 유행한다고 하여 양지가 보편적인 특성이 결여되었다는 것을 의미하지 않으며, 양지 본체는 여전히 절대적인 초월성을 가지고 있다.(이른바 '획 긋기 전 선천의 시대 곧바로 열리나니'[直造先天未畫前]) 바이간에 따르면, '심心'의 구성요소는 직접 형체(形)에 의해 결정되고, 심의 보편적 의미는 반드시 구체적인 사물에 대해 말해야 한다. 그래서 그는 또 중국 『시경』의 '유물유칙有物有則'이라는 설을 따서 '유형유칙有形有則'[47]이라는 자신의 독특한 관점을 만들었다. 이는 분명 '유형지심由形之心'의 또 다른 표현이라 할 수 있다.

확실히 바이간의 심학사상은 대단히 풍부하다. 예를 들면, 그는 맹자의 "사람의 형체와 용모는 천성天性이니, 오직 성인聖人인 뒤에야 타고난 형체와 용모대로 실천할 수 있다"라고 할 때의 '실천할 수 있다'는 '천형설踐形說'을 대단히 좋아했고 또 그 의미에 대해 독자적으로 해석했다.[48] 그는 이 설을 일본의 직분관職分觀과 결합시켜 '내 직분을 다하는 것'이 곧 '천형踐形'이라고

---

47) 『石田先生語錄』 9(『石田梅岩全集』 上), 473쪽 참조.
48) 『都鄙問答』 3(『石田梅岩全集』 上), 114~116쪽 참조.

하였다. 바이간의 '직분'이라는 관념은 그의 출신인 정인町人의 신분을 변호하는 것으로서, 상인이 장사를 하는 것이 곧 상인의 직분[49]이라는 점에서 바이간심학이 상인 직업의 성격을 띠고 있음을 보여 준다. 그러나 이 글의 취지가 바이간심학을 논하는 데에 있지 않기 때문에 그 심학의 의리義理를 깊이 파고들기에는 무리가 있다. 말하자면, 바이간의 심론은 형이상形而上의 초월의 각도에서 논점을 세우는 것이 아니라 항상 구체적인 사물 및 환경을 전제로 하여 말한다는 점에 주목해야 한다. 즉 형체(形)의 관점에서 심을 말하기 때문에 그는 '만물에는 모두 형체 밖의 심이 없다'(萬物皆無形外之心)[50]는 것을 강조하고, 구체적인 사람으로 말하면 신체의 관점에서 '심'을 말했다. 따라서 그는 또 "마음을 알면 몸을 조심하게 되고, 몸을 공경하면 예에 부합하게 되어 마음이 편안하고, 마음이 편안하면 이것이 곧 인仁이다"[51]라고 강조하였다. 바이간심학의 이런 관념은 확실히 일본 본토의 특색이 있다. 다시 말하면, 이처럼 구체성·현실성 및 형이하形而下의 세계를 중시하는 이론 특색이 바로 일본유학의 기본 특점이다.[52]

---

49) 『石田先生語錄』 9(『石田梅岩全集』 上), 473쪽 참조.
50) 『石田先生語錄』 14(『石田梅岩全集』 下), 55쪽 참조.
51) 『都鄙問答』 3(『石田梅岩全集』 上), 112쪽. 梅岩의 이러한 주장은 에도 초기의 中江藤樹의 제자인 熊澤蕃山과 사상적 관련이 있다고 보는 학자도 있다. 蕃山은 그의 『集義和書』에서 "冬に至ては夏の帷子をおもふ心なし. 夏に至ては冬の衣服を思ふ心なし. 此の形あるが故に形の心あり. 此身死すれば此の形の心なし"라고 명확히 지적한 바 있다.(柴田實, 『梅岩とその門流: 石門心學史研究』, 「石田梅岩と神道」, 35쪽에서 인용) 마지막 문구의 뜻은 "이 몸이 죽으면 그 형체의 마음이 없다"는 것이다. 이는 상술한 梅岩의 입장과 상당히 비슷하다. 그러나 柴田實는 梅岩이 蕃山의 영향을 받았다기보다는 梅岩의 관점이 양명학자로서의 蕃山과 사상구도에 있어서 비슷하기 때문이라고 지적했다. 이러한 견해는 石川謙早가 이미 『石門心學史研究』에서 지적한 바 있다.(위와 같음) 그러나 나는 '影響史'의 관점에서 어떤 관점의 시원을 찾아내는 것에는 한계가 있을 수밖에 없다고 생각한다. 오히려 蕃山이든 梅岩이든 '形'과 '身'의 문제를 대단히 중요시한 이유는 초기의 일본사상이 추상성보다는 구체성을 중시—또는 추상적인 문제를 구체화시키는 경향—하는 고유 사고방식과 더 중요한 관련이 있다고 본다. 바로 이 점에서 禮를 중시하고 心을 깎아내리는 고학과 徂學派學의 사상 취지와도 어긋나지 않을 것이다.
52) 이를테면 우리는 다른 예를 들어 설명할 수 있다. 위에서 언급한 일본의 철학자 西周는 주자학이 추상적으로 '理'를 인간세상 모든 것의 자연법칙과 인륜의 규범으로 말

3. 석문심학의 강학운동

바이간심학의 또 다른 중요한 특징은 바로 바이간이 심학이론을 제시하면서
부터 그 심학사상을 일반 대중에게 알리는 것을 대단히 중요시했다는 점이다.
다시 말해 바이간심학은 그 무슨 서재식書齋式이나 학원식學院式의 추상적 이론이
아니라 사회에서 실행에 옮길 수 있는 실천방식이라는 것이다. 위에서 언급한
교호(享保) 14년(1729), 이시다 바이간(石田梅岩)이 공개강좌를 개최한 것을 상징으로
일본 근세사상사에 있어서의 유명한 석문심학운동이 등장했다. 따라서 석문심
학이 출범한 초기부터 강학講學이 석문심학의 상징적 특징으로 자리 잡았다고
평가할 수 있다. 처음에는 청중이 많지 않았지만, 얼마 지나지 않아 분위기가
좋아져 오사카 등지로 초청되기도 하고 강의에 참가한 청중도 50~60명에 달했
다. 비록 성황을 이루지는 못했지만, 그래도 꽤 인기가 있었다고 말할 수 있다.[53]
바이간의 시대에서 말하자면 그의 강의가 하층사회와의 거리가 매우 가깝다
는 특징이 있다. 첫째, 돈을 받지 않았는데 이는 그의 강의가 서당교육 성격이
아니라는 것, 즉 교과서의 지식을 전수하기 위한 것이 아니라는 것을 의미한다.
둘째, 대상이 대부분 도시 서민과 상인 계층이고, 남녀노소를 막론하고 누구나
다 참여할 수 있어서 상당히 개방적이었다. 셋째, 강의 내용은 유교경전 이외에
불교와 신도神道의 내용도 있었고, 일상생활 속의 삶의 이치 등에 관한 것이
더 많았다. 바이간의 말년에 이르러 그의 강학 활동은 주변 지역으로 확대되었는
데, 이러한 변화는 석문후학石門後學시대에 더 뚜렷해졌고 전국 각지에 '강사講舍'
(즉 강학기관)가 잇따라 개설되어 심학운동의 중요한 상징이 되었다. 예를 들어,
바이간의 시대 이후 얼마 지나지 않아 안에이(安永) 7~8년(1778~1779) 무렵, 바이

하는 것에 대하여 이해할 수 없다고 하면서 氣를 떠나서 理를 말할 수 없다고 주장했
다. "그러한 理에는 先天的인 것도 있고 後天的인 것도 있으며, 세력에 따라 성하기도
하고 쇠하기도 하며, 근본도 있고 지류도 있기 때문에 일률적으로 논할 수 있는 것
이 아니다."(西周, 『尙白劄記』[『西周全集』, 卷1], 東京: 宗高書房, 1960, 170쪽 참조)
53) 石川謙, 『石田梅岩と『都鄙問答』』; 柴田實, 『石田梅岩』(東京: 吉川弘文館, 1962).

간의 재전再傳제자인 나카자와 도니(中澤道二, 1725~1803)[54]가 강학 활동을 교토에
서 당시의 정치 중심이었던 에도(오늘날의 도쿄)로 옮겨 갔다. 그는 에도에 심학
조직인 '참전사參前舍'를 설립하고, 이를 거점으로 하여 일본 관동과 동북, 중부
일대에 심학을 급속히 확산시켜 석문심학의 전성시대를 열었다. 메이지 이전의
석문심학의 강학운동에 관해서는, 위에서 여러 차례 언급했던 이시카와 겐(石川
謙)의 대작 『석문심학사연구』가 이미 후대 사람들이 뛰어넘기 어려울 정도로
상세하고 충분한 연구를 진행했기 때문에 여기서 많이 말할 필요가 없다.

　19세기 말 20세기 초의 막부 말기 및 메이지 초기에 이르러 심학운동에는
미묘하고도 중대한 변화가 일어났다. 그것은 크게 두 가지인데, 하나는 그들의
강학 대상이 기층으로부터 상층부에 이전되기 시작하여 당시 막부 정부의
지지를 받았다는 점이다. 그 이유는 강학 내용이 대부분 일상생활에서의 인생이
치와 관련되어 있어서 농촌 질서를 안정시키는 데 도움이 되었기 때문에 상층부
의 주목을 받았던 것이다. 다른 하나는 그들의 강의 내용도 일부 방향에 있어서
미묘한 변화가 일어났다. 심학운동 초기에 백성들의 생활에 맞게 통속윤리를
설파했던 것과는 달리, 막부 말기 이후의 심학강학은 상층 이데올로기에 영합하
기 시작했고, 특히 메이지 이후 등장한 '대교선포운동大敎宣布運動'[55]에서 심학자

---

54) 中澤道二의 생애에 관하여서는 石川謙·小杉岩, 『堵庵と道二』(東京: 藻岩書店, 1941)를
　참조.
55) 이른바 '大敎宣布'란 메이지 3년(1870) 10월 천황이 조서에서 "宜しく治敎を明らかに
　し以って惟神の大道を宣揚すべし"라고 했듯이 천황 통치의 근본이념인 神道사상을 목
　적으로 한 '선양운동'으로서 최종 목적은 국민 전체에 대한 '사상 통일'이다. 메이지
　2년 宣敎使 설립에 이어, 메이지 5년에는 敎部省을 신설하고, 같은 해 三條敎則(일명
　敎憲)을 공포했다. 내용은 "① 敬神愛國ノ旨ヲ體スベキ事 ; ② 天理人道ヲ明カニスベキ
　事 ; ③ 皇上ヲ奉戴シ朝旨ヲ遵守セシムベキ事"이다. 柴田實, 『心學』(東京: 至文堂, 1967),
　166쪽에서 인용. 아울러 말하자면, 사상통일과 국민교화를 목적으로 한 三條敎則은
　출범과 동시에 반대에 부딪혀 곧 폐기됐다. 그러나 그 후 얼마 안 되어 문부성은
　메이지 12년(1879)에 반포한 '敎學聖旨'를 여전히 전통교육의 핵심 이념으로 삼고,
　유학을 '황국사상'의 교육 책략으로 간주하여 일반 유학의 典籍을 학교에 보급했다.
　國立敎育硏究所 編, 『日本近代敎育百年史』, 「序說」(東京: 敎育硏究振興會, 1974) 참조. 川
　村肇, 「民衆儒學へのアプローチ: 敎育史の窓から」, 『江戸の時代』 第3號(東京: ぺりかん社,

들이 참여의식을 강하게 드러내어 관변 어용 강사로 변모했다. 예를 들어, 메이지 6년, 교토 명륜사明倫舍 사주舍主인 데지마 도츠안(手島訥庵, 1808~1875)이 당시 교부성教部省에 의해 '권대강의權大講義'로, 수정사修正舍의 시바타 유오(柴田游翁, 鳩翁의 嗣子, 1809~1874)는 '중강의中講義'로 임명되었고, 도쿄에서는 참전사參前舍 제7대 사주인 다카하시 고유키(高橋好雪, 생몰 미상)와 자겸사自謙舍 제2대 사주인 기쿠치 도사이(菊地冬齋, 1805~1874)가 각각 '교도직教導職'에 임명되었다.56) 시바타 유오는 '중강의'에 임명된 후「삼칙설교 심학이정표」(三則說教心學道しるべ, 메이지 6년 10월호)라는 단문을 저술했는데 이에 대해 심학 연구가인 시바타 미노루(柴田實)는 '삼조교칙三條敎則'에 대한 이 글의 부연설명은 여전히 심학적 특색이 있지만 새로운 것이 거의 없어 유오(游翁)의 심학은 어용심학이 되었다고 해도 과언이 아니라고 비판했다.57) 아래에서 이 글에 담긴 유오의 중요한 관점을 살펴보기로 하자.

> 우리는 '내 몸'이 '내' 자신의 것이 아님을 부디 명심해야 한다. 오늘날 세상을 편안하게 살아가려면 대군大君의 은혜를 잘 알고 '삼조교칙三條敎則'의 취지를 잘 지키며, 또한 모든 사람들도 이에 따르도록 함으로써 대군의 새로운 뜻을 실현하기 위해 노력해야 한다.58)

여기에 두 개의 키워드가 있는데 하나는 '대군大君'으로서 당시 메이지 천황을 가리키고, 다른 하나는 '새로운 취지'로서 당시 천황이 공포한 '삼조교칙'을 말한다. 이 구절의 핵심적인 의미는 천황뿐만 아니라 국가에도 헌신해야 한다는

1996), 120쪽, 주3)에서 인용.
56) 柴田實,『石田梅岩』, 167쪽 참조. 그 경과에 대해서는 별도로『石門三師事跡略』을 참조.
57) 위와 같은 책, 169쪽 참조.
58) 위와 같음. 일본어 원문은 다음과 같다. "くれぐれも我身に我という物のない事をたしかに明らめて, 卽今加樣に安穩にして世をわたるというハ, 實に, 大君の御恩澤と知て, 此三則の旨を謹んで守り, 又人人にも守らせて, 御一新の御趣意にかなふ樣に致し度事に存候なり."

것으로서 이를 실현하기 위해서는 먼저 천황이 새로 선포한 '삼조교칙'을 엄수해야 한다는 것이다.

또한 메이지 23년(1890)에 메이지 천황은 유명한 「교육칙어」를 반포했다. 도쿄의 심학 조직인 참전사參前舍의 제10대 사주인 가와지리 호우신(川尻寶岑, 1841~1910)이 통속적인 언어로 '심학도화心學道話'를 강의하는 심학의 전통방식으로써 「교육칙어」를 해설했고(메이지 41년에 시작), 30년 후인 쇼와(昭和) 15년(1940)에 이것에 대한 해설서가 출판되어59) 광범위한 영향을 끼쳤다. 참전사 제11대 사주인 하야노 가시와(早野柏蔭, 1854~1935)는 이 책이 심학 원리에 근거하여 서양 문화와 새로운 사상을 비판하고 배격하려 했다고 솔직하게 말하였다. 그리고 일본 '국체國體'의 본의는 국민이 따라야 할 '도道'이고, 이 '도'는 「교육칙어」에 존재하기 때문에 이 해설서는 이시다 바이간의 『도비문답都鄙問答』과 나카자와 도니의 『도이옹도화道二翁道話』와 함께 '석문심학성전石門心學聖典'의 반열에 오를 수 있다고 하였다.60) 이로써 18세기 초부터 민중, 특히 도시 안의 '정인町人'을 대상으로 도덕설교를 한 심학心學의 강학 활동은 19세기 말에서 20세기 초에 이르러 방향이 크게 바뀌어 당국의 정치이념과 긴밀히 협력하는 적극적인 자세를 보였음을 알 수 있다.

그렇다면 석문심학의 강학은 왜 이렇게 달라졌을까? 이것은 심학자들의 개인적인 의지 및 취향과 연관이 있을 수도 있지만, 그보다는 분명 당시의 시대적 풍조와 깊은 연관이 있다. 그러나 근본적으로 말하자면, 바이간심학이 적극적으로 추진한 향촌사회질서의 재정비를 주요 관심사로 한 도덕선전활동 은 '국민교육'으로써 '국민도덕'을 제고하고 '인심을 통일'하려는 메이지 정부의

---

59) 川尻寶岑, 『教育に關する勅話謹話』(東京: 心學參前舍, 1940).

60) 山住正己, 「'如何如何'と問うべし」, 『石門心學』(『日本思想大系』42, 月報 10, 東京: 岩波書店, 1971.2), 4쪽 참조. 이 글의 저자인 山住正己의 석문심학에 대한 인상이 대단히 나쁜데, 이는 석문 심학자들이 근대 이후 『勅語』와 『詔書』를 해설하는 활동에 참여했기 때문이며, 이는 완전히 '僭越의 죄'를 범한 것이고, 이러한 해설은 곧 석문심학이 일종의 '融通無碍하고 不可思議하다'는 느낌을 준다고 지적했다.

이른바 '대교大教' 방침과 내적인 상통성이 있었기 때문이다. 왜 그럴까? 이전의 막부나 메이지 신정부를 물론하고 사회 밑층인 정인町人 계층에 광범위한 영향을 미친 석문심학의 도덕설교활동은 분명히 인심을 결집시키고 질서를 다지는 데 매우 도움이 되었기 때문이다. 즉 현실사회에 대한 관심 문제에 있어서 심학자들이 상층사회와 손을 잡고 협력할 수 있었던 것이다. 그러나 심학운동의 발전이 상층부와 너무 가깝게 다가간 결과에 대해서 미노루는 심학운동의 영광이라기보다는 '심학운동의 몰락'이라고 보았다.[61] 그의 이러한 판단은 현대 지식인들의 이성적 입장에 부합되었을 것이다. 시바타 미노루(柴田實)는 바로 이런 입장에서 석문심학의 강학운동이 정치와의 연계성이 너무 긴밀하여 오히려 정인 계층에 입각한 바이간심학의 전통에 역행한 것에 대해 반성하고 비판했던 것이다.

쇼와(昭和) 원년(1925) 이후의 심학활동에 대해 사바타 미노루가 간략하게 소개했는데, 그는 쇼와 이후의 일부 사실만 언급했을 뿐 가치상의 판단은 회피했다. 하지만 그의 소개는 주목할 만하다. "쇼와 5년(1930), 심학개강 200주년을 맞아 심학사업 참여자들이 모인 가운데 도쿄에서 기념회가 열렸다. 이를 계기로 호즈미 시게토(穗積重遠, 1883~1951), 시모무라 주이치(下村壽一, 1884~1965), 이시카와 겐(石川謙, 1891~1969) 등 심학의 이해자와 후원자들이 새롭게 '석문심학진흥회'를 조직하여 쇼와심학의 부활을 기했다. 이 모임은 전후에 '석문심학회'로 개칭되었고 오늘에 이르러 전국 심학 연구학자들의 중심 조직이 되었다. 이 중심 조직의 활동으로 인해 예전부터 심학이 융성했던 히로시마·후쿠이·가나자와를 비롯한 다른 지역에서 심학의 싹이 다시 움트기 시작했다."[62] 여기 마지막

---

61) 柴田實, 『心學』, 第9章 「心學の衰微: 幕末から明治へ」, 158~181쪽 참조.
62) 柴田實, 『心學』, 第9章 「心學の衰微: 幕末から明治へ」, 180~181쪽 참조. 심학운동의 시기 구분에 대해서 石川謙은 1867년 메이지 이전까지의 5기설을 주장했다. 石川謙의 『石門心學史の研究』, 14~16쪽 참조. 메이지 이후의 심학 활동은 논외로 취급되었음을 알 수 있다. 석문심학사상사 연구는 1945년 '戰後' 일본학계에 있어서 한때 매우 적막했다는 점을 지적해야 하는데, 그 주요 원인은 明治에서 昭和 초에 이르는 동안

구절에서 당대 사회에 심학을 어떻게 되살릴 것인가에 대한 저자의 열망을 읽을 수 있다.

전반적으로 말하면, 일본의 심학운동이 전개된 지역이 넓고 시간이 길다고 하는 등의 측면에서 볼 때, 근세일본의 지식인들은 지방 교육에 대해 매우 열성적인 배려정신을 지니고 있었다고 할 수 있다. 이는 16세기의 명조 말엽부터 청조 말기에 이르기까지의 중국과는 비교할 수 없다. 무엇 때문일까? 청대에 들어선 이후 지식인들은 대체로 서재書齋로 모여들어 경사經史 전통의 재건에 열심이었음은 말할 것도 없다. 청초 이후의 일부 지식인들은 명나라가 망하게 된 데는 심학강학이 원인이라는 선입견을 가지고 있었다. 예를 들어 청대 고증학의 시조라고 할 고염무顧炎武(1613~1682)는 왕학王學의 그런 강학은 위魏·진晉 시기의 청담淸談과 비슷하고, 심학이야말로 명나라 멸망을 초래한 장본인이라고 하면서 만명晚明의 강학을 호되게 비판했다. 그가 결론적으로 제기한 '저술작업은 해야 하지만 강학 활동은 하지 말아야 한다'라고 하는 입장은 후대의 고증학자들로부터 '신조'로 추앙받았다. 따라서 청대에 들어선 후 강학은 거의 기피사항이 되었다. 그러나 시대가 19세기 말에 이르렀을 때 혁신의 실패로 인해 일본으로 도망간 양계초梁啓超(1873~1929)는 일본의 메이지유신의 성공이 양명심학에 의해서라는 점에서 큰 충격을 받게 되었다. 그래서 그는 만년에 『청대학술개론』을 저술하면서 '고염무가 만명晚明 학풍을 배척함'에 있어서 너무 지나쳤기 때문에 청대 이후의 심학이 완전히 멈추게 되었고, 서책書冊주의적인 사회풍조로 인해 그토록 시끄럽게 되었으며, 만청사회 전반이 극도로 쇠약해지는 지경에 이르러 외부의 공격에 견디지 못하고 나라가 거의 망할 지경에 이르게 되었다고 반성했다. 양계초의 스승인 강유위康有爲(1858~1927)도 만청의 중국이 병약해진 원인에 대해 근원을 파고드는 고찰을 했는데, 일찍이 무술변법戊戌變法 이전부터

石門 심학자들이 추진한 강학운동에 권세에 빌붙고 관변 이데올로기에 영합하는 여러 가지 불명예스러운 언행이 있었기 때문이다. 따라서 지금까지 明治에서 昭和 초기까지의 석문심학에 대하여 일본학계는 여전히 많이 기피하는 편이다.

만명강학晚明講學에 대한 고염무의 비판이 청나라 지식인 전체에 나쁜 영향을 미쳐 책 저술에만 몰두하고 강학에는 아무런 관심도 가지지 않았던 점을 주목했다. 특히 "근세의 저술은 기이한 것을 찾아다니고 박학만을 과시할 뿐 세상인심과는 아무런 관계도 없다"라고 하였다. 따라서 그는 "나라에 있어서 독서의 박식함과 풍속의 무너짐은 정림亭林(고염무)의 공이 으뜸이고 그 죄 또한 크다"[63] 라는 결론을 내려 고염무의 '만명강학오국론晚明講學誤國論'을 철저히 비판하였다. 그러나 역사는 무정하다고 자주 말하듯이, 19세기 말 강유위·양계초와 같은 지식인들이 중국의 국민교육이 정말 극약을 써야 할 지경에 이르렀음을 깨달았을 때에는 이미 너무 늦었다. 이 제국은 이미 병이 심한 지경에 이르러 어쩔 수 없이 밖으로 나가 치료처방을 찾고자 했기 때문이다.

그러면 만명晚明시대의 상황은 어떠했는가? 일반적으로 말하면, 만명晚明 왕학王學의 주도로 '강학講學' 바람이 전국을 휩쓸었지만, 구체적인 자료가 이러한 연구를 뒷받침하지 못한다. 즉 강학 활동의 영향이 확실히 대단히 컸다는 연구 결과[64]는 나왔지만 이러한 고찰은 어려운 문제에 부딪쳤다. 사료의 제한으로 인하여 우리가 이용할 수 있는 것은 대부분 문인들의 문집이나 지방지地方志와 같은 문헌일 뿐이다. 그 속에서 볼 수 있는 것은 대부분 유학의 지식, 심학적인 관점, 그리고 도덕적인 계율에 관한 토론과 선전일 뿐이지, 당시 지식인들이 한 지역이나 한 가족 안에 깊이 들어가 일반 대중을 상대로 실제로 강의했던 과정과 내용에 대한 자세한 기록은 전혀 찾아볼 수 없다. 따라서 강학어록은 적지 않지만 모두 다 추상적인 유교철학을 논하고 있다는 느낌을 주고, 그러한 강학은 명말청초의 유학자들로 하여금 '심성에 대해서만 공리공담한다'는 인상을 지워 버릴 수 없다. 그러나 석문심학의 강학 활동을 돌이켜 보면 바이간의

---

63) 『長興學記』(樓宇烈 整理, 『康有爲學術著作選』, 北京: 中華書局,1988), 6쪽 참조.
64) 吳震, 『明代知識界講學活動系年: 1522~1602』(上海: 學林出版社, 2003); 呂妙芬, 『陽明學 士人社群: 歷史·思想與實踐』(臺北: '中央研究院近代史研究所, 2003); 陳時龍, 『明代中晚 期講學運動: 1522~1626』(上海: 復旦大學出版社, 2005) 참조.

『도비문답都鄙問答』도 동일한 강학기록이지만, 중국 명청시대의 강학기록과는 많이 다르다. 그들의 강의 대상은 대부분 일반 서민들이고, 여기서 다룬 문제 또한 체계적인 유학 지식이 아니라 일상생활에 대단히 가까운 세속적 윤리 문제들이다. 더욱 중요한 것은 심학 강사들이 종종 산간지대와 농촌에 들어가서 일반 민중과의 상호작용이 매우 활발했다는 점이다. 이러한 점은 우리가 당시 일본 지방사회의 사상 상황을 깊이 알아보는 데 대단히 유익한 참고문헌을 제공하는 계기가 된다.

그래서 우리는 본 장의 마지막에 부록을 추가하여 일본 히다노쿠니(飛驒國) 지역의 심학강학운동을 반영한 민간문서 한 권을 소개하려 한다. 이 문서는 심학자들의 강학 과정과 내용을 매우 구체적이고 상세하게 기록한 강학의 필사실록이다. 구하기 힘든 이 역사자료를 통하여 우리는 근세일본의 지식인들이 어떻게 그들의 관념을 사회 밑층에까지 관철시키기 위해 노력했는가를 깊이 있게 알아볼 수 있다. 그리고 우리는 그들의 강학계획에서 의외로 유학의 고전지식뿐만 아니라 중국 민간의 일부 종교적 관념, 예를 들면 '인과응보신앙'에 관한 사례 이야기들도 발견했다. 이로부터 일본의 심학강학 내용과 방식이 명대의 심학과 크게 다르며, 일본 농촌사회의 일반 백성들의 지적취미에 중국의 통속적인 문화요소가 적지 않게 존재하고 있음을 알 수 있다. 그러나 이 민간문서를 소개하기 전에 우리는 어떻게 석문심학의 강학운동의 중국적 요소로부터 '유학의 일본화'를 살펴볼 것인가 하는 문제를 먼저 검토해 볼 필요가 있다.

4. 석문심학과 '유학의 일본화'

우리는 19세기 초의 히다노쿠니(飛驒國) 심학강학의 『강석일지講席日誌』에서 중국 전적典籍에 관한 정보가 적지 않게 소개되어 있지만 정작 많은 일본문화의 전적이 언급되지 않았음을 볼 수 있다. 대체로 다음과 같은 중국 전적이 당시의 심학강학자들의 주목을 받은 것으로 보인다. 먼저 저자가 명시한 책 제목을 보면 『태상감응편太上感應篇』의 등장 빈도가 가장 높다. 그리고 『공자가어孔子家語』·『온 공가훈溫公家訓』·『삼계도三計圖』·『현험보응편現驗報應篇』(일본 전적)·『보은편報恩 篇』·『명보습유冥報拾遺』·『철경록輟耕錄』·『작비암일찬昨非庵日纂』·『경행록景行 錄』·『심지관지경心地觀地經』·『적길록迪吉錄』·『옥당한화玉堂閒話』·『독이지獨異 志』 등이 있다. 그 다음으로 전고典故의 사례를 인용한 중국 전적典籍을 보면 그 수가 더 많을 수 있는데, 최소한 『이십사효二十四孝』·『동몽훈童蒙訓』·『명심보 감明心寶鑑』·『음즐록陰騭錄』·『요범사훈了凡四訓』·『증광현문增廣賢文』·『태평광 기太平廣記』·『거가필용사류居家必用事類』 등의 전적에 대해서는 이 책의 저자가 잘 알고 있었을 것으로 짐작된다.

결론적으로 다음 세 가지로 정리할 수 있다. 첫째, 19세기 초 일본 히다노쿠 니(飛驒國)의 지방사회 사람들이 받아들인 문화정보는 사실 매우 다양하여 일본 고유의 문화 전적뿐만 아니라 외래의 중국문화에도 상당한 지적 흥취를 느끼고 있었음을 볼 수 있다. 둘째, 그들이 받아들인 문화 전적 중에서 놀랍고도 흥미로 운 것은 몇몇 정통 중국 경사의 서책들 외에 절대다수가 야사필기, 인과응보 이야기, 그리고 선서善書 훈계 따위의 책들이고, 유儒·불佛·도道를 넘어서 격식 에 구애되지 않았다는 점이다. 셋째, 그들이 발췌한 내용을 보면, 거의 모든 강학 내용이 모두 다 세속적인 윤리 문제와 관련 있다는 것이 두드러진 특징이 다. 그중에서 황당무계하고 다소 공포스러운 보응報應 이야기를 전한 것은 사람 들에게 선행을 베풀고, 인과응보를 믿는 것이 가장 중요하다는 것을 알려 주려는 것이다.

요컨대, 히다노쿠니라는 지역문화에서 전달되는 정보로부터 일본 심학자들 이 세속적인 윤리교화를 추진하는 과정에서 보여 준 외래의 중국문화에 대한 태도는 결코 유교 일원주의가 아니었음을 알 수 있다. 그들은 중국 근세 이래의 권선서勸善書를 핵심으로 하는 세속문화에 더욱 많은 관심을 보이고 있었다. 그들은 중국의 선서善書가 전하는 '전화위복轉禍爲福', '선악보응善惡報應', '행선적덕行善積德' 등의 사상관념이 문화와 지역을 초월하는 독특한 의미를 갖고 있기에 일본의 지방 사회를 다스리는 데 얼마든지 차용할 수 있다고 믿었던 것 같다. 따라서 중·일 양국이 역사적으로 사회구조와 문화형태에 있어서 많은 차이가 존재하고, 유가든 유교든, 도가든 도교든 모두 근세일본의 상층사회에서 종래 정치이데올로기의 정통적 지위를 차지한 적이 없다. 그렇지만, 우리는 사회 밑층과 일반 백성들의 일상, 그리고 독서하고 글을 익히는 과정에서 유불도의 여러 가지 통속적인 책이나 심지어 도깨비 이야기까지도 큰 시장이 있고, 지식인 으로서의 일본 심학자들은 신도교를 핵심 신앙으로 하는 동시에 다른 문화시스 템 중의 통속종교(민간종교라고도 칭함)에 대해서도 배척하지 않을 뿐만 아니라, 오히려 적극적으로 도입하고 수용했다는 사실을 발견할 수 있다. 이는 일본문화 자체가 가지고 있는 타자문화를 '차용'할 줄 아는 실용주의 정신과 관련이 있다고 나는 해석한다.[65] 다른 한편으로 중국유학 자체가 지닌 개방성과도 다소 관련이 있는 것 같다. 왜냐하면 중국유학, 특히 근세의 신유학이 일본에 전파된 이후 종래 히브리 종교문화가 주장하는 일원론 종교신앙처럼 지배성이 있는 것이 아니라 오히려 유학은 세속적인 윤리설교를 통해 서로 다른 지역사회 의 인륜질서를 조절할 수 있다는 것이 분명하기 때문이다.

위의 서술에서 사람들은 근세일본의 사상무대에서는 유학이나 유교가 주역 으로 활약했다는 인상을 가질 수도 있다. 달리 말하면 마치 일본사상은 완전히 유학이나 유교에 휩싸인 것처럼 생각할지도 모른다. 히다노쿠니(飛驒國)라는 별 볼일 없는 외진 시골에서 유학의 전적典籍지식(사실 善書문화가 더 많다)이 이토록 판을 쳤으니 말이다. 중국에서 전래된 유학문화가 근세일본의 사상에 끼친 '영향'은 행적이 명확하고 역사가 증명하고 있기에 확실히 부정할 수는 없다.

---

65) '차용'이라는 말은 원래 영국의 사학자 George Samson이 일본문명에 대해 관찰하여 내린 결론인데, 이에 대해 余英時는 이를 賞讚하여 "차용 자체가 바로 일본문화정신의 독특한 표현이라고 확인할 수 있다"라고 했다.(余英時, 「中日文化交涉史의初步觀察」, 日本關西大學文化交涉學教育研究基地 編, 『東アジア文化交涉研究』 別冊1, 大阪: 關西大學, 2008, 6쪽 참조)

그러나 우리는 또 반드시 근세일본이 유학을 수용함에 있어서 다만 수동적으로 받아들였을 뿐 아무런 능동적인 작용도 없었는가 하는 문제에 해답해야 한다. 물론 그렇지 않다. 사실 이 문제는 또한 유학이 일본에 전해진 뒤 '일본화'의 과정을 거쳤는가 라고 표현할 수도 있다. 이것에 대한 대답은 긍정적이다.

사실 우리는 '중국/일본'이라는 인식의 틀에서 첫째, 일본문화는 중국유학과는 다른 특수성을 가지고 있고, 둘째, 도쿠가와 일본 이후의 중국유학은 지속적으로 '현지화', '일본화'가 되어 적어도 17세기 중엽에 '유학 일본화'의 과정을 완성했다는 견해가 요즘 일본학계에서 유행하고 있다는 것을 알고 있다.[66] 어떤 학자는 중국유학을 동아시아라는 '지역사'의 관점에서 보면 동아시아에서 유학사상의 표현 형태가 사실 다원적이라는 것을 발견할 수 있다고 지적했다. 예를 들면, 중국의 선서사상은 비록 일찍 일본에 전해져 환영을 받았으나 재빨리 일본 자체의 종교 전통에 융합되어 '일본화' 현상이 뚜렷하게 드러났다. 따라서 "동아시아 사회의 지역에 따라 시기별로 유학의 보편성은 얼마든지 다른 특수성으로 나타날 수 있다"는 결론이 나온다.[67] 마찬가지로, 위에서 검토한 석문심학을 놓고 보면, 동일한 '심학'이고 석문심학에도 유학적 요소가 적지 않지만, 근본적으로 말하면 석문심학은 일본 서민 문화의 전형적인 대표이며, 중국의 양명심학과는 완전히 다르다는 것을 부정할 수 없다. 즉, 일본의 심학과 중국의 심학 또는 유학은 다소 형식적인 유사성이 있을 수 있지만, 그 본질적인 내용을 놓고 보면 양자 간에는 상당한 차이가 있고, 구조상 또는 본질상의 동일성이

---

66) 일본학계는 습관적으로 '유교 일본화'라고 부른다. 平石直昭의 소개에 따르면 尾藤正英 (1923~2013), 田原嗣郎(1924~), 守本順一郎(1922~1977) 등은 비교적 이른 시기부터 '유교 일본화'라는 시각에서 도쿠가와 사상사를 연구한 대표적인 학자들이다. 平石直昭, 「戰中・戰後徂徠論批判: 以初期丸山・吉川兩學說之檢討爲中心」, 『社會科學硏究』 39卷 1號(1987); 藍弘嶽 옮김, 張寶三・徐興慶 編, 『德川時代日本儒學史論集』(臺北: 台大出版中心, 2004), 108~109쪽 참조. 보다 새로운 연구는 渡邊浩, 『東アジアの王權と思想』(東京: 東京大學出版會, 1997); 黑住眞, 『近世日本社會と儒教』(東京: ぺりかん社, 2003)를 참조.

67) 吳震, 「中國善書思想在東亞的多元形態: 從區域史的角度看」, 『復旦學報』 2011年 第5期 참조. 이미 이 책에 수록하였다.

존재하지 않는다. 이는 양국의 서로 다른 역사문화에 의해 결정된 것이다. 바로 이러하기 때문에 아래의 『강석일지講席日誌』에서 볼 수 있는 핵심적 의제는 유가에서 강조하는 인仁·의義·예禮·지智도 아니고, 송·명 신유가에서 관심을 가지는 리理·기氣·심心·성性도 아니라 일본의 세속사회와 매우 밀접한 윤리 문제, 즉 '검약儉約'·'정직正直'·'인내忍耐'와 같은 도덕적 실천을 어떻게 일상에 옮기겠는가 하는 것이다.

　이른바 유학의 '일본화'란 중국에 대하여 말하는 '현지화'로서 마치 불교가 중국에 전래되어 '중국화'한 과정이 있었던 것과 같다. 이는 문화교류사에서 흔히 볼 수 있는 것이어서 크게 놀랄 일은 아니다. 그러나 그 뒤에는 '일본특수론' 이라는 또 다른 의미가 숨겨져 있다. 바로 이러한 특수성 때문에 일본문화는 서양과도 다르고 중국과도 다르다. 물론 그 어떤 민족의 문화시스템이든 그 나름의 특수성이 있다는 것은 의심의 여지가 없다. 문제는 이런 특수성이 지나치게 강조되어 나아가 그 특수성만이 현지문화의 우월성을 대변할 수 있다고 여기면 '특수성'이 '보편성'으로 뒤집히는 결과를 낳을 수 있다는 점이다. 일찍이 20세기 초의 '제국일본'은 일본만이 동아시아의 대표이고, 서구 이데올로기와 대항할 수 있는 유일하고 정확한 힘이라고 믿었다. 특수성과 보편성은 손바닥의 앞뒷면처럼 어떤 조건에서는 뒤집어질 수 있음을 알 수 있다. 오늘날 세계문화의 다원화 추세 속에서 사람들은 흔히 서양 근대 이래의 '보편주의'에 대해 의문을 제기하고, 이러한 서양 보편주의의 언사는 여전히 식민주의, 패권주의적인 색채를 띠고 있기 때문에 '문화다원주의'의 관념에 힘입어 문화 특수성으로써 보편주의 가치관에 대항할 필요가 있다고 본다. 그러나 위에서 언급했듯이 특수성과 보편성은 다르지만, 이 두 가지는 단순히 '대항적인 논술'이 아니라, 보편성은 특수성으로 나타날 수 있고, 특수성은 보편성으로도 바뀔 수 있다. 그래서 문화의 특수성을 강조하는 것으로써 서양 보편주의의 담론에 효과적으로 대응할 수 있는지를 따져 보아야 하고, 특히 '세계화' 시대로 접어든 현 사회에서 우리가 과연 글로벌한 의미의 지역적 지식을 구축하고, 각 민족의 지역문화가치 시스템을 존중하고 공감할 수 있는지에 대해서도 깊이 사색해 보아야 한다.

하지만 근대 이래의 학술사의 관점에서 보면, 중·일문화의 '교섭'이 역사적으로 매우 밀접했기 때문에 '일본특수론'을 강조하는 데는 또 다른 의도 즉 일본문화의 고유한 전통을 드러냄으로써 중국 중심론에서 벗어나 일본문화를 중화문화권이라는 일원론적 인식의 틀에서 해방시키려는 것이 아닌가 하는 생각이 든다. 예를 들면, 전후 일본학계의 제일인자인 마루야마 마사오(丸山眞男, 1914~1996)의 사상사관은 '일본특수론'의 색채가 짙다. 그런데 그의 제자인 구로즈미 마코토(黑住眞)는 이에 대해 반성하면서 "동양사상으로서의 주자학을 반동적이고 부정적인 것으로 보면서 비록 그 영향 아래에 있지만 그 사상을 비판하고 극복하는 일본식 사상이야말로 더 긍정적이고 근대적인 것이라고 하는 마루야마의 인식의 틀은 분명히 탈아론적脫亞論的, 근대주의적, 일본특수론의 국가주의적 색채를 짙게 띠고 있다"[68]라고 지적했다. 직역했기 때문에 마지막 한마디의 표현이 좀 까다롭지만 그 의미는 마루야마의 사상사관에는 국가주의적 입장이 있고, 이러한 국가주의의 입장은 '근대주의적'이라는 것이다. 무엇을 '근대주의적'이라고 하는가? 이는 1868년 메이지유신 이후 일본이 걸어온 '탈아론'의 근대주의 모델을 가리키는데, 이러한 근대주의 관념의 사상문화 분야에서의 전형적인 표현이 바로 '일본특수론'이다.

결론적으로 말해서 우리는 이러한 '일본특수론'에 대하여 학술적인 비판의 안목을 가져야 한다. 이와 동시에 우리는 '유학 일본화'라는 학술사學術史의 문제에 대하여 동아시아유학이라는 다문화 연구 시야로부터 출발하여 구체적인 사례 연구를 축적하고 착실히 추진함으로써 동아시아유학으로 하여금 전 세계적인 '문명대화'의 구성 부분이 되게 해야 한다. 석문심학은 물론 일본사상사의 전문 분야이지만 동시에 동아시아유학의 한 가지 연구 사안일 수도 있다는

---

68) 黑住眞, 『近世日本社會と儒敎』, 「德川儒敎と明治におけるその再編」, 168쪽 참조.

점을 지적해야 한다. 기존의 연구는 흔히 심학운동의 일본 사회 배경을 강조하면서 근대 일본의 자본주의 정신이 '상인윤리'를 제창한 석문심학의 사상운동에서 일정한 사상적 근원을 찾을 수 있기[69] 때문에, 근세일본의 심학운동에서도 서구식 현대화의 촉진제가 된 종교윤리와 상인정신과의 어떠한 공통점을 찾을 수 있다고 생각했다. 이러한 연구 노력은 학술적 가치가 있기는 하지만 우리는 일본심학을 동아시아유학이라는 연구 시야에 두는 것도 마찬가지로 중요하고, 이러한 사례를 통해 일본문화에 어떤 중국적 요소가 있고, 이러한 중국적 요소는 또 어떻게 끊임없이 '일본화'되고 있었는지를 알 수 있다고 생각한다. 이로부터 동아시아문화의 역사 발전에서 유학이 맡은 역할에 대해 보다 입체적이고 다원적인 파악과 이해를 촉진시킬 수 있을 것이다.

5. 부록: 히다노쿠니 심학강학의 실록 1부

석문심학에 관한 연구는 오랫동안 그 심학 이론의 구성과 의미에 대한 검토에 치우쳐 있었는데, 그에 비해 심학운동이 사회 저변에 있어서 전개된

---

69) 가장 단적인 사례는 지난 세기 50년대, 즉 위의 각주에 언급된 당대 미국의 일본 연구 전문가 Robert Bellah의 『德川時代の宗教』이다. 벨라는 자신이 막스 베버(1864~1920)의 사회학 방법을 활용하여 근세일본의 문화에서 일본 현대화의 근원을 찾아보려고 했는데, 석문심학이 바로 이런 연구 목적의 해명 사례가 된다고 솔직하게 털어놓았다. 그의 이러한 연구는 곧 제2차 세계대전 이후 침체에 빠진 일본심학 연구에 매우 큰 추진 작용을 하였다. 예를 들어 石川謙은 『石田梅岩と『都鄙問答』』이라는 책의 '부록' 「海內外心學研究現狀」에서 벨라의 이 연구를 높이 평가했다. 그러나 丸山眞男는 일본의 근현대화에 대한 벨라의 해석이 너무 낙관적일 뿐만 아니라 근세일본의 종교윤리를 기독교의 보편적 윤리와 같은 '대체물'로 보는 것은 지나친 해석이라고 엄숙히 비판했다. 丸山眞男의 입장에서 볼 때 이러한 보편성은 근세일본뿐만 아니라 현대 일본에도 나타나지 않았기 때문이다. 丸山眞男의 장편 서평, 「べら―『德川時代の宗教』について」, 堀一郎・池田昭 譯, 『日本近代化と宗敎倫理: 日本近世宗敎論』(東京: 未來社, 1962), '부록'에 게재됨. 319~354쪽 참조. 『德川宗敎』의 중국어 번역본도 이 서평을 수록하고 있다.

역사에 대한 보다 세밀한 총체적인 이해가 부족하였기 때문에 우리는 이 운동의 하부구조인 민중사상을 잘 알지 못했다. 그러나 근년에 일본 각지의 각종 민간 문서들이 끊임없이 발굴·정리되면서, 지방 민속문화의 실제 양상이 점차 분명해지기 시작하였다. 「히다(飛騨)의 심학운동: 니키 쵸쇼의 『강석일지講席日誌』」라는 이마이 준(今井淳)의 논문은 이 방면의 모범적인 사례라고 할 수 있다. 이 논문은 지역 심학운동의 일부 원시적인 향토 자료를 소개함으로써 우리에게 당시 심학운동이 지방사회에서 일반적으로 어떤 상황이었는지를 엿볼 수 있게 한다.[70]

우선 『강석일지』에 대한 해제를 하면, 『강석일지』는 강의실록講義實錄으로서 기록자는 니키 쵸쇼(二木長嘯, 1755~1814)이고 정리자는 오노 마사오(大野政雄)이다.[71] 히다(飛騨)는 일본의 옛 국명으로, 지금의 기후현(岐阜縣) 북부 지역, 즉 기후현 히다시이다. 니키 쵸쇼는 히다 지방의 저명한 문화인으로서, 이 지역의 심학교화운동의 중요한 추진자로 알려져 있다. 『강석일지』의 기록연도는 '문화文化 9년 11월부터 문화 10년 10월까지'인 1812년 11월부터 1813년 10월까지의 1년 가까운 강학기록이지만, 엄밀히 말하면 이 기록 자체는 강학어록이 아니라 강학계획서에 가까운 성격을 띤다. 그렇지만 강학한 시점과 그날의 주요 강의내용, 주요 참고서목을 간략히 기록한 것을 통해 당시 심학자들이 관심을 가졌던 문제들이 어떤 것들이었는지에 대해 대략 추측해 볼 수 있다. 대체적으로 일상생활에 있어서 가정윤리의 문제, 종교적 제사의 문제, 처세 방법의 문제 등이 담겨 있는데, 이러한 문제 중에는 일본 본토 문화의 정보가 많이 포함되어 있음은 말할 것도 없다. 저자가 인용한 일본 전적 및 역사 이야기 사례들이

---

70) 「飛騨の心學運動: 二木長嘯の'講席日志'」, 『專修大學人文學硏究月報』 15호(1970)에 게재되고, 후에 今井淳·山本眞功가 편집한 『石門心學の思想』에 수록되었다(東京: ぺりかん社, 2006, 269~278쪽).

71) 『講席日誌』는 飛騨의 鄕土學會 『飛騨春秋』(150호, 1970)에 게재되었고, 今井淳·山本眞功가 편집한 『石門心學の思想』, 280~327쪽에 수록됨. 아래에 특별한 주석이 없는 한 인용문은 모두 이에 근거한 것으로서 별도의 쪽수를 달지 않겠다.

대부분이며, 준비한 강연 제목은 대부분 심학사상의 전통적인 덕목인 '검약', '정직', '인내' 등이 위주이다. 하지만 중국 대륙학자들의 입장에서는 당시의 심학자들이 일반 민중에게 도덕교화를 진행함에 있어서 일본 본토의 전통적인 문헌을 어떻게 적용하였는가에 관심을 가질 뿐만 아니라 동시에 그 과정에서 그들이 이역異域의, 예를 들면 중국의 전통적인 문헌을 어떻게 적용하고 있는가에 대하여도 관심을 갖는다. 왜냐하면 그들이 선택한 중국의 고전문헌에 대한 정보에서 우리는 당시 일본 지방사회에 있어서의 어떤 문화적 분위기와 지적 취향을 이해할 수 있기 때문이다.

이마이 준의 고찰에 따르면, 『강석일지』에 인용된 도서 목록으로는 『진종법요眞宗法要』, 『화논어和論語』, 『연여상인어蓮如上人語』, 『오인조장五人組眼』, 『삼사탁선三社托宣』이 있고, 또 심학자의 저서로서는 스오 요시후사(周防由房), 데지마 도안(手島堵庵)이 지은 『신체주립身體柱立』 등이 있는데, 이는 모두 일본 측의 저서이고 중국 방면의 저서로는 『중용中庸』, 『장자莊子』, 『묵자墨子』 등이 있다. 그러나 이 통계는 지극히 개략적이며 그 중의 극히 일부분만이 언급되었을 뿐인데, 이것은 아마도 이마이 준이 그 글에서 인용한 중국 고전의 출처를 깊이 고찰하지 않았기 때문일 것이다. 물론 인용문 전체의 출처를 조사하는 것은 매우 어려운 작업이며, 현재 해결할 수 있는 문제가 아니므로 우리가 할 수 있는 것은 한적漢籍 문헌 방면에 국한하여 그 원전의 출처를 찾아내는 것일 뿐이다. 그리고 극히 일부의 한적 문헌, 예를 들면 『중용』, 『묵자』, 『장자』와 같은 것에 대해서는 무시해도 큰 문제가 되지 않는다. 19세기 초 도쿠가와 일본 지역 사회가 일반적인 유교 서적을 수용하는 것 외에 또 어떤 다른 것들, 심지어 아주 색다른 중국 전적에도 관심을 가졌는가를 알아보는 것이 우리들의 목적이고, 이러한 이해를 통해 우리가 향후 동아시아의 다문화 연구에 어떤 유익한 참고자료를 제공하고자 하기 때문이다.

번역정리에 있어서 몇 가지 점을 밝혀 두고자 한다. 우선 교정자의 표점標點 작업의 착오가 대단히 심하다. 이러한 부분을 필자는 문장의 뜻에 따라 다시 수정하였다. 인용문 뒤에 붙인 '설명'(按)은 모두 필자가 원문에서 인용한 원전의 출처를 기본적인 수준에서 조사하여 확인한 것이다. 분명하게 틀린 글자는 괄호( )로써 표기하였고, 탈락한 글자는 [ ]를 넣어 표기했다.

니키 쵸쇼(二木長嘯)의 『강석일지講席日誌』(발췌 번역)

文化9年申11月6日夜, 下原, 加藤三郎右衞門.
◎ 陰德之事. 설명: 이 기록의 상단에 음덕을 쌓는 데에 관한 일을 강의한다는 시간과 장소를 각각 명시했다. '음덕'을 강의하는 일은 전체 기록 원고에서 빈번하게 등장하는데 아래에서는 생략하겠다.

文化10年酉正月29日夜, 新宮村, 喜右衞門宅.
◎ 王祥臥氷. 孟宗. 郭巨. 설명: '왕상와빙王祥臥氷'의 고사는 [진晉] 간보幹寶의 『수신기搜神記』에 보이는데, 이는 중국 역사에 있어서 효도를 행한 고전적인 사례의 이야기로서, 후에 [원元] 곽거경郭居敬의 『이십사효二十四孝』에 수록되었다. 맹종孟宗과 곽거郭巨도 중국 역사상 유명한 효자이다. 그들의 이야기도 『이십사효』에 수록되어 있다. 니키 쵸쇼가 이 책에 근거한 것으로 보인다.

同晦日夜, 同村, 藤十郎宅.
◎ 甫(浦)江鄭氏九代同居. 설명: 이 이야기는 포강정씨浦江鄭氏의 '효의孝義 동거同居'라고도 한다. 정씨의 의문義門(정려문)은 절강浙江 포강현 정택진鄭宅鎭에 있다. 기록에 따르면, 남송 건염建炎 초년(1127)부터 '효孝와 의義의 동거'를 제창하여 명나라 천순天順 3년(1459)에 정씨의 사당이 화재로 소실될 때까지 가족들은 대대로 300년 넘게 동거하였다. [명明] 주원장이 '강남제일가江南第一家'란 이름을 하사했다. 니키 쵸쇼가 어느 판본에 근거했는지는 알 수 없다.

2月4日, 下ノ切村, 五郎右衞門宅.
◎ 太公曰: 孝於親, 子亦孝之, 身旣不孝, 子何孝焉? 孝順還生孝順子, 忤逆還生忤逆子.

不信但看簷頭水, 點點滴滴不差移. 설명: 이 기록은 [송宋] 여본중呂本中(1084~1145)의
『동몽훈童蒙訓』「효행편孝行篇」에서 비롯된 것인데, 니키 쵸쇼가 근거한 전적 또한
이 책인 것으로 보인다.

◎ 與好人交者, 如蘭熏之馨; 一家種之, 兩家皆香. 與惡人交者, 如抱子上牆, 一人失脚,
兩人遭殃. 설명: 이 구절이 가장 먼저 수록된 것은 [한漢] 유향劉向(약 기원전 77~기원
전 6)의 『설원說苑』「잡언雜言」이다. "착한 사람과 함께 있는 것은 마치 난초와
영지를 기르는 방에 들어가는 것과도 같아 시간이 지나면 향기는 맡을 수 없으나
그 향기에 배어들게 된다. 악한 사람과 함께 있는 것은 절인 생선을 파는 가게에
간 것처럼 시간이 지나면 악취를 맡지도 못하게 될 만큼 나쁜 환경에 젖어 버리게
된다." [위魏] 왕숙王肅(195~256)의 『공자가어孔子家語』「육본六本」 권4에도 수록되
어 있다. 원말명초元末明初 범립본範立本의 『명심보감明心寶鑑』「교우편交友篇」에
이르러 위 구절과 같이 변했는데, 그러므로 원고의 저자는 『명심보감』에서 이
구절을 인용한 것으로 보인다. 『명심보감』은 에도 초기에 이미 유행했고, 오제
호안(小瀬甫庵, 1564~1640)이 이 책을 대단히 중시했는데 그의 저술인 『명의보감明意
寶鑑』은 『명심보감』을 거의 베끼다시피 한 것이다.[72] 호에이(寶永) 8년(1711), 일본
승려 도반道伴이 [명明] 왕형王衡(1561~1609)이 교정하고 진필정陳弼定(생몰년 미상)이
훈점訓點을 찍은 『명심보감』을 복각했다. 현재 간사이대학 도서관 박원문고泊園文
庫에 소장되어 있다.

◎ 『感應篇』第六冊. 袁柳莊之友家使童子之事. 설명: 『감응편』은 유명한 중국의 선
서 『태상감응편太上感應篇』을 가리킨다. 『강석일지講席日誌』에는 『감응편』을 인용
한 횟수가 대단히 잦다. 니키 쵸쇼가 사용한 판본이 알려지지 않아 그가 말한
제6권이 어떤 내용인지는 확실하지 않다. 원류장袁柳莊은 원말명초元末明初의 사람
으로서 사람들의 관상을 잘 본다 하여 '신상神相'으로 불렸고, 그에 관한 이야기가
명대의 야사野史 필기에 자주 보인다. 예를 들면, 낭영郎瑛(1487~1566)의 『칠수류고
七修類稿』 권36호 「원류장」, 육찬陸粲(1495~1551)의 『경사편庚巳編』 권1 「원공袁珙」,

---

72) 玉懸博之, 『日本近世思想史硏究』, 第1章「松永尺五の思想と小瀬甫庵の思想」, 第3節 '甫庵の
    思想と中國の善書の思想'(東京: ぺりかん社, 2008), 27~29쪽; 成海俊, 「『明心寶鑑』が日本文
    學に與えた影響──とくに小瀬甫庵の『明意寶鑑』との關連をめぐって」, 日本東北大學 編, 『日
    本思想史硏究』 27(1996) 참조.

초횡焦竑(1540~1620)의 『옥당총어玉堂叢語』 권7 「술해術解」 등에 상세하거나 혹은 간략하게 소개되어 있다. 원류장이 관상술로써 사람들의 길흉화복을 점쳤는데, 이 부분이 니키 쵸쇼의 관심을 불러일으킨 원인 중의 하나인 것 같다.

2月19日, 三日町, 長吉.

◎ 因天之時, 就地之利, 節用以養父母, 此庶人之孝也. 설명: 이 구절은 『효경서민장孝經庶民章』에 나오는데, 글자가 약간 다르다.

2月月20日, 三日町村, 久五郞.

◎ 七出三不去. 설명: 이것은 중국 고대의 혼인婚姻 해제解除에 관한 일종의 관습법(속칭 休妻)으로서 『당률唐律』에 처음 명시되어 있는데, 여자 측에서 일곱 가지 행위가 바르지 못하면 남자 측은 아내를 버릴 수 있지만, 세 가지 경우에는 아내를 버릴 수 없다고 규정하였다. 이를 '삼불거三不去'라고 한다. 상세한 내용은 생략한다.

◎ 太上抄書廿三. 鵲百羽養(治勞瘵之藥, 鎭江衛左所軍士范某妻—인용자의 설명: 원래는 2행의 注로 되어 있다. 아래와 같음). 설명: '태상太上'은 『태상감응편』을 가리키고, '작백우양鵲百羽養'은 '진강위좌소鎭工衛左所'의 군사인 범모范某가 부인의 폐병을 고치기 위해 도사의 말에 따라 '참새'의 깃털 백 개로 치료하려 했는데 아내가 차마 그럴 수 없어 참새를 놓아주니 얼마 지나지 않아 병이 저절로 낫고 남자아이까지 낳은 일화를 가리킨다. 그래서 '방작지보放雀之報'라는 말이 생기고 『경사편庚巳編』 권8 「작보雀報」에 그 사례가 나온다.

2月21日, 新宮村, 五郞左衛門.

◎ 略講『感應篇』開頭之處. 袁了凡. 應尙書……袁柳莊友童子. 설명: 원류장袁柳莊에 대해서는 앞에서 이미 설명하였기 때문에 여기에서 다시 중복하지 않겠다. 『감응편』 첫머리부터 강의하고 그 다음으로 원료범袁了凡과 응상서應尙書에 관한 이야기를 했다는 것이다. 원료범 즉 원황袁黃(1533~1606)은 호가 료범了凡이고 명조 말기의 유명한 선서사상가이다. 그의 저서인 『요범사훈了凡四訓』과 『공과격功過格』은 후세에 널리 영향을 미쳤다. 일본에서 통행하고 있는 것은 원료범의 『음즐록陰騭錄』인데, 또한 『성신록省身錄』, 『입명편立命篇』이라고도 한다.(모두 동경내각문고에 소장되

어 있다.) 별도로 화각본和刻本 『음즐록』(겐로쿠元祿 14년[1701] 雛東獅子穀升蓮社에서 번각
한 명나라 말기의 각본)이 있다. 이시카와 우메지로(石川梅次郞)의 『음즐록』(동경: 명덕출판
사, 1981년 재판)을 참조할 수 있다. 응상서應尙書는 명대 절강 태주台州의 응대유應大猶
를 가리킨다. 『요범사훈了凡四訓』에 나오는데 응대유가 덕을 쌓아 상서尙書가 된
이야기를 담고 있어 음덕상서陰德尙書라는 이름이 붙게 되었음을 말하고 있다.[73]

2月20日, 八日町, 勘助.

◎『家語』云: "啜菽飮水(以菽爲粥啜之也), 盡其歡心, 斯爲之孝乎." 설명: 『가어家語』
는 『공자가어』를 가리키는데, 이 말은 『강석일지講席日誌』에 자주 등장한다. 아래
는 생략함.

◎ 羅先生曰: "家和貧也好, 不義富如何? 但有一二孝子, 不用子孫多." "大富因天, 小富
因勤." "遇不遇時也, 賢不肖才也." 설명: 첫 단락은 『명심보감』 「성심편省心篇」에
있는데, 원문에 '나선생왈羅先生曰'이라는 네 글자가 없고, '이二'자도 없다. 두 번째
단락은 [남송南宋] 양만리楊萬里(1127~1206)의 『성재문절공가훈成齋文節公家訓』에 나
오는데 "큰 부는 운명에 달렸고, 작은 부는 부지런함에 달렸다"(大富由命, 小富由勤)
고 하였다. 이 말은 훗날 『명심보감』 「성심편」에서 "큰 부는 하늘에 달렸고,
작은 부는 부지런함에 달렸다"(大富由天, 小富由勤)로 바뀌었다. 세 번째 단락은
『공자가어』 「재액在厄」에 나온다.

2月23日, 同村, 彌右衛門.

◎ 忍. "忍一時之氣, 免百日之憂." "得忍且忍, 得戒(耐)且戒(耐), 不忍不戒(耐), 小時
(事)成大(災)." "百戰百勝, 不如一忍." 설명: 이 세 구절은 모두 청대의 동몽서童蒙書
인 『증광현문增廣賢文』에 있다. '인忍', '인내忍耐', '감인勘忍'은 심학자들이 강조하
는 중요한 덕목 중의 하나이고, 특히 '감인'이 『강석일지』의 핵심적인 의제이다.
예를 들면, 같은 조목 뒤에 "사람이 몸을 조심하는 방법이 많지만 '감인'을 첫째로
해야 한다"라고 했다. '감인'을 수신의 제일 요법으로 삼아야 한다는 뜻이다.

---

73) 『了凡四訓』에 관한 것은 袁嘯波가 편찬한 『民間勸善書』(上海: 上海古籍出版社, 1995)가
비교적 통행되고 있다. 應尙書에 관해서는 이 책 19~20쪽에 나온다.

2月28日, 新宮村, 九郎左衛門.

◎ 太上抄書四十一. 障(漳)浦衛氏姤娌三人, 罵親夫, 三人化爲牛·羊·犬之事(인용자의 설명: 원문은 일본어이다). 설명: 장포위씨漳浦衛氏의 동서同壻 세 사람의 고사를 말한다. 이 이야기는 동서 세 사람이 자기 남편을 욕하여 각각 소, 양, 개 같은 것으로 변했다는 것을 말하는데, 이 이야기는 『감응편』 주본注本에 나오고 또한 [명明 안무유顏茂猷(1578~1637)의 『적길록迪吉錄』 등에도 등장한다. 이는 명나라 말기에 유행했던 인과응보 이야기의 한 사례이다.

◎ 同四十二. 杭人鄭和性淫. 설명: '동同'은 '동상同上'을 가리킨다. 즉 『태상감응편』을 인용한 것을 말한다. '항인정화성음杭人鄭和性淫'이란 『감응편』에 나오는 '새것을 얻고 옛것을 잊다'(得新忘故)라는 조목의 주석에서 인용한 사례이다.

2月29, 八日町, 助藏.

◎ 孫景初, 『安樂法』曰: "粗茶淡飯飽卽休, 補破遮寒暖(暖)卽休." 설명: 손경초孫景初는 북송北宋 사람이고 이 말은 『명심보감』 「존심편存心篇」에 나온다. '검약儉約'과 '지족知足'을 강조하기 위한 말로서, 심학자들의 중시를 받은 것이 분명하다.

◎ 太上抄書廿四. 德興程姓, 世業才(弋)獵, 六孫之事. 설명: '덕흥정성德興程姓'에 관한 것은 『감응편』의 "날짐승을 쏘고 길짐승을 쫓으며, 벌레를 파내고 서식하는 새들을 놀라게 하고, 굴과 둥지를 훼손하여 살 수 없게 하며, 새끼를 밴 동물을 해치고 그 알을 깨뜨린다"(射飛逐走, 發蟄驚棲, 塡穴覆巢, 傷胎破卵)라는 구절에 대한 주석에 보인다. [청淸] 강영江永(1681~1762)의 『방생살생현보록放生殺生現報錄』 중의 「지면살손정엽호紙面殺孫程獵戶」의 조목에 더욱 상세하게 기술되어 있다: "덕흥의 정씨 가문은 대대로 사냥을 업으로 하였다. 정씨는 조세 건으로 시내에 갔다가 마침 시장에서 소고小鼓를 울리며 희곡의 탈을 파는 사람이 있어 이를 여섯 개 사서 어린 손자들에게 나누어 주었다. 손자들은 기뻐하면서 그 탈을 쓰고 사랑채에서 무리지어 놀고 있었는데, 그 집 사냥개 10여 마리가 이것을 보고 덮쳐들어 물어뜯기 시작하여 아무리 쫓아도 물러서지 않아 결국 손자 여섯이 다 물려 죽기에 이르렀다." 이것은 '살생악보殺生惡報'의 전형적인 사례이다.

◎ 同廿五. 白龜年, 羊有羔將産之事. 설명: 백구년白龜年은 당나라 시인 백거이의 손자로서 새와 짐승들의 말을 알아들었다고 전한다. [명明] 정선鄭瑄(생몰년 미상,

崇禎 4년 진사)의 『작비암일찬昨非庵日纂』에 그 이야기가 나온다. 이 책은 숭정 16년 (1643)에 간행된 것으로, 에도시대 일본에서 널리 유행되었다.[74] 또 『감응편』의 "射飛逐走, 發蟄驚棲, 塡穴覆巢, 傷胎破卵"라는 조목의 주석본(注本)에 보인다.

◎ 同廿六. 李沖元, 將破一魚. 설명: [청淸] 서겸徐謙의 『물유여차物猶如此』「자애감慈愛鑒」, 제4 '어위자대명魚爲子貸命'(『慈心寶鑒』) 조목에 "이충원李沖元은 물고기를 잡으려다가 자기의 꿈을 떠올렸다. 꿈속에서 검은 옷을 입은 여인이 그에게 '내 뱃속에 오천 명 아이가 있는데, 내가 살면 이 오천 명 아이도 살고, 내가 죽으면 이 오천 명 아이도 죽을 것이니, 가엾게 여겨 이 한 목숨 살려주세요'라고 하였다. 그래서 충원은 그 고기를 놓아주고 앞으로는 살생을 하지 않으려고 결심했는데, 후에 강가에서 진주를 얻게 되었다"라고 하였다. 이충원은 황정견黃庭堅(1045~1105)과 같은 시대 사람으로서 자字는 부중符中이고 송나라 서주舒州 용면龍眠(지금의 안휘 桐城) 사람이며 희녕熙寧 3년(1070)의 진사이다.

3月朔日, 新宮, 彦惣.

◎ 萬兩黃金未爲貴, 一家安樂値錢多. 설명: 이 글은 『증광현문增廣賢文』에 나온다.

◎ 太上篇抄五十一. 河南婦人養姑不孝. 姑兩目盲, 婦以蚯蚓爲羹食之, 姑怪之, 竊藏一臠示兒. 兒見之號泣, 將錄婦送縣. 俄雷雨暴起, 失婦所在. 俄自空中墮地, 衣服手足如故, 而頭變爲白狗, 言語如恒. 自云: "不孝于姑, 爲天神所罰." 夫斥之, 後乞食而死. 설명: 이 사례는 [당唐] 당임唐臨(약 601~660년경)의 『명보기冥報記』 권하에 보이고, 또한 [북송北宋] 이방李昉(925~996) 등이 편찬한 『태평광기太平廣記』 권162 「감응感應」 2, '하남부인河南婦人'조에도 등장한다. 니키 쿄쇼가 『감응편感應篇』 주석본에서 인용한 것으로 보인다.

3月7日, 坊方, 權三郎.

◎ 略講感應篇上. 袁柳莊友童子. 宗郊道普請陰德之大事. 略講陰德之事. 설명: 원류

---

74) 예를 들면, 일본 간사이대학 泊園文庫에는 五井純禎(蘭洲), 中井誠之(鷲庵), 中井積德(履軒) 등이 己酉(1669) 중간본에 근거하여 필사한 『昨非庵日纂』본이 소장되어 있다. 『講席日誌』는 적어도 두 곳에서 『昨非庵日纂』을 언급하고 있는데 "文化十年八月十九日夜" 條와 "同八月廿二日晝"條에 상세하게 나온다.

장원류장袁柳莊에 대해서는 위에서 설명했다. '종교도보청음덕지대사宗郊道普請陰德之大事'에 대해서는 앞으로 더 고찰해야 할 것이다.

3月9日, 坊方, 權三郎.

◎ 大富因天, 小富因勤. 萬粒亦一粒之種也, 善惡亦然. 설명: 첫 구절은 앞의 '2월 20일'조에서 설명하였고, 뒤의 구절에 대해서는 앞으로 더 고찰해야 한다.

◎ 善惡報應遲速. 설명: [명明] 안무유顏茂猷의 『적길록迪吉錄』 권두의 「칠변七辨」은 응보에 관한 7가지 문제를 검토했는데, 그중 세 번째는 "그렇다면 응보의 늦고 빠름은 무엇을 의미하는가?"의 문제이다. 이는 아마도 니키 쵸쇼가 의거한 텍스트 중 하나일 수 있다.[75] 후술하겠지만, 니키 쵸쇼는 『적길록』을 여러 차례 인용한 바 있다.

3月10日夜, 小木曾村, 助左衞門.

◎ 遽(蘧)伯玉知四十九年之非之事.……略述袁了凡之事. 裴晉公還帶. 葛繁. 설명: 거백옥蘧伯玉은 춘추 말기 위衞나라의 대부로서 공자가 두 번이나 그를 언급했는데, 그중에서 "백옥은 군자로다"라는 찬사가 있다.(『논어』, 「위령공」) "49년 동안의 잘못을 안다"라는 거백옥에 대한 이야기가 『회남자淮南子』 「원도훈原道訓」에 나오는데, "거백옥은 나이 50에 이르러서야 지나간 49년 동안의 잘못을 알게 되었다"라고 했다. 후에 원료범袁了凡에 의해 『요범사훈了凡四訓』 「개과지법改過之法」에 기록되었고, 만명晚明시대 이후로는 "자신의 잘못을 고치는 학문을 연마했던"[76] 옛사람의 전형적인 인물로 전해졌다. 니키 쵸쇼가 이 책 『요범사훈』에 의거했을 수 있다.[77] 배진공裴晉公은 배도裴度(765~839)를 말하는데 당나라 사람이다. 『신당서』

---

75) 이 질문에 대한 안무유의 답변은 吳震의 「晚明時代儒家理論的宗敎化趨向: 以顏茂猷『迪吉錄』爲例」(中國人民大學國學院, 『國學學刊』 창간호 2009년 1기에 게재됨)를 참조할 수 있다.

76) 이상의 내용은 袁了凡, 「了凡四訓改過之法」, 袁嘯波 編, 『民間勸善書』(上海: 上海古籍出版社, 1995), 17쪽 참조.

77) 저자 설명: 二木長嘯가 『日志』에서 여러 차례 袁了凡을 언급했지만 그의 저서 이름은 명확히 밝히지 않았다. 일본 소장 漢籍書志記錄에 의하면 에도시기에 유행한 袁了凡의 저서는 주로 『陰騭錄』(『立命篇』, 『省身錄』이라고도 한다)인데 그 내용은 대부분 『了凡四訓』 「立命之學」 부분에 해당한다.

에 그의 전기가 있고, 그에 관한 이야기는 [원元] 관한경關漢卿에 의해 『배도환대培度還帶』에 편성되었다. 그가 보물을 주어도 자기 것으로 삼지 않고 다른 사람의 목숨을 구해주었기 때문에 장원에 당첨되었다고 한다. 또 『감응편회편感應篇彙編』의 「남의 급한 일을 돕고, 남의 위독한 상태를 구해주다」(濟人之急, 救人之危)라는 조목의 주석본에도 나온다. 갈번葛繁은 송나라 초기 사람인데, '일행일선日行一善'의 전형으로 전해지는 인물이다. 그에 관한 이야기는 [송宋] 지반志盤의 『불조통기佛祖統紀』 권28 「정토입교지淨土立教志」 23, '갈번'조에 나오는데, 그가 평소에 "출가·재가한 사람이 함께 정업淨業을 수행할 수 있도록 널리 권했다"라고 했으나, '일행일선'의 사례에 대한 언급은 없다. 니키 쿄쇼가 『감응편회편』 「적덕누공積德累功」 조목의 주석본에 의거한 것으로 보인다.

3月21日夜, 小木曾村, 助左衛門.

◎ 戰戰兢兢, 日愼一日, 人莫躓山躓埒. 설명: '경兢'은 '긍兢'으로 보아야 한다. 이 말은 『회남자淮南子』 「인간훈人間訓」에 나오는데, "「요계堯戒」에서는 '전전 긍긍하고 하루하루 조심할 것이다. 사람은 큰 산에 걸리는 것이 아니라 작은 흙더미에 걸려 넘어진다'라고 하였다." 여기서의 '질蛭'은 '질埒'로 보아야 할 것 같다.

◎ 感應抄書四十. 文光贊之父自少至老, 無歲無獄, 訟事糾纏殆終其身. 以宿因問曇相禪師, 曰: "汝父生前本寫詞狀, 爲人鬥合爭訟, 故今受其報." 光贊懇求救免, 師教以紙糊竹簟爲桎梏, 令自叩三日, 然後爲之懺悔, 又矢心行善. 事稍解. 설명: '문광찬文光贊'에 관한 일은 니키 쿄쇼가 [청淸] 건륭乾隆 연간의 황정원黃正元(1844~1906)이 모아 정리한 『음즐문도설陰騭文圖說』에 근거한 것으로 보이는데 문구는 약간 다르다.

◎ 同十八. 永福人僻(薛)敷專工虛捏狀詞, 能飾無理爲有理, 以此致富. 延道士鄭法林醮謝. 鄭伏而起曰: "上帝批, 家付火司, 人付水司." 已而家產告罄爐, 敷渡江而死. 子以盜敗, 女爲娼. 설명: 그 일은 『감응편회편』 "모함하고 위조하여 종친을 공격하다"(虛誣詐僞, 攻訐宗親) 조목의 주석본에 나온다.

◎ 糟糠之妻不下堂. 설명: 이 말은 『후한서後漢書』 「송홍전宋弘傳」에 보이는데, "신은 가난했을 때 사귄 친구는 잊을 수 없고 고생을 함께한 조강지처는 버릴 수 없다고 들었습니다"라고 했다.

◎ 太公曰: 遠水不救近火, 遠親不如近鄰. 설명: 니키 쿄쇼가 『증광현문增廣賢文』의

"먼 곳의 물은 가까운 불을 끄지 못하고 먼 곳의 친척은 가까운 이웃보다 못하다"
(遠水難救近火, 遠親不如近鄰)라는 구절에 근거한 것으로 보인다.

4月18日夜, 大萱村, 彌兵衞.

◎ 略從『感應篇』開篇講起.

◎ 略講袁了凡之事.

4月19日夜, 大萱村, 作助.

◎ 講『溫公家訓』. 葛繁, 裴度. 陰陽(德)之事. 설명:『온공가훈溫公家訓』은 즉 [북송北宋] 사마광司馬光(1019~1086)이 지은 『가훈家訓』이다. 갈번葛繁과 배도裴度에 관해서는 위에서 설명했다.

同20日夜, 同人.

◎ 太公曰: 勤爲無價之寶, 儉是護身之符. 설명: 이 말은 『명심보감明心寶鑑』「정기편正己篇」에 나오는데 '태공왈太公曰'이라는 세 글자가 없고, '검儉'은 원래 '신愼'으로 되어 있다.

◎ 溫公曰: 養子不敎父之過, 訓導不嚴師之惰. 설명: 이 말은 사마광의 『권학문勸學文』에 나온다.

◎ 孟母三徙, 曾母烹豕. 설명: '증모曾母'는 '증부曾父'로 되어야 한다. 이 말은 『진서晉書』「황보밀전皇甫謐傳」에 나오는데 "예전에 맹자의 어머니는 세 번 이사하여 아들의 인仁을 이루었고, 증자의 아버지는 기르던 돼지를 잡아 아들과의 약속을 지키는 가르침을 보여 주었다"라고 했다.

7月3日夜, 新張村, 傳次.

◎ 略講『感應篇』.

◎『三計圖』云: 一生之計在於勤, 一年之計在於春, 一日之計在於寅. 幼而不學, 老無所知; 春若不耕, 秋無所望; 寅若不起, 日無所弁. 설명: 이 말은 『명심보감明心寶鑑』「입교편」에 나온다.

7月4日夜, 新張村, 傳次.

◎ 閔子騫. 설명: 민자건閔子騫(기원전 536~기원전 487)은 춘추 말기의 노나라 사람으로서 공자의 뛰어난 제자이다. 민자건은 공자의 문중에서 효자로 유명하였는데, 공자는 그를 "효성스럽도다, 민자건이여!"라고 칭찬하였다.(『논어』, 「先進」) 민자건은 『24효』에서 3위를 차지한다. 니키 쵸쇼 또한 『24효』에 의거한 것으로 보인다.

7月21日夜, 荒木, 八日町村, 喜平次.

◎ 何龍圖曰: 人之所異於禽獸者, 只是爲善之一念, 遂有靈蠢之分耳. 설명: 이 말은 『감응편휘편感應篇彙編』「남의 재난을 불쌍히 여기고 남의 선행을 좋아해야 한다」(宜憫人之凶, 樂人之善)는 조목의 주석본에 나온다. "하룡도何龍圖는 '무릇 악의 시초는 생각의 차이일 뿐이어서 하지 말라고 권할 수 없는 것이 아니다. 나쁜 짓을 이미 하였어도 여전히 순간의 밝음이 있기에 반드시 도와서 구할 수 없는 것이 아니다. 그러나 매번 서로를 원수처럼 여기기만 하고 서로 권면하지 않으면 마침내 파멸의 상태에 이르게 되니, 이렇게 되면 스스로 잘못을 고치고 새롭게 행동하려 해도 어려운 것이다. 슬프도다'라고 하였다." 그러나 두 글귀의 차이가 대단히 큰 것으로 보아 니키 쵸쇼가 근거한 판본이 따로 있었던 것 같다.

同22日夜, 同人.

◎ 程夷伯入冥, 見修道橋人, 毁破橋路人(一念之善).
◎ 善相僧覺海. 夷伯三十九時, 示曰: "今夜當有一吉夢." 夷伯以後修橋路, 凡濟人事皆行之. 後覺海至, 汝數年行濟人事, 甚多陰功, 不惟壽算綿綿, 子孫亦榮貴矣. 後夷伯年九十四, 曆五世昌盛. 『現驗報應篇』五冊末十二丁. 설명: 위의 두 단락은 『현험보응편現驗報應篇』에 나온다. 이 책은 일본 승려인 현광玄光(1630~1698)이 모아 정리한 것으로, 정향貞享 4년(1687)의 간본刊本이다. 이 이야기는 중국 불교에서 유래한 것으로 소각사昭覺寺 장설통취丈雪通醉(1610~1695)가 편집하고, 소흥紹興의 환암거사幻庵居士 호승유胡升猷(생몰년 미상, 순치 4년 진사)가 수정한 『금강선등鎔工禪燈』 권19 '오전悟詮' 조목에 수록되었다.(『卍新纂續藏經』 제85책) 『금강선등』이 언제 일본에 전해졌는지에 대해서는 검토해 보아야 한다.

23日夜, 同鄕漆垣內村, 孫次郞, 宿中村ャ四郞八.

◎ 略講袁了凡.

◎ 爲心走使, 無有安時. 설명: 『무량수경無量壽經』에 이 말이 나온다.

◎ 轉禍爲禍(福). 설명: 『태상감응편太上感應篇』 경문經文에 이 말이 나오는데, '전화위복轉禍爲福'은 『감응편』 권선勸善사상의 취지이다.

◎ 『報應篇』三十丁. 明予(豫)章大祲, 新建縣民買米與信石, 欲與妻子一飽而死事(原日文).[78] 설명: '예장대침豫章大祲'이란 사례는 [청淸] 진굉모陳宏謀(1696~1771)의 『재관법계록在官法戒錄』 권3에 나온다. "예장豫章 지역이 크게 침수되었다. 신건현新建縣의 한 농민은 생활이 매우 궁핍하여 집에 물통이 하나밖에 남지 않았는데, 이것을 팔아 은 3푼을 받았다. 그런데 이런 생활을 계속할 수 없어 두 푼으로 쌀을 사고 한 푼으로 약을 사서 그의 아내와 함께 한 끼 배불리 먹고 죽으려고 했다. 밥이 막 되어 가는데, 마침 이장里長이 조세를 거두려고 그의 집에 왔다. 먼 길을 다녀온 이장이 배가 고파 밥을 좀 얻어먹고 가려 하자 농민은 먹을 것이 없다고 하였다. 그런데 이장이 부엌으로 가 밥을 보고는 자신을 속였다고 꾸짖었다. 이에 농민은 손사래를 치며 '이것은 당신이 먹을 것이 아니다'라고 하며 울면서 그 이유를 말해 주었다. 이에 이장은 황급히 그 밥을 다 파묻어 버리면서 '너는 왜 이렇게까지 어리석으냐. 우리 집에 아직 닷 말의 쌀이 있으니 네가 가지고 가서 며칠 더 버텨 보아라'라고 하였다. 농민은 그의 말에 감동되어 그를 따라 가서 쌀을 얻어 가지고 집으로 돌아왔다. 쌀을 꺼내는 순간 금 50냥이 그 안에 있는 것을 보고 너무 놀라 '이것은 반드시 이장께서 모아 놓았다가 나라에 바치려고 했던 것을 여기에 잘못 놓은 것이다. 그가 나를 죽음에서 살려 주었는데 내가 어찌 차마 그를 죽게 하겠는가'라고 하면서 그 돈을 이장에게 돌려주려 하였다. 이장은 '나도 가난한 사람인데 웬 돈이냐? 이것은 분명 하늘이 너에게 주는 것이다'라고 하였다. 그러나 농민은 절대 받지 않으려 하였고, 오래도록 서로 받지 않으려고 실랑이하던 끝에 반반씩 나누어 가졌으며, 결국 두 집 모두의 살림살이가 넉넉해졌다." 니키 쵸소는 『현험보응편現驗報應篇』에서 이 고사를 인용한 것으로 보인다.

---

78) 『日誌』의 교정자가 다음과 같이 정리했다. "明予章大祲, 新建縣, 民米ト信石ト買妻ト一飽シテ死シト欲ル事." 그런데 이 말의 뜻을 분명하게 판명하기 어렵다. 필자는 자료의 원본을 읽지 못했기 때문에 구두점을 분명하게 표시하기 어렵다.

24日夜, 同鄕半田邑, 市兵衞.

◎ 勘忍.『景行錄』云: "忍一時之氣, 免百日之憂. 得忍且忍, 得忍(戒)且戒; 不忍不戒, 小事成大." 又云: "人姓(性)如水, 水一傾則不可復, 性一縱則不可反. 制水者必以堤防, 制性者必以禮法." 又云: "和無仇, 忍無辱." 又云: "難忍之事, 恕不明之人." "百戰百勝, 不如一忍." "忍之爲德, 勝於持戒苦行." "張公藝忍之字." 설명: 이상의 일곱 단락은 『경행록景行錄』에서 나온 것이다.『사고전서총목제요四庫全書總目提要』권131 '자부子部'『경행록』조에 따르면『경행록』1권의 구제舊題는 [원元] 사필史弼이 편찬하였는데, 이 책에는 격언 백여 개가 수록되어 있다.『제요提要』는 이 책이 "『성심록』의 말을 많이 표절했다"라고 지적했다.『성심록』은 [북송北宋] 임포林逋의 저서로, 그 안에는 인생 격언들이 많고, 인과응보의 이야기도 섞여 있어 '훈계'류의 문헌에 속한다.

◎ (頭注)『報恩篇』四冊二丁瞶恚事. 王會師母. 唐京都西市北店有王會師者, 其母先終, 服制已畢. 至顯慶二年內, 其家乃產一靑黃母狗, 會師妻爲其盜食, 乃以杖擊之數下. 遂作人語曰: "我是汝姑, 新婦杖我, 大錯. 我爲嚴酷家人過甚, 遂得此報, 今旣被打, 羞向汝家." 因卽走出. 會師聞而涕泣, 抱以歸家, 而複還去, 凡經四五. 會師見其意止, 乃屈請市北大街中, 正是己店, 北大牆後, 作小舍安置, 每日送食. 市人及行客就觀者極衆, 投餠與者不可勝數. 此犬恒不離此舍, 過齋時, 而不肯食. 經一二歲, 莫知所之.『冥報拾遺』. 설명:『보은편報恩篇』은 자세히 알 수 없다.『명보습유冥報拾遺』는 [당唐] 낭여령郎餘令(생몰년 미상)이 편집한 것이다.

◎ (頭注)同五冊一丁不瞶恚. 張道人. 暨陽南門橋, 軍人張旺者, 人鹹稱之曰張牌, 素凶猥無賴. 嘗夜盜城西田父菜, 被執, 濡其首溺池而釋之. 以故恨入骨隨(髓). 每思有以爲報而未能. 一夕, 宿火瓦罌, 往燒其家, 道由觀溝. 時月色微明, 畫師吳碧山尙未寢, 偶聞步履聲, 穴窗窺之, 見張前行而殤鬼百數踵其後. 飯頃, 又聞步履聲, 複窺之, 則張回而靑衣童子二人前導焉. 吳甚驚怪, 詰旦往叩張. 及語之審, 因以前事告, 且曰: "我實欲毀其室, 以快所憤, 因念冤冤相報無有了時, 遂棄火歸, 他無見也." 吳乃告以其祥, 張大感悟, 曰: "一念之頃, 可不謹哉!" 卽舍俗出家, 人稱之曰"張道人". 後竟得道云. 至正五年事也.『輟耕錄』. 설명:『철경록輟耕錄』은 원나라 말, 명나라 초의 도종의陶宗儀(1321~1407)가 지은 것이다.

7月25日夜, 木曾垣內村, 九郞兵衞.

◎ 小善無不爲, 小惡無爲. 설명:『삼국지三國志』『촉서蜀書』「선주전先主傳」에 따르면, 이는 유비劉備의 '유언'에 나오는 말인데, "악이 작다 하여 그것을 해서는 아니 되며, 선이 작다고 그것을 하지 않아서는 아니 된다"이다.『명심보감』「계선편繼善篇」에서 "소인은 조그만 착한 일은 유익하지 않다고 해서 하지 않고, 조그만 악한 일은 해로울 것이 없다고 해서 버리지 않는다"라고 하였다.79)

7月27日晝, 袈裟丸村, 淨永寺.

◎ 福建漳浦有衛氏, 妯娌三人最不孝, 日以惡言唆鬥其夫. 忽一日雷震, 一聲化爲牛羊犬三畜, 惟頭面不變. 雷神於空中觀視良久而後隱. 三畜見人, 口不能言, 惟低頭垂淚而已. 설명: 문화文化 10년 '2월 28일'조에도 보인다.

7月28日夜, 來者甚衆, 淨永寺.

◎ 孝. 曾子養曾晳, 曾元養曾子. 至犬馬有養, 不敬何以別乎?『家語』: "啜菽飮水, 盡其歡心, 斯爲孝乎." 설명: 첫 구절은『맹자』「이루상離婁上」에 나온다. "증자가 증석을 봉양할 적에 반드시 술과 고기를 마련하더니, 밥상을 물리려 할 적에 반드시 줄 곳을 물어 보았다. 남은 것이 있느냐고 물으면 반드시 있다고 대답하였다. 증석이 죽은 뒤 증원이 증자를 봉양할 때에 반드시 술과 고기를 마련하더니, 끝나고 밥상을 물리려 할 적에 줄 곳을 물어 보지 않았다. 남은 것이 있냐고 물으면 없다고 대답하니 장차 다시 한 번 올리려 함이니라. 이것은 이른바 입과 몸을 봉양하는 것이니, 증자와 같이 하는 것이 어버이의 뜻을 봉양하는 것이라고 말할 만하다." 두 번째 구절은『논어』「위정爲政」편에 나온다. "자유子游가 '효'를 묻자 공자께서 대답하셨다. '근자에는 효를 다만 공양하는 것이라고만 생각하나,

79) 역자 주: 한국판『明心寶鑑』「繼善篇」에는『三國志』에 나오는 劉備의 '유언'이 수록되어 있다. 현재 한국에는 세계에서 가장 오래된『明心寶鑑』의 판본이 전해오고 있는데, 1454년 청주에서 간행된 '淸州本'이다. 일본에서는 후지와라 세이카, 하야시 라잔을 비롯하여 유학자와 승려 신도가 등의 저명한 지식인들의 저서에『明心寶鑑』의 내용이 많이 인용되어 있으며, 1626년에는『明心寶鑑』의 '和刻本'도 간행되었다. 여러 정황상 한국의『明心寶鑑』이 일본에 상당한 영향을 주었을 것으로도 추정되는데, 향후 이 부분에 대해서도 전문적인 연구가 필요하다.

개와 말도 길러질 수 있다. 부모를 공양하면서도 존경하지 않으면 그 무엇이 다르겠는가?'"

8月18日夜, 上廣瀨村, 九郎右衛門.

◎ 儉足用, 儉則有餘. 勤爲無價之寶, 儉是護身之符. 설명: 뒤 구절은 문화文化 10년 '4월 19일 야夜'조를 참조.

◎ 孔子曰: "中人情, 有餘則侈, 不足則儉." 설명: 이 말은 [한漢 유향劉向의 『설원說苑』 「잡언雜言」에서 나온다. "공자가 이르기를 '인간의 일반적인 성품으로 말하자면 여유가 있으면 사치해지고 부족하면 검소해진다'라고 하였다."

◎ 成都張詠, 夢至眞君坐處, 眞君召敬黃承事. 承事別無善, 只是每年根據時之有無, 出錢調置米谷, 於秋之末夕未能出米之際, 賣給細民(원문은 일본어로 되어 있음). 설명: '소경召敬은 뒤바뀐 것으로 여겨진다. 이 일은 [원元] 무명씨가 편집한 『거가필용사류居家必用事類』 계집癸集 「권선록勸善錄」 '황승사저곡제인黃承事儲穀濟人'조에 나온다. "상서 장영張詠이 성도成都 태수로 있을 때 어느 날 밤 꿈에 자부紫府의 진군眞君을 찾아갔는데 얼마 후 서문에 사는 황승사黃承事도 왔다. 진군은 계단을 내려와 황승사를 맞이하고 대단히 공경스럽게 대하면서 장영의 윗자리에 앉혔다. 꿈에서 그 영문을 알 수가 없었다. 다음 날 그는 서문에 황승사란 사람이 있느냐고 좌우에 물었더니 실제로 그런 사람이 있다고 하였다. 그래서 사람을 보내어 황승사를 청해 왔는데 만나고 보니 과연 꿈속에서 본 그 사람이었다. 그래서 꿈속에서 벌어진 이야기를 들려주면서 '그대가 평생 무슨 덕을 쌓아 진군께서 그렇게까지 예우하며 나의 윗자리에 앉히는가'라고 물어보았다. 두 번 세 번 거듭하여 그 이유를 물어보았지만 적절한 대답을 얻지 못했다. 다만 황승사는 자신에게 별다른 특징이 없는데 매년 추수 때에 생각나는 대로 돈을 내어 곡식을 사들였다가 이듬해 추수 전 보릿고개에 다시 곡식을 백성들에게 제값에 팔았다고 말했다. 이 말을 들은 상서는 크게 찬탄하여 '마땅히 나의 윗자리에 앉혀야 한다'라고 하면서 아랫사람 두 사람을 시켜 그를 부축하게 하고 절을 하였다. 자부紫府 진군眞君이 천하의 '신선적神仙籍'을 관리한다고 전하는데, 예를 들면 장상서張尙書와 황승사黃承事도 적籍에 올라 있고 황승사가 장상서의 윗자리에 있으며 그 자손 또한 끊이지 않으니 어찌 그 구휼救恤의 음덕이 크지 않겠는가? 승사의 이름은

겸제兼濟이다." 80) 니키 쿄쇼는 이 고사를 『거가필용사류居家必用事類』에 의거했을
수 있다.

◎ 『感應篇』開始之處(不夭折草木, 不取物命). 修道橋之事.

◎ 程夷伯, 陝州人, 年三十五, 夢父謂曰: "汝今歲當死, 可問覺海僧." 夷伯竦然往候之.
僧素善相, 乃謂曰: "君年促可延." 取水一杯, 呵氣入中, 令飲之, 曰: "今夜當有一吉夢."
夜夢至一官府, 左廊下男婦衣冠嚴整, 皆相觀悅, 右廊下枷鎖縲紲, 哀號涕泣. 旁有人云:
"左邊是修造橋路者, 右邊是毁壞橋路者, 爾宜擇取." 夷伯自是于橋路平治, 用功不倦,
凡僑(濟)人事皆行之. 後僧覺海複至, 曰: "汝數年行濟人事, 甚多陰功. 不惟壽算綿綿,
子孫亦榮貴矣." 夷伯年九十四, 曆五世昌盛. 『迪吉錄』. 설명: 이 조목의 내용은 또한
문화文化 10년의 '7월 22일 밤' 조목에서도 찾아볼 수 있다. 그런데 이 조목은
일본의 승려 현광玄光이 편집한 『현험보응편現驗報應篇』에서 수록된 것으로서 이
조목의 글과는 많은 차이가 있다. 『적길록迪吉錄』은 안무유顏茂猷의 저서로서 이
책이 가장 먼저 이루어졌고, 아래 몇 조목이 남아 있다. 『적길록』은 아주 이른
시기에 일본에 전해졌는데 에도 초기의 저명한 양명학자인 나카에 도주가 이
책을 소장하고 있었고, 그 시기는 간에이(寛永) 17년(1640)이다.81) 도주는 『감초鑑草』
(쇼호 4년, 1647년 간본)를 펴냈고, 책 전체에 실린 권선勸善 이야기 61건 중 48건이
『적길록』에서 발췌한 것으로,82) 『감초鑑草』 자체가 『적길록』의 필사본이라고도
할 수 있다.

◎ 衛仲達. 元自實. 從善神惡神之事. 설명: 위중달衛仲達의 이야기는 『요범사훈·적선
지방了凡四訓積善之方』에 나온다. "무엇을 큼과 작음이라고 하는가? 옛날 위중달이
처음 관직을 맡았는데 어느 날 하루는 염라대왕한테 불려 갔다. 염라대왕은 아랫
사람들을 시켜 그의 선악기록이 어떠한가를 보라고 명령했다. 명에 따라 비교해

---

80) 『居家必用事類』(京都: 中文出版社가 寛文 13年 癸醜刊本에 근거하여 1984에 影印하였
　　다), 412~413쪽.
81) 高橋文博, 「『鑑草』再考」(『季刊日本思想史』 第54號에 게재됨, 東京: ぺりかん社, 1999) 참
　　조. 또 吳震, 「以講會興起善人'―17世紀東亞文化交涉與福建鄕紳的講學活動」(日本關西大學
　　文化交涉學敎育硏究中心, 『東アジア文化交涉硏究』 第3號에 게재됨, 2010.3); 縮減版 「雲起
　　社'與17世紀福建鄕紳的勸善活動」(『雲南大學學報』 2012.5期에 게재됨) 참조.
82) 木村光德, 『藤樹學의 成立에 關한 硏究』(東京: 風間書房, 1971), 192~202쪽 참조. 또 加
　　藤盛一의 標注本 『鑑草』(東京: 岩波書店, 1939) 참조.

보니 그의 악업기록은 정원에 가득 찼지만 선업의 기록물은 젓가락 굵기만큼의 기록지 한 권이 고작이었다. 저울을 가지고 선악의 무게가 어떤지 달아 보았더니 정원에 가득 찼던 악업이 오히려 가볍고 젓가락 굵기만큼 적은 선업이 더 무거웠다. 이에 중달은 '내가 마흔도 안 되었는데 왜 이렇게 많은 악을 지었느냐고 물었다. 그러자 [염라대왕은] '설령 네가 행실로 지어내지 않았더라도 한 가지 생각이 바르지 못하면 바로 기록으로 남는 것이다'라고 대답하였다. '그렇다면 선업의 기록물엔 무엇이 적혀 있는가'라고 다시 물었더니, '조정에서 삼산석교三山 石橋를 수축하는 큰 공사를 벌리려고 했을 때 네가 [백성을 혹사시키고 물자를 낭비하는 일이라 하예] 상소를 올려 공사를 하지 말 것을 간했는데, 그것이 바로 선업이다'라고 했다. 이에 중달은 '내가 비록 간언의 글은 올렸지만, 조정에서는 나의 건의를 받아들이지 않아 실제로는 백성들에게 아무런 도움이 안 되었는데 어찌 이와 같은 힘이 있을 수 있겠는가'라고 반문했다. [염라대왕은] '비록 조정에서 따라주지는 않았지만 그 생각이 이미 만민을 위한 것이기 때문이다. 만약 받아들여졌으면 선력善力이 더욱 컸을 것이다'라고 말했다. 그러므로 뜻을 천하와 나라에 두면 선은 비록 작아도 클 것이고, 그 뜻을 구차하게 한 몸에 두면 선업이 비록 많아도 작은 것이다."[83] 원자실元自實의 이야기는 [명明] 구우瞿佑(1341~1427) 의 『전등신화剪燈新話』 권1 『삼산복지지三山福地志』 및 [명明] 능몽초淩蒙初(1580~ 1644)의 『이각박안경기二刻拍案驚奇』 등에 보인다. [청淸] 사옥함史玉涵(생몰년 미상)의 『덕육고감德育古鑒』 「존심류存心類」에 다음과 같은 글이 실려 있다. "자실自實은 무재繆材에게 큰 은혜를 베풀어 주었지만 무재는 배은망덕하였다. 자실은 참을 수가 없어서 밤을 틈타 가서 그를 죽이려 했다. 가는 길에 암자를 지났다. 암자의 주인인 헌원옹軒轅翁은 도행이 있는 사람이었는데 자실이 가는 뒷모습을 보니 기이한 귀신 수십 명이 뒤를 따라가고 있었다. 얼마 지나지 않아 그가 다시 돌아왔는데 이번에는 금관옥패를 띤 신하 백십여 명이 뒤를 따랐다. 헌원옹이 이상하게 여겨 날이 밝은 뒤 그를 찾아가 물었더니, 자실은 '나는 양심을 어기는 무재가 너무 미워 그를 죽이려고 갔지만 그 집 문 앞에 이르러서는 그가 나를 저버리기는 했지만 그의 처자식이 무슨 잘못이 있겠는가? 그에게 또 노모가 있는데 그를

---

83) 袁嘯波, 『民間勸善書』, 24쪽에서 인용.

죽이면 노모는 누구를 믿고 살겠는가 라는 생각이 들어 꾹 참고 돌아왔다라고
했다. 그러자 헌원옹도 자신이 본 기이한 사실을 들려주면서 '너의 일념지악一念之
惡은 흉악한 귀신을 불러오고, 일념지선一念之善은 복신을 따르게 한다. 네 일은
이미 신명이 알았으니 훗날에 두터운 복을 받게 될 것이다라고 하였다. 그 후
자실은 과연 노산령廬山令이 되고, 무재는 폐절廢絶되었다."[84]

8月19夜, 上廣セ村, 九郎右衛門.

◎ 孝. "因天之時, 就地之利, 謹身節用, 以養父母, 此庶人之孝也." "孝者德之本, 教之
所由生." "達德, 自天子達庶人." "大業中, 河南婦人養姑不孝. 故兩目俱盲, 婦以蚯蚓爲
羹食之. 故怪其味, 竊藏一臠示兒. 兒見之, 號泣, 將錄婦送縣. 俄而雷雨暴起, 失婦所在.
俄自空中墮地, 衣服手足如故, 而頭變爲白狗, 言語如恒. 自言不孝姑, 爲天神所罰. 夫斥
去之, 後乞食而死." 설명: 1단과 4단은 앞에서 언급했고, 2단은『효경개종명의장孝經
開宗明義章』에 나오며, 3단의 '달덕達德'과 '자천자달서인自天子達庶人'은 각각『중용』
과『대학』에 나온다.

◎ 常村一嫗老而盲, 其婦一日炊未熟, 子往呼田所. 婦囑姑畢其炊. 嫗老無睹, 飯成, 誤
捫溺器貯之. 婦歸, 不敢言, 先以中潔者食姑, 次以餉夫, 其親器臭惡者, 乃以自食. 良久,
天忽晝暝, 覿面不相見, 暗中若爲人攝去. 俄頃開明, 乃在近舍林中, 懷腋得小布囊, 貯米
三四升, 適足供朝哺. 明旦視囊, 米複如故, 寶之至終身.『昨非庵日纂』.

同22日晝, 同村, 一向寺.

◎ 曆城尹氏家貧, 買□爲生. 客息柳蔭, 有唉□者. 會會大暑, 解鞍飮馬, 脫衣而休.
已而馳馬去, 遺囊. 尹氏擧之不勝, 知其金也, 密徙而覆之, 暝不見人. 乃以糖缶裝金埋
之, 植柳爲記. 客故山西大駔也, 行賈以萬計, 乃以稍稍折閱, 收其餘僅五百金, 圖返其
家, 失之. 不敢複見父母妻子, 遂流丐越數年. 柳且拱矣, 客複過故處. 尹子亦仍買□.
客據地慟, 尹子詢之, 客語以故. 尹氏詢所遺, 金數與前數合. 謂客曰: "無慟." 起柳而探

84)『德育古鑒』권두 史玉涵의「自序」에 따르면 끝에 '康熙九年二月宜興史潔珵題于貽穀堂'이
라고 署하였다. 康熙 九年은 1670년이다. 그러나 이 책의 끝에 있는 史玉涵의「識」에
따르면 말미에 '醜夏四月宜興史潔珵玉涵氏識'이라고 署하였는데, 辛醜는 康熙 六十年
(1721)으로, 이 책은 대체로 辛醜 이후에 간행된 것이다.

之, 得金焉. 客復慟, 據地請曰: "奈何有是? 惟公取之, 與我餘可耳." 尹氏不可. "中分之." 亦不可. 曰: "我誠貧也, 豈其不全掇之而寡取之而中分之乎?" 客不能強, 乃稽首申謝而去. 尹氏夜夢神, 謂之曰: "汝之陰德厚矣, 當貽汝以貴子." 彌月而生子旻, 擧進士, 爲吏部侍郎. 『昨非庵日纂』.

同22日夜.

◎ 文光贊之父自少至老, 無歲無獄, 訟事糾纏殆終其身. 以宿因問曇相禪師, 師曰: "汝父生前本寫詞狀, 爲人鬥合爭訟, 故今受其報." 光贊懇求救免, 師敎以紙糊竹簟爲桎梏, 令自囚三日, 然後爲之懺悔, 又矢心行善. 事得稍解. 설명: 문화 10년 '3월 11일 밤 조목에 보이고, 여기에 더 자세히 기록되어 있다.

◎ 吳二, 臨川小民也. 母老, 事之曲盡其歡. 一夕, 有神來見夢曰: "汝明日午刻, 當爲雷擊死." 吳以老母在堂, 乞救護. 神曰: "是天命不可免也." 吳恐驚其母, 淸晨具饌以進, 白云: "將暫詣妹家." 母不許. 俄黑雲四合, 雷聲塡塡然. 吳益慮驚母, 乃閉戶自出田野, 以待其罰. 頃之, 雲氣開廓, 吳倖免禍. 亟歸撫其母, 猶危疑未敢以告. 夜復夢神曰: "汝至孝感天, 已宥宿惡, 宜加敬事也." 自是孝養終身. 『迪吉錄』.

◎ 郡邑民友宜祖妻喻氏年廿五, 其姑黃氏八十, 病目無所見, 性偏急, 喜潔難事. 喻少年勤廉恭順, 逢迎無間言. 其夫因酒, 誤觸人僕墮兩齒, 求免刑責, 入財自贖, 以喻嫁費償之, 喻無悔. 一夕, 夢裡城追逮責之, 曰: "汝前世爲比鄰牟容之妻, 年三十, 病殀殊逾年. 汝之姑七十余, 煮糜供汝. 汝以口苦厭食, 嫌其太煩, 哭而叱之者數四. 及臨死之日, 對姑呼天曰: '年七十者不死, 我方三十而使之死, 天乎, 天乎, 胡不平!' 汝家司命聞之於天帝, 有旨令焚汝屍, 而汝氣已絶, 事末行之. 案牘仍在, 凡三十年爲一世, 今當結絶, 汝宿業所應者死于雷斧之下, 來日矣. 以汝今生孝德, 故先期告汝." 喻驚而竄, 中夜號泣. 姑曰: "汝以吾兒破汝嫁費, 謂終身不得償耶?" 喻曰: "無之." 凌晨, 沐浴新衣, 拜其姑曰: "新婦三年, 事姑無狀. 今請假暫歸, 恐不身死, 姑好將息." 姑訝其言不倫. 喻歸, 別父母, 所言如初. 自注香, 立屋南大木之下, 仰天祝曰: "新婦之死, 宿業當爾, 有所不辭. 但念夫貧姑老, 誰爲供事, 一也. 父母自小敎訓, 今被天誅, 爲父母辱, 二也. 身有孕, 旣七月矣, 萬一得男, 友氏有後, 三也. 今二事皆不可避, 獨友氏無後爾. 乞少延三月, 分免而死." 時大暑中, 陰雲晝晦, 風雷交至. 適遇梓潼帝君, 察知其情, 乃奏取裡中凶逆者代之. 富人帳實妻馮氏淫悍悖逆, 事姑無禮, 制丈夫如奴隸, 卽遣裡域, 同雷火焚之, 喻氏獲免.

『迪吉錄』. 설명: 위의 두 단락에서 인용한 글에 오류가 있는데『적길록』원문을 기준으로 해야 할 것이다.

10月7日晝, 孝子彌曾五.

同日夜.

◎ 略講『感應篇』 "欲求長生者, 先須避之"爲止.『報應篇』四冊卷八, 二十六丁. 成都守張詠. 설명: 성도成都 수령 장영張詠에 관해서는 위에서 설명했다.

◎ 西門黃承事. 黃曰: "初無善事, 惟黍麥熟時, 以錢三百緡收糴. 明年禾黍未熟, 小民艱食之時糶之, 一樣價直(値), 一般升鬥. 在我初無所損, 而小民得濟危急." 설명: 이 내용은 또 문화 10년 '8월 19일 주畫 조목에도 있고『덕육고감德育古鑒』「구제류하救濟類下」의 '황겸제청도인黃兼濟成都人' 조목에도 그 사실을 기술하고 있다.

◎『報應篇』五冊三十一丁. 郞邑喩氏(在一向寺, 見前頁). 설명:「처읍유씨郞邑喩氏」는 위에서 설명했다.

同8日晝, 瓜ノツル末.

同日夜.

◎ 小人過必文. 過勿憚改.『心地觀地經』云: "若覆罪者, 罪卽增長. 髮露懺悔, 罪卽消滅." 설명: 각각『논어』「자장子張」편의 "소인들은 잘못을 하면 겉으로 꾸며 얼버무려 속이려고 한다"와『논어』「학이學而」편의 "공자께서 말씀하셨다. '잘못했으면 즉시 꺼리지 말고 고쳐라'"에서 인용한 것이다.

◎ 孔子誅少正卯. 天下有大惡者五, 而盜竊不與. 一曰: 心逆而險; 二: 行僻而堅; 三: 言僞而辯(辯); 四: 記醜而博(謂非義); 五: 順非而澤(順非而又能順澤). 설명: 공자가 소정묘少正卯를 처단한 것에 대한 역사 기록이 매우 많은데, 예를 들면「순자유좌荀子宥坐」,「윤문자대도하尹文子大道下」등이 있다. 니키 쵸쇼가『공자가어孔子家語』「시주始誅」에 근거한 것으로 보인다.

◎『報恩篇』四冊卷八, 十二丁. 歷城尹氏, 柳下埋大駔遺金, 還之, 生貴子(見一向寺處).『報應篇』五冊十, 廿一丁. 宣春郡民章乙家, 以孝義聞, 數世不分, 異諸從同爨. 所居別墅, 有亭屋水竹. 諸子弟皆好善積善. 往來方士高僧儒生賓客, 至者皆延納之. 忽一日晚際, 有一婦人, 年少端麗, 被服靚妝. 與一小青衣詣門, 求寄宿. 章氏諸婦忻然近接, 設酒

饌, 至夜深而罷. 有一小子弟, 以文自業, 年少敏俊, 見此婦人有色, 遂囑其乳媼, 別麗掃一室, 令其宿止. 至深夜, 章生潛身入室內, 不聞聲息, 遂升□. 其婦人身體如冰, 生大驚, 命燭照之, 乃是銀人, 兩頭可重千百斤, 一家皆喜. 然恐其變化, 卽以炬炭燃之, 乃眞白金也. 其家至今巨富. 群從子弟婦女共五百口, 每三日就食, 擊鼓而升堂. 江西郡內, 富盛無比. 『玉堂閒話』. 설명: 『보은편報恩篇』과 역성윤씨歷城尹氏 그리고 『보응편報應篇』은 모두 앞에서 설명하였다. 「선춘군민장을가宣春郡民章乙家」는 [오대五代] 왕인유王仁裕(880~956)의 『옥당한화玉堂閑話』에서 인용했다.

10月9日夜.

◎ 楊希仲, 蜀川人, 未第時, 爲成都富家. 館賓有一美妾, 年少自負才色, 潛詣館, 調戲希仲, 試以素志. 希仲正色拒之而去, 其妻在家. 一夕, 夢神告曰: "汝夫獨處書館, 堅持淸節, 暗室不欺神明. 知之後當魁多士." 妻覺想念, 不知何由. 歲終歸家. 妻告其夢, 答以館中事. 妻然之. 明年, 希仲登第. 『迪吉錄』.

◎ 同十五. 余幹陳某業醫. 有貧士, 病瘠症, 幾危矣. 陳爲治之, 得痊. 貧無償藥, 陳亦不望其報. 陳後偶薄暮過之, 貧士不在, 母與妻留之宿. 夜深, 姑謂婦曰: "爾夫之命寔由陳先生再造, 久欲報之, 未能也. 今在客, 爾往伴一宵, 以報德." 婦唯唯, 夜就之. 陳拒之, 曰: "奈辱姑何?" 婦曰: "此姑意也." 陳曰: "奈賢夫何?" 婦曰: "夫之一身, 皆君賜也, 何有於婦." 陳曰: "不可." 婦強之, 陳連曰: "不可, 不可." 遂坐以待旦, 取筆連書不可字于卓, 最後幾不能自持. 又連書曰: "不可字最難." 訖明去. 後陳有子, 爲庠士應試, 考官閱其文, 棄之. 忽聞呼曰"不可", 四顧無人. 複閱其卷, 又欲棄之. 又聞連呼曰"不可, 不可". 最後閱其卷, 決意去之. 忽聞大聲呼曰"不可二字最難", 速聲不已. 考官云: "是必此人有陰德, 故神告我." 乃錄之, 榜出, 召問, 述其詳, 乃父不淫之報. 後子登進士第. 『迪吉錄』.

10月10日夜.

◎ 鎭江衛左所軍士范某妻, 患瘵瀕死. 遇道人與之藥, 云: "用鵲百頭, 以藥米飼之, 至三七日, 取其腦服. 若有死者, 取以充數. 一鵲莫減也." 范以公差出, 妻睹鵲, 歎曰: "以吾一人, 殘物命至百, 甚不仁也. 吾寧死, 安忍爲此." 乃開籠放之. 夫歸, 怒責其妻, 亦不悔. 已而病差. 初, 久不產, 有是年, 忽有孕, 生一男子. 兩臂上各有黑痣如鵲形, 一飛一俯而

啄, 羽毛分明, 不減刻畫. 설명: 이 내용은 문화 10년 2월 20일 「작백우양鵲百羽養」조
條에 상세하게 나온다.

◎ 陳宣帝時, 楊(揚)州人嚴泰, 江行逢漁舟, 有龜五十頭, 泰用錢五千贖之放(설명: '之放
이라는 글자는 거꾸로 됨). 行數十步, 漁舟乃覆. 其夕, 有烏衣五十人, 叩泰門, 謂其父母曰:
"賢郞附錢五千, 可領之." 悟(縚)皆濡濕. 父母雖受錢, 怪其無由. 及泰歸問, 乃說贖龜之
異. 因以其居爲寺, 裡人號曰"嚴法寺". 『獨異志』. 설명: 『독이지獨異志』는 [당唐] 이항
李亢이 지은 것인데 원본이 이미 유실되었다. 이 내용은 『태평광기太平廣記』 권118
『보응報應』 17 「엄태嚴泰」 조목에도 나온다. 니키 쵸쇼가 『태평광기』에 근거한
것으로 보인다.

제8장 도쿠가와시기 일본 심학운동의 풀뿌리 특색
─민간문서인『심학입문수첩』을 말함

이끄는 글: 심학 연구에 있어서의 '난관'

16세기 명대明代 양명학의 사인士人 집단은 유교윤리를 사회사업으로 정착시키고 지방 질서를 바로 세우는 운동으로서 강학 활동을 열심히 펼쳤는데, 이러한 활동은 농촌사회에 점점 침투되고 광범위한 영향을 미치게 되어 전국을 휩쓸 지경에 이르렀다.[1] 그러나 오백 년이 흐른 지금, 그 내막을 구체적으로 알려고 하니 해결하기 어려운 '난관難關'에 부딪히게 되었다. 즉 우리가 파악할 수 있는 문헌자료는 대부분 문인 학사들의 문집이거나 관官문서(이를테면 지방관이 주도한 '지방자 등)여서 당시 시골 강학의 실태나 강학실록 등의 내용을 제대로 알기 어려울 정도로 문인 냄새가 듬뿍 풍긴다. 그래서 나는 만명晚明시기의 왕학이 주도한 강학 풍조에 대해, 사료의 제한으로 인해 우리가 문집이나 지방지 등의 문헌을 통해 볼 수 있는 것은 유학에 관한 지식이나 추상적인 심학 논의가 대부분이기 때문에 "당시 지식인들이 어느 시골 지역이나 도시 지역에 깊숙이 들어가서 일반 대중들에게 강학한 과정과 그 내용에 대한 상세한 기록을 전혀 찾아볼 수 없다"고 지적한 바 있다. 문인들의 문집에 남아 있는 강학어록은 추상적인 유가철학을 논했다는 인상을 주기 때문에 명말청초의 유학자들이 그것을 공리

---

1) 明代의 강학 활동에 관한 연구는 21세기에 들어 이미 많은 연구가 축적되었다. 졸작, 『明代知識界講學活動系年: 1522~1602』(上海: 學林出版社, 2003); 張藝曦, 『陽明學的鄉里實踐: 以明中晚期江西吉水·安福兩縣爲例』(北京: 北京師範大學出版社, 2013, 이 책의 原版은 2006年 臺灣繁體字版이다) 등을 참조.

공담의 심성론이라고 매도한 것은 당연한 일이다.[2] 그 결과 중국의 사상사 연구는 항상 '제왕장상帝王將相'에 관한 정사正史 연구와 같아 지방사상사의 연구 영역을 깊이 있게 개척하기 어렵고, 우리가 알게 된 대부분은 엘리트문화의 '대전통大傳統' 차원에 한정되어 서민문화의 '소전통小傳統'은 어디에서 구해야 할지 알 수 없다.[3]

이에 비해 이역 땅 일본에는 전통적으로 지역사회를 연구하고 지방문화를 보존하는 전통이 있고 최근 몇 년 동안 많은 민간문서가 재발견되었다. 지역사회의 어느 가족이 보관한 이들 민간문서는 한 마을, 한 가족의 일상생활을 반영한 것인데, 그 속에는 '소전통'에 관한 많은 정보를 담고 있다. 종류가 제각각이고 내용도 번잡한 이러한 민간문서 속에서 우리는 뜻밖에 일본심학의 강학실록을 발견하게 되어 위에서 말한 '난관'을 해결할 듯싶다. 일본심학이란 구체적으로 18세기에 일어난 석문심학石門心學(상세한 것은 아래에서 논함)을 가리키는데, 중국의 양명심학과는 직접적인 사상적 관련성이 없다.[4] 다만 이들이 시골에서 강학 활동을 벌이면서 주창한 것들이 유학 관련 세속적 윤리가 대부분이라는 점은 주목할 만하다.

여기서 우리는 도쿠가와 일본(1603~1868)의 후기시대 관동지역의 어느 시골 마을인 시모다테마치(下館町)[5] 지구에 나타난 나카무라(中村) 가정의 민간문서에

---

2) 졸문,「德川日本心學運動中的中國因素: 兼談儒學日本化」,『中華文史論叢』2013年 第2期, 161쪽 참조.

3) '大傳統'과 '小傳統'은 미국의 인류학자 로버트 레드필드(Roboert Redfield)가 지방사회 연구에 있어서 문명사회에 존재하는 두 가지 다른 차원의 문화전통을 분석하기 위해 제시한 한 쌍의 개념이다. 물론 이 두 가지 전통을 완전히 분리할 수는 없다. 엘리트문화와 서민문화는 그 자체가 다르면서도 상호 보완적이고 특히 서민문화는 엘리트문화의 토대이지 그 반대가 아니다. 吳震,『明末淸初勸善運動思想研究』(臺北: 台大出版中心, 2009), 168~170쪽 참조. 또 余英時,「儒家倫理與商人精神」,『余英時文集』第3卷(桂林: 廣西師範大學出版社, 2004)을 볼 것. 趙世瑜,『大歷史與小歷史: 區域社會史的理念・方法與實踐』(北京: 三聯書店, 2006) 참조.

4) 위의 졸문,「德川日本心學運動中的中國因素: 兼談儒學日本化」참조.

5) '下館町'은 일본 관동지역의 茨城縣 서부와 櫔木縣이 접한 지역으로서, 원래는 常陸國 眞壁郡이었다가 지금은 茨城縣下館市가 되었다.

대해 검토할 것이다. 이는 19세기 초에 일본의 석문심학이 민간에서 심학강의 활동을 추진한 실록으로서, 강의 대상이 독서인이 아니라 현지 청소년들인 만큼 심오한 이론보다는 통속적인 교화를 다룬 내용이다. 이 민간문서의 기록자는 책 이름을 『心學 こゝろのしらべ』라고 달았는데 직역하면 『심학, 마음의 지침서』 정도의 의미가 된다. 필자는 이것을 보다 쉽게 이해하기 위한 목적에서 『심학입문수첩』으로 의역했다.[6]

이 문서는 장기간 파묻혔던 필사본인데 1960년대에야 비로소 발견되었다. 오늘날의 일본학계라 할지라도 심학 연구 전문가가 아니면 이 민간문서에 관심을 기울이지 않을 것이다. 그렇다면 중국 독자는 그 속의 어떤 내용들에 유념해야 하는가? 사실 위에서 말한 바와 같이 우리는 명대의 중국 심학자들이 농촌사회에서 진행한 강연 활동의 상세한 상황을 제대로 알 수 없다. 그러나 이러한 이역 땅의 지방문헌을 통해 19세기 초 일본의 심학자들이 농촌에서 강의 활동을 전개한 과정을 생생하게 알 수 있고, 또 이로부터 유교의 통속적 윤리에 관한 강연 활동이 동아시아 지역사회에 있어서 어떤 특수성과 공통성을 갖고 있는지를 살펴볼 수 있게 되었다.

『심학입문수첩』을 통해 한편으로 우리는 근세일본의 유학자들이 어떻게 향촌 민간에 깊숙이 들어가 기층사회에서 세속윤리교육을 실시하여 유가윤리를 '풀뿌리'운동으로 승화시켰는가를 구체적으로 알 수 있다. 그리고 다른 한편으로는 무엇 때문에 17세기 이후 중국의 농촌교육과 민간강학이 더 이상 지속되지 못하고, 지식인들 대부분이 문학과 사학전통의 재건에 몰두하거나 문자의 고증에 심취되어 청대 전체에 걸쳐 시골 기층에 뿌리내린 심학 활동가가 거의 사라졌는가에 대해 반성해 볼 수 있다. 20세기 초에 이르러서야 마지막 유가로

---

6) 長谷川伸三, 「文政期下館町における石門心學の靑少年敎化の實際: 中村兵左衛門家文書『心學 こゝろのしらべ』の紹介」, 茨城縣史編纂委員會, 『茨城縣史研究』第16號(1970)에 게재 었되고, 今井淳・山本眞功 編, 『石門心學の思想』(東京: ぺりかん社, 2006)에 수록되었다. 328~354쪽 참조.

불렸던 양수명梁漱溟(1893~1988)이 명나라 시골 저변에서 광분했던 태주왕학泰州王
學의 강학정신이 참으로 소중하다는 것을 알게 되었다. 그리고 이러한 실천이
중국의 농촌 문제를 해결하고 나아가 중국의 근본 문제를 해결하는 데에 있어서
귀중한 경험을 제공할 수 있을 것으로 생각하여 양수명 스스로가 산동성 추평현
鄒平縣에서 시골건설운동에 뛰어들기도 했지만, 시국 동란으로 인해 그 효과는
미미했다.

1. 시모다테한에서의 심학 활동의 전개

앞에서 소개한 히다노쿠니(飛驒國)의 지방문서『강석일지』의 성격과 마찬가
지로『심학입문수첩』도 석문심학의 강학 활동과 관련이 있다. 석문심학石門心學
은 교토의 정인町人 출신인 이시다 바이간(石田梅岩, 1685~1744)이 18세기 초에
창설한 심학사상으로서, 역사상에서 '바이간심학'(梅岩心學) 또는 '석문심학石門心
學'이라고 일컫는다. 석문심학은 창립 초기부터 심학이론을 구성하는 동시에
눈길을 민간기층으로 돌렸다. 바이간의 초전初傳제자인 데지마 도안(手島堵庵,
1718~1786), 나카자와 도니(中澤道二, 1725~1803)가 활약했던 18세기 말에는 심학강
학을 더욱 고조시켜 심학운동을 '풀뿌리'(草根化)운동으로 이끌어갔다. 이는 주로
강사講舍(중국의 민간 서원에 해당함)를 개설하고 심학자를 강학자로 양성하고, 그들
을 각지로 파견하여 '순강巡講'한 것으로 드러났다. 그리고 '강사'제도를 구상하
고 강사인증서(施印이라고 함)[7]를 수여하면서 강학운동을 점차 교토지역에서 전국
각지로 발전시켰다. 이러한 심학강학운동은 막부 말기, 메이지, 다이쇼, 쇼와(제2
차 세계대전 이전) 등 여러 역사 시기를 걸쳐 수백 년 동안 계속되면서 때로는

---

7) 석문심학의 '講舍', '講師', '巡講', '施印' 등에 관하여 柴田實, 『心學』, 第3·4章「日本歷
史新書」(東京: 至文堂, 1967), 46~97쪽 참조.

끊겼다 이어졌다 했지만, 완전히 중단된 적은 없었다.

역사적으로 보면, 석문심학의 강학 활동은 심학운동의 전후 시기에 따라 많이 변화했다. 초기에는 주로 민간을 주요 행사장으로 하였고, 강학 대상도 대부분 하층 상인 및 시골 농민들이었으나, 메이지 이후, 특히 메이지 말년과 쇼와 초년에 이르러 심학강학자들은 민간에 입각했던 기존의 강학 풍토에서 벗어나 상층 관리들과 빈번하게 교류하기 시작했고, 일부 심학자들은 정부가 추진하는 국민교육활동에도 적극 참여했다. 예를 들어 '심학도화心學道話'의 방식으로 메이지 천황이 일으킨 '대교선포운동[8]'에 참여했고, 그 후에는 또한 제국시대에 추진된 '국민도덕교육'운동에서 불명예스러운 역할을 맡았으며, 메이지 천황이 배포한 「교육칙어」를 심학이론으로 부연함으로써 심학자들을 관용적인 '어용' 강사로 변신시켰다. 그렇기 때문에 전후 일본학계에서는 한동안 석문심학의 이러한 학술강연 활동에 대해 그다지 좋지 않게 보면서 그에 관한 연구를 가능하면 피하려 했고, 대부분 이것에 대해 시큰둥한 반응을 보였다. 이 부분에 대해서는 상세히 논하지 않겠지만 민간강학은 하층노선을 걸어온 것으로 보여 상층 관변과는 관련이 없다는 것을 유의해야 할 것이다. 그러나 이러한 강학은 한편으로 관원官員의 묵인이 있어야 가능했다. 그런데 농촌의 질서를 유지하고 지역 인심을 재정비하는 데에 강학의 목적이 있었기 때문에 관원들의 인정을 받기가 쉬웠다. 바로 그런 까닭에 민간강학은 지방 관료들의 손이 닿지 않는 지역사회의 질서정돈을 심학강사들이 맡게 되는 듯한 뜻밖의 효과가 있었다. 중요한 것은 심학 강사들이 지방질서 안정에 대한 자각적인 의식을 갖고 있었기 때문에 메이지 제국 시기에 이르러 정부가 추진한 국민도덕운동에 떠들썩하게 참여했다는 점인데, 이것은 이상할 것 없다.

도쿠가와 말기, 일본 관동지역에서의 석문심학강학 활동에 대하여 전전戰前

---

8) 졸문, 「德川日本心學運動中的中國因素: 兼談‘儒學日本化’」, 『中華文史論叢』 2013年 2期, 156~158쪽 참조.

의 석문심학 연구 대가인 이시카와 겐(石川謙)은 그의 빛나는 대작 『석문심학사연구』에서 매우 상세하게 소개하고 분석했다. 그의 연구에 따르면, 18세기 말 심학운동이 에도(현재의 도쿄)에서 주변 지역으로 빠르게 확산되었다는 것을 대략 이해할 수 있다. 예를 들면, 간세이 4년(1792) 시모다테한(下館藩, 즉 『심학입문수첩』을 발견한 시모다테마치 소속의 번국)의 번주 이시카와 후사타다(石川總彈) 와카사노카미(若狹守9))는 열렬한 심학 팬이었다. 그는 에도의 저택에서 심학자 나카자와 도니(中澤道二, 1725~1803)의 제자 호조 겐안(北條玄養)을 자신의 집으로 불러 강학하게 하였고, 가로(家老(에도시대에 각국의 번주들의 정사를 돕는 중요한 가신)와 하인 등도 함께 강의를 듣도록 했다. 이듬해 그는 나카자와 도니를 시모다테 지방으로 초청해 7일간 심학 강연을 하도록 했고, 그 후 거의 매년 호조 겐안을 시모다테로 초청하여 강의를 하게 했다. 앞서 언급한 민간문서의 소지자인 나카무라 효자에몬(中村兵左衛門)은 그 지역의 큰 상인이자 지방의 명사였는데, 후에 심학강학의 '도강(都講'(일종의 講學 보조원)이 되었고, 간세이 5, 6년에는 시모다테 성에 '유린사(有隣舍'라는 지방의 심학강학기구까지 설치했다.10)

간세이(寬政)에서 분세이(文政, 1818~1829) 사이에 번국의 권력과 밀접한 관계를 맺어온 나카무라 일가는 번국의 지속적인 재정 악화와 농촌 경제의 불황을 막기 위해 심학자들과 손잡고 강학을 통해 서민 교화를 추진하여 지방 인심을 진작시키려 했다. 그러나 덴포(天保)시기(1830년 이후)에 이르면서 심학운동은 급속히 쇠퇴할 조짐을 보이기 시작했다. 악화되는 경제 상황을 근본적으로 반전시키기 위해 시골 농정(農政과 정민(町民의 경제생활을 개혁해야 한다는 니노미야 손토쿠(二宮尊德, 1787~1856)가 주창한 방법(仕法)과 보덕(報德 사상이 더 매력적이라는 사실을 알게 된 것도 그 이유 중 하나이다. 사실 덴포 8년(1837) 이후 시모다테한에서 니노미야 손토쿠의 사상을 도입하자고 주장하며 번주를 적극적으로

---

9) 역자 주: '石川總彈'은 인명이고, '若狹守'는 관직명이다.
10) 石川謙, 『石門心學史の硏究』(東京: 岩波書店, 1938), 476~478쪽 참조.

설득한 인물이 바로 나카무라 효자에몬(中村兵左衛門)이었다.[11] 손토쿠사상이 석문심학과 어떻게 다른지는 여기에서 자세히 말할 수 없다. 그러나 이 같은 현상은 나카무라를 비롯한 현지 실력자들, 그리고 지방정부 수뇌들을 포함하여 사상학설의 도입에 대해 임기응변의 방법을 취하고 있음을 보여 준다. 그들의 심학에 대한 흥미가 지속될지는 심학의 도입이 실제적인 지속효과를 가져올 수 있느냐에 달려 있으며, 일단 지방교화에 더욱 유익한 사상학설을 발견하게 되면 곧 방향을 바꾸게 된다. 사상문화에 대한 이러한 '가져오기'(拿來主義) 방식의 태도는 바로 일본이 외래문화를 수용하면서 흔히 사용하는 '차용법借用法'의 표현이기도 하다.

그러나 우리들의 입장에서 보자면 지방사회에서 심학 강사들이 강의할 때 어떤 내용을 가르쳤고, 청취자인 현지인들이 어떻게 이런 강학에 참여했으며, 강사와 민중들은 또한 어떻게 소통했는지 등이 흥미롭다. 이런 문제에 대한 고찰을 통하여 19세기 초 에도 주변 지역에서의 일본 민중의 사상활동 상황을 더 깊이 알 수 있는데 주로 두 가지 방면이다. 하나는 근세일본의 지식인들이 어떻게 윤리설교를 일반 서민층에까지 침투시켰는가를 알아보는 것이고, 다른 하나는 당시 일본의 서민사회가 그러한 심학이론을 어떻게 받아들였는가를 알아보는 것이다.

『심학입문수첩』 분석에 들어가기 전에 두 가지 예비 지식을 말해 둘 필요가 있다. 첫째는 심학의 강학 방식이다. 바이간이 심학을 창시한 이래 석문심학의 강학에는 일본어로 회보會輔라는 전통이 있었다. 이는 『논어』의 '이문회우以文會友, 이우보인以友輔仁'에서 유래한 것이다. 하지만 바이간의 구상에서는 '회會'는 학문을 닦는다는 뜻이고, '보輔'는 심학적 수양을 높인다는 뜻으로서, 형식적으로

---

11) 佐佐井信太郎, 『二宮尊德傳』, 第14章 「下館の仕法」(東京: 日本評論社, 1935). 위에서 제시한 長穀川伸三의 논문에서 인용. 『石門心學の思想』, 333쪽 참조. 二宮尊德思想에 관한 중국어 전문 연구저서로는 劉金才・草山昭의 『報德思想與中國文化』(北京: 學苑出版社, 2003)가 있다.

는 오늘날 대학 수업에서 흔히 볼 수 있는 '세미나'(seminar), 즉 '토론 수업'과 비슷하다. '회보會輔'를 진행할 때마다 먼저 선생이 특정한 문제를 제기하고 그 다음 다 같이 하고 싶은 말을 하면서 토론한다. 바이간의 시대에는 문제의 출제자가 당연히 바이간이었는데, 그가 남긴 주요 저서 『도비문답都鄙問答』이 바로 '회보'의 기록이다. 석문후학에 이르러서도 회보는 하나의 제도로서 보존되었고, 우리가 볼 수 있는 『심학입문수첩』도 사실 일종의 회보 기록이다. 먼저 심학 강사가 여러 가지 질문을 하고, 그 다음 청중이 자유롭게 소감이나 의견을 말하며, 마지막에 강사가 심학이론과 역대로 유명한 심학자의 관점에 따라 설명한다. 설명에 들어가서는 완전히 민중들의 의견에 따르는 것이 아니라 강사가 설교 자세를 보이는 경우가 많았지만, 경우에 따라 민중들의 의견을 '회보'에 포함시키기도 했다. 적지 않은 참가자들이 아직 풋내기 소년·소녀들이었기 때문에 그중의 일부 참여자의 의견은 후세 사람들이 보기에 다소 유치한 것들도 있다. 그러나 이처럼 유치할 정도로 보이는 질문에서 우리는 의외로 중국의 명조 말엽의 강의와는 전혀 다르게, 19세기 초 일본의 벽촌 사람들이 일상생활에서 인생 문제를 사고하는 장면을 발견하게 된다.

그 다음으로, 도쿠가와 일본의 심학강학은 그 당시 사상의 '민중화' 경향이 나타나기 시작했다는 기본적인 특성이 있었다. 기존의 사상사 연구가 대부분 지식엘리트에 편향한 현상과는 반대로, 다년간 일본의 '민중사상사' 연구 영역을 개척하기에 주력하여 큰 성과를 거둔 야스마루 요시오(安丸良夫)[12]는 도쿠가와사상사에서 '심'의 철학은 보편화·절대화의 규범인 심 자체와의 일체화(내재화)를 강조함으로써 사람들에게 무한한 가능성을 주는 철학이라고 지적했다. 계속하여 그는 형태상으로 말하자면, 이러한 철학은 '극도의 관념론적 형태'[13]를 띠고

---

12) 安丸良夫의 민중사상사 연구에 관해서는 安丸良夫·磯前順一, 『安丸思想史への對論: 文明化民衆兩義性』(東京: ぺりかん社, 2010) 참조.

13) 安丸良夫, 『日本近代化と民衆思想』(東京: 靑木書店, 1974), 9쪽. 逆井孝仁, 「通俗道德の思想構造: '心'の哲學成立の思想史的意義」, 古田紹欽·今井淳 編, 『石田梅岩の思想: '心'と'儉約'の哲學』(東京: ぺりかん社, 1979), 48쪽 참조.

있으나, 일본 근세의 역사로 보면 이러한 철학은 민중의 일상생활의 규범인 '통속적인 여러 덕목의 실천'과 결합되어 있어서, 심학의 에너지를 '광범위한 사람들의 삶의 의식의 내면'에 침투시켜 그들의 '정신세계'를 변화시키고 새로운 것을 창조했다고 지적했다. 이러한 관점은 대단히 중요하다. 야스마루 요시오는 '심'의 철학을 '능동성·주체성의 철학'으로 규정하는 한편, 또한 '통속 도덕'(즉 '세속 윤리')은 일본 근세 민중의 '사상 형성, 주체 형성'의 측면에서 '역사적으로 독특한 형태'를 갖고 있다는 점을 매우 강조했다.[14] 그에 의하면, 소위 '통속적 도덕'의 문제는 '심'의 철학과 통속적인 여러 덕목의 관계를 어떻게 파악하느냐 가 더욱 중요하다. 이러한 관계에 대한 파악을 통해 우리는 '심'의 절대적인 주장에 담긴 '능동적·주체적 철학'이 어떻게 민중의 일상생활 의식 속에 스며들 수 있었고, 동시에 내부적 긴장을 수반하는 도덕적 각성이 어떻게 민속세계에서 일어나는가를 알 수 있다.[15] 야스마루의 이른바 '심'철학의 전형이 바로 '석문심 학'이다. 야스마루가 도쿠가와심학을 민중사상사적으로 재조명함으로써 우리 가 『심학입문수첩』이라는 민간문서를 이해하는 데에 중요한 배경지식과 시각 을 제공했다고 해야 할 것이다.

2. 심학강학의 '풀뿌리' 특색

『심학입문수첩』이라는 '회보會輔' 자료에 기록된 강학 날짜는 분세이(文政) 10년(1827) 10월 1일부터 6일까지이고, 장소는 나카무라의 집이다. 48쪽 분량으로 현재 상권만 남아 있으며, 모두 일본어 구어체로 되어 있다. 첫날 참가자는 15세 5명, 14세 1명, 11세 3명, 9세 1명 등 모두 소녀였고, 다음 날에는 남자가

---

14) 위에서 제시한 逆井孝仁의 논문 참조. 『石田梅岩の思想: '心'と'倹約'の哲學』, 49쪽.
15) 위와 같은 책, 51쪽 참조.

참석했는데 대부분 나카무라 집안의 '봉공인奉公人'으로 연령대가 분명하지 않다.

첫날 회보는 질문 하나만 열거했고, 11개의 답을 얻은 뒤 강사가 요약해 마무리했다. 문제는 "길 가는 사람이 어떻게 해야 다른 사람과 부딪치지 않을 수 있느냐?'이다. 즉 길을 걷다가 다른 사람과 부딪히지 않도록 하자면 어떻게 해야 하는가 하는 것이다. 그 가운데에 '도道'라는 키워드가 숨어 있다. 이제 소녀들이 어떻게 대답했는지 몇 가지 답을 골라서 살펴보자.16)

> 대답: 아침에 일어나서 이 사람이 나쁘고 저 사람이 나쁘다고 생각하면 길에서
> 다른 사람과 부딪치게 된다. 내 마음이 '정직'하다면 부딪칠 일이 없다.(丑11歲,
> 中村おた稱)

마지막 괄호 안의 글자는 답한 사람의 나이와 이름을 적은 것인데, 위 대답은 11살 소녀가 한 것이다. 그녀는 대답에서 '정직'이라는 중요한 개념을 적용했는데, 이것은 바이간심학의 핵심 관념이다. 11살 소녀의 입에서 이런 개념이 바로 나오는 것을 보면 바이간심학에 대한 교육을 받았을 터이고, 집안 어른들로부터 사람은 '바르게' 살아야 한다는 가르침을 받았을 것이다. 이 소녀 의 대답에 대하여 아래와 같은 철학적인 해석을 할 수 있다. 즉 길을 가다가 사람과 부딪히는 사태가 발생하는 이유는 상대가 아닌 자신의 마음가짐이 바르지 못한 데에 있다. 예를 들어, 늘 주변 사람들을 다 나쁜 사람들이라고 생각하는 마음가짐이 바로 정직하지 못한 마음가짐이며, 이로부터 다른 사람들 과 충돌하는 행동이 나오게 된다. 석문심학의 관점에서 보면 이 소녀의 대답이 대표성을 띤다. 그 뒤의 소녀들의 대답도 이와 크게 다르지 않다.

예를 들어 두 번째로 등장하는 14세의 나카무라 기쿠조(中村菊女)는 이렇게

---

16) 아래의 인용문은 모두 위에서 제시한 長谷川伸三의 『心學 こゝろのしらべ』의 紹介」에 있다. 『石門心學の思想』, 335~354쪽 참조. 이후, 이 글을 인용할 때에는 쪽수를 밝히 지 않겠다.

대답했다.

> 대답: 길은 원래 바르기 때문에 내 마음이 정직하면 사람과 부딪치지 않는다.(戌14
> 歲, 中村菊女)

이 대답에서는 '길은 원래 바르다'는 관념을 부각했다. 이 역시 바이간심학의 전통적 관념이라는 것은 두말할 필요도 없다. 11세 소녀의 대답에 비해 생각의 폭이 다소 성숙되었다는 느낌을 주는데, 이는 그녀의 말에 일정한 추상성이 있어 보이기 때문이다. 물론 내용적으로는 두 소녀 모두 '정직'이라는 핵심 개념을 강조하였고, 또한 '정직'이라는 개념으로써 '길'을 이해했다.

또 겨우 9살밖에 안 되는 여자아이의 경우에는 더 재미있게 대답했다.

> 대답: 길을 걸을 때 다른 사람을 좋은 길로 가게하고, 내가 나쁜 길로 가면, 다른
> 사람과 부딪치지 않는다.(櫪木屋禮女, 卯9歲)

앳된 대답으로서 매사에 먼저 양보해야 한다는 동심을 드러냈다. '공융孔融이 배(梨)를 양보했다'는 고사[17]가 연상되는데, 소녀가 받은 가정교육과 관련이 있을 것이 분명하다. 그녀는 '도道'나 '정직正直'과 같은 추상적인 개념에 대해서는 잘 알지 못했지만, 매사에 예를 지키고 양보해야 하며, 이익을 다투어서는 안 된다는 사실은 알고 있었을 것이다.

또 다른 15세 소녀는 유교윤리인 인·의·예·지·신의 중요한 덕목에 대해 초보적으로 알고 있을 정도로 성숙해 보였다.

> 대답: 여름에는 햇빛 아래서 걷고, 겨울에는 그늘 아래서 걸으면 사람과 부딪치지

---

17) 역자 주: 『三字經』에 나오는 이야기로서, 東漢시기 孔融이란 사람이 네 살 때에 이미 큰 배(梨)를 형들에게 양보할 줄 알았다는 고사이다.

않는다. 사람은 인·의·예·지·신 어느 것 하나 피할 수 없다.(井川あい女, 酉15歳)

이 대답에는 두 가지 뜻이 있다. 전반부는 9세 소녀의 대답과 비슷하게 예의와 양보가 가장 중요하다고 여긴 것이고, 후반부는 유학에 대한 초보적인 지식을 갖고 있음을 보여 준다. 그녀가 말하고 싶은 것은 여름과 겨울에 길을 걸을 때 다른 사람의 기분을 고려하여 그와 부딪치지 않도록 적절한 방식을 취해야 하는데, 인·의·예·지·신 중 어느 것이나 다 이러한 적절한 방법의 하나라는 것이다. 유교윤리에 대한 그녀의 진술은 초급 수준이지만 기본적으로 정확하다.

마지막으로 심학 강사가 이 질문에 어떻게 답했는지 살펴보자. 그는 공자가 말한 유명한 도덕 황금률인 '기소불욕己所不欲, 물시어인勿施於人'으로부터 말했는데, 그들에게 경전을 인용하는 풍격이 있었음을 드러낸다.

> 대답: 자공이 물었다. "한마디의 말로써 평생토록 지켜 행할 수 있는 것이 있습니까?" 공자께서 말씀하셨다. "바로 서恕라는 것이다. 내가 원치 않는 일은 남에게 강요하지 말라는 뜻이다." 고가古歌에 "목숨을 아끼지 않는 자는 없다"라고 했다. 내 몸으로 다른 사람의 고통을 헤아리고, 겨울에는 그늘 아래서 걷고 여름에는 햇빛 아래서 걸으면 다른 사람과 부딪치지 아니한다. 일용오륜을 교대로 사용하는 것도 이와 같다.……

처음부터 '자공왈子貢曰', '자왈子曰'로 시작하는 것을 보면 그들의 강학 과정은 유가의 경전인 『논어』에 대한 지적知的 준비가 되어 있었을 것으로 짐작된다. 여기서 말하는 고가古歌란 일본 전통문학 중의 유명한 시구詩句를 가리키는 것으로 보인다.

이 심학 강사의 대답을 보면 방금 15세 소녀의 대답이 마음에 들었던 것 같다. 그 답을 조리화하고 이론화하는 것이 그의 책임이었던 만큼, 그는 유교경전을 활용하여 일상의 예양禮讓 행위를 '일용오륜日用五倫'의 높이까지 끌어올리고 이것이 바로 유가가 말하는 내가 원치 않는 일을 남에게 강요하지 말라는 '서도恕道'인 것을 지적했다. 분명히 유학에 대한 이 심학 강사의 기본 지식이 상당히 능숙하였을 것이다. 이처럼 일본심학은 유교경전에 큰 비중을 두고 있다. 그래서 넓게 말하면 석문심학도 동아시아의 유학 범주 안에 넣어야 한다. 그러나 우리는 일본의 심학 강사들이 유학을 적용할 때 일본적인 윤리 색채가 강하고, 또한 석문심학의 핵심 개념을 이루는 '정직'의 문제를 거론하는 것을 발견할 수 있다. 다시 말하자면 유학은 석문 심학자들에게서 이미 일본의 윤리 관념과 결합되어 실질적으로 '일본화'를 일으킨 것이다. 이 점에 대해서는 본문의 마지막에서 다시 좀 더 토론할 것이다.

다음 날 회보는 저녁에 있었는데 두 가지 문제가 제기되었다. 첫 번째 질문은 "가업家業에 대해 어떤 생각을 가지고 있는가?'였다. '가업'이라는 일본어 명사는 의미가 특이하며, 일가의 산업을 가리키기도 하고, 생활을 유지하기 위한 직업을 가리키기도 하며, 개인이 경영하는 상업 활동을 가리키기도 하고, 대대로 전해 내려오는 어떤 특수한 직업을 가리키기도 한다. 그리고 '가업'은 또한 일본 역사상 '가家'라는 특수한 개념과도 밀접한 관련이 있다.[18] 바이간심학의 강학 활동에서 '가업'에 대한 이야기가 많이 나오는 것은 심학자들이 대부분 정인町人 출신인 것과 일정한 연관이 있다. 이 같은 문제에 대하여 "가업은 하늘에 대한 봉공이다"(中村内彦兵衛拜)라고 대답한 사람이 있었다. 이는 '가업'을 단순히 자신의 이익을 위한 것이 아니라 하늘에 헌신하는 봉공의 행위로

---

18) 일본 사회에 있어서 '家'는 역사상 대단히 복잡한 개념이다. 竹田聽洲, 『日本人の'家'と宗教』(『竹田聽洲著作集』第6卷, 東京: 國書刊行會, 1996) 참조. 渡邊浩는 일본의 '家'는 중국의 '家'와는 전혀 다른 개념이라고 지적했다. 따라서 그는 그의 논저에서 특별히 일본어 가타카나인 'イエ'(한자 '家'의 일본어 발음)로 표기하고 일본의 'イエ'는 가정 또는 가족을 가리킬 뿐만 아니라 더 중요한 의미로 '일종의 가구 또는 법안을 의미하며, '가구로서의 사회적 기능이 있고, 一村과 一鄕에서 사무라이 조직, 더 나아가 조정 내부까지 모두 'イエ'를 기본 단위로 하는 'イエ' 집합체(渡邊浩, 『日本政治思想史: 十七~十九世紀』, 東京: 東京大學出版會, 2010, 72쪽)이며, 이러한 'イエ' 집합체'에 복종하는 행위를 '奉公' 행위, 나아가 당연한 '家職' 또는 '천작' 행위로 간주한다고 강조했다.

봐야 한다는 뜻에서 나온 심학의 모범 답안이다. 그런데 여기서 말하는 '봉공奉公'은 중국유학에서 말하는 "큰 도가 행하여지자 천하를 공기公器로 생각했다"[19]라는 추상적 표현이 아니라, '가업'에 종사하는 것을 가장 큰 '봉공'으로 여기는 근세일본 사회의 중요한 관념을 반영한 것이라는 점을 주목해야 한다. 즉 '공公'은 '가家'의 의미를 담고 있기 때문에[20] '봉공奉公'은 '가업家業'에 헌신하는 행위이며, 이런 행위는 도덕에 부합하는 것으로 간주된다.[21] 청중의 대답에 근거하여 '가업'에 복종하는 '봉공'정신을 하늘의 높이에까지 올려 강조했다는 점이 흥미롭다. 이에 대해 심학강사는 다음과 같이 말하며 한 발 더 나아가 이를 긍정했다.

선사先師의 대답: 가업은 하늘을 섬기는 직무이다.

두 번째는 "고양이가 쥐를 잡지 않으면 고양이의 직능職能은 어디에 있는가?"라는 무척 흥미로운 질문이었다. 이는 청중을 매료시킬 수 있는 질문인바, 이에 대한 대답이 상당히 열렬했고 "고양이가 쥐를 잡지 않으면 고양이는 아무 소용이 없다"(中村內留吉)는 대답에 집중되었다. 마지막으로 강사는 이 문제

---

19) 『禮記』, 「禮運」.
20) 일본어의 '公'자를 字源學의 관점에서 보면 '公'은 일본어에서 'オオヤケ'로 읽는다. 'オオ'는 '크다'(大)는 뜻이고, 'ヤケ'는 漢字로 '家' 또는 '宅'으로 표기한다. 원래는 일본의 고대에 있어서 농업을 핵심으로 하는 사회공동체가 지니고 있는 공동 시설로서, 이것은 공동체의 수령에게 속하고, 공동체의 공동 기능을 가지고 있음을 가리킨다. 일본어의 '公'과 한자어의 '公'이 내포된 뜻이 크게 다르기 때문에 동일시할 수 없음을 알 수 있다. 田原嗣郎, 「日本の'公私'」, 溝口雄三, 『中國の公と私』(東京: 硏文出版, 1995), 91~130쪽, 특히 94~95쪽 참조.
21) 그래서 도쿠가와 중기에는 심지어 '家業道德'이란 용어까지 생겼다. 예를 들면 元文 5년(1740)에 발행한 책이 바로 『가업도덕론』(작자는 河田正矩)이다. 渡邊浩는 '가업'을 중요시하는 이러한 도덕관이 도쿠가와 사회체제와 맞물려 있기 때문에 도쿠가와 사학 분야에서는 심지어 '家職國家'라는 개념까지 내세워 도쿠가와 사회의 기본 특징을 개괄하고 있는 학자도 있다고 지적했다.(渡邊浩, 『日本政治思想史: 十七~十九世紀』, 78~83쪽 참조) '家職國家'라는 개념은 石井紫郎, 『日本人の國家生活』(東京: 東京大學出版會, 1986), 220쪽에서 비롯되었다. 위에서 제시한 渡邊浩의 책, 72・86쪽에서 인용.

에 대해 간단하게 대답했다.

선사先師의 대답: 고양이가 쥐를 잡지 않는다는 것은 사회에 쓸모없는 사람들을
비유한 것이다.

물론 이 비유는 사람마다 사회에서 제 역할을 다해야 한다는 뜻이다. 다시
말하자면 쥐를 잡지 못하는 고양이는 고양이가 아닌 것처럼 사람이 사회적으로
역할을 하지 못하면 진정한 사람이 될 수 없다는 것이다.

3~6일의 '회보'에 대해서는 번잡함을 피하기 위해 여기서 자세히 다루지
않고, 그 문제만 열거하여 당시의 강학 풍경의 한 단면을 살펴보겠다. 이 문제들
은 대략 다음과 같다.

싸움이 발생한 원인이 무엇이며, 어떻게 피해야 하는가?
아내로서의 수양은 어떤 모습이어야 하는가?
이 몸이 죽으면 이 마음은 어떻게 이루어질 수 있는가?
일생에 있어서 말할 수 없는 일이 있을까?
몸을 보존하자면 하루에 삼식三食해야 하는데, 마음은 무슨 음식으로 닦아야 하는가?
어떻게 해야 참고 견딜 수 있을까?[22]
가장 소중한 것은 무엇일까?
이 세상에서 무엇이 나의 것일까?
이 마음을 충실하게 하려면 어떻게 해야 하는가?
바다를 사이 두고 산을 건너 멀리 타국에 사는 부모님께 어떻게 효도할 것인가?
천지간에 지고무상으로 존귀한 것은 무엇인가?
사치의 근본 원인은 무엇일까?
마지막 질문은 "어떻게 하면 이 마음을 즐겁게 할 수 있는가?"라는 것이었다.

---

22) '堪忍'은 원래 불교 용어인데, 隱忍, 忍耐 또는 '큰일을 위해 치욕을 참다'라는 뜻이다.
후에 석문심학의 중요한 개념이 되어 일종의 미덕으로 간주되었다.

크게 보면, 이런 문제들은 대략 아래와 같은 세 가지 중요한 특징으로 귀결된다. 첫째, 대체적으로 세속윤리 문제로서 일상생활과 밀접한 도덕 문제이다. 둘째, 대부분은 '심'에 집중된 문제이다. 이러한 것을 보면 심학 강사의 주된 배려가 사람들에게 심학사상을 알리는 데 있었다. 셋째, 문제 설정으로부터 볼 때 모두 대단히 구체적이고 현실적이며 일상생활 행위와 밀접하게 연관되어 있다. 그렇지만 그 속에는 일정한 철학적 내포가 있다.

이러한 민간사회의 대화 장면이 매우 생기 있고 활발하며 강사와 그 강의 대상자들 간의 상호 교류도 대단히 자유롭고 부담 없이 이루어지며 개방적이라는 점이 참 흥미롭다. 그러나 16세기 이래 명明·청淸시기 중국의 학술강의 전통에서는 무엇 때문에 이러한 강의풍격을 찾아볼 수 없는지 곰곰이 생각해 볼 필요가 있다. 이는 아마도 문자기록의 유실 때문이 아니라 명·청시기 중국의 전통사회에 이러한 강학 풍토와 관습이 없었기 때문일 것이다. 명나라 중엽의 심학강학에 관한 보존 자료를 보면, 문인들의 붓끝에서 나온 강학어록은 선비들이 높이 앉아서 내려다보며 하는 도덕설교나 유학경전을 둘러싼 지식논의뿐이지, 위에서 보듯이 석문심학 강사들이 일상생활에 바싹 다가가 하는 문답식 '회보'의 강학 형식을 거의 찾아볼 수 없다. 명나라 심학자들은 이전의 유학자들과는 달리 민간사회의 윤리 문제와 농촌질서 재정비에 관심이 많았기 때문에 그들 중 시골 강학에 열중한 사람도 있었지만,[23] 중국심학과 일본심학이 추진하는 강의 방식과 그 내용을 보면 양자 간에는 뚜렷한 차이, 어떤 경우에는 거대한 차이가 존재한다. 가장 중요한 차이는 도쿠가와 지식인들에게 있어서 유학은 외래의 문화인만큼 그들은 유학지식을 습득하는 동시에 이를 도쿠가와 사회에 걸맞은 생활상식 내지 행위상식으로 바꿀 필요가 있다는 것을 금방 깨달을

---

23) 졸작, 『泰州學派硏究』, 第5章 「何心隱: 鄕村改良運動的實踐家」(北京: 中國人民大學出版社, 2009), 290~312쪽 참조. 졸문, 「以‘講會’興起‘善人’: 17世紀東亞文化交涉與福建鄕紳的講學活動」(日本關西大學文化交涉學敎育硏究中心, 『東アジア文化交涉硏究』 第3號, 2010年 3月에 게재됨. 축소판 「雲起社’與17世紀福建鄕紳的勸善活動」은 『雲南大學學報』 2012年 第5期에 게재됨) 참조.

수 있었기 때문에 강의 과정에서 의식적으로 유교윤리와 일본의 전통 도덕관념을 결합시켰다는 점이다. 따라서 객관적으로 말하면 그들의 일련의 사상활동은 사실 일종의 '유교 일본화'의 재창조이다.

예를 들면, 유가윤리의 중요한 덕목인 '인·의·예·지·신'이 15세 되는 일본의 한 시골 소녀의 입에서 무심결에 나오는 것을 보면, 이는 일본의 편벽한 촌락사회에 일정한 유학지식이 이미 어느 정도 갖추어졌음을 설명해 준다. 이로부터 그들은 일상 교육을 통해 유교경전을 어느 정도 알고 있었을 것으로 추정된다. 그러나 그들은 이러한 지식을 단순히 수동적으로 받아들인 것이 아니라 적극적으로 일본의 독특한 심학이론과 결합하여 자신의 생활 상식으로 탈바꿈시켰다는 것을 알 수 있다.

3. 남은 논의: '쓰다의 견해'에 대한 재조명

이상과 같은 논지는 쓰다 소키치(津田左右吉, 1873~1961)가 중·일사상의 관계에 대해 제시한 대표적인 견해를 다시 생각하게 만든다. 일단 '쓰다(津田)의 견해'[24]로 부르기로 하자. 요약하면, '쓰다의 견해'는 유학이 일본인의 '생활윤리'에 여태껏 융합된 적이 없다고 보았는데, 이는 마치 유학이 일본의 시골 사회와 완전히 단절된 것처럼 여긴 것이다. 그러나 이러한 견해는 일본심학의 민간문서가 반영하는 '풀뿌리'운동의 실제상황과 맞지 않는다.

쓰다는 20세기 초의 일본학계에서 대단히 유명한 동양학자이다. 그의 전공 분야는 일본사상사이지만 항상 그의 연구 영역은 중·일 양국의 사상 영역에 걸쳐 있었고, 학술 입장도 매우 선명했다. 그는 일본 본위주의의 입장에서

---

24) 津田사상에 관한 연구는 家永三郎, 『津田左右吉の思想史的研究』(東京: 岩波書店, 1972)를 참조할 수 있다.

일본문화와 중국사상의 관계를 관찰하면서 일본의 역사와 문화는 독자적으로 형성되고 발전된 것으로서 중국사상의 '영향'과는 무관하며, 중국사상 특히 중국유학은 오래전에 일본에 전해졌지만 다만 문헌상의 지식으로서만 일본 지식인들의 흥미를 유발했을 뿐, 일본인들의 일반적인 생활에는 관여하지 못했고 더욱이 일본인의 생활지도 원칙이 되지는 못했다고 주장했다. 따라서 일본 사회의 일상생활에는 그 자체의 국민도덕원칙이 시종 일관되었다고 보았다. 그러므로 그는 중국도교와 일본신도교 간에도 그 어떠한 본질적인 관련도 없다고 단호히 부정할 뿐만 아니라, 중국유교도 "처음부터 사람들의 실생활 속에 들어가지 않았기 때문에 다만 서적의 지식으로서, 사상으로서만 공부하고 강습되었다"[25]라고 주장했다. 그렇다면 그의 이러한 판단의 근거는 무엇일까? 예를 들면, 유교에서 사람들의 삶에 구체적인 규범을 주는 것이 '예'라는 것에 대해서는 다 알고 있지만 "일본인들은 절대 유교의 예를 배우지 않았고, 실제생활에도 적용하지 않았다는 것이 가장 좋은 증명"[26]이라고 하였다.

그의 이러한 논점들을 어떻게 평가해야 할 것인가? 이것은 전체적으로 고찰해야 할 문제로서 여기서 당장 단언할 수 있는 것이 아니다. 그렇지만 적어도 한 가지 확실한 것은 쓰다의 일본주의적 입장을 버리고, 중국을 멸시하는 감정을 학술적 연구 대상에서 제거한다면,[27] 일본문화의 주체성을 강조하는

---

25) 津田左右吉, 『シナ思想と日本』, 「前言」(東京: 岩波書店, 1938, 岩波新書), 2~4·53쪽 이하 참조.

26) 『シナ思想と日本』, 161쪽 참조. "일본인은 절대 유교의 예를 배우지 않았다"는 津田의 관점에 비추어 근년에 吾妻重二는 에도시대 유교의 예의실천에 관한 많은 사료들을 적용하여 일련의 획기적인 연구를 진행하면서 津田의 관점에 의문을 제기했다. 吾妻重二, 吳震 編, 『朱熹『家禮』實證研究: 附宋版『家禮』校勘本』, 第2章 「江戶時代儒敎禮儀研究」(上海: 華東師範大學出版社, 2012) 참조.

27) 『シナ思想と日本』에서 자주 볼 수 있듯이 중국에 대한 그의 비판은 종종 독단적인 비난에 가까운데, 葛兆光은 「國家與歷史之間: 從日本關於中國道敎, 日本神道敎與天皇制度關係的爭論說起」라는 글에서 다섯 조목을 나열했다.(葛兆光, 『宅茲中國』, 第6節, 北京: 中華書局, 2011, 202쪽 참조) 덧붙이고 싶은 것은, 그는 또한 "중국사상의 취지는 학설로서의 이론을 구축하는 것이 아니라 현실의 정치나 도덕을 직접 지도하는 것을 특색으로 하기 때문에 보편성이 매우 떨어진다"(『シナ思想と日本』, 7쪽)라고 했다.

것은 당연한 것이라 할 수 있다. 그러나 중국유학(또는 유교)이 지적인 취미로서일 뿐, 일본 사회의 실생활에 전혀 영향을 미치지 않았다는 결론은 독단적일 수 있다. 이는 쓰다가 일본문화 속의 중국사상을 책으로서만 이해했을 뿐, 『심학입문수첩』과 같은 민간문헌을 접해 볼 기회가 없었기 때문으로 풀이된다.[28] 즉 중국 및 일본 유학에 대한 쓰다의 이해가 고작 전적典籍 지식에만 있었을 뿐이라는 말이다. 민간문서에 대해 좀 더 깊이 있게 포괄적으로 이해한다면 우리는 쓰다가 내린 결론에 대해 전혀 다른 시각을 갖게 될 것이다. 왜냐하면 이러한 일상생활에서 비롯된 사상 기록은 도쿠가와 말기의 일본 사회의 민중생활과 가장 가깝고, 당시의 일본 생활세계를 가장 잘 반영했는데, 그 속에서 우리는 적지 않은 유학의 지식과 관념을 엿볼 수 있다는 것이 사실이기 때문이다. 다만 이러한 유학의 지식들은 '일본화'의 형태로 끊임없이 바뀌었고, 일본심학이 선양하는 '정직', '인내' 등과 같은 윤리관념과 뒤섞여 있을 뿐이다. 물론 중요한 것은 자료의 분량으로써 일본문화에 중국 요소가 얼마나 있는지를 증명하고 또한 이로부터 중국문화가 일본에 결정적인 '영향'을 미쳤다고 추정해서는 곤란하다. 자료에 대한 자세한 정리와 전반적인 파악을 통해 중국사상, 이를테면 유학이 일본 사회에 전파되는 과정에서 일본인들이 수동적으로 받아들인 것이 아니라 능동적으로 흡수(일본어로는 '수용')했다는 것을 알아야 한다. 즉 유학이 일본 사회에 수용되는 과정에서 필연적으로 발생하는 '일본화' 현상에 대해

즉 중국사상은 보편적인 문제에 대한 검토가 부족하기 때문에 이론성이 부족하고, 실제 문제에 대한 관심만 있을 뿐 보편성이 없다는 것이다. 이 결론은 재검토해야겠지만 이는 중국문화에 대한 津田의 오해가 분명하다. 이러한 '오해'는 물론 근대 이성의 학문적 입장에서 비롯된 것이지만, 그러한 관점의 뒤에 숨은 臺詞는 중국사상이 보편성을 갖고 있지 않기 때문에 중국 域外, 이를테면 일본에 있어서 그 어떤 영향도 미치지 못했다는 것이다. 따라서 그는 "유교적 도덕의 근간을 이루는 孝사상은 保身保生을 위한 것일 뿐 본질적으로는 '이기주의'이다"라고까지 하였다.(위와 같은 책, 13~14쪽) 이는 유가의 孝道사상을 근본적으로 부정하는 것이고, 나아가 '효'가 유교도덕의 근간이 되기 때문에 유교도덕이 문제된다는 것이다.

28) 위에서 소개한 다른 민간문서인 『講席日誌』를 참조. 今井淳·山本眞功 編, 『石門心學의 思想』, 280~327쪽.

우리는 묵과할 수 없다. 이런 의미에서 중국사상이 일본에 들어온 이후 일본 본토의 문화에 의해 개조되어 '일본화' 현상이 나타났기 때문에 이미 더 이상 원래의 '중국제'가 아니라는 쓰다의 견해가 전혀 일리가 없는 것은 아니다.[29] 그렇지만 문제는 역시 유교의 일본화라는 역사논술의 배후에 동정적인 이해와 배치되는, 메이지유신 성공 이래로 점차 고조된 '중국 멸시'의 감정적 요인이 숨겨져 있지는 않는지에 대해 각별히 유의해야 한다는 것이다.

미조구치 유조(溝口雄三, 1932~2010)의 분석에 따르면, 쓰다를 비롯한 일련의 학자들의 '근대주의 중국관'은 나라가 약하고 백성이 가난한 당시 중국 현실을 비판하고 멸시하는 태도를 취했는데, 그 이면에는 "근대 일본이 아시아나 아프리카보다 훨씬 더 진보적이었다고 여기는" 관념이 작동했다.[30] 본래 '유학의 일본화'는 학술적 관점이나 시각으로 볼 때 애당초 불교가 중국에 들어오면서 '중국화'를 거쳤듯이 나름대로의 합리성이 있고, 또한 문화교섭사에서도 이는 흔히 볼 수 있는 현상이다. 그러나 근대 일본의 복잡한 학술사·사상사의 맥락에서 '유학의 일본화'라는 용어에는 비학술적인 복잡한 요인이 섞여 있기 때문에 이는 앞으로 일본의 중국학을 검토함에 있어서 신중하게 살펴보아야 할 과제이다.

---

29) 田左右吉, 『日本の神道』(『津田左右吉全集』 第9卷), 第2章 「奈良朝までの思想について」(東京: 岩波書店, 1973), 20쪽. 중국어 번역본은 鄭紅 옮김(北京: 商務印書館, 2011) 참조. 이는 津田가 중국도교와 일본신도교의 관계 문제에 대해 제시한 관점으로서, 물론 중국문화와 일본문화의 관계 문제에 대한 그의 판단에도 적용된다. 津田의 관점에 비추어 도교 연구 전문가인 福永光司(1918~2001)는 『道敎と日本文化』(京都: 人文書院, 1982)라는 저서와 그 뒤에 저술한 「津田左右吉博士と道敎」(『東方宗敎』 第61號, 1983)라는 글에서 엄숙하게 비판했다. 福井文雅(1934~2017)는 또한 福永光司의 비판을 역으로 비판했다. 그의 저서 『漢字文化圈の思想と宗敎: 儒敎·佛敎·道敎』에 수록된 「上代日本と道敎との關係」(東京: 五曜書房, 1998), 271~515쪽 참조. 중국어 번역본은 徐水生옮김(武漢: 武漢大學出版社, 2010), 221~256쪽 참조. 津田를 둘러싼 福永光司와 福井文雅의 학술논쟁에 대하여 葛兆光이 논의한 바 있다. 위에서 제시한 『宅茲中國』, 第6節 「國家與歷史之間」, 198~207쪽 참조.
30) 溝口雄三, 『方法としての中國』(東京: 東京大學出版社, 1989), 6쪽.

제9장 근세일본에서의 중국 선서의 전파 및 그 영향
—나카에 도주의 종교관을 중심으로

이미 알고 있듯이 20세기 말 이후 점점 더 심해지는 '세계화'시대의 흐름은 개인이나 국가 간의 경제적 왕래나 정보 교류가 빈번해지게 하였을 뿐만 아니라, 이러한 빈번한 교류를 통해 지역문화 간의 대화를 촉진하고 있다. 이러한 과정에서 '세계화'는 필연적으로 '지역화'의 문제와 부딪치게 된다. 다시 말하면, '글로벌' 추세에 부응하는 배경에는 각 지역의 '토착'문화를 보존할 필요도 있다. 왜냐하면 '글로벌'시대가 온다고 해서 모든 지역의 문화가 '동일화'나 '동질화'되는 것은 결코 아니기 때문이다. 절대적 '동일성'으로써 '차이'를 말살하는 오류를 피하기 위해서는 서로 다른 문화끼리 진정한 대화와 학습하는 태도가 더욱 필요하다. 이것은 오늘날의 시대가 우리에게 부여한 중대한 과제인 만큼 항상 성찰하지 않으면 안 될 것이다.

이 글은 17세기 초, 중·일문화 교류사에서 주목할 만한 사상현상, 즉 명·청시기 중국에서 대량 출현한 선행을 권하는 선서善書사상이 일본에서 어떤 반향을 일으켰는가를 살펴보는 것이다. 일본의 유학자들이 중국에서 온 외래문화(유학사상을 포함)를 받아들이는 태도가 사실 매우 개방적이며, 중국유학에 대한 문화門戶의식이 그다지 강하지 않았기 때문에 주자학이든 양명학이든, 심지어 유학과도 잘 맞지 않는 민간의 종교사상(이를테면, 명·청시대의 중국 선서문화와 그 중에서 부각되는 인과응보 관념)까지도 쉽게 일본에 확산되었다. 이는 중·일문화 교류 과정에서 나타난 중요한 현상인데, 이 글에서는 '일본양명학의 시조'로 불리는 나카에 도주(中江藤樹)의 사례를 중심으로 이러한 현상을 검토해 볼 것이다. 이런

현상은 일본문화가 갖고 있는 타자문화를 잘 차용하는 특징, 즉 일본문화가
쉽게 외래문화를 수용하고 다시 읽거나 또는 개조하는 특징과 관계된다고
본다. 근대 일본이 그러했을 뿐만 아니라 근대 이전의 근세일본(1603~1868)에서
도 역시 그러했다.

1. 도주와 무유의 사상 교섭

송·명시대의 양대 주류 사상인 주자학과 양명학은 근세일본학자들의 강렬
한 주목을 받았다. 특히 주자학은 근세일본에서 정치이데올로기로 부상한 적은
없지만 한때 주류 사조가 되었다. 우리가 여기서 검토하고자 하는 것은 17세기
이후 명·청시대의 중국에 나타난 선서善書사상운동이 근세일본에 어떤 영향을
주었는가 하는 문제이다. 명대 말기부터 시작된 선서사상운동은 학계에서 일반
적으로 두 명의 대표 인물을 손꼽는데, 그 중 한 사람이 원료범袁了凡(1533~1606)이
다. 그는 일본에 매우 뚜렷한 영향을 남겼는데, 그의 중요한 선서 저작인『음즐록
陰騭錄』이 일본에서 끊임없이 번각飜刻되고 심지어는 일본어로 번역되어 널리
전파되었으며, 이러한 현상은 근대에 이르러서도 중단되지 않았다.[1] 다른 한
사람은 안무유顔茂猷(1578~1637)인데, 일본에 그가 끼친 영향의 범위는 원료범만

---

[1] 현존하는 일본 최초의『陰騭錄』翻刻本은 元祿 14년(1701)에 雛東獅子穀의 升蓮社가
번각한 明朝 말기의 刻本이다. 和刻本『陰騭錄』의 최초 판본은 아직 확인이 필요하지
만, 필자가 아는 바로는 荻生徂徠(1666~1728)가 그의 아내가 번역한 袁了凡의『陰騭
錄』「功過格」부분을 위해 서문을 지었는데(『徂徠集』, 卷29, 「悅峰和尙宛書函」을 참조),
平石直昭의 고증에 의거하면, 이 서한은 寶永 五年(1708)에 지은 것이기에『陰騭錄』의
和刻本은 이보다 앞서 나왔을 것이라 한다. 平石直昭의 저서『荻生徂徠年譜考』(東京:
平凡社, 1984), 66쪽 참조. 徂徠의 이 서문은 江戶時代의 善書刊刻史에서 전형적인 의
의를 지니는바, 江戶 중기와 말기에 유행한 善書에 의해 인용되었다. 이를테면 寬政
12年(1800)의『和字功過自知錄』은 徂徠의『譯文功過格序』全文을 인용했다.(八木意知男,
『和解本善書의 資料と硏究』, 京都: 同朋舍, 2007, 397~398쪽 참조)

못하지만, 그의 저작이 원료범의 저작보다 먼저 일본에서 전래되었다는 점이 흥미롭다. 필자의 좁은 소견에 의하면, 현재 중국 바깥의 학술계에서 가장 일찍 안무유를 주목한 사람들이 바로 일본학자이며, 지금까지 이미 4편의 논문이 발표되었다.[2] 그러나 중국 및 기타 지역의 중문학계에서는 몇 년 전까지만 해도 전문적인 논문이 한 편도 없었고, 근래에 이르러서야 필자가 3편의 논문을 발표함과 아울러 저서에서 무유茂猷사상에 대한 연구를 전개했다.[3]

먼저 안무유에 대해 간단하게 소개하면, 그는 복건福建 장주부漳州府 평화현平和縣 사람으로서 천계天啓 4년(1624)에 향시鄕試에 급제하였고, 숭정崇貞 7년(1634)에 진사시進士試에 합격하였다. 무유에 관한 행장行狀이나 묘갈명墓碣銘 등의 전기 자료가 남아 있지 않아 생몰년대가 이때까지 알려지지 않고 있었는데, 나의 고증을 통해 1578년에 태어나고 1637년에 사망한 것으로 드러났다. 나카에 도주(中江藤樹)는 1608년에 태어나 1648년에 사망했는데, 무유보다 약 한 세대 뒤의 인물이다. 그런데 무유가 살아 있을 때 그의 저작이 이미 일본에 전해졌다는 사실이 참으로 특이하다. 일본의 '전국한적全國漢籍 데이터베이스'에 근거하면 그의 책 『신전거자육경찬요新鐫擧子六經纂要』가 에도시대인 간에이(寬永) 12년(1635)에 일본에 전해졌다. 일본의 봉좌문고蓬左文庫가 이 책을 소장하고 있는데 간에이 12년에 사들인 것이라고 밝히고 있다. 이 『거자육경찬요擧子六經纂要』는 과거를 위해 만든 통속 교과서인 것 같은데,[4] 일본에는 과거제도가 없었기 때문에 이 책이 그 당시 일본에 어떤 영향을 끼쳤는지에 대해서는 단언하기 어렵다.

---

2) 번거로움을 피하기 위해 여기서는 사례 한 가지만을 들겠다. 荒木見悟, 『陽明學の開展と佛敎』, 「顔茂猷小論」(東京: 硏文出版, 1984), 197~218에 수록.

3) 여기서는 졸저 『明末淸初勸善運動思想硏究』(臺北: 台大出版中心, 2009)만 열거하겠다.

4) 이 책은 또한 『新鐫擧子六經纂要』라는 제목으로 卷을 나누지 않았다. 검토해 본 결과, 그 내용은 경학 논저가 아니고, 내부는 '君臣門'・'人倫門'・'修治門'으로 나눈 다음 각 '門'의 아래에 또한 '官箴'・'臣鑒'・'天人'・'感應' 등의 조목으로 나누었다. 격식은 茂猷가 쓴 선서 『迪吉錄』과 같은데 내용이 조잡하다. 四庫館臣은 "이 책은 字句를 도려 내듯이 인용하고 스스로의 발명이 없는 村度의 작품이다"(『四庫全書存目叢書』, 子部 第222冊, 濟南: 齊魯書社, 1997, 110쪽)라고 평가했다.

그러나 이 책을 살펴볼 때 더욱 놀라운 사실은 나카에 도주가 무유의 중요한 선서인『적길록迪吉錄』을 무유 사후 약 3년 만인 간에이 17년(1640)에 이미 읽었다는 사실이다.5) 도주가 사상적으로 관심을 가진 것은 음덕과보陰德果報와 복선화음福善禍淫 등과 같은 인과응보因果應報의 관념이다. 이것은 도주의 다른 중요한 저서인『옹문답翁問答』을 통해서도 알 수 있다.6)

주지하다시피 도주는 중년(33~37세)에 양명의 수제자인 왕기王畿(1498~1583)의『왕용계어록王龍溪語錄』과 왕양명(1472~1529)의『양명전집』을 읽었지만 양명심학을 논하는 전문 저서는 남기지 않았다. 그러나 도주는 거의 동시에『적길록』을 읽었고 곧 이를 패러디해『감초鑑草』라는 기서奇書를 만들었다. 이 책은 간에이 17년(1640)에 저술되어 쇼호 4년(1647)에 간행되었다. 책에서는 중국의『고열녀전古烈女傳』,『적길록』과 조선의『삼강행실』에서 따온 61개 사례의 권계勸誡 이야기를 수록했는데, 그중『적길록』에서 발췌한 내용만 무려 48조나 된다.7) 그래서『감초』는『적길록』의 절초본節抄本이나 다름없다고 할 수 있다. 다만 도주가 마음속으로 설정한 독자는 일본의 하층민중, 특히 가정주부였기 때문에 그 내용을 일본 '현지화'로 처리했을 뿐이다. 물론 도주에게는 그 나름의 선택 기준이 있었다. 그는『적길록』의 핵심 부분인「관감문官鑑門」과「공감문公鑑門」등 공공영역에 관한 도덕적 권선징악의 이야기에 큰 관심을 보이지 않았고,

---

5) 지금은 明代 崇禎 4年(1631)의 林釬序刊本이 있는데 日本內閣文庫에 소장되어 있다. 또 中國人民大學圖書館에 소장되어 있는 明末刊本은 자세한 年次를 알 수 없다. 林釬序에 따르면『迪吉錄』 초고는 天啟 2年(1622)에 이루어졌다.

6) 高橋文博,「『鑑草』再考」,『季刊日本思想史』第54號(東京: ぺりかん社, 1999) 참조. 후에 본인의 저서『近世の死生觀: 德川前期儒敎と佛敎』(東京: ぺりかん社, 2006)에 수록. 216~218쪽. 安岡正篤가 西澤嘉朗의『陰騭錄の硏究』를 위해 쓴「序」(東京: 八木書店, 1946), 8쪽도 참조.

7) 木村光德,『藤樹學の成立に關する硏究』(東京: 風間書房, 1971), 192~202쪽; 高橋文博,『近世の死生觀: 德川前期儒敎と佛敎』, 207~251쪽 참조.『鑑草』의 격식과 내용 등에 관해서는 加藤盛一이 校注本『鑑草』를 위해 지은『解說』(東京: 岩波書店, 1939)을 참조. 이 校注本에는 藤樹의 다른 두 篇의 善書 성격을 띤 글「春風」(十則)과「陰騭」(四條)이 첨부되어 있는데 다 함께 참조할 수 있다. 加藤의「春風題識」의 소개에 따르면 이 글은『迪吉錄』으로부터 권선 이야기 3건을 인용했다.(『鑑草』, 296쪽)

'공감문'의 부록 부분인 '여감女鑑'의 일부 내용들만을 골랐는데, 이는 그의 문제 의식이 무유와는 분명히 다르다는 것을 보여 준다. 어쩌면 그는 중국 사회의 '관官'과 '공公'과 같은 공공적 문제는 일본의 사회 현실에 제대로 들어맞지 않고, 오히려 '여감'에 부각된 가정윤리 문제가 일본 사회의 가정에 대해 현실적인 의미가 있다고 여겼던 것 같다. 『공과격功過格』과 『감응편』 등의 선서가 일본에 들어온 정확한 시기를 고려해야 하기 때문에, 아직은 『감초』를 비롯하여 이것과 성격이 유사한 도주의 기타 2권의 선서인 『음즐陰騭』과 『봄바람』(春風)이 일본에서 가장 이른 선서라고 단정할 수 있다는 충분한 증거를 확보하지 못했다. 그렇지만 『감초』는 음즐신앙·보응사상을 고취한 일본 선서로서 근세일본사상 사에서 아마도 최초의 선서로 추정할 수 있을 것이다.

이러한 점을 명확히 하기 위해서는 중국 선서가 일본에서 판각·유포된 상황을 살펴볼 필요가 있다. 예를 들면 원료범보다 이른 시기 명대의 승려인 주굉袾宏(1535~1615)의 선서 『자지록自知錄』이 일본에서도 큰 영향을 끼쳤는데, 이 책의 화각본和刻本 『화자공과자지록和字功過自知錄』은 안에이(安永) 5년(1776)에 발행되었고, 이듬해 원료범의 『음즐록』의 화각본 『화어음즐록和語陰騭錄』이 출판 되었다. 어떤 학자들은 중국의 선서 『공과격』과 원료범의 『음즐록』이 일본에서 번역 출판된 비교적 이른 시기의 기록이라고 보기도 한다.[8] 더 이른 시기의 다른 중국 선서인 『문창제군음즐문文昌帝君陰騭文』은 일본에서 호에이(寶永) 5년 (1708)에 최초로 간각刊刻되었다.[9] 총체적으로 보아 이런 선서들은 일본에서

---

8) 八木意知男, 『和解本善書の資料と研究』(京都: 同朋舍, 2007), 508쪽 참조. 다만 위의 주석에서 제시한 내용에 따르면 『陰騭錄』 중의 「功過格」은 이미 徂徠의 아내에 의하여 일본어로 번역되었고 1708년 좌우에 刊刻되었다. 『陰騭錄』의 에도시기 일본에서의 전파와 當代 해석에 대해서는 川合淸丸, 『譯陰騭錄』(東京: 日本國敎大道社, 1896); 西澤 嘉朗, 『東洋庶民道德: 了凡四訓の硏究』(東京: 明德出版社, 1956. 이 책은 저자가 1941년에 출판한 『陰騭錄の硏究』를 전면 수정한 것이다); 奧崎裕司, 『中國鄕紳地主の硏究』, 第3章 第7節 「日本における袁了凡の影響」(東京: 汲古書院, 1978); 石川梅次郎, 『陰騭錄』(東京: 明德出版社, 1981年 再版)을 참조할 것.

9) 주8)의 八木意知男의 저서 379쪽 참조. 日本 『國書總目錄』의 기록에 의하면 現存하는

도주의 『감초』보다 훨씬 늦게 간각된 것으로 보인다. 그러므로 중국 선서의 일본 전래나, 일본학자들이 저술한 선서는 모두 18세기가 아니라 17세기 초로 거슬러 올라가야 한다.

그러면 『감초』는 나카에 도주의 어떤 사상관념을 주로 담고 있을까? 도주는 비록 유학자이고 또 중년에 양명심학으로 전향하였지만, 그는 기괴한 색채로 가득 찬 인과응보에 관한 중국 이야기에 흥미진진했다는 연구가 있다. 겉으로 보면, 송대 이후의 유학자들은 일반적으로 '괴력난신怪力亂神' 등과 같은 종교적인 학설을 반대하는 입장을 취했는데, 이 점은 일부 일본 유학자들에게도 어느 정도 영향을 주었다. 예를 들어 에도시대 후기의 회덕당懷德堂의 주자학자들은 무신론 사상의 색채를 지니고 있었다.[10] 그렇지만 에도 유학자라는 사상 집단의 총체적인 성격으로 볼 때, 그들의 종교적 의식은 중국 유학자들보다 훨씬 개방적이다. 이것은 어쩌면 오래된 일본의 신도사상, 근세 이전의 불교사상, 그리고 '괴담'문학 등과 같은 문화전통과 뿌리 깊은 역사적 연관성이 있을 것이다. 도주에 대해 말하자면, 그의 유교사상은 분명 짙은 종교적 취향을 지니고 있는데, 선악보응 관념에 대한 그의 긍정적인 수용이 이를 말해 준다. 예를 들어 그는 『감초』에서 선악보응은 "진실로 천지감응의 묘리이다"[11]라고 명확하게 밝혔다. 이러한 관념은 분명히 중국적 배경이 있는데, 도주가 익숙하게 여기는 양명의 문헌에서 나온 것일 수도 있다. 이를테면 양명의 『산동향시록山東鄕試錄』

최초의 和刻本 『陰騭文』은 享保 6年(1721)本이다.

10) 예를 들면, 山片蟠桃(1746~1821)가 바로 '無鬼論者'이다. 그는 주체 심령에 대한 조절과 수양을 중시하면서 귀신의 실재성을 부정했다. 그의 저서 『夢の代』, 卷十, 「無鬼上」참조. 근세일본사상의 총체적 취향에서 보면, 대다수 사상가들은 주자학적 자기 자율에 대한 인식이 대단히 박약했기 때문에 외적 신령에 기도하고, '신령의 冥加'('冥加'란 은연중 신의 가호를 받는다는 뜻)를 기대하는 경향이 있었다고 지적하는 학자도 있다. 前田勉, 『近世神道と國學』, 第9章 「宣長における'心だに'の論理の否定: 垂加神道と宣長との關係」(東京: ぺりかん社, 2002), 332쪽, 주22) 참조. 이 설은 중시할 만하다.

11) 高橋文博, 『近世の死生觀: 德川前期儒敎と佛敎』, 「中江藤樹における死後と生」, 197·199쪽 참조.

에 "안에서 느끼면 밖에서 반드시 응하고, 위에서 느끼면 아래에서 반드시 응한다. 군주와 백성의 관계는 마음과 몸의 관계와도 같으니 내·외와 상·하가 다르지만 감응의 이치가 어찌 다를 수 있겠는가?"12)라는 말이 있다. 여기서 말하는 '감응의 이치'에 근거하여 도주는 합리적으로 '천지감응의 묘리'라는 결론을 추리해 낼 수 있다. 물론 도주의 종교관에 일본 전통 종교사상의 연원도 포함되어 있음을 부인할 수 없지만, 이것은 별도로 다루어야 할 문제이다.

중국사상사로 말하면, 감응 또는 보응의 관념은 유구한 역사를 갖고 있어서 일찍이 선진시기의 유가 전적에 이미 존재했다. 우리가 관심을 갖는 것은 도주의 감응관념이 중국 선서와 더 깊은 연관이 있을지도 모른다는 점이다. 예를 들어 12세기에 나온 도교의 선서 『태상감응편』의 선악보응 관념은 도주사상에 직접적인 영향을 미쳤을 수도 있는데, 그가 매일 『감응편』을 독송했을 만큼 중요하게 생각했다는 사실이 드러났다. 도주의 수제자인 교토학파의 후치 고잔(淵岡山, 1617~1687)은 "옛날에 도주선생은 매일 『효경』과 『감응편』을 송독했다.⋯⋯ "13)라고 회상한 바 있다. 일본 양명학 연구전문가인 기무라 미츠노리(木村光德)의 고증에 의하면, 도주는 매일 아침 『효경』을 송독했는데 이는 많은 사료에 의해 확증된다. 이를 미루어 보건대 그의 사상 요소 중에서 분명 『감응편』 신앙이 내포되어 있다는 점을 확인할 수 있다.14) 또 기무라 미츠노리의 서술에 따르면, 그는 도주학파에 관한 기타카타시(喜多方市)의 문헌자료를 조사하던 중, 이 학파에서 사용했던 『효경』 텍스트에 놀랍게도 전반은 『효경』의 내용이고, 후반에는 『태상감응편』 한 권이 첨부되어 있다는 사실을 발견했다.15) 이로부터 도주학파

---

12) 『王陽明全集』, 卷二十二, 「山東鄕試錄」(上海: 上海古籍出版社, 1992), 853쪽, "內感而外必應, 上感而下必應. 夫君之于民, 猶心之於身, 雖其內外上下之不同, 而感應之理何嘗有異乎."

13) 小山國三, 吉田公平 編, 『中江藤樹心學派全集』, 上卷, 「岡山先生書簡下」(東京: 硏文出版社, 2007), 381쪽 참조.

14) 木村光德, 『日本陽明學派の硏究: 藤樹學派の思想とその資料』(東京: 明德出版社, 1986), 42쪽 참조.

15) 木村光德, 『日本陽明學派の硏究: 藤樹學派の思想とその資料』, 30쪽 참조.

는 이미 『태상감응편』의 신앙 전통을 형성하였다는 것을 알 수 있다. 이것은 의심할 여지가 없다.16) 무엇보다도 기무라 미츠노리의 이러한 발견은 도주 문하에서 『태상감응편』과 『효경』을 자주 단체로 읽었다는 도주의 수제자 구마자와 반잔(熊澤蕃山, 1619~1691)의 관찰을 뒷받침한다. 『집의화서集義和書』 10권에 따르면, 이들은 『효경』을 낭독할 때 또한 '송경위의誦經威儀'(경서를 낭송할 때의 의례 행위)를 거행했는데, 이는 『효경』을 종교적 숭배대상으로 삼은 것이다. 이는 일반적인 의미에서 가족 윤리에 부합되는 효행을 종교적 신념의 높이에까지 끌어올려 '효행감천孝行感天'의 효과를 얻어 자신의 현실 인생에 실리를 가져다주겠다는 취지이다. 예를 들어 그들이 '종이를 꼬아 하루의 잘못을 매듭지음으로써 선을 행한 것'은 '천도복선화음天道福善禍陰'이라는 응보의 법칙에 복종하는 올바른 행동이라고 믿었다는 기록이 있다.17)

2. 도주 종교관의 주요 특징

지면의 제한으로 인해 『감초鑑草』의 구체적인 내용은 깊이 분석하지 않고, 도주의 종교사상이 심오한 유교 자원을 가지고 있을 뿐만 아니라 그의 종교관은 일본 본토의 색채가 분명하다는 점을 규명하기 위해 그의 종교사상에 대하여 약간 분석해 보겠다.

---

16) 藤樹의 제자 淵岡山의 기록에 의하면 藤樹의 문하에는 이른 아침에 『효경』과 『감응편』을 誦讀하는 전통이 있었다. 위에서 제시한 『中江藤樹心學派全集』, 上卷, 「岡山先生示教錄卷之四」, 136쪽; 위와 같은 책, 上卷, 「岡山先生示教錄卷之五」, 179쪽 등을 참조. 그 외의 자료에 따르면 藤樹의 제자 中川謙叔(1624~1658)도 『迪吉錄』에 대해 깊은 관심을 갖고 있었다. 加藤盛一, 『鑑草・解説』, 21쪽 참조.
17) 熊澤蕃山, 『集義外書』, 卷十四. 玉懸博之, 『日本近世思想史研究』, 第7章 「近世前期における神觀念」(東京: ぺりかん社, 2008), 217쪽에서 인용.

(1) 먼저 유학적 냄새가 물씬 풍기는 『지경도설持敬圖說』이라는 글에 드러난 관점을 살펴보자.

밝고 밝은 상제가 항상 곁에 있고 잠시도 떠나지 않으면서 공경함과 태만함을 시험하고, '다섯 가지 복'(五福)과 '여섯 가지 궁함'(六極)을 쓰는 것이다.[18] 그 총명 함이 뚜렷해서 속일 수 없거늘 어찌 감출 수 있겠는가? 심히 두려운 것이다.[19]

이른바 '오복육극五福六極'이란 『상서尚書』 「홍범洪範」에서 유래한 것으로서, 세속의 다섯 가지 행복과 여섯 가지 불길함을 가리킨다. 즉 세속의 화복 문제를 말하는 것인데 중국의 첫 선서인 『태상감응편』이 밝힌 '전화위복轉禍爲福의 도'라 는 명제의 사상적 근원이 여기까지 거슬러 올라갈 수 있고, 명ㆍ청시기의 선서문 화에 있어서 화복 문제는 더더욱 큰 주제였다. 화복 문제와 관련해서는 인간사회 의 화복의 근거 문제, 즉 화복의 주재자가 누구냐는 것이다. 여기서 말하는 '상제上帝'란 사실 인간 화복의 주재자이다. '상제조림上帝照臨'이란 말은 『시詩』 「소아小雅ㆍ소명小明」의 "밝고 밝은 하늘, 이 세상 비추어 준다"(明明上天, 照臨下土)라 는 구절에서 비롯된 것이고, 『시詩』 「주송周誦ㆍ경지敬之」에서 "날마다 여기서 살피고 계신다"(日鑒在玆)라고 하는 종교 관념과도 관계된다. 이것은 인류사회가 언제나 상제上帝 또는 상천上天의 감시를 받는다는 뜻이다. 이런 표현은 도주의 관념에 있어서 '상제'는 초월적인 인격신으로서 선악업보의 결정권을 쥐고 있기 때문에 무서운 존재이며, 오직 '경외'의 자세로 임할 수밖에 없다는 것이다. 『시경』 외에도 『상서尚書』 「탕고湯誥」의 "하늘의 법도는 착한 사람에게 복을

---

18) 역자 주: 이것은 『書經』 「洪範」편에 나오는 내용으로서, 사람들이 누리기를 바라는 다섯 가지 복과 사람들이 매우 불길하게 여기는 여섯 가지 일을 말한다. '五福'은 곧 壽, 富, 康寧, 攸好德, 考終命이고, 六極은 凶短折, 疾, 憂, 貧, 惡, 弱이다.

19) 원문은 다음과 같다. "明々たる上帝は常に照臨して敬怠も離れず. 以てその敬怠を試み て, 五福六極を用いて以て此れを齎威す. その聰明は昭々として欺く可からず. 況や罔ふ可 けんや. 畏る可きの甚しき者なり." 『藤樹先生全集』 一(東京: 岩波書店, 1940), 696쪽. 山 本命, 『中江藤樹の儒學: その形成史的研究』(東京: 風間書房, 1977), 543쪽에서 인용.

주고 나쁜 자에게는 화를 내리신다"(天道福善禍淫), 『상서尙書』 「탕서湯誓」의 "나는
하늘의 명을 두려워한다"(予畏上帝)라는 등의 내용이 도주 종교관의 중요한 자원
을 이루고 있는 것으로 보아 그의 선악보응 등 종교 관념에 많은 중국적 요소가
있음을 알 수 있다. 흥미로운 것은 그가 유학사상을 섭취할 때 분명 다시
읽기의 과정을 거쳤다는 점이다. 예를 들면, 본래 송유宋儒에 속했던 중요한
학설인 도덕적 실천 의미에서의 '지경持敬'이 도주의 다시 읽기를 거쳐 상제를
경외하는 종교적 공부工夫의 주장으로 바뀌었다.

(2) 도주의 사상은 보편주의적 특징이 있고, 중국유학에 대한 사상적 동질감
이 매우 뚜렷하다. 그의 관념에 있어서 상제는 단지 중국에 속하는 것일 뿐만
아니라 또한 모든 문화형태를 초월하는 보편적 의의를 가진 존재이다. 심지어
그는 유교·불교나 성현을 막론하고, 자신이나 타자를 막론하고, 세상의 모든
존재는 모두 다 "황상제皇上帝, 천신지기天神地祇의 자손"이라고 말할 수 있다고
하였다.[20] 이른바 '황상제'란 『상서尙書』 「소고召誥」의 '황천상제皇天上帝'에서 비
롯된 것인데, 도주의 사상에 있어서 그 내포적 의미가 그가 즐겨 사용했던
'태을신太乙神'과 기본적으로 같은 의미이다.[21] 도주 자신의 말에 따르면, '태을
신'이라는 개념은 그가 명나라 당추唐樞의 『예원잉어禮元剩語』에서 직접 따온
것이라고 하지만 사실 도교적인 색채가 짙다.[22] 도주의 사상은 유·불·도

---

20) 『翁問答』, 下卷, 끝머리의 81條. 『中江藤樹』(『日本思想大系』 29, 東京: 岩波書店, 1982),
   124쪽에서 인용.
21) 『藤樹全集』 一, 「太乙神經序」, 137쪽 참조.
22) 藤樹가 본 『禮元剩語』은 명나라 말기의 鍾人傑이 편찬한 『性理會通』 卷三十一에 수록된
   것이다. 그 중 '太一'이라는 말이 있는데 藤樹는 그것을 '太乙神'으로 억지로 끌어다
   붙이면서 "太乙神이란 『書經』에서 말하는 이른바 '上帝'이다. 그 皇上帝가 바로 太乙의
   신령이고 천지만물의 임금으로서 거대한 세계의 미세한 먼지와 장구한 시간의 잠깐
   이라 할지라도 비추지 않는 데가 없다"라고 해석했다.(『藤樹全集』 一, 137쪽. 원래는
   일본어로 되어 있는데, 위에서 제시한 山本命의 책, 57쪽에서 인용함.) 山本命은 사실
   '太乙神'이 중국 명대에 이미 민간신앙으로서 대단히 유행했다고 지적했다.(위의 책,
   576쪽) '太乙神'이라는 이름은 최초로 馬融이 주석한 『尙書』 「舜典」의 '上帝'라는 말에

삼교를 뒤섞은 특색이 두드러진다고 볼 수 있다. 예를 들어 도주는 『감초』 서문에서 '명덕불성明德佛性'이라는 그의 독창적인 개념을 들고 나와, 유학의 '명덕明德'과 불교의 '불성佛性'을 교묘하게 뒤섞어 놓으면서 '명덕불성의 수행'을 제대로 실행한다면 '타고난 복'을 받을 수 있을 것이라고 강조하였다.[23] 도덕적 실천을 세속적 행복과 연계해서 생각했음을 알 수 있다. 다만 여기서 말하는 '뒤섞다'는 말은 결코 폄하적인 가치판단을 뜻한 것이 아니라, 오히려 도주가 겸용적兼容的인 태도로써 이역문화를 받아들였음을 시사한다. 근세近世의 일본에 있어서 매우 드문 경우를 제외하고는 대다수 에도시기의 유학자들이 유·불·도 에 대해 모두 이러한 개방적인 태도를 취한 것 같다.[24]

(3) 그러나 도주의 종교 관념이 전부 중국에서 온 것이 아니며 근세 이전 일본의 전국시대에 유행된 '천도' 관념도 그 사상에 일정한 영향을 준 것이 분명하다. 예를 들면 그는 「흠숭천도欽崇天道」라는 글에서 다음과 같이 말했다.

멀게는 하늘과 땅 바깥의 세계에, 가깝게는 한 몸 속에 은미隱微하고 유독幽獨한 곳과 자잘한 일에도 모두 천도가 있다. 천도는 우리들에게 형체를 만들어 주고 본성을 부여해 주며 의식을 마련해 주었기 때문에 백성의 부모요, 임금이다. 임금 과 어버이를 섬기는 도로써 (천도를) 섬기는 것을 '흠숭欽崇'이라 한다. 흠숭의 도는 다른 것이 아니라 지선至善에 머무는 것이다. 흠숭하면 오복五福을 주고 흠숭하지 않으면 육극六極을 내린다. 그 영향은 두렵고도 두렵다.[25]

서 비롯되었을 수 있는데, 거기에서는 "上帝乃大一神, 在紫微, 天之最尊者"라고 했다.
23) 加藤盛一 校注本, 『鑑草』, 53쪽 참조.
24) 하지만 근세일본사상사에서 儒佛을 일본의 神道와 합쳐 '神儒佛'이라고 부르는 사상 현상을 볼 수 있고, 이로부터 또한 神儒佛 삼교합일의 사조를 형성하기에 이르렀다. 예를 들면, 19세기 말에 『譯鍪驚錄』을 저술한 國學家 川合淸丸(1848~1917)는 「日本國 教大道社設立大意」(明治 21年, 1888)라는 글에서 직접 "우리나라(일본을 가리킴)의 정 신은 곧 神儒佛의 三道이고, 三道를 합하여 大道라고 한다"(八木意知男, 『和解本善書の 資料と硏究』, 510쪽에서 인용)라고 했다.
25) 원문은 다음과 같다. "遠くして而して天地の外, 近うして而して一身の中, 隱微幽獨の中,

도주가 말하는 천도는 송·명시기 유학자들의 천도관과 크게 다르다. 그에 의하면, 천도는 우주만물의 존재론적 근거일 뿐만 아니라 더욱이 흠숭의 대상으로서 숭배하는 행위 실천인데, 선은 선으로, 악은 악으로 이어지는 결과가 따른다. 바꾸어 말하면 인간사회에 결정적인 영향력을 행사하는 이러한 천도관은 종교적 특징이 더 크다고 하지 않을 수 없다.[26] 이는 일본 근세 이전에 유행되던 천도관이고 바로 이러한 천도관이 도주 종교관의 중요한 토대가 되었다.

(4) 중요한 것은 도주의 신앙 관념에서 일본신도교를 신앙하는 태도가 대단히 확고하다는 점이다. 그는 「태신궁太神宮」이라는 시에서 다음과 같이 기록하였다.

빛나는 효덕孝德이 끝없이 이어가나니 바야흐로 희황義皇의 유업과 같도다.
성인의 신도교에 묵도하니 (그 은총이) 육합의 태신궁을 비추느니라.[27]

細微の事にも, 天道有らざるは無し. 天道は我が形を造り, 我に性を與へ, 我に衣食を與ふる者なり. 民の父母なり, 君なり. 君親に事ふるの道を以て之に事ふれば,則ち此れを之れ欽崇と謂う. 欽崇の道他し, 至善に止むのみ. 欽崇すれば則ち五福を與へ, 欽崇せざれば則ち六極を降す. 惟れ影響のごとし, 畏る可し, 畏る可し."(『藤樹全集』一, 37쪽)

26) 平石直昭는 다음과 같이 지적했다. 일본은 戰國時期로부터 근세에 이르기까지 '天道' 사상의 조류가 존재했고, 『尙書』「湯誥」의 '天道福善禍淫'의 사상을 근거로 무사계층과 일반 민중에게 勸善懲惡을 대단히 강조했는데, 이 같은 천도사상이 강조하는 인격신인 '天'은 宋學의 '天理'와 '天道'觀과 반드시 일치하는 것이 아니라, 오히려 명대의 중국 선서의 영향이 짙다. 저자의 글 「德川思想史における天と鬼神: 前半期儒學を中心に」(溝口雄三·濱下武志·平石直昭·宮嶋博史 主編, 『アジアから考える 7, 世界像の形成』, 東京: 東京大學出版會, 1994에 게재됨, 244쪽) 참조. 또 어떤 학자들은 '天道'개념이 일본 남북조시대로부터 근세 초기에 이르는 '유행어'라고 하였다. 石毛忠, 「戰國安土桃山時代の倫理思想: 天道思想の展開」, 日本思想史研究會 編, 『日本における倫理思想の展開』(東京: 吉川弘文館, 1965), 143쪽 참조. 또 玉懸博之, 「近世前期における神觀念」, 『神觀念の比較文化論的研究』(東京: 講談社, 1981. 후에 玉懸博之, 『日本近世思想史研究』, 第7章에 수록) 참조.

27) 『翁問答』. 柳町達也, 「中江藤樹·解說」, 『日本の陽明學 上』(『陽明學大系』8, 東京: 明德出版社, 1973), 46쪽에서 인용. "光華孝德續無窮, 正與義皇業相同. 默禱聖人神道敎, 照臨六合太神宮."

‘효덕孝德’은 구체적으로 『효경』을 가리키고, ‘희황’은 중국의 복희를 가리키며, ‘신도’는 『역경』의 ‘신도설교神道設敎’를 가리킨 것으로 보인다. 이것은 유교적 의미에서의 신도이지 특별히 일본의 신도교를 가리킨 것은 아니다. 그러나 이 ‘신도’는 ‘성인’이 창조한 것으로서 보편적 의미가 있다. 마지막 구절의 ‘태신궁’은 명백히 일본의 아마테라스 오미카미를 제사 지내는 신궁을 뜻한다. 이 점은 ‘태신궁’에 대한 그의 설명에서 확인된다.

> 태신궁은 우리나라의 대조大祖로서 지덕신명至德神明하고 이 나라를 낳은 (아마테라스 오미카미를 제사지내는 궁전인데, 일본인으로) 그의 은덕을 입지 않는 이가 있겠는가? 숭배하지 않으면 안 된다.[28]

‘태신궁’이란 구체적으로 이세신궁伊勢神宮을 말하는데 그곳에는 일본의 ‘대조大祖’, 즉 일본 천황의 조상신인 아마테라스 오미카미가 모셔져 있다. 중요한 것은 아마테라스 오미카미는 ‘천황’ 일족의 조상신일 뿐만 아니라 일본이라는 ‘나라’를 탄생시킨 신령이기 때문에 이 땅에서 태어나고 자란 일본인들은 그(녀)를 ‘숭배하지 않으면 안 된다’는 것이다. 그만큼 일본 본토의 신도신앙이 도주의 종교 관념에 있어서 대단히 명확하게 자리 잡고 있음을 알 수 있다. 그리고 도주의 신도신앙은 단순히 관념적 표현에 그치지 않고 이를 행동으로 옮겼는데, 예를 들어 아이즈본(會津本)의 연보 34세조에 따르면 도주가 이세신궁을 직접 참배했다는 것이 그 증거이다. 특히 『감초』를 저술한 것이 33세 또는 34세 전후였다는 것은 언급할 만한 점이다.

도주의 문인들이 지은 『도주선생행장』(藤樹先生行狀, 대체로 도주 사후 80년이 되는 교호 13년에 지은 것으로 추정)에 따르면, 도주 사후 그 제자들과 가문에서 주희의 『문공가례文公家禮』에 따라 ‘상사喪事’[29]를 치른 것은 그가 생전뿐만 아니라 사후

---

28) 『藤樹全集』 五(會津本), 「年譜」 34歲條, 46쪽. 張崑將, 『德川日本儒學思想的特質: 神道, 徂徠學與陽明學』(臺北: 臺大出版中心, 2007), 216쪽에서 인용.

에도 유학적 생활방식을 지향하는 신념이 있었음을 말해 준다. 그런데 그의 유학적 신념은 종교적 관심과 충돌하지 않았다. 그의 일생을 살펴보면, 고대 중국의 음덕 및 보응 등 종교 관념에 대한 깊은 신앙을 갖고 있었을 뿐만 아니라 몸소 행하면서 지역사회에서 선행을 베풀며 음덕을 쌓으려고 노력했기 때문에 당시 사람들의 눈에는 그가 시골의 '할맘'처럼 보였다는 이야기가 전해진 다. 여기서 『행장』의 기록을 살펴보기로 하자.

> 몸소 음덕을 베풀었는데, (지역 주민들이) 엄동설한에 맨발로 도랑을 건너야 하는 것을 애절히 생각하여 여러 학생 및 마을의 부자들과 의논하여 도랑에 다리를 놓았다. 선악보응을 전적으로 믿으니 일반인들의 눈에는 마치 '늙은 할맘'의 우매함과 같이 보였다. "나의 학문의 공부工夫는 신독愼獨으로부터 시작된다"라고 했 는데 자득自得공부의 숙성함을 엿볼 수 있다.[30]

여기에는 '음덕', '응보' 등과 같은 종교적인 관념이 얽혀 있는데, 중국의 『상서』나 『감응편』과 연원 관계가 있을 것으로 짐작된다. 이 기록에 따르면, 도주는 이러한 관념의 추진으로 고을 사람들과 함께 교량건설에 참가하여 마을 사람들의 복을 도모했다. 이는 그야말로 명·청시기의 중국 선서에 흔히 보이는 전형적인 선행 방식인데, 이것이 일본에서도 유행되었다는 점이 대단히 흥미롭다. 그러나 현지의 평범한 사람들이 보기에는 이러한 선행이 '시골 할맘' 의 이미지였지만, 우리는 도주의 몸에서 오히려 명·청시기 중국 농촌사회의

---

29) 柳町達也, 「中江藤樹·解說」, 『日本の陽明學』 上, 56쪽. 藤樹의 제자인 熊澤蕃山은 朱熹 의 『家禮』를 불교의 장례에 반대하는 뜻으로 중요하게 여겼고, 그가 죽은 후에도 그 의 장례는 儒禮에 따라 치렀다. 宮崎道生, 『熊澤蕃山の研究』, 第5章 附論 「蕃山葬祭論」 (京都: 思文閣出版, 1989), 258쪽 참조.

30) "身自ら陰騭をなす. 或は諸生及鄕民の富める者と共に計て嚴寒の比步涉をあはれみて溝渠 に橋をかくる等の事あり. 都て善惡の應報を信ずること庸人より是を見れば老嫗の愚なる が如し. 因て曰く: 吾學をなすの功愼獨より始むと, 是れ其自得熟する所を見つべし."(『藤 樹全集』 五, 59쪽. 加藤盛一, 『鑑草·解說』, 28쪽에서 인용)

향신郷紳을 닮은 모습을 어렴풋이 엿볼 수 있다. 따라서 선서사상에 의해 형성된 인격 형상은 동아시아 근세사에 있어서 일련의 비슷한 모습을 지닌다고 해도 과언이 아닐 것 같다.

3. 중국 선서의 일본 전파

・ 사실, 안무유顏茂猷의 『적길록迪吉錄』이 일본 유학자 나카에 도주(中江藤樹)의 주목을 받게 된 것은 근세일본에서 고립적인 개별사례가 아니다. 도주보다 약간 늦은 에도 전기前期 불교 승려이자 '가명초자假名草子'[31]의 저명한 작가인 아사이 료이(淺井了意, 1612~1691)도 무유의 선서사상에 관심을 보인 대표적인 인물이다. 그는 '가명초자'의 일련의 작품에서 인과응보사상을 크게 내세웠고, 그의 저서 『감인기堪忍記』에 실린 170여 건의 권계勸戒 이야기 중에서 약 50건이 『적길록』에서 직접 뽑아온 것이다. 그 중 『감초』와 겹친 경우가 13건이고,[32] 나머지 37건은 아사이가 독자적으로 고른 것이라는 연구가 있는데, 아사이가 도주의 『감초』를 참조했는지는 분명치 않다. 요컨대, 에도시대 초기의 문화지식계가 일본 대중문화를 다시 부흥시키는 중요한 시기를 맞은 시점에서 마찬가지로 중국의 대중문화를 반영한 『적길록』과 같은 선서善書들이 일본에서 '지음知音'

---

31) 역자 주: '假名草子'(가나조시)란 일본문학에서 에도시대 초기에 가나 또는 가나가 섞인 문자로 적힌 근세문학의 모노가타리 · 실용적인 문장을 통칭한 것이다. 교훈적인 것, 실용적 · 계몽적인 것, 외국문학의 번안으로 오락을 주로 한 것 등 내용이 잡다한 소설이지만 文字를 대해 보지 못했던 서민들은 이것을 열렬하게 애독했다.

32) 小川武彦,「『堪忍記』の出典上の一: 中國種の說話を中心に」,『近世文藝: 研究と評論』第10號(早稻田大學文學部曙峻研究室, 1976); 小川武彦,「『堪忍記』の出典上の二: 中國種の說話を中心に」,『近世文藝: 研究と評論』第12號(早稻田大學文學部曙峻研究室, 1977); 花田富二夫,「淺井了意の文事: 『堪忍記』を中心に」, 長谷川强 編,『近世文學の俯瞰』(東京: 汲古書院, 1997. 위에서 제시한 高橋文博,『近世の死生觀』, 220쪽에서 인용) 참조. 淺井了意에 관해서는 柏原佑泉,「淺井了意の敎化思想」, 笠原一男博士還曆紀念會 編,『日本宗教史論集』, 卷下(東京: 吉川弘文館, 1976) 참조.

의 사상가를 만났다는 것은 우리를 매우 흥미롭게 한다.33)

또한 아사이보다 조금 뒤떨어진 시대의 주자학자 후지이 란사이(藤井懶齋, 1628~1709)는 중국의 선서에 큰 흥미를 가지고 있었을 뿐만 아니라 이를 일본어로 번역하여 보급하였고, 일본 역사상의 선행에 관한 이야기를 수집 정리하였다. 그가 지은 『대화위선록大和爲善錄』이란 책에서 그가 『적길록』에 관심을 가지고 있었음을 알 수 있다. 이 책은 겐로쿠 2년(1689)에 간행한 것으로서 총 3권으로 구성되어 있다. 권상卷上은 명나라 성조成祖인 주체朱棣가 지은 『위선음즐爲善陰騭』의 일본어 발췌 번역본이고, 권중卷中은 중국의 비슷한 종류의 서책인 『태평어람太平御覽』, 『사문유취事文類聚』와 선서인 『적길록』 등을 여러 조목씩 발췌하여 이루어졌으며, 권하卷下는 일본의 순화淳和황후 및 에도시대 13인의 선행 이야기를 기록하였고, 각각의 전기傳記마다 후지이 란사이의 약간의 평어를 첨부했다.34) 란사이는 또한 『화한음즐전和漢陰騭傳』을 지었는데, 덴포(天保) 11년(1840)의 서간본序刊本이 현존하고 있다. 이는 역사상 중국과 일본의 선인善人과 선사善事를 하나로 엮은 편저로서, 중국 및 일본의 57명의 선행 이야기를 수록했고, 또한 독자의 관심을 끌기 위한 목적으로 삽화도 많이 수록하였다. 삽화를 그린 사람은 에도 말기의 저명한 화가인 가쓰시카 호쿠사이(葛飾北齋)이다.35) 그 밖에 란사이의 또 다른 저서인 『훈도필휴수신전訓導必攜修身傳』도 선서와 관련이 있는 듯하다. 쓰쿠바 대학 부속 도서관 장서목록의 제목에 따르면, 이 책의 편집자 중 한 사람은 뜻밖에도 명성이 자자한 중국의 선서 작가인 원료범袁了凡이었는데,

---

33) 졸문, 「興起'善人'以平治天下: '雲起社'與十七世紀福建鄕紳的勸善活動」 참조. 원래의 제목은 「以'講會'興起'善人': 17世紀東亞文化交涉與福建鄕紳的講學活動」이고, 日本關西大學文化交涉學敎育硏究中心 編, 『東アジア文化交涉硏究』 第3號(大阪: 關西大學, 2010.3)에 게재됨. 49~80쪽 참조.

34) 原念齋, 『先哲叢談』, 卷四, 「藤井懶齋」 第4條(東京: 平凡社, 1994年刊, 東洋文庫本, 源了圓·前田勉 譯注), 182쪽 주5) 참조. 譯注에서 '淳和'를 '享和'로 잘못 적었다. 『大和爲善錄』 전자판은 東京大學附屬圖書館 사이트 http://kateibunko.dl.itc.u-tokyo.ac.jp/에서 볼 수 있다.

35) 사이트 http://www.dh-jac.net/db1/books/에서 볼 것.

료범과 란사이가 함께 지은 것으로서 현재 1874년 경양당耕養堂 간본이 남아 있다.36) 요약하면, 상술한 통속문학작가 아사이 료이 외에도 유학자인 후지이 란사이가 중국의 선서를 일본화한 중요한 인물 중 한 사람이라고 할 수 있는 가능성이 높다. 란사이의 선서 저서의 제재는 중·일 양국에서 따왔는데 근세일본의 민간사회에 미친 영향이 도주의『감초』보다 클 것이다. 예를 들어, 그의 『화한음즐전』은 18세기의 신도가인 후세하라 노부에다(伏原宣條, 1720~1791)에게 직접적인 영향을 미쳤다. 후세하라 노부에다도 선서 저술에 종사했는데, 그의 선서인『화한선행록和漢善行錄』(天明 8년, 1788년 '序) 권중卷中의「당토지부唐土之部」에서 란사이의『화한음즐전』에 나오는 중국 선인善人 25명의 이야기를 완전히 수록했다.37) 이로부터 중국의 선서가 근세일본의 문학가, 유학자 더 나아가 신도학자들에게 끼친 영향이 비교적 광범위했음을 알 수 있다.

그러나 그에 비하면, 안무유의『적길록』이 일본에서 일으킨 영향은 원료범의『음즐록』보다 훨씬 못하다. 아마도『적길록』은 도합 8권으로서 분량이 너무 많아 읽고 보급하기에 적합하지 않지만,『음즐록』은 짧은 분량일 뿐만 아니라 원료범이 자신의 체험을 바탕으로 엮은 응보 이야기가 더욱 사람을 황홀케 한 것이 그 원인일 것이다. 중요한 것은 중국의 선서가 일본에 전해진 이후 일본학자들은 이런 책들이 일본 사회의 도덕교화를 촉진하는 데 유익하다고 여겨 그것을 통속일본어(한자와 가나가 혼용된 문제)로 번역하는 붐을 일으켰고, 나중에는 일종의 독특한 일본화한 선서인 '화해선서和解善書'(일본어로 번역하고 주석

---

36) 藤井懶齋은 또 眞邊仲庵이라고도 하는데 築後 출신이다. 山崎闇齋의 문하에 들어갔다가 다시 탈퇴했다. 전하는 말에 의하면, "中暘齋와 아주 친밀한 사이이고 결국 스승의 주장을 어기고 따로 일가를 이루었다."(原念齋,『先哲叢談』, 卷四,「藤井懶齋」第4條, 東京: 平凡社, 1994년刊, 東洋文庫本, 源了圓·前田勉 譯注, 180쪽 참조) 또한『日本道學淵源續錄』(1934년刊) 卷一의 기록에 의하면 그의 사상은 陽明學에 공명하는 바가 있었다.(617쪽) 前田勉,『近世神道と國學』, 第2章「假名草子における儒佛論爭」(東京: ぺりかん社, 2002), 81~82쪽, 주11)도 참조.

37)『和漢善行錄』(版心題『倭漢善行錄』), 金澤市立圖書館稼堂文庫 소장. 日本大學共同利用機關法人 '人間文化硏究機構 사이트 http://kyoyusvr.rekihaku.ac.jp에서 볼 것.

한 중국 선서인데, 그 중에는 일본 역사상 선행에 관한 이야기도 포함됨)를 만들어 냈다는
점이다. 이러한 '화해선서'는 에도에서 메이지에 이르는 동안 대량 번각되고
널리 유행하였는데,38) 이는 중국 선서 사상이 동아시아문화교섭사에 깊은 흔적
을 남겼음을 보여 준다. 우리는 또한 도주를 예로 들어 보충 설명할 수 있다.
도주는『감초』라는 선서 외에도『감초』에 대한 독자들의 의문을 풀기 위해
『음즐陰騭』이라는 글을 저술했는데, 그 중에 또 다른 만명晚明의 중요한 선서인
『권계전서勸誡全書』의 일부 조문을 취하여39)「변혹입지辨惑立志」,「음즐해陰騭解」,
「종자방種子方」,「친친인민애물親親仁民愛物」 4편을 구성하였다. 흥미로운 것은
도주가 생전에 원료범의『음즐록』을 읽지 못했던 것으로 밝혀졌지만, 도주의
사상에는 이미『상서尚書』에서 비롯된 '음즐' 관념이 있고, 그의 만년의 사상에도
짙은 흔적을 남겼다는 점이다.

일본 종교사상의 발전 변화 과정에서 중국 선서의 일부 도깨비 기담奇談도
일정한 역할을 하고 있었다는 것은 말할 필요도 없다. 근세일본에서의 중국
선서의 유전 및 그 영향 등의 문제에 관한 학계의 선행 연구40)가 있기 때문에
여기서 더 이상 언급할 필요가 없다. 그렇지만 지적해야 할 것은, 일반적인
지식 분야에 있어서 유교사상이 일본문화에 중요한 영향을 미쳤다는 것은

---

38) 八木意知男,『和解本善書の資料と研究』,「序章: 和解本善書の諸相概觀」에 첨부된 '和解本
善書刊年譜', 22~26쪽 참조.

39) 필자는 加藤盛一 校注本,『鑑草』, 附錄에 근거했다. 그 중에서「辨惑立志」과「種子方」에
의거하면 '陳成鄕『勸戒全書』'라고 나오는데 加藤는 '鄕'은 '卿'자의 誤字라고 지적하고
또한 "陳成卿『勸戒全書』, 未詳"(『陰騭』 校注本, 310쪽)이라고 주석을 달았다. 사실 陳
成卿이 곧 陳智錫이고 그의 저술인『勸戒全書』는 崇禎 14年(1641) 序刊本이 현존하고
日本內閣文庫에 소장되어 있다. 하지만 藤樹가 본 것이 이 책인지는 고증이 필요하다.

40) 酒井忠夫,「江戶前期日本における中國善書の流通」,『東方宗敎』 26號(1965); 酒井忠夫,「近
世日本文化に及ぼせる中國善書の影響並びに流通」, 多賀稱五郞 編,『近世アジア敎育史硏究』
(文理書院, 1966. 후에 증보하여 酒井忠夫의 저서『(增補)中國善書の硏究』下『酒井忠夫
著作集』 2], 東京: 國書刊行會, 2000에 수록했다) 참조. 특히 이 글의 附錄一「琉球版善書
について」및 附錄二「朝鮮及び東南アジア」를 참조. 또한 下出積與,「江戶時代における
農民と善書:『太上感應編靈驗』について」(『日本宗敎史論集』, 卷下, 笠原一男博士還曆紀念會
編, 吉川弘文館, 1976) 참조.

이미 잘 알려진 사실이지만, 종교문화 분야에 있어서 선악보응에 관한 선서 같은 종교 문헌이 일단 일본에 전해지면 곧 일본 자체의 종교 전통에 포위되어 대단히 복잡한 문화적 교섭 현상을 형성하여 때로는 우리가 일본의 '괴담'이야기 속에 중국적 요소가 얼마나 있는지를 구분할 수 없다는 점이다. 왜냐하면 한漢·위魏 이후의 중국 지괴소설志怪小說 및 불교의 인과응보 이야기는 초기 일본의 괴담문학과 종종 한데 뒤섞여 있었고, 에도시대에는 또 일본 자체의 '설화說話' 문학전통이 있었기 때문이다. 예를 들어 고닌(弘仁) 연간(810~824)에 약사사藥師寺의 승려 교카이(景戒)가 편찬하고 에도시대에 성행했던 『일본령이기日本靈異記』(가타카나본. 정식 이름은 『日本國善惡現報靈異記』이다)가 바로 '변체한문變體漢文'으로 쓰인 일본 '괴담'문학의 대표적 작품이다. 그런데 이름은 '일본'이라 했지만 그 원형은 당나라 당림唐臨의 『명보기冥報記』(7세기 중엽)와 당나라 맹헌충孟獻忠의 『금강반야경집험기金剛般若經集驗記』(718) 등과 같은 대량의 불교의 영험靈驗 이야기를 취한 것으로서, 지금 일본에 현존하는 가장 오래된 불교설화집이다. 앞에서 언급한 아사이 료이에게는 또한 간에이(寬永) 원년(1661)에 지은 속문학 작품 『부세물어浮世物語』가 있는데, 그 중의 많은 일본 이야기들에는 명대 선서인 『명심보감明心寶鑑』의 일부 내용이 뒤섞여 있다.[41] 이러한 사례는 에도사상사에서 흔히 볼 수

---

41) 『明心寶鑑』은 元末明初의 範立本의 輯錄으로 전해진다. 國家圖書館에 1368年에 간행한 『校正刪補明心寶鑑』이 소장되어 있다. 또 和刻本 『新鍥京板正僞音釋提頭大字明心寶鑑正文』 二卷이 있는데 明代의 王衡이 교정하고, 寶永 8年(1711)에 日本 승려 道伴이 明의 王衡이 교정한 것을 다시 간행하고 陳弼이 刊本에 訓點을 달았다. 刊本 1冊이 日本關西大學圖書館 泊園文庫에 소장되어 있다. 이 和刻本은 또한 北京大學圖書館에도 소장되어 있다. 朝鮮時代에도 여러 필사본이 후세에 전해지고 있다. 이를테면, 日本東洋文庫藏에 朝鮮의 戊辰年 武橋刊行 『明心寶鑑抄』 一卷 한 부가 있고, 臺灣大學圖書館에는 1957年 베트남孔學會 編 『明心寶鑑』이 있다. 하지만 『四庫全書總目』·『續修四庫全書總目提要』(稿本)·『中國古籍善本書目』에는 모두 이 책을 수록하지 않았다. 『美國哈佛大學哈佛燕京圖書館藏中文善本彙刊』(北京: 商務印書館, 桂林: 廣西師範大學出版社, 2003), 27冊, 「鍥制重輯明心寶鑑」의 '提要'를 참조. 『明心寶鑑』의 産地는 중국이지만 그 명성은 중국 밖에서 더 유명했다는 것을 알 수 있다. 그리고 에도 초기의 유학자인 小瀨甫庵(1564~1640)도 이 책을 대단히 중시했다. 그가 편찬한 『明意寶鑑』은 거의 『明心寶鑑』을 '표절한 작품으로 보인다. 위에서 제시한 玉懸博之, 『日本近世思想史硏究』, 第1章 「松永尺

있는데 여기서는 자세히 서술하지 않겠다.

4. 요약

동아시아문화 교류사에서 일본의 에도시대와 중국 명·청시대의 사상문화 교류는 어느 면으로 보나 당·송시기의 중·일 문화교류와도 비할 수 없을 만큼 전례 없는 규모에 이르렀다. 이는 동아시아 역사에 있어서 혁혁한 시기였음은 의심할 바 없다. 사상적인 측면에서 보자면, 17세기 초 이후 중국의 각종 전적이 쇄도함에 따라 일본학자들이 중국문화를 받아들이는 방식에 심각한 영향을 끼쳤다. 그 과정에서 중국유학, 이를테면 유학의 일본 현지화에는 또한 어떤 변화가 발생했을까? 바꾸어 말하면, 유학이 에도시기의 사상에 어떤 영향을 미쳤고, 그 영향을 어느 정도로 평가해야 하는지 등에 대해서는 오늘날 중·일 학계에서 여전히 여러 측면으로 깊이 논의해야 할 과제이다.

예를 들면, 학계에서는 대체적으로 유학이 근세일본에 일정한 영향을 끼쳤고 '일본화'의 과정도 있었기 때문에 중국 유학과는 다른 일본화한 유학이 파생되었다는 것을 인정한다. 그러나 다른 한편으로는 에도시기의 일본에 대한 유학의 영향은 대단히 제한적이므로 이를 과장해서는 안 된다고 보는 견해도 있다. 특히 일본 사회의 일반 생활방식에 대한 유학의 침투력이 그다지 뚜렷하지 않으며, 일본 사회는 여전히 자체의 독특한 윤리 관념을 가지고 있고, 사람들의 언행도 여전히 자기의 풍토 습속을 따르고 있었기 때문에 유가의 도덕규범, 특히 행위규범으로서의 예의가 일본 사회에 제대로 뿌리 내리지 못했다고 보았다. 저명한 동양사학자인 쓰다 소키치(津田左右吉, 1873~1961)가 바로 이러한 관점을 가진 대표적인 인물이다. 그는 '예가 실천적 의미의 규범인데, "지식으로

五の思想と小懶甫庵の思想」, 第3節 「甫庵の思想と中國の善書の思想」, 27~29쪽 참조.

서만 일본인에게 알려졌을 뿐이다"라는 것을 강조했다. 즉 '일본인들'은 유교의
예학에 대해 지적인 흥취를 가지고 있었을 뿐이지 종래로 그것을 행동에 옮기지
는 않았다는 것이다. 또 다른 일본의 사상사학자인 비토 마사히데(尾藤正英, 1923~
2013)도 나카에 도주가 그러할 뿐만 아니라, 일반적으로 "근세일본에 있어서
예법보다는 정신적인 차원에서 유학을 받아들였을 뿐이다"라고 말했다. 즉
일본은 구체적인 차원의 예의규범이 아니라 추상적인 차원의 유학정신만을
수용했다는 뜻이다.[42] 그러므로 근세 이래의 중·일 양국의 사상교류를 말할
때는 각별히 신중해야 한다.

그러나 아즈마 주지(吾妻重二)는 주희의 『가례家禮』가 일본에 전래된 상황에
대한 실증 연구를 통해 상술한 관점에 대해 보류하는 입장을 취하면서 "예법을
버리고 그 정신만을 배운다"는 것이 과연 일본유교에 있어서 과연 가능한
것일까 라고 물었다.[43] 이러한 물음은 중시할 만하다. 그러나 『가례』를 떠나
일본에서 유학이 전해지고 있는 일반적 상황을 놓고 말하면 근세 이래 적지
않은 일본 유학자들이 어떻게 유학을 토착화할 것인가 하는 문제를 가지고
대단히 고심했다는 것도 알아야 한다. 비토 미사히데가 나카에 도주를 예로
든 것은 그가 도주의 '시소위時所位'(『翁問答』의 '仕置の學問') 주장이 바로 유가의
'도'가 일본의 시세時勢와 국토 그리고 일본인의 위상에 걸맞아야 실질적인
의미의 일본유교가 될 수 있다는 점을 강조하고 있다는 점을 예리하게 관찰했기
때문이다. 중요한 것은 도주의 '시소위'의 주장이 제자인 구마자와 반잔의 '시처
위時處位' 및 '수토론水土論'[44]의 관점에 직접적인 영향을 미쳤다는 점이다. 그리고

---

42) 津田左右吉, 『シナ思想と日本』(東京: 岩波書店, 1938, 岩波文庫本), 41쪽; 尾藤正英, 『日本
   文化の歷史』(東京: 岩波書店, 2000, 岩波新書), 169쪽 참조, 吾妻重二 著, 吳震 編, 『朱熹『家
   禮』實證硏究』(上海: 華東師範大學出版社, 2012), 59~61쪽에서 인용. 吾妻重二는 朱熹의
   『家禮』가 일본에서 유행한 상황에 대한 실증적인 연구를 통해 상술한 관점에 대해
   조금 보류하는 입장을 취했다.
43) 吾妻重二, 『朱熹『家禮』實證硏究』, 61쪽 참조.
44) 熊澤蕃山, 『集義外書』, 卷十六, 「水土解」 참조.

반잔과 같은 시기의 유학자이자 병학가兵學家인 야마가 소코(山鹿素行, 1622~1685)와 조금 뒤의 유학자 겸 지리학자인 니시카와 조겐(西川如見, 1622~1685)도 비슷한 입장이었다. 전자는 소코의 『중조사실中朝事實』('中朝'는 중국이 아니라 일본을 가리킴)에서 드러나고 후자는 조겐의 『일본수토고日本水土考』 및 반잔의 『수토해水土解』를 겨냥하여 지은 『수토해변水土解弁』에서 잘 드러난다.45) 쓰다 소키치는, 구마자와 반잔의 '수토론'은 도쿠가와 초기의 사상계에서는 보기 드문 관점이었다고 주장하지만,46) 시야를 좀 넓혀 '수토水土'라는 단어에 국한되지 않는다면 유학의 일본화를 위한 일본 유학자들의 노력이 도쿠가와시기 초반부터 말기에 이르기까지 꾸준히 이어졌음을 인정하지 않을 수 없다.

나는 에도사상사에 대한 전문적인 연구를 하지 않았기 때문에 더 이상의 고찰을 수행하기가 어렵다. 그런데 에도시기 유학자들의 원저와 지금의 전문적인 연구 저서들을 읽고 나서 통속문화나 민간종교 분야를 보더라도 중국의 선서 및 유가의 종교 관념이 에도시기의 일본사상문화에 일정한 영향을 주었다는 초보 수준의 느낌을 받게 된다. 이 점은 부인할 수 없고 또한 우리가 중시해야 한다고 생각한다. 그렇지만 우리가 그 사상적 영향을 과대평가해서는 안 된다는 것을 지적하지 않을 수 없다. 만약 에도시대의 사상문화를 전반적으로 살펴본다면, 아마도 양명심학에 대한 나카에 도주의 수용 방식이 특이하고, 심지어 양명학의 핵심 명제인 '심즉리心卽理'에 대한 그의 깊이 있는 해설은 『전집全集』을 통해서도 찾아볼 수 없다는 것을 인정해야 할 것이다. 역사적으로 볼 때, 당시의 에도 초기에 도주의 심학사상에 대한 반향이 제한적이었지만, 그가 중국의 선서와 응보 관념을 널리 알린 것은 당시에는 다소 이질적으로 보였다. 후학 중의 어떤 인물들, 예를 들면 후치 고잔과 나카가와 겐슈큐(中川謙叔, 1624~1658) 등이 이를 계승한 것을 제외하고는, 당시에 큰 반향을 일으키지 않았다.47)

45) 이상의 내용은 宮崎道生, 『熊澤蕃山の硏究』(京都: 思文閣出版, 1989), 162~166쪽 참조.
46) 津田左右吉, 『蕃山·益軒』(東京: 岩波書店, 1938), 213~214쪽 참조.
47) 淵岡山과 中川謙叔의 현존하는 저술은 이미 『中江藤樹心學派全集』에 수록되어 있고,

심지어 도주의 제자인 구마자와 반잔은 도주가 중시하는 인과응보의 종교관에 대해 공공연히 의문을 제기하기도 했다.[48] 상술한 선서사상에 아주 동정적이었던 아사이 료이와 후지이 란사이 그리고 오규 소라이는 나카에 도주와는 전혀 사상적 연관이 없을 뿐만 아니라, 그들 네 사람의 학문적 연원과 사상적 입장도 서로 다르다.

그러나 우리의 고찰을 통하여 중국과 일본은 비록 언어가 다르고 문화배경이 각각 다르지만 역사상에서 근세일본은 중국의 외래문화를 적극 받아들이는 동시에 이를 비판적으로 재해석할 수 있었다는 점은 확인할 수 있다. 이러한 재해석 가운데서 유학의 '일본화' 또는 '현지화' 등의 현상이 생겨나기 마련이고,[49] 에도사상사의 많은 대표적인 유학자들의 사상(고학파의 오규 소라이, 주자학파의 야마자키 안사이, 국학파의 모토오리 노리나가를 대표로 하는)이 이것을 증명하고 있다는 사실은 의심할 여지가 없다. 요컨대, 문화 교류란 종래로 일직선처럼 단선적이 아니다. 즉 어떤 문화든 일방적으로 다른 문화에 억압적인 절대적 영향을 미치는 것이 아니라, 본토문화가 타자문화를 적극적으로 섭취하면서도 이에 필요한 대응을 하고 심지어 비판적으로 개조하고 재건할 수 있다는 점을 우리가 유념해야 한다.

정리자 중의 한 사람인 小山國三의 「解說」에 따르면 藤樹心學派의 관련 논저는 에도시대에 轉寫本으로만 존재했을 뿐 刊刻 형태로 유행되지 않다가 메이지 후기에서 쇼와 초기에 이르는 시기에 비로소 東敬治(1860~1935)에 의해 수집·정리되었는데, 그 중에서 일부는 東敬治가 주관하는 양명학회 기관지인 『陽明學』에 게재되었다. 그 후 또 柴田甚五郎와 木村光德의 진일보한 수집과 정리를 거쳤다.(『中江藤樹心學派全集·解說』, 3~5쪽 참조) 이로부터 藤樹心學이 에도시대에 전해지기는 했지만 그 영향은 상당히 제한적이었다는 것을 알 수 있다.

48) 『集義外書』, 卷七, 「脫論四」. 『日本の陽明學 上』(『陽明學大系』 8), 458쪽에서 인용함. 그러나 이것은 蕃山의 종교의식이 희박함을 의미하지 않는다. 오히려 그의 신도관과 귀신관은 대단히 강했고 다만 불교의 輪回說과 因果觀을 인정하지 않았을 뿐이다. 그러므로 그의 입장은 儒彿 일치론을 반대하고 神儒 일치론으로 기울었다. 宮崎道生, 『熊澤蕃山の研究』(京都: 思文閣出版, 1989), 209~210쪽 참조.

49) 졸문, 「德川日本心學運動中的中國因素: 兼談儒學日本化」, 『中華文史論叢』 2013年 第2期를 참조. 이미 이 책에 내용이 수록되었다.

나카에 도주가 발췌한 안무유의 『적길록』·'여감女鑑' 부분은 외견상 『적길록』에서 유래한 이야기들을 원문 그대로 베껴 낸 것으로 보이나 사실 그는 완전히 '나를 위해 쓴다'('차용'은 그대로 옮겨오는 것이 아니라 그 속에는 '타자'문화를 다시 읽는 부분이 있다)라는 태도를 보였고, 선악과 보응의 관념을 이용하여 일본 사회의 가정윤리를 다시 개조하려 했다. 그는 이러한 목적을 실현하기 위해 일본의 일반 민중들이 받아들일 수 있도록 중국의 선서를 다시 읽는 과정을 겪었다. 그는 『감초鑑草』에서 '명덕불성明德佛性'이라는 매우 독특한 핵심 개념을 제시하여 선행을 권하는 근거로 삼으려 했는데, 이러한 유儒·불佛 혼재의 사상적 특징만으로도 양명심학과 중국사상에 대한 나름의 독특한 이해가 있었음을 알 수 있다. 이로부터 우리는 근세 중·일문화 교섭사에서 일본학자들이 '타자'로서의 중국의 외래문화를 다시 읽거나 재구성하는 것은 사실 필연적으로 동반하는 과정이고, 그러한 과정에서 일본의 '현지화'는 또한 자연스러운 현상이라고 볼 수 있다. 중국 선서에 대한 도주의 섭취와 차용이 바로 좋은 사례이다.

마지막으로 이 글은 도주학에 대한 전면적인 연구가 아니라 단지 중국의 선서에 대한 도주의 포용적 태도를 관찰함으로써 유학자로서의 도주가 중국사상을 받아들이는 방법이 사실 다원적이고 개방적이라는 점을 설명하려는 것임을 밝혀 두고자 한다. 그러나 이러한 고찰은 도주가 중국의 민간종교에만 관심을 갖고 유학 특히 양명학에 대한 이해가 부족하다는 것을 의미하지는 않는다. 다만 도주가 양명학의 의리 시스템에 대해 깊이 알고 있었는지는 의문이어서 향후 도주학에 대한 전면적인 연구를 기대해 본다.

제10장 동아시아에서의 중국 선서사상의 다양한 형태
─지역사적 관점에서*

　사상사 연구 분야에 있어서 언제나 가장 많이 생각하게 되는 문제 중 하나가 우리가 연구하는 대상인 사상가의 사상이 과연 전형적이고 보편적일까 하는 것이다. 예를 들어, 사람들은 주희朱熹나 왕수인王守仁을 전형적인 사례로 선택하여 그들의 사상시스템이 어떤 보편적인 의미를 갖는지 고민하게 된다. 물론 중국사상사(또는 철학사)라는 역사학 분야에서 이러한 연구 경향은 본래 정상적이고 당연한 것이다. 그런데 우리가 여기에서 제시하려는 '지역사1)라는 연구 방향도 사실 중국사상을 살펴보는 하나의 방법으로서 적절하게 활용할 수 있다. 왜냐하면 사상가란 구체적인 지역사회를 떠날 수 없기 때문이다. 그러므로 지역사회의 견지에서 보면 사상가들이 구축한 사상의리思想義理가 일정한 보편성을 가지고 있지만 이런 보편성은 구체적인 지역사회에서 필연적으로

---

* 2010년 9월 8일 대만 '中硏院' 近代史所의 소규모 세미나와 2010년 12월 7일 復旦大學 文史硏究院과 싱가포르 국립대 중문과 주최로 열린 '중국사상문화사 연구의 새로운 시각' 국제학술세미나에서 이 글을 발표했다.
1) 黃俊傑은 '지역사' 연구에 대해 말하면서, 두 가지 서로 다른 유형이 있는데, 하나는 '지역사'가 '國別史'와 '지방사' 사이에 있는 것이고, 다른 하나는 '지역사'가 '國別史'와 '세계사'의 사이에 있는 것이라고 지적했다. 전자는 국가 내의 서로 다른 지역의 역사, 예를 들면 江南史와 같은 것이고, 후자는 다국적 지역의 역사, 예를 들면 동아시아사와 같은 것이다.(黃俊傑, 「作爲區域史的東亞文化交流史: 問題意識與硏究主題」, 『臺大 歷史學報』 第43期, 2009年6月에 게재됨. 190~191쪽 참조) 이 설은 참고할 만하다. 내가 뒷부분에서 살펴볼 동아시아 문제는 크게 두 번째 의미인 지역문화 문제에 속한다. 20세기 말 이래 지역사 연구에 관한 대륙의 논문이 넘쳐나지만, 대부분 지역사를 '國別史'와는 다른 것으로 간주하여 지방사에 가까운 의미로 받아들이고 있기 때문에 다국적이라는 지역사의 시야가 부족하다는 점을 지적해야 하겠다.

일정한 특수한 모습으로 나타나게 된다.

　문제를 보는 눈을 조금 더 멀리 두어 동아시아지역(중국 대륙 및 대만 지구, 한반도, 일본, 베트남 등을 포함하여)으로부터 중국사상을 본다면 색다른 발견이 있을 수도 있다. 즉 중국사상 중 어떤 보편적인 의제議題가 이역 땅 타향에서는 보편적으로 보이지 않을 뿐만 아니라 반대로 상당히 특이하게 여겨질 수도 있다. 따라서 '지역사'의 관점에서 보면, 중국 한 나라의 역사에 국한된 영역에서 볼 수 없었던 동아시아문화의 다원성을 볼 수 있고, 또한 동아시아에 있어서 중국문화는 변함없이 '중심'에 자리하고 있는 일원적인 존재가 아님을 알 수 있다. 적어도 근세 동아시아 이래, 동아시아에 대해 말하면서 '중화문화 일원론'을 주장하는 것은 역사적 진실이 아닌 관념적 상상일 수 있다.

　이 글은 우선 자신의 일부 연구 경험으로부터 출발하여 '지역사' 연구 방법의 의의와 문제에 대해 약간의 견해를 제기하고, 그 다음 동아시아지역의 시각으로부터 중국도 하나의 특수한 지역으로 간주하여, 중국의 선서사상이 동아시아지역에 나타나는 다원적인 양상을 살펴보고자 한다. 그리고 마지막으로 동아시아에 있어서의 전통 유학의 역사를 지역사적으로 고찰하고, 이를 통해 동아시아유학이 다문화 형태라는 관념을 구축함으로써 기존의 '일국사一國史' 연구가 쉽게 빠져드는 '중국 중심론'을 피해야 함을 주장할 것이다. 이 글은 넓은 의미에서 '선서사상善書思想'이라는 용어를 사용하면서 '선서'를 『공과격功過格』과 『음즐문陰騭文』과 같은 종교문헌의 범위에 국한시키지 않고, 만명晚明시기 이래 권선징악勸善懲惡, 창선정과彰善正過와 같은 사상적 내포를 담은 문헌, 예를 들면 '육유六諭'와 '향약' 등을 고찰 범위에 넣었다는 점을 분명히 해야겠다. 그 속에도 선서와 같은 권선징악의 사상적 요인이 적지 않기 때문이다.

1. 중국도 하나의 '지역'으로 간주

대체로 말하면, 중국의 전통 학술분야에는 예로부터 지역문화 연구를 중시하는 전통이 있다. 근세부터 점차 전문적 지식영역을 구축한 '방지학方志學'이나 이와 가까운 지방문헌학 혹은 명인전名人傳, 종족지宗族志(이를테면 『兩浙名賢錄』, 『新安文獻志』) 등이 좋은 사례이다. 그러나 현대의 학술적 의미에서 '지역사'가 사학의 영역으로서 유행하게 된 것은 주로 20세기 사학계의 주류인 '국별사國別史'(national history) 연구에 대한 사가史家들의 성찰에서 비롯되었는데, 1980년대 이후 미국·일본 등지의 사학계에서는 '지역사'(regional history) 연구가 특히 성행하면서 중국학 연구에 대한 반성을 불러왔다. 즉, 종래의 중국 연구는 '중국'이라는 지역 개념을 모두가 하나의 '동일한 구조를 지닌' 실체로 간주하여 중국 역사상의 내부 지역 간의 문화적 차이는 간과할 수 있는 것처럼 여겼는데, 이러한 전통 연구 방법은 중국이 예로부터 전통이 뚜렷한 '민족-국가'였다는 관념에 바탕을 둔 것이다.

그러므로 '지역사' 연구의 두드러진 특징은 20세기 사학의 주류였던 '민족국가' 이념이 주도하는 '국별사' 연구의 틀을 넘어 지역사회의 역사와 문화의 다양성과 차별성에 더 주목한다는 점이다. 예를 들어, 1980년대 이후 미국의 중국 역사학계에서 중국 지역사회사에 관한 연구 논문이 우후죽순처럼 쏟아져 나왔다.[2] 일본의 중국학은 줄곧 지역 연구를 중시하는 정통이 있다. 그들은 세부 사항이 모든 것을 결정한다는 것을 신조로 여긴 듯이 사소한 지역문화와 지방경제, 민간신앙, 나아가 향신鄉紳 활동 등 각 분야의 구체적 문제에 관심이 많았다. 80년대 이후, 일본 중국학의 이러한 연구 추세는 전통적인 중국사상

---

2) 葛兆光, 「重建中國的'历史'論述」, 『二十一世紀』 2005年 8月號, 第90期 참조. 이 논문의 전체 관본은 최근에 출판된 葛兆光의 저서 『宅玆中國: 重建有關中國的歷史論述』, 緒說 「重建關於'中國'的歷史論述: 從民族國家中拯救歷史, 還是在歷史中理解民族國家」(北京: 中華書局, 2011)를 참조할 것.

연구 분야에 영향을 미치기 시작하여, 중국사상에 대한 학자들의 고찰도 '일국사'라는 시야의 한계를 타파하려고 시도했다. 예를 들면, 어떤 학자는 도쿄에서 특히 이러한 연구 시야의 변화가 뚜렷하다고 지적했다. 고지마 쓰요시(小島毅)는 「지역으로 보는 사상사」3)에서 이전에 일본학자들이 명·청사상을 연구함에 있어서 세 가지 근본적인 문제가 존재했다고 매우 날카롭게 비판했다. 첫째는 유럽사의 전개 과정으로써 중국사상사를 구상하는 것, 둘째는 양명학을 중심으로 전체 사상세계를 논하는 것, 셋째는 양자강 하류 출신의 사인士人들을 위주로 하여 그들의 사상이 전체 중화제국의 사조라고 보는 것이다. 이 중 마지막 세 번째가 바로 사상사 연구에 있어서 '지역'의 관찰 시각을 활용하여 전체 '중국'을 두루뭉술하게 인식하던 경향이다. 그런데 이러한 경향은 사상과 문화 현상을 어느 한 지역에 뚜렷이 배치함으로써 우리들로 하여금 학문적 엘리트들의 사상 활동이 사실상 제국 전체에 팽배한 조류나 현상보다는 하나의 지역에 한정될 뿐이라는 것을 알게 하였다.4) 세 번째의 사상 경향은 우리가 어떻게 지역사의 관점에서 중국 역사상의 사상을 바라보느냐에 있어서 매우 유용한 참고가 되고, 이에 따라 중국사상사를 하나의 동질적인 '전체'로 획일화시키는 것을 피할 수 있게 한다. 왜냐하면 중국에 있어서도 사실 지역과 시기에 따라 사람들의 사상과 행위의 차이가 적지 않으므로, 어느 한 시기와 한 지역의 사상 역사의 상태에 근거하여 이를 중화제국 전체의 역사적인 모습으로 상상할 수 없기 때문이다.5)

---

3) 小島毅, 「地域からの思想史」, 溝口雄三 等 編, 『アジアから考える 1, 交錯するアジア』(東京: 東京大學出版會, 1993) 참조.
4) 위에서 인용한 葛兆光, 「重建中國的歷史'論述」을 참조.
5) 이와 같이 '전체사'를 해체하고 '동일성' 논술을 배격하는 사학 이념은 포스트모더니즘 사학 이론의 주창자인 미셸 푸코(Michel Foucault, 1926~1984)의 입장과 비슷하다. 푸코의 견해에 따르면, 그가 비판한 제2대 프랑스 아날학파(연감학파)의 구조 사학은 분수에 맞지 않게 이런 '전체사'의 구성을 염두에 두고 있다. 黃進興, 『後現代主義與史學研究』, 第二章 「反人文主義的史學: 傅柯史觀的省察」(臺北: 三民書局, 2006), 19~20쪽 참조. 푸코의 포스트모더니즘 사학에 존재하는 맹점에 대한 黃進興의 여러 가지

그러나 이 점을 지적하는 것은 물론 중요하지만, 마찬가지로 지역문화사의 관점에서 만약 서로 다른 지역의 사상 현상을 연결시켜 고찰하고, 또한 이러한 고찰이 시·공간적 관계의 역사성(歷時性)과 공시성共時性을 동시에 받아들이고 아울러 포착할 수 있다면, 어느 한 지역의 사상 활동이 보여 주는 문제의식이 바로 어느 한 시대의 사조를 반영하는 것이라고 여길 수도 있지 않겠나 하는 생각도 해 본다. 예를 들어, 나의 연구 경험에서 볼 때, 다 함께 '공과격功過格'사상의 실천을 주창했던 16세기 말 절강浙江의 원료범袁了凡(1533~1606)과 17세기 초 복건福建의 안무유顏茂猷(1578~1637)는 거의 한 세대나 차이가 나고, 두 사람이 살았던 지역 간의 거리도 매우 떨어져 있으며, 서로 직접 교제했다는 증거는 더욱 없으나, 안무유는 원료범의 저작에 상당히 익숙했다. 무유는 우선 그의 중요한 선서인 『적길록』에 원료범의 『당관공과격黨官功過格』 전문全文을 수록하였고, 약간 보충하였으며, 이어서 원료범의 『공과격功過格』을 바탕으로 후세에 '적길록격'만큼이나 칭송받는 『공과격功過格』('11격'이라고 부른다)을 만들었다. 두 사람이 생각하고 실행한 바가 매우 비슷하고, 모두 '선인善人'을 일으켜 치국평천하의 이상을 이루려 했으며, 따라서 적선積善의 실천을 어떻게 하면 자신으로부터 타인에게로, 고향에서 타향으로, 나아가 전국으로 점차 확산시켜 나갈 것인가 하는 것이 그들의 공통적인 관심사가 되었다. 지역적으로만 보면 원료범과 안무유의 주요한 활동지역은 한 사람은 '절강'이고 다른 한 사람은 '복건'으로서 전혀 상관없는 것처럼 보이지만, 두 사람의 생각과 행동은 너무나 닮아 있다. 이에 대해 우리가 깊이 생각해 볼 필요가 있다. 그래서 문화의 차별성과 독특성 등을 지역적 관점에서 살펴보는 것 외에 또한 동시대적 문제의식을 다원多元의 지역적 관점에서 살펴볼 수 있다고 생각한다. 따라서 지역사 연구는 지역문화의 차이성에 충분한 주의를 돌릴 수 있는 동시에 그 속에서 서로 다른 지역문화 현상의 보편성을 발견할 수 있는 것이다. 나는 이러한 고찰 방법이 우리가

지적은 같은 장, 제5절 「攔截後現代」(38~44쪽)를 볼 것

지역사 문제를 성찰하는 데에 있어서 어떠한 힌트를 제공할 수 있다고 생각한다.

또한 예를 들면, 명·청 무렵 지방 유학자들의 종교적 배려를 연구할 때 강남지역의 선비 대신에 당시 발달하지 않았던 중국의 변방지역의 향신鄕紳 4인(王啟元·文翔鳳·謝文洊·魏裔介)을 대상으로 삼았다. 그들은 각각 섬서, 광서, 강서, 하북 출신으로서 서로 간의 지역적 차이가 대단히 클 뿐만 아니라, 생활 연대도 대략 150년에 걸쳐 있기 때문에 서로 간에 잘 알지 못했고, 사상 스타일도 같지 않았다. 그렇지만 이들은 모두 비슷한 문제의식을 지니고 있었는데, 선善을 권장하고 응보應報를 선양하며, '경천敬天'의 사상을 통해 질서를 바로잡고 민심을 추스르며 민풍을 개선하는 데에 관심이 많았다. 나의 이 연구는 어느 한 지역 및 어떠한 구체적 문제로부터 착수하여 구체적인 사안을 연구하는 것이기 때문에 지역사상사 연구라고도 할 수 있다. 물론 나는 이러한 다양한 지역의 향신들의 사상과 행위의 어떠한 공통성을 사상문화 차원에서 살펴보는 것에 초점을 두었다. 따라서 나는 지역사 연구가 덮어놓고 '전체사'를 해체하여 고립된 역사 이미지를 복원하고, 아울러 국부적인 지역의 역사문화의 특수성을 찾는 것을 궁극적인 목표로 한다고는 생각하지 않는다. 나는 지역문화사 연구에서도 되도록이면 지역적인 사상 변화를 관통하고 나아가 서로 다른 지역의 사상 문제에 집중함으로써 그 속에서 어떤 지역문화의 공통된 문제의식이나 사상조류를 발견할 수 있도록 해야 한다고 생각한다.[6]

물론 상술한 네 명의 향신들에게서 발견되는 경향은 같은 것도 있고 다른 것도 있어서 완전히 일치하는 것은 아니다. 예를 들면, 그들은 외래 서학 즉 천주교에 큰 관심을 가졌는데, 인문적인 관심에서 같은 일면이 있다. 즉 '서교西敎'가 중국문화에 준 충격에 어떻게 대응할 것인가 하는 것이 그들의 공통된 시대적 사상과제였다. 그러나 구체적인 대응 방식에서는 외래 종교에 대한

---

6) 졸문, 「'事天'與'尊天': 明末清初地方儒者的宗敎關懷」, 臺灣『淸華學報』2009年 第1期. 후에 졸작, 『明末清初勸善運動思想硏究』(臺北: 台大出版中心, 2009)에 수록. 第9章, 449~505쪽 참조.

시각이 다르기 때문에 중국 본토의 종교자원을 이용해 서학의 침입을 막아보려는 '배외주의자排外主義者'가 있는가 하면, 또한 넓은 하늘 아래에 있는 모든 것들이 같은 이치이고 같은 마음이라고 여기면서 외래 종교와 본토의 '유교儒敎'(이것은 魏裔介가 명확히 사용한 용어이다)가 서로 적을 벗으로 할 수 있다는 우호적인 입장을 취하는 사람도 있었다. 이러한 사례는 비슷한 문제의식에서 어떻게 이질적인 사상적 취향이 나타날 수 있는가 하는 것을 엿볼 수 있게 한다. 이에 대하여 우리는 행위자의 사상적 의미를 지역적 관점에서만이 아니라 전체적인 시각에서 이해할 수 있어야 한다. 지역성이나 차별성만을 강조해서는 지역사회에 있어서의 사상문화의 공통 취향을 설명하기 어렵고, 역사에 대해 가능한 전체적으로 파악해야 한다는 역사학 연구의 기대는 더구나 말할 필요도 없다.

더욱 중요한 것은 사상의 발생과 그 발전이 생활과 역사로부터 자유로울 수 없지만, 사상이 관념형태에 의해 구현되어야 한다면 이러한 관념형태는 추상적인 의의에서 자체의 발전논리를 가지기 때문에 사상사에서의 '관념적 사슬'을 구성한다는 점이다. 예를 들면, 만명晩明시대에 재현된 상제上帝의 관념과 경천敬天사상은 물론 만명시대의 사회가 토양을 제공해 준 것이다. 그렇지만 이러한 관념이 인간의 문화의식을 이루고 있기에 그 자체로 전통적 연원을 가지고 있다. 멀기로는 선진先秦시대와 한대漢代의 종교적 전통에까지 거슬러 올라갈 수 있고, 가깝게는 양송兩宋 유학의 종교적 자원에서 찾아볼 수 있다. 그렇기 때문에 특정한 지역과 특정한 시간의 지역성에 근거하여 이런 문화의식의 지역성이나 특수성을 일방적으로 강조할 수는 없다. 다시 말하면 우리는 문화전통의 지역적 특수성을 인식해야 할 뿐만 아니라 문화전통이 하나의 관념형태로서 지역사회를 뛰어넘는 보편성도 갖고 있다는 것을 알아야 한다. 예를 들면, 송대 도학의 '천도天道' 문제, '성리性理' 문제는 시·공을 수백 년 또는 수천 리里로 확장시킨다. 중국 명대의 심학이나 근세조선의 성리학, 나아가 도쿠가와시대의 일본유학에 이르기까지도 많은 사람들의 주목을 받아 마치 왕양명(1472~1529)과 이황(1501~1570) 그리고 후지와라 세이카(1561~1619)가 시·공의 배경이 다른 주회(1130~1200)와 마치 사상적 대화를 나누는 듯한 느낌을 준다. 이것은 모두가 알고 있는 사상사의 사실이므로 여기서 장황하게 늘어놓을 필요가 없다.

한마디로 말하자면, 지역사와 사상사는 함께 손잡고 합리적인 상호 작용을 이루어 낼 수 있어야 한다. 그러므로 '국별사'의 연구 전통을 무조건 배척하면서 헌신짝 버리듯이 하고, 전통의 기운이 다했기에 새바람만 타면 된다고 여길 이유는 없다. 다만 우리가 시야를 적절하게 넓혀 중국을 역시 하나의 '지역'(적어도 동아시아의 한 지역)으로 바라보게 될 때에, 우리는 어쩌면 자체의 전통문화의 역사적 모습에 대해 더욱 다각도로 이해할 수 있을지도 모른다. 전근대의 역사에 있어서 동아시아의 문화교섭이 얼마나 흥성했던가! 물론 역사의 기억 속에 쓰라림도 있기는 하지만. 하물며 '세계화'의 물결과 함께 동아시아의 문제를 재조명할 절박함과 필요성이 커지고 있는 오늘날에야 더 말할 것도 없다.

2. 동아시아에 있어서 '향약'과 '육유'의 서로 다른 운명

이제 시선을 중국에서 동아시아로 확장하여 사상사의 보편성과 특수성의 충돌·융합 등 복잡하게 얽혀 있는 현상을 동아시아지역으로부터 살펴보자. 위에서 언급한 지역사의 시각에서 바라본 중국 문화전통은 주로 중국이라는 '지역'의 범위에 관한 것인데, 사실 우리는 지역사의 시각에서 '동아시아'를 바라보면서 중국의 문화전통과 동아시아의 다른 지역의 문화전통과의 긴장관계를 재조명할 수도 있다. 하지만 이렇게 되면 중국 자체도 하나의 특수한 지역사적 개념이 되어 '중국/일본', '중국/한국' 또는 '중국/베트남'이라는 관념적 틀을 구축하게 되고, 이러한 관념적 틀의 본질은 '타자/자아'라는 관계 구도로 드러나게 된다. 문제는 우리가 '타자/자아'의 관계 구도에서 중국 전통문화를 살펴볼 때 중국문화의 보편성과 동아시아지역의 특수문화 사이의 장력張力 문제에 부딪치게 된다는 점이다. 이것은 근래에 들어 '동아시아유학'이라는 새로운 연구 영역에 있어서 끊임없이 제기되는 문제로서,[7] 이에 대한 심도 있는 검토가 필요하다. 여기서는 중국의 선서사상이 동아시아에 전해진 것에 대해서만 간략하게 검토하면서, 동아시아에 있어서 중국 전통문화가 절대적인 일원론적 존재가 아니라 동아시아 다른 지역의 문화와 교섭하는 과정에서 '현지화'로 드러난 경우를 살펴보고자 한다. 바꾸어 말하자면, 중국문화의 어떤 보편적인 특징이 동아시아의 다른 지역문화에서는 어떠한 특수성으로 나타날 수 있다는 것이다.

먼저 왕범삼王汎森의 「동아시아 교섭 사료로 보는 중국」이란 글의 관점에서 말해 보자. 그는 근세중국에서 유래한 '잘못을 공개적으로 반성'하는 전통은 송대宋代의 향약운동 이래 줄곧 '비교적 안정된 양상'을 지니고 있었다고 지적했다. 즉 과오를 반성하는 '향약'의 전통이 근세중국에서 일정한 보편성을 띠고 있었다는 뜻이다. 그러나 서로 다른 지역과 시대의 사조 가운데서 각양각색의 향약鄕約 조약의 내용과 그 흐름 또한 서로 상이하므로 사상사회사의 관점에서 살펴볼 필요가 있다. 왕범삼은 특히 조선[8]시대의 '향약'에 기록된 「대동계행벌록大同禊行罰錄」을 소개했는데, 이 자료는 일종의 '과실기록부'(記過篇)로서 조선 후기의 '향약' 조직에서 어떻게 '과실 기록'을 했는지를 구체적으로 알려준다. 왕범삼은 이러한 이역 땅의 사례가 송대 이후 중국의 향약 전통에서 '잘못을 기록한' 대체적인 상황을 반증해 낼 수 있기 때문에, 우리가 중국의 향약 문제를 연구함에 있어서 당시 사람들이 어떻게 선을 드러내고 잘못을 시정했는가에 대해 언제나 정확하게 알지 못했던 '난관'을 뚫고 나갈 수 있다고 강조했다.[9]

---

7) 黃俊傑, 『東亞儒學: 經典與詮釋的辯證』, 「自序」(臺北: 台大出版中心, 2008), 49쪽 참조. 또 졸문, 「東亞儒學'芻議: 就普遍性與特殊性的問題爲核心」을 참조.
8) 이 글에 언급된 '朝鮮'은 모두 이씨조선의 사학적 의미에서 사용되었고, 한국도 근대 이전의 역사에 있어서 당연히 이러한 개념적 의미에 포함된다.
9) 王汎森, 「從東亞交涉史料看中國」, 日本關西大學文化交涉學研究基地 編, 『東アジア文化交涉

하지만 그렇다고 하여 조선의 향약이 내용상 중국의 향약과 완전히 일치한다는 것을 의미하지 않으며, 단순히 중국이 조선에 '영향'을 주었다는 전통적인 해석 맥락으로는 중국의 향약이 조선에서 '현지화'된 역사적 사실을 제대로 이해할 수 없다.

예를 들어, 16세기 초 도학의 정치시대를 연 조선 중종中宗(재위1506~1544) 시기의 사림지도자였던 조광조趙光祖(호 靜庵, 1482~1519)는 "백성을 변화시켜 풍속을 이루는 데는 향약보다 더 좋은 것이 없다"는 의식을 갖고 있었다. 그의 이러한 의식은 대체로 중국 송대의 사인士人들에서 비롯된 것이다. 그렇지만 그는 11세기 중국 송대의 『여씨향약呂氏鄕約』의 항목이 규모가 좁은 데다가 저자인 여대균呂大均(1031~1082)의 신분이 또한 관직이 없는 포의布衣의 선비에 불과했기 때문에 그의 『향약』은 추진력에 있어서 대단히 한계가 있다고 보았다. 조광조는 "여씨는 필부匹夫의 신분이어서 (그가 제창한 향약을) 천하에 널리 시행할 수 없었기 때문에 한 고을에서 실시했을 뿐이다"라고 말했다. 그래서 그는 『주례周禮』에 근거하여 『향약』을 새로 만들고 또한 '규모를 크게 세울 것'을 제안했는데, 그의 이러한 제안은 곧 중종의 인정을 받았다.10) 이로부터 두 가지 사실을 알 수 있다. 첫째, 근세조선에서 향약의 실천은 선비(鄕紳)들이 자신이 기거하던 지역사회에서 이를 호소하고 추진하는 방식이었을 뿐만 아니라, 그들이 '임금의 신임을 얻어 도를 실천하는' 일종의 방식으로서 당시 정부의 공인을 받기도 했다. 이러한 상황은 중국(특히 명대 이후)과 많이 다르다. 중국에 있어서 향약의 제정은 기본적으로 지방 향신鄕紳들의 몫이었고 상층부의 권력이

研究』 別冊 1(大阪: 關西大學, 2008), 93~96쪽 참조. 글에서 인용한 「大同禊行罰錄」은 金鎬逸・朴京夏・朴焞・朴鐘彩 編, 『朝鮮後期鄕約文獻集成: 靈岩・海南・羅州』 Ⅰ. 靈岩(韓國: 國史編纂委員會, 1997)을 볼 것.

10) 趙光祖, 『靜庵先生續集附錄』, 卷三, 「補遺」. 사이트 http://db.itkc.or.kr에서 인용.(아래에서 인용한 한국 사람들의 文集은 모두 이와 같음) 그는 또한 『朱子家禮』・『三綱行實圖』・『小學』 등의 출간을 적극적으로 추진하면서 사회의 의례제도 및 도덕질서 재건에 힘썼다.

돌볼 겨를이 없는 영역이었다. 크게 보아 명나라 중엽 이후에 행해진 향약이 현부縣府의 1급 공권력 기관과 어느 정도 느슨한 연대를 맺었다고도 볼 수 있다. 둘째, 조광조가 중국의 향약이 너무 간략하여 한 고을에만 적용할 수 있을 뿐 천하에 적용할 수 없다고 했던 것은 조선시대의 향약운동이 중국과는 다른 그 자체의 특별한 배려가 있었음을 보여 준다.

이 점에 관해서는 또 다른 사료들로써 입증할 수 있다. 예를 들면, 조선의 저명한 주자학자 이이李珥(호 栗谷, 1536~1584)가 주희의 『증손여씨향약增損呂氏鄕約』을 본떠 『서원향약西原鄕約』과 『해주향약海州鄕約』을 만들었는데, 그도 역시 주희의 향약 항목이 너무 간소하다고 여겼기 때문에 향약을 만들 때에 조선의 사회 상황에 맞게 세세한 부분을 많이 추가했다. 그의 말에 따르면, "대체로 『여씨향약』을 본떴지만 종목이 많이 다르다."11) 중국의 향약을 '현지화'하려는 율곡의 문제의식이 분명했음을 알 수 있다. 그렇지만 중국의 향약문화가 조선시대에 유행했다는 것은 향약의 전통이 근세조선(1392~1910)에 있어서 보편적인 의미를 갖는다는 것을 보여 주는 것으로서 이를 간과해서는 안 된다.12) 그렇지 않으면 '향약'이라는 키워드가 500여 종의 문헌이 수록된 『한국문집총간』에 무려 955번이나 등장하는 사실을 이해할 수 없을 것이다.13) 물론 포괄적인 숫자의 통계를 면밀하고 세밀하게 분석해야 향약이 당시의 조선에 있어서 어떠한 특별한 사회적 의미와 역사적 상황이 있었는지를 알 수 있겠지만, 흥미로운 것은 근세일본(1603~1868)에서는 이러한 '향약'전통을 거의 찾아볼 수 없다는 점이다. 이것은 무엇 때문일까?

---

11) 『栗谷先生全書』, 卷十六, 「海州鄕約」.
12) 근세조선에서 송대의 향약이 크게 행해진 점 등에 대해서는 常建華, 「東亞社會比較與中國社會史研究」(『天津社會科學』 2004年 第3期에 게재됨)를 참조할 수 있다. 이 글은 많은 사료를 근거로 중국의 향약이 "근세 동아시아에서 보편성을 띠고" 심지어 "동아시아의 사회 구조를 변화시켰다"라고 단언했는데, 이러한 결론은 너무 성급하게 내린 것 같다. 아래에 열거한 에도시기 일본의 경우를 보면 이 결론은 성립되기 어렵다.
13) 이것은 한국고전종합데이터베이스에 근거했다. http://db.itkc.or.kr

일본에서는 예로부터 중국의 한적漢籍을 편집·번역하는 전통이 있었고 그 수량 또한 놀라울 정도이다. 17세기 이후에는 이러한 번각 속도가 더욱 빨라졌는데, 현존하는 '화각본和刻本' 서목이 대략 5천여 종에 달한다.14) 중요한 것은 이러한 번각 행위가 중·일 간의 문화교섭이 대단히 활발했음을 보여 줄 뿐 아니라, 더욱이 그로부터 중국에 대한 일본의 관심 사항이 어떻게 고조되다가 다시금 점차 전이되는가 하는 등의 문화 문제를 발견할 수 있다는 점이다. 중국의 유교경전과 역사 서적의 대량 번각은 말할 것도 없이 활발하게 이루어졌지만, 의외로 '향약' 같은 한적화각본漢籍和刻本은 매우 보기 드물다는 사실을 발견할 수 있다. '일본 소장 중문고적中文古籍 데이터베이스'에 의거하면, 일본 전국 각지의 주요한 대학 및 공公·사私 장서기구에서 소장한 향약과 관련된 중국 고서가 122종에 달한다. 수량 자체는 적다고 할 수 없지만 자세히 들여다보면 그중에 일본에서 번각한 화각본이 단 한 권도 없다. 또한 '일본고전서적종합목록'을 조사해 보아도 화각본 『향약』은 보이지 않고, 주희의 『증손여씨향약』만이 현대인 스즈키 도라오(鈴本虎雄, 1878~1963)에 의해 구두점 작업이 이루어져 1930년에 출판되었다. 이러한 현상은 에도시대 전반에 걸쳐 일본 지식인 및 문화 시장에 매우 민감한 서적상들이 중국의 향약을 편역·번각할 의사가 전혀 없었음을 보여 주는 사례이다.15) 이로부터 우리는 중국의 향약 전통이 일본의 근세사회에 있어서 보편적인 의의가 없었다고 과감하게 추정할 수 있는데, 이는 분명히 근세일본의 막번幕藩제도와 무가武家정권이라는 사회체제와 크게 관련이 있다.16) 요컨대, 이로부터 중국문화는 동아시아 3개 지역(주로

---

14) 이는 長澤規矩也의 『和刻本漢籍分類目錄』에 근거한 것이고, 王寶平 主編, 『中國館藏和刻本漢籍書目』(杭州: 杭州大學出版社, 1995), 7쪽에서 인용한 것이다.

15) 덧붙여서 말하자면, 中國 所藏 和刻本 3천여 종을 수록한 가운데 '鄕約'에 관한 和刻本은 단 한 종류도 찾아볼 수 없다. 王寶平 主編, 『中國館藏和刻本漢籍書目』 참조. 이 3,000여 종의 和刻本 중에서 20%는 長澤規矩也의 『和刻本漢籍分類目錄』에 집계된 5천여 종의 화각본에는 없는 것들이다.(위와 같은 책, 7쪽) 또한 '日文舊籍臺灣聯合目錄'을 조사한 결과 鄕約과 관계되는 和刻本은 보존되어 있지 않다.

16) 武家政權의 도쿠가와 일본시기 사회구조의 중요한 특색이 되는 문제 등에 대해서는

한·중·일을 지칭)에 있어서 보편성이 있을 뿐만 아니라 또 특수성도 있으며, 문화적 보편성은 구체적인 사회 형태에서 반드시 특수성을 나타내기 마련이라는 것을 알 수 있다.

최근 몇 년 동안 우리(중국)는 일본학자들로부터 '중국-일본'이라는 인식의 틀 속에서 일본문화의 특수성(특히 근세 이후)을 특별히 강조하는 주장을 자주 듣게 된다. 설사 도쿠가와시대라 할지라도 일찍이 17세기 중엽부터 이미 '유교 일본화'의 현상이 나타났고,[17] 상술한 중국의 향약이 일본 에도시대에 당한 냉대도 일본문화의 특수성을 충분히 말해 주는 것 같다. 여기서 나는 한 가지 사례를 더 추가하여 보충 설명을 하려고 한다. 예를 들면, 명조 말기와 청조 초기에 '육유六諭'를 강연하는 전통이 있었는데, 이러한 강연 전통은 명대 중기에 나타나서 얼마 지나지 않아 '향약'을 선전하는 것과 결합하는 추세로 나아갔다. 그중에는 권선勸善의 사상적 요소도 포함되어 있는데, 특히 '육유'에 관한 여러 가지 '연의衍義'와 '직해直解' 작업이 그러하다.[18] 요컨대, 명대에는 주원장의 '성유육언聖諭六言'을 강연했고, 청대에는 강희康熙가 1670년에 '성유십육조聖諭十六條'를 발표했으며, 이어서 옹정雍正 2년(1724)에 발포한 '성유광훈聖諭廣訓'이 주요한 강연본이 되었다. 그렇다면 중국 황제의 명으로 제정되고, 전국을 대상으로 도덕교육을 실시한 이 정치적인 문헌을 이역 땅 일본에서는 어떻게 보았을까?[19]

渡邊浩, 『日本政治思想史: 十七~十九世紀』, 第3章 「禦威光の構造: 德川政治體制」(東京: 東京大學出版會, 2010), 51~69쪽을 참조할 것.

17) 일본학계는 상습적으로 '유교 일본화'라고도 한다. 平石直昭의 소개에 따르면, 보다 일찍이 이러한 시각으로 도쿠가와 사상사를 연구한 대표적인 학자들은 尾藤正英·田原嗣郎·守本順一郎 등이다. 平石直昭의 장편 논문 「戰中·戰後徂徠論批判: 以初期丸山·吉川兩學說之檢討爲中心」(『社會科學硏究』 39卷 1號, 1987에 게재됨), 藍弘嶽 譯, 張寶三·徐興慶 編, 『德川時代日本儒學史論集』(臺北: 台大出版中心, 2004에 수록), 108~109쪽 참조. 보다 새로운 연구는 渡邊浩, 『東アジアの王權と思想』(東京: 東京大學出版會, 1997); 黑住眞, 『近世日本社會と儒敎』(東京: ぺりかん社, 2003) 참조.

18) 周振鶴, 『聖諭廣訓: 集解與硏究』(上海: 上海書店出版社, 2006) 참조. 특히 그 중의 해석의 글 「聖諭」·「聖諭廣訓 及其相關的文化現象」과 수록된 王爾敏의 논문, 「淸廷「聖諭廣訓」之頒行及民間之宣講拾遺」(『'中硏院'近代史硏究所集刊』 22下, 1993年 6月)를 참조할 것.

19) 전후 일본의 「聖諭廣訓」에 대한 연구는 大村興道, 「淸朝敎育思想史における「聖諭廣訓」

연구에 따르면, 도쿠가와시대의 제8대 장군인 도쿠가와 요시무네(德川吉宗)는 교호 6년(1721)에 『육유연의六論衍義』를 편집·간행하라는 명령을 내렸다. 그러나 우리가 상상했던 것처럼 요시무네가 중국(청나라)을 모방하여 '성유聖諭'를 강연하는 것을 지방 관리들의 치적을 고찰하는 수단으로 삼아 천하를 다스리려 했던 것은 아니다. 요시무네가 이 책의 편찬을 명한 것은 주로 서민교육, 특히 아동에 대한 식자교육에 중점을 두었다는 점에서 중국과는 조금 다른 특성이 있다. 요시무네는 먼저 시강侍講인 무로 규소(室鳩巣, 1658~1734)에게 '육유'를 번역하도록 명했다. 그러나 무로 규소가 '육유'에 나오는 속어를 잘 알지 못하자 당시 이미 명성이 천하를 덮었던 유신儒臣이자 고학파의 대가인 오규 소라이에게 청대의 속담과 어법을 알아볼 수 있도록 먼저 '육유'에 훈점訓点을 찍게 하였다. 그다음 무로 규소가 다시 이 훈점에 따라 통속적인 일본어로 번역하고 해석하여 교호 6년과 이듬해에 각각 『관각육유연의官刻六論衍義』(소라이의 훈점)와 『관각육유연의대의官刻六論衍義大意』(규소의 번역 해석)[20)를 간행하는 등 발 빠르게 움직였다. 그들이 근거로 삼은 원본은 명나라 말엽에 태어난 절강의 회계會稽 사람인 범횡範鋐(생졸 미상)의 저작 『육유연의六論衍義』이다. 범횡의 「발문」(跋)에 의거하면, '육유'의 강의는 '향약의 강의와 같아서 강연을 주안으로 하고, 강연의 목적은 '권선징악勸善懲惡'에 있었다.[21) 따라서 범횡은 책에 많은 업보 이야기를 첨가했기 때문에,

の地位について」(林友春 編, 『近世中國敎育史硏究』, 東京: 國土社, 1958에 수록)를 참조할 수 있다. 陶德民이 이 책의 和刻本을 연구했는데, 그의 「和刻本『聖諭廣訓』に關する再考」(『懷德』 第57號, 東京: 汲古書院, 1988에 게재됨)와 『懷德堂朱子學の硏究』, 第3章 第2節 「敎化政策の提倡: 和刻本『聖諭廣訓』をめぐって」(大阪: 大阪大學出版部, 1994)를 참조할 것.

20) 今中寬司, 『徂徠學の史的硏究』 끝에 첨부된 '徂徠關係年表: 享保 六年條'(京都: 思文閣出版, 1992), 395쪽 참조. 또 沖繩의 歷史學家인 東恩納寬惇(1882~1963)의 『六論衍義傳』 七, 「六論衍義の和訓及び和解」(『東恩納寬惇全集』 第8卷, 東京: 第一書房, 1980, 19~20쪽) 참조. 琉球程本, 『六論衍義』 및 이 책의 일본 전역에서의 刊刻 流轉 등 역사 문제에 관한 전문 연구는 東恩納寬惇의 『六論衍義傳』가 가장 상세하고 그 중의 「六論衍義」 年表와 刊本目錄을 참고할 만하다.

21) 『程氏本 六論衍義』(『沖繩縣圖書館文獻叢書』 第1卷), 卷末, 「跋」[範鋐](那霸市: 琉球文化社, 1980), 149~150쪽 참조.

이 『연의』는 '육유'와 '향약' 그리고 '선서善書'를 혼합한 특징이 있다. 범횡의 이 책은 가장 먼저 류큐(오키나와)국 구메무라 출신인 정순칙程順則(호 雷堂, 1663~ 1734)이 돈을 기부하여 복건성에서 만들었고 그 후 일본으로 가져가 교호 4년(1719)에 사쓰마 번주인 시마즈 요시타카(島津吉貴)의 손을 거쳐 요시무네에게 바쳐졌다.[22]

사실 이 책이 번역 출간되는 과정은 순탄치 않았고 소라이도 에둘러 반대했었다. 예를 들어, 히라이시 나오아키(平石直昭)의 『오규 소라이 연보고年譜考』 교호 6년 조목의 고증에 따르면, 처음 훈점을 달라는 명령을 받았을 때 소라이는 이 책을 출판하게 되면 '일본의 체면'이 깎이게 된다고 몹시 걱정했다고 한다. 왜냐하면 이는 류큐(오키나와)가 강희제의 칙고勅告를 지금도 지키고 있음을 청나라에 보여 주기 위한 책이었기 때문이다. 따라서 류큐의 경우, 청나라와 조공 관계가 있기 때문에 이 책을 간행하는 것은 이해할 수 있지만, 일본에서 상부의 명령으로 이 책을 간각하는 것이 적절할까 라고 의문을 제기했던 것이다. 즉 이러한 질문 뒤에는 반대하는 입장을 분명히 드러낸 것이다. 솔직히 말해서, 이 책을 번각하게 되면 청나라 사람들이 일본을 청나라의 '속국'으로 오해하여 여러 가지 '외교 문제를 유발할 수 있다고 소라이가 우려했던 것이다.'[23] 결국 막부의 추진으로 『육유연의대의』가 곧장 출판되었다. 그러나 이로부터 우리는 당시 일본 지식인들의 정상급 인물인 오규 소라이 등이 중국 등 이역의 지식을 받아들이는 데 있어서는 의연하게 처신했지만, 관방官方 성격의 문서에 대해서는 '국가의 체면'을 유지해야 한다는 태도와 입장을 취했음을 알 수 있다. 이는 이역문화에 대한 접수와 수용이 우리가 지금까지 생각했던 것만큼 아무런 전제도, 조건도 없었던 것이 아님을 말해 준다. 사실 당시의 일본 지식인들은

---

22) 『程氏本 六諭衍義』(위와 같은 책), 「例言」, 2쪽 참조.

23) 平石直昭, 『荻生徂徠年譜考』(東京: 平凡社, 1984), 133~134쪽 참조. 平石直昭의 조언에 따르면, 이 책이 최종적으로 간행될 수 있었던 복잡한 과정에 대해서는 中村忠行의 논문 「儒者の姿勢」(『天理大學學報』 第78輯, 1972에 게재됨)를 참고할 수 있다.(그렇지만 필자는 아직 이 자료를 보지 못했다.)

수입해 온 책의 성격이 그 나라의 실정에 맞아서 거침없이 옮겨다 쓸 수 있는지에 대하여 대단히 신경을 썼던 것이다.

그렇다면 이 책이 요시무네의 눈에 든 이유는 무엇일까? 사실 요시무네는 각 지역 정부가 설립한 아동 대상 기초 교육시설인 '데라코야'(寺子屋, 일종의 아동교육기관)에 식자교육을 보급하기 위해서 이 책에 관심을 가졌던 것이다. 요시무네가 이 책을 반포할 즈음에 서책의 적용 대상은 '데라코야'의 교사와 아동이었고, 식자계몽교육(주로 중국어와 그 발음을 가리킴)을 목적으로 한 것이지 지방 관리의 주도로 말단 사회의 단계적인 강연을 통해 나라를 안정시키려 했던 것은 아니다.[24] 재미있는 사실은 '고학파'의 대가인 소라이가 훈점訓點을 다는 자신의 작업에 싫증을 내면서 그것을 자랑스럽게 여기지 않았을 뿐만 아니라 그러한 작업 때문에 매일같이 '지긋지긋해' 했다는 점이다. 소라이의 입장에서는 국가정치의 요강에 관심을 가져야 할 유학자로서 외국 황제가 만든 계몽 교과서에 신경을 쓰지 말아야 했기 때문이다. 하지만 요시무네의 입장에서 보자면, 유신의 본업은 글을 가르치는 것에 불과했다.[25] 역시 흥미로

---

24) 예를 들면, 『兼山麗澤秘策』 享保 六年 그믐날의 기록에 따르면, 『六諭衍義大意』는 室鳩巢의 추천으로 서예에 능한 浪人인 石川勘助가 쓰고, 서적상이 組版 발행한 뒤 곧바로 江戶府 내의 '八百여 명의 寺子屋'의 교사들에게 배포되었다. 石川謙, 『寺子屋』(東京: 至文堂, 1960, 日本歷史新書), 78쪽에서 인용. 아울러 말하면, 石川謙은 吉宗의 享保 개혁이 교육정책에서 드러났는데 이 책의 출판은 사실 개척적인 의의가 있다고 보았다.(위의 책, 83쪽) 이 견해는 주목할 만하다.

25) 이상의 내용은 衣笠安喜, 『思想史と文化史の間: 東アジア日本京都』(東京: ぺりかん社, 2004), 262 · 276쪽을 참조할 것. 吉宗이 추진한 『六諭衍義』의 編刻 과정을 둘러싸고 정치문화사적인 관점에서 보면 실질적인 통치자인 장군과 그 막료 사이의 역학 관계가 대단히 복잡하다는 것을 알 수 있다. 이를테면 室鳩巢가 편찬한 『衍義大意』는 원래 3권이었는데, 吉宗이 통행하기 불편할 것을 우려해 대폭 수정하여 1권으로 축소하도록 한 것에 대해 室鳩巢가 큰 불만을 드러냈다. 그는 한 지인에게 보내는 편지에서 "예로부터 현명한 군주는 신하를 가르치는 것을 좋아하지 신하의 가르침을 받는 것을 좋아하지 않는다. 이러한 시각에서 보면 크게 기대할 일이 없을 것 같다"라고 솔직하게 말했다.(『兼山秘策』, 享保 六年, 九月十八日, 靑地麗澤에게 보내는 편지. 東恩納寬惇, 『六諭衍義傳』(『東恩納寬惇全集』 第8卷), 20쪽에서 인용, 원문은 일본어이다.) '大有爲'란 당시의 장군인 吉宗을 겨냥한 말임은 물론이고, 室鳩巢가 내심 이미

운 것은 이 두 권의 화각본和刻本『육유연의』가 현재 고이즈미 요시나가(小泉吉永)가 엮은『근세육아서집성近世育兒書集成』제4권에 수록되어 있다는 사실이다.26) 또한 에도 정치사, 특히 요시무네 정부의 이른바 '교호개혁'에 대해 깊이 있는 연구를 수행한 일본학자 쓰지 다쓰야(辻達也)는 이 두 권의『육유연의』를 '최초의 국정초등교과서'로 규정했다.27) 지금까지도 이 두 권의 책은 '육아育兒'의 교재와 같은 초급 교과서에 속하므로 근세일본 교육사의 영역에 놓고 그 중요한 지위를 규정해야 한다고 주장하는 학자들도 있다. 그런데 중국이라면 이것을 아마도 '사부史部' 중에서 '정서政書' 종류의 서책으로 분류하였을 것이다.

정치 문헌이었던 한적漢籍이 일본에 전해지면서 그 맛이 달라진다는 것은 그만큼 일본이 남의 문화를 잘 '차용'한다는 것을 말해 준다.28) 그들은 중국의 전적을 어떻게 이용할 것인가를 실제적 차원에서 자주적으로 선택하면서 대충대충 피동적으로 받아들이지 않았다. 요컨대, 명·청의 중국에 있어서 지방통치에 상당한 보편성을 드러낸 '육유六諭'가 도쿠가와 일본에서는 식자교육을 위한 특수한 용도로만 쓰였을 수도 있다. 교호 연간부터 메이지 연간에 이르기까지의 200여 년 동안, 이 책은 끊임없이 번각 출판되었으며, 중국어 교육용으로 쓰이는 외에도 항상 도덕 교과서로도 사용되었는데, 이러한 현상은 특히 도쿠가와 후기에 이르러 더욱 그러했다. 따라서 일본 근세사상사에 있어서의 그 의의를 소홀히 여길 수 없음은 물론이다.29) 하지만 한 가지 확실한 것은 명·청시기의

吉宗에 대해 어느 정도 실망했음을 말해 준다.

26) 『近世育兒書集成』(東京: クレス出版, 2006).

27) 辻達也,『江戸時代を考える』(東京: 中公新書, 1988). 陶德民,「周振鶴の新著『聖諭廣訓』: 集解與研究について」,關西大學亞洲文化交流中心,『還流』第3號(大阪: 關西大學, 2006), 7쪽에서 인용.

28) '借用'이라는 용어는 원래 영국의 사학자 George Samson이 일본문명에 대해 내린 관찰의 결론이다. 위에서 제시한 余英時의 글「中日文化交涉史的初步觀察」(日本關西大學文化交涉學教育研究基地,『東アジア文化交涉研究』別冊 1, 大阪: 關西大學, 2008, 6쪽에 게재됨) 참조.

29) 『程氏本 六諭衍義』(『沖繩縣圖書館文獻叢書』第1卷) 卷末에 부록된 '沖繩縣圖書館東納文庫所藏,『六諭衍義』諸本目錄'에 근거하면(那霸市: 琉球文化社, 1980),『六諭衍義』및『六諭

중국에서처럼 위에서 아래로의 '육유' 강연 전통을 구성한 것이 아니라는 점이
다. 즉 에도시기의 일본에서는 그러한 전통이 없었을 뿐 아니라, '육유'는 종래로
정령적政令的인 문헌의 지위를 얻은 적이 없다. 막부 말기까지 민간 유학자들이
강학을 추진하면서 『육유연의』를 교과서로 사용했는지에 대해서는 여기서 자
세히 말하기 어렵다. 사실 상술하다시피 요시무네 때부터 '데라코야' 등의 교육
기관에서 '육유'를 보급하는 활동이 거의 중단되지 않았던 점만은 분명하다.

마지막으로 몇 가지 예를 더 들어 이 점을 설명해도 좋겠다. 예를 들어,
최근 근세일본의 석문심학에 관한 사료들을 읽으면서 석문심학의 창시자이자
민간 유학자인 이시다 바이간(石田梅岩, 1685~1744)이 교육을 보급하는 과정에서
사용한 교재 가운데에도 『육유연의』가 있었다는 사실을 알게 되었다.[30] 또한
교호 7년(1722)에서 100여 년 뒤인 덴포 4년(1833)에 교토의 한 대유大儒(심학자는
아님)인 미나가와 기엔(皆川淇園, 1734~1807)의 문인 기타코우지 다이가쿠스케(北小路
大學亮, 생졸년 미상)가 관청에서 개설한 '교유소教諭所'에서 매월 정기 강습을 하는
기간에도 '15일 밤마다 『육유연의』, 강사: 기타코우지 다이가쿠스케'라고 공지했
다.[31] 즉 매달 15일 저녁에 기타코우지 다이가쿠스케 강사로부터 『육유연의』를
해설해 준다는 사실을 공지했던 것이다. 덴포 8년(1837) 가나자와항(金澤藩) 정부
측에서 공포한 교육계획에 있어, '데라코야'에서는 반드시 "『육유연의』와 같은
종류의 서책을 설명하는 것을 교시로 삼아야 한다"라고 명기한 자료가 발견된
다.[32] 이로부터 『육유연의대의』가 근세일본의 서민교육사에 있어서 확실히

衍義大意』는 모두 26種의 刻本 또는 抄本이 있다.(161~163쪽) 이 책이 당시에 광범위
하게 영향을 미쳤음을 충분히 알 수 있다.

30) 『石田先生事跡』 草稿本에 근거하고, 柴田實, 「石門心學について」, 『石門心學』(『日本思想
大系』 42, 東京: 岩波書店, 1971), 464~465쪽에서 인용함.

31) 柴田實, 『心學』(東京: 至文堂, 1967, 日本歷史新書本), 162쪽에서 인용. 아울러 말하면,
같은 '敎諭所'에서는 또 "每月二十一日二十二日二十三日夜, 儒書心學道話, 手島較負・薩
埵與左衛門・柴田鳩翁"라고 규정했다.(위와 같음) 이른바 '心學道話'란 石門心學의 강
학운동에서 일어난 일종의 강학 방식인데, 그 중에 언급된 柴田鳩翁은 석문후학에서
대단히 유명한 심학자이다.

광범위하고도 심원한 영향을 미쳤음을 알 수 있다.

3. 동아시아에서 중국 선서의 다양한 전개

필자는 앞에서 명조 말기 복건성의 향신鄕紳 출신의 학자이자 권선징악운동
의 중요 인물인 안무유顏茂猷의 저서와 사상이 일본에 전파된 상황에 대해 간략하
게 소개하였다. 그리고 그 과정에서 일본 양명학파의 창시자인 나카에 도주(中江
藤樹, 1608~1648) 또한 선서에 대해 특별한 관심을 가졌고 그가 지은 선서善書인
『감초鑑草』의 권계勸戒 사례 61건 중 48건이 『적길록迪吉錄』에서 따왔을 정도로
그 내용이 거의 대부분 안무유 책의 초본抄本이라는 점을 지적하였다. 도주보다
다소 늦은 에도 전기의 유명한 통속문학가인 아사이 료이(淺井了意, 1612~1691)는
그의 『감인기堪忍記』(1659년 간행)라는 책에서 『적길록』에 수록된 장려와 징벌
사례 50여 건(전체 판례 170여 건)을 수록했다.[33] 이는 중국의 선서가 근세일본에서
대단히 환영을 받았음을 말한다. 뿐만 아니라 중국 선서가 일본에 전해진 후
독특하게 일본화한 '화해선서和解善書'(일본어로 번역하고 풀이한 중국 선서)로 발전되었
고, 또한 이러한 화해선서는 에도에서 메이지에 이르는 기간 동안 많이 판각되었
는데,[34] 이로부터 중국의 선서사상이 동아시아문화교섭사에 깊은 흔적을 남겨
놓았음을 알 수 있다. 여기서 다시 나카에 도주를 예로 들어 보충 설명해
보자. 그는 『감초』라는 선서 외에도 『음즐陰騭』[35]이라는 책을 지어 만명晩明시기

---

32) 위에서 제시한 石川謙, 『寺子屋』, 84쪽에서 인용.

33) 졸문 「'興起'善人'以平治天下': '雲起社'與十七世紀福建鄕紳的勸善活動」 참조. 원제목은 「以
'講會'興起'善人': 17世紀東亞文化交涉與福建鄕紳的講學活動」이었고, 日本關西大學文化交
涉學敎育硏究基地 編, 『東アジア文化交涉硏究』 第3號(大阪: 關西大學, 2010年 3月, 49~80
쪽)에 게재되었다. 淺井了意에 관해서는 柏原佑泉, 「淺井了意の敎化思想」, 笠原一男博士
還曆紀念會 編, 『日本宗敎史論』(吉川弘文館, 1976) 참조.

34) 八木意知男, 『和解本善書の資料と硏究』, 「序章: 和解本善書の諸相槪觀」에 부록된 「和解本
善書刊年譜」(京都: 同朋舍, 2007, 22~26쪽) 참조.

에 한때 유행했던 선서 '음즐문陰騭文'을 일부러 일본어로 해석하면서 그 내용을
'변혹입지辨惑立志'·'음즐해陰騭解'·'종자방種子方'·'친친인민애물親親仁民愛物' 4편
으로 나누었다. 그 밖에 기무라 미츠노리의 연구를 참고할 수 있다. 그는 일본
동북지구의 한 지방도시인 기타카타(喜多方) 시에서 도주학파에 관한 문헌을
조사하다가 뜻밖에도 이 학파가 전승해 온『효경』서책의 전반 부분은『효경』이
지만 후반부는『태상감응편』1권으로 이루어져 있다는 사실을 발견했다.[36)
그런데 이러한 방식에도 중국 '효감孝感'문화의 배경이 짙게 깔려 있음이 분명하
다. 중요한 것은 이 발견이 도주의 문하에서 통상적으로『태상감응편』과『효경』
을 단체로 송독했다는 도주의 수제자인 구마자와 반잔(熊澤蕃山, 1619~1691)의
기록을 뒷받침한다는 점이다. 반잔의『집의화서集義和書』권10의 기록에 따르면,
이들은『효경孝經』을 읽을 때에 '송경위의誦經威儀'(경서를 낭송할 때 행하는 의례적
행위)를 행했는데,『효경』을 일종의 종교적 숭배의 대상으로 삼아 매우 엄숙하게
효행의 근거를 신앙에 호소하였던 것이다. 아울러 그들은 '종이를 꼬아 하루의
잘못을 매듭지음으로써 선을 행하는 것'이 선善에는 선한 보답이 있고 악惡에는
악한 보답이 있다는 천도의 규율에 복종하는 올바른 행위라고 믿었다.[37)

사실 에도시기 이전부터 전래되어 온 일본 전통의 '천도신앙'이라는 종교
전통 및 불교 전통이 에도시기 일본이 중국의 선서사상을 받아들이는 중요한
문화배경이 되었다. 그리고 유학이 근세일본에 널리 전파된 후 공식적으로
도쿠가와 정부의 이데올로기가 되지 않았다는 점이 또 다른 중요한 사회적
배경이 되었다. 이러한 점에 대해 이제 조금 보충 설명을 하고자 한다. 이러한

---

35)『藤樹先生全集』第2冊(東京: 岩波書店, 1940). 필자가 참조한 것은 加藤盛一 校注本,『鑑
　　草』附錄(東京: 岩波書店, 1939)이다.
36) 木村德光,『日本陽明學派の硏究: 藤樹學派の思想とその資料』(東京: 明德出版社, 1986). 張
　　崑將,『德川日本儒學思想的特質: 神道·徂徠學與陽明學』(臺北: 台大出版中心, 2007), 220
　　쪽에서 인용.
37) 또 蕃山의 다른 중요한 저서『集義外書』卷十四를 참조. 玉懸博之,『日本近世思想史硏究』,
　　第七章「近世前期における神觀念」(東京: ぺりかん社, 2008), 217쪽에서 인용.

배경으로 인해 중국의 선서는 일본에 유입된 후 유학과 정통적인 지위를 다투지 않고서 손쉽게 일본의 통속적인 문화(이를테면 각종 '괴담' 이야기)와 뒤섞이게 되었다. 다른 일면으로, 에도시기 이래 일본의 지식계는 자체의 통속문화를 힘써 개척함과 동시에 자체의 종교 전통을 다시 세우려고 애썼는데, 주로 다음 두 가지로 표현되었다. 하나는 유학과 신도를 하나로 합치는 것이다. 예를 들어, 17세기 이세신도가伊勢神道家인 와타라이 노부요시(渡會延佳, 1615~1690)는 『양복기陽復記』(1651년 간행)에서 "신도神道와 유도儒道의 취지는 하나이다", "공자의 도道는 곧 우리나라 신도神道의 도이다"[38]라고 하였다. 이러한 신유합일神儒合一의 관점은 평온해 보이는데, 유교에 있는 것이 고대의 일본에도 이미 있었고 따라서 '일본식의 화이華夷사상'으로 이어졌다고 해석될 수 있다. 왜냐하면 중국은 다만 상대적인 존재일 뿐이기 때문이다.[39] 다른 하나는 일본의 '신국神國'신앙을 회복하기 위해 유학을 배척하는 것이다. 예를 들어, 18세기 국학파의 창시자인 모토오리 노리나가(本居宣長, 1730~1801)는 '신통력'을 부인하는 것은 '어리석은 유학자'(腐儒)들의 견해에 불과하다고 명확하게 단언했다. 그는 "이른바 불가사의한 힘을 말하지 않는 것은 공자 일가의 사사로운 말이다"[40]라고 하면서

---

38) 『神道思想集』(『日本の思想』, 東京: 築摩書房, 1970年刊), 190·195쪽 참조. 黑住眞, 『複數性の日本思想』(東京: ぺりかん社, 2006), 317쪽에서 인용.

39) 桂島宣弘의 연구에 따르면, 대체로 17세기 중엽에 형성된 이러한 '일본식 華夷사상'은 여전히 옛 에도시대의 '禮·文中華主義'가 그 사상적 기초이다. 다만 형태적으로 '明代中華主義'에 대한 반발로 '일본 내부'의 문화 우월성을 강조하는 것으로 드러났을 뿐이다. 그러나 18세기 중반 이후에 이르러서는 '일본식 중화주의'가 등장하면서 중국과 일본의 위상이 완전히 전도되어 중국이 '夷狄'이 되고 일본을 '중화'로 간주하였다. 桂島宣弘, 『思想史の十九世紀: '他者'としての德川日本』, 第7章 「華夷思想の解體と國學的自己'像の生成」 및 第8章 「アジア主義の生成と轉回: 德川思想史からの照射の試み」 (東京: ぺりかん社, 1999), 특히 167~172·195~209쪽 참조. 17세기 중엽 이후 조선과 일본에서 나타난 '중화의식'에 대해서는 또 孫承喆, 「朝鮮中華主義と日本型華夷意識の對立」(孫承喆, 山裡澄江·梅村雅英 譯, 『近世の朝鮮と日本: 交隣關係の虛と實』, 東京: 明石書店, 1998에 수록)을 참고할 수 있다.

40) 本居宣長, 『排蘆小舟』(약 1757년에 책이 완성되었다. 『本居宣長全集』第2卷, 東京: 築摩書房, 1968), 25쪽 참조. 黑住眞, 『複數性の日本思想』, 324쪽에서 인용.

일본의 '신령神靈'은 실재하는 것이며, 일본은 그야말로 '신국'이라고 굳게 믿었
다.[41] 사실 그가 추진한 '국학'운동은 일본 고유의 신도정신을 회복하고 종교국
가체제를 재건하기 위한 것이었기 때문에, 그의 사상은 정치상에 있어서 강한
'보수주의'의 특색을 드러냈다.[42] 중요한 것은 '국학'운동에 있어서 일본 자체의
사상 전통 중 종교적 요소에 힘입는 책략을 모토오리 노리나가가 매우 자유자재
로 운용했을 뿐만 아니라 또한 이를 유교사상을 타격하는 중요한 도구로 활용했
다는 점이다.

　　일본의 종교사상의 발전 변화 과정에 있어서 중국 선서의 일부 도깨비
기담도 일정한 역할을 했다는 것은 말할 필요도 없다. 그리고 근세일본에 있어서
중국 선서의 유전 및 그 영향 등의 문제에 대하여 학계에서는 이미 많은 선행
연구를 했기 때문에[43] 여기서는 더 이상 군말하지 않겠다. 그렇지만 지적하고
싶은 것은 일반적으로 지식 분야에 있어서 유학이 일본문화에 중요한 영향을
미쳤다는 것은 이미 잘 알려진 사실이지만, 종교문화 분야에 있어서 선악응보를
주장하는 선서와 같은 중국 종교문헌이 일단 일본에 전해지면 곧 일본 자체의
종교적 전통에 휩쓸려 복잡한 문화 교섭 현상을 이루어 때로는 심지어 일본의
'괴담' 이야기 속에 중국적 요소가 얼마나 있는지를 구분할 수가 없게 되었다는
점이다. 이것은 한漢·위魏 이후의 중국의 지괴志怪소설 및 불교의 인과응보

---

41) 이러한 '神國' 관념의 근원은 대단히 오랜 것으로서, 일본 최초의 正史이며 약 8세기
　　에 편찬된『日本書紀』에서 등장하는데 그것도 "동쪽에 일본이라는 神國이 있다고 들
　　었다"라고 한 당시 신라 임금의 말을 인용하였다. 羅麗馨,「十九世紀以前日本人的朝鮮
　　觀」,『臺大歷史學報』第38期(2006年 12月), 175쪽에서 인용.

42) 黑住眞,『複數性の日本思想』, 327쪽 참조.

43) 酒井忠夫,「江戸前期日本における中國善書の流通」,『東方宗教』26號(1965); 酒井忠夫,「近
　　世日本文化に及ぼせる中國善書の影響並びに流通」, 多賀秋五郎 編,『近世アジア教育史研究』
　　(文理書院, 1966. 후에 보충하여 본인의 저서『(增補) 中國善書の研究』[酒井忠夫著作集
　　2] 下, 東京: 國書刊行會, 2000에 수록했는데, 특히「附錄一: 琉球版善書について」및「附
　　錄二: 朝鮮及び東南アジア」를 참조). 또한 下出積與,「江戸時代における農民と善書:『太上
　　感應編靈驗』について」, 笠原一男博士還曆紀念會 編,『日本宗教史論集』(吉川弘文館, 1976)
　　참조.

이야기가 초기 일본의 괴담문학과 종종 뒤섞이게 되었고, 에도시대에는 또한 일본 자체의 설화說話문학 전통이 있었기 때문이다. 예를 들면, 8세기에 창작되었고 에도시대에 유행된 것으로 전하는 『일본령이기日本靈異記』가 바로 '설화'문학이나 '괴담'문학의 대표적 작품인데,[44] 그 이름은 비록 '일본'이라고 했지만 영험에 관한 이야기 대부분은 불교에서 비롯되었다. 이러한 사례가 대단히 많기 때문에 여기서는 자세하게 서술하지 않겠다.

18세기 에도 중기의 국학운동이 시작된 이래, 일본 근세사상의 국가주의, 민족주의적인 경향이 대두되기 시작했으며, 19세기 초의 막부 말기에 이르러서는 이러한 경향이 점점 더 심해졌다. 주목할 것은 이 시기 국학운동의 종교화 의미가 짙다는 점이다. 이를테면 국학자이자 신도가인 히라타 아쓰타네(平田篤胤, 1776~1843)의 사상적 특징은 바로 『영능진주靈能眞柱』, 『선경이문仙境異聞』 등 종교적 저서를 통해 일본의 '국학'을 신학화[45]하려는 것이었는데, 이 두 가지 종교서는 괴이하고 이해하기 어려워 일본학자들도 속수무책이다. 이제 19세기 초 절충학파로 불리던 민간 사상가 히로세 단소(廣瀨淡窓, 1782~1856)의 사상을 예로 들어 막부 말기의 사상계에 팽배했던 종교적 분위기를 검토하고자 한다. 그의 경천敬天사상과 만선부萬善簿 실천이라는 두 가지 사상적 특징이 나의 관심을 끌었다. 여기서 나의 졸작 『명말·청초 권선운동사상연구』에서 수행한 만명晚明·청초淸初 태창太倉지역의 '태창 4군자'의 도덕적 권선활동에 대한 고찰을 곁들이고자 한다. 나는 '경천敬天'을 주장한 육세의陸世儀(1611~1672)의 이론에 주목하였다. 육세의는 '천'을 신앙의 대상으로 삼고, 정주程朱 리학의 '경敬'자 공부工

---

44) 정식 명칭은 『日本國善惡現報靈異記』이다. 中田祝夫, 『日本靈異記解說』(東京: 誠勉社, 1979) 참조. 또한 白土わか, 「日本靈異記にあらわれた因果應報思想」, 佛敎思想硏究會 編, 『佛敎思想』 第3冊(京都: 平樂寺書店, 1978) 참조.

45) 子安宣邦, 『平田篤胤の世界』, 第Ⅲ部 第3篇 「國學の神學的再構成: 平田篤胤と天主敎理」(東京: ぺりかん社, 2001初版, 2009新版), 270~291쪽 참조. 日本 막부 말기의 國學 및 그 宗敎的 경향에 관해서는 또 桂島宣弘, 『幕末民衆思想の硏究: 幕末國學と民衆宗敎』(京都: 文理閣, 2005)를 참조. 특히 「補論三: 民衆宗敎の宗敎化神道化過程: 國家神道と民衆宗敎」, 299~336쪽을 참조할 수 있다.

天를 종교의 영역으로 끌어들였다. 나는 여기에서 송대宋代 이래의 '천즉리天卽理'와 같은 '리理로써 천天을 해석'하는 이성적理性的 해석을 문제 삼은 것이 바로 그의 관념적 토대였다는 사실을 발견했다. 육세의는 '천天'이 숭배의 대상으로서 필연적으로 실재하는 인격적 존재이므로, '리理로써 천天을 해석'하게 되면 '천'과 '인간'을 두 개로 쪼갤 수밖에 없다고 여겼다. 따라서 육세의는 "요즘은 '천天'자를 모르는 사람이 많다"라고 감탄해하면서 '천天'의 권위를 회복하는 것을 자신의 주된 사상적 작업으로 간주하였다.

그런데 나는 뜻밖에도 히로세 단소의 경천敬天사상이 만명晩明시기의 경천 사조와 비슷한 내용을 지니고 있다는 사실을 발견했다. 단소도 '리理로써 천天을 해석'하는 사상적 맥락에 대해 불만을 가지면서 "천즉리天卽理라고 하는 것은 자신의 사사로운 지혜를 가지고 하늘을 측량하는 것으로서 불경不敬함에 빠질 수밖에 없다"[46]라고 하였다. 그에 의하면, "리理는 가히 궁구할 수 있지만 하늘은 측량할 수 없다."[47] 더욱이 리理의 배후에는 천天(帝·神·造化)이라고 하는 알 수 없는 존재 영역이 있다. '천天'은 '가장 존귀하며' '신명불가사의神明不可思議[48]한 초월적인 존재이기 때문에 무릇 천지간의 존재는 모두 '반드시 경천敬天해야 한다.' 하늘은 알 수 없고 불가사의한 초월적인 존재이지만 하늘은 또한 끊임없이 드러난다. 그것은 하늘과 사람의 관계가 우주 간의 '삶'과 초월자의 관계와 같고, 그 관계의 구체적인 표현이 곧 '업보'이기 때문이다. 그래서 그는 "하늘은 항상 알고, 항상 듣고, 항상 보며", 하늘은 "이르지 못하는 바가 없고(無所不及), 미치지 못하는 바가 없다(無所不在)"[49]라고 했고, 또한 "천도天道에는 지知가 있기

---

46) 廣瀨淡窗, 『約言或問』(東京: 岩波書店, 1940, 岩波文庫本), 82쪽. 위에서 인용한 黑住眞, 『複數性の日本思想』에 수록된 「廣瀨淡窓の倫理思想」, 354쪽에서 인용함. "天卽理也云云, 畢竟以私智測天之所, 未免落於不敬."

47) 廣瀨淡窗, 『(增補)淡窓全集』에 수록된 「義府」 注(京都: 思文閣, 1971, 日田郡敎育會大正十四年至昭和二年刊本에 근거하여 복제), 4쪽 참조. 위와 같은 책, 354쪽에서 인용함.

48) 『約言或問』, 69·82쪽. 위와 같은 책, 363쪽에서 인용.

49) 『約言』(『近世後期儒家集』[『日本思想大系』 47], 東京: 岩波書店, 1972)에 게재됨, 230쪽. 위와 같은 책, 364쪽에서 인용.

때문에" "경천敬天하는 방법은 오로지 '천도유지天道有知'라는 네 글자를 믿는 것일 뿐이다"50)라고 주장했다.

이러한 경천敬天의 입장에서 히로세 단소는 '하늘을 섬길 것'(事天)51)을 적극 주장하며 이를 실천하려는 행동에 나섰다. 그는 18세(1799)에 원료범袁了凡의 『음즐록陰騭錄』을 얻고서 만선萬善을 행하려 마음먹었으나 이를 실천하지 못했으며, 54세(1835) 때 손녀를 잃은 슬픔 끝에 다시 만선부萬善簿를 시행하기로 결심했다. 구체적으로는 흑·백(선·악을 비유하여 말함)을 기록하는 방식으로써 자신의 도덕적 행위를 『만선부』에 기록하여 일상적인 행위의 선·악의 많고 적음을 점검하려 했던 것이다.52) 만약 명대明代 말기 '공과격功過格'의 실천에 대해 조금 알고 있다면, 그의 행동이 사실 일종의 공과격의 실천임을 짐작할 수 있을 것이다. 나는 단소사상에 대한 전반적인 연구를 행하지 못했다. 그렇기 때문에 이 『만선부』가 구체적으로 어떻게 기록되었는지, 또 그의 사상적 배경에 육세의 와 같은 청대 사람들의 요소가 있었는지 확실하게 알지 못한다. 그렇지만 단소의 이러한 '만선부 실천'은 마침내 12여 년의 세월이 흐른 가에이(嘉永) 원년(1848)인 무신년 정월 29일, 즉 그가 67세 되던 해에 만선萬善을 하려던 맹세를 드디어 실현했고, 그 뒤 세상을 뜨기 2년 전인 73세까지도 선·악을 끊임없이 기록했다 는 점만은 명확하다.53) 이로써 단소의 관념세계 속에 중국의 선서사상이 깊은

---

50) 『約言或問』, 74~75쪽. 위와 같은 책, 364쪽에서 인용.

51) 『約言』, 226쪽 등. 위와 같은 책, 370쪽에서 인용.

52) 『萬善簿』는 『(增補) 淡窓全集』 下卷에 있다. 관련 연구는 大久保勇市, 『廣瀨淡窓萬善簿 の原點』(京都: 啟文社, 1971); 古川哲史, 「『萬善簿』と『陰騭錄』」, 『季刊日本思想史』 第19號 (廣瀨淡窓의思想特集, 東京: ぺりかん社, 1983), 101~110쪽 참조. 古川의 글은 그 자신 이 소장한 安永 五年(1776)에서 明治 二十六年(1893)에 이르기까지 일본에서 간행한 19種의 和刻本 『陰騭錄』(『功過自知錄』를 포함하여)을 특별히 소개했다. 그의 저서 『廣 瀨淡窓』, 부록 「『和字功過自知錄』の解說と本文」(京都: 思文閣, 1972), 268~296쪽 참조.

53) 『萬善簿』(『[增補] 淡窓全集』 下卷) 및 『懷舊樓筆記』·『自新錄』·『再新錄』(上卷) 등을 참 조. 겸해서 말하면, 2011년 1월 23일 日本의 九州大分縣 日田市의 '(財團法人)廣瀨文獻 館'을 방문하는 기회를 갖게 되었는데 촬영할 수가 없어서 창문을 통해 『萬善簿』의 수기 원본을 살펴보았다. 이번 방문을 주선해 주신 福岡敎育大學의 鶴成久章 교수의 호의에 감사드린다.

혼적을 남겼음을 알 수 있다.[54] 아울러 중국의 선서에서 부각되는 착한 일을 보면 바로 옮겨서 행하고 허물이 있으면 곧 고치며(遷善改過) 선악善惡이 상보相報한다는 전통은 동아시아의 다른 지역에서도 어느 정도 보편성이 있다고 할 수 있다.

그러면 조선의 경우는 또 어떠할까? 우리는 중국의 선서善書가 조선시대에도 끊임없이 간행되었음을 대략 알 수 있는데, 주로 『감응편』과 관련된 선서였고, 『공과격』에 대해서는, 대형 총서인 『한국문집총간』에 남병철南秉哲의 『규재유고圭齋遺稿』 권5 「중간도수부증손공과격발重刊陶水部增損功過格跋」이라는 단 한 사례만 찾아볼 수 있을 뿐이어서 약간 놀랐다. 그 글이 매우 짧은데 전문은 아래와 같다.

허물에는 아는 것과 모르는 것 두 가지가 있는데, 아는 허물이 삼분의 일이고 모르는 허물이 항상 열 개 가운데 일곱 가지이다. (자신의 허물을) 아는 자에게는 간언할 수 없고 모르는 자는 스스로 이미 고쳤다고 여긴다. 지금 벼슬하는 자들은 이와 달리 확실히 자신의 허물을 알지 못한다. 인심의 인仁의 입장에서 보자면 어찌 (허물이) 없을 수 있겠는가? 이 책은 최성옥崔星玉이 중간重刊한 것이다. 무릇 벼슬하는 자가 그 책을 보고 자신의 허물을 고치려고 생각하는 것은 물론이고

---

54) 물론 淡窓의 '敬天'사상에는 일본의 사상적 자원이 있다. 예를 들면, 德川 초기 '古學派'의 대표 인물인 荻生徂徠는 '敬天'은 '聖門'의 第一義'라고 했다.(荻生徂徠, 『弁名』下, 「天命帝鬼神」 第一則, 子安宣邦, 『徂徠學講義: 『弁名』を讀む』, 東京: 岩波書店, 2008, 150쪽에서 인용) 吉川幸次郎의 고찰에 따르면, '敬' 및 '天'에 대한 徂徠의 이해는 宋儒와 현저히 다르고 그의 宗敎意識은 예로부터 전해온 일본의 神道와 매우 비슷하다. 저자의 저서 『徂徠學案』(『荻生徂徠』(『日本思想大系』 36), 東京: 岩波書店, 1973), 730 · 734~735쪽 참조. 하지만 淡窓이 "敬天의 의미는 福善禍淫을 근본으로 한다"(『約言或問』, 71쪽)라고 했듯이 그의 '敬天'사상은 '禍福으로써 이론을 세웠다.'(위와 같음. 위에서 인용한 黑住眞의 저서 364 · 366쪽에서 인용) 그만큼 그의 사상에는 중국 善書의 요소가 있다는 것을 부인할 수 없다. '福善禍淫'은 분명히 중국의 고전인 『尙書』 등에서 비롯되었고 또한 12世紀 『太上感應篇』의 '轉禍爲福' 사상의 중요한 근원이기 때문이다. 참고로 말하면, 위에서 언급한 黑住眞의 淡窓研究는 淡窓의 사상이 중국의 善書와 어떤 연원 관계가 있는지에 대하여 깊이 파고들지 않았다.

간언할 수 없는 자라 하더라도 그 마음을 움직일 수 있지 않을까? 관직을 얻어 민생을 이롭게 하는 자의 공이 100이라면, 자리를 얻지 못하여도 이 책을 간행한다면 (그 공을) 50이라고 할 수 있다. 그러나 도수부陶水部와 여숙간呂叔簡을 헤아려 보면 어쩌면 저쪽의 공로가 50이고 이쪽이 100일지도 모른다고 나는 생각한다.

이것은 철종 4년(1853)에 지은 발문인데, 남병철南秉哲(1817~1863)은 조선 후기의 유명한 유학자이자 수학자이다. 이 글에서 언급된 간각자刊刻者 최성옥崔星玉(자는 星玉, 호는 于是, 1813~1891)은 조선 후기의 실학사상가로 불릴 정도로 저술이 많은 인물이고, 그가 편역한 『태상감응편도설太上感應篇圖說』 부언해附諺解 5권은 사람들의 이목을 끌었다.[55] 제명題名 중의 '도수부陶水部'(필자 주: '水部'는 명청시기 工部 司官의 속칭이다)는 도공陶珙(자는 紫聞 호는 仲璞, 생졸 미상)[56]을 말하는데, 운남雲南 요안姚安 출신으로서 천계天啓 원년의 거인擧人이다. 전겸익錢謙益의 『초학집初學集』 권31 「둔원집서遯園集序」에 따르면, 도공은 남경공부南京工部라는 벼슬을 했기 때문에 '도수부'라는 명칭이 붙었다. 그러나 책 제목을 '증손增損'이라고 한 이상 『당관공과격黨官功過格』은 도공의 원작이 아니고 다른 저자가 있을 것이다. 사실 『당관공과격』은 원료범의 동명 저서인 것 같고, 이 책은 안무유의 『적길록』 권4 「관감官鑒」에 수록되어 있으며, 명나라 말기에 상당한 지명도를 가진 선서이다.[57] 여숙간呂叔簡은 저명한 여곤呂坤(자는 叔簡, 호는 新吾, 1536~1618)을 말한다.

---

55) 한국에 현재 여러 편의 『太上感應篇圖說』附諺解 五卷이 남아 있다. 崔瑆煥 編, 高宗十七年(1880)刊本의 권말에 '光緒六年庚辰季春刊印'이라고 밝히고, 권두에 '重刊感應篇圖說序'가 있으며 '舊刻戊申歲後四年壬子(1852)蘂城崔瑆煥星玉甫謹書'라는 題署가 있다.

56) 日本東洋文庫藏朝鮮本, 『陶水部先生增損當官功過格』, 一卷, 부록, 「呂叔簡先生居官刊戒」八章一卷, 題署 陶珙撰・居官刊戒明呂坤撰, '朝鮮(咸豊三年)南秉哲重刊本' 一冊. 陶珙에 관해서는 陳垣, 『明季滇黔佛敎考』, 卷三, 「士大夫之禪悅及出家第十」(石家莊: 河北敎育出版社, 2000), 336~339쪽을 참조할 것. 참고로 말하면, 陶珙과 顔茂猷는 崇禎 四年(1631) 12月 12日에 北京城西鷺峰寺에서 한 번 만난 인연이 있는데, 그때 어떤 대화를 나누었는지는 알 수 없다. 祁彪佳, 『祁彪佳文稿』 第2冊, 「涉北程言辛未秋冬」(北京: 書目文獻出版社, 1991), 936쪽 참조.

57) 청대에 이르러 『黨官功過格』은 여러 '공과격'의 한 분류가 되었다, 예를 들면, 日本國會圖書館에 康熙 七年(1668)에 간행한 勞大與의 『聞鐘集』 五卷本이 소장되어 있는데,

그가 지은 『형계刑戒』는 명조 말기에 매우 유명했는데, 동림당인 추원표鄒元標 (1551~1624)의 눈에 들었고 또한 안무유의 『적길록』「관감官鑑」에도 수록되었다. 여기서는 더 이상 언급하지 않겠다.

이제 남병철의 발문에 담긴 관점을 살펴보자. 그는 공과격의 계산법에 대해 의문을 갖고 있었던 것 같다. 그는 일반적으로 잘못을 아는 사람이 3분의 1뿐이고 잘못을 모르는 사람이 거의 10분의 7이라고 생각했는데, 선악을 기록하는 공과격 행위에는 한계가 있다는 뜻이다. 중요한 것은 알지 못하는 사람이 어떻게 자신의 잘못을 알고 고칠 수 있는가 하는 점이다. 그는 자신의 '깨달음'(覺)을 통해서만 진정으로 잘못을 알고 고칠 수 있고, '깨달음'의 근거는 '인심의 인仁'에 있다고 여겼는데 이는 정통적인 유학의 발상이다. 그는 또한 벼슬에 오른 사람은 민생을 이롭게(澤利民生) 하기 때문에 '(그 공을) 100으로 쳐야 하고' 선서를 간행하는 자는 '(그 공을) 50으로 꼽을 수 있다'고 하였다. 그렇지만 '도수부와 여숙간의 공로를 계산하라고 하면' 그 결과는 정반대일 수 있다 하였다. 여기서는 위관자爲官者가 진정한 '택리민생澤利民生'을 할 수 있느냐가 중요하게 여겨졌는데, 그만큼 남병철의 유학적 입장은 분명하였다. 사실 이것은 근세조선에서 일관되게 추진해 온 주자학朱子學을 공식 이데올로기로 삼는 사상적 분위기와 관련되어 있기 때문에 이상할 것이 없다. 근세조선에서 중국에 파견한 '연행사'와 일본에 파견한 '통신사'들이 중국 및 일본의 지식인들과의 담화에서 종종 표출되는 주자학에 대한 '근본주의'(fundamentalism)에 가까운 신앙 태도에서도 엿볼 수 있는바, 그들은 16세기 말에서 17세기 중엽 이후의 중국과 일본은 이미 주자학의 원리에서 어긋나 심각한 위기에 빠졌으나, 조선만은 주자학의 전통을 일관성 있게 유지하고 있다고 보았다.[58] 그래서 나는, 남병철

부록에 『儒門功過格』과 『當官功過格』이 있다. 『四庫全書存目叢刊』 소장 康熙 十年(1671) 刻本은 四卷本이다. 이 두 부록은 실제로 보지 못했다.

58) 이 점에 관해서는 夫馬進의 시리즈 논문, 「朝鮮燕行使申在植의 『筆譚』에 見える漢學宋學 論議その周邊」(岩井茂樹 編, 『中國近世社會秩序の形成』, 京都: 京都大學人文科學研究所, 2004年 3月에 게재됨); 「朝鮮通信使による日本古學の認識: 朝鮮燕行使による淸朝漢學の

이 중국의 선서를 접했을 때 유학적인 입장에서 그 중의 인과보응사상을 어느 정도 유보했을 것이라고 추측한다. 아래에 사료 하나를 더 소개한다면 나의 이러한 추측이 지나치지 않음을 증명할 수 있을 것이다.

남병철과 대략 같은 시기이고 또한 '기학자氣學者'로 이름난 최한기崔漢綺(1803~1877)[59]는 그의 저서 『인정人政』에서 유가의 천선개과遷善改過의 학문에 대해서는 칭송했지만, 만명晚明 이후에 유행한 공과격功過格사상에 대해서는 신랄하게 비판했다. 그 전문을 옮기면 아래와 같다.

공과功過의 학문이 근일에 성행盛行하여 복선화음福善禍淫으로 어리석은 자를 권징勸懲하는데, 이것이 비록 도움이 있을 것 같지만 실제로는 해가 되는 것이다. 어리석은 자가 부귀를 흠모欽慕하고 죄악을 두려워하고 피하는데, 여기에는 자연스럽게 왕정王政의 상벌賞罰과 운화運化의 순역順逆이 있는 것이다. 이것으로 교도教導하면 화복이 밝게 나타나고 선악이 표준이 있게 되는데, 이 광명光明한 태도를 버리고 억지로 외도의 명보冥報와 방술의 알 수 없는 것을 인용하여 공과를 입증立證하려고 하니, 이것은 허무를 이끌어 실행을 권면하고 망탄妄誕을 말하여 일용日用을 징계하는 것이다. 그 본원本源이 이미 허무 망탄에 빠져서 마침내 일용과 실행으로 하여금 허무 망탄으로 돌아가게 하니, 공과의 의리는 과연 어디에 있다는 말인가. 공과의 명분名分은 이부吏部의 고공考功에서 나온 것으로 직책을 시행함의 선하고 선하지 못함을 누계累計하여, 성적을 계산하여 출척黜陟하고 비교하여서 지위를 승강陞降하는 것이다. 이처럼 실사의 공과로 실사의 권징을 삼는 것이니, 어찌 허무한 공과로 허무의 화복을 바라겠는가.[60]

把握を視野に入れ」(『思想』 981號, 東京: 岩波書店, 2006年 1月에 게재됨); 「一七六四年朝鮮通信使と日本の徂徠學」(『史林』 89卷 5號, 京都大學文學部, 2006年 9月에 게재됨); 「一七六五年洪大容の燕行と一七六四年朝鮮通信使: 兩者が體認した中國日本の'情'を中心に」(『東洋史研究』 第67卷 第3號, 東洋史研究會, 2008年 12月에 게재됨)를 참조할 수 있다. 여기서 특히 夫馬進 교수께서 상술한 시리즈 논문의 별쇄본을 보내 주신 것에 대해 감사드린다.

59) 權五榮, 「崔漢綺的生涯與氣學」, 邢東風 옮김, 楊國榮 主編, 『思想與文化』 第9輯(上海: 華東師範大學出版社, 2009), 111~127쪽 참조.
60) 『人政』, 권12, 「教人門」 5, '功過學'.

이 글의 마지막 단락에서 볼 수 있듯이, 최한기는 '공과학功過學'이 '이부吏部'의 고공考功에 쓰이는 것이라는 사실에 동의하면서 '실제적인 공과'에 따라 '실제적인 상벌'을 실행하는 것은 안 될 것이 없다고 여겼다. 그러나 그는 글의 첫 시작에서 최근에 일시적으로 '성행'하고 있는 '착한 사람에게는 복이 오고 착하지 않은 사람에게는 재앙이 오게 함으로써 어리석은 자를 권징하는' '공과학功過學'(사실은 功過格의 실천)이 '도움이 되는' 것처럼 보이지만 실제로는 '해롭다'는 기본 입장을 밝혔다. 왜냐하면 그 속에 이미 불도佛道의 '사후의 보답'(冥報) 관념이 자리 잡고 있고, '방술方術'의 요소까지 스며들었으니 결국은 '허무맹랑한' 황당함에 빠지기 마련이기 때문이다. 그가 정통적인 유가의 입장에서 유가의 '공과학'에 동조하고, 불도의 '공과격' 따위의 주장에 반대했다는 사실은 두말할 나위가 없다.

여기서 지적해야 할 것은 최한기(남병철도 포함)가 유가의 입장에서 공리주의를 비판한 것은 조선 유학사의 전통과 관련이 깊다는 점이다. 예를 들면, 14세기의 유명한 대유大儒인 권근權近(1352~1409)은 다음과 같이 말했다.

도가 밝아지지 못함은 이단이 방해해서이다. 우리 유자儒者들이 그래도 선철先哲들의 교훈에 힘입어 이단의 폐해를 알지만, 더러 그 도를 굳게 지키지 못하는 사람이 있음은 역시 공리功利의 사심에 동요되기 때문이다.…… 이래서 도가 언제나 밝아지지 못하고 행해지지 못하는데, 이단의 무리는 또한 비근하다고 지적하며 배척하게 된다. 또한 그 선악보응善惡報應의 공효도 또한 참치參差하여 일정하지 않은 일이 많기 때문에 선한 사람은 게을러지고 악한 자는 방사放肆해져, 온 세상 사람들이 무지하게 이해利害 속에서만 헤매고 의리가 무엇인 줄 알지 못한다.…… 이단을 물리친 뒤에라야 우리의 도를 밝힐 수 있고, 공리를 버린 뒤에라야 우리의 도를 행할 수 있다.[61]

---

61) 權近, 『陽村先生文集』(서울大學校 奎章閣藏, 1674年 重刊本), 卷十六, 「心氣理三篇後附集序」.

물론 권근의 시대에는 공과격功過格이 유행하지 않았지만, 불교의 인과응보 학설이 이미 상당히 범람했다고 권근은 여겼다. 불교는 '이단'일 뿐만 아니라 더 심각한 것은 불교가 선전하는 '선악의 업보' 관념이 사람들로 하여금 공리功利에 빠지게 하여 헤어나지 못하게 할 가능성이 크다는 점이라고 생각했다. 따라서 유학자로서 가장 중요한 일은 '이단 제거'와 '공리 축출'이라는 두 가지 작업이라고 보았다. 권근의 이러한 유가적 입장은 근세조선유학의 주류이며, 조선 말기에 이르기까지도 이러한 주류의 전통은 대단히 장구하고 광범위한 영향을 미쳤다고 나는 생각한다. 최한기가 '공과격'을 비판한 핵심적인 관점 중 하나가 바로 선과 악의 점수를 따지는 그런 계산이 이미 공리주의의 굴레에 빠졌다는 것이다. 이것은 분명히 권근이 표명했던 위와 같은 유학적 입장과 맥락을 같이한다.

4. 요약

마지막으로 우리의 논지를 몇 마디로 요약하겠다.

사상사 특히 철학사 연구는 항상 '대서사大敍事'에 치우치기 쉬우며, 중대하고 일관된 본질적인 문제를 토론하는 데 편중되어 서로 다른 시기 다른 지역의 사상 발전 과정 중에 존재하는 서로 다른 본질적 현상을 드러내려고 한다. 마찬가지로, 이전의 '국별사國別史' 연구 또한 민족국가의 역사는 일관되고 차이가 없는 듯한 결과를 아주 쉽게 초래했다. 하지만 20세기 후반에 시작된 '지역사' 연구는 사회 저변의 다양하고 세세한 부분과 시·공간별의 문화적 차이에 힘을 기울이기 때문에 그 관찰이 독특하고 구체적이다. 이런 연구는 보편적인 문제를 중요시하는 국별사 연구에 비해 어느 정도 장점이 있다. 물론 학문 분야별로 서로 소통할 수 있지만, 그렇다고 함부로 건너뛰어서도 안 된다. 특수성·차이성·구체적 역사 현상을 다루는 '지역사' 연구는 사상사나 '국별사' 연구를 대신하지 말아야 할 뿐만 아니라, 그 자체도 보편적 문제에 대한 어느 정도의 배려가 있어야 한다는 점을 지적해야 한다.

우리가 중국 선서善書를 동아시아지역 연구에 포함시켜서 논의하는 것은 흥미로운 역사 현상을 제시하여 사색하도록 하기 위해서이다. 즉 중국의 선서가 중시하는 업보業報의 전통이 동아시아에 전해지는 과정에서 특수한 모습을 나타냈는데, 유가의 성리학을 신봉했던 근세조선에서는 크게 환영받지 못했지만 근세일본에서는 매우 빠르게 일본 자체의 종교 전통에 융합되었다. 다른 한편, 착한 행실을 찬양하고 허물을 바로잡는 것을 중시하는 '향약' 전통은 동아시아의 조선과 일본에서 부딪친 운명이 크게 달랐는데, 근세조선은 주자학이 천하를 지배하는 배경에서 중국의 향약을 받아들이는 데에 전혀 지장이 없었다. 물론 향약을 그대로 옮겨 간 것이 아니라 조선 본토의 특수한 사정에 따라 적지 않게 변화시켰다. 그러나 근세일본은 막번幕藩 체제하에서 지방질서는 완전히 사무라이 계층에 의거했으므로 향약의 방식으로 지방사회를 재편성할 필요성이 없었기 때문에 중국의 향약은 근세일본에 있어서 보편적인 의의를 띠지 못했다. 이러한 관찰의 결과는 유교의 전통 가치관이나 유교사상의 보편성을 '동일한' 동아시아지역에 놓고 보면, 그 표현 형태가 다채롭고 여러 가지로 다양하게 드러난다고 해석할 수 있다. 다시 말하면, 동아시아 사회의 서로 다른 지역과 다양한 시기에 있어서 유학의 보편성은 얼마든지 여러 가지의 다른 특수성으로 나타날 수 있다.

요컨대, 동아시아에 있어서 유학의 역사를 지역사의 관점에서 살펴보면 근세(특히 17세기 중엽) 이래 이른바 '중화문화권'은 사실 이미 일종의 관념적 상상에 빠졌기 때문에 그대로 믿을 필요가 없다는 것을 알 수 있다.[62] 그러나 지역문화의 특수성에 주목한다고 해서 이에 근거하여 지역문화의 공통된 모습을 부인할 수 있음을 의미하지도 않는다. 왜냐하면 바로 지역문화의 특수성

---

62) 葛兆光,「地雖近而心漸遠: 17世紀中葉以後的中國·朝鮮和日本」,『臺灣東亞文明研究學刊』第3卷 第1期(2006) 참조.

속에 어떤 문화의 보편적 의미를 내포하고 있기 때문이다. 즉 유학의 보편성은 구체적인 지역문화에 의해서만 나타날 수 있는 것이다. 물론 지역적으로 보면 유학은 중국에 있어서, 구체적으로 말하면 유학은 선진先秦시대, 양한兩漢시대, 송·원·명·청의 시대가 동일할 수 없고, 또는 황하강 유역과 양자강 유역에 있어서 그 사상 형태의 표현 방식이 동일할 수 없다. 그렇지만 다른 지역, 예를 들어 한국 혹은 일본의 시각에서 보면 중국유학의 양식은 대략 일관된 모습을 띤다. 근세조선의 주자학자들의 눈으로 보면 중국유학은 바로 정주程朱 전통이 그대로 일관되었고, 근세일본의 유학자들의 눈으로 보면 중국유학은 선왕의 도가 일맥상통한다. 지역적으로 보면 유학은 동아시아에 있어서, 구체적으로 말하면 일본, 조선, 한국, 베트남 등에 있어서 유학의 사상 형태와 가치관의 표현 방식이 큰 차이를 보이고 있다. 그러나 동아시아 이외의 다른 지역, 예를 들면 미국·독일·프랑스 등의 관점에서 본다면, 동아시아의 유학적 관념형태는 대체로 비슷하거나 거의 같다고 할 수 있다. 예를 들면, 1980년대 한때 떠들썩했던 이른바 '유가자본주의'(요즘은 그 열기가 조금 식었다)가 바로 이역적인 관찰에서 비롯된 것인데, 그 이면에는 동아시아의 경제가 서구와 달리 굴기하게 되는 배경에 공통적이고 본질적인 가치관이 뒷받침하고 있을 것이라는 생각이 깔려 있다. 사실 위에서 언급한 두 가지의 관찰 시각은 모두 '타자 대 자아', '타자 대 비타자' 또는 '동양 대 서양'이라는 이원적 대립의 관념틀을 구현한 것인데, 여기서 말하는 '타자'는 '이것 아니면 저것'이라는 강한 배타성을 띠고 있다. 왜냐하면 타자는 항상 외부에 존재하는 다른 존재로서 자아와 대립하여 오랜 기간 동안 '대항적 논리' 관계를 이루어왔기 때문이다.63) 이를 극복하기 위해서는 '다원적 타자'64) 또는 '상호 타자'라는 검토 방법이 필요하다. 따라서

---

63) '대항적 논리'에 대해서는 辻本雅史, 「談日本儒學的制度化: 以十七至十九世紀爲中心」, 田世民 옮김, 『臺灣東亞文明研究學刊』 第3卷 第1期(2006), 259쪽 참조.
64) 沈淸松은 최근에 지금 다문화 연구 분야에서 보편적으로 사용되고 있는 '他者' 개념은 '自己'와 대립되는 의미를 내포하고 있기 때문에 이러한 잘못을 모면하기 위해서는 서로 다른 문화의 異同을 살펴보는 하나의 시각으로서 '多元他者'라는 개념을 사

지역문화사로서의 동아시아유학은 다원적 문화 형태라는 관념을 구축함으로써 기존의 '일국사' 연구에서 빠져들기 쉬운 '중국 중심론'을 피해야 한다. 이러한 점은 이미 본문의 주제 범위를 넘어섰다. 만약 관심을 가진다면 내가 별도로 쓴 두 편의 글을 참고하기 바란다.[65]

용할 것을 제안했다. 沈淸松, *Centralities in Diaspora—A Philosophical Reflection*, 2010年 6月 國際中國哲學會(ISCP), 武漢大學哲學院"近三十年來中國哲學的發展: 回顧與展望"國際學術討會論文을 볼 것.

65) 위에서 제시한 졸문 「事天'與'尊天': 明末淸初地方儒者的宗敎關懷」(臺灣 『淸華學報』 2009年 第1期); 「試說'東亞儒學'何以必要」(『臺灣東亞文明硏究學刊』 第8卷 第1期 總第15期, 2011) 참조.

참고문헌

1. 단행본

■ 중국어

葛兆光, 『宅玆中國』, 北京: 中華書局, 2011.

高明士, 『當代東亞教育圈的形成: 東亞世界形成史的一側面』, 臺北: '國立'編譯館中華叢書
　　　編審委員會, 1984.

高明士, 『天下秩序與文化圈的探索: 以東亞古代的政治與教育爲中心』, 上海: 上海古籍出
　　　版社, 2008.

高明士 主編, 『東亞文化圈的形成與發展: 儒家思想篇』, 臺北: 臺灣大學歷史學系, 2003.(2004
　　　년에 臺灣大學出版中心에서 再版)

祁彪佳, 『祁彪佳文稿』, 北京: 書目文獻出版社, 1991.

戴震, 『戴震全書』, 合肥: 黃山書社, 1995.

羅欽順, 『困知記』, 北京: 中華書局, 1990.

呂妙芬, 『陽明學士人社群: 歷史·思想與實踐』, 臺北: '中央'研究院近代史研究所, 2003.

勞大與, 『聞鐘集』, 康熙 七年(1668)刻本, 日本國會圖書館藏.

劉金才·草山昭, 『報德思想與中國文化』, 北京: 學苑出版社, 2003.

劉寶楠, 『論語正義』, 北京: 中華書局, 1990.

劉宗賢·蔡德貴 編, 『當代東方儒學』, 北京: 人民出版社, 2003.

李光耀, 『李光耀40年政論選』, 北京: 現代出版社, 1994.

林慶彰, 『中國經學研究的新視野』, 臺北: 萬卷樓, 2012.

薄井由, 『東亞同文書院: 大旅行研究』, 上海: 上海書店出版社, 2001.

潘朝陽, 『臺灣儒學的傳統與現代』, 臺北: 台大出版中心, 2008.

范立本 輯·王衡 校, 『新鍥京板正僞音釋提頭大字明心寶鑑正文二卷』(和刻本), 寶永 八年
　　　(1711)刊, 日本關西大學圖書館泊園文庫藏.

石之瑜, 『日本近代性與中國: 在世界現身的主體策略』, 臺北: '國立'編譯館, 2008.

孫歌, 『竹內好的悖論』, 北京: 北京大學出版社, 2004.

孫衛國, 『大明旗號與小中華意識: 朝鮮王朝尊周思明問題研究(1637~1800)』, 北京: 商務
　　　印書館, 2007.

顏茂猷, 『迪吉錄』(『四庫全書存目叢書』, 子部 第222冊), 濟南: 齊魯書社, 1997.

楊儒賓, 『異議的意義: 近世東亞的反理學思潮』, 臺北: 台大出版中心, 2012.

楊儒賓 主編, 『朱子學的開展: 東亞篇』, 臺北: 漢學研究中心, 2002.

余英時, 『論戴震與章學誠』(修訂本), 北京: 三聯書店, 2000.

余英時, 『儒家倫理與商人精神』(『余英時文集』 第3卷), 桂林: 廣西師範大學出版社, 2004.

吳震, 『明代知識界講學活動系年: 1522~1602』, 上海: 學林出版社, 2003.

吳震, 『明末清初勸善運動思想研究』, 臺北: 台大出版中心, 2009.

吳震, 『泰州學派研究』, 北京: 中國人民大學出版社, 2009.

吳震, 『當中國儒學遭遇'日本': 19世紀末以來'儒學日本化'的問題史考察』, 上海: 華東師範
　　　大學出版社, 2015.

王汎森, 『執拗的低音: 一些歷史思考方式的反思』, 上海: 復旦大學出版社, 2014.

王屏, 『近代日本的亞細亞主義』, 北京: 商務印書館, 2004年.

王寶平 主編, 『中國館藏和刻本漢籍書目』, 杭州: 杭州大學出版社, 1995.

王青 主編, 『儒教與東亞的近代』, 保定: 河北大學出版社, 2007.

王曉秋, 『近代中國與日本: 互動與影響』, 北京: 昆侖出版社, 2005.

袁了凡, 『了凡四訓』(袁嘯波 編, 『民間勸善書』), 上海: 上海古籍出版社, 1995.

袁了凡, 『陰騭錄』, 元祿十四年(1701)雒東獅子轂升蓮社和刻本.

俞可平 等 主編, 『中國模式與'北京共識': 超越'華盛頓共識'』, 北京: 社會科學文獻出版社,
　　　2006.

張崑將, 『德川日本'忠''孝'概念的形成與發展: 以兵學與陽明學爲中心』, 臺北: 喜馬拉雅研
　　　究發展基金會, 2003.

張崑將, 『日本德川時代古學派之王道政治論: 以伊藤仁齋‧荻生徂徠爲中心』, 臺北: 台大
　　　出版中心, 2004.

張崑將, 『德川日本儒學思想的特質: 神道‧徂徠學與陽明學』, 臺北: 台大出版中心, 2007.

張崑將 編, 『東亞論語學: 韓日篇』, 臺北: 台大出版中心, 2009.

張立文, 『和合與東亞意識』, 上海: 華東師範大學出版社, 2001.

張寶三‧徐興慶 編, 『德川時代日本儒學史論集』, 臺北: 台大出版中心, 2004.

張藝曦, 『陽明學的鄉里實踐: 以明中晚期江西吉水, 安福兩縣爲例』, 北京: 北京師範大學
　　　出版社, 2013.

程顥‧程頤, 『二程集』, 北京:中華書局, 1981.

趙京華, 『日本後現代與知識左翼』, 北京: 三聯書店, 2007.

趙世瑜, 『大歷史與小歷史: 區域社會史的理念, 方法與實踐』, 北京: 三聯書店, 2006.

周敦頤, 『周敦頤集』, 北京: 中華書局, 1990.

朱舜水, 『朱舜水集』, 北京: 中華書局, 1981.

朱舜水, 『朱氏談綺』, 上海: 華東師範大學出版社, 1988.

朱維錚, 『走出中世紀』(增訂版), 上海: 復旦大學出版社, 2007.

周振鶴, 『聖諭廣訓: 集解與研究』, 上海: 上海書店出版社, 2006.

朱熹, 『四書章句集注』, 北京: 中華書局, 1983.

朱熹, 『朱子語類』, 北京: 中華書局, 1986.

朱熹, 『朱子全書』, 上海: 上海古籍出版社; 合肥: 安徽教育出版社, 2002.

陳建, 『學蔀通辨』, 臺北: 廣文書局, 1971.

陳來, 『東亞儒學九論』, 北京: 三聯書店, 2008.

陳昭瑛, 『臺灣儒學: 起源, 發展與轉化』, 臺北: 台大出版中心, 2008.

陳時龍, 『明代中晚期講學運動: 1522~1626』, 上海: 復旦大學出版社, 2005.

陳垣, 『明季滇黔佛教』, 石家莊: 河北教育出版社, 2000.

陳瑋芬, 『近代日本漢學的關鍵字研究: 儒學及其相關概念的嬗變』, 臺北: 台大出版中心, 2005.

陳智錫, 『勸戒全書』, 崇禎十四年(1641)序刊, 日本內閣文庫藏.

蔡振豐 主編, 『東亞朱子學的詮釋與發展』, 臺北: 台大出版中心, 2009.

鄒元標, 『願學集』(『四庫全書』本).

何俊編, 『師英錄』, 上海: 上海辭書出版社, 2014.

韓東育, 『從脫儒到脫亞: 日本近世以來去中心化之思想過程』, 臺北: 台大出版中心, 2009.

黃宗羲, 『明儒學案』, 北京: 中華書局, 1985.

黃俊傑, 『儒學傳統與文化創新』, 臺北: 東大圖書, 1983.

黃俊傑, 『東亞儒學: 經典與詮釋的辯證』, 臺北: 台大出版中心, 2008.

黃俊傑, 『臺灣意識與臺灣文化』, 臺北: 台大出版中心, 2009.

黃俊傑, 『東亞文化交流中的儒家經典與理念: 互動・轉化與融合』, 臺北: 台大出版中心, 2010.

黃俊傑 編, 『東亞儒學研究的回顧與展望』, 上海: 華東師範大學出版社, 2008.

黃遵憲, 『黃遵憲全』, 北京: 中華書局, 2005.

黃進興, 『後現代主義與史學研究』, 臺北: 三民書局, 2006.

黃平・崔之元 主編, 『中國與全球化: 華盛頓共識還是北京共識』, 北京: 社會科學文獻出版社, 2005.

滬友會 編, 楊華 等 譯, 『上海東亞同文書院大旅行記錄』, 北京: 商務印書館, 2000.

加藤週一, 葉渭渠・唐月梅 譯, 『日本文學史序說』, 北京: 外語教學與研究出版社, 2011.

高橋哲哉, 徐曼 譯, 『國家與犧牲』, 北京: 社會科學文獻出版社, 2008.

高橋哲哉, 黃東蘭 譯, 孫江 校, 『靖國問題』, 北京: 三聯書店, 2007.

溝口雄三, 孫軍悅・李曉東 譯, 『溝口雄三著作集: 李卓吾兩種陽明學』, 北京: 三聯書店, 2014.

溝口雄三, 鄭靜 譯, 孫歌 校, 『溝口雄三著作集: 中國的公與私公私』, 北京: 三聯書店, 2011.

堀幸雄, 熊達雲 譯, 高士華 校, 『戰前日本國家主義運動史』, 北京: 社會科學文獻出版社, 2010.

德羅伊森, 胡昌智 譯, 『歷史知識理論』, 北京: 北京大學出版社, 2006.

杜維明, 彭國翔 編譯, 『儒家傳統與文明對話』, 石家莊: 河北人民出版社, 2006.

鈴木貞美, 魏大海 譯, 『日本的文化民族主義』, 武漢: 武漢大學出版社, 2008.

利奧波特馮蘭克, 楊培英 譯, 『歷史上的各個時代』, 北京: 北京大學出版社, 2010.

薩義德, 王宇根 譯, 『東方學』, 北京: 三聯書店, 1999.

宋榮培, 樸海光・呂鉬 譯, 『東西哲學的交匯與思維方式的差異』, 石家莊: 河北人民出版社, 2006.

野村浩一, 張學鋒 譯, 『近代日本的中國認識: 走向亞洲的航跡』, 北京: 中央編譯出版社, 1998.

子安宣邦, 董炳月 譯, 『國家與祭祀』, 北京: 三聯書店, 2007.

子安宣邦, 趙京華 編譯, 『東亞論: 日本現代思想批判』, 長春: 吉林人民出版社, 2004.

子安宣邦, 陳瑋芬 譯, 『福澤諭吉「文明論槪略」精讀』, 北京: 淸華大學出版社, 2010.

子安宣邦, 陳瑋芬 외 譯, 『東亞儒學: 批判與方法』, 臺北: 喜馬拉雅硏究發展基金會, 2003.

卡爾瑞貝卡, 高瑾 외 譯, 『世界大舞臺: 十九, 二十世紀之中國的民族主義』, 北京: 三聯書店, 2008.

卡爾波普爾, 陸衡 외 譯, 『開放社會及其敵人』, 北京: 中國社會科學出版社, 1999.

竹內好, 孫歌 編, 李冬木 외 譯, 『近代的超克』, 北京: 三聯書店, 2005.

紮卡利亞, 趙廣成·林民旺 譯, 『後美國世界: 大國崛起的經濟新秩序時代』, 北京: 中信出版社, 2009.

鶴見俊輔, 邱振瑞 譯, 『戰爭時期日本精神史: 1931—1945』, 成都: 四川敎育出版社, 2013.

哈佛燕京學社 編, 『全球化與文明對話』, 南京: 江蘇敎育出版社, 2004.

■ 일본어

加藤盛一, 『中江藤樹』, 東京: 文敎書苑, 1942.

家永三郞, 『津田左右吉の思想史的硏究』, 東京: 岩波書店, 1972.

岡田武彦, 『中國思想における理想と現實』, 東京: 木耳社, 1983.

江村北海, 『日本詩史』, 明和 八年(1771)抄本, 早稻田大學藏.

桂島宣弘, 『思想史の十九世紀: '他者'としての德川日本』, 東京: ぺりかん社, 1999.

桂島宣弘, 『幕末民衆思想の硏究: 幕末國學と民衆宗敎』(增訂版), 京都: 文理閣, 2005.

高橋文博, 『近世の死生觀: 德川前期儒敎と佛敎』, 東京: ぺりかん社, 2006.

高橋哲哉, 『靖國問題』, 東京: 築摩書房, 2005.

高島元洋, 『山崎闇齋: 日本朱子學と垂加神道』, 東京: ぺりかん社, 1992.

高瀨武次郞, 『日本之陽明學』, 東京: 鐵華書院, 1898.

古川哲史, 『廣瀨淡窓』, 京都: 思文閣, 1972.

廣瀨淡窓, 『約言或問』, 東京: 岩波書店, 1940.

廣瀨淡窓, 『(增補) 淡窓全集』, 京都: 思文閣, 1971.

廣瀨淡窓, 『萬善簿』(『(增補) 淡窓全集』 下卷), 京都: 思文閣, 1971.

廣瀨淡窓, 『約言』(『近世後期儒家集』[『日本思想大系』 47]), 東京: 岩波書店, 1972.

廣松涉, 『近代の超克論: 昭和思想史への一視角』, 東京: 講談社, 1989.

溝口雄三, 『方法としての中國』, 東京: 東京大學出版社, 1989.

溝口雄三 等 編, 『アジアから考える』, 東京: 東京大學出版會, 1994.

國立敎育硏究所 編, 『日本近代敎育百年史』, 東京: 敎育硏究振興會, 1974.

宮崎道生, 『熊澤蕃山の硏』, 京都: 思文閣, 1989.

近衛篤麿, 『近衛篤麿日記』, 東京: 鹿島硏究所出版會, 1968.

今井淳·山本眞功 編, 『石門心學の思想』, 東京: ぺりかん社, 2006.

今井淳・小澤富夫 編, 『日本思想論爭史』, 東京: ぺりかん社, 1979.

今中寬司, 『徂徠學の史的研究』, 京都: 思文閣, 1992.

吉川幸次郎, 『仁齋徂徠宣長』, 東京: 岩波書店, 1975.

吉川幸次郎 等 編, 『山崎闇齋學派』(『日本思想大系』31), 東京: 岩波書店, 1980.

南川維遷, 『閑散餘錄』, 明和七年(1770)序刊.

　　　　(www2s.biglobe.ne.jp/~Taiju/1782_kansan_yoroku_2.htm.)

大久保勇市, 『廣瀨淡窓萬善簿の原點』, 京都: 啟文社, 1971.

大隅和雄・平石直昭 編, 『思想史家丸山眞男論』, 東京: ぺりかん社, 2002.

德富蘇峰, 『吉田松陰』, 民友社, 1893; 東京: 岩波書店, 1981.

陶珙, 『陶水部先生增損當官功過格』, 日本東洋文庫藏朝鮮鹹豐三年南秉哲重刊本.

陶德民, 『懷德堂朱子學の研究』, 大阪: 大阪大學出版部, 1994.

陶德民, 『明治の漢學者と中國: 安繹天囚湖南の外交論策』, 大阪: 關西大學出版部, 2007.

渡邊浩, 『近世日本社會と宋學』, 東京: 東京大學出版會, 1985.

渡邊浩, 『東アジアの王權と思想』, 東京: 東京大學出版會, 1997.

渡邊浩, 『日本政治思想史: 十七—十九世紀』, 東京: 東京大學出版會, 2010.

東恩納寬惇, 『六諭衍義傳』(『東恩納寬惇全集』第8卷), 東京: 第一書房, 1980.

藤井懶齋, 『大和爲善錄』, 元祿二年(1689)刊本,

　　　　東京大學附屬圖書館網站: http://kateibunko.dl.itc.u-tokyo.ac.jp/.

藤井懶齋, 『和漢陰隲傳』, 天保十一年(1840)序刊, http://www.dh-jac.net/db1/books/.

賴春水, 『寬政異學禁關係文書』(『近世後期儒家集』[『日本思想大系』47],「學統說送赤崎彦
　　　　禮」), 東京: 岩波書店, 1972.

網野善彦, 『‘日本’とは何か』, 東京: 講談社, 2000.

木村光德, 『藤樹學の成立に關する研究』, 東京: 風間書房, 1971.

木村光德, 『日本陽明學派の研究: 藤樹學派の思想とその資料』, 東京: 明德出版社, 1986.

武內義雄, 『易と中庸の研究』, 東京: 岩波書店, 1943.

尾藤二洲, 『寬政異學禁關係文書』(『近世後期儒家集』[『日本思想大系』47],「答問愚言」), 東
　　　　京: 岩波書店, 1972.

尾藤二洲, 『徂徠學派』(『日本思想大系』36),「正學指掌附錄」, 東京: 岩波書店, 1973.

尾藤正英, 『日本封建思想史研究: 幕藩體制の原理と朱子學的思惟』, 東京: 靑木書店, 1961.

尾藤正英, 『日本文化の歷史』, 東京: 岩波書店, 2000.

保科正之, 『玉山講義附錄』(1665年刊], 臺北: ‘中央’研究院中國文哲研究所籌備處, 1994年
　　　　影印寬文十二年(1672)刊本.

福永光司, 『道敎と日本文化』, 京都: 人文書院, 1982.

伏原宣條, 『和漢善行錄』, 天明八年(1788)序刊, 金澤市立圖書館稼堂文庫藏.
　　　　http://kyoyusvr.rekihaku.ac.jp.

本居宣長, 『排蘆小舟』(약 1757年에 책으로 되었다. 『本居宣長全集』第2卷), 東京: 築摩
　　　　書房, 1968.

山鹿素行,『謫居童問』(『山鹿素行全集』第12巻), 東京: 岩波書店, 1937.

山本命,『中江藤樹の儒學: その形成史的研究』, 東京: 風間書房, 1977.

山本眞功,『『心學五倫書』の基礎的研究』, 東京: 學習院大學, 1985.

山室信一,『思想課題としてのアジア: 基軸連鎖投企』, 東京: 岩波書店, 2001.

三宅雪嶺,『王陽明』, 政教社, 1893;『明治文學全集』第33巻, 東京: 築摩書房, 1967.

三宅正彦,『京都町衆伊藤仁齋の思想形成』, 京都: 思文閣, 1987.

相良亨,『誠實と日本人』, 東京: 鵜鶘社, 1980.

上安祥子,『近世論の近世』, 東京: 青木書店, 2005.

色川大吉,『新編明治精神史』, 1973;『色川大吉著作集』第1巻, 東京: 築摩書房, 1995.

色川大吉,『明治精神史』, 東京: 岩波書店, 2008再版(1968年初版).

西嶋定生, 李成市 編,『古代東アジア世界と日本』, 東京: 岩波書店, 2000.

西尾幹二 외,『新しい歴史教科書』, 東京: 扶桑社, 2001.

西周,『百一新論』(『明治文學全集』第3巻), 東京: 築摩書房, 1967.

西晉一郎,『東洋倫理』, 東京: 岩波書店, 1934.

西澤嘉朗,『陰騭録の研究』, 東京: 八木書店, 1946.

西澤嘉朗,『東洋庶民道德: 了凡四訓の研究』, 東京: 明德出版社, 1956.

石田梅岩,『石田梅岩全集』, 京都: 明倫舍, 1957.

石田梅岩,『都鄙問答』(『石田梅岩全集』上), 東京: 清文堂, 1972.

石田一良・金穀治 編,『藤原惺窩・林羅山』(『日本思想大系』28), 東京: 岩波書店, 1975.

石川謙,『石門心學史の研究』, 東京: 岩波書店, 1938.

石川謙,『心學』第1巻,「心學概説」, 東京: 雄山閣, 1941.

石川謙,『寺子屋』, 東京: 至文堂, 1960.

石川謙,『石田梅岩と『都鄙問答』』, 東京: 岩波書店, 1968.

石川謙,『日本庶民教育史』, 東京: 玉川大學出版部, 1977(1929年初版).

石川謙・小杉岩,『堵庵と道二』, 東京: 藻岩書店, 1941.

石川梅次郎 整理,『陰騭録』, 東京: 明德出版社, 1981再版.

小島康敬,『徂徠學と反徂徠』, 東京: ぺりかん社, 1987.

小島毅,『近代日本の陽明學』, 東京: 講談社, 2006.

小島毅,『靖國史觀: 幕末維新という深淵』, 東京: 築摩書房, 2006.

小路田泰直,『'邪馬台國'と日本人』, 東京: 平凡社, 2001.

小山國三・吉田公平 編,『中江藤樹心學派全集』, 東京: 研文出版, 2007.

小森陽一,『天皇の玉音放送』, 東京: 五月書房, 2003.

小泉吉永 編,『近世育兒書集成』, 東京: クレス出版, 2006.

松永尺五,『尺五堂先生全集』, 東京: ぺりかん社, 2000.

矢野仁一,『大東亞史の構想』, 東京: 目黒書店, 1944.

柴田實,『石田梅岩』, 東京: 吉川弘文館, 1962.

柴田實,『心』, 東京: 至文堂, 1967.

柴田實, 『梅岩とその門流: 石門心學史研究』, 東京: ミネルヴァ書房, 1977.

辻達也, 『江戸時代を考える』, 東京: 中公新書, 1988.

辻本雅史, 『教育社會文化史』, 東京: 放送大學教育振興會, 2004.

阿部吉雄, 『日本朱子學と朝鮮』, 東京: 東京大學出版會, 1965.

安積澹泊, 『澹泊齋文集』(『續續群書類叢』第13冊), 東京: 國書刊行會, 1909.

安井小太郎, 『日本儒教史』, 東京: 冨山房, 1939.

安丸良夫, 『日本の近代化と民衆思想』, 東京: 靑木書店, 1974(1965年初版).

安丸良夫・磯前順一 編, 『安丸思想史への對論: 文明化民衆兩義性』, 東京: ぺりかん社,
    2010.

若水俊, 『徂徠とその門人の研究』, 東京: 三一書房, 1993.

奧崎裕司, 『中國鄕紳地主の研究』, 東京: 汲古書院, 1978.

吾妻重二・朴元在 編, 『朱子家禮と東アジアの文化交涉』, 東京: 汲古書院, 2012.

玉懸博之, 『日本近世思想史研究』, 東京: ぺりかん社, 2008.

熊澤蕃山, 『日本思想大系』30, 「集義和書」, 東京: 岩波書店, 1971.

原念齋, 源了圓・前田勉 譯注, 『先哲叢談』, 東京: 平凡社, 1994.

源了圓, 『德川思想小史』, 東京: 中央公論社, 1973.

源了圓, 『近世初期實學思想の研究』, 東京: 創文社, 1980.

葦津珍彦, 『大アジア主義と頭山滿』(增補版), 東京: 日本敎文社, 1972.

衣笠安喜, 『近世儒學思想史の研究』, 東京: 法政大學出版社, 1976.

衣笠安喜, 『思想史と文化史の間: 東アジア日本京都』, 東京: ぺりかん社, 2004.

伊藤仁齋, 『童子問』(『近世思想家文集』[『日本古典文學大系』97]), 東京: 岩波書店, 1966.

伊藤仁齋, 『語孟字義』(『伊藤仁齋伊藤東涯』[『日本思想大系』33]), 東京: 岩波書店, 1971.

伊藤仁齋, 『論語古義』, 『孟子古義』(『日本名家四書注疏全書』第3卷), 東京: 鳳出版, 1973.

伊藤仁齋, 『古學先生文集』(享保二年(1717)序刊古義堂本, 『近世儒家文集集成』 第1卷),
    東京: ぺりかん社, 1985.

伊藤仁齋, 『仁齋日劄』(甘雨亭叢書本), 山形縣酒田市立光丘文庫藏,
    http://base1.nijl.ac.jp/iview/Frame.jsp.

逸名氏抄本, 『徂徠先生年譜細君墓表神主一卷』, 關西大學附屬圖書館泊園文庫藏.

子安宣邦, 『伊藤仁齋: 人倫的世界の思想』, 東京: 東京大學出版會, 1982.

子安宣邦, 『'事件'としての徂徠學』, 東京: 靑土社, 1991.

子安宣邦, 『方法としての江戸』, 東京: ぺりかん社, 2000.

子安宣邦, 『(新版) 鬼神論: 神と祭祀のディスケール』, 東京: 白澤社, 2002.

子安宣邦, 『'アジア'はどう語られてきたか: 近代日本のオリエンタリズム』, 東京: 藤原
    書店, 2004.

子安宣邦, 『伊藤仁齋の世界』, 東京: 鵜鶘社, 2004.

子安宣邦, 『日本ナショナリズムの解讀』, 東京: 白澤社, 2007.

子安宣邦, 『'近代の超克'とは何か』, 東京: 靑土社, 2008.

子安宣邦, 『徂徠學講義: 『弁名』を讀む』, 東京: 岩波書店, 2008.

子安宣邦, 『平田篤胤の世界』, 東京: ぺりかん社, 2009新版.

莊司吉之助・林基・安丸良夫 校注, 『民衆運動の思想』(『日本思想大系』58), 東京: 岩波書店, 1970.

長志珠繪, 『近代日本と'國語'ナショナリズム』, 東京: 吉川弘文館, 1998.

荻生茂博, 『近代アジア陽明學』, 東京: ぺりかん社, 2008.

荻生北渓, 『度量衡考』, 享保十九年(1734)刊.

荻生徂徠, 『弁道』, 『弁名』, 『學則』, 『太平策』, 『政談』(『荻生徂徠』[『日本思想大系』36]), 東京: 岩波書店, 1973.

荻生徂徠, 『論語徵』(『荻生徂徠全集』第3・4卷), 東京: みすず書房, 1978.

荻生徂徠, 『徂徠集』『徂徠集拾遺』(『近世儒家文集集成』第3卷), 東京: ぺりかん社, 1985.

荻生徂徠, 『孟子識』(甘雨亭叢書本, 『域外漢籍珍本文庫』第1輯 經部 第3冊), 重慶: 西南師範大學出版社, 2008.

荻生徂徠, 『蘐園隨筆』, 寶永六年(1709)刊本, 日本山形県酒田市立光丘文庫藏, http://base1.nijl.ac.jp/iview/Frame.

田尻佑一郎, 『山崎闇齋の世界』, 東京: ぺりかん社, 2006.

田崎哲郎, 『地方知識人の形成』, 東京: 名著出版, 1990.

田原嗣郎, 『德川思想史研究』, 東京: 未來社, 1967.

前田勉, 『近世神道と國學』, 東京: ぺりかん社, 2002.

前田勉, 『兵學と朱子學・蘭學・國學: 近世日本思想史の構圖』, 東京: 平凡社, 2006.

井上哲次郎, 『日本陽明學派之哲學』, 東京: 冨山房, 1900.

井上哲次郎, 『日本古學派之哲學』, 東京: 冨山房, 1903.

井上哲次郎, 『日本朱子學派之哲學』, 東京: 冨山房, 1905.

井上哲次郎, 『東洋文化と支那の將來』, 東京: 理想社出版部, 1935.

佐佐井信太郎, 『二宮尊德傳』, 東京: 日本評論社, 1935.

酒井直樹 等 編, 『ナショナリティの脱構築』, 東京: 柏書房, 1996.

竹田聰, 『日本人の'家'と宗教』(『竹田聰洲著作集』第6卷), 東京: 國書刊行會, 1996.

中江藤樹, 加藤盛一 標注, 『鑑草』, 東京: 岩波書店, 1939.

中江藤樹, 『藤樹先生全集』, 東京: 岩波書店, 1940.

中江藤樹, 『翁問答』(『中江藤樹』[『日本思想大系』29]), 東京: 岩波書店, 1982.

中田祝夫, 『日本靈異記解說』, 東京: 誠勉社, 1979.

中村春作, 『江戶儒教と近代の'知'』, 東京: ぺりかん社, 2002.

中村幸彥 等 編, 『近世の思想: 大東急紀念文庫公開講座講演錄』, 大東急紀念文庫, 1979.

津田左右吉, 『シナ思想と日本』, 東京: 岩波書店, 1938.

津田左右吉, 『蕃山益軒』, 東京: 岩波書店, 1938.

川尻寶岑, 『教育に關する勅話謹話』, 東京: 心學參前舍, 1940.

川村肇, 『在村知識人の儒學』, 京都: 思文閣, 1996.

川合淸丸, 『譯陰驚錄』, 東京: 日本國敎大道社, 1896.

村岡典嗣, 『(增補) 本居宣長』, 東京: 平凡社, 2006.

村岡典嗣, 前田勉 編, 『新編日本思想史研究』, 東京: 平凡社, 2004.

太宰春台, 『倭讀要領』, 享保十三年(1728)刻本, 早稻田大學藏.

太宰春台, 『聖學問答』(『徂徠學派』[『日本思想大系』 37]), 東京: 岩波書店, 1973.

澤井啓一, 『'記號'としての儒學』, 東京: 光芒社, 2000.

土田健次郎, 『'日常'の回復: 江戸儒學の'仁'の思想に學ぶ』, 東京: 早稻田大學出版部, 2012.

土田健次郎, 『江戸の朱子學』, 東京: 築摩書房, 2014.

八木意知男, 『和解本善書の資料と研究』, 京都: 同朋舍, 2007.

平石直昭, 『荻生徂徠年譜考』, 東京: 平凡社, 1984.

平野義太郎, 『大アジア主義の歷史的基礎』, 東京: 河出書房, 1945.

豐島豐州, 『仁說』(『日本儒林叢書』 第6冊), 東京: 鳳出版, 1978.

風間道太郎, 『尾崎秀實傳』, 東京: 法政大學出版局, 1976補訂版.

和辻哲郎, 『尊皇思想とその傳統: 日本倫理思想史第一卷』, 東京: 岩波書店, 1943.

丸山眞男, 『日本政治思想史研究』, 東京: 東京大學出版會, 1952.

丸山眞男, 『現代政治の思想と行動』, 東京: 未來社, 1957年初版, 1964增補版.

丸山眞男, 『日本の思想』, 東京: 岩波書店, 1961.

丸山眞男, 『戰中と戰後の間: 1936~195』, 東京: みすず書房, 1976.

丸山眞男, 『忠誠と反逆』, 東京: 築摩書房, 1992.

丸山眞男, 『日本政治思想史 1967』(『丸山眞男講義錄』 第7冊), 東京: 東京大學出版會, 1998.

黑住眞, 『近世日本社會と儒敎』, 東京: ぺりかん社, 2003.

黑住眞, 『複數性の日本思想』, 東京: ぺりかん社, 2006.

[韓] 姜沆, 朴鐘鳴 譯注, 『看羊錄』, 東京: 平凡社, 1984.

R. N. 貝拉, 池田昭 譯, 『德川時代の宗敎』, 東京: 岩波書店, 1996.

孫承喆, 山裡澄江・梅村雅英 譯, 『近世の朝鮮と日本: 交隣關係の虛と實』, 東京: 明石書店, 1998.

吾妻重二, 吳震 編, 吳震・郭海亮 외 譯, 『朱熹『家禮』實證研究: 附宋版『家禮』家校勘本』, 上海: 華東師範大學出版社, 2012.

■ 서구어

Marius B. Jansenze, *China in the Tokugewa World*, Cambridge MA: Harvard University press, 1992.

沈淸松, *Centralities in Diaspora: A Philosophical Reflection*, 2010年 6月, 國際中國哲學會 (ISCP), 武漢大學哲學院'近三十年來中國哲學的發展: 回顧與展望'國際學術研討會論文.

■ 한국어

權近,『陽村先生文集』, 首爾大學校奎章閣藏1674年重刊本.

金鎬逸・朴京夏・朴焞・朴鐘彩 編,『朝鮮後期鄕約文獻集成: 靈岩・海南・羅州』Ⅰ. 靈岩, 韓國: 國史編纂委員會, 1997.

李珥,『栗谷先生全書』, 韓國古典綜合資料庫網站 http://db.itkc.or.kr.

趙光祖,『靜庵先生續集』, 韓國古典綜合資料庫網站 http://db.itkc.or.kr.

崔瑆煥 編,『太上感應篇圖說』附諺解, 高宗十七年(1880)刊本.

2. 논문

■ 중국어

葛兆光,「誰的思想史? 爲誰寫的思想史?」,『西潮又東風: 晚淸民初思想,宗敎與學術十論』, 上海: 上海古籍出版社, 2006.

葛兆光,「地雖近而心漸遠: 17世紀中葉以後的中國・朝鮮和日本」,『臺灣東亞文明硏究學刊』第3卷 第1期, 2006.

郭齊勇,「東亞儒學核心價値觀及其現代意義」,『孔子硏究』2000年 第4期.

董世俊,「爲何種普遍主義辯護?: 評趙敦華敎授的爲普遍主義辯護」,『學術月刊』2007年 第5期.

鄧紅,「何謂'日本陽明學'」,『華東師範大學學報』2015年 第4期.

羅麗馨,「十九世紀以前日本人的朝鮮觀」,『臺大歷史學報』第38期, 2006.12.

藍弘嶽,「戰後日本學界德川儒學硏究史論評: 以對丸山眞男『日本政治思想史硏究』的批判與修正爲中心」, 黃俊傑 編,『東亞儒學硏究的回顧與展望』, 上海: 華東師範大學出版社, 2008.

劉紀蕙,「他者視點與方法: 子安宣邦敎授訪談」,『文化硏究』第6期(增刊) 2008夏季號, 臺北: 遠流出版, 2008.

李明輝,「中央硏究院'當代儒學'主題硏究計畫槪述」,『漢學硏究通訊』19:4, 臺北: 漢學硏究中心, 2000.11.

李甦平,「東亞儒學與東亞意識」,『中國文化』1998春季號.

林慶彰,「明淸時代中日經學硏究的互動關係」,『中國思潮與外來文化』, 臺北: '中央'硏究院中國文哲硏究所, 2002.

薄培林,『晚淸中國官僚的中日韓聯合論』, 日本關西大學,『アジア文化交流硏究』第5號, 2010.

潘朝陽,「從原鄕生活方式到中華文化主體性: 臺灣的文化原則和方向」,『臺灣硏究季刊』總第87期, 廈門大學臺灣硏究院, 2005.1.

常建華,「東亞社會比較與中國社會史硏究」,『天津社會科學』2004年 第3期.

桑兵,「'興亞會'與戊戌庚子間的中日民間結盟」,『近代史研究』2006年 第3期.

徐興慶,「朱舜水與德川水戶藩的禮制實踐」,臺灣大學,『台大文史學報』第75期, 2011.

楊儒賓,「理學的仁說: 一種新生命哲學的誕生」,『臺灣東亞文明研究學刊』第6卷 第1期 總
　　第11期, 2009.

楊天石,「黃遵憲的『朝鮮策略』及其風波」,『晩淸史事』, 北京: 中國人民大學出版社, 2007.

余英時,「從價値系統看中國文化的現代意義」,『余英時文集』第3卷, 桂林: 廣西師範大學
　　出版社, 2004.

余英時,「中日文化交渉學的初步觀察」,關西大學,『東アジア文化交渉學研究』別冊 1, 大
　　阪: 關西大學, 2008.

余英時,「余英時談治學經驗」,『東方早報上海書評』, 2014.6.29.

葉國良,「國立臺灣大學對日本漢學研究的努力」,關西大學,『アジア文化交流研究』第5
　　號, 大阪: 關西大學, 2010.2.

吳震,「晩明時代儒家理論的宗教化趨向: 以顏茂猷『迪吉錄』爲例」, 中國人民大學國學院,『國
　　學學刊』創刊號, 2009年 第1期.

吳震,「'事天'與'尊天': 明末淸初地方儒者的宗教關懷」,臺灣『淸華學報』2009年 第1期.

吳震,「'心是做工夫處': 關於朱子'心論'的幾個問題」, 吳震 主編,『宋代新儒學的精神世界』,
　　上海: 華東師範大學出版社, 2009.

吳震,「'以講會興起善人': 17世紀東亞文化交渉與福建鄉紳的講學活動」, 日本關西大學,『東
　　アジア文化交渉研究』第3號, 2010.3.

吳震,「試說'東亞儒學'何以必要」,『臺灣東亞文明研究學刊』第8卷 第1期, 2011.6.

吳震,「中國善書思想在東亞的多元形態: 從區域史的角度看」,『復旦學報』2011年 第5期.

吳震,「鬼神以祭祀而言: 關於朱子鬼神觀的若干問題」,『哲學分析』2012年 第3卷 第5.

吳震,「東亞儒學'芻議: 普遍性與特殊性問題爲核心」,『中國學術』總第31輯, 北京: 商務印
　　書館, 2012.

吳震,「宋代政治思想史上的'皇極'解釋: 以朱熹'皇極辨'爲中心」,『復旦學報』2012年 第6期.

吳震,「德川日本心學運動中的中國因素: 兼談'儒學日本化'」,『中華文史論叢』2013年 第2期.

吳震,「德川儒者荻生徂徠的經典詮釋方法論初探」,『中山大學學報』, 2014年 第3期.

王汎森,「戊戌前後思想資源的變化: 以日本因素爲例」, 香港中文大學,『二十一世紀』인터
　　넷판 2002年 9月號 總第6期.

王汎森,「從東亞交渉史料看中國」, 日本關西大學,『東アジア文化交渉研究』別冊 1, 大阪:
　　關西大學, 2008.

王爾敏,「淸廷『聖諭廣訓』之頒行及民間之宣講拾遺」,『中硏院近代史研究所集刊』22下,
　　1993.6.

王晴佳,「中國近代"新史學"的日本背景: 淸末的'史界革命'與日本的'文明史學'」,『臺大歷
　　史學報』第32期, 2003.

張崑將,「安藤昌益的儒敎批判及其對〈四書〉的評論」, 黃俊傑 編,『東亞儒者的四書詮釋』,
　　臺北: 臺灣大學出版中心, 2005.

張崑將,「片山兼山『論語一貫』的解釋特色」, 張崑將 編,『東亞論語學: 韓日篇』, 臺北: 台大出版中心, 2009.

張崑將,「順'逆'去'中心的互動模式: 以東亞儒學為中心的思考」, 臺灣大學高等人文社會科學研究院主辦2014年7月10日'東亞儒學研討會'會議論文.

莊禮偉,「亞洲價值觀'的語義與淵源考證」, 吳志攀‧李玉 主編, 包茂紅 副主編,『東亞的價值』, 北京: 北京大學出版社, 2010.

章太炎,「答鐵錚」,『民報』第14號, 1907.

趙敦華,「為普遍主義辯護: 兼評中國文化特殊主義思潮」,『學術月刊』2007年 第5期.

陳瑋芬,「'東洋''東亞''西洋'與'支那'」,『近代日本漢學的'關鍵字'研究: 儒學及其相關概念的嬗變』, 臺北: 台大出版中心, 2005.

陳瑋芬,「'倫理'‧'道德'概念在近代日本的轉化與再生」, 李明輝‧邱黃海 主編,『理解, 詮釋與儒家傳統: 比較觀點』, 臺北: '中央'研究院中國文哲研究所, 2010.

韓東育,「'仁'在日本近代史觀中的非主流地位」,『歷史研究』2005年 第1期.

戶倉恒信,「省思'東亞的近代'的必要性: 從子安宣邦的'來台'意義談起」,『文化研究』第6期 (增刊) 2008夏季號, 臺北: 遠流出版, 2008.

黃心川,「中國與東方周邊國家哲學的雙向交流及其影響」,『中國社會科學院研究生院學報』1999年 第4期.

黃俊傑,「東亞近世儒學思潮的新動向: 戴東原‧伊藤仁齋與丁茶山對孟學的解釋」,『韓國學報』第1期, 1981.4.

黃俊傑,「伊藤仁齋對『論語』的解釋: 東亞儒學詮釋學的一種類型」,『中山人文學報』15, 2002.

黃俊傑,「作為區域史的東亞文化交流史: 問題意識與研究主題」,『臺大歷史學報』第43期, 2009.6.

黃俊傑,「朱子'仁說'在德川日本的迴響」, 鐘彩鈞 編,『中央研究院第四屆國際漢學會議論文集: 東亞視域中的儒學: 傳統的詮釋』, 臺北: '中央'研究院中國文哲研究所, 2013.10.

權五榮,「崔漢綺的生涯與氣學」邢東風 譯, 楊國榮 主編,『思想與文化』第9輯, 上海: 華東師範大學出版社, 2009.

渡邊浩,「儒學史異同的解釋: '朱子學'以後的中國與日本」, 藍弘嶽 譯, 張寶三‧徐興慶 編,『德川時代日本儒學史論集』, 臺北: 台大出版中心, 2004.

梅約翰,「東亞儒學與中華文化民族主義: 一種來自邊緣的觀點」, 復旦大學文史研究院 編,『從周邊看中國』, 北京: 中華書局, 2009.

山室信一,「'多而合一'的秩序原理與亞洲價值論」, 吳志攀‧李玉 主編, 包茂紅 副主編,『東亞的價值』, 北京: 北京大學出版社, 2010.

辻本雅史,「十八世紀後半期儒學的再檢討: 以折衷派, 正學派朱子學為中心」, 田世民 譯, 張寶三‧徐興慶 編,『德川時代日本儒學史論集』, 臺北: 台大出版中心, 2004.

辻本雅史,「談日本儒學的'制度化': 以十七至十九世紀為中心」, 田世民 譯,『臺灣東亞文明研究學刊』第3卷 第1期 總第5期, 2006.6.

子安宣邦, 「"世界史"和日本近代的觀點」, 『臺大歷史學報』 第28期, 2001.12.

子安宣邦, 「作爲事件的徂徠學: 思想史方法的再思考」, 朱秋而 譯, 『臺大歷史學報』 第29期, 2002.6.

中村春作, 「荻生徂徠之『論語徵』及其後之『論語』注釋」, 金培懿 譯, 張崑將 編, 『東亞論語學: 韓日篇』, 臺北: 台大出版中心, 2009.

澤井啓一, 「近代日本儒學的展開」, 廖肇亨 譯, 李明輝·陳瑋芬 主編, 『現代儒家與東亞文明: 地域與發展』, 臺北: '中央'研究院中國文哲研究所, 2004.

土田健次郎, 「伊藤東涯之『論語』研究」, 張崑將 編, 『東亞論語學: 韓日篇』, 臺北: 台大出版中心, 2009.

■ 일본어

葛西弘隆, 「丸山眞男の'日本'」, 酒井直樹 等 編, 『ナショナリティの脫構築』, 東京: 柏書房, 1996.

岡田武彦, 「朱子と智藏」, 『中國思想における理想と現實』, 東京: 木耳社, 1983.

高橋文博, 「『鑑草』再考」, 『季刊日本思想史』 第54號, 東京: ぺりかん社, 1999.

高橋亨, 「王道儒學より皇道儒學へ」, 朝鮮總督府 『朝鮮』 295, 1939.

古川哲史, 「『萬善簿』と『陰騭錄』」, 『季刊日本思想史』 第19號 ·廣瀨淡窓の思想特集, 東京: ぺりかん社, 1983.

廣松涉, 「東北アジアが歷史の主役に: 日中を軸に'東亞'の新體制を」, 『廣松涉著作集』 第14卷, 東京: 岩波書店, 1997.

溝口雄三, 「反宋學の道」, 『實存主義』 第54號, 東京: 理想社, 1960.12.

溝口雄三, 「二つの陽明」, 『理想』 第512號, 1981.1.

溝口雄三, 「中國思想の受容について」, 『日本の美學』 第9號, 東京: ぺりかん社, 1984.

今井淳, 「飛驒の心學運動: 二木長嘯の『講席日誌』」, 『專修大學人文學硏究月報』 第15號, 1970.

今中寬司, 「江戶時代の倫理思想」, 日本思想史硏究會 編, 『日本における倫理思想の展開』, 東京: 吉川弘文館, 1965.

吉田公平, 「石門心學と陽明學」, 今井淳·山本眞功 編, 『石門心學の思想』, 東京: ぺりかん社, 2006.

吉川幸次郎, 「徂徠學」, 『荻生徂徠』(『日本思想大系』 36), 東京: 岩波書店, 1973.

大川眞, 「近世王權論硏究の新たな視座: 文武論をてがかりとして」, 『日本思想史硏究』 第36號, 2004.

大村興道, 「淸朝敎育思想史における「聖諭廣訓」の地位について」, 林友春 編, 『近世中國敎育史硏究』, 東京: 國土社, 1958.

陶德民, 「和刻本『聖諭廣訓』に關する再考」, 『懷德』 第57號, 東京: 汲古書院, 1988.

陶德民, 「周振鶴の新著『聖諭廣訓: 集解與硏究』について」, 關西大學アジア文化交流セン

ター『還流』第3號, 大阪: 關西大學, 2006.

藤穀浩悅, 「戊戌變法と東亞會」, 『史峰』第2號, 1989.3.

藤田高夫, 「東アジア文化交渉學の構築にむけて」, 『東アジア文化交渉學研究』 創刊號, 大阪: 關西大學, 2008.

藤塚鄰, 「物茂卿の『論語徵』と淸朝の經師」, 『支那學研究』第4期, 東京: 斯文會, 1935.2.

賴惟勤, 「藪孤山と亀井昭陽父子」, 『徂徠學派』(『日本思想大系』37), 東京: 岩波書店, 1973.

賴惟勤, 「徂徠門弟以後の經學說の性格」, 『徂徠學派』(『日本思想大系』37), 東京: 岩波書店, 1973.

尾崎秀實, 「'東亞協同體'の理念とその成立の客觀的基礎」, 『中央公論』1939年 1月號.

尾藤正英, 「儒教」, 尾藤正英 編, 『日本文化と中國』(『中國文化叢書』第10冊), 東京: 大修館, 1974.

柏原佑, 「淺井了意の敎化思」, 笠原一男博士還曆記念會 編, 『日本宗敎史論集』卷下, 東京: 吉川弘文館, 1976.

白土わか, 「日本靈異記にあらわれた因果應報思想」, 佛敎思想研究會 編, 『佛敎思想』第3冊, 京都: 平樂寺書店, 1978.

柄谷行人, 「戰後の思考」, 東京: 文藝春秋, 1994.

福永光司, 「津田左右吉博士と道教」, 『東方宗教』第61號, 1983.

夫馬進, 「朝鮮燕行使申在植の『筆譚』に見える漢學宋學論議その周邊」, 岩井茂樹 編, 『中國近世社會秩序の形成』, 京都: 京都大學人文科學研究所, 2004.3.

夫馬進, 「朝鮮通信使による日本古學の認識: 朝鮮燕行使による清朝漢學の把握を視野に入れ」, 『思想』981號, 東京: 岩波書店, 2006.1.

夫馬進, 「一七六四年朝鮮通信使と日本の徂徠」, 京都大學文學部, 『史林』89卷 5號, 2006.9.

夫馬進, 「一七六五年洪大容の燕行と一七六四年朝鮮通信使: 兩者が體認した中國日本の'情'を中心に」, 東洋史研究會, 『東洋史研究』第67卷 第3號, 2008.12.

相良亨, 「人倫日用における超越: 伊藤仁齋の場合」, 『相良亨著作』第2冊, 東京: ぺりかん社, 1996.

上山春平, 「朱子『家禮』と『儀禮經傳通解』」, 『東方學報』第54號, 1982.

西嶋定生, 「總說」, 『岩波書店講座 世界歷史 4: 古代 第4 東アジア世界の形成 1』, 東京: 岩波書店, 1970.

緒形康, 「他者像の變容: 中國への眼差」, 『江戶の思想』第4號, 東京: ぺりかん社, 1996.

石毛忠, 「戰國安土桃山時代の倫理思想: 天道思想の展開」, 日本思想史研究會 編, 『日本における倫理思想の展開』, 東京: 吉川弘文館, 1965.

石田雄, 「丸山眞男と市民社會」, 國民文化會議 編, 『丸山眞男と市民社會』, 東京: 世織書房, 1997.

成海俊, 「『明心寶鑑』が日本文學に與えた影響: とくに小瀬甫庵の『明意寶鑒』との關連をめぐって」, 『日本思想史研究』27, 1996.

小島毅, 「地域からの思想史」, 溝口雄三 等 編, 『アジアから考える 1, 交錯するアジア』,

東京: 東京大學出版會, 1993.

小川武彦, 「『堪忍記』の出典上の一: 中國種の說話を中心」, 『近世文藝: 研究と評論』第10
　　號, 早稻田大學文學部暉峻研究室, 1976.

小川武彦, 「『堪忍記』の出典上の二: 中國種の說話を中心に」, 『近世文藝: 研究と評論』第
　　12號, 早稻田大學文學部暉峻研究室, 1977.

水林彪, 「原型(古層) 論と古代政治思想論」, 大隅和雄・平石直昭 編, 『思想史家丸山眞男
　　論』, 東京: ぺりかん社, 2002.

柴田實, 「『都鄙問答』の成立: 石田梅岩の心學の諸典據について」, 『史林』39卷 6號, 1956.11.

柴田實, 「寬政異學の禁と心學」, 『關西大學文學論集』創立九十周年紀念特輯, 1971.11.

柴田實, 「石門心學について」, 『石門心學』(『日本思想大系』42), 東京: 岩波書店, 1971.

岸本美緒, 「東洋のなかの東洋學」, 『岩波講座「帝國」の學知 第3卷: 東洋學の磁場』, 東京:
　　岩波書店, 2006年.

安丸良夫, 「丸山思想史學と思惟樣式論」, 大隅和雄・平石直昭 編, 『思想史家丸山眞男論』,
　　東京: ぺりかん社, 2002.

逆井孝仁, 「「通俗道德」の思想構造: '心'の哲學成立の思想史的意義」, 古田紹欽・今井淳
　　編, 『石田梅岩の思想: '心'と'儉約'の哲學』, 東京: ぺりかん社, 1979.

吾妻重二, 「水戸德川家と儒教儀禮: 祭禮を中心に」, 『アジア文化交流研究』第3號, 大阪:
　　關西大學アジア文化交流センター, 2008.

吾妻重二, 「江戸初期における學塾の發展と中國, 朝鮮」, 關西大學, 『東アジア文化交涉研
　　究』第2號, 2009.3.

吾妻重二, 「日本における『家禮』の受容: 林鵞峰『泣血餘滴』『祭奠私議』を中心に」, 吾妻
　　重二・朴元在 編, 『朱子家禮と東アジアの文化交涉』, 東京: 汲古書院, 2012.

玉懸博之, 「近世前期における神觀念」, 『神觀念の比較文化論的研究』, 東京: 講談社, 1981.

源了圓, 「石田梅岩論」, 古田紹欽・今井淳 編, 『石田梅岩の思想: '心'と'儉約'の哲學』, 東
　　京: ぺりかん社, 1979.

二木長嘯, 「講席日誌」, 大野政雄 整理, 飛驒鄕土學會『飛驒春秋』第150號, 1970.2.

子安宣邦, 「誠と近世的知の位相」, 『現代思想』第10卷 第12號, 東京: 靑土社, 1982.9.

子安宣邦, 「徂徠を語るとは何を語るのか」, 『思想』第839號, 1994.

子安宣邦, 「東亞概念と儒學」, 子安宣邦, 『'アジア'はどう語られてきたか: 近代日本の
　　オリエンタリズム』, 東京: 藤原書店, 2004.

子安宣邦, 「昭和日本と'東亞'の槪念」, 子安宣邦, 『'アジア'はどう語られてきたか: 近代
　　日本のオリエンタリズム』, 東京: 藤原書店, 2004.

子安宣邦, 「何が問題なのか: 廣松渉東亞新體制發言をめぐって」, 子安宣邦, 『'アジア'
　　はどう語られてきたか: 近代日本のオリエンタリズム』, 東京: 藤原書店, 2004.

子安宣邦, 「朱子學と近代日本の形成: 東亞朱子學の同調と異趣」, 『臺灣東亞文明研究學
　　刊』第3卷 第1期 總第5期, 2006.6.

長谷川伸三, 「文政期下館町における石門心學の靑少年敎化の實際: 中村兵左衛門家文書

『心學 こゝろのしらべ』の紹介」, 茨城県史編纂委員會, 『茨城県史研究』第16號, 1970.

荻生茂博, 「大國主義と日本の'實學'」, 『近代アジア陽明學』, 東京: ぺりかん社, 2008.

田尻祐一郎, 「音樂神主と徂徠學: 藪愼庵安積澹泊との往復書簡をめぐって」, 『日本思想史研究』第14號, 1983.

田原嗣郎, 「山鹿素行と士道」, 『山鹿素行』(『日本の名著』第12冊), 東京: 中央公論社, 1983.

田原嗣郎, 「日本の'公私'」, 溝口雄三, 『中國の公と私』, 東京: 研文出版, 1995.

前川享, 「身體感覺としての孝: 二十四孝と寶卷にみる孝の實踐形態」, 土屋昌明 編, 『東アジア社會における儒教の變容』, 東京: 專修大學出版局, 2007.

佐佐博雄, 「淸法戰爭と上海東洋學館の設立」, 『國士館大學文學部人文學會紀要』第12號, 1980.1, kiss.kokushikan.ac.jp/pages/

酒井直樹, 「丸山眞男と忠誠」, 『現代思想』第22卷 第1號, 東京: 靑土社, 1994.

酒井忠夫, 「江戸前期日本における中國善書の流通」, 『東方宗教』26號, 1965.

酒井忠夫, 「近世日本文化に及ぼせる中國善書の影響並びに流通」, 多賀秋五郎 編, 『近世アジア教育史研究』, 東京: 文理書院, 1966.

増淵龍夫, 「日本の近代史學史における中國と日本(I): 津田左右吉の場合」, 『歴史家の同時代史的考察について』, 東京: 岩波書店, 1983.

津田左右吉, 「東洋文化とは何か」, 『シナ思想と日本』, 東京: 岩波書店, 1938.

川原彰 編, 「日本思想史における'古層'の問題: 丸山眞男先生をお招きして」, 東京: 慶應義塾大學内山秀夫研究會, 1979.

川村肇, 「幕末在村'知識人'の儒學知の性格: 一八三〇年代信州松尾亨庵の事例」, 『日本の教育史學』第33集, 1990.

川村肇, 「涉川における幕末の儒學: '性'と教育, '忠信'と易姓革命」, 『日本教育史研究』第10號, 1991.

川村肇, 「幕末における在村の儒學と主體形成: 武蔵國秩父・若林嘉陵の事例」, 『教育學研究』第59卷 第2號, 1992.

川村肇, 「江戸時代後期の在存知識人の儒學: 甲斐國市川大門,座光寺南屛の事例」, 『鳴門教育大學研究紀要(教育科學編)』第10卷, 1995.

川村肇, 「民衆儒學へのアプローチ: 教育史の窓から」, 『江戸の時代』第3號, 東京: ぺりかん社, 1996.

澤井啓一, 「丸山眞男と近世/日本/思想史研究」, 大隅和雄・平石直昭 編, 『思想史家丸山眞男論』, 東京: ぺりかん社, 2002.

澤井啓一, 「近代儒教の生産と丸山眞男」, 『現代思想』第42卷 第11號, 2014.8. 臨時增刊號.

土田健次郎, 「東アジアにおける朱子學の機能: 普遍性と地域性」, 『アジア地域文化學の構築』, 京都: 雄山閣, 2006.

平石直昭, 「戰中・戰後徂徠論批判: 初期丸山・吉川兩學說の檢討を中心に」, 『社會科學研究』39卷 1號, 1987.

平石直昭,「德川思想史像の綜合的構成: ‘日本化’と‘近代化’の統一をめざして」, 平成6—7年度科學硏究費補助金(綜合硏究A)硏究成果報告書(비공개출판물), 1996.3.

下出積與,「江戸時代における農民と善書:『太上感應編靈驗』について」, 笠原一男博士還曆記念會 編,『日本宗敎史論集』卷下, 東京: 吉川弘文館, 1976.

狹間直樹,「初期アジア主義についての史的考察」,『東亞』第410-416號, 2001.8.-2002.2.

花田富二夫,「淺井了意の文事:『堪忍記』を中心に」, 長轂川强 編,『近世文學の俯瞰』, 東京: 汲古書院, 1997.

丸山眞,「近世儒敎の發展における徂徠學の特質並にその國學との關連」,『國家學會雜誌』第54卷 第2~4號, 1940.

丸山眞男,「超國家主義の倫理と心理」,『世界』第5號, 1946.

丸山眞男,「近代日本思想史における國家理性の問題」1(「近代日本思想史上的國家理性的問題」),『展望』1949年 1月號.

丸山眞男,「べら─『德川時代の宗敎』について」, 堀一郎・池田昭 譯,『日本近代化と宗敎倫理: 日本近世宗敎論』附錄, 東京: 未來社, 1962.

丸山眞男,「闇齋學と闇齋學派」,『山崎闇齋學派』(『日本思想大系』31), 東京: 岩波書店, 1970.

丸山眞男,「歷史意識の‘古層’」,『歷史思想集』別冊(『日本の思想』第6卷), 東京: 築摩書房, 1972.

丸山眞男,「『太平策』考」,『荻生徂徠』(『日本思想大系』36), 東京: 岩波書店, 1973.

丸山眞男,「近代的思惟」,『戰中と戰後の間: 1936—1957』, 東京: みすず書房, 1976.

丸山眞男,「福澤諭吉の儒敎批判」,『戰中と戰後の間: 1936—1957』, 東京: みすず書房, 1976.

丸山眞男,「英語版への著者の序文」,『日本政治思想史硏究』, 東京: 東京大學出版會, 1983年新裝版.

丸山眞男,「原型古層執拗低音: 日本思想史方法論についての私の步み」, 加藤週一・木下順二・丸山眞男・武田淸子 合著,『日本文化のかくれた形』, 東京: 岩波書店, 1984.

丸山眞男,「思想史の方法を摸索して: 一つの回想」,『丸山眞男集』第10卷, 東京: 岩波書店, 1997.

丸山眞男,「日本思想史における‘古層’の問題」,『丸山眞男集』第11卷, 東京: 岩波書店, 1997.

丸山眞男,「政治意識の執拗低音」(원래는 영문 연설 원고이다),『丸山眞男集』第12卷, 東京: 岩波書店, 1997.

丸山眞男,「福澤岡倉內村」,『忠誠と反逆: 轉形期日本の精神史學的位相』, 東京: 築摩書房, 1998.

荒木見悟,「貝原益軒の思想」,『日本思想大系』34, 東京: 岩波書店, 1970.

荒木見悟,「顔茂猷小論」,『陽明學の開展と佛敎』, 東京: 硏文出版, 1984.

黑住眞,「日本思想とその硏究: 中國認識をめぐって」, 東京大學『中國: 社會と文化』第11號, 1996.

黑住眞,「德川儒敎と明治におけるその再編」,『近世日本社會と儒敎』, 東京: ぺりかん社, 2003.

찾아보기

지은이　오진吳震

京都大學에서 문학박사(중국철학)학위를 받았다. 현재 復旦大學 철학학원 교수, 박사생지도교수이다. 상해유학원 집행부원장, 중국철학사학회 부회장, 상해시 유학연구회 회장 등을 겸직하고 있다. 주요 저서로는 『聶豹・羅洪先評傳』(2001), 『陽明後學研究』(2003, 2016), 『明代知識界講學活動系年: 1522—1602』(2003), 『羅汝芳評傳』(2005), 『泰州學派研究』(2009), 『明末淸初勸善運動思想研究』(2009, 2016), 『『傳習錄』精讀』(2011), 『顏茂猷思想研究』(2015), 『儒學思想十論 吳震學術論集』(2016), 『朱子思想再讀』(2018), 『東亞儒學問題新探』(2018), 『孔敎運動的觀念想像』(2019), 『中華傳統文化百部經典・傳習錄』(2018) 등이 있다. 주편한 저서로는 『宋代新儒學的精神世界—以朱子學爲中心』(2009), 『思想與文獻: 日本學者朱明儒學研究』(2010), 『全球化視野下的中國儒學研究』(2015), 『宋明理學新視野』(2021) 등이 있다.

옮긴이　반창화潘暢和

중국 延邊大學 중국어학부를 졸업하고 동 대학에서 철학석사학위, 復旦大學에서 철학박사학위를 받았다. 중국 延邊大學 정치학부 교수로 정년퇴직을 하였다. 中華日本哲學會 이사장, 吉林省哲學會 부이사장 등을 역임한 바 있다. 저서로 『東亞儒家文化圈的價値衝突—以古代朝鮮和日本儒學比較爲中心』 등 4권이 있고, 편저로 『日本古代思想史論』 등 3권이 있으며, 「古代朝鮮和日本朱子學特色比較」 등 50여 편의 논문이 있다.

장윤수張閏洙

경북대학교 철학과를 졸업하고, 같은 학교 대학원에서 석사와 박사학위를 받았다. 현재 대구교육대학교 윤리교육학과 교수로 재직하고 있으며, 중국 西北大學 인문학원 객좌교수로도 활동하고 있다. 신유학, 퇴계철학, 동양교육사상 방면에 학문적 관심이 많다. 『도, 길을 가며 길을 묻다』를 비롯한 10여 권의 저서와 『橫渠易說』 등 10여 권의 번역서가 있으며, 「氣學과 心學의 횡단적 소통구조에 관한 연구」 외 70여 편의 학술논문이 있다.

고명문高明文

전남대학교에서 철학박사학위를 받았으며, 현재 延邊大學 정치학부 강사로 재직하고 있다. 박사학위 논문은 「정약용 윤리학의 자연주의 재구성」이고, 최근 3년간 「정약용의 성 기호설의 한계」(『철학논총』, 2018), 「자연주의 관점에서 본 정약용과 이제마의 인성론」(『범한철학』, 2018) 등 5편의 논문을 발표했다.

예문서원의 책들

역학총서

주역철학사(周易硏究史) 廖名春·康學偉·梁韋弦 지음, 심경호 옮김, 94쪽, 45,000원
송재국 교수의 주역 풀이 송재국 지음, 380쪽, 10,000원
송재국 교수의 역학담론 −하늘의 빛 正易, 땅의 소리 周易 송재국 지음, 536쪽, 32,000원
소강절의 선천역학 高懷民 지음, 곽신환 옮김, 368쪽, 23,000원
다산 정약용의 『주역사전』, 기호학으로 읽다 방인 지음, 704쪽, 50,000원
주역과 성인, 문화상징으로 읽다 정병석 지음, 440쪽, 40,000원
주역과 과학 신정원 지음, 344쪽, 30,000원
주역, 운명과 부조리 그리고 의지를 말하다 주광호 지음, 352쪽, 30,000원
다산 정약용의 역학서언, 주역의 해석사를 다시 쓰다 −고금의 역학사를 종단하고 동서 철학의 경계를 횡단하다 방인 지음, 736쪽, 65,000원
정현의 주역 林忠軍 지음, 손흥철, 임해순 옮김, 880쪽, 56,000원
주역의 기호학−퍼스 기호학으로 보는 괘의 재현과 관계 박연규 지음, 352쪽, 32,000원

한국철학총서

조선 유학의 학파들 한국사상사연구회 편저, 688쪽, 24,000원
조선유학의 개념들 한국사상사연구회 지음, 648쪽, 26,000원
유교개혁사상과 이병헌 금장태 지음, 336쪽, 17,000원
쉽게 읽는 퇴계의 성학십도 최제목 지음, 152쪽, 7,000원
홍대용의 실학과 18세기 북학사상 김문용 지음, 288쪽, 12,000원
남명 조식의 학문과 선비정신 김충열 지음, 512쪽, 26,000원
명재 윤증의 학문연원과 가학 충남대학교 유학연구소 편, 320쪽, 17,000원
조선유학의 주역사상 금장태 지음, 320쪽, 16,000원
심경부주와 조선유학 홍원식 외 지음, 328쪽, 20,000원
퇴계가 우리에게 이윤희 지음, 368쪽, 18,000원
조선의 유학자들, 켄타우로스를 상상하며 理와 氣를 논하다 이향준 지음, 400쪽, 25,000원
퇴계 이황의 철학 윤사순 지음, 320쪽, 24,000원
조선유학과 소강절 철학 곽신환 지음, 416쪽, 32,000원
되짚어 본 한국사상사 최영성 지음, 632쪽, 47,000원
한국 성리학 속의 심학 김세정 지음, 400쪽, 32,000원
동도관의 변화로 본 한국 근대철학 홍원식 지음, 320쪽, 27,000원
선비, 인을 품고 의를 걷다 한국국학진흥원 연구부 엮음, 352쪽, 27,000원
실학은 實學인가 서영이 지음, 264쪽, 25,000원
선사시대 고인돌의 성좌에 새겨진 한국의 고대철학 윤병렬 지음, 600쪽, 53,000원
사단칠정론으로 본 조선 성리학의 전개 홍원식 외 지음, 424쪽, 40,000원
국역 주자문록 −고봉 기대승이 엮은 주자의 문집 기대승 엮음, 김근호·김태년·남지만·전병욱·홍성민 옮김, 768쪽, 67,000원
최한기의 기학과 실학의 철학 김용헌 지음, 560쪽, 42,000원

성리총서

송명성리학(宋明理學) 陳來 지음, 안재호 옮김, 590쪽, 17,000원
주희의 철학(朱熹哲學硏究) 陳來 지음, 이종란 외 옮김, 544쪽, 22,000원
양명 철학(有無之境−王陽明哲學的精神) 陳來 지음, 전병욱 옮김, 752쪽, 30,000원
정명도의 철학(程明道思想硏究) 張德麟 지음, 박상리·이경남·정성희 옮김, 272쪽, 15,000원
송명유학사상사(宋明時代儒學思想の硏究) 구스모토 마사쓰구(楠本正繼) 지음, 김병화·이혜경 옮김, 602쪽, 30,000원
북송도학사(道學の形成) 쓰치다 겐지로(土田健次郎) 지음, 성현창 옮김, 640쪽, 3,2000원
성리학의 개념들(理學範疇系統) 蒙培元 지음, 홍원식·황지원·이기훈·이상오 옮김, 880쪽, 45,000원
역사 속의 성리학(Neo-Confucianism in History) Peter K. Bol 지음, 김영민 옮김, 488쪽, 28,000원
주자어류선집(朱子語類抄) 미우라 구니오(三浦國雄) 지음, 이승연 옮김, 504쪽, 30,000원
역학과 주자학 −역학은 어떻게 주자학을 만들었는가? 주광호 지음, 520쪽, 48,000원

불교(카르마)총서

유식무경, 유식 불교에서의 인식과 존재 한자경 지음, 208쪽, 7,000원
박성배 교수의 불교철학강의: 깨침과 깨달음 박성배 지음, 윤원철 옮김, 313쪽, 9,800원
불교 철학의 전개, 인도에서 한국까지 한자경 지음, 252쪽, 9,000원
인물로 보는 한국의 불교사상 한국불교원전연구회 지음, 388쪽, 20,000원
은정희 교수의 대승기신론 강의 은정희 지음, 184쪽, 10,000원
비구니와 한국 문학 이향순 지음, 320쪽, 16,000원
불교철학과 현대윤리의 만남 한자경 지음, 304쪽, 18,000원
유식삼십송과 유식불교 김명우 지음, 280쪽, 17,000원
유식불교, 『유식이십론』을 읽다 효도 가즈오 지음, 김명우·이상우 옮김, 288쪽, 18,000원
불교인식론 S. R. Bhatt & Anu Mehrotra 지음, 권서용·원철·유리 옮김, 288쪽, 22,000원
불교에서의 죽음 이후, 중음세계와 육도윤회 허암 지음, 232쪽, 17,000원
선사상사 강의 오가와 다카시(小川隆) 지음, 이승연 옮김, 232쪽 20,000원
깨져야 깨친다 −불교학자 박성배 교수와 제자 심리학자 황경열 교수의 편지글 박성배·황경열 지음, 640쪽, 50,000원